Was Ökonomen bewegt

Was Ökonomen bewegt

Von Banken, Euro und Schulden bis Klima,
Globalisierung, Teilhabe und Moral – 20 ausführliche
Gespräche aus den „Perspektiven der Wirtschaftspolitik"

Karen Ilse Horn

DE GRUYTER

ISBN 978-3-11-120839-8
e-ISBN (PDF) 978-3-11-120874-9
e-ISBN (EPUB) 978-3-11-120921-0

Library of Congress Control Number: 2023935927

Bibliografische Information der Deutschen Nationalbibliothek
Die Deutsche Nationalbibliothek verzeichnet diese Publikation in der Deutschen Nationalbibliografie;
detaillierte bibliografische Daten sind im Internet über http://dnb.dnb.de abrufbar.

© 2023 Walter de Gruyter GmbH, Berlin/Boston
Einbandabbildung: fotosipsak/E+/Getty Images
Satz: Integra Software Services Pvt. Ltd.
Druck und Bindung: CPI books GmbH, Leck

www.degruyter.com

Inhaltsverzeichnis

Anhang

Vorwort

In der Kürze liegt die Würze, sagt der Volksmund. Mag sein. Aber in der Länge klären sich Zusammenhänge. Von dieser Einsicht ließ sich das Herausgebergremium der „Perspektiven der Wirtschaftspolitik" (PWP) leiten, der deutschsprachigen Fachzeitschrift des Vereins für Socialpolitik, der 2023 ihr 150-jähriges Bestehen feiernden Vereinigung deutschsprachiger Ökonominnen und Ökonomen mit gegenwärtig rund 4.000 persönlichen und 34 korporativen Mitgliedern. Als die seit dem Jahr 2000 publizierten „Perspektiven der Wirtschaftspolitik" 2013, unter dem Vereinsvorsitz von Michael Burda (Humboldt-Universität zu Berlin), zum Verlag de Gruyter wechselten und unter der federführenden Herausgeberschaft von Karl-Heinz Paqué (Otto-von-Guericke-Universität Magdeburg) eine Neugestaltung erfuhren, bekamen sie nicht nur ein moderneres Äußeres. Vielmehr wurden die Beiträge aus der Forschung, die den Gutachterprozess durchlaufen, durch neue, auf Einladung zu bestückende Rubriken ergänzt – und durch lange, ausführliche Interviews in der Rubrik „Das Gespräch".

Die Absicht dabei war – und ist es bis heute – zum einen, in diesem keineswegs nur für die akademische Welt, sondern für ein breiteres Fachpublikum gedachten Journal spannende wissenschaftliche Erkenntnisse auf eine möglichst angenehm lesbare und anregende Weise zu vermitteln. Es ging darum, im Gespräch mit gestandenen Vertreterinnen und Vertretern des Fachs zu ihren Arbeitsthemen jeweils in die Tiefe gehen zu können, locker und kurzweilig zwar, aber gründlicher und anspruchsvoller, als es in Publikumszeitungen und -zeitschriften üblich und möglich ist, und zugleich auch deutlich weniger stark von der Tagesaktualität getrieben. Alles andere ist natürlich in einer Vierteljahresschrift wie den „Perspektiven der Wirtschaftspolitik" mit ihren recht langen Produktionszeiten auch gar nicht darstellbar. Trotzdem geht es immer um wirtschaftspolitisch wichtige, oft auch drängende Fragen, aber die Antworten brauchen eben nicht im Telegrammstil zu erfolgen, sondern dürfen so länglich und so komplex wie nötig sein, zudem systematisch unterfüttert mit Forschungsergebnissen und Referenzen. Nicht die Schlagzeile hat hier Vorrang, sondern die Erkenntnis.

Zum anderen sollte mit dieser neuen Rubrik „Das Gespräch" ein Forum entstehen, auf dem sich angesehene Vertreterinnen und Vertreter des Fachs, in der Regel Mitglieder im Verein für Socialpolitik, mit ihrer Arbeit und ihren wissenschaftlichen Lebensthemen präsentieren, in der ganzen inhaltlichen Breite und Vielfalt der Forschung zu Fragen der Wirtschaftspolitik. Die Gespräche sollten zeigen, was Ökonomen bewegt, und diese sollten dabei unbedingt auch als individuelle Persönlichkeiten in Erscheinung treten. Denn hinter jeder Theorie, jedem Forschungsergebnis steckt ein Mensch, und jeder dieser Lebenswege ist unverwechselbar und spannend. Im Laufe der Zeit entstand auf diese Weise gleichsam eine (nicht rein verbale, sondern tatsächlich auch mit hochwertigen Fotografien bebilderte) Porträtgalerie der zeitgenössischen Ökonomik. Zur Erweiterung des Spektrums kommen in dieser Rubrik immer einmal wieder auch nicht deutschsprachige Wissenschaftlerinnen und Wissenschaftler zu Wort. Die einen wie die anderen, so hofften und hoffen wir, mögen es vielleicht

https://doi.org/10.1515/9783111208749-203

als Ehre empfinden, für die „Perspektiven der Wirtschaftspolitik" des Vereins für Socialpolitik zum Gespräch gebeten zu werden. So ist es jedenfalls gedacht. Und mir ist es seit nunmehr zehn Jahren ein großes Vergnügen, diese Unterhaltungen zu führen und sie als Mitherausgeberin und Chefredakteurin des Journals zu verantworten – und ich freue mich auf alle weiteren.

Zugute kommt mir als Interviewerin fachlich sowohl meine wissenschaftliche Aktivität auf dem Feld der ökonomischen Ideengeschichte und der „Oral History", mündlich überlieferter und aufgezeichneter Wissenschaftsgeschichte[1], als auch meine frühere Erfahrung als Mitglied der Wirtschaftsredaktion der Frankfurter Allgemeinen Zeitung, wo ich stets die Verbindung zur akademischen Welt hielt. Anders als in der Tagespresse oftmals üblich und angemessen, sind die Interviews für die „Perspektiven der Wirtschaftspolitik" nicht forsch, fordernd, gar investigativ: Das ist nicht ihr Zweck. Mein Anliegen besteht vor allem darin, dem Gegenüber im ausgeruhten, vertrauensvollen Gespräch Einsichten zu entlocken, unter Antizipation der möglichen Fragen, die sich den Leserinnen und Lesern jeweils als nächstes stellen könnten.

Die Gespräche sind erfreulicherweise auf großen Zuspruch gestoßen, und mehrfach ist die Anregung an mich herangetragen worden, sie in einem gesonderten Band zu veröffentlichen. Allerdings ist in den zehn Jahren einiges zusammengekommen. Bis zum Jahresende 2023 werden es 40 PWP-Interviews sein: eben 10 x 4. Drei Gespräche habe ich gemeinsam mit Karl-Heinz Paqué geführt, drei mit seinem Nachfolger als federführendem Herausgeber, Justus Haucap (Heinrich-Heine-Universität Düsseldorf) und eines mit Karolin v. Normann, damals noch Herrmann (Verein für Socialpolitik, Berlin). In zwei weiteren Gesprächen wurde ich krankheitshalber vertreten, einmal dankenswerterweise von Nikolaus Piper (Süddeutsche Zeitung) und einmal von Jan Schnellenbach (damals Walter Eucken Institut, Freiburg, anschließend Brandenburgische Technische Universität Cottbus-Senftenberg). Ausnahmslos alle Interviews in einem Sammelband zu vereinen, war aus Platzgründen nicht möglich. Etwa 20 hätten Platz, wurde mir beschieden. Rigoros zu kürzen, kam natürlich schon aus Prinzip nicht in Frage. Mithin hieß es auswählen – eine äußerst schwierige, ja schmerzhafte Aufgabe.

Alle Gespräche waren interessant und lehrreich, wie also sich von so vielen trennen? Wie entscheiden, welche bleiben dürfen? Ich habe mich nach reiflicher Überlegung für jene Interviews entschieden, die entweder vergleichsweise breit und zeitlos sind, wie die Unterhaltung über Moral und Wirtschaft mit Karl Homann (Ludwig-Maximilians-Universität München), oder die ein wichtiges Zeugnis von den Diskussionen während eines bestimmten Moments der Zeitgeschichte ablegen, wie zum Beispiel das Gespräch mit Isabel Schnabel (Europäische Zentralbank) über das Urteil des Bundesverfassungsgerichts vom 5. Mai 2020. Zudem sollten die großen Themen unserer Zeit Platz finden, zum Beispiel das Klimaproblem, Armut und wirtschaftliche Un-

---

1 Siehe vor allem Horn, K. (2009), *Roads to Wisdom, Conversations with Ten Nobel Laureates in Economics*, Cheltenham, Edward Elgar.

gleichheit, Finanz- und Bankenkrisen, der Euro, Corona und die Globalisierung, aber auch so wichtige Wegmarken wie das dreißigjährige Jubiläum der deutschen Wiedervereinigung. Auch Grundfragen der ökonomischen Wissenschaft sollten genügend Raum bekommen, also die regelmäßig wiederkehrende Selbstbefragung von Ökonominnen und Ökonomen zu ihrer Aufgabe und zu den Paradigmen ihres Ansatzes. Und natürlich durfte die Theoriegeschichte nicht fehlen, mein eigenes viel geliebtes Gebiet.

Nach dieser Auswahl ist die Vielfalt im vorliegenden Konvolut der Interviews noch immer groß. Trotz der Spannbreite finden sich eine Menge Überschneidungen: zum Beispiel mit Blick auf die Themen, die viele meiner Gesprächspartnerinnen und Gesprächspartner umtreiben, mit Blick auf die Methodik, die in ihrer Forschungsarbeit zur Anwendung kommt, aber auch mit Blick auf die prägenden Einflüsse und akademischen Lehrer, welche die Einzelnen zu dem gemacht haben, was sie sind. Da gibt es viel Spannendes und durchaus auch manches Überraschende zu entdecken. Klar, bei der Auswahl handelt es sich um eine letztlich subjektive Entscheidung; die Lektüre der anderen Interviews ist trotzdem wärmstens empfohlen. Eine vollständige Liste sämtlicher bisherigen PWP-Interviews findet sich auf den letzten Seiten dieses Bandes. Alle sind auf der Website der Zeitschrift frei abrufbar.

Die Gespräche sind niemals monothematisch. Sie haben stets mehrere, mitunter auch nur lose verbundene Schwerpunkte: Das ist dem besonderen Prinzip der PWP-Interviews geschuldet, Forscherinnen und Forschern zu ihren wissenschaftlichen Lebensthemen zu Wort kommen zu lassen und nicht nur ihre jeweilige Expertise zu einer spezifischen, von der Tagesaktualität aufgebrachten Frage abzuholen. Für den vorliegenden Sammelband bedeutet das allerdings, dass sie sich nicht sinnvoll thematisch in Kapitel einsortieren und gruppieren lassen. Schon das wundervolle Gespräch mit Carl Christian von Weizsäcker (Max-Planck-Institut zur Erforschung von Gemeinschaftsgütern, Bonn) zum Beispiel, mit dem wir im Frühjahr 2014 den Gesprächsreigen begannen, berührt so unterschiedliche Themenfelder wie das Klimaproblem, die säkulare Stagnation, die Staatsverschuldung, das Paradigma adaptiver Präferenzen und die Aufgabe der Ökonomen. In einem Kapitel zur Klimapolitik wäre es ebenso ungebührlich eingeengt wie in einem Kapitel zu den Staatsfinanzen. Ich habe deshalb für das Buch bewusst auf eine klassische Kapitelstruktur verzichtet und mich für eine ganz schlichte alphabethische Sortierung (nach den Nachnamen der Interviewten) entschieden.

Die nun hier versammelten Gespräche sind so abgedruckt, wie sie im Heft erschienen sind, mit wenigen editorischen Korrekturen und Ergänzungen. Sie sind nicht inhaltlich aktualisiert – das hätte sie vollkommen verändert. Die den Gesprächen vorangestellten Porträts hingegen sind behutsam auf den aktuellen Stand gebracht. Ich möchte mich an dieser Stelle bei allen meinem Gesprächspartnerinnen und Gesprächspartnern ganz herzlich bedanken. Ich danke für all die wertvollen Einsichten, die sie großzügig mit mir und den Leserinnen und Lesern geteilt haben. Ich danke aber schon überhaupt für die Bereitschaft zu diesem zeitraubenden und intensiven Austausch – unter zwei, drei Stunden ging es in keinem Fall ab – wie für die Geduld auf dem ebenfalls länglichen Produktionsweg. Ein herzliches Dankeschön auch für die neuerliche Durchsicht und die Zustimmung zum Wiederabdruck in diesem Sammelband.

Wenn ich schon dabei bin: Es gibt noch weitere Personen, die Dank verdienen. Da ist natürlich Karl-Heinz Paqué, der mich 2013 für die editorische Betreuung und Neugestaltung der „Perspektiven der Wirtschaftspolitik" an Bord geholt hat. Da sind die Mitglieder des Vorstandes des Vereins für Socialpolitik, die mich damals mit dieser Aufgabe betraut haben, allen voran der einstige Vorsitzende Michael Burda. Da ist Karolin v. Normann, die als Geschäftsführerin des Vereins für Socialpolitik in Berlin täglich Großes leistet und auch den „Perspektiven der Wirtschaftspolitik" immer wieder so liebevoll wie unverdrossen die Bahn freiräumt. Da ist mein einstiger Kommilitone Justus Haucap, mit dem man unweigerlich eine Menge Spaß hat, auch wenn es mal stressig wird. Da ist Alexander Görlt vom Verlag de Gruyter, der uns wunderbar betreut und erträgt. Da ist außerdem Heinz Rieter (Universität Hamburg), der sanften, aber sehr schmeichelhaften Druck ausübte, die Gespräche nun endlich in einem Sammelband zu veröffentlichen. Da sind die Fotografen, die ich teils noch seit meiner Zeit bei der Frankfurter Allgemeinen Zeitung kenne und die wie erwartet großartige Bilder geschossen haben. Und last, but not least ist da Stefan Giesen vom Verlag de Gruyter, mit dem es eine wahre Freude war, dies alles in die Wege zu leiten. Vielen, vielen Dank.

Und nun wünsche ich vor allem viel Vergnügen bei der Lektüre!

Porträts und Gespräche

Uschi Backes-Gellner

https://doi.org/10.1515/9783111208749-001

Brückenbauerin zwischen VWL und BWL

„Ein katholisches Mädel vom Land": So hat sich Uschi Backes-Gellner einmal selbst bezeichnet. Sie stammt aus Kell, einem kleinen Ort im deutschen Landkreis Trier-Saarburg, nicht weit von der Grenze zu Frankreich. Die Gemeinde, die erst seit 1992 den Namenszusatz „am See" führt, zählt bis heute nicht einmal 2.000 Einwohner. In einem Kleinunternehmer-Haushalt großgeworden, als 1959 geborene Tochter eines Maurermeisters und einer Hausfrau, lag Backes-Gellner weder die Technik noch die Wirtschaft fern. In der Schule war sie nach eigenem Bekunden sehr gut in Mathematik und Physik, wollte aber nicht Lehrerin werden. Nach dem Gymnasium entschied sie sich deshalb für ein Studium der Betriebswirtschaftslehre an der Universität Trier – in der Hoffnung, dort ihr Interesse für die Wirtschaft vertiefen und ihre analytischen Stärken entfalten zu können. Dass das Fach damals als Männerdomäne galt, schreckte sie nicht.

Die Betriebswirtschaftslehre indes wurde ihr bald zu langweilig, und so wechselte sie zur Volkswirtschaftslehre, wo sie 1984 das Diplom ablegte. Durch ihren Lehrer Dieter Sadowski zog es sie dann aber wieder zur Betriebswirtschaftslehre zurück – in einer modernen, nun auch für sie spannenderen Variante. Im Jahr 1987 wurde sie bei ihm mit einer Arbeit zur „Ökonomie der Hochschulforschung – Organisationstheoretische Überlegungen und betriebswirtschaftliche Befunde"[1] promoviert. „Mein Doktorvater hat mich bezüglich einer Akademikerkarriere von Anfang an sehr ermuntert und gefördert", erinnert sie sich dankbar. Im Jahr 1995 habilitierte sie sich – wieder in Trier – mit einer Schrift über „Betriebliche Bildungs- und Wettbewerbsstrategien im deutsch-britischen Vergleich"[2]. Damit waren schon damals zwei Kernthemen in der Arbeit der Professorin angelegt, die seit 2002 an der Universität Zürich forscht und lehrt: Personal und Bildung, betrieblich wie universitär. Außerdem kam noch ein Fokus auf den Mittelstand hinzu.

Was man in ihrem Lebenslauf auf ersten Blick als ein unentschlossenes Schwanken zwischen der Volkswirtschaftslehre und der Betriebswirtschaftslehre wahrnehmen mag, ist dabei eine Stärke und für Backes-Gellners wissenschaftlichen Ansatz konstitutiv. Ihr Bedürfnis war von Anfang an die Integration zweier Sichtweisen – und eine solche Brückenbauerin ist sie mit ihrer ganzheitlichen Personalökonomik bis heute. Sie interessierte sich immer schon für die realen Fragen im Betrieb und eben insbesondere für alles, was mit Personal und Bildung zu tun hatte. Als Volkswirtin waren ihr die damals üblichen betriebswirtschaftlichen Zugänge zu diesen Fragen zu wenig analytisch. „Ich dachte mir, dazu müsste es doch ein besseres Analyseinstru-

---

1 Backes-Gellner, U. (1989), *Ökonomie der Hochschulforschung – Organisationstheoretische Überlegungen und betriebswirtschaftliche Befunde*, Wiesbaden, Gabler.
2 Backes-Gellner, U. (1989), *Betriebliche Bildungs- und Wettbewerbsstrategien im deutsch-britischen Vergleich*, München, Rainer Hampp.

mentarium geben, das mehr Struktur in die Angelegenheit bringt", erzählt sie. So fand sie den Weg zur Personalwirtschaftslehre, an deren Systematisierung und Fortentwicklung zur modernen Personalökonomik sie erheblichen Anteil hat – „mit Modellen und einem Instrumentarium, das man aus der Volkswirtschaftslehre kennt. Angebot, Nachfrage, Steuerung über Preise und Löhne: Damit kann man schon eine Menge erklären."

Die Wirtschaftswissenschaften sind für sie eine Einheit. „Wir haben es in den neunziger Jahren als großes Manko empfunden, dass die herkömmliche Personalwirtschaftslehre auf die vielen coolen theoretischen Instrumente verzichtete, die es in der Volkswirtschaftslehre gab", erinnert sich Backes-Gellner. Die Personalwirtschaftslehre war stark psychologisch orientiert, der Fokus lag mithin auf dem einzelnen Mitarbeiter. „Aus diesem Blickwinkel kommt aber zu kurz, dass die Individuen Teil einer Organisation sind, dass sie sich mit anderen Leuten vergleichen und dass die Hierarchie intern stimmen muss, damit es im Unternehmen läuft", erklärt sie.

Mehr oder weniger parallel zu den Bemühungen in Deutschland, auf jeden Fall aber als guter Impulsgeber zusätzlich wirksam, entwickelten sich in den Vereinigten Staaten die „Personnel Economics" als angewandtes Feld der Arbeitsmarktökonomik. Zu den Vordenkern dort gehörte der Mikroökonom Edward Lazear. In Amerika ist das Feld auch heute noch eher in der Volks- als Betriebswirtschaft beheimatet. „Für mich steht immer die Frage im Vordergrund, wo das, was ich theoretisch gelernt habe, im Betrieb praktisch helfen kann, bessere Entscheidungen zu treffen. Ich stelle mir vor, da sitzt im Betrieb ein Personalverantwortlicher, der muss einstellen, Löhne zahlen, ausbilden, weiterbilden, befördern, entlassen – ganz viele alltägliche Fragen." Um solche Fragen aus der betrieblichen Realität fundiert zu beantworten, zieht Backes-Gellner mit Vorliebe mikroökonomische Modelle heran, entwickelt Theorien aus der Arbeitsökonomie und forscht empirisch – und das mit bemerkenswerter Schlagzahl.

Nach Forschungsaufenthalten in den Vereinigten Staaten und der Habilitation folgte Backes-Gellner 1995 einem Ruf an die Universität zu Köln, wo sie Direktorin des neu gegründeten Seminars für Allgemeine BWL und Personalwirtschaftslehre wurde. Von 1998 bis 2006 wirkte sie zudem als Vorstand des Instituts für Mittelstandsforschung in Bonn. „Köln ist vom Naturell her meine Lieblingsstadt gewesen, weil ich Rheinländerin aus Überzeugung bin", sagt die energiegeladene, strahlende Person, die freilich seit 2002 ganz offensichtlich auch mit Freude in der Schweiz lebt und arbeitet. Am Institut für Betriebswirtschaftslehre der Universität Zürich, an der sie unter anderem die institutionelle Beweglichkeit und die Effizienz schätzt, hat sie den Lehrstuhl für Allgemeine Betriebswirtschaftslehre, insbesondere empirische Methoden der Arbeitsbeziehungen und der Personalökonomik inne. Seit dem Jahr 2008 setzt sie sich dabei auch als Prodekanin für den Lehrbereich Ökonomie ein und seit 2020 auch als stellvertretende Dekanin.

Gleichzeitig ist Backes-Gellner Direktorin des „Swiss Leading House ‚Economics of Education, Firm Behaviour and Training Policies'", eines vom Staatssekretariat für Bildung, Forschung und Innovation geförderten Forschungsschwerpunkts der Universitäten Bern und Zürich. Seit 2017 ist sie zudem Mitglied im Forschungsrat des Schweizerischen Nationalfonds. Neben den vielen Aufgaben in der Schweiz ist sie weiterhin auch regelmäßig in Deutschland aktiv, unter anderem als Mitglied der von der Bundesregierung berufenen Expertenkommission Forschung und Innovation sowie des Rats der Arbeitswelt. Die Universität Tübingen verlieh ihr 2021 die Ehrendoktorwürde. Selbst für Forschungsaufenthalte in den Vereinigten Staaten findet sie dabei immer wieder Zeit.

Wenn sie unterwegs ist, geht in den Räumlichkeiten ihres Lehrstuhls an der Zürcher Plattenstraße die Arbeit munter weiter; dort brummt es wie in einem kleinen betriebsamen Unternehmen. In Backes-Gellners großem, hellem Büro haben sich ihre vielen ehemaligen Doktoranden jeweils mit einem kleinen Acrylgemälde verewigt. Bunt ist diese über die Jahre gewachsene Galerie, fröhlich und phantasievoll wie die Professorin selbst.

„Ein Studium ist nicht per se besser als eine Berufsausbildung"

Ein Gespräch über Anreize in Unternehmen und Hochschulen, das duale System und die legitimen Ansprüche der Gesellschaft an die Wissenschaft

Frau Professorin Backes-Gellner, der Ruf nach einer Deckelung von Managergehältern ist ein politischer Dauerbrenner. Was geschieht, wenn man solche Deckel einzieht?

Ganz einfach – solche Deckel ruinieren die Anreize, sich anzustrengen, und zwar nicht nur für die alleroberste Ebene der Manager. Eine derartige Maßnahme hat vielmehr immer auch einen Effekt auf allen Stufen darunter, auf denen Personen angesiedelt sind, die einmal nach ganz oben kommen wollen oder können. Auch für sie nimmt der Anreiz ab, sich anzustrengen, um auf die oberste Stufe zu gelangen. Man kann sich Beförderungen wie ein Tennis- oder Golfturnier vorstellen; in der Theorie sprechen wir deshalb von „Tournaments"[3]. Ein solcher Vergleich hilft zu verstehen, warum der jeweils letzte Gehaltssprung immer der größte ist, beispielsweise vom stellvertretenden Vorsitzenden zum Vorsitzenden der Geschäftsführung oder vom stellvertretenden Direktor zum Direktor: Weil das die letzte Stufe ist und danach eben keine mehr kommt. Es muss diese eine Stufe sein, welche die ganze Motivation liefert. Unten in der Hierarchie hat man immer noch die Option auf all die anderen Stufen; deshalb kann die erste Stufe als solche noch relativ klein sein. Ganz oben in der Managementhierarchie ist der Stress ein anderer, die Verantwortung wiegt enorm schwer und man muss einen heftigen Wettbewerb aushalten, um überhaupt dorthin zu gelangen. Da muss man schon überlegen, ob man sich diesen Weg überhaupt antut – und bei dieser Abwägung spielt das Gehalt nun einmal als Anreiz eine ganz entscheidende Rolle.

Wer tut sich das denn üblicherweise an?

Das sind zumeist besonders risikofreudige Menschen. Aber auch für diese wird es rasch uninteressant, Ambitionen nach oben zu entwickeln, wenn der Gehaltsabstand zu klein wird, gemessen am zusätzlichen Risiko. Es ist schwer zu sagen, um wieviel genau die nächste Stufe besser bezahlt sein muss, aber es ist klar, dass in Relation zu

---

3 Lazear, E. P. und S. Rosen (1981), Rank-order tournaments as optimum labor contracts, *Journal of Political Economy* 89(5), S. 841–64.

Anmerkung: Online am 21. November 2016 erstmals veröffentlicht, https://doi.org/10.1515/pwp-2016-0026. In Print am 1. Dezember 2016 erschienen, *Perspektiven der Wirtschaftspolitik* 17(4), S. 335–46.

dem, was man vorher hatte, noch einmal ordentlich etwas draufgelegt werden muss, damit der Anreiz erhalten bleibt.

Das heißt, man kann grundsätzlich durchaus schon deckeln, aber man muss zusehen, dass Abstände gewahrt werden, sodass die Anreize nicht fatal beschädigt werden.

Genau. Aber natürlich richtet sich ein Manager nicht nur nach den Möglichkeiten innerhalb seines eigenen Unternehmens, sondern auch danach, was draußen die Möglichkeiten in vergleichbaren Positionen sind. Heute ist der Arbeitsmarkt für Manager international. Deshalb ist es unmöglich, die Löhne völlig losgelöst von den Möglichkeiten außerhalb des eigenen Unternehmens oder Landes zu gestalten. Man geht Gefahr, dass einem die richtig guten Leute weglaufen. Wenn das Managertalent knapp ist, ist dies das größte Problem, das ein Unternehmen haben kann: dass am Ende der bessere Kandidat die Konkurrenz managen wird. Die Transparenz der Managergehälter, die heute gepflegt wird, hat dabei übrigens nicht nur einen deeskalierenden Effekt. Die Konkurrenz vom externen Arbeitsmarkt kann zwar einerseits dämpfend auf die Entwicklung der Managergehälter wirken, wo sie überzogen waren. Aber andererseits ist auch kein Manager, der dank dieser Transparenz einigermaßen den Überblick über die Gepflogenheiten auf dem internationalen Markt hat, mehr bereit, für viel weniger zu arbeiten als für das, was draußen geboten wird.

Auf den unteren Etagen achten Unternehmen in der Regel darauf, dass die Belegschaft sich untereinander nicht allzu gründlich über ihre Bezüge austauscht, in der Hoffnung, dass es im Fall notwendiger Differenzierungen kein böses Blut gibt. Haben Sie Erkenntnisse darüber, wie gerecht die Lohnstruktur im Unternehmen sein muss, damit die Zusammenarbeit gut läuft?

Ja. Man kann schon differenzieren, aber man muss für jeden Gehaltsunterschied einen Leistungsunterschied vorweisen und auch nachvollziehbar kommunizieren können. Wenn einem das nicht gelingt, dann sät man nur Streit, Neid und Missgunst. Wenn ein Angestellter nicht erkennen kann, was ein anderer, der mehr verdient, mehr leisten muss, dann demotiviert ihn das. Dann ist die Anreizwirkung höherer Gehälter weg.

Was soll denn ein Unternehmen machen, das finanziell genug Reserven hat, um von einem Konkurrenten wichtiges Personal abzuwerben, das den Neuzugängen aber viel mehr bieten muss als den bisherigen eigenen Angestellten, womit die Entlohnung intern ihre ausgewogene Struktur verliert?

Aus der schon erwähnten Turnierperspektive ist klar, dass es zunächst gut ist, wenn auch Leute von außen mitspielen, damit sich das bestehende Personal nicht zu bequem einrichtet. Aber es muss natürlich passen. Wenn das gewohnte Entlohnungsgefüge im

Unternehmen komplett gesprengt wird, dann ist es klar, dass Demotivation intern die Folge ist. Die bisherigen Angestellten rechnen ja damit, im Laufe der Zeit in bestimmte Positionen und Lohnklassen aufzusteigen. Und plötzlich kommt einer von außen, bei dem alles ganz anders läuft. Das würde ein Berater guten Gewissens nicht empfehlen. Wenn man den Externen unbedingt haben will und ihm ein entsprechendes Gehalt zu zahlen bereit ist, dann muss man auch die Entlohnung des bestehenden Personals mit gleicher Funktion anpassen. Gehälter sind ein überaus wichtiger Teil des Anreizsystems, und deshalb muss man für einen Ausgleich sorgen, sonst gibt es Unruhe. Das gilt aber nur, wenn Externe und Interne wirklich in demselben Turnier spielen.

Wie das?

Ein Ökonom zum Beispiel würde kaum dagegen rebellieren, wenn für einen Posten, der dem seinen vom Rang her ähnelt, ein Mediziner mit einem sehr viel höheren Gehalt geholt wird, da der Mediziner sich generell in einem völlig anderen Markt mit deutlich besseren Gehaltsaussichten bewegt. Mit dem misst er sich nicht, weil er weiß, dass die Medizin eine andere Welt ist. Oder eben ein anderes Turnier. Und dann wirkt der Gehaltsunterschied auch nicht so demotivierend. Nur muss man das auch tatsächlich entsprechend abgrenzen können.

Manchmal spielen die Gehälter für die Motivation in der Arbeit aber gar nicht die entscheidende Rolle. Es gibt ja Leute, die lieben einfach, was sie beruflich tun.

Klar. Das kennen wir auch aus dem universitären Bereich. Wenn Sie zum Beispiel als Wissenschaftler nach Harvard gehen, dann bekommen Sie dort möglicherweise nicht dasselbe Gehalt wie für einen gut bezahlten Job in der Privatwirtschaft, der auch nicht weit entfernt liegt. Trotzdem ist klar, dass Sie, wenn Sie als Wissenschaftler die Wahl haben, eher nach Harvard gehen. Sie bekommen dort zwar auch immer noch ein ordentliches Gehalt, aber Sie profitieren darüber hinaus nicht unwesentlich vom guten Ruf Harvards. Darum kann die Bezahlung dort auch schlechter sein. Weil Jobs in der Privatwirtschaft bei Wissenschaftlern eher eine schlechte Reputation haben, müssen Sie dort eine Art Schmerzensgeld bekommen: Man nennt das ein kompensierendes Lohndifferential.

Um zu den Betrieben zurückzukommen – wie steht es dort eigentlich um die Weiterbildung? Wird sie ernst genug genommen? Enthalten die Angebote tatsächlich Sinnvolles, oder langweilen sich die Leute dort? Können Sie Unternehmen dabei helfen zu entscheiden, was sinnvoll ist, wie man Weiterbildung am besten ausgestaltet und womit man eher nur Geld verbrennt?

Natürlich gibt es da auch eine ganze Menge Unfug. Wir haben uns das Thema Weiterbildung wissenschaftlich sowohl aus der Perspektive des betroffenen Individuums als auch des Unternehmens angeschaut, und in beiden Blickwinkeln gibt es einige Rätsel.[4] Anders als man meinen würde, verstehen Unternehmen zum Beispiel die Weiterbildungen oftmals gar nicht wirklich als eine Investition, als etwas, wo Angestellte etwas lernen sollen, wo man sie auf die nächsten Aufgaben vorbereitet oder eine Lücke schließt, damit sie ihren bisherigen Job gut machen können – sondern schlichtweg als Belohnung. Dann ist egal, was man lernt und ob man wirklich braucht, was man da lernt, denn die Weiterbildung gilt als Auszeichnung. Dann ist das Teil des Kompensationspakets. Das geht allerdings nur, wenn die Angestellten auch tatsächlich mögen, was ihnen auf den Weiterbildungsveranstaltungen angeboten wird. Das funktioniert umso besser, wenn das Programm an schönen Orten stattfindet, mit einem attraktiven Rahmenprogramm. So kann das laufen. An anderer Stelle kann man aber auch sehen, dass Unternehmen Weiterbildungen systematisch einsetzen, um ihre Leute zu entwickeln. Hier liegt dann eine klar überlegte Strategie vor, die Angestellten auf die jeweils nächsten Stufen ihrer Karriere vorzubereiten. In diesen Fällen steigert die Weiterbildung eindeutig die Beförderungswahrscheinlichkeit desjenigen, dem sie zuteilwird, und sie schlägt sich beispielsweise in einer Eingruppierung in die nächsthöhere Tarifgruppe nieder.

Gibt es hierzu Typologien? Weiß man, welche Arten von Unternehmen am meisten zu einer strategisch durchdachten Nutzung von Weiterbildungen neigen und das am besten machen? Vielleicht eher kleine und mittlere Unternehmen, wo man besser erkennt, was ein Angestellter aus seiner Weiterbildung konkret mitbringt?

Es gibt ein paar Muster, die man erkennen kann. Tendenziell sind es in der Tat eher die Unternehmen, die große finanzielle Spielräume haben, die zusätzlich zu einem guten Einkommen auch die Weiterbildung als Belohnungsmechanismus einsetzen. Und grundsätzlich wird in kleinen und mittleren Unternehmen stärker darauf geachtet, dass die Weiterbildungsmaßnahmen einen unmittelbaren Nutzen bringen. Das führt allerdings auch zu dem Problem, dass kleine und mittlere Unternehmen weniger vorausschauend Weiterbildungen anbieten, zum Beispiel im Hinblick auf eine Anforderung, die sich erst ein Jahr oder zwei Jahre später stellen wird. Es wird eher solange gewartet, bis es offensichtlich ist, dass es nicht mehr anders geht und nun endlich eine Fortbildung her muss. Das betrifft sowohl die kleinen und mittleren Unternehmen selbst als auch die Arbeitskräfte in solchen Unternehmen, die tendenziell

---

4 Tuor, S. und U. Backes-Gellner (2014), Employer-supported training as a non-wage compensation component, *DBW* 74(2014)2: 87–105; Backes-Gellner, U., J. Mure und S. Tuor (2007), The puzzle of non-participation in continuing training – an empirical study of chronic vs. temporary non-participation, *Zeitschrift für Arbeitsmarktforschung* (*ZAF*) 40, Themenheft 2/3: The Economics of Apprenticeship and Further Training in Germany and Switzerland, S. 295–311; sowie Schultheiss, T. und U. Backes-Gellner (2023), Different degrees of skill obsolescence across hard and soft skills and the role of lifelong learning for labor market outcomes, *Industrial Relations*, im Erscheinen.

geringer qualifiziert sind. Generell neigen geringer qualifizierte Arbeitskräfte weniger dazu, an Weiterbildungen teilzunehmen, und zwar weil sie an ihrem Arbeitsplatz weniger klar erkennen können, wo sie kurzfristig das Erlernte einbringen können, oder weil sie an einer Weiterbildung nur dann teilnehmen würden, wenn sie sähen, dass sich das Ergebnis in absehbarer Zeit in ihrem Lohn widerspiegelt. Bei einer solchen Konstellation zieht also weder der Arbeitgeber noch der Arbeitnehmer in Richtung Weiterbildung. Im Ergebnis ist es eindeutig so, dass die Geringqualifizierten in kleinen und mittleren Unternehmen die größte Problemgruppe darstellen. In der langen Frist müssen sich aber auch Geringqualifizierte auf die Zukunft vorbereiten, denn auch ihnen – oder gerade ihnen – bleibt es möglicherweise nicht erspart, dass ihr Arbeitsplatz wegfallen kann. Dann könnten sie neue Qualifikationen gut gebrauchen. Wenn man aber erst einmal zehn Jahre nichts dazugelernt hat, ist auch die Lernfähigkeit weg, so dass man hier ein doppeltes Risiko hat.

Gibt es auch kulturelle Faktoren? Kann es sein, dass sich die Leute in verschiedenen Ländern und Wirtschaftssystemen, mit verschiedenen Arbeitsmärkten und Mentalitäten, nicht in derselben Weise zur Weiterbildung bereitfinden?

Natürlich. Es gibt Länder wie Großbritannien und die Vereinigten Staaten, in denen wird viel mehr Geld und Zeit und Energie in die Weiterbildung gesteckt, auch gerade von den Angestellten selbst. Wer sich um eine Stelle bewirbt, muss ja signalisieren, was er kann, dass er geeignet und offen und flexibel ist. Und der Arbeitgeber signalisiert durch seine Rekrutierungs- oder Beförderungsentscheidungen, dass ihm das auch wichtig ist. Also ist man dort sozusagen von zwei Seiten her permanent auf Sendung. Weiterbildung ist eine Möglichkeit zu signalisieren, dass man flexibel und offen ist und sich für etwas Neues interessiert. Man unternimmt etwas. Man investiert seine private Zeit und seine Anstrengung. Man tut etwas dafür. Jedes innovative Unternehmen nimmt solche objektiven Tatsachen gern auf und präferiert die betreffende Person gegenüber jemandem, der nur davon redet, aber nie etwas tut. Wenn man in einem System steckt, in dem Bewegung erwünscht ist, dann kann man erwarten, dass die Leute auf beiden Seiten solche Signale nicht nur senden, sondern auch aufnehmen wollen. Wenn man dagegen in einem System ist, wo sowieso wenig Bewegung ist und jeder ganz zufrieden ist mit dem, was er schon hat, und wo sich niemand umstellen möchte, weil das ja so schrecklich mühsam ist, dann stellt sich dem einzelnen allerdings sehr wohl die Frage, warum man sich überhaupt der Mühe einer Weiterbildung unterziehen sollte.

Dann hört keiner die Signale.

Genau. Aber normalerweise sind Signale am Arbeitsmarkt sehr mächtig und gerne gehört. Das hilft beispielsweise auch zu erklären, warum sich junge Frauen bis heute oft immer noch mehr anstrengen müssen als die Männer, um die gleiche Stelle zu bekommen. Ob man das mag oder nicht, es ist deswegen so, weil man immer noch annimmt, dass die „Gefahr" besteht, dass junge Frauen Kinder bekommen und sich dann um die Kinder kümmern, statt Karriere zu machen. Je mehr aber eine Frau gezeigt hat, dass sie sich überdurchschnittlich einsetzt, umso mehr ist es glaubhaft, dass sie auch später dranbleiben wird, ganz unabhängig davon, ob eine Familie entsteht oder nicht. Auch hier findet also wieder Signalisierung statt. Wenn jemand etwas beweisen will, was man nun einmal nicht beobachten kann, dann liegt es an ihm oder ihr, ein entsprechendes glaubwürdiges Signal für das Unbeobachtbare zu senden.

Es ist üblich, nicht nur Weiterbildungen, sondern auch eine Durchmischung von Belegschaften als betriebswirtschaftlich sinnvoll zu empfehlen. Ist das bloß „politisch korrekt" oder lässt sich tatsächlich nachweisen, dass Unternehmen mit „Diversity" besser fahren, also wenn sie eine beispielsweise nach Alter, Hautfarbe, Geschlecht und Herkunft bunt gemischte Schar von Angestellten haben? Überwiegen die sich daraus ergebenden Impulse die möglichen Friktionen?

Mit den Themen Alter und Diversität habe ich mich zusammen mit Kollegen im Rahmen einer interdisziplinären Arbeitsgruppe der Akademie der Wissenschaften Leopoldina in mehreren Forschungsprojekten beschäftigt.[5] Es ging um die alternde Gesellschaft und deren Auswirkungen auf die Arbeitswelt, und wir haben uns gefragt, wie man beispielsweise aus betriebswirtschaftlicher Sicht in dieser Debatte einen neuen Impuls setzen könnte. Traditionellerweise denkt man ja, je älter ein Arbeitnehmer ist, desto langsamer verrichtet er sein Tagewerk; seine Produktivität und Beschäftigungsfähigkeit nimmt also ab und der Krankenstand ist höher. Aber das ist eine sehr negative Sicht auf das, was wir zu erwarten haben, wenn die Gesellschaft demographisch bedingt immer älter wird.

Ist das denn nicht plausibel?

Nur bedingt. Man braucht sich doch nur umzuschauen, um wahrzunehmen, dass es durchaus viele Berufe gibt, in denen es gerade die Älteren sind, die verantwortungsvollere Aufgaben bekommen und generell eine bessere Beschäftigungschance haben. Ganz eindeutig kann ein Mensch mit den Jahren auch produktiver werden, statt nur

---

5 Backes-Gellner, U. (2009), Beschäftigung älterer Arbeitnehmer im Spiegel bisheriger Forschung, in U. Backes-Gellner und S. Veen (Hrsg.), *Altern, Arbeit und Betrieb*, Halle und Stuttgart, Deutsche Akademie der Naturforscher Leopoldina und WissenschaftlicheVerlagsgesellschaft mbh, S. 11–25; Backes-Gellner, U. und S. Veen (2013), Positive effects of ageing and age diversity in innovative companies – large-scale empirical evidence on company productivity, *Human Resource Management Journal* 23(3), S. 279–95; sowie Backes-Gellner, U., M. Schneider und S. Veen (2011), Effect of workforce age on quantitative and qualitative organizational performance: Conceptual framework and case study evidence, *Organization Studies* 32(8), S. 1103–21.

systematisch abzubauen. Das hängt allerdings wesentlich von den Anforderungen ab, also davon, ob mehr analytisches Wissen oder mehr Erfahrung und soziale Kompetenz gefragt ist. Das ist das eine. Das andere ist, dass Produktivität bei Lichte besehen keine Individualeigenschaft ist. Die Leute arbeiten immer zusammen – das ist ja konstituierend für ein Unternehmen. Produktivität entsteht im Betrieb eigentlich immer aus einer gemeinsamen Anstrengung mehrerer Arbeitskräfte. Und da liegt es nahe, sich zu fragen, ob nicht auch die Zusammensetzung der Belegschaft eine wichtigere Rolle spielt. Man braucht ältere Arbeitnehmer zum Beispiel schon allein deshalb, weil irgendwer die jüngeren Arbeitnehmer anlernen muss. Anders ist im Unternehmen kein Wissenstransfer über die Generationen hinweg möglich. Eine gesunde Durchmischung von Jung und Alt ist dafür optimal. Außerdem ist es gerade in innovativen Sparten der Wirtschaft von Vorteil, möglichst verschiedene Arten von Wissen zusammenzubringen, wie man sie beispielsweise in einer nach Generationen durchmischten Belegschaft finden kann. Wir haben uns das genauer angeschaut, und in der Tat geben die Zahlen genau das her. In innovativen Unternehmen sind altersgemischtere Teams produktiver.

Ist das nicht aber ein bisschen kontraintuitiv? Sind nicht gerade die neuen, innovativen Branchen besonders stark auf junge Leute angewiesen, deren Energie, deren frisches Wissen?

Nein, das ist nicht, was wir beobachten. Es braucht auch die Älteren, natürlich neben den Jüngeren. Am besten ist eine gute Durchmischung. Die verschiedenen Perspektiven sind einfach hilfreich. Dasselbe Argument greift auch im Blick auf die Geschlechter. Da kommt allerdings dann noch zusätzlich der Aspekt ins Spiel, dass Männer und Frauen im Umgang anders sind, anders an Probleme herangehen und ein anderes Führungsverhalten an den Tag legen. Auch hier kann es nützlich sein, eine bunte Mischung verschiedener Herangehensweisen am Tisch sitzen zu haben, um Engstirnigkeit zu vermeiden und Kreativität zu entfalten. Vielleicht muss man dann ein bisschen mehr und länger diskutieren, aber im Zusammentreffen verschiedener Perspektiven bekommt man letztlich schon die besseren Lösungen.

Sind die Perspektiven denn wirklich so unterschiedlich?

Die Führungsstile zum Beispiel sind schon sehr unterschiedlich, zumindest im Durchschnitt. Das kann ich auch aus der persönlichen Erfahrung bestätigen. Sobald Sie in einem Beirat nicht nur Männer, sondern mindestens auch eine Frau sitzen haben, kommen Aspekte aufs Tapet, die sonst niemand ansprechen würde. Das ist nicht immer besser, und es ist auch nicht systematisch schlechter. Es erweitert einfach den Lösungsraum, aus dem man schöpfen kann. Die Frage, ob wir Frauen in Führungspositionen brauchen, ist damit eindeutig beantwortet: Natürlich brauchen wir sie dort, das ist für die Unternehmen besser. Aber welcher Anteil der richtige ist, lässt sich nicht so einfach sagen. Dass 10 oder 20 Prozent zu wenig ist, erscheint mir plausibel, weil dann ein großer Teil der im Unternehmen vorhandenen Talente nicht ausgeschöpft wird. Aber natürlich ergibt es auch keinen Sinn, auf einen Schlag eine hälftige Durchmischung durchzudrücken. Eine kluge Unternehmensleitung baut deshalb frühzeitig und proaktiv vor und fördert Frauen schon früh, beispielsweise durch Mentoringprogramme. In der Universität gilt das übrigens genauso. Je früher man damit beginnt, die Partizipation von Frauen zu unterstützen und sie hochzuentwickeln, desto besser.

Hat sich im Blick auf den Frauenanteil in der akademischen Welt denn etwas getan?

Oh ja, ganz erheblich. Immerhin ist schon einmal die Zahl der Studentinnen, über alle Fachgebiete betrachtet, insgesamt höher als die Zahl ihrer männlichen Kommilitonen. In der Betriebswirtschaftslehre liegt der Frauenanteil knapp unter der Hälfte; in der Volkswirtschaftslehre noch etwas darunter. Aber wenn man beispielsweise die medizinischen Studiengänge betrachtet, dann findet man Frauenanteile von 60 bis 70 Prozent. Das setzt sich bis zur Promotionsstufe so fort. Dann allerdings bricht es ab. Ursache dafür ist wohl vor allem, dass in der Klinikphase die Arbeitszeiten nicht so gut vereinbar sind mit dem Wunsch, eine Familie zu gründen, und dass sich Frauen dann eher ganz für die Familie entscheiden. Ich glaube gar nicht, dass hier Diskriminierung bei der Stellenvergabe vorliegt, sondern es kommt irgendwann der Punkt, wo die Frauen ein Weitermachen nicht mehr attraktiv finden. Ehrlich gesagt würde ich aber hier schon auch ein wenig mehr Biss erwarten, also dass man auch weitermachen will, wenn die Bedingungen härter werden. Wenn man ein Medizinstudium für 200.000 Euro in Anspruch nimmt, für das der Staat die Finanzierung übernimmt, dann kann dabei nicht die Idee sein, dass sich diese Person nachher in die Familie zurückzieht, sondern dass sie Patienten versorgt. Da darf die Gesellschaft schon gewisse Ansprüche formulieren, und die Frauen sollten auch größere Ansprüche an sich selbst stellen. Universität und Gesundheitswesen können helfen, indem sie gangbare Wege bereiten und Arbeitsbedingungen verbessern. Aber das allein reicht nicht.

Aber man kann die Leute ja schlecht zwingen.

Natürlich nicht. Aber auf Dauer kann das System so nicht Bestand haben. Man kann nicht das Studium mehr oder weniger gratis lassen und jeder sucht sich aus, was er will und wie er will. Wie gesagt, wir kommen auf 60 bis 70 Prozent Frauenquote im Medizinstudium bis hin zur Promotion, und der Anteil der Frauen in den darüber gelegenen Positionen in der Wissenschaft oder in der medizinischen Praxis bricht danach kontinuierlich ein, bis auf magere 10 Prozent auf der höchsten Stufe. Und die Zahl derjenigen, die in der Praxis voll weiterarbeiten, ist ebenfalls ziemlich klein.

Was ist dann die Konsequenz?

Dann müsste das Studium privat bezahlt werden. Denn dann sind solche natürlich völlig legitimen Entscheidungen über den privaten Lebensweg unproblematisch. Aber die Gemeinschaft kann nicht einer großen Zahl von Frauen das Hobby eines Medizinstudiums finanzieren. Sicher, dann gibt es in deren Familie eine bessere medizinische Versorgung, was ganz nett ist, aber es ist doch immer noch Hobby. Ganz und gar nicht überzeugend ist in diesem Zusammenhang übrigens das immer wieder gehörte Gegenargument, selbst wenn die teuer ausgebildeten Frauen nicht arbeiteten, gebe es noch positive externe Effekte, und sei es nur deshalb, weil Akademikerinnen ihre Kinder besser erzögen. Das kann man natürlich für alles und jedes behaupten, aber die Kindererziehung ist und bleibt Privatsache. Wer es sich leisten kann, der mag das so handhaben – aber nicht auf Kosten der Gemeinschaft. Das kann nicht sein.

Wie sieht das denn in den klassischen Männerdisziplinen aus, zum Beispiel in den Ingenieurwissenschaften?

Da ist das Bild ganz anders. Dort ist zwar der Anteil der Frauen im Studium immer noch sehr klein, aber die wenigen Frauen, die ein Ingenieursstudium aufgenommen haben, halten auch am Arbeitsmarkt durch. Im Prinzip gibt es dort kein Absinken der Quote im Laufe der Zeit und auch vergleichsweise wenige Studienabbrüche. Das ist im Vergleich zur Situation in der Medizin die volkswirtschaftlich effizientere Strategie. Bei einem solchen Verlauf ist es dann auch kein Problem, das Studium so zu finanzieren, wie wir das heute tun, also nicht über Studiengebühren in einer Größenordnung wie in Amerika, sondern hauptsächlich aus Steuermitteln. Wenn die Mehrzahl einen Abschluss macht und Arbeit findet, fahren Staat und Gesellschaft über die Steuern und den Beitrag am Arbeitsmarkt die Rendite der Investition dann ja wieder ein.

Apropos Abbrecher. In der hochschulpolitischen Diskussion spielt die Drop-out-Rate eine große Rolle. Klar ist es nicht schön, wenn jemand sein Studium nicht erfolgreich abzuschließen vermag; der Student hat Zeit und Geld und Nerven investiert und der Steuerzahler auch. Aber sind Abbrecher nicht ein logischer und daher hinzunehmender Kollateralschaden des anspruchsvollen Niveaus, das wir uns wünschen? Kann es ohne die Gefahr – und die Realität – des Scheiterns gehen?

Das wohl nicht, aber es geht um das richtige Maß. In Deutschland sind die Drop-out-Raten, die je nach Fach zwischen 30 und 50 Prozent liegen, auf jeden Fall zu hoch. Das gilt auch dann noch, wenn man berücksichtigt, dass nicht jeder, der aussteigt, damit ganz draußen ist. Es gibt auch viele Studierende, die nach ein, zwei Semestern in dem einen Fach in ein anderes umsteigen und dort durchaus auch einen Abschluss hinbekommen. Das aber bedeutet einen Wechsel, ein Sich-Sortieren, keinen echten Drop-out. Das muss sich eine Gesellschaft leisten können. Schlimm jedoch sind die Fälle, in denen junge Menschen immer wieder einen neuen Anlauf unternehmen und am Ende trotzdem ohne Abschluss dastehen. Diese Zahlen sind geringer, aber auch sie sind noch viel zu hoch. Sie bedeuten persönliche Dramen und enorme Verschwendung. Das ist wirklich dramatisch.

Wieso ist das so verbreitet, woher kommt das?

Das liegt zum Teil daran, dass wir so stark der auch seit zwei, drei Jahrzehnten von der OECD getriebenen Vorstellung verhaftet sind, je mehr Akademiker ein Land habe, desto besser. Das ist einfach falsch. Ein Studium ist nicht per se besser als eine Berufsausbildung, es ist einfach etwas anderes. Viele junge Leute sind gar nicht für ein wissenschaftliches und oft sehr abstraktes Studium gemacht. Sie führen besser damit, wenn sie nicht mehr die Schulbank drücken müssten, sondern erst einmal auf dem Arbeitsmarkt Fuß fassen, in einem Unternehmen Verantwortung übernehmen, etwas Konkretes tun könnten, statt nach 10 oder mehr Jahren Schule wieder nur ausschließlich mit dem Kopf zu arbeiten und die Schulbank zu drücken. Dafür wäre eine Berufsausbildung vielleicht das Richtige. Und danach kann man immer noch weitersehen. Wer später mehr will, für den muss es natürlich Möglichkeiten geben, umzusteigen und aufzusteigen. Aber von vornherein alle in ein Studium zu drücken, ist sicher falsch. Wer sich durch die Universität quält, obwohl das seinem Naturell und seinen intellektuellen Möglichkeiten nicht entspricht, aus dem wird auch ganz gewiss nicht der besser bezahlte Arbeitnehmer, als wenn er in einer Lehre seine wahren, mindestens genauso wertvollen Qualitäten hätte entwickeln können.

Wie wirkt sich diese Fehlallokation an der Universität aus?

Ganz konkret zum Beispiel darin, dass eine zunehmende Zahl an Studierenden es überhaupt nicht mag, wenn man zur Erklärung irgendeines Sachverhalts zwei verschiedene theoretische Modelle heranzieht. Aber es gibt nun einmal eine Vielzahl von Annäherungen an einen Sachverhalt, und das muss in einem wissenschaftlichen Studium auch so sein. Da bekommt man als Dozent dann glatt in den Evaluationen schon einmal den kritischen Kommentar ab, man könne sich wohl nicht entscheiden. Aber ein Problem lässt sich immer von verschiedenen Seiten betrachten, und um das zu lernen, ist man an der Universität. Es gilt zu sondieren, abzuwägen, plausiblere Routen weiterzuverfolgen. Doch es gibt junge Leute, die können und wollen das nicht verstehen, die sind damit überfordert. Wenn man viele solche Studierende hat, dann macht das den Unterricht besonders mühsam und das Niveau sinkt.

In der Politik ist der Ruf nach mehr Bildung sehr verbreitet, unter anderem dann, wenn es darum geht, unser Lohnniveau zu verteidigen, den demographischen Wandel abzupuffern und trotzdem die Wettbewerbsfähigkeit zu sichern. Wenn ich Sie richtig verstehe, muss das aber auf differenzierte Weise vonstattengehen, auf dem Niveau und auf die Art, die dem Individuum entspricht.

Genau. Jeder sollte möglichst gut etwas gelernt haben und sich auch kontinuierlich weiterbilden, wie auch immer seine Talente gelagert sind. In diesem Sinne können wir von Bildung gar nicht genug bekommen. Falsch ist es nur, wenn man glaubt, mehr Bildung müsse automatisch mehr Jahre an der Universität bedeuten. Wir haben uns mit diesem Zusammenhang ausführlich in empirischen Studien beschäftigt. Im angelsächsischen Raum heißt es häufig, je mehr Akademiker die Unternehmen rekrutierten, desto besser sei dies für die Innovationskraft. Das mag zwar für den angelsächsischen Raum stimmen, wo man entweder eine Universitätsausbildung besitzt oder im Prinzip gar nichts gelernt hat. Für die deutschsprachigen Länder hingegen, in denen es das duale Bildungssystem gibt, ist die Behauptung unzutreffend und die Empfehlung führt in die Irre.

Wieso?

Bei uns ist die Innovation das Ergebnis aus dem Zusammenspiel von Akademikern und den sehr gut ausgebildeten, aber sehr viel praktischer ausgerichteten Absolventen des dualen Systems. Nach drei, in manchen Berufen auch vier Jahren Lehre gehen auch letztere sehr analytisch an die Produktionsprozesse heran; sie sprechen die Sprache des Ingenieurs, der ansonsten in einer anderen Welt schwebt; sie wissen sehr genau, was beispielsweise ein Material verträgt und was nicht; sie sind in der Lage, abstrakte Ideen in Prototypen umzusetzen. Sie können Dinge, die kann kein Ingenieur. Das ist sehr wertvoll und entgegen manchen Klischees auch kein bisschen weniger wichtig als eine akademische Qualifikation. Insgesamt kommt so sehr viel mehr heraus, als wenn man es nur mit einem Ingenieur zu tun hat, der zwar in neuen Dimensionen zu denken vermag und tolle Ideen hat, der aber den Produktionsprozess nicht mehr im Detail versteht und deshalb Friktionen verursacht. Unsere Wirtschaft lebt davon, dass wir dieses fruchtbare Miteinander haben.

Das duale System gilt ja auch international als vorbildlich.

Ja, das ist in der Wirtschaft im deutschsprachigen Raum eigentlich auch keine neue Erkenntnis, aber die breite Öffentlichkeit war lange, unter anderem verursacht durch OECD-Vergleiche, einfach nur auf eine Erhöhung der Akademikerquote fixiert. Ich selber schreibe aber schon seit mehr als zwanzig Jahren, dass das eine problematische Sichtweise ist: Unser duales System bedeutet einen enormen Wettbewerbsvorteil, man darf das auf keinen Fall unterschätzen. Der Wirtschaft erschließt es in der Mitte des Arbeitsmarkts ein großes Potenzial an Fachkräften, die breit ausgebildet und sehr gut darauf vorbereitet sind, die rasch voranschreitenden technologischen Weiterentwicklungen aufzunehmen und zu verarbeiten. Wer eine Ausbildung gemacht hat, der hat einen Beruf gelernt und nicht bloß einen Job, der sofort hinfällig wird, wenn der Unternehmer eine neue Maschine hinstellt. Er hat auch Dinge gelernt, die er vielleicht am Anfang gar nicht braucht, aber wenn der Wandel kommt, ist er vorbereitet. Wie Studien gezeigt haben, wird das Wissen unserer Ausbildungsabsolventen nicht so schnell obsolet, sie werden deshalb auch nicht so schnell arbeitslos und auch ihr Einkommen entwickelt sich auch über lange Strecken gut. Gerade mit Blick auf die zunehmende Digitalisierung ist das eine wichtige Absicherung. Und nicht zuletzt passt das duale System auch für viele junge Leute einfach von seinem Zuschnitt her sehr gut. Wobei es von dort ausgehend natürlich Durchlässigkeit braucht. Wer nach der Ausbildung in sich noch mehr Talente schlummern sieht und sich weiter qualifizieren will, der muss dazu eine Gelegenheit bekommen.

Also zurück zu den Universitäten, wobei ich nun aber den Fokus auf die Professorenschaft legen möchte. Wie sieht es denn hier mit den Anreizsystemen aus? Gibt es etwas, das dafür sorgt, dass bei ihnen Themen Bearbeitung finden, die wirklich wichtig sind? Dass die Wissenschaft nicht als „l'art pour l'art" betrieben wird oder die Forscher einfach nur „spielen", bloß Masse produzieren und relativ verantwortungslos irgendwelche Thesen in die Welt posaunen?

Solche Fälle gibt es natürlich, und in der Tat liegt das an den Anreizsystemen. Heute gilt noch stärker als früher das Prinzip „Publish or perish"; es wird darauf geachtet, wie viel und wo eine Arbeit publiziert wird; eine Veröffentlichung in „A-Journals" oder gar „A+-Journals" gilt als das Nonplusultra. Mit diesen Standards werden dann ganze Länder als Forschungsstandorte bewertet, Universitäten, Fakultäten, einzelne Wissenschaftler. In unserem Hochschulsystem ist die ganze Karrierestruktur danach ausgerichtet. Dass dann am Ende der Kette junge Forscher stehen, die vor allen Dingen danach schauen, wo sie eine Publikation unterbekommen und wie sie das Interesse der Kollegen oder genau genommen der Herausgeber von Journalen wecken, völlig unabhängig von der gesellschaftlichen Relevanz, das ist eigentlich logisch. Die Wiedereroberung dieser Relevanz, die Rückkopplung an die gesellschaftliche Realität wäre aber schon wünschenswert. Dass es darum so schlecht steht, ist ein Problem.

Und wie kann man das lösen?

Wir müssen von den Universitäten viel mehr verlangen, dass sie Wissens- und Erkenntnistransfer betreiben. Sie müssen beweisen, dass ihre Arbeit auch außerhalb der akademischen Welt von Belang ist. Natürlich bedeutet das nicht, dass sie weniger an der Forschungsfront leisten müssen, aber die Vermittlung nach außen gehört dazu, ganz egal, was das jeweilige Fach ist. Wir sollten diese Transferleistung nicht nur von technischen Disziplinen erwarten, im Sinne des klassischen Technologietransfers, sondern von allen Wissenschaften, im Sinne eines Erkenntnistransfers. Die Wissenschaftler sollten sich Gedanken darüber machen, wie sie ihre Forschungsergebnisse für die Gesellschaft nutzbar und verständlich machen können. Mir erscheint es extrem wichtig, das in die Köpfe hineinzubekommen. Aus der Freiheit der Wissenschaft abzuleiten, dass es einen überhaupt nicht interessieren muss, was die Gesellschaft braucht und erwartet – das geht einfach nicht. Wir müssen möglichst rasch an den Punkt kommen, wo das keine erlaubte Antwort mehr ist.

Haben aber nicht manche Fächer einen komparativen Nachteil, wenn es darum geht, ihre Nützlichkeit nachzuweisen, zum Beispiel die Geisteswissenschaften gegenüber den technischen Wissenschaften, den Naturwissenschaften und der Medizin? Eine neue Maschine oder Arznei findet jeder nützlich, aber ein neues philosophisches Konzept?

Das könnte man vermuten. Aber das ist eine Perspektive, die man nur solange einnehmen kann, wie man den Technologie- oder Wissenstransfer im herkömmlichen Sinn ins Zentrum stellt. Wenn man den Bogen in Richtung Erkenntnistransfer weiter spannt, dürfte die Sache schon ganz anders aussehen. Man will im Leben ja nicht nur Produkte kaufen oder medizinisch versorgt werden; auch Ideen, Kultur oder Sinngebungen spielen eine wichtige Rolle. Viele Menschen möchten sich vielleicht näher mit der Vergangenheit beschäftigen oder suchen Antworten auf die großen Grundsatzfragen des Lebens; bei den Geschichtswissenschaftlern und den Philosophen könnten sie durchaus fündig werden. Und selbst wenn es um Produkte im engeren Sinne geht – die ihnen zugrundeliegende Idee, der zündende Gedanke, wofür es in der Gesellschaft einen Bedarf geben könnte, kann durchaus auch einmal in der philosophischen Fakultät entstehen, zum Beispiel durch die Einsicht, dass Leben Problemlösen bedeutet; dass die Menschen einen Informationsbedarf haben, den es mit neuen Mitteln kreativ zu decken gilt; dass wir uns in den sozialen Medien vernetzen wollen, und dass es auch neue Formen des sozialen Zusammenlebens oder sogenannte soziale Innovationen braucht. Es gibt einen Bedarf an Input in vielerlei Hinsicht.

Was können die Ökonomen tun?

Die Ökonomen können zum Beispiel helfen, dass sich die Menschen damit beschäftigen, wie man wirtschaftlich mit der Alterung der Gesellschaft umgehen soll. Aber das ist nur eines von vielen Beispielen. Jede Fakultät muss den Anspruch haben, dass sich irgendwer da draußen für das interessiert, was in ihrer Forschung läuft. Und deshalb müsste jede Fakultät auch gezielt darüber nachdenken, was man aus ihrer Forschung machen kann, was für die Welt interessant sein könnte. Es gibt auf jeden Fall ein Publikum. Die wahrgenommene Nützlichkeit der Forschung misst sich im Endeffekt am Interesse der Menschen, und das gilt es womöglich überhaupt erst zu wecken. Ich muss die jeweilige

Materie dann allerdings so aufbereiten, dass mich auch Laien verstehen können. Das ist aber heute verpönt. Und das ist dumm.

Haben Sie denn den Eindruck, dass an den Universitäten die Arbeitsteilung der Wissenschaftler zwischen Lehre und Forschung gut funktioniert? Ist es nicht so, dass die Lehre tendenziell eher etwas stiefmütterlich behandelt wird?

Ich fürchte, Sie haben Recht. Man hat in den vergangenen Jahren zu einseitig auf die Forschung fokussiert. Man kann aber heute nicht mehr im ursprünglichen Humboldt'schen Sinne einfach davon ausgehen, dass ein guter Forscher immer auch ein guter Lehrer ist oder dass automatisch Forschung und Lehre gut zusammengehen. Die Gefahr ist groß, dass die Lehre zu kurz kommt. Dass gute Forschung und gute Lehre zusammenfallen, ist noch am ehesten im Rahmen der Doktorandenausbildung gegeben. Auf den Stufen darunter ist das aber schwieriger, speziell in einer Zeit, in der wie in Deutschland mehr als 50 Prozent einer Alterskohorte an einer Universität studieren – und wo auch nur ein Bruchteil der Studierenden überhaupt in der Wissenschaft bleibt. Die wollen und können ja gar nicht alle in die Forschung eingebunden werden. Nicht alle sind hochmotiviert und konzentriert und deshalb auch in der Lage, sämtliche Informationen aufzunehmen, egal wie diese dargeboten werden; sie brauchen vielmehr eine besondere, ausfeilte Didaktik. Folglich ist es schon wegen dieser Bedingungen eigentlich vorbei mit der automatischen Komplementarität von Forschung und Lehre. Um die Lehre wieder zu stärken, bräuchte man deshalb entsprechende Auswahlkriterien, Anreize und Differenzierungen. Aber das haben wir noch nicht geschafft. Bis heute steht in den Berufungsverfahren überall noch immer die Forschung im Zentrum.

Was wäre denn ein Ansatz, wie man das ändern könnte?

Die Lösung läge in der Richtung von mehr und klarerer Differenzierung im Hochschulsystem. Wir müssen wegkommen von dem Denken, dass alle Universitäten dasselbe machen, und allenfalls manche etwas besser und andere etwas schlechter. Besser wäre ein Bewusstsein dafür, dass wir verschiedenartige Angebote brauchen – und dass wir diese Verschiedenartigkeit zwischen Universitäten auch honorieren. So wäre es gut, wenn sich alle Universitäten besser auf ihre jeweiligen Stärken konzentrieren könnten; wenn sie viel mehr in der Lage wären, ihren jeweiligen Standortbedingungen und damit ihren zumindest implizit oft unterschiedlichen Zielsetzungen gerecht zu werden: ländlicher oder urbaner Raum, Homogenität oder Heterogenität der Bevölkerung, regionaler Fokus oder internationaler Anspruch. Dann könnten sich die einen mehr als Forschungsuniversitäten verstehen, die sich mit Harvard messen wollen und müssen, dann aber auch nicht mehr jeden Studierenden mitnehmen müssen. Die anderen könnten sich beispielsweise mehr in einer lokal verankerten Lehre engagieren. An den Top-Universitäten könnte man dann die Anforderungen an die Studierenden so hoch legen, dass man beides zugleich bekommt, exzellente Forschung und ebenso gute Lehre. Im Gesamtsystem wären dann aber die Anreize jeweils auch anders zu setzen.

Und zwar wie?

Ein Wissenschaftler, der das besser macht, was an seiner Universität verlangt wird, sei es in der Forschung oder in der Lehre oder in beidem, der muss eben auch mehr Geld bekommen. Ohne Anreize und Belohnungen funktioniert gar nichts. Wobei es nicht um variable Löhne oder Boni pro Publikation ginge, sondern eher um Karriereoptionen, Gehaltsleitern oder Ausstattungen. Dafür brauchen wir aber an den Universitäten mehr Möglichkeit zur Differenzierung. Und dann müssten sich die Universitäten eigene Profile geben, ihre Rollen und Zielfunktionen viel klarer definieren.

Wie beurteilen Sie die Reformen, die seinerzeit im Bologna-Prozess zur Schaffung eines einheitlichen Hochschulraumes unternommen worden sind? Man hört ja viele Klagen über die nunmehr herrschende Zweistufigkeit des Systems, insbesondere wegen der zunehmenden Verschulung und der mangelnden Wechselmöglichkeiten.

Den Unmut verstehe ich eigentlich nicht. Die Reformen waren schon richtig und sinnvoll. Man darf die Ziele des Bologna-Prozesses nicht falsch verstehen. Klar hat ein Student mit dem Bachelor eine erste Stufe der wissenschaftlichen Ausbildung genommen, aber das heißt ja nicht, dass man mit diesem Zeugnis in der Tasche dann automatisch von jeder Universität an jede andere Universität gehen und nahtlos dort einen Master anschließen kann. Solche Erwartungen waren meines Erachtens Unsinn, so konnten die Reformen nie ernsthaft gemeint sein. Ein einheitlicher Hochschulraum soll Vergleichbarkeit bringen, nicht Gleichheit aller Abschlüsse. Das ist ganz wichtig. Man muss schon akzeptieren, dass es große Unterschiede zwischen den Universitäten gibt und auch weiterhin geben wird. Das ist ja sogar erwünscht. In den Vereinigten Staaten oder in England käme niemand auf die Idee, dass jeder mit irgendeinem Bachelor von irgendeinem College anschließend automatisch nach Harvard oder an die London School of Economics wechseln kann. Der Bachelor bedeutet, dass die Studierfähigkeit nicht mehr grundsätzlich in Frage steht, dass man das Fach schon einmal erfolgreich für sich getestet hat. Aber dann muss jede Universität genauer hinschauen können, was ein Bewerber für ihr Master-Programm mitbringt; was er schon gelernt hat und was nicht; ob er eine Chance hat, den Abschluss zu erreichen; wo sie noch Auflagen verhängen muss und wo nicht. Das finde ich absolut sinnvoll und das ist im Bologna-System auch immer schon so vorgesehen gewesen.

Finden Sie es richtig, dass spätestens auf Master-Niveau fast überall auf Englisch unterrichtet wird?

Unbedingt. Auf Master-Niveau und erst recht auf der Stufe der Promotion bemühen wir uns, unsere einheimischen Studierenden für den internationalen Markt fit zu machen und auch Interessenten von dort zu attrahieren. Hier ist der Anspruch international und muss es in der heutigen Wissenschaftswelt auch sein. Dafür braucht man vielleicht nicht ausschließlich, aber doch weitestgehend englischsprachige Programme. Natürlich ist das für die Studierenden in manchen Fächern nicht immer leicht; gerade diffizile Themen erschließen sich doch immer am besten in der Muttersprache. Wo die Wissenschaft aber so analytisch ist wie in der Ökonomik, wo mit Modellen gearbeitet wird, wo es um Zahlen und deren Interpretation geht, ist das kein solches Problem. Dass auch die Dozenten nicht immer perfektes Englisch sprechen, ist kein gültiger Einwand. In der Welt da draußen, im wahren Leben, ist das ohnehin so, auch darauf müssen die Studierenden lernen sich einzustellen. Es ist auch Teil der Ausbildung, die Kommunikation mit Leuten aus aller Herren Länder zu trainieren, so sehr diese auch Akzente oder Defizite haben mögen. Das bedeutet Lernen für das Leben. Einem Masterstudierenden muss man das zumuten können. Auf Bachelor-Niveau ist das anders. Dort geht es erst einmal darum, eine solide fachliche Grundlage zu schaffen, und wir haben auch eine Pflicht gegenüber dem eigenen Standort. Wir müssen auch die lokale Klientel bedienen, sie gut unterrichten und sie langsam, aber sicher an die Internationalisierung heranführen.

Ottmar Edenhofer

https://doi.org/10.1515/9783111208749-002

Missionar des Klimas

Der 1961 im niederbayrischen Gangkofen, auf halber Strecke zwischen München und Passau geborene Ottmar Edenhofer entstammt einer Unternehmerfamilie. Der Vater besaß ein Landkaufhaus und zog später mit einem Partner einen Textildiskonter mit beinahe 80 Filialen in ganz Bayern hoch. Die Eltern hofften, dass der Filius einmal ins Geschäft einsteigen würde, aber dieser hatte andere Interessen. Auch mit der Schule konnte er, wie er sagt, lange nichts anfangen. Ihn faszinierten die ganz großen Fragen: die Evolution, die Unendlichkeit, Gott. Obschon keineswegs religiös erzogen, wurde er in der katholischen Kirche aktiv. Eine Spur hinterließ die Schule erst, als ihm eine Lehrerin ein Referat über die Arbeitswert- und Krisentheorie von Karl Marx aufgab: „Selbst im konservativen Niederbayern war man in den siebziger Jahren links – zumindest ein bisschen."

Der philosophische Zugang zum Nachdenken über ökonomischen Wert fesselte ihn. Die Auseinandersetzung mit Marx mag mit angestoßen haben, dass er im Alter von 18 Jahren ein Unternehmen gründete, eine nicht auf Gewinnerzielung ausgelegte, „ausbeutungsfreie" Sozialstation mit 30 angestellten Pflegekräften. Um deren Bestand auf Dauer zu sichern, koppelte er sie gleich an die katholische Kirchenstiftung an. Auf jeden Fall erleichterte es ihm diese Erfahrung, sich nach dem Abitur nicht nur auf Drängen des Vaters für ein Studium der Volkswirtschaftslehre in München zu entscheiden. Dort wurde Hans-Werner Sinn für ihn eine prägende Figur. Bei ihm saß er in allen Vorlesungen und allen Seminaren. „Er war unglaublich, ein intellektuell von seinem Fach besessener, zum Kämpfen aufgelegter Hardcore-Neoklassiker." Die mathematische Modellierung machte ihm Freude, aber es blieb ein Gefühl der Unzufriedenheit: „Man kam damit nicht ganz an die zentralen Fragen heran."

Edenhofer entschied sich deshalb für ein religiöses Leben. Weil ihm die Einstellungen des großen Theologen und Sozialethikers Oswald von Nell-Breuning zu Marktwirtschaft und Ethik gefielen, wählte auch er den Jesuitenorden. „Als ich das dann meinen Eltern offenbarte, sagte mein ziemlich antiklerikaler Vater nur: ‚Jetzt brauche ich einen Cognac.'" Nach dem Noviziat studierte Edenhofer an der Hochschule für Philosophie in München und in Frankfurt St. Georgen. In dieser Zeit lernte er den damals 98-jährigen Nell-Breuning auch persönlich kennen. „Er war sehr schroff, aber er hat mich sehr inspiriert." Schließlich schickte ihn der Orden als humanitären Helfer für zwei Jahre nach Kroatien und Bosnien, wo damals der Bürgerkrieg tobte. „Die Erfahrungen dort haben mich sehr verstört", gibt er zu Protokoll. Es war auch der Anfang vom Ende seines Ordenslebens: 1993 trat er nach langem innerlichen Ringen wieder aus.

Nach einem Praktikum in der Wirtschaftsredaktion der Frankfurter Allgemeinen Zeitung nahm er das Angebot des Soziologen Carlo C. Jaeger von der Technischen Hochschule Darmstadt an, bei ihm als wissenschaftlicher Assistent einzusteigen und in Ökonomie zu promovieren. Jaeger leitete zugleich die Abteilung Humanökologie an der EAWAG, einer Forschungsanstalt des ETH-Bereichs in der Schweiz. Das passte: „Umweltfragen im Verbund mit Wachstum und Ressourcen haben mich immer interessiert. Und das Klima war dabei immer präsent." Auch die Soziologie kam Edenhofer gerade recht, weil ihn umtrieb, wie Gesellschaften funktionieren – und auch weil er von der Volkswirtschaftslehre enttäuscht war: „So richtig kam die Neoklassik mit den Umweltfragen ja doch nicht klar." Über die Spieltheorie und die evolutionären Modelle, die er in seiner Doktorarbeit über soziale Konflikte und technologischen Wandel nutzte, wandte er sich dann aber doch wieder verstärkt der Ökonomie zu.

Nach der Promotion ging er ans Potsdam-Institut für Klimafolgenforschung (PIK), wo er zunächst stellvertretender Leiter der Abteilung Soziale Systeme war, ab 2005 Chefökonom sowie ab 2007 stellvertretender Direktor. Hier erhielt er die Möglichkeit, eine interdisziplinäre Abteilung zu den Lösungsstrategien des Klimawandels aufzubauen. Im Herbst 2018 löste er gemeinsam mit Johan Rockström den sich in den Ruhestand verabschiedenden Institutsgründer und Direktor Hans Joachim Schellnhuber ab. Die beiden haben die Forschung am PIK neu ausgerichtet, sodass nun globale Gemeinschaftsgüter und die planetarischen Belastungsgrenzen im Zentrum stehen.

Seit 2008 hat Edenhofer eine Professur für die Ökonomie des Klimawandels an der Technischen Universität Berlin inne. Seit 2012 ist er darüber hinaus Gründungsdirektor des Mercator Research Institute on Global Commons and Climate Change (MCC) in Berlin. Dort widmet er sich der Frage, wie man wirtschafts- und sozialwissenschaftliche Analysen mit einem strukturierten Ansatz an der Schnittstelle von Wissenschaft und Politik verbindet und wie wissenschaftliche Politikberatung zu leisten ist.[1] Insbesondere hat er sich mit dem Zusammenhang von Ungleichheit und „Social costs of carbon" beschäftigt,[2] ebenso wie mit der politischen Ökonomie der Klimapolitik.[3]

Danach gefragt, welche Persönlichkeiten aus der wissenschaftlichen Literatur für ihn besonders prägend waren, nennt er an erster Stelle die Nobelpreisträgerin Elinor Ostrom wegen ihrer Arbeiten zu lokalen Gemeingütern; in seiner Beschäftigung mit den Global commons entwickelt er diese Ansätze auch spieltheoretisch weiter.[4] An zweiter Stelle folgt in der Aufzählung Partha Dasgupta, unter dessen Leitung die „Das-

---

1 Vgl. Edenhofer, O. und M. Kowarsch (2015), Cartography of pathways: A new model for environmental policy assessments, *Environmental Science & Policy* 51, S. 56–64.
2 Vgl. Kornek, U. et al. (2021), The social cost of carbon and inequality: When local redistribution shapes global carbon prices, *Journal of Environmental Economics and Management* 107, 102450.
3 Vgl. Kalkuhl, M., J. C. Steckel und O. Edenhofer (2020), All or nothing: Climate policy when assets can become stranded, *The Journal of Environmental Economics and Management* 100, 102214.
4 Vgl. Edenhofer, O. et al. (2015), The atmosphere as a global commons: Challenges for international cooperation and governance, in: L. Bernhard und W. Semmler (Hrsg.), *The Oxford Handbook of the Macroeconomics of Global Warming*, Oxford, Oxford University Press, S. 260–96, sowie Kornek, U. und O. Edenhofer (2020), The strategic dimension of financing global public goods, *European Economic Review* 127, 103423.

gupta Review" erschienen ist, ein globaler Bericht über die Ökonomie der Biodiversität – der für Edenhofer ein großer Durchbruch ist.[5] An dritter Stelle nennt er Arthur C. Pigou, der die Idee einer Steuer entwickelt hat, die Externalitäten internalisiert.[6]

Neben seiner Forschungsarbeit beteiligt sich Edenhofer mit großem Engagement an der öffentlichen Debatte. Vor dem Hintergrund des Angriffskrieges Russlands auf die Ukraine hat er sich gemeinsam mit Kollegen in den Medien mehrfach für ein Gasembargo gegen Russland[7] sowie für eine europäische Lösung der Gaskrise[8] ausgesprochen. Außerdem hat er sich für umfangreiche Kompensationen zugunsten einkommensschwacher Haushalte eingesetzt.[9]

Umsichtig und gewinnend, ist Edenhofer auch ein gefragter Berater für Politik, öffentliche Institutionen, Unternehmen und Kirche. Die Liste seiner Ämter und Engagements ist lang; nur einige seien herausgegriffen: Unter seiner Leitung entstand 2014 der fünfte Sachstandsbericht des Weltklimarats (IPCC), der das wissenschaftliche Fundament für das Pariser Abkommen 2015 bildete.[10] Seit 2018 ist er Mitglied in der Nationalen Akademie der Wissenschaften Leopoldina, seit 2015 in der Deutschen Akademie der Technikwissenschaften acatech. Seit April 2022 ist er Vorsitzender des von der EU neu gegründeten Europäischen Wissenschaftlichen Beirat zum Klimawandel der Europäischen Umweltagentur (ESABCC). Dieser soll unabhängige wissenschaftliche Beratung leisten und darüber berichten, inwieweit die EU-Politik mit dem Europäischen Klimagesetz von 2021 und den Verpflichtungen der EU im Rahmen des Pariser Abkommens übereinstimmt.

Außerdem ist er nicht nur zugewähltes Mitglied im Zentralkomitee der deutschen Katholiken, sondern darüber hinaus Berater einer der vom Papst mit der Leitung der römisch-katholischen Kirche beauftragten Zentralbehörden, des „Dikasteriums für den Dienst zugunsten der ganzheitlichen Entwicklung des Menschen". So vollendet sich ein Kreis.

---

5 Dasgupta, P. (2021), *The Economics of Biodiversity: The Dasgupta Review*, London, HM Treasury.

6 Vgl. Edenhofer, O., M. Franks und M. Kalkuhl (2021), Pigou in the 21st century: A tribute on the occasion of the 100th anniversary of the publication of The Economics of Welfare, *International Tax and Public Finance*, online verfügbar unter https://link.springer.com/article/10. 1007/s10797-020-09653-y.

7 Edenhofer, O. und A. Ockenfels (2022), So könnte eine Alternative zum Öl- und Gas-Embargo aussehen, *Handelsblatt* vom 29. März, online verfügbar unter https://www.handelsblatt.com/28204466.html, und Edenhofer, O. und L. Hirth (2022), Wie Europa auf Putins Gaslieferstopp reagieren kann, *Handelsblatt* vom 15. Juli, online verfügbar unter https://www.handelsblatt.com/28488684.html.

8 Edenhofer, O. et al. (2022), So kommt Europa durch den Winter, *Frankfurter Allgemeine Sonntagszeitung* vom 23. Oktober, online verfügbar unter https://www.faz.net/-gqe-ayh41.

9 Kellner, M. et al. (2022), Was der Vorschlag der Gaskommission für private Haushalte bedeutet: Substanzielle Entlastung, aber sozial unausgewogen, *MCC-Arbeitspapier*, online verfügbar unter www.mcc-berlin.net/Publications/2022_MCC_Analyse_Ergebnisse_Gaskommission.pdf.

10 Edenhofer, O. et al. (Hrsg.)(2014), *Climate Change 2014: Mitigation of Climate Change*, Beitrag der Arbeitsgruppe III zum 5. Assessment Report des Intergovernmental Panel on Climate Change (IPCC), Cambridge und New York, Cambridge University Press.

„Langfristigkeit ist in der Klimapolitik das A und O"

Ein Gespräch über die CO_2-Bepreisung, das Klimaschutzgesetz, den europäischen Emissionshandel und den Vatikan

Herr Professor Edenhofer, am 24. März 2021 hat das Bundesverfassungsgericht in einem Beschluss entschieden, dass die Regelungen des Klimaschutzgesetzes vom 12. Dezember 2019 verfassungswidrig sind.[11] Was war für Sie das Wichtigste an diesem Urteil?

Durch dieses Urteil des Bundesverfassungsgerichtes ist der Staat nach Art. 20a GG zum Klimaschutz verpflichtet. Die Ziele des Pariser Klimaabkommens haben damit Verfassungsrang. Vor allem werden die intertemporalen Freiheitsrechte gestärkt: Wird nämlich die Emissionsreduktion bis 2030 verzögert, steigen für die kommenden Generationen die Kosten das Klimaschutzes, und damit wächst auch das Risiko, dass Emissionsminderungen nur um den Preis von schwerwiegenden Freiheitseinbußen möglich werden. Das hat den Beschluss des Bundesverfassungsgerichts zu einem sehr weitreichenden Urteil gemacht. Es ist vor allem ein Urteil über die Notwendigkeit einer Selbstbindung der Politiker. Sie können notwendige Maßnahmen nicht mehr einfach in die ferne Zukunft verschieben.

Trug das Urteil der Möglichkeit Rechnung, dass Deutschlands Bemühungen um Klimaschutz vergeblich sind, weil andere Länder nicht mitziehen, und dass sich die Taktik bedingter Selbstbindung lohnen könnte, nach dem Motto: Deutschland drosselt, wenn die anderen Länder es auch tun?

Das Urteil verlangt vom Staat international ausgerichtetes Handeln zum globalen Schutz des Klimas. Er soll damit all das unternehmen, was die globale Kooperation fördert und stabilisiert, zum Beispiel auch bedingte Zusagen oder Transferzahlungen an andere Staaten, um Anreize zur Kooperation zu schaffen.[12] Er kann sich aber seinen Verpflichtungen nicht mit dem Hinweis auf die Emissionen in anderen Staaten entziehen und passiv das kooperative Nirwana herbeiwünschen, um erst dann zu handeln. Er muss daran arbeiten, dass globaler Klimaschutz gelingt.

---

11 BVerfG (2021), *Beschluss des Ersten Senats vom 24. März 2021–1 BvR 2656/18 –*, Rn. 1–270, online verfügbar unter http://www.bverfg.de/e/rs20210324_1bvr265618.html.
12 Vgl. Bauer, N. et al. (2020), Quantification of an efficiency-sovereignty trade-off in climate policy, *Nature* 588, S. 261–66.

Anmerkung: Online am 4. August 2021 erstmals veröffentlicht, https://doi.org/10.1515/pwp-2021-0033. In Print am 31. Oktober 2021 erschienen, *Perspektiven der Wirtschaftspolitik* 22(3), S. 247–58.

Das heißt, Sie sind Sie mit der Ermahnung der Politik durch das Gericht sehr einverstanden?

In dieser Interpretation schon. Die Bundesregierung hat nach dem Urteil schnell beschlossen, das Ziel der Treibhausgasneutralität fünf Jahre vorzuziehen, und hat einen Minderungspfad für die Zeit nach 2030 festgelegt, um das Klimaschutzgesetz verfassungskonform zu formulieren. Das Bundesverfassungsgericht hat jedoch der Politik nicht das Formulieren klimapolitischer Ziele abgenommen. Es hat nur gesagt: Wenn Ihr zum Zeitpunkt x treibhausgasneutral werden wollt, dürft Ihr den Karren nicht einfach bis 2030 laufen lassen und dann erst auf dem letzten Meter mit dem Reduzieren der Emissionen anfangen, um ihn so in die richtige Richtung zu lenken. Das wäre destruktiv, das kann nicht funktionieren. Deswegen müsst Ihr einen klaren Plan angeben, was nach 2030 kommen soll. Ich finde das richtig. Es nervt mich schon lange, dass die Politik immer auf kurze Sicht fährt und keinen langfristigen Gesamtentwurf liefert. Dadurch fehlt es an Glaubwürdigkeit und an verlässlichen Signalen an Konsumenten und Investoren.

Wie steht es nach dem Nachbessern um die Glaubwürdigkeit?

Die Nachbesserung ist Folge des European Green Deal: Die Entscheidung der EU, die Treibhausgas-Emissionen bis 2030 um 55 statt 40 Prozent unter das Niveau von 1990 zu senken, bedeutet für Deutschland höhere Minderungsverpflichtungen. Ohne das Verfassungsurteil hätte man den politischen Kraftakt dieser Anpassung lieber der nächsten Bundesregierung überlassen. Nicht das Nachbessern also ist zu kritisieren – sondern dass ständig von Zielen geredet, aber die Frage der Instrumente nicht angegangen wird. Gerade in der Debatte auf der EU-Ebene sieht man sehr gut, dass die Klimapolitik einen fundamentalen Paradigmenwechsel benötigt: Ordnungsrecht und Technologiestandards sollen zurücktreten, die CO_2-Bepreisung soll eine stärkere Rolle spielen. Das kann man nicht von heute auf morgen machen, das wäre unrealistisch. Aber es muss ein glaubwürdiger Pfad skizziert werden. Erst wenn dieser Paradigmenwechsel auf europäischer Ebene vollzogen ist, kann die Klimapolitik tatsächlich Glaubwürdigkeit beanspruchen.

Lassen Sie uns erst einmal noch im deutschen Kontext bleiben. Nach meiner Erinnerung waren Sie mit dem alten Klimaschutzgesetz nicht so ganz glücklich. Oder?

Ich fand das Ziel der Treibhausgasneutralität bis 2050 richtig.

Aber den CO_2-Einstiegspreis, der zunächst bei 10 Euro pro Tonne liegen sollte, den fanden Sie viel zu niedrig. Hatten Sie kein Verständnis für die Angst der

Bundesregierung, in Deutschland so etwas loszutreten wie in Frankreich die Gelbwesten-Proteste?

Doch, und dafür gab es ja dann eine Lösung: Man hat im Gegenzug durch die Senkung des Strompreises eine sichtbare Entlastung geschaffen und mit der Fernpendlerpauschale Arbeitnehmer, die auf das Auto angewiesen sind, vor starken Belastungen bewahrt. Im Vermittlungsausschuss wurde die Entlastung durch verringerte Strompreise nochmals angehoben – im Rahmen dieses Deals konnte man den Einstiegspreis immerhin auf 25 Euro anheben, ohne Geringverdiener damit mehr zu belasten.[13] Was mich schon damals in der Tat gestört hat, war die Unklarheit: Wie geht es nach 2026 weiter? Wie gesagt: Langfristigkeit ist in der Klimapolitik das A und O. Ich hätte auch mit einem Einstiegspreis von 10 Euro leben können, wenn man zugleich ab 2026 klar gesagt hätte, wie im Emissionshandel die Preise freigegeben werden. Das war die eine Kritik.

Und die andere?

Die zweite Kritik bezog sich auf die Kompensation für die Bürgerinnen und Bürger. Man hat 75 Prozent der Einnahmen verwendet, um den Klimaschutz über Ausgabenprogramme und steuerliche Förderung voranzubringen – etwa durch öffentlichen Nahverkehr, Elektro-Ladeinfrastruktur und Gebäudesanierung. Und nur 25 Prozent für direkte Entlastungen via EEG-Umlage, Pendlerpauschale, Wohngeld, Mobilitätsgeld und Mehrwertsteuer bei Bahntickets.[14] Das ist für die Zukunft, wenn wir dann einmal 100 Euro je Tonne CO_2 bezahlen müssen, keine Perspektive. Dann werden wir über großzügigere Kompensationen nachdenken müssen.

Wie gestaltet man solche Kompensationen am besten? Sie müssen ja sichtbar sein, damit sie ihren politischen Effekt erreichen und das Ungerechtigkeitsgefühl verschwinden lassen. In der Schweiz gibt es zum Beispiel eine Rückerstattung von zwei Dritteln des Aufkommens aus der CO_2-Abgabe an die Bürger über die Krankenkassenabrechnungen – nur ist sich dessen kaum jemand bewusst.

In Deutschland würden wir kurzfristig davon profitieren, erst einmal die gesamte EEG-Umlage nicht mehr über die privaten und betrieblichen Stromrechnungen zu finanzieren, sondern über die Einnahmen aus der CO_2-Bepreisung. Das hätte den Effekt, dass der Strompreis sinkt, dass er sich auf den Märkten freier bilden kann und dass dann die Sektorkopplung funktioniert: Die Leute haben dann mehr Anreiz, zum

---

13 Siehe dazu Edenhofer, O., M. Kalkuhl und A. Ockenfels (2020), Das Klimaschutzprogramm der Bundesregierung: Eine Wende der deutschen Klimapolitik?, *Perspektiven der Wirtschaftspolitik* 21(1), S. 4–18.
14 Knopf, B. (2020), Das deutsche Klima-Finanzpaket, *MCC Commons Blog* vom 1. Juli, online verfügbar unter https://blog.mcc-berlin.net/ post/article/das-deutsche-klima-finanzpaket.html.

Beispiel Elektroautos und Wärmepumpen zu nutzen, aber auch in Speichertechnologien zu investieren. Diesen Schritt sollten wir auf jeden Fall gehen. Wie man das konkret umsetzen kann, ist ein Teil des Vorschlages, an dem wir am MCC arbeiten. Die EEG-Umlage war zwar anfänglich ein legitimes Instrument, um Innovationen und Lerneffekte anzuschieben[15], sie hätte aber zügiger mit einer substanziellen CO_2-Bepreisung kombiniert und von ihr abgelöst werden sollen, um eine Übersubventionierung zu vermeiden. Jetzt aber haben wir nun mal die EEG-Förderung und können die eingegangenen Zahlungsverpflichtungen an die Investoren nicht ausblenden. Es wäre gut, diese Last aus dem Strombereich herauszubekommen. Bevor wir über komplexere Kompensationen nachdenken, sollte man das als Erstes machen.

Und dann?

Dann sollten wir uns damit beschäftigen, wie wir eine Pro-Kopf-Pauschale einführen können, auch wenn noch nicht klar ist, wie das administrativ umgesetzt werden kann. Die Erfahrungen in anderen Ländern zeigen, dass CO_2-Preise nur dann erfolgreich eingeführt werden können, wenn die Regierung den Bürgern erklärt, wie die Einnahmen verwendet werden sollen.[16] Es ist nicht notwendig, dass alle Einnahmen direkt an die Bürger zurückerstattet werden. Die Förderung von neuer Technologie oder Pilotprojekten kann die Akzeptanz erhöhen, wenn das verständlich kommuniziert wird. Jedenfalls dürfen die Einnahmen nicht in einem schwarzen Loch verschwinden. Was der Staat mit den Einnahmen aus der CO_2-Bepreisung macht, ist für deren Akzeptanz von fundamentaler Bedeutung.

Wenn die Sichtbarkeit der Kompensation gewährleistet ist, darf aber der mit ihr verbundene Einkommenseffekt den Substitutionseffekt der Lenkungsabgabe nicht wieder zunichtemachen. Bekommt man das hin?

Empirische Studien zeigen, dass der Substitutionseffekt um ein Vielfaches größer ist als der Einkommenseffekt.[17] Im Fall einer Steuer müsste der Einkommenseffekt bei der Festlegung des Steuersatzes antizipiert werden, um die gewünschte Emissionsminderung einzuhalten. Hat man jedoch einen Emissionshandel, wird der Einkommenseffekt automatisch korrigiert, da die Emissionsobergrenze eingehalten werden muss und der CO_2-Preis entsprechend ansteigt. Die Rückerstattung neutralisiert daher den Substitutionseffekt nicht. Das ist ja schon mal tröstlich. Bei Technologiestandards

---

15 Kalkuhl, M., O. Edenhofer und K. Lessmann (2012), Learning or lock-in: Optimal technology policies to support mitigation, *Resource and Energy Economics* 34(1), S. 1–23.
16 Klenert, D. et al. (2018), Making carbon pricing work for citizens, *Nature Climate Change* 8, S. 669–77.
17 Sachverständigenrat zur Begutachtung der gesamtwirtschaftlichen Entwicklung (2019), *Aufbruch zu einer neuen Klimapolitik*, Sondergutachten, Wiesbaden, S. 115.

hingegen wird der Effekt teilweise zunichtegemacht: Er zwingt zwar die Autohersteller zu weniger Emissionen pro Kilometer – aber damit kann nicht verhindert werden, dass die Autos schwerer werden, mehr gefahren wird und so die Emissionen steigen. Verbindet man den Technologiestandard mit einem CO_2-Preis, so wird dieser „Rebound-Effekt" wieder neutralisiert, und die Emissionen sinken. Auch unter verteilungspolitischen Aspekten schneidet der Technologiestandard schlechter ab als der CO_2-Preis mit Rückerstattung. Er belastet nämlich die einkommensschwachen Haushalte überproportional. Zwar fahren Leute mit geringem Einkommen typischerweise eher Kleinwagen, doch relativ zum Einkommen schlagen die Kosten von Effizienzstandards bei ihnen stärker zu Buche als bei Leuten mit hohen Einkommen, die mit einer Limousine fahren. So zeigen empirische Studien, dass das reichste Fünftel über ein gut 3,5-mal so hohes Einkommen verfügt wie das ärmste Fünftel, aber nur einen um knapp 1 Prozent höheren Benzinverbrauch pro Kilometer hat. Zudem legen ärmere Haushalte weitaus weniger Distanz zurück als reichere Haushalte, profitieren also deutlich geringer von der höheren Energieeffizienz eines PKW. Im Gegensatz zum CO_2-Preis entstehen bei der Einführung eines Technologiestandards keine Einnahmen, mit denen die Verbraucher kompensiert werden können.[18]

In der Schweiz gibt es tatsächlich für alle dieselbe Rückvergütung, vom Baby bis zum Greis.

Eine solche Pauschalrückerstattung entfaltet eine enorm progressive Wirkung. Denn der CO_2-Fußabdruck einkommensstarker Haushalte ist größer als der von einkommensschwachen Haushalten, weil sie mehr konsumieren, in größeren Wohnungen leben und größere Autos fahren. Deshalb zahlen sie auch bei CO_2-Bepreisung mehr. Wenn die Einnahmen dann gleichmäßig an die Bürger zurückgegeben werden, machen jene, die weniger CO_2 verbraucht haben, unter dem Strich einen Gewinn. Wir Ökonomen sprechen von nicht-homothetischen Präferenzen, die dafür verantwortlich sind, dass ein CO_2-Preis regressiv wirkt und durch eine Pro-Kopf-Rückerstattung zu einem progressiven Instrument wird. Trotz der Rückerstattung bleibt der Anreiz erhalten, mit der Heizung effizient umzugehen. Niemand kann seine Rückerstattung dadurch erhöhen, dass er die Heizung stärker aufdreht – im Gegenteil. Bei der Rückerstattung geht aber nicht nur um die Frage von Reich und Arm, also um die vertikale Einkommensverteilung, sondern auch um die Frage der horizontalen Einkommensverteilung. Also darum, dass sich vom Einkommen her ähnliche Haushalte in ihrer CO_2-Effizienz unterscheiden.[19] Es gibt ja zum Beispiel Leute, die in schlecht gedämmten Wohnungen leben, Ölheizungen besitzen, auf dem

18 Baldenius, T. et al. (2021), Ordnungsrecht oder Preisinstrumente? Zur Verteilungswirkung von Klimaschutzmaßnahmen im Verkehr, *ifo-Schnelldienst* 6, S. 6–10.
19 Hänsel, M. C. et al. (2021), Optimal carbon taxation and horizontal equity: A welfare-theoretic approach with application to German household data, *CESifo Working Paper* Nr. 8931.

Land leben. Diese Unterschiede werden durch eine pauschale Rückerstattung unzureichend erfasst. Es bedarf eines differenzierteren Rückerstattungssystems.

Sie haben eine pauschale Kompensation auch für Deutschland vorgeschlagen.

Ja, aber gerade konservative Parteien wie die CSU hatten noch 2019 Schwierigkeiten damit, dass eine Rückerstattung ohne Bedürftigkeitsprüfung möglich sein sollte. Für die CSU war der Gegensatz von Stadt und Land wichtiger; darum war sie damals für eine Anhebung der Pendlerpauschale. Wer eine CO_2-Bepreisung durchsetzen will, muss die horizontale und die vertikale Verteilung im Blick haben, um Widerstände zu überwinden. Einerseits wollen wir über die Einkommensgruppen hinweg eine progressive Wirkung erzeugen und damit einen Anstieg der vertikalen Ungleichheit verhindern, also die zwischen Arm und Reich. Andererseits gibt es aber eben auch innerhalb der einzelnen Einkommensgruppen eine große Streuung der Kostenbelastung, also eine horizontale Ungleichheit, und darum auch Widerstände. Wir versuchen am MCC gerade, das genauer zu beleuchten, denn daran muss man unter Umständen politisch ansetzen. Ein Grundproblem ist dabei die richtige Erfassung dieser horizontalen Ungleichheit: Wenn Politik kaum Informationen über die horizontale Belastung der Haushalte hat und zielgenaue Kompensationen nur mit hohem Aufwand einführen kann, können direkte Subventionen für Investitionen in CO_2-arme Technologien sinnvoll sein, etwa zur Ersetzung von Ölheizungen. Möglicherweise kommt man auch um Härtefallfonds nicht herum. Sicherlich stimmt es, dass ein so grobes Instrument wie die pauschale Rückvergütung nicht ausreichend ist, um alle relevanten Widerstände zu überwinden und der horizontalen Gerechtigkeit gleichermaßen Rechnung zu tragen. Hinzu kommt, dass Politiker oft über beträchtlichen Erfindungsreichtum verfügen, drastische Härtefälle zu kommunizieren. Die Empirie hat dann einen schweren Stand gegenüber der anekdotischen Evidenz – schließlich kennen viele Parlamentarier in ihren Wahlkreisen Ölheizungsbesitzer, Pendler und Menschen, die in schlecht gedämmten Häusern leben. Leider zieht der farbige Einzelfall in Talkshows besser als die statistische Häufigkeit.

Im Mai 2021 hat die Bundesregierung das Klimaschutzgesetz nun wie gesagt nachgebessert. Der Pfad zur Senkung der Emissionen ist jetzt etwas konkreter beschrieben, auch für die Zeit nach 2030 und bis 2040. Was fehlt jetzt noch?

In der Landwirtschaft ist bislang im nationalen Emissionshandel nur der Verbrauch fossiler Brennstoffe erfasst, also die CO_2-Emission, aber andere Treibhausgase wie Methan und Lachgas bleiben außen vor. Doch auch sie bedürfen einer Regulierung. Zudem stellt sich die Frage, wie die Landwirtschaft für den Aufbau von Kohlenstoffsenken und für Biodiversitätsdienstleistungen bezahlt werden soll. Man darf nicht vergessen, wie heikel Reformen hier sind, man denke nur an das jahrzehntelange Gezerre um die EU-Agrarsubventionen. Die Landwirtschaft wurde schon 2019 bei der CO_2-Preisreform bewusst ausgeklammert – es war klar, dass man sonst den Einstieg in eine CO_2-Bepreisung ganz hätte vergessen können. Wichtig ist in diesem Zusammenhang, was die EU mit Blick auf Gebäude, Wärme und Verkehr macht. Die im Brennstoffemissionshandelsgesetz bezifferte CO_2-Bepreisung für diese Sektoren wirkt „upstream": De facto bepreisen wir Kohle, Öl und Gas an der Stelle, an der diese in den Wirtschaftskreislauf eintreten. Die Raffinerien zum Beispiel überwälzen die Last auf die Unternehmen, und die schieben sie dann weiter zu den Konsumenten. Wenn jetzt die EU tatsächlich den zweiten Emissionshandel für die Sektoren Gebäude, Wärme und Verkehr einführen sollte, würde das bedeuten, dass wir unser nationales System europäisieren könnten. Das wäre im Prinzip gut – aber die Frage ist, wie das dann ausgestaltet würde.

Was macht Ihnen da Sorgen?

Aus der Umweltszene, auch von den Grünen, hört man in letzter Zeit immer öfter eine Ablehnung der Bepreisung, auch aus der Angst heraus, dass uns das sozial um die Ohren fliegen könnte. Man muss das vor dem Hintergrund dessen sehen, wie ambitioniert unsere Ziele sind: Bis 2045 treibhausgasneutral zu sein – das ist sehr ehrgeizig! Angesichts des Transformationspfads, der jetzt für Klimaneutralität 2045 notwendig ist, kann einem schwindelig werden. Wenn man die Profis im Politikbetrieb, denen ein solches Ziel locker über die Lippen kommt, jetzt damit konfrontiert, dass das auch ein entsprechendes Instrument voraussetzt und dass der CO_2-Preis dann auf weit über 150 Euro je Tonne steigen müsste – dann sagen die gleichen Leute: Auweia, das geht auf keinen Fall! Das finde ich offen gesagt empörend. Als gäbe es irgendwelche magischen Mittel, die uns die reale Anpassungslast ersparen. Wenn es etwa heißt, man könne ja statt einer CO_2-Bepreisung auf technische Vorgaben zur CO_2-Effizienz zurückgreifen, dann kann ich nur entgegnen: Auch Technologiestandards kosten die privaten Haushalte Geld. Und sie belasten besonders die Einkommensschwachen. In der Vergangenheit hat die Klimapolitik tatsächlich versucht, die Kosten der Transformation zu verstecken. Aber jetzt schauen alle genau hin. Und da wäre es angezeigt, der Bevölkerung offen zu sagen, dass unser ambitioniertes Ziel nicht gratis zu haben ist. Energie wird nie wieder so billig werden wie in den siebziger Jahren. Dafür bekommen wir die Chance, die Klimakatastrophe abzuwehren.

Wie beurteilen Sie denn die Chancen, dass das zweite Emissionshandelssystem auf europäischer Ebene tatsächlich kommt?

Was soll die EU-Kommission denn sonst machen? Wenn sie es nicht einführt, muss sie die Lastenverteilungsverordnung anschärfen. Aber was, wenn ein Mitgliedstaat seine angeschärften Pflichten nicht erfüllt? Dann muss er von einem anderen Staat das Recht kaufen, an seiner Stelle zu emittieren, es kommt also zu einem Handel zwischen den Staaten. Damit haben wir auf globaler Ebene im Rahmen des Kyoto-Prozesses keine guten Erfahrungen gemacht. Auch beim Handel zwischen den Mitgliedstaaten gibt es keinen transparenten Markt. Keiner weiß, wie teuer ein solches Recht tatsächlich ist, denn es kommt da typischerweise zu „Package deals" nach dem Motto: Gebt Ihr uns Zertifikate, beim Preis schauen wir nicht so genau hin, aber dafür helfen wir Euch dann bei anderen strittigen Themen. Um es auf einen drastischen Punkt zu bringen: Am Ende verhandeln wir wegen der Emissionszertifikate mit Polen über Konzessionen in Sachen Rechtsstaatlichkeit. Das ist inakzeptabel. Und selbst wenn das Verfahren für ein solches Geben und Nehmen der EU-Mitgliedstaaten transparent wäre: Wer garantiert uns, dass die Staaten das intern auch umsetzen, es also auf die Ebene der Unternehmen und der Verbraucher herunterbrechen? Ein zweiter europäischer Emissionshandel für Unternehmen wäre eindeutig die sinnvollere Lösung. Man hätte dann eine Entscheidung über eine gesamteuropäische „Cap", und sie würde da umgesetzt, wo es am kostengünstigsten geht.

Wenn dann ein zweites Emissionshandelssystem käme, das ETS II, dann stünde es unverbunden neben dem ersten. Das heißt, es ergäben sich unterschiedliche Preise.

Das ist politisch wohl kaum anders zu machen. Ein einheitlicher Emissionshandel für alle Sektoren würde dazu führen, dass die Sektoren Strom und Industrie im Jahr 2030 rund 80 Prozent weniger CO_2 emittieren müssen als 2005 – hingegen wären es in den Sektoren Verkehr, Gebäude, Landwirtschaft, wo die CO_2-Minderung schwerer zu realisieren ist, nur rund 30 Prozent weniger. Die energieintensive Industrie müsste um ihre internationale Wettbewerbsfähigkeit bangen. Zudem würde sich der Kohleausstieg etwa in Polen so sehr beschleunigen, dass es erhebliche soziale Verwerfungen geben könnte. Wer auf ein solches Szenario setzt, riskiert die Zustimmung zum European Green Deal. Wir werden zwei Emissionshandelssysteme mit zunächst unterschiedlichen Preisen benötigen. Allerdings könnte es sein, dass der Markt den Job übernimmt, den sich die Politik nicht zutraut: Marktteilnehmer werden die Situation nach 2030 antizipieren und sich für das künftige ETS II schon vorausschauend mit den vergleichsweise günstigen Zertifikaten aus dem ETS I eindecken. Juristisch laufen die beiden Systeme dann nebeneinander, aber durch Spekulation und Arbitrage ergibt sich rasch ein einheitlicher Preis. Mit dem Ergebnis, dass dann auch Energieversorger und Großindustrie noch sehr viel mehr reduzieren müssen.

Der Vorteil bestünde also darin, dass die Umstellung einfach nicht so abrupt käme. Die Erwartungsbildung allein wird das aber nicht schaffen, weshalb Ihre Kollegen und Sie auch spezifische Instrumente vorgeschlagen haben, einen „Stabilizer" und einen „Balancer".[20]

---

20 Edenhofer, O. et al. (2021), A whole-economy carbon price for Europe and how to get there, *Bruegel Policy Contribution* 06/2021.

Dabei handelt es sich um Übergangsinstrumente, die dafür sorgen, dass beispielsweise die Zertifikate aus dem einen System im anderen vermehrt angerechnet werden können, sodass man einer Verbindung der beiden Systeme irgendwann einmal näherkommt und die Preise freigeben kann – vielleicht schon im Jahr 2028, wenn man mal träumen darf.

Aber sind durch den unterschiedlichen Preis nicht zumindest vorübergehend allokative Verzerrungen zu erwarten?

Schon. Aber man muss realistisch sehen: Ohne diese Zweigleisigkeit wird ein umfassendes System niemals kommen. Es wird anfangs in beiden Systemen einen politisch fixierten Preiskorridor geben, um extreme Preissprünge zu vermeiden. Und dann werden die beiden unterschiedlichen Preise langsam und schrittweise zusammengeführt. Natürlich hätte man theoretisch sagen können, es gibt nur ein einheitliches System, und man kompensiert den Stromsektor und die Industrie für die riesige Minderungsleistung, die sie erbringen müssen. Aber bei einem politisch kreierten Markt spielen die expliziten und impliziten Verteilungsfragen nun einmal naturgemäß eine entscheidende Rolle. Industrie und Stromsektor haben schon klargemacht, dass sie einen einheitlichen Emissionshandel vor 2030 auf keinen Fall akzeptieren werden. Also müssen wir mit zwei Systemen und zwei Preisen beginnen. Das ist natürlich eine Verzerrung, aber wenn man dafür langfristig einen einheitlichen Preis bekommt, ist das als Übergang doch ein akzeptabler Weg.

Die dem Zertifikatehandel zugrundeliegende Idee ist doch, dass man die Menge fixiert und den Preis sich durch das Spiel von Angebot und Nachfrage auf dem Markt ergeben lässt, womit man eine effiziente Allokation erreicht. Ein politisch festgesetzter, durch Steuern gelenkter CO_2-Preis oder Preiskorridor hingegen funktioniert laut Lehrbuch anders herum, es ist die Menge, die sich ergibt. Ist es nicht ein Widerspruch, beides zu kombinieren?

Es stimmt: Wenn ich von einer CO_2-Bepreisung rede, ist es mir nicht so wichtig, ob das durch einen Emissionshandel oder durch eine Steuer implementiert wird. Man kann beide Ansätze so ausgestalten, dass sie annähernd gleich wirken.[21] Wenn Sie den CO_2-Preis festsetzen, haben Sie natürlich Unsicherheiten über die Menge, zumal sich ja die primären Erdöl- und Erdgaspreise und damit auch der CO_2-Preis laufend ändern. Sie müssen also über einen iterativen Lernprozess die Steuersätze solange anpassen, bis Sie die gewünschte Menge haben. Umgekehrt haben Sie in einem Emissionshandelssystem Unsicherheit über den Preis. Warum man beides in einem Hybridsystem kombi-

---

21 Edenhofer, O. et al. (2019), *Optionen für eine CO_2-Preisreform*, MCC-PIK-Expertise für den Sachverständigenrat zur Begutachtung der gesamtwirtschaftlichen Entwicklung, MCC Berlin.

nieren sollte, statt sich auf eines zu konzentrieren? Weil die Lehrbuchfälle nicht ganz realistisch sind.

Inwiefern?

Die Lehrbücher gehen meistens davon aus, dass die „Cap", die Mengenbeschränkung, ein für alle Mal festgelegt ist. Und dass auch der Staat über keine bessere Information verfügt als jenen Preis, der sich im Handel mit den erlaubten Mengen ergibt. Es gibt nur eine Schwierigkeit damit: Die Marktteilnehmer erwarten nicht wirklich, dass die Politik tatsächlich zu ihrer Mengenbeschränkung steht, wenn die Preise extrem hoch oder extrem niedrig werden. Das zieht nach sich, dass die Preise am Anfang zu niedrig sind und erst am Schluss rapide ansteigen – nämlich wenn sich zeigt, dass die Beschränkung doch greift. Dann aber fangen die Lobbyisten an zu protestieren, es entsteht massiver politischer Druck auf die Cap. Der Emissionshandel ist so gesehen immer auch eine Art Wettbüro, wo Prognosen über politische Entscheidungen gehandelt werden.[22] Das klammern die Lehrbücher aus. Weil das so ist, habe ich gemeinsam mit Axel Ockenfels immer dafür plädiert, einen Mindestpreis einzuführen.[23]

Was leistet ein Mindestpreis?

Ein Mindestpreis stabilisiert die Erwartungen und schafft einen Anreiz, schon heute Emissionen zu vermeiden, auf dass die Aufgabe morgen nicht ganz so groß ist. Es ist ein bisschen so, wie wenn Kinder sich auf eine Schulprüfung vorbereiten müssen: Wenn sie faul sind und sagen, am letzten Tag vor der Prüfung würden sie dann ganz viel machen, dann ist das einfach nicht glaubwürdig. Die Politik muss ein Minimum vorgeben. Und umgekehrt muss sie auch eine Übertreibung in die entgegengesetzte Richtung verhindern.

Warum?

Wenn die Preise im Emissionshandel zu stark steigen, bringen wir die Politiker in eine Situation, in der sie das gegenüber den Lobbyinteressen und auch gegenüber den Bürgerinnen und Bürgern nicht mehr vertreten können. So wie der Mindestpreis verhindert, dass die Leute der Cap nicht glauben, macht der Höchstpreis am anderen Ende des Preisbandes für alle Marktteilnehmer klar ersichtlich: Die Politik ist bereit, komplementäre Maßnahmen zu ergreifen, wenn der Preis eine bestimmte Höhe hat, zum Beispiel eben doch temporäre Standards oder auch Technologiesubventionen.

---

22 Koch, N. et al. (2016), Politics matters: Regulatory events as catalysts for price formation under cap-and-trade, *Journal of Environmental Economics and Management* 78, S. 121–39.
23 Siehe unter anderem Edenhofer, Kalkuhl und Ockenfels 2020.

Nur so bekommt man den Prozess politisch hin. Es geht bei solchen Interventionen im Kern um Glaubwürdigkeit und die Stabilisierung von Erwartungen.

Klaus Schmidt hat in seiner Thünen-Vorlesung auf der Jahrestagung des Vereins für Socialpolitik 2020 gezeigt, dass es für den Erfolg von systematisch von Trittbrettfahrerverhalten geprägten internationalen Klimakonferenzen helfen kann, sich nicht mehr auf Mengenziele zu konzentrieren, sondern gleich eine Einigung auf einen Mindestpreis anzustreben.[24] Ist das auch aus Ihrer Sicht einfacher?

Das Problem mit einer Einigung auf Mengenziele liegt darin, dass nicht so leicht Reziprozität zu erreichen ist, weil sich Mengenziele nur schwer vergleichen lassen. Preise hingegen sind sehr gut vergleichbar. Sie messen das Anstrengungsniveau, das das jeweilige Land bereit ist zu erbringen. Ein Preis ist daher ein guter gemeinsamer Fokalpunkt, an dem sich alle ausrichten können. Wenn diese Niveaus auseinanderklaffen, ist es aber immerhin möglich, ein Land, das nur einen niedrigeren Preis akzeptiert, finanziell zu unterstützen, um es auf ein höheres Niveau zu bringen.

Dieser Ansatz eignet sich gut für die EU, die man ja vor dem Hintergrund ihres Green Deals als eine Art Klimaclub bezeichnen könnte, in Übereinstimmung mit der Nordhaus-Idee[25].

Ja, wobei meine Kollegen und ich diese Idee schon viel früher als Nordhaus ins Spiel gebracht haben.[26] Schon vor gut zehn Jahren haben wir über zwei Varianten von Klimaclubs nachgedacht: Die eine brummt allen Ländern, die nicht teilnehmen, einen Zoll auf; die andere teilt Technologien, die Spillover-Effekte haben. Wir haben uns dann näher angeschaut, in welchem Ausmaß in diesen beiden Varianten die Kooperation zunimmt. Von dem Modell, das Nordhaus zur Klärung dieser Frage heute verwendet, bin ich nicht überzeugt. Es hat spieltheoretisch Schwächen, weil es unterstellt, dass innerhalb des Clubs das Kooperationsproblem schon gelöst ist: dass also die teilnehmenden Länder quasi eine Metamorphose in Richtung Kooperation

24 Schmidt, K. (2021), Das Design von Klimaschutzverhandlungen, Thünen-Vorlesung 2020, *Perspektiven der Wirtschaftspolitik* 22(1), S. 4–16.
25 Nordhaus, W. D. (2015), Climate clubs: Overcoming free-riding in international climate policy, *American Economic Review* 105(4), S. 1339–70.
26 Lessmann, K. und O. Edenhofer (2011), Research cooperation and international standards in a model of coalition stability, *Resource and Energy Economics* 33, S. 36–54, sowie Lessmann, K., R. Marschinski und O. Edenhofer (2009), The effects of tariffs on coalition formation in a dynamic global warming game, *Economic Modelling* 26, S. 641–49.

durchgemacht und ihren Egoismus abgelegt haben. Über differenziertere Modelle verfügen wir zum Glück durchaus.[27]

So wie in der ersten Variante Ihres Modells schickt sich die EU an, sich gegenüber Ländern, die nicht mitmachen, mit einer Grenzausgleichsabgabe abzuschotten.

Ja, und genau das ist mir ein Dorn im Auge. Ich sähe es ungern, wenn uns die Klimapolitik am Ende in einen Handelskrieg führte. Sowohl das Nordhaus-Modell als auch unser eigenes enthält keine „Retaliation", also keine Vergeltung: Der Klimaclub darf auf andere draufhauen, aber die vom Zoll Betroffenen reagieren nicht. Das ist unrealistisch. Wir brauchen noch ausgeklügeltere Modelle, die auch das explizit betrachten. Abgesehen davon halte ich es für wichtig, dass ein Klimaclub so angelegt ist, dass er wachsen kann, dass er andere zum Mitmachen motiviert. Und das erreicht man nicht mit Bestrafung allein. Einige Länder werden zwar schon deshalb mitmachen, weil sie wissen, dass dann mehr vom globalen Gut Klimaschutz bereitgestellt werden kann. Aber die anderen Länder, besonders die kleineren Länder in Südostasien, die noch stark auf Kohlekraftwerke setzen, muss man durch konditionale Transferzahlungen ins Boot zu holen versuchen.

Wie könnte man das konkret machen?

Man könnte ihnen beispielsweise beim Ausstieg aus der Kohle helfen, indem man ihnen etwas zahlt, ihnen zinsverbilligte Kredite gibt oder die Anfangsinvestitionen für erneuerbare Energien übernimmt. Dafür müssten auch sie einen CO_2-Preis einführen. Das Beispiel zeigt wieder, wie klasse dieses Instrument ist. Ein Land, das einen CO_2-Preis einführt, kann selber entscheiden, ob es das über eine Steuer machen will oder über einen Emissionshandel mit Mindestpreis. Und die Unterstützer müssen nicht lange nachprüfen, welche Projekte genau mit ihrem Geld gemacht werden.

Ein häufig erhobener Einwand gegen den Green Deal der EU bezieht sich auf die Wettbewerbsfähigkeit der Wirtschaft. Andere hoffen allerdings auf eine „grüne Dividende".

Man muss da ehrlich sein. Wer über Treibhausgasneutralität nachdenkt, darf nicht darauf setzen, dass die Energie billiger wird. Zwar sind die Gestehungskosten von Photovoltaik und Wind so dramatisch gesunken, wie wir es uns noch vor ein paar Jahrzehnten nicht hätten vorstellen können. Aber grüner Wasserstoff als Energieträger der Zukunft, mit Infrastruktur und allem, was dazugehört, ist nochmal ein Jahrhundertprojekt. Und

---

27 Kornek, U. und O. Edenhofer (2020), The strategic dimension of financing global public goods, *European Economic Review* 127, 103423.

wenn Sie synthetische Kraftstoffe erzeugen wollen, dann benötigt man CO_2. Das darf natürlich nicht aus der Verbrennung von Kohle, Öl oder Gas kommen, sondern Sie müssen es direkt der Luft entziehen oder aus Biomasse gewinnen.

Das ist teuer.

Eben. Vielleicht werden wir 2030 synthetische Kraftstoffe haben, die sich bei CO_2-Preisen von 200 Euro pro Tonne am Markt durchsetzen werden.[28] Aber die Vorstellung, es werde jetzt auf einmal alles schöner, besser und grüner, ist schlichtweg Quatsch. Mit Blick auf die europäische Wettbewerbsfähigkeit wäre ich trotzdem durchaus optimistisch. Die Vereinigten Staaten haben sich inzwischen auf dieselben Ziele verpflichtet wie die Europäer. China hat sich mehr Zeit ausbedungen, bis 2060 will das Land CO_2-neutral sein. Man mag den Zusagen Chinas misstrauen, aber die gewaltigen Klimaschäden werden China dazu bringen, eine stärkere internationale Kooperation zu suchen. Wenn es in dieser G3 – Amerika, China, EU – zu einer strategischen Kooperation käme, wäre das sehr gut. Man könnte in einem solchen Kontext dann auch daran denken, einen gemeinsamen Investitionsfonds aufzusetzen, der den kleineren asiatischen Ländern beim Ausstieg aus der Kohle unter die Arme greift. So müsste es meiner Ansicht nach gehen. Klimapolitik ist ein Thema für einen kooperativen Multilateralismus.

Sie beraten unter anderem auch den Vatikan. Finden Ihre ökonomischen Argumente für eine effiziente Klimapolitik dort Gehör?

Mir scheint, dass Papst Franziskus – ich habe zweimal mit ihm geredet – kein Spezialist für Klimaökonomie ist. Aber er hat die enorme Bedeutung des Klimaproblems als soziales Problem für die Menschheit erkannt. In seiner Umwelt-Enzyklika „Laudato si" aus dem Jahr 2015 gibt es dabei durchaus Passagen, die eine aus meiner Sicht wenig nachvollziehbare Kritik an der Idee des Zertifikatehandels enthalten. Die Kirche hat immer noch Vorbehalte gegen die Marktwirtschaft, aber sie warnt auch vor einem zu großen Staat und betont die Bedeutung der Tugendethik. Das ist nicht unbedingt falsch, aber ihr scheint das Projekt der Moderne nicht ganz geheuer. Dabei wird die Kirche in einer Weise mit den Ansprüchen der Moderne konfrontiert, die historisch ziemlich einzigartig sein dürfe. In den sechziger und siebziger Jahren war sie noch bereit, sich auf das Projekt ein Stück weit einzulassen, aber dann bekam sie offenbar kalte Füße. Interessanterweise zwingt aktuell der Missbrauchsskandal die Kirche dazu, sich mit der Moderne in einer nie dagewesenen Weise auseinanderzusetzen.

---

28 Ueckerdt, F. et al. (2021), Potential and risks of hydrogen-based e-fuels in climate change mitigation, *Nature Climate Change* 11, S. 384–93.

Wie meinen Sie das?

Dieses dramatische Kapitel Kirchengeschichte, das ja jetzt intensiv aufgearbeitet werden muss, macht etwas sehr Grundsätzliches deutlich: Ihr eigenes Rechtssystem hat versagt, sie braucht Gewaltenteilung, Rechenschaftspflichten, Gleichberechtigung von Frau und Mann, Verträge wie andere Institutionen auch. Sie lernt gerade, dass ihre Institution mit den Mitteln der Psychologie, Soziologie und Ökonomie analysiert und verändert werden muss, wenn sie ihrer Sendung treu bleiben will. Die Vorstellung, die Kirche wirke ohne Macht und zugleich aus Vollmacht wie eine Monarchie, kann nicht mehr funktionieren. Es sind Errungenschaften der Moderne, die jetzt mit großer Verspätung in der Kirche ankommen. Die Kirche muss das Projekt der Moderne und ihre Rolle darin noch einmal überdenken, und damit auch ihr Verhältnis zu Rechtsstaat, Markt, Staat und Demokratie.

Worauf fußen nach Ihrer Sicht die Vorbehalte gegen die Moderne?

Die Moderne gilt in der Kirche als große Moralzehrerin. In dieser Vorstellung saugen Institutionen wie Markt, Demokratie und Bürokratie die intrinsische Motivation der Menschen auf; die kleinen Einheiten, vor allem die Familie, kommen unter beständigen Druck. Kaum ist der Mensch im Markt, wird er egoistisch, geizig und gierig. Die Kirche hat große Angst davor, dass die moralischen Ressourcen der Gesellschaft aufgebraucht und verschleudert werden. Das ist nicht ganz falsch, aber es führt nicht weiter, wenn sie sich einem tugendethischen Refugium einrichtet, anstatt sich an der öffentlichen Debatte zu beteiligen, wie das Projekt der Moderne weiterentwickelt werden kann. Das macht es sehr schwer, sie für ökonomische Instrumente zu erwärmen. Es gibt aber dennoch positive Entwicklungen. Papst Franziskus möchte junge Unternehmerinnen und Unternehmer fördern, die nachhaltig wirtschaften wollen. Die Päpstliche Akademie der Wissenschaft spricht mit großen institutionellen Investoren über ethisches Investment. Manche Kirchen fragen, wie sie ihren Grund und Boden bewirtschaften wollen, und schließlich werden die Finanzen zumindest teilweise offengelegt. Und sie bewegt sich doch! Es gibt ja auch Unzulänglichkeiten auf der anderen Seite: Ich finde nicht hilfreich, wenn viele Ökonomen den Markt vor allem deshalb als Institution vergöttern und verteidigen, weil er angeblich auch mit lauter bösen Menschen funktioniert.

Das ist doch nur eine Heuristik.

Ja, aber die meisten Menschen sind empfänglich dafür, wenn man an ihre bessere Seite appelliert. Die meisten Leute wollen nicht böse sein, sie wollen nur nicht am Altruismus zugrunde gehen. Die Institutionenökonomik hat uns gelehrt, dass wir in unserem Handeln auf dem Markt nicht alles abschließend regeln können und dass wir deshalb „Incomplete contracts" eingehen. Um diese abzusichern, braucht es auch die Tugend. Die

Verhaltensökonomie zeigt ja sehr schön, dass ökonomische Instrumente wie der CO_2-Preis diese „moralischen" Absichten unterstützen.[29] Aber zurück zur Kirche: Ich versuche in Gesprächen, an diesem Punkt argumentativ anzusetzen. Ich habe dabei auch durchaus das Gefühl, dass man weiterkommt.

Als ehemaliges Mitglied des Jesuitenordens sprechen Sie immerhin die Sprache der Kirche. Das dürfte helfen.

Ja, das hilft. Vor allem habe ich bei den Jesuiten gelernt, die Position des Gesprächspartners genau zu verstehen, auch wenn man meint, sie oder er irre. Wir wurden bei den Jesuiten trainiert, alle philosophischen Positionen darzustellen, ohne Polemik und ohne die Taktik des gezielten Missverständnisses. Das hilft auch in den Gesprächen mit Theologen. Wenn ich das Kernproblem des Klimawandels erklären will, versuche ich immer, an die Grundfigur der universalen Widmung der Erdengüter anzuknüpfen, die bereits Thomas von Aquin entwickelt hat. Sie nimmt den Grundgedanken vorweg, den später Elinor Ostrom mit den Allmenden thematisiert hat. Thomas von Aquin hatte konzeptionell schon die globalen Allmenden im Blick, die globalen Gemeinschaftsgüter, und analysiert deren Beziehung zum Privateigentum. Für Theologen ist der Gedanke gewöhnungsbedürftig, dass man die globalen Gemeinschaftsgüter effizient und fair durch CO_2-Preise bewirtschaften kann. Aber darin unterscheiden sich Theologen nicht von meinen naturwissenschaftlichen Kollegen am PIK, die manchmal mit den Augen rollen, wenn ich wieder mit meinem CO_2-Preis komme. Sie sagen dann, man müsse doch endlich mal richtig hinlangen, mit einem richtigen Verbot. Gerade weil ich der Letzte bin, der das Klimaproblem kleinreden will, sage ich: Wir können es uns nicht leisten, bei der Lösung das Innovationspotenzial von Märkten ungenutzt zu lassen. Und diese Märkte entstehen eben nicht von selbst, sondern wir müssen sie in einem bewussten Akt politischer Gestaltung schaffen. Daran stören sich dann wieder Libertäre, auch libertäre Katholiken, die vor allem in den USA nicht ohne Einfluss sind. Ich befinde mich da also wie so oft zwischen allen Stühlen. Aber ich habe gelernt, dass man auch da ganz gut sitzen kann.

---

29 Ockenfels, A., P. Werner und O. Edenhofer (2020), Pricing externalities and moral behavior, *Nature Sustainability* 3, S. 872–77.

Josef Falkinger

https://doi.org/10.1515/9783111208749-003

Heiliger Innovatio

Putzleinsdorf ist eine kleine Marktgemeinde in Oberösterreich. Aus einer dort ansässigen Bauernfamilie stammt Josef Falkinger. Dieser Herkunft mag es zuzuschreiben sein, dass ihm das Reale letztlich mehr liegt als allein die reine Abstraktion. Wie in vielen Fällen dieser Generation bedurfte es seinerzeit eines Vorstoßes von Lehrer und Gemeindepfarrer, die auf dem Hof bei den Eltern darum warben, den begabten Schüler im Alter von 11 Jahren nach Linz in ein humanistisches Internat zu geben, in das Kollegium Petrinum.

„Ich war ein sehr breit interessierter Schüler", erinnert sich der heutige Emeritus der Universität Zürich, „mit einer besonderen Vorliebe für Literatur und alle Geisteswissenschaften". Nach seinem Schulabschluss und dem Dienst im österreichischen Bundesheer stand für ihn fest, dass er studieren wollte – nur was? Wie viele junge Leute war er zunächst etwas orientierungslos. Statt zur Philosophie und zur Psychologie, die ihn schon lange reizten, entschloss er sich am Ende zu etwas ganz anderem: zur technischen Mathematik. „So abstrakt das war, es hat mich sehr gereizt, dass nur das Argument zählt." Nach drei Jahren nahm er parallel noch das Studium der Volkswirtschaftslehre auf: „Ich hatte doch das Gefühl, dass ich etwas brauche, wo ich auch wieder mit Menschen kommunizieren kann."

Politisch interessiert war Falkinger immer schon gewesen, und in der Abwägung zwischen der Soziologie und der Volkswirtschaftslehre als den gesellschaftswissenschaftlichen Leitdisziplinen überzeugte ihn letztlich, dass die Ökonomik einen klareren Theoriekern zu haben schien. „Das war für mich das geeignete Zusatzstudium, um das rigorose Denken mit realen Problemen zu verbinden", erklärt er. Prägende Figuren und Falkingers wichtigste Lehrer an der volkswirtschaftlichen Fakultät der Johannes-Kepler-Universität Linz waren Kurt W. Rothschild und Kazimierz Łaski, „beides höchst eindrucksvolle Wissenschaftlerpersönlichkeiten, die das Fach in großer Breite und Klarheit vertreten haben".

Nach seiner mathematischen Promotion 1979 zog es ihn zunächst erst einmal „heraus aus dem Universitätskosmos und näher heran an die praktische Politik". Dreieinhalb Jahre wirkte er als wirtschaftspolitischer Referent in der Handelskammer, wobei er allerdings zugleich die Arbeit an einer ökonomischen Dissertation aufnahm – zum Thema „Die technische und organisatorische Struktur einer Wirtschaft: Theoretische Beiträge zur strukturpolitischen Diskussion". Nach der Rezession der siebziger Jahre spielte die Krise in der Stahlindustrie damals auch in Linz eine große Rolle. Falkinger kümmerte sich deshalb an der Handelskammer vorrangig um Fragen der Strukturpolitik, der Regionalpolitik und der Innovationspolitik.

„Ich war da sozusagen der heilige Innovatio, der allen möglichen Leuten erklären musste, warum Innovation wichtig ist", berichtet er schmunzelnd. Wie die Politik in der Praxis funktioniert, wie man geschickt kommuniziert, wie man Themen nachvollziehbar vermittelt und die entscheidenden Akteure miteinander verknüpft – all das zu lernen, betrachtet Falkinger noch heute als sinnvoll und durchaus nützlich. „Aber das war nicht der Kern meines Talents."

Als sich an der Universität Linz die Gelegenheit einer Habilitationsstelle bot, nahm er diese mit Freude an. „Das war ein Befreiungsschlag." Die in den Jahren an der Handelskammer gesammelte Erfahrung, wie schwierig Innovation in der Praxis ist, wie mühsam es also für Unternehmer mitunter ist, sich vorzustellen, welche Märkte noch neu entstehen können, floss dabei in seine Habilitation zum Thema Sättigung ein.[1] Im Jahr 1991 nahm er einen Ruf an die Universität Graz an, wo er dem Institut für Finanzwissenschaft und öffentliche Wirtschaft vorstand. 1995 wechselte er auf den Lehrstuhl für : Industrieökonomie, Entwicklungspolitik und reale Außenwirtschaftstheorie an der Universität Regensburg, bevor er im Sommer 2000 nach Zürich ging. Dort hatte er den Lehrstuhl für Finanzwissenschaft und Makroökonomie inne.

Falkinger war es immer wichtig, sich ins universitäre Selbstmanagement einzubringen. „Universitäre Autonomie hat nur Substanz, wenn sich Wissenschaftlerinnen und Wissenschaftler verantwortungsvoll um ihren Betrieb kümmern", findet er. Von 2008 bis 2012 trug er als Dekan zur Weiterentwicklung der wirtschaftswissenschaftlichen Fakultät der Universität Zürich bei. Im Sommer 2015 wurde er emeritiert, leitete aber dennoch – im Auftrag des Rektors – das Reformprojekt „Governance 2020 +" zur Neuausrichtung des Führungssystems der Universität.

Schon an der Vielfalt der Denominationen seiner Lehrstühle erkennt man die umfassende thematische Breite von Falkingers wissenschaftlichem Werk. Er hat ebenso zu Fragen von Wachstum, Beschäftigung und Unsicherheit geschrieben wie über Steuern, öffentliche Güter und Ungleichheit. Auch neue Themen, beispielsweise die gesamtwirtschaftlichen Auswirkungen von Informationsflut und beschränkter Aufmerksamkeit, hat er früh aufgegriffen.[2]

Besonders in den vergangenen Jahren hat er sich darüber hinaus auch intensiv mit der Geschichte des ökonomischen Denkens und der Grundsatzfrage befasst, was die Relevanz der Wirtschaftswissenschaften ausmacht. Medienpräsenz sei dafür jedenfalls kein Kriterium, betonte er 2015 in einem Festvortrag an der Wirtschaftsuniversität Wien in schönstem Schmäh: „Wissenschaft ist kein Adabeiberuf."[3] Doktrinäre Gewissheit und die Einbildung, die Ökonomik stelle eine Universalwissenschaft dar, seien ebenfalls wenig hilfreich. Um auf dem Weg der Erkenntnis voranzukommen, so arbeitete Falkinger in diesem Vortrag heraus, brauche es in der Disziplin vor allem „die Ver-

---

1 Falkinger, J. (1986), *Sättigung – Moralische und psychologische Grenzen des Wachstums*, Tübingen, Mohr-Siebeck.

2 Falkinger, J. (2007), Attention economies, *Journal of Economic Theory* 133(1), S. 266–94 und Falkinger, J. (2008), Limited attention as a scarce resource in information-rich economies, *Economic Journal* 118 (532), S. 1596–620.

3 Falkinger, J. (2015), *Was ist relevante Ökonomie?* Festvortrag im Rahmen der Abschiedsfeier für Herbert Walther am 13. November 2015 an der Wirtschaftsuniversität Wien, online verfügbar unter http:// www.econ.uzh.ch/da m/jcr:63abef0c-2a2d-45de-85eb-c067109881cc/Was_ist_relevante_Oekonomie.pdf.

ständigung auf einen gemeinsamen Kern der Ökonomie, die Akkumulation bewährter Bausteine und die systematische Konfrontation mit der Realität, einschließlich einer systematisch betriebenen Kommunikation zwischen Modellsprache und Common-sense-Sprache." Ein freundliches, uneitles und bodenständiges Naturell, wie es Falkinger selbst an den Tag legt, ist auf diesem Weg zudem gewiss von Vorteil.

„Wir müssen möglichst alle Menschen in den Prozess der Leistungserstellung integrieren"

Ein Gespräch über Ungleichheit, Teilhabe und Gerechtigkeit, die gesellschaftliche Bedeutung eines gemeinsamen Fortschrittsprojekts und ökonomische Macht

Herr Professor Falkinger, was macht unsere Zeit aus, was unterscheidet sie in wirtschaftlicher Hinsicht von früheren Perioden?

In dem Zeitrahmen, den ich überblicke, also seit dem Zweiten Weltkrieg, haben sich einige größere Veränderungen ergeben, die zwar vielleicht nicht grundlegend im Sinne von Revolutionen waren, aber doch Strukturbrüche bedeuten. Dazu gehören zum Beispiel die seit den achtziger Jahren im Vergleich zu vorher niedrigeren Wachstumsraten in den Industrieländern, die dominante Rolle des Finanzsystems seit den neunziger Jahren und die starke Konzentration von Einkommen und Vermögen am oberen Ende der Verteilung. Und wir leben im Zeitalter der Globalisierung. Wir sind damit quantitativ wie qualitativ in eine neue Dimension eingetreten, wie man auf dem Arbeitsmarkt, dem Gütermarkt, dem Finanzmarkt und auch im medialen Raum sieht.

Strukturbrüche? Also etwas Abruptes?

Wenn ich von Strukturbruch spreche, denke ich an Zeitreihen und Modelle, und da zeigt sich, dass ein und dasselbe Modell Zusammenhänge nicht durchgängig erklären kann. Wir gehen ja davon aus, dass Daten von einem bestimmten Prozess generiert werden. Ein Strukturbruch liegt dann vor, wenn sich der datengenerierende Prozess ändert.

Könnten Sie das bitte etwas weniger technisch ausdrücken?

Es geht letztlich darum, ob Denkmuster noch stimmen, die uns vertraut sind. Zum Beispiel hat der keynesianische Konjunkturzyklus eine ganze Generation geprägt. Sollen wir heute noch in diesen Zyklen denken? Ich bin da nicht so sicher. Wir sehen statt Zyklen immer mehr Krisen, die dieses Muster sprengen.

Aber bedeutet Strukturbruch nicht auch, dass wir uns in einer neuen Situation wiederfinden, vor der wir rätselnd stehen, die wir uns nicht erklären können?

Anmerkung: In Print am 1. September 2016 erstmals erschienen, *Perspektiven der Wirtschaftspolitik* 17(3), S. 253–63. Online am 7. September 2016 veröffentlicht, https://doi.org/10.1515/pwp-2016-0017.

Das glaube ich nicht. Qualitativ kann man solche Änderungen durchaus vorhersehen, erwarten und erklären. Aber die Disziplin hat in jeder Epoche einen spezifischen Fokus. Mein Gefühl ist, dass jetzt verschiedene Konzepte, wie sie am Beginn der klassischen Volkswirtschaftslehre entwickelt wurden, für bestimmte Themen geeigneter sind als beispielsweise die Konjunkturtheorie, die im zwanzigsten Jahrhundert zu Recht im Zentrum stand.

Was ist es, was Sie aus der klassischen Ökonomik wieder für ertragreich halten?

Ich denke zum Beispiel an die Diskussion über den Wohlstandsbegriff. Zentral ist dabei die Frage, ob wir einer eher merkantilistischen Vorstellung anhängen oder die Produktion in den Mittelpunkt stellen. Nach meinem Eindruck ist die merkantilistische Vorstellung zurückgekehrt, nicht zuletzt aufgrund der Finanzialisierung.

Damit meinen Sie, dass die Finanzwirtschaft stark an Gewicht gewonnen hat.

Ja. Wenn man durch die Brille des Finanzmarkts auf die Welt schaut, denkt man in Kategorien wie Vermögensbeständen, Tausch und Handel von Eigentumsrechten. Das lenkt den Blick auf völlig andere Aspekte und Probleme, als wenn ich von der Produktion ausgehe, das heißt von einem volkswirtschaftlichen Konzept, wie es die Physiokraten und Adam Smith in unsere Disziplin eingeführt haben und das lange die dominierende Sichtweise war. Danach liegt die Quelle des Wohlstands darin, dass möglichst alle Kräfte der Gesellschaft motiviert werden, ihre Lage zu verbessern, also Leistung zu mobilisieren und dafür teilzuhaben am produzierten Wohlstand. Im Fokus steht das Sozialprodukt; alle arbeiten daran und profitieren davon. Wenn ich hingegen aus der eher merkantilistischen Perspektive der Vermögensbestände denke, geht es um einen gegebenen Bestand und um die Frage von dessen Aufteilung. Man nimmt hierbei eine Aneignungsperspektive ein, keine Leistungs- und Produktionsperspektive.

Wobei der Merkantilismus ja mehr eine Staatspraxis als eine Attitüde war.

Wir begegnen der Welt aber immer mit einem Konzept im Kopf. Als Wissenschaftler denken wir innerhalb eines bestimmten Modellrahmens über die Welt nach. Je nachdem, welchen Modellrahmen wir im Kopf haben, stehen bestimmte Aspekte im Vordergrund. Von ihm hängt ab, auf welche Art von ökonomischen Problemen man sich vorrangig konzentriert, wie man dabei seine physischen, kognitiven und emotionalen Kräfte einteilt und welcher Institutionen es bedarf. Aus der Sicht des Finanzmarkts steht nun einmal die Bestandsgröße Vermögen im Vordergrund, verbunden mit der alles absorbierenden Frage, wem dieses gehört. Damit gerät die Stromgröße Produktion in den Hintergrund.

Und dabei kann Eigentum nur an dem bestehen, was einmal produziert worden ist. Man kann Bestandsgrößen nicht ohne die Stromgrößen denken, die sie generieren.

Grundsätzlich ja; aber es spielen auch die Prioritäten eine Rolle. Wenn ich meinen Reichtum steigern möchte, ist aus der finanziellen Perspektive nur relevant, ob die Vermögenswerte steigen und ob sie mehr oder weniger riskant sind. Wenn ich hingegen über Bedürfnisbefriedigung nachdenke, muss ich mir erst einmal über meine Bedürfnisse Klarheit verschaffen; über die Güter und Dienstleistungen, die dazu geeignet sein könnten, meine Bedürfnisse zu befriedigen; über die Investitionen, die zur Produktion dieser Güter oder zur Erbringung der Dienstleistungen erforderlich sind. Man hat dann einfach andere Themen im Kopf. Das schlägt sich in der Art der unternommenen Anstrengungen und Innovationen sowie in der Politik nieder.

Es ist also eine Frage des Framings. Kann man sagen, dass die Paradigmen, die wir in der Wissenschaft benutzen, unser Denken prägen und möglicherweise auch unser Handeln verändern?

Davon bin ich überzeugt; es ist etwas anderes, ob Sie im Trading room sitzen oder ob Sie sich die konkrete Welt draußen anschauen. Ob der Rollen- und Perspektivenwechsel auch den Menschen verändert oder gar die ganze Menschheit erfasst, das weiß ich nicht. Und wenn, ist es nicht unumkehrbar. Schließlich können die Menschen – und kann die Wissenschaft – ihre Aufmerksamkeit heute auf einen Aspekt richten und morgen auch wieder auf einen anderen.

Zurück zur Globalisierung. Welcher Aspekt der Globalisierung ist für Sie besonders interessant?

Mit der Globalisierung sind viele Neuerungen verbunden. Neben dem Güterhandel spielen Migration und internationale Finanzmarktintegration eine große Rolle. Auch wesentliche technische Änderungen gehen mit der Globalisierung einher. Viele Aspekte der Globalisierung haben damit zu tun, dass im Zuge der technischen Entwicklung fragmentierte Produktionstechnologien aufgekommen sind. Diese haben dazu geführt, dass sich die Arbeitswelt für die Menschen enorm verändert hat. Es stellen sich ganz neue Anforderungen an Qualifikation, Mobilität und Flexibilität der Menschen. Da kommt auch noch einiges auf uns zu.

Welche Fragen stellen sich dabei am drängendsten?

Einerseits geht es um das Thema Ungleichheit und Verteilung, wobei dafür allerdings auch die Entwicklung des Finanzmarkts eine Rolle spielt. Andererseits geht es um die Frage der Beschäftigbarkeit, also wie weit die Einbindung aller Menschen in den volkswirtschaftlichen Kreislauf gelingt. Vor allem Wissenschaftler wie Anthony Atkinson und Thomas Piketty haben viel dazu beigetragen, dass uns die neue Entwicklung empirisch klar vor Augen steht.

Wie sieht dieser Befund aus?

Die Faktenlage ist unstrittig. Die Vermögen sind stark konzentriert, und die Ungleichheit der Einkommen ist vor allem zugunsten der sehr hohen Einkommen stark gestiegen. Über das genaue Ausmaß kann man zwar streiten, aber im Wesentlichen steht der Befund. Auf dessen Grundlage muss man zu einer Interpretation und Bewertung kommen und schließlich die Frage beantworten, ob es und was es politisch zu tun gilt. In diesem Zusammenhang ist es gut, sich noch einmal die Grundlage moderner Volkswirtschaften in Erinnerung zu rufen. Seit der Aufklärung, von Adam Smith bis heute, geht es darum, Wohlstand für alle zu schaffen. Das ist der Kern der Erfolgsstory von Demokratie und Marktwirtschaft. Wenn nun aber, womöglich wesentlich befördert durch Finanzmarkt, Globalisierung oder auch die sogenannte vierte, IT-basierte industrielle Revolution, eine starke Ungleichheit entsteht, die eben dieses Projekt unterminiert, dann haben wir ein dramatisches Problem. Wo der Median verliert, ist es für die Politik schwer, das marktwirtschaftliche System als Erfolg zu verkaufen.

Sind wir denn da schon? Verliert der Median?

Allerdings. Das Medianeinkommen ist in verschiedenen Industrieländern gesunken, mittlerweile auch der Durchschnittslohn. Es ist unbestritten, dass es da ein Problem gibt. Wie gehen wir damit um? Diese Frage ist eng mit Gerechtigkeitsvorstellungen verbunden. Es gibt zwei klassische Gerechtigkeitskonzeptionen – die Leistungsgerechtigkeit, eine Form von Tauschgerechtigkeit, und die Verteilungsgerechtigkeit. Bei der Leistungsgerechtigkeit geht es um die Frage, ob ein Einkommen legitim entstanden ist, weil hinter ihm eine Leistung steht, und ob das Verhältnis zwischen beiden angemessen ist. In einer perfekten Wettbewerbswirtschaft werden die Produktionsfaktoren nach dem Wertgrenzprodukt entlohnt, das ist effizient und entspricht der Leistungsgerechtigkeit. Aber in einer nicht perfekten Wettbewerbswirtschaft kommt es zu Renten, also zur Abschöpfung von Einkommen, die nicht auf einer Leistung beruhen. Eine starke Veränderung der Verteilung könnte ein Anzeichen dafür sein, dass mehr derartige Renten entstehen. Die Verteilungsgerechtigkeit orientiert sich hingegen weniger am Zustandekommen der Einkommen, sondern am Ergebnis. Nach diesem Konzept sind sehr ungleiche Einkommen auch dann ein Problem, wenn sie effizient sind, schlicht aus Fairnessgründen.

Damit ergibt sich ein Trade-off zwischen Gerechtigkeit und Effizienz. Das ist ein Dilemma.

Die Ökonomik geht allerdings ein bisschen zu schnell in die Falle dieses Trade-offs. Implizit nimmt man an, wir lebten in einer perfekten Wettbewerbswirtschaft; der Staat bekommt dann die Rolle des bösen, systematisch ineffizienten Umverteilers zugewiesen. Das entspricht aber nicht der Realität. Ich glaube, wenn sich die Verteilung so stark ändert und die Ungleichheit am oberen Ende derart explodiert, wie wir das derzeit erleben, dann ist die Vermutung berechtigt, dass es sich nicht nur um Leistungseinkommen handelt und dass es mit der Effizienz der Entlohnung nicht zum Besten steht. Dann müssen wir die Ungleichheit schon aus Effizienzgründen vermindern, nicht nur aus Gerechtigkeitsgründen, also aufgrund irgendwelcher Vorstellungen über eine ideale Verteilung. Es gibt zumindest einen Anfangsverdacht in diese Richtung, dem man nachgehen muss.

Was geschieht, wenn das unterbleibt?

Das System wird ineffizient, und politisch landen wir in einem wenig erquicklichen Rent-seeking-Spiel zwischen Staat und Privaten. Damit hätte man zwei Probleme auf einmal am Hals. Es ist besser, erst einmal die Ineffizienzen loszuwerden, um anschließend darüber zu diskutieren, ob man in der Gesellschaft auch aus Gerechtigkeitsgründen eine finanzielle Umverteilung braucht. Aber diese zwei Aspekte gilt es sauber voneinander zu trennen. Mich beschäftigt dabei auch die Frage, was geschieht, wenn sich infolge des technischen Fortschritts die Ungleichheit noch akzentuiert.

Mit dem immer stärkeren Einsatz von Robotern steht diese Frage in der Tat im Raum. Wo führt das hin?

Die Lohnquote fällt ja ohnehin schon. Nun sagen viele, der Einsatz von Robotern sei genau deshalb wunderbar, weil damit die Lohnkosten in den Hochlohnländern die Wettbewerbsfähigkeit nicht länger schmälern. Aber viele Menschen leben von Lohneinkommen. Wenn die Lohnquote sinkt, heißt das, dass die Leute nicht mehr so stark an der Leistungserstellung partizipieren. Wenn in Zukunft die Roboter alles für uns erledigen, gehört das ganze Bruttoinlandsprodukt den Eigentümern der Roboter, und die anderen haben nichts. Dann verfügt man politisch über zwei Möglichkeiten: Entweder man verteilt radikal die Vermögen um, sodass jeder Mensch Eigentümer von Robotern ist, oder wir landen in einer generösen Form von Feudalgesellschaft, in der die Eigentümer der Roboter die anderen per Transfers am Leben erhalten. Das ist keine schöne Aussicht.

Üblicherweise wird an dieser Stelle zu mehr Bildung aufgerufen.

Das ist grundsätzlich auch richtig. Man muss die Menschen an die Anforderungen dieser neuen Welt heranführen. Allerdings sind nicht alle Menschen beliebig mobil, flexibel, talentiert und intelligent, da darf man sich keine Illusionen machen. Es wird einfach nicht gelingen, alle für die neuen Anforderungen fit zu machen. Wir müssen deshalb auch viel mehr darüber nachdenken, wie man die modernen Technologien – Roboter, integrierte computergestützte Produktions- und Vertriebsplattformen, Internet der Dinge usw. – menschenverträglich entwickelt, sodass eine breite Masse von Leuten damit umgehen kann. Es wird immer so getan, als wäre Innovation ein exogener Prozess, aber das stimmt nicht. Innovation ist sehr stark von Rahmenbedingungen abhängig.

Angesichts dieses rasanten technischen Fortschritts könnte man auf die Idee kommen, wir seien nun doch in der Keynes'schen Welt angekommen – einer Welt, in der wir nicht mehr arbeiten müssen.[4]

Ich sehe das zwiespältig. Als ich studiert habe, hat man – als stilisiertes Faktum – gelernt, dass der Produktivitätsfortschritt auf mehr Freizeit und mehr Einkommen aufgeteilt wird. In den vergangenen dreißig Jahren hat sich aber deutlich gezeigt, dass der Trend zur Arbeitszeitverkürzung gebrochen wurde; der Produktivitätsfortschritt wird heute ziemlich ausschließlich für mehr Einkommen verwendet und führt nicht zu mehr Freizeit, wie Keynes es noch erwartete. Ich sehe vielmehr eine Aufspaltung: Die einen sind sehr viel beschäftigt, die anderen kaum oder gar nicht. Das sieht man nicht unbedingt in der Arbeitslosenstatistik; viele Menschen fallen einfach aus dem System heraus, aufgrund von Invalidität, Frühpensionierung und anderen Mängeln. Das ist ein Thema, das mir sehr am Herzen liegt: die „Employability" der Menschen, die sie im System hält.

Was halten Sie vor diesem Hintergrund von der Idee eines bedingungslosen Grundeinkommens?

Es gibt ja mehrere Konzepte zum Grundeinkommen. Zunächst gibt es die Idee der negativen Einkommensteuer. Dieses Konzept hat in allen politischen Lagern Anklang gefunden, im liberalen marktwirtschaftlichen Lager ebenso wie unter Alternativen. Es ist allerdings nicht realisiert worden. Das liegt an der Kontroverse über die grundlegenden Parameter: Wie hoch soll das Grundeinkommen am Ende sein, wie stark soll die Umverteilung durch die indirekte Progression ausfallen, wie erhält man die Leis-

---

4 Keynes, J. M. (1930), Economic possibilities for our grandchildren, in: *Essays in Persuasion*, New York, W. W. Norton & Co., 1963, S. 358–73.

tungsanreize? Da gehen die Meinungen sehr stark auseinander. Und wie das oft so ist in der politischen Kontroverse, manche Themen versanden in der Auseinandersetzung über das Detail.

Also ist das Projekt, das immer einmal wieder aufs Tapet kommt, nicht zu realisieren.

Das will ich nicht so dezidiert sagen. Eine große Steuerreform, die das gesamte Steuer- und Transfersystem einfacher und dessen Verteilungswirkungen transparenter machen würde, ist schwierig. So wichtig sie wäre, es bräuchte eine große gestalterische Kraft, die historisch gesehen einfach nicht oft vorhanden ist. Für ausgesprochen heikel halte ich die Vorstellung, mit einem bedingungslosen Grundeinkommen das Auseinanderfallen der Arbeitswelt im Zuge des modernen technischen Fortschritts, wie ich es vorhin beschrieben habe, lösen zu wollen, nach dem Motto: Wenn die Hochleistungsträger so viel produzieren, dass sie die Nichtbeschäftigbaren erhalten können, wo ist das Problem? Das ist für mich aus gesellschaftspolitischen Gründen zu kurz gedacht. Ich kann mir nicht vorstellen, dass unsere Institutionen es aushalten, wenn die Gesellschaft derart auseinanderfällt. Darum müssen wir uns neben der Einkommenssicherung auch um die Integration in die volkswirtschaftliche Produktion kümmern. Im neunzehnten Jahrhundert jedenfalls kam es vor einem ähnlichen Hintergrund – der Industrialisierung – zur Arbeiterbewegung und zu erheblichen gesellschaftlichen Spannungen, denen wir die Geburt des Sozialstaats mit breiter Partizipation der Bevölkerung an der Schaffung von Wohlstand verdanken.

Von den Gewerkschaften ist diesmal anders als damals aber wohl nicht mehr viel zu erwarten, was daran liegen mag, dass sie die Insider vertreten, nicht die Outsider, also gerade nicht jene, die womöglich aus dem System herausfallen.

Klar. Heute sind die Interessenlagen nicht so eindeutig, und da fällt es den jeweiligen Gruppen schwer, sich zu organisieren. Wir haben nicht mehr das klassische System der Produktion von Gütern und Leistungen, in dem sich die jeweiligen Rollen der Menschen in Landbesitzer, Kapitalisten und Arbeiter klassifizieren ließen. Das war ein System, das die Menschen verstehen konnten. Aber auch heute wäre es durchaus wünschenswert, von den Rollen im System der Leistungserstellung her zu denken und weniger vom individuellen Verhalten, aber diese Rollen sind viel ausdifferenzierter als früher. Das macht die Sache komplexer.

Sehen Sie denn Raum dafür, dass sich diese Differenzierung auch noch immer weiter fortsetzt, oder laufen wir auf eine Stagnation zu, vielleicht auch auf eine wirtschaftliche Sättigung? Ist unser Innovationspotenzial nicht schon ausgereizt?

Das Thema Sättigung hat mich schon in meiner Habilitationsschrift beschäftigt. Wer sich mit diesem Thema befasst, gerät in der Ökonomik schnell ins Abseits, weil viele Leute mit Sättigung endgültige Bedürfnisbefriedigung in einem strikten Sinn assoziieren, also dass es keine unerfüllten Bedürfnisse mehr gibt. Aber das ist nicht der Punkt. Es kommt vielmehr darauf an, welche Bedürfnisse es noch gibt. Wenn es große Kategorien von Bedürfnissen gibt, die alle oder viele Menschen teilen, dann koordiniert das auch die Erwartungen der Investoren, nicht nur dem Niveau nach wie bei Keynes, sondern auch der Struktur nach. Ein innovativer Unternehmer weiß dann, wo er einen neuen Markt finden kann. Wenn die offenen Wünsche jedoch unklarer und heterogener werden, steigt für ihn die Unsicherheit, Innovation wird schwieriger. So verstehe ich Sättigung. Darum geht es in den hochentwickelten Ländern der Welt. Über den Rest der Welt mache ich mir in dieser Hinsicht allerdings keine Sorgen. Dort ist die Not groß, die den Wunsch nach Wachstum treibt. Für uns in Europa jedoch muss Wachstumspolitik vor allem heißen, dass wir unsere Phantasie, unsere Energie und unsere Kreativität darauf konzentrieren, herauszufinden, was unsere großen Sehnsüchte und Bedürfnisse sind, um den Investoren und den Innovationen einen nachhaltigen Orientierungsrahmen zu geben.

Bedeutet das eine größere Rolle für den Staat? Mehr öffentliche Verschuldung?

Für große Infrastrukturprojekte, über deren Wünschbarkeit Konsens besteht, könnte ich mir das schon vorstellen. Aber ohne zu wissen, was genau finanziert werden soll, setzt man mit dem Ruf nach einer höheren Staatsverschuldung am falschen Ende an. Das gilt übrigens auch für die expansive Geldpolitik. Ich sehe nicht, wie etwas anderes als Vermögenspreisblasen oder Inflation entstehen soll, solange man nicht auch die Transmission des Geldes hin zu realen Investitionen unter Kontrolle bekommt.

Die Schweizer planen ein unterirdisches Schienensystem für den Güterverkehr, „Cargo sous terrain". Das wäre doch etwas für Sie, oder?

Ja. Ein anderes, mir hier in Zürich noch näher liegendes Beispiel ist der geplante Ausbau von Universität, Universitätsspital und ETH. Ich denke, das wären nachhaltige Investitionen, die den Innovationsprozess in Gang halten und Zukunftsvertrauen schaffen.

Wovon hängt denn dieses Zukunftsvertrauen ab und worauf bezieht es sich genau?

Zuallererst muss das Finanzsystem in Ordnung gebracht werden. Den Akteuren des Finanzgewerbes ist die Vorstellung abhandengekommen, dass ihr Geschäftsfeld der Transformation von Ersparnissen in künftige Produktionsmöglichkeiten dient. Die Besinnung auf diese Kernfunktion ist eine Grundvoraussetzung für reales Wachstum. Und dann braucht es Vertrauen auf nachhaltige Märkte. Das sind Märkte, von denen ein Investor weiß, dass sie längerfristig von der privaten Nachfrage getragen werden, oder eben von der Allgemeinheit, über den politischen Kanal auch vom Wähler. Darauf sollten wir uns in Europa konzentrieren, statt immer nur die Geldpolitik zu lockern oder eine noch stärkere Liberalisierung der internationalen Märkte zu forcieren.

Allerdings können auch große Infrastrukturprojekte durchaus von der privaten Hand getragen werden, oder?

Der Staat kommt hier einerseits deshalb ins Spiel, weil es sich um sehr große Dimensionen handelt; und andererseits handelt es sich um öffentliche Güter. Es gibt im Kanon der ökonomischen Theorie wenige Argumente, warum solche öffentlichen Güter ohne staatliche Beteiligung oder wenigstens Koordination bereitgestellt werden sollten. Aber daraus würde ich keine Glaubensfrage machen.

Was bedeutet das absehbare Zusammenspiel von Alterung der westlichen Gesellschaften und Zuwanderung für die Wachstumsaussichten? Wird die Stagnationsgefahr, die mit der Alterung einhergehen könnte, durch die Immigration aufgefangen?

Alterung und Zuwanderung sind beides große Herausforderungen, die wir mit dem Ziel angehen sollten, möglichst allen Menschen ein gutes Leben zu ermöglichen und sie in den Prozess der gesellschaftlichen Leistungserstellung zu integrieren. Der Schlüssel dazu liegt zum einen in der Technologie. Die klassischen Denker in der ökonomischen Disziplin waren allesamt pessimistisch, was die Entwicklungsmöglichkeiten der Technik betrifft. Die bisherige Geschichte hat uns das Gegenteil bewiesen. Ich bin überzeugt, dass auch in Zukunft große Produktivitätssteigerungen möglich sind. Und dafür brauchen wir ein gemeinsames Fortschrittsprojekt. Fortschritt – nicht unbedingt Outputwachstum – ist wichtig für eine Gesellschaft, denn, wie schon Adam Smith betonte, der stationäre Zustand ist langweilig und frustriert den Menschen im Kern seines Wesens, das darauf ausgerichtet ist, sein Los zu verbessern.

Sie steigen nicht in die gängige Wachstumskritik ein, wenn ich Sie richtig verstehe.

Bestimmt nicht. Wobei es durchaus das gibt, was wir Ökonomen die „Baumol'sche Kostenkrankheit" nennen. Gerade in den Bereichen, in denen wir aufgrund der Alterung der Gesellschaft eine verstärkte Nachfrage erwarten können, gibt es Dienstleistungen, die wichtig sind, wo die Produktivität jedoch nicht durch den Einsatz von technologischen Neuerungen groß gesteigert werden kann. Ich denke da beispielsweise an die Pflege und andere persönliche Gesundheitsdienstleistungen oder die Kindererziehung. Nicht nur der alte Mensch hat das Bedürfnis, dass sich jemand um ihn kümmert. Wir alle brauchen Nähe, auch physische Nähe.

Und was heißt das? Was folgt daraus politisch?

In der Fachdiskussion wie in der öffentlichen Debatte sollten wir bei diesen Themen wegkommen von den gewohnten Reflexen, nach einer geldpolitischen oder fiskalpolitischen Wachstumsförderung zu rufen. Das nützt alles nichts, genauso wenig wie das Zuschieben des schwarzen Peters an die eine oder andere politische Kraft. Wir müssen uns – als Menschen, in der fachlichen Arbeit und in der politischen Diskussion – konkreter mit den Fragen auseinandersetzen, was wir wollen, was wir mit technischen Mitteln und ökonomischen Ressourcen lösen können, wo wir uns persönlich einbringen und worauf wir keine Antworten haben. Die heile Welt ist nur eine Fiktion, auch in der ökonomischen Wissenschaft mit ihren Annahmen von optimalen Lösungen und perfekten Märkten. Diese Fiktionen lähmen unsere Kräfte. Wir brauchen mehr Realitätssinn. Wenn wir uns eingestehen, dass wir Probleme haben und keine Patentrezepte, dann könnten wir sie besser angehen.

Sie halten die herkömmlichen Annahmen in der ökonomischen Wissenschaft für zu restriktiv?

Ich sehe viele Entwicklungen kritisch. In den Modellen ist zwar alles da, die Annahmen sind sehr klar ausgewiesen und dienen immer wieder als wichtiger Anker. Aber im Alltagsgeschäft werden die Annahmen allzu schnell vergessen, und man konzentriert sich auf die Botschaften, also auf die Politikempfehlungen, die sich ableiten lassen. Das liegt an der Nachfrage nach solchen Botschaften, aber auch an mangelnder Sorgfalt oder Opportunismus von Wissenschaftlern. Perfekte Märkte, Preisnehmerwettbewerb, Rationalität im Sinne vollständiger Präferenzen – diese Benchmark mag durchaus großen Anteil am Erfolg der Ökonomik als Disziplin haben, sie ist zugleich aber auch eine große Fehlerquelle. Man sollte die Rationalitätshypothese im Sinne einer elementaren Vernünftigkeit nicht verwerfen, aber man muss sich darüber im Klaren sein, dass unser Wissen beschränkt ist. Nicht einmal die Annahme vollständiger Präferenzen ist eine Selbstverständlichkeit. Wir wissen doch alle nicht immer eindeutig, was wir wollen; wir müssen uns das erarbeiten. Wer bin ich, was kann ich, was will ich – das sind beständige Fragen im Leben. Sie stellen sich nicht nur für den Einzelnen, sondern auch für die Gesellschaft insgesamt.

Auch die Annahme perfekter Märkte ist so unrealistisch, dass es schmerzt.

Zumal das Thema Macht fast vollkommen aus der Ökonomik verschwunden ist. Früher stand die Marktmacht von Monopolen und Oligopolen im Zentrum. Heute betont man den Wettbewerb *um* den Markt, den Eintrittswettbewerb. Zwar verfügt die moderne Industrieökonomik über differenzierte Modelle, aber im Großen und Ganzen kommt Macht kaum vor, sie geht in der langfristigen Null-Profit-Bedingung unter. Das hat weitreichende Konsequenzen. In der Fachdiskussion über die Globalisierung und über die Finanzmärkte hängen wir zum Teil naiven Bildern von Wettbewerbsgewinnen oder Vielfalt an. Wir blenden aus, dass es durch starke Konzentration auch auf globaler Ebene Marktmacht gibt. Und es gibt Oligarchen und autokratische Investoren, die nicht nur ökonomische Interessen verfolgen. Das sind alles Themen, über die man nicht angemessen durch die Brille des marktwirtschaftlichen Idealtypus nachdenken kann.

Aber es sind doch bestimmt nicht nur die Oligarchen, die Ihnen Sorgen machen.

Stimmt. Ein vermutlich sehr viel breiteres Problem ist die Informationsasymmetrie. Üblicherweise gehen wir davon aus, dass die Märkte in der Lage sind, dezentral bereitstehende Informationen einzusammeln, in den relativen Preisen abzubilden und auf diese Weise auch zu verbreiten. Das ist in der Tat eine kraftvolle Idee. Aber es fragt sich, welche Informationen es genau sind, die auf diese Weise eingesammelt werden. Wir haben nicht nur keine vollständigen Verträge, sondern auch unvollständige Märkte, sodass Marktpreise nicht alle relevanten Informationen erfassen. Auf dem Finanzmarkt zum Beispiel werden durch Arbitrage womöglich tatsächlich alle Informationen eingesammelt, die im Finanzsystem kursieren. Aber das ist vielleicht nur vermeintliches Wissen und hat mit der Realität wenig zu tun. Ein anderer Punkt ist, dass die Bedeutung von Expertensystemen enorm zugenommen hat.

Was meinen Sie mit „Expertensystemen"?

Expertensysteme sind Organisationen, Unternehmen, Institutionen, die Talente anwerben, große Summen in Humankapital investieren und Wissen sammeln, produzieren oder verarbeiten. Google zum Beispiel. Oder andere Unternehmen, die sich darauf spezialisiert haben, Algorithmen zu entwickeln und zu verwenden, um die Daten der Kunden auszuwerten und ihnen auf dieser Grundlage dann personalisierte Angebote zu machen, wie es beispielsweise Amazon tut. Im ökonomischen Wettbewerb ergeben Expertensysteme als Intermediäre nur Sinn, wenn sie einen Vorsprung vor Nicht-Experten haben, und wenn es Skalenerträge der Informationsverarbeitung gibt. Beides sind Machtfaktoren, und das ist potenziell ein Problem. Hinzu kommt, dass sich durch Big Data die asymmetrische Information umdreht.

Inwiefern das?

Insofern, als wir zu gläsernen Menschen werden. Heute ist es doch so, dass mein Versicherungsunternehmen oder die Bank mehr über mich weiß als ich selber.

Und was folgt daraus?

So eindeutig, wie wir dachten, ist jedenfalls die Rolle der asymmetrischen Information nicht, und wir müssten in der ökonomischen Disziplin die damit verbundenen Machtfragen neu angehen. Wie können Konsumentensouveränität und Mündigkeit allgemein aufrechterhalten werden, wenn Expertenwissen eine große Rolle spielt und wenn es hohe Skalenerträge bei der Gewinnung, Verarbeitung und Verbreitung von Information gibt?

Sehen Sie die ökonomische Wissenschaft wegen dieses Defizits in einer Krise?

Nein. Sie ist ganz im Gegenteil sehr erfolgreich. Wir sind hochgradig attraktiv im universitären Fächerkanon, ziehen gute Studierende an und können ihnen auch gute Jobs bieten. Der Erfolg geht allerdings einher mit einer Wissenschaftskultur, die man auch kritisch sehen kann. Die Ökonomik ist eine straff organisierte Disziplin, die sich einer strengen Prestigehierarchie unterwirft und sich an sehr einheitlichen, von sogenannten Spitzeninstitutionen vorgegebenen Standards in der Ausbildung, der Rekrutierung, im Publikationswesen orientiert. Damit geht eine entsprechende Selbstgewissheit einher; man weiß, wo es lang geht und stößt in der Wirtschaft und der Politik durchaus auf Resonanz. Der Kontakt mit der gesellschaftlichen Wirklichkeit jedoch ist eher schlecht. Das muss einem schon zu denken geben.

Was meinen Sie mit „Kontakt"?

Die Wahrnehmung der Realität durch die Disziplin und ihre Kommunikation mit den Menschen. Die Gefahr ist, dass man sich in einen elitären, selbstgefälligen Club entwickelt. Wissenschaft lebt grundsätzlich sehr stark von der kritischen Reflexion, und daran mangelt es mitunter. Hybris kann einem am Ende auch auf den Kopf fallen.

Bedarf es dazu nicht auch einer stärker interdiszplinären Ausrichtung?

Ich glaube, wichtig sind vor allem die Offenheit und der Kontakt zur Realität. Grundsätzlich gibt es ja zwei Ansätze. Entweder man hat ein sehr enges methodisches Gerüst, wie Optimierung, und adressiert von dort aus in die Breite alle möglichen Themen, auf dem Feld der Psychologie, der Neurologie, der Evolutionsbiologie, der Anthropologie usw. Das geschieht in der Ökonomik in erheblichem Ausmaß; in diesem Sinne ist sie schon jetzt sehr interdisziplinär geworden. Gefragt wäre meines Erachtens aber ein anderes Modell, bei dem die Breite eher in den Ansätzen, Methoden, Betrachtungsweisen und Reflexionsniveaus liegt, bei dem man als Ökonom aber bei seinem Leisten bleibt, was die Phänomene betrifft, die man erklären will. Wir sollten nicht so tun, als ob wir auch Juristen, Psychologen oder sonst etwas wären. Mir ist es lieber, wir haben eine breite Basis und einen schmalen Fokus statt eine schmale Basis und einen riesigen Fokus. Da sind wir nach meinem Eindruck in die falsche Richtung unterwegs. Was mir im Hinblick auf die Nähe zur Realität fehlt, ist die Konfrontation mit dem Menschen und der Gesellschaft. Das kommt zu kurz, trotz der empirischen Wende, die das Fach in fast allen Teilgebieten genommen hat.

Inwiefern?

Die ökonometrische Analyse sieht den Menschen und die Gesellschaft so, wie sie von Datensätzen im Rahmen eines Modells vermittelt werden. Doch die ökonomische Realität kommt nicht nur oder verspätet in Datensätzen zum Ausdruck; zu einem sehr großen Teil zeigt sie sich auch in umgangssprachlichen Aussagen, insbesondere im öffentlichen Diskurs und in der Politik. Ökonometrisch bearbeitbare Datensätze genügen nicht, um die Realität zu erfassen. Dazu müssen wir auch diese andere Sphäre systematisch erfassen. Das erfordert Übersetzungsarbeit zwischen Modellsprache und natürlicher Sprache, in beide Richtungen.

Sie sind Mathematiker. Ist nicht gerade die viele Mathematik ein Problem bei der Kommunikation?

Die Mathematik kann in der Tat missverstanden und missbraucht werden, um sich vor der Kommunikation zu schützen. Dann wird sie zur Geheimsprache, mit der man sich womöglich eine abgehobene Stellung zu sichern sucht. Da sehe ich schon Probleme in unserer Disziplin, gerade in den quantitativen Modellen, die derzeit Karriere machen. Aber für mich heißt ein Modell grundsätzlich, dass ich mit Symbolen in einer formalen Sprache bestimmte Erscheinungen der Realität beschreibe. Das Modell wird durch seine Annahmen charakterisiert, und die entscheidende Frage ist, ob es, unter dem Zugeständnis der notwendigen Abstraktion, die wesentlichen Züge der Realität sinnvoll abbildet. Diese Prüfung ist essenziell. Ich kann nicht einfach sagen, es gibt da eine Formel, die sich in der Physik bewährt hat, die wende ich jetzt einfach auf die Wirtschaft an. Eine Ansammlung von Formeln ist noch kein Modell. Die Mathematik ist eine komplexe, schwierige Sprache; sie kann missbraucht werden, aus Unverstand oder absichtlich. Aber das gilt für andere Fachsprachen auch.

Seit einiger Zeit beobachten wir, dass in den Medien immer mehr Ökonomen zu Superstars erklärt werden. Ist dieser Hype angemessen?

Im Netz wie auch in der Zitationsstatistik beobachten wir in der Tat eine ausgesprochen starke Konzentration der Aufmerksamkeit auf einige wenige Personen. Nun mag man sagen, diese „Starökonomen" sind tatsächlich um einen Tick besser, und es ist gut, wenn alle auf sie schauen statt auf die zweite Liga. Um herauszufinden, ob die „Starökonomen" tatsächlich die erste Liga darstellen, müsste man ein kontrafaktisches Experiment vornehmen, indem man alle Rankings einmal umdreht. Man müsste dann schauen, ob die Suchmaschine noch die gleichen Namen nach oben befördert oder auch Namen und Arbeiten, die vorher kaum wahrgenommen wurden. Natürlich gibt es ein solches Experiment nicht. Aber allein die Überlegung führt vor Augen, dass es einen großen Manipulationsspielraum gibt, was Rankingmechanismen angeht, und dass Prominenz in einem pfadabhängigen Prozess entsteht, der nicht notwendig das Beste nach oben spült. Für mich ist klar, dass es für ein System, das von Innovationen lebt, eine Chance geben muss, dass Prominenz beseitigt und ersetzt wird. Sonst reproduziert sich immer nur, was man schon kennt. Wie auch immer, die strikte Orientierung der Ökonomen an einer globalen Ranking-Hierarchie ist schon speziell.

Speziell – oder kontraproduktiv?

Unproduktiv. Mir ist auch diese ganze Sprechweise in Superlativen suspekt. Natürlich muss man sich bemühen, voranzukommen und besser zu werden. Aber „der Weltbeste", „der Größte" ... Im Sport ergeben solche Bezeichnungen vielleicht Sinn, in der Wissenschaft nicht. Das ist eine Entwicklung, die mir zutiefst unsympathisch ist. Und sie zerstört Vertrauen, denn niemand glaubt, dass es so viele Beste gibt. Was wir bräuchten, ist mehr Raum und mehr Zeit in der Diskussion. Leider sind auch die meisten Medien eher an starken Ansagen interessiert und für eine differenzierte Debatte grundlegender Mechanismen zu kurzatmig.

Aber vielleicht kann man das wenigstens in der Lehre berücksichtigen?

Ich bin sehr dafür, den Diskussionsformaten in der akademischen Lehre mehr Raum zu geben. Ich meine damit kein bloßes Palaver, keine Stammtischdiskussion, sondern eine strukturierte, aus dem reichen Fundus unseres Faches schöpfende Debatte. Wer lernt, so zu diskutieren, muss auf eine breite Palette von Fakten und Argumenten zurückgreifen. Das schützt davor, in Moden oder Dogmen zu denken.

Nicola Fuchs-Schündeln

https://doi.org/10.1515/9783111208749-004

Heimgekehrte Spitzenforscherin

Gleichsam auf einer Seitenstraße ist Nicola Fuchs-Schündeln, 1972 in Köln geboren, zur Ökonomik gekommen. Ihr Studium an der Universität Köln begann auf einem ganz anderen Feld: der Lateinamerikanistik. Darauf angesprochen, spricht sie von „einer Faszination für Lateinamerika, die irgendwie schon immer da war", verbunden mit ihrem Engagement bei Amnesty International. Innerhalb des Studiengangs galt es sich mit vier Disziplinen zu befassen, mit Politikwissenschaft, Romanistik, Geschichte – und eben auch mit Volkswirtschaftslehre. „Ich fand das von Anfang an spannend", sagt sie.

Die Anziehung verstärkte sich, als sie im Jahr 1995 als Austauschstudentin an der Universidad del Norte Santo Tomás de Aquino in Argentinien und während eines Praktikums in einer lokalen Sparkasse miterlebte, wie die Tequila-Krise aus Mexiko nach Lateinamerika herüberschwappte. „Ich habe mir gedacht, das will ich besser verstehen." Zurück in Köln wurde aus dem Teilfach Volkswirtschaftslehre ein Zweitstudium, in dem sie auch zuerst das Diplom erlangte. Ein Jahr später folgte der Abschluss in Lateinamerikanistik. Die Liebe zu Lateinamerika hat sich Fuchs-Schündeln erhalten, auch wenn sie in der Spitzenforschung, die sie betreibt, mit diesem Teil der Welt nurmehr wenig zu tun hat. „Es ist jetzt eher etwas Privates."

Stattdessen zog es sie nach dem Doppeldiplom in die Vereinigten Staaten. Sie setzte noch zwei Master-Titel in Economics an der Yale University obendrauf und wurde dort im Jahr 2004 mit Auszeichnung promoviert – mit einer empirischen Arbeit zum Sparverhalten deutscher Haushalte. Anschließend ging sie an die Harvard University, wo sie fünf Jahre als Assistant Professor of Economics lehrte, forschte und publizierte, unter anderem gemeinsam mit Alberto Alesina. Schon damals war klar, dass ihre besondere Fähigkeit in der Arbeit mit Daten liegt, denen sie mit Findigkeit, ökonometrischer Akribie und kluger Interpretation zu entlocken versteht, was sie an reichem Wissen bergen. Immer geht es ihr dabei um Haushaltsentscheidungen, ob sie nun das Sparen, das Arbeitsangebot oder die Migration betreffen. Dass sie nicht nur die Rahmenbedingungen untersucht, sondern auch zu ergründen sucht, wie Präferenzen entstehen und wie sie sich wandeln, zeugt von der Breite ihres Spektrums.

Und dann kam, nach zehn Jahren in den Vereinigten Staaten, ein Angebot aus Frankfurt, das die schon damals vielfach ausgezeichnete Forscherin und ihre Familie zurück in die alte Heimat holte: Sie erhielt einen Ruf auf den Lehrstuhl für Makroökonomik und Entwicklung am wirtschaftswissenschaftlichen Fachbereich der sich radikal modernisierenden Goethe-Universität Frankfurt, an das Exzellenzcluster „Die Herausbildung normativer Ordnungen". Gerade dessen interdisziplinäres Ambiente empfindet sie als eine große Bereicherung. Ein Starting Grant des European Research Council (ERC), eine der höchstdotierten wissenschaftlichen Auszeichnungen in der Europäischen Union, stärkte der Heimkehrerin 2010 für fünf Jahre zusätzlich den Rücken. Das

Projekt lief unter dem Titel „The Role of Preferences and Institutions in Economic Transitions". Ein ERC Consolidator Grant „Macro- and Microeconomic Analyses of Heterogeneous Labor Market Outcomes" kam 2019 für fünf Jahre hinzu. Der Gossen-Preis des Vereins für Socialpolitik dokumentierte 2016 die einhellige Anerkennung der deutschsprachigen Fachkollegen für die junge Spitzenforscherin mit internationalem Ansehen. Es folgte 2018 der Leibniz-Preis der Deutschen Forschungsgemeinschaft (DFG), der höchstdotierte deutsche Forschungspreis.

Im „House of Finance" auf dem großzügigen neuen Frankfurter Campus Westend verfügt Fuchs-Schündeln über ein sonnendurchflutetes Büro – und bereut es keineswegs, Amerika den Rücken gekehrt zu haben, dem wissenschaftlichen Sehnsuchtsort so mancher aufstrebender Forscher. Zwar sei es schon wichtig, den Kontakt zu den Kollegen dort zu halten und die eigene Forschung zu präsentieren. Aber man könne ja auch so immer einmal wieder in die Vereinigten Staaten zurückkehren, wenigstens vorübergehend, für Sabbaticals. „Aber auch die Universität Frankfurt ist spannend, es ist viel los, die Kollegen sind nett, dynamisch und international ausgebildet." Überhaupt herrsche in der deutschen und in der europäischen Forschungslandschaft eine erfreuliche Dynamik.

Fuchs-Schündeln selbst ist „Chair" der Review of Economic Studies, der einzigen in Europa angesiedelten Top-Five-Zeitschrift der Wirtschaftswissenschaften, und Managing Editor der Zeitschrift Economic Policy, die drei Forschungsinstitute in Frankreich, Großbritannien und Deutschland gemeinsam herausgeben. Zudem gehört sie dem Rat der European Economic Association an, dem engeren Vorstand des Vereins für Socialpolitik, der Leopoldina und dem Wissenschaftlichen Beirat des Bundeswirtschaftsministeriums (seit 2021 Bundesministerium für Wirtschaft und Klimaschutz).

Was sie in Frankfurt besonders schätzt, ist die dortige Graduiertenschule nach amerikanischem Modell. „Das ist Gold wert und in den Wirtschaftswissenschaften die beste Methode, wie man Doktoranden ausbilden sollte, die in die Wissenschaft streben", sagt sie. Diese strukturierte, breite Ausbildung soll vermitteln, wo die Forschungsfront über die ganze Ökonomik hinweg verläuft. „Wenn ich davon ausgehen kann, dass meine Doktoranden diese Breite und Expertise mitbringen, die man in der Spitzenforschung braucht, ist das auch für meine Zusammenarbeit mit ihnen sehr hilfreich." Das Kursprogramm des Graduiertenstudiums dauert zwei Jahre, mit Mikroökonomik, Makroökonomik und Ökonometrie als Pflichtfächern. Im zweiten Jahr spezialisiert man sich. In dieser Zeit schreiben die Studenten schon wissenschaftliche Papiere. Danach kommt die eigentliche Doktorarbeit; dafür sind noch einmal etwa drei Jahre veranschlagt.

Auch die Vernetzung der Nachwuchswissenschaftler in der Graduiertenschule ist Fuchs-Schündeln wichtig, die Ähnliches in Amerika selbst erlebt hat. Der Zusammenhalt, der innerhalb einer Kohorte von Graduierten entstehe, sei für vielerlei nützlich, nicht zuletzt zur Weitung des Horizonts und auch zur Verarbeitung von nicht ausbleibenden Frustrationen. Man müsse sich zum Beispiel als junger, ungeduldiger Mensch erst daran gewöhnen, wie langwierig es sei, ein Forschungspapier in einem guten Journal zu platzieren. Wenn man diese Erfahrungen mit anderen teilen könne, sei das tröstlich. Zum Forscherdasein gehöre nun einmal dazu, geduldig zu sein und schon das Erreichen von Zwischenzielen genießen zu können.

„Das deutsche Steuersystem setzt mit die negativsten Arbeitsanreize für Frauen"

Ein Gespräch über die Erwerbsbeteiligung von Frauen und Männern, das Ehegattensplitting, die doppelte Armut in Entwicklungsländern, Präferenzen für Umverteilung und Demokratie sowie die Bedeutung von Grenzen

Frau Professorin Fuchs-Schündeln, Sie haben sich im Rahmen eines großen vom European Research Council finanzierten Forschungsprojekts mit der Frage beschäftigt, wie Menschen ihre Entscheidung fällen, ob sie arbeiten und wieviel. Können Sie nun erklären, warum zum Beispiel die Europäer deutlich weniger Stunden arbeiten als die Amerikaner?

Das ist genau die Beobachtung, mit der unser Projekt begann – und ja, wir können zumindest einen Teil des Unterschieds erklären. Aber lassen Sie mich dazu etwas weiter ausholen. Nach dem Krieg sah der Befund bezüglich der Arbeitsstunden noch anders aus, aber im Laufe der Zeit hat sich dann eine Schere zwischen den durchschnittlichen Arbeitsstunden in Europa und den USA aufgetan. Dazu gibt es auch schon relativ viel Literatur; manche Forscher haben zum Beispiel untersucht, ob das mit Institutionen zu tun hat, zum Beispiel mit der Rolle der Gewerkschaften. In einem anderen Strang der Forschung hat man das Augenmerk auf die Steuern gelegt; mit der Intuition, dass der Grund, warum Europäer weniger arbeiten, in der höheren Besteuerung liegt. Ich fand die Unterschiede in den Arbeitsstunden sehr spannend, und wollte erstmal in den Daten ergründen, wo diese Unterschiede herkommen. Wenn man die aggregierten OECD-Daten sieht, hat man aber nur eine einzige Zahl zu den durchschnittlichen Arbeitsstunden aller 15- bis 64-jährigen und kann zum Detail wenig sagen. Darum haben wir Haushaltsdatensätze gesammelt und versucht, sie international vergleichbar zu machen. Da steckt recht viel Arbeit drin, denn wir haben diese Herausforderung der Vergleichbarkeit sehr ernst genommen. Im Ergebnis konnten wir uns dann sehr schön anschauen, ob die Erwerbsbeteiligung divergiert, die Zahl der Urlaubstage oder die Zahl der Arbeitsstunden in einer normalen Arbeitswoche. Auf der Grundlage dieser Mikrodaten kann man außerdem untersuchen, ob sich bestimmte Gruppen systematisch unterscheiden, also ob alle Europäer weniger arbeiten oder beispielsweise nur Männer oder nur Frauen.

Anmerkung: In Print am 30. Juni 2017 erstmals erschienen, *Perspektiven der Wirtschaftspolitik* 18(2), S. 132–44. Online am 3. Juli 2017 veröffentlicht, https://doi.org/10.1515/pwp-2017-0013.

Und diese Daten sind gut genug?

Das Hauptproblem besteht darin, dass nicht in allen Ländern und nicht in allen Jahren die Leute wirklich über das gesamte Jahr hinweg laufend befragt werden. Man fragt die Leute in solchen Erhebungen typischerweise, wie viele Stunden sie in der jeweils zurückliegenden Woche gearbeitet haben. Manchmal haben sie dann weniger als normalerweise gearbeitet, weil es Feiertage gab, weil sie die Grippe hatten oder weil sie im Urlaub waren; oder aber sie haben Überstunden gemacht. Das will man natürlich auch alles erfassen. Wenn man die Leute über alle Wochen des Jahres befragen würde, wäre das kein Problem, man bekäme ein repräsentatives Bild. Aber das ist nicht immer der Fall, die Datenerhebung ist nicht überall durchgängig. Die Woche zwischen Weihnachten und Neujahr ist zum Beispiel oft unterrepräsentiert, aber gerade in dieser Woche häufen sich die Feiertage und sind viele Menschen im Urlaub. Im Zusammenhang mit Entwicklungsländern ist das übrigens noch ein viel größeres Problem, weil aufgrund der agrarischen Strukturen dort noch viel stärkere Saisoneffekte entstehen. Aus unserem Vergleich zwischen Amerika und Europa jedenfalls sind mehrere Papiere herausgekommen. In dem ersten davon stellen wir überhaupt erst einmal die Datenlage dar.[1] Wir betrachten hier die 15- bis 64-jährigen – einfach weil das typischerweise die OECD so macht – und stellen fest, dass in den Jahren 2013–15 die Europäer durchschnittlich 14 Prozent weniger Stunden gearbeitet haben als die Amerikaner. Ein Viertel bis die Hälfte des Unterschieds kommt durch die Urlaubstage.

Die Amerikaner haben in der Regel nur zwei Wochen frei, nicht wahr?

Auf jeden Fall haben sie im Durchschnitt deutlich weniger Urlaubstage. Die Zahl der Feiertage ist ungefähr gleich. Eine weitere Disparität kommt daher, dass in Europa, insbesondere in Süd- und Osteuropa, der Anteil von weniger gut ausgebildeten Menschen höher ist, und in allen Ländern die Erwerbstätigenquote mit der Bildung stark zunimmt. Die Vereinigten Staaten haben einen höheren Anteil an Hochgebildeten. Wir sehen daher einen starken demographischen Effekt, in dem die Altersstruktur nicht so viel ausmacht, aber die Bildungsstruktur sehr wohl.

Wie ist das in Europa?

Der Anteil der niedrig gebildeten Menschen ist in Europa eben höher.

---

1 Bick, A., B. Brüggemann und N. Fuchs-Schündeln (2019), Hours worked in Europe and the US: New data, new answers, *Scandinavian Journal of Economics* 121(4), S. 1381–416.

Das wundert mich. Sind die Bildungssysteme denn vergleichbar?

Natürlich muss man sehr aufpassen, wie man Bildungssysteme vergleichen kann. Es gibt zum Beispiel mehr amerikanische College-Abschlüsse als europäische Universitätsabschlüsse. Indes entsprechen einige amerikanische College-Abschlüsse eher einem europäischen Lehrabschluss. Aber wenn man sich der internationalen Klassifikation nach niedrig, mittel und hoch ausgebildeten Personengruppen anschließt, die ja genau darum entwickelt worden ist, weil es einer gewissen Vergleichbarkeit bedarf, dann muss man das erst einmal auf eine Stufe stellen – und dann ist der Anteil der Hochgebildeten in den Vereinigten Staaten eben höher. Darüber hinaus sieht man interessante Unterschiede in der Erwerbsbeteiligung und in den Arbeitsstunden in einer typischen Arbeitswoche. In den westeuropäischen und insbesondere in den skandinavischen Ländern liegt die Erwerbsbeteiligung in der Tendenz sogar höher als in den USA, aber die Arbeitswoche umfasst im Durchschnitt weniger Arbeitsstunden. In Süd- und Osteuropa ist es genau umgekehrt. Dort ist die Erwerbsbeteiligung niedriger, aber diejenigen, die arbeiten, arbeiten regelmäßig mehr Stunden als die Leute in den Vereinigten Staaten. Man sieht also eine negative Korrelation zwischen Erwerbsbeteiligung und Arbeitsstunden über die Länder hinweg, und diese ist besonders stark im Fall von Frauen.

Warum ist das so?

Wir haben uns angeschaut, ob das wohl etwas mit besonders familienfreundlichen Politikmaßnahmen zu tun hat – und in der Tat, das korreliert sehr schön. Es gibt Länder, in denen es inzwischen ein Recht auf Teilzeitarbeit gibt, zum Beispiel Deutschland und, noch stärker ausgeprägt, die Niederlande. Dort ist die Erwerbsbeteiligung von Frauen sehr hoch, aber diejenigen, die arbeiten, arbeiten im Durchschnitt recht wenige Stunden pro Woche. In Süd- und Osteuropa, wo es solche Regelungen nicht gibt, ist der Befund genau umgekehrt. Familienfreundliche Politikmaßnahmen könnten also etwas mit diesem Unterschied zu tun haben. Allerdings habe ich damit noch keine Antwort auf die Frage, die ich mir jetzt natürlich auch stelle und zu der ich die Antwort noch nicht weiß: Wo kommen die Unterschiede in diesen Politikmaßnahmen ursprünglich her? Warum lassen manche Länder Teilzeitarbeit zu und andere nicht? Oder, wenn es nicht an der Regulierung liegt, warum gehen in manchen Ländern die Arbeitnehmer oder aber die Firmen auf solche Maßnahmen ein und in anderen nicht? Hat das zum Beispiel mit der Industriestruktur zu tun?

Da kommt wahrscheinlich der Punkt, wo man nach Mentalitäten fragen muss.

Solche Muster können durchaus auch historisch bedingt sein. Es gibt zum Beispiel soziologische Forschung, die darstellt, dass in manchen Ländern seinerzeit die Frauenbewegung zeitlich mit dem strukturellen Umbruch hin zum Servicesektor zusammenfiel, so dass die öffentliche Meinung eher bereit war, solche Maßnahmen zu tragen. In anderen Ländern hingegen kam der strukturelle Umbruch später, und somit fehlte der Rückenwind für familienfreundliche Politikmaßnahmen. Solche Faktoren spielen bestimmt auch eine Rolle. Da muss man noch weiter schauen. Auch Institutionen sind ja nicht exogen.

Welche Rolle spielt die Besteuerung?

Dieser Frage haben wir uns im zweiten Papier des Projekts gewidmet.[2] Darin geht es noch mehr um die Erklärung der Daten. Da schauen wir uns nur die Gruppe der 25–54-Jährigen an, denn einen erheblichen Teil der Unterschiede bei den Jüngeren kann man auch durch Unterschiede in den Bildungssystemen erklären. Außerdem gibt es in einigen Ländern den Störfaktor einer hohen Jugendarbeitslosigkeit, die die Erwerbstätigkeit nach unten zieht; das ist ein bekanntes Phänomen. Und wenn man sich die Älteren anschaut, die 55–64-Jährigen, dann kommen dort auch Unterschiede wie zum Beispiel durch die Frühverrentung zum Tragen. Das ist bekannt. Bei den 25–54-Jährigen hingegen handelt es sich um eine Altersgruppe, die normalerweise arbeitet, und dort zeigen sich dann auch am besten die Effekte der Besteuerung. Wir stellen fest, dass in Ländern, in denen verheiratete Männer relativ viele Stunden arbeiten, unverheiratete Männer und unverheiratete Frauen auch viel arbeiten. Aber die verheirateten Frauen stechen immer heraus. Die machen, was sie wollen: Es gibt keine Korrelation ihrer Arbeitszeiten mit denjenigen der anderen Gruppen im selben Land, während die anderen Gruppen aber untereinander korrelieren. Auf den ersten Blick ist das merkwürdig und man würde vermuten, dass man diesen Effekt mit der Besteuerung allein nicht erklären kann. Denn mit einem höheren Steuersatz sollte ein Anreiz einhergehen, weniger zu arbeiten, der a priori für alle gilt.

Was erzählen denn die Daten genau?

Wenn man sich verheiratete Männer anschaut, so arbeiten sie tendenziell in Europa weniger Stunden als in den USA, aber die Unterschiede sind nicht so groß. Wenn man sich dagegen verheiratete Frauen anschaut, sieht man, dass sie in Skandinavien und Osteuropa fast so viel arbeiten wie in den Vereinigten Staaten, aber in Süd- und Westeuropa im Durchschnitt deutlich weniger, in Deutschland sogar 34 Prozent weniger Stunden. Das sind die Fakten.

Kann man das nun wirklich nicht mit der Besteuerung erklären?

Schon, zumindest zum Teil, aber es setzt voraus, dass man sich bei der Besteuerung nicht nur den Durchschnittssteuersatz anschaut, sondern auch das Verfahren zur Be-

---

2 Bick, A. und N. Fuchs-Schündeln (2018), Taxation and labor supply of married couples across countries: A macroeconomic analysis, *Review of Economic Studies* 85(3), S. 1543–76.

steuerung von Ehepaaren in den Blick nimmt. Und dieses ist international sehr unterschiedlich ausgestaltet. Es gibt einige Länder wie Schweden oder Großbritannien, die bei der Besteuerung völlig individualistisch vorgehen. Ob jemand verheiratet ist oder Single, spielt überhaupt keine Rolle. Deutschland steht am anderen Ende des Spektrums mit dem Ehegattensplitting, in dem nur das Haushaltseinkommen zählt. Wie das zustande kommt, ist unerheblich. Und dazwischen gibt es alle möglichen Systeme in verschiedenen Graustufen.

Amerika hat ein Mischsystem, nicht wahr?

Das amerikanische System ähnelt mit seinen starken Elementen der gemeinsamen Besteuerung im Prinzip dem deutschen, aber es ist im Detail etwas komplizierter ausgestaltet. Vor allem kann man in Amerika in eine Lage kommen, in der es eine „Heiratsstrafe" gibt, in der also die Steuerlast bei gleichbleibenden Einkommen nach der Heirat steigt, anders als in Deutschland. Dank des Splittings ist die Steuerlast in Deutschland bei gemeinsamer Besteuerung nie höher als bei einer individuellen Besteuerung der Ehepartner. In Amerika ist das nicht garantiert, wenn beide Ehepartner gut verdienen. Aber auch dort sind die Heiratsvorteile im Steuersystem am größten, wenn die Einkommensunterschiede der Partner am größten sind.

Und was bewirken nun die unterschiedlichen Systeme der Besteuerung von Ehepaaren?

Das lässt sich am Beispiel von den Vereinigten Staaten, Schweden und Deutschland gut verdeutlichen. Verheiratete Männer arbeiten in Deutschland und Schweden etwa 15 Prozent weniger Stunden als in Amerika. Das ist erst einmal übereinstimmend mit dem Bild, das man so hat – dass in den ersten beiden Ländern die relativ hohen Steuern sowohl auf das Arbeitseinkommen als auch auf den Konsum eben auch mit einem ähnlichen negativen Effekt auf das Arbeitsangebot verbunden sind. Die verheirateten Frauen in Schweden hingegen arbeiten fast genauso viel wie die verheirateten Amerikanerinnen, während die deutschen Ehefrauen 34 Prozent weniger Stunden arbeiten. Das ist erst einmal überraschend.

Kann das an fehlenden Möglichkeiten der Kinderbetreuung liegen?

Die Daten zeigen, dass diese Unterschiede nicht von Frauen mit jungen Kindern getrieben sind. Ich glaube schon, dass die Kinderbetreuung einen Effekt hat, aber das ist auf alle Fälle nicht alles. Erklären kann man das Phänomen aber dann, wenn man sich die Besteuerung der Ehepaare genau anschaut. Da spielt es eben eine Rolle, dass es in Schweden eine strikt getrennte Besteuerung der Ehepartner gibt, in Amerika und in Deutschland jedoch eine gemeinsame. Gemeinsame Besteuerung bedeutet, dass der Steuersatz eines Partners auch vom Einkommen des anderen Partners abhängt. Die genaue Ausgestaltung kann unterschiedlich sein, aber es erhöht sich dadurch der Grenzsteuersatz des Zweitverdieners, und verringert sich der Grenzsteuersatz des Erstverdieners. Wir haben einen marginalen Steuersatz für eine Frau in dem jeweiligen Land berechnet, die mit einem Mann verheiratet ist, der ein Durchschnittseinkommen erzielt. Sie arbeitet erst nicht, nimmt dann aber eine Vollzeitstelle an. Ihr marginaler Steuersatz ist in Schweden und in den Vereinigten Staaten etwa gleich mit etwa 30 Prozent, obwohl die Durchschnittssteuern in Amerika an sich niedriger sind. Das kommt daher, dass die Frau bei der getrennten Besteuerung in Schweden relativ weit unten im progressiven System anfängt, in Amerika wegen der gemeinsamen Besteuerung aber nicht. Die Auswirkungen von Durchschnittssteuersatz und getrennter oder gemeinsamer Besteuerung heben sich in dem Fall zwischen den beiden Ländern komplett auf, sodass die verheirateten Frauen etwa gleich dastehen. In Deutschland mit seinem hohem Durchschnittssteuersatz und zugleich gemeinsamer Besteuerung liegt der effektive Grenzsteuersatz bei 50 Prozent, also wesentlich höher als in den beiden anderen Ländern. Das passt genau zum Arbeitsverhalten der verheirateten Frauen, das wir beobachten. So lässt sich ein signifikanter Teil des Phänomens erklären.

Kann man die Effekte quantifizieren?

Das haben wir in einem dritten Papier versucht.[3] Wir haben uns eine hypothetische Steuerreform vorgestellt und gefragt, was passieren würde, wenn das jeweilige Land von seinem gegenwärtigen Modell zu einer komplett getrennten Besteuerung von Ehepaaren überginge. Wir haben dabei die durchschnittliche Steuerlast von Ehepaaren absichtlich festgeschrieben. Denn in Deutschland zum Beispiel würden ja die Steuereinnahmen stark steigen, wenn man zur getrennten Besteuerung überginge. Um die Neutralität zu wahren, stellen wir uns vor, dass der Fiskus dies mit einem Pauschaltransfer wieder ausgleicht, so dass die Ehepaare im Saldo gar nicht mehr belastet würden. Aber die Grenzsteuersätze der Partner würden sich verändern; Partner mit geringerem Einkommen träfe ein niedrigerer Grenzsteuersatz, Partner mit größerem Einkommen ein höherer. In den Ländern, die jetzt schon eine getrennte Besteuerung haben, wie Schweden und Großbritannien, aber auch Ungarn und Griechenland, sieht man natürlich gar keinen Effekt. Es gibt zudem eine ganze Menge Länder, wo nur ein bisschen passiert. Schon Amerika zeigt jedoch relativ große Effekte; da sagt das Modell voraus, dass die Arbeitsstunden von Frauen um mehr als 100 Stunden im Jahr hochgehen würden. Deutschland und Belgien jedoch stechen total heraus. In Deutschland sind es nicht weniger als 280 Stunden, die das Modell als Zuwachs der durchschnittlichen Erwerbsbeteiligung von verheirateten Frauen voraussagt.

---

3 Bick, A. und N. Fuchs-Schündeln (2017), Quantifying the disincentive effects of joint taxation on Married women's labor supply, *American Economic Review, Papers & Proceedings* 107(5), S. 100–04.

Das ist aber wirklich ein sehr starker Effekt.

Ja, er ist ökonomisch sehr signifikant. Wie das so ist mit makroökonomischen Modellen, hängen solche Ergebnisse im Einzelnen immer sehr stark von den Annahmen ab, zum Beispiel von den Arbeitselastizitäten. Unsere Studie zeigt aber ganz klar, dass im internationalen Vergleich das deutsche System mit die negativsten Arbeitsanreize für die Frauen setzt, unabhängig von den Elastizitäten. In Belgien ist das ähnlich, aber die nächsten Länder verbuchen nur noch halb so große Effekte, inklusive der Vereinigten Staaten. Dort schlägt unsere hypothetische Steuerreform deshalb nicht dermaßen ins Kontor, weil die Progressivität nicht so stark ist.

Würden Sie das Splitting abschaffen wollen?

Das ist natürlich primär eine politische Frage. Als Forscherin habe ich erst einmal nur die Effekte darzulegen, und wir finden in unserem Papier im internationalen Vergleich sehr starke negative Arbeitsanreizeffekte. Da die Globalisierung und internationale Wettbewerbsfähigkeit im Moment in aller Munde ist, sollte man daher einmal über die Wachstumseffekte nachdenken. Eine schwache Erwerbstätigkeit und geringe Arbeitsstunden von Frauen sowie ihre Konzentration auf gewisse Berufe bedeuten eine Menge ungenutztes Potenzial, wenn man einmal von einer Gleichverteilung der Talente zwischen den Geschlechtern über die Berufe hinweg ausgeht. Gerade ist eine Studie von vier führenden amerikanischen Makroökonomen erschienen, die ein Viertel des amerikanischen Wirtschaftswachstums von 1960 bis heute auf die verstärkte Einbindung von Frauen und Schwarzen in den Arbeitsmarkt zurückführen, also sowohl darauf, dass die Erwerbsbeteiligung in diesen Gruppen gestiegen ist, als auch insbesondere darauf, dass sie in den verschiedenen Berufen gleichmäßiger vertreten sind.[4] Wenn zum Beispiel der Anteil der Frauen unter den Rechtsanwälten steigt und damit repräsentativer wird, dann verbessert dies das Matching von Talenten und Berufen und erhöht im Durchschnitt die Produktivität. Das hat einen starken Wachstumseffekt. Wir sprechen in Deutschland viel von einem Fachkräftemangel, bilden aber zum Beispiel an den Universitäten viele Frauen aus, die nachher dann nur mit Unterbrechungen oder in Teilzeit arbeiten. Das Splitting ist dafür natürlich nicht der einzige Grund, aber es ist eben ein wichtiger Faktor, der die Arbeitsanreize drosselt. Neben der Gleichstellungsperspektive kann man also auch eine Wachstumsperspektive einnehmen, die ich als Ökonomin sehr interessant und wichtig finde und in die Debatte einbringen möchte. Weitere Perspektiven wären natürlich die Wohlfahrtsperspektive und die Verteilungsperspektive.

---

4 Hsieh, C.-T. et al. (2019), The allocation of talent and U.S. economic growth, *Econometrica* 87(5), S. 1439–74.

*Für manche Leute spielt die Wachstumsperspektive keine Rolle, weil sie wachs-
tumsfeindlich eingestellt sind oder weil sie das Splitting als kulturelle Errungenschaft betrachten, die ein traditionelles Lebensmodell stützt.*

Das Splitting wurde 1958 eingeführt. Seitdem hat sich die soziale Landschaft sehr verändert. Zum Beispiel hat sich der durchschnittliche Bildungsgrad von Frauen stark
erhöht, gleichzeitig sind die Scheidungsraten deutlich gestiegen. Zudem wurde das
Unterhaltsrecht 2008 so reformiert, dass Frauen nach einer Scheidung nicht mehr
den Anspruch haben, den Lebensstandard aufrechterhalten zu können, den sie während der Ehe genossen. Gleichzeitig setzt der Staat durch das Splitting Anreize, dem
Arbeitsmarkt während der Ehe fernzubleiben, das passt nicht gut zusammen.

*Aber ist es überhaupt eine legitime Aufgabe des Staates, hier Anreize zu setzen?
Ist es nicht besser, wenn das Steuersystem so neutral ist, dass sich der gesellschaftliche Wandel spontan vollzieht?*

Das ist selbstverständlich richtig, aber Anreizwirkungen durch das Steuersystem lassen sich nun einmal nicht vermeiden, wenn man einmal von einer Kopfsteuer ab-
sieht. Auch das Splittingverfahren setzt ja deutliche Anreize. Es gibt übrigens ja auch
die Theorie der optimalen Besteuerung nach Ramsey, die empfiehlt, elastische Faktoren so wenig wie möglich zu besteuern und die Steuerlast möglichst auf unelastische
Faktoren zu legen, weil man dann am wenigsten die Anreize verzerrt. Empirisch ist
es so, dass das Arbeitsangebot von Frauen elastischer ist als das von Männern und
das von verheirateten Frauen und Müttern elastischer als das von unverheirateten
und kinderlosen Frauen. Aber in der Realität besteuert man sie relativ hoch. Mein
früherer Kollege Alberto Alesina hat deshalb in einem Papier mit zwei Koautoren
sogar eine geschlechtsspezifische Besteuerung gefordert, die für Männer höher liegt –
eben aus dem Grund, dass das Arbeitsangebot der Männer unelastischer ist.[5] Das mag
gewagt sein, aber es verdeutlicht noch einmal, wie stark unser System mit dem Ehegattensplitting die Arbeitsanreize für Frauen verzerrt.

*Der politische Trend geht allerdings nicht so sehr in Richtung einer ersatzlosen
Streichung des Ehegattensplittings, sondern in Richtung Familiensplitting. Wie
stehen Sie dazu?*

Das Familiensplitting dient zunächst der Unterstützung von Familien mit Kindern,
was ja ein legitimes politisches Ziel sein kann. Es vermindert auch die Wirkung des
Ehegattensplittings, wenn man Kinder hat. Auch wenn er abgemildert wird, bleibt der

---

5 Alesina, A., A. Ichino und L. Karabarbounis (2011), Gender based taxation and the allocation of fa-
mily chores, *American Economic Journals: Economic Policy* 3(2), S. 1–40.

grundsätzliche Effekt jedoch bestehen, dass die Grenzsteuersätze der Partner angeglichen werden, unabhängig von ihrem individuellen Einkommen. Klar kann man das machen, aber es wäre nicht meine präferierte Lösung. Wenn der Staat Ehe oder Familie oder beides unterstützen will, dann sollte er lieber versuchen, Formen zu finden, die nicht die relativen Grenzsteuersätze der Partner beeinflussen.

In Ihrer Forschungsarbeit nehmen Sie ja an, dass die Steuermehreinnahmen, die der Staat bei einer Umstellung auf eine Individualbesteuerung erzielen würde, als Pauschaltransfer an die Bürger zurückfließen, dass es also keine Mehrbelastung gibt. In der Debatte ist das ein wichtiger Punkt; viele Kritiker glauben nicht, dass sich das verwirklichen ließe, und sehen in der Möglichkeit einer solchen Umstellung vor allem eine unlautere Bereicherung des Fiskus. Politökonomisch ist das in der Tat ein Problem, oder?

Klar, aber das sollte einer Reform nicht im Wege stehen. Eine Möglichkeit wäre, Ehe und Familie anders finanziell zu fördern. Solche familienpolitischen Leistungen gibt es ja schon zuhauf. Man könnte auch die Progressivität des Steuersystems abbauen oder den Steuersatz per se absenken, was natürlich zu gewissen Umverteilungseffekten zwischen Verheirateten und Unverheirateten führen würde, wenn man es nicht mit anderen ehespezifischen Förderungen flankierte. Es gibt also viele Möglichkeiten.

Wie ging es dann in Ihrem Projekt mit dem Thema weiter?

Wir haben uns als nächstes gefragt, wie sich das Bild der Arbeitsstunden eigentlich in armen Ländern darstellt.[6]

Wobei da die Datenlage ziemlich schlecht sein dürfte.

Für arme Länder gibt es tatsächlich noch nicht mal verlässliche Quellen, die uns sagen, wie viel die Leute im Durchschnitt arbeiten. Dabei ist ein Blick auf diese Länder aus zwei Gründen höchst interessant. Erstens aus wohlfahrtstheoretischer Sicht, denn es könnte sein, dass die Wohlfahrtsunterschiede zwischen entwickelter und weniger entwickelter Welt dadurch ein wenig gemildert werden, dass in den ärmeren Ländern die Leute zwar weniger konsumieren, aber auch weniger arbeiten, so dass ihnen mehr Freizeit verbleibt. Zweitens ist die Messung von Produktivitätsunterschieden spannend. Dazu gibt es auch schon eine Menge Literatur im Bereich „Development accounting". Da schaut man sich in der Regel das Bruttoinlandsprodukt je Arbeiter in den verschiedenen Ländern an und stellt eben fest, dass es in den reichen

---

6 Bick, A., N. Fuchs-Schündeln und D. Lagakos (2018), How do hours worked vary with income? Cross-country evidence and implications, *American Economic Review* 108(1), S. 170–99.

Ländern deutlich höher ist. Ein Arbeiter erwirtschaftet in reichen Ländern also deutlich mehr als in armen Ländern. Dann kann man fragen, woran das liegt: Am Kapital, am Humankapital? Man kann es noch nicht abschließend erklären; auf diesem Feld ist noch einiges im Fluss. Interessanter als das Bruttoinlandsprodukt je Arbeiter ist aber eigentlich ohnehin das Bruttoinlandsprodukt je Arbeitsstunde. Das ist das eigentlich relevante Maß. Dazu findet man bloß nichts in der Literatur, weil man eben nicht weiß, wie viele Stunden die Leute arbeiten. Deshalb haben wir uns auf die mühsame Suche nach Surveys mit Mikrodaten aus armen Ländern gemacht und geprüft, ob sie wirklich sämtliche Arbeitsstunden messen und ob sie für das jeweilige Land auch repräsentativ sind. Das war ein enormer Aufwand. Zum Beispiel gibt es das Problem, dass in den armen Ländern viele Menschen gar nicht formell angestellt sind, sondern als selbständige Farmer, Straßenverkäufer oder Familienarbeiter tätig sind, und all das muss mit erfasst werden, damit die Daten wirklich aufschlussreich sind.

Wie muss man sich das vorstellen – machen die Arbeitskräfte da selber die Angaben?

Ja, genau. Man fragt eigentlich immer dasselbe: Wieviel Stunden haben Sie in der letzten Woche gearbeitet? Im ersten, zweiten, dritten, vierten, fünften Job, den Sie haben? Es gibt ja Leute, die haben einen Laden, verkaufen auch an der Straße und bewirtschaften außerdem daheim noch einen kleinen Acker usw. Wir haben auf diese Weise Daten von Menschen in insgesamt 80 Ländern gesammelt. Und wir konzentrieren uns dann auf solche Surveys, in denen Daten das gesamte Jahr hinüber abgefragt worden sind, damit wir trotz saisonaler Schwankungen ein repräsentatives Bild bekommen.

Was geben diese Daten dann her?

Man sieht, dass im Durchschnitt im ärmsten Drittel der Länder der Welt die Leute 10 Stunden in der Woche mehr arbeiten als im reichsten Drittel. Im reichsten Drittel sind es 19 Stunden, im ärmsten Drittel 29 Stunden. Wir zählen dabei die Arbeitsstunden aller Menschen zusammen, vom Alter von 15 Jahren bis zum Tod. Ein Teil des Unterschieds kommt natürlich schon daher, dass in den reichen Ländern die jüngeren Leute noch Schüler sind und die älteren Rentner, also alles Leute, die nicht am Arbeitsmarkt teilnehmen. Auch das treibt diese Zahl. Insgesamt sind die Arbeitsstunden dann 50 Prozent höher im ärmsten Drittel – ein Riesenunterschied.

Sind die Zahlen wirklich vergleichbar?

Wir haben den Datensatz probehalber einmal auf die Leute verengt, die wirklich irgendwo fest angestellt sind, und zwar im Verarbeitenden Gewerbe. In deren Fall schwanken die Arbeitsstunden wohl weniger und sind zudem besser erfasst. Und da ist der Unterschied zur entwickelten Welt fast genauso groß. Ich möchte für keines der Länder die Hand ins Feuer legen, dass die Zahlen ganz korrekt sind, aber der Unterschied ist dermaßen deutlich und durchgängig, dass er als solcher nicht anzuzweifeln ist. Wie auch immer man die Daten herunterbricht, er ist immer da.

Damit weiß man aber noch nicht, wo er herkommt.

Stimmt. Wir haben erst einmal die Sachlage dargestellt und überlegen jetzt, wie wir das modellieren. Man sieht in den Daten auch, dass die Erwerbstätigenquote schon zwischen den ärmsten und den mittleren Ländern stark abfällt. Die Erwerbstätigenquote alleine erklärt schon drei Viertel der Unterschiede. Der Rest geht auf Unterschiede in den geleisteten Arbeitsstunden je Arbeitswoche zurück. Die haben ein anderes Muster, sie fallen erst zwischen mittleren und reichen Ländern ab. Das sind Phänomene, die erst in höheren Schritten der Entwicklung kommen. Wir stellen also fest, dass Menschen in armen Ländern nicht nur konsumarm sind, sondern auch freizeitarm. Das vergrößert die Wohlfahrtsunterschiede noch.

Statt sie zu mildern, wie man hätte denken können.

Ganz genau. Um wieviel die Wohlfahrtsunterschiede vergrößert werden, hängt wieder von einigen Annahmen ab, insbesondere in Bezug auf die Nutzenfunktionen – aber signifikant ist der Effekt auf jeden Fall. Und zudem nehmen auch die gemessenen Produktivitätsunterschiede zwischen armen und reichen Ländern zu, wenn man vom Bruttosozialprodukt je Arbeitsstunde statt je Arbeiter ausgeht. Um noch besser zu verstehen, wo das Muster der Arbeitsstunden herkommt, haben wir außerdem noch die Variation innerhalb eines Landes untersucht. Es fragt sich ja, ob ein Bewohner eines armen Landes viel arbeitet, weil er in einem armen Land lebt, also aufgrund irgendwelcher institutioneller Faktoren, oder weil er selbst arm ist und einen so niedrigen Stundenlohn bekommt, dass er eben viel arbeiten muss, um zu überleben. Wenn man sich anschaut, wie die individuellen Arbeitsstunden mit dem Lohn variieren, dann sieht man, dass fast in allen Ländern die Arbeitsstunden mit dem Lohn abnehmen, also die Armen mehr arbeiten als die Reichen, außer in den reichsten Ländern. Dort dreht es sich um, und die Armen arbeiten im Durchschnitt weniger Stunden als die Reichen. Das spricht dafür, dass es in den meisten Ländern relativ starke Einkommenseffekte gibt. Nur in den reichsten Ländern ist das nicht der Fall.

Und woran liegt es, dass die Reichen in den reichen Ländern mehr arbeiten?
Liegt es daran, dass es eine Präferenz dafür gibt? Arbeit als Sinnstiftung?

Das könnte sein, aber das sollte dann auch in ärmeren Ländern der Fall sein. Im Moment gehen wir daher von einheitlichen Präferenzen aus und konzentrieren uns auf folgende Überlegungen. Da gibt es zunächst den Subsistenzeffekt; die Leute müssen erst einmal überhaupt überleben und über die Runden kommen und arbeiten daher sehr viel. Dieser Effekt lässt irgendwann nach, und in der Tat sind die Unterschiede in den Arbeitsstunden zwischen armen und mittleren Ländern etwas größer als zwischen mittleren und reichen Ländern. Des Weiteren stellt sich die Frage, warum es eigentlich in den armen Ländern so ist, dass innerhalb eines Landes die Armen mehr arbeiten als die Reichen, in den reichen Ländern hingegen umgekehrt. Das könnte an der Größe des Wohlfahrtsstaates liegen. Diese variiert nämlich auch systematisch mit dem Bruttosozialprodukt. In diese Richtung wollen wir weiterdenken. Dann folgt die nächste Frage gleich auf dem Fuß: Warum wird der Wohlfahrtsstaat denn erst etabliert, wenn ein Land schon einen gewissen Reichtum erreicht hat? Auf jeden Fall haben wir da ein paar faszinierende Ansatzpunkte für die Forschung.

Gestatten Sie mir bitte noch einmal die Nachfrage bezüglich der Vergleichbarkeit. Ist denn zwischen den Ländern, die man da vergleicht, die notwendige Homogenität gewährleistet? Ist eine Stunde Arbeit in einem Entwicklungsland dasselbe wie eine Stunde Arbeit in einem Industriestaat?

Nachdem wir schon unseren Blick auf das Bruttoinlandsprodukt je geleistete Arbeitsstunde gerichtet haben statt auf das Bruttoinlandsprodukt je Arbeiter, wäre in der Tat der nächste Schritt, auch die Arbeitsanstrengung zu berücksichtigen. Diese ist allerdings nur ganz schwierig systematisch messbar. Zudem sind gerade in den armen Ländern viele Leute direkt in ihrem Haus selbständig tätig, so dass die Abgrenzung zwischen Arbeit und Freizeit oft schwierig ist. Das einzige, was wir dazu sagen können, ist eben, dass das Muster im Verarbeitenden Gewerbe nicht anders ist. Als Näherin in Bangladesch beispielsweise bin ich sicherlich nicht weniger, sondern eher schlimmer durchgetaktet, als wenn ich in Deutschland am Fließband stehe.

Ein Aspekt, zu dem Sie auch geforscht haben, ist bisher noch gar nicht zur Sprache gekommen, und zwar die Präferenzen der Menschen. Im Blick auf den ersten Fragenkomplex, den wir besprochen haben, nämlich die Arbeitsmarktbeteiligung von Frauen, ist das aber durchaus relevant.

Das stimmt. In dieser Forschung geht es um die Frage, wo eigentlich unsere Präferenzen herkommen, ob wir mit ihnen geboren werden und sie sich dann nicht mehr groß verändern, oder ob sie sich allmählich entwickeln, und welche Rolle dabei die Erfahrungen des Lebens in unterschiedlichen Systemen spielen. Diese Frage kam mir seinerzeit im Blick auf einen offensichtlichen Unterschied in den politischen Präferenzen zwischen Amerika und Europa, wie ich ihn persönlich erlebt habe. Insbesondere in den neunziger Jahren waren für Europa „amerikanische Verhältnisse" immer ein Schreckgespenst, und in den Vereinigten Staaten habe ich dann das umgekehrte Schreckgespenst kennengelernt, das restlos überregulierte „Socialist Europe". Und das galt jeweils als ganz fürchterlich. Sicherlich unterscheiden sich die jeweiligen Systeme in einer Weise, die diese Präferenzen reflektiert; in den Vereinigten Staaten steht das Individuum mehr im Vordergrund, in Europa gibt es mehr Umverteilung. Aber wirklich fürchterlich ist keines dieser Systeme. Jedenfalls habe ich mich gefragt, ob das System die Präferenzen geprägt hat oder die Präferenzen dafür gesorgt haben, dass man die jeweiligen Systeme so geschaffen hat, wie sie sind.

Vielleicht gibt es auch einfach historische Gründe?

Gut möglich. Es gibt ja zum Beispiel die durchaus plausible These, dass es mehr die unternehmerischen Geister waren, die seinerzeit aufgebrochen sind, Amerika zu besiedeln. Da stehen dann die Präferenzen an erster Stelle, und die Systeme prägen sich so aus, wie es die jeweiligen Bewohner wünschen. Aber dann kann es auch sein, dass die Präferenzen so sind, weil die Leute nichts anderes kennen und eine Veränderung als Bedrohung empfinden. Wir haben hier ein klassisches Henne-Ei-Problem, das man ökonometrisch normalerweise nicht so leicht lösen kann. Wir sind dann auf die Idee gekommen, die Frage an einem anderen Beispiel zu bearbeiten, und zwar mit Blick auf die Präferenzen in Ost- und Westdeutschland.[7] Da ließ sich die Wiedervereinigung als ein natürliches Experiment nutzen. Die Zufälligkeit der Teilung, infolge derer die Ostdeutschen im Kommunismus und die Westdeutschen im Kapitalismus gelebt haben, um es plakativ zu beschreiben, ist schlecht zu bestreiten. Wenn die Sowjetunion im Westen Deutschlands läge, hätten die Westdeutschen den Kommunismus erfahren. Es gibt auch keinerlei Hinweise darauf, dass es vor der Teilung systematische Präferenzunterschiede zwischen Ost- und Westdeutschen gegeben hat.

Wie haben Sie das gemacht?

Wir haben Daten aus der Längsschnittstudie des Sozioökonomischen Panels (SOEP) von 1997 und 2002 genutzt, und denen lässt sich entnehmen, dass Ostdeutsche deutlich stärkere Präferenzen für Staatseingriffe haben als Westdeutsche, was die Fürsorge für Familien, Alte und Kranke angeht. Man kann das in einem weiteren Sinne als Umverteilungspräferenzen interpretieren. Das Muster ist auch dann noch deutlich, wenn man alle möglichen persönlichen Motive berücksichtigt, zum Beispiel dass im Osten die Einkommen niedriger sind und dass die regionale Arbeitslosigkeit höher liegt. Allerdings sieht man innerhalb der Zeitspanne, die wir untersuchen konnten, auch ein wenig Konvergenz. Die ostdeutschen Präferenzen nähern sich den westdeutschen an. Die Unterschiede zwischen Ost und West sind dabei umso größer, je älter die Leute sind, also je länger sie im jeweiligen System gelebt haben. Das zeigt, dass Gewöhnung an das System eine Rolle spielt.

---

7 Alesina, A. und N. Fuchs-Schündeln (2007), Good bye Lenin (or not?) – The effect of communism on people's preferences, *American Economic Review* 97(4), S. 1507–28.

Wie erklärt sich das?

Das ist eigentlich eine psychologische Frage, und die kann man als Ökonom nicht so leicht beantworten, zumindest nicht anhand dieser Daten. Wir können nur den Befund zur Kenntnis nehmen. Wir haben diesen Fragenkomplex dann noch auf eine politikwissenschaftliche Ebene gehoben und mit Hilfe von Daten aus dem World Value Survey untersucht, wie es um die Unterstützung für die Demokratie bestellt ist.[8] Es gibt eine klare Korrelation insofern, als Menschen in demokratischen Systemen in der Regel auch die Demokratie für ein gutes System halten. Alles andere wäre natürlich auch merkwürdig. Aber interessant ist die Gegenüberstellung mit Menschen, die zumindest teilweise in autokratischen Systemen gelebt haben; an denen kann man studieren, wie sich Präferenzen anpassen. In den Daten zeigt sich eindeutig, dass das Leben in einem demokratischen System die Unterstützung für die Demokratie fördert. Auch da gibt es offenbar einen Gewöhnungseffekt. Man muss sich wohl selbst an das demokratische System erst einmal gewöhnen, um es unterstützen zu können. Und das gilt umgekehrt auch für autokratische Systeme. Daraus folgt unter anderem, dass es schwierig ist, ein Land zu demokratisieren. Die Präferenzen der Bürger tragen solche Bemühungen nicht unbedingt von Anfang an.

Gibt es nicht auch so etwas wie Sehnsuchts- und Abnutzungseffekte? Also dergestalt, dass sich Menschen in autoritären Systemen irgendwann zu sehr nach Demokratie sehnen, um ihr altes System noch zu unterstützen? Kommen so nicht Revolutionen zustande? Und muss man nicht umgekehrt auch beobachten, dass irgendwann in Demokratien vielleicht gerade wegen der Gewöhnung die Unterstützung für das System abnimmt, mutwillig, von Populisten angeheizt, oder bloß weil man die Errungenschaften zu selbstverständlich nimmt?

Ich sehe Ihre Argumente, aber die Daten sprechen im Durchschnitt nicht in diese Richtung. Was nicht heißt, dass es die von Ihnen skizzierten Effekte nicht auch gibt. In der Politikwissenschaft und auch in den Wirtschaftswissenschaften beschäftigen sich viele Autoren derzeit ja mit dem Phänomen des Populismus, und das finde ich ausgesprochen faszinierend. Da muss man noch viel tiefer reingehen, um die gegenwärtigen Entwicklungen wirklich zu verstehen. Außerdem sagt unsere Forschung natürlich nicht, dass nicht andere Effekte auch eine wichtige Rolle spielen, zum Beispiel die Qualität des jeweiligen Regimes oder die wirtschaftliche Situation der Bevölkerung.

---

8 N. Fuchs-Schündeln und M. Schündeln (2015), On the endogeneity of political preferences: Evidence from individual experience with democracy, *Science* 347(6226), S. 1145–48.

Ist es nicht auch etwas heikel, Ihre Kausalitäten auf die Zukunft anzuwenden?
Einerseits können sie einen zwar richtigerweise bescheiden machen, wenn man
den großen Ehrgeiz hat, andere Länder zu demokratisieren. Andererseits wäre
die Entscheidung, sich um Demokratisierung gar nicht erst zu bemühen, weil
die Leute ja an unfreie Verhältnisse gewöhnt sind, auch nicht unproblematisch.

Grundsätzlich finde ich es nicht problematisch, etablierte Kausalitäten für Aussagen
über die Zukunft zu benutzen. Als empirische Ökonomin besteht meine Hauptaufgabe
darin, erst einmal Kausalitäten und Korrelationen sauber zu unterscheiden. Korrelationen darf ich auf keinen Fall für Vorhersagen nutzen, Kausalitäten schon. In meiner
empirischen Forschung lege ich darauf größten Wert und hoffe, es gelingt mir auch.
Ich will Kausaleffekte finden, und das einzige, was strittig sein kann, wenn man seine
Arbeit ordentlich macht, ist die grundlegende Identifikationsannahme – also zum Beispiel dass die Wiedervereinigung ein natürliches Experiment darstellt. Diese Annahme muss natürlich plausibel sein und in der Forschungsarbeit klar dargestellt
werden, auch mit ihren potenziellen Schwächen. Das lege ich auch in einem methodischen Artikel im Handbook of Macroeconomics so dar.[9] Wenn man dann eine Kausalität findet, kann man sie durchaus auch für Vorhersagen verwenden. Freilich darf
man nie vergessen, dass es einen Standardfehler gibt und andere Einflussfaktoren. Es
ist keineswegs klar, dass in jedem Fall genau das passieren wird, was die in einem
anderen Zusammenhang etablierte Kausalität beschreibt. Und gerade wenn man über
sehr breite Konzepte wie die Präferenzen für Umverteilung und Demokratie spricht,
heißt das nicht, dass es nicht interessante Nuancen gibt. Zudem ergibt sich aus der
Feststellung der Tatsache, dass eine Demokratisierung schwierig ist, ja nicht die Hand-
lungsempfehlung, dass man sie nicht versuchen sollte. Ich würde insofern die Haupt-
schlussfolgerung ziehen, dass es die ersten Jahre im Durchschnitt nicht einfach wird,
wenn man ein Land demokratisiert. Dies sind die kritischen Jahre, zumindest unter
dem Gesichtspunkt der Präferenzen der Bevölkerung.

Die umgekehrte These ist ja immerhin sehr ermutigend, nämlich dass Leute, die
Demokratie gewöhnt sind, sich diese auch nicht so schnell wieder nehmen las-
sen. Allerdings bedeutet die Endogenität der Präferenzen ja auch, dass hier
kein Determinismus angebracht ist.

Genau. Aber für einen Wandel braucht es mitunter große Schritte, und er braucht Zeit.

Lassen Sie mich noch nach einem anderen Thema fragen, und zwar nach der
Integration der Arbeitsmärkte. Das ist besonders interessant, finde ich, vor

---

9 Fuchs-Schündeln, N. und T. A. Hassan (2016), Natural experiments in macroeconomics, in: J. B. Taylor
und H. Uhlig (Hrsg.), *Handbook of Macroeconomics*, Amsterdam, Elsevier, Bd. 21, S. 923–1012.

dem Hintergrund der aktuellen Debatte um den freien Personenverkehr in der Europäischen Union. Der Anteil der Bürger, die in einem anderen EU-Land arbeiten, ist dabei mit durchschnittlich etwa 3 Prozent ja relativ gering.

Als wir das untersucht haben, wollten wir wissen, wie es um die Mobilität in der EU bestellt ist und ob Grenzen überhaupt noch eine Rolle spielen – weniger im Hinblick auf die Migration, sondern erst mal nur auf das Pendeln zur Arbeit.[10] Es ging uns darum, herauszufinden, in welchem Ausmaß es möglich ist, einen positiven oder negativen regionalen Schock durch Pendeln zu einem Arbeitsplatz in einer anderen Region abzupuffern. Die Analyse beschränkte sich dabei auf die EU-15; die Osteuropäer waren noch nicht dabei. Wir haben dafür regionale Daten der EU für die Jahre 1986 bis 2006 betrachtet. Grundsätzlich sollten die Arbeitsmarktsituationen benachbarter Regionen korreliert sein und die Arbeitslosenquoten also auch, wenn die Arbeitsmärkte integriert sind. Wenn eine Region von einem negativen Schock getroffen wird, so sollte man erwarten, dass mehr Bewohner Arbeitsstellen in benachbarten Regionen suchen und dadurch auch dort kurzfristig Druck auf dem Arbeitsmarkt entsteht. Pendeln ist eben kurzfristig wesentlich einfacher als Umziehen. Wir haben uns die Arbeitslosenquoten in den verschiedenen Regionen innerhalb eines Landes angeschaut, und da ist in der Tat die räumliche Korrelation sehr hoch. Dann haben wir das mit grenznahen Regionen verglichen. Wenn Staatengrenzen auf dem Arbeitsmarkt keine Rolle spielen, sollte man von der gleichen Korrelation zwischen zwei benachbarten Regionen ausgehen, egal, ob eine Grenze dazwischenliegt oder nicht. Wenn Grenzen aber eine Rolle spielen, ist das nicht der Fall. Wenn also Saarbrücken von einem Schock getroffen würde, hätte dieser in den benachbarten deutschen Regionen stärkere Auswirkungen als in den französischen, wenn Grenzen eine Rolle spielen. Und exakt so ist es auch. Die Grenzen spielen noch eine Rolle. Die Arbeitslosenquoten korrelieren immer innerhalb eines Landes stärker als über Grenzen hinweg.

Volle Integration gibt es also noch nicht.

Nein. In die Zeit unseres Datensatzes fielen dabei große politische Veränderungen, die das Pendeln erleichtert haben. Das war zum einen die Euro-Einführung, zum anderen das Schengen-Abkommen. Bei beiden sehen wir keinen Effekt. Die Grenzeffekte haben nicht signifikant abgenommen, wie man eigentlich hätte denken können. Allerdings muss man hier beachten, dass die empirische Identifikation von Effekten im Zusammenhang mit diesen beiden Maßnahmen schwierig ist, da es nur geringe Variation über die Zeit und zwischen den Ländern bei der Einführung der Maßnahmen gab. Als nächstes haben wir uns gefragt, ob es irgendwelche fundamentaleren Hemmnisse gibt,

---

10 Bartz, K. und N. Fuchs-Schündeln (2012), The role of borders, languages, and currencies as obstacles to labor market integration, *European Economic Review* 56(6), S. 1148–63.

die man mit solchen politischen Weichenstellungen nicht aus dem Weg schaffen kann. Und die gibt es tatsächlich: die Sprache. Daher haben wir unser Modell dann nicht nach Landesgrenzen, sondern nach Sprachgrenzen unterscheiden lassen. Und da zeigt sich tatsächlich, dass Sprachgrenzen eine größere Rolle spielen als Landesgrenzen. Das ist ja auch plausibel. Die Integration der Arbeitsmärkte ist in Europa wegen der Sprachunterschiede sehr viel schwieriger als beispielsweise in den Vereinigten Staaten. Und das wird wohl auch noch eine Weile so bleiben.

Martin Hellwig

https://doi.org/10.1515/9783111208749-005

Bullshit-Detektor der VWL

Als „Bullshit-Detektor der Volkswirtschaftslehre" hat man ihn einmal bezeichnet.[1] Der herausragende Theoretiker und penible Analytiker der Wirtschaftspolitik nimmt offenbar an wenig so viel Anstoß wie an dem, was er für geistige Faulheit und mangelnde Präzision hält, für Ideologie, für Klischees. Immer wieder schaltet er sich auch in die öffentliche Debatte ein, um allzu einfache Gewissheiten zu zerschießen. Sein Urteil ist immer scharf und sein Argument nicht leicht zu kontern. Hellwig kann diese Rolle mit ironischer Süffisanz spielen, aber auch mit heiligem Zorn wie in seiner geharnischten Kritik am Bankgewerbe, das nach der internationalen Finanzkrise 2008 noch lange „nicht genügend diskreditiert" worden sei. Seine Analyse der Ursachen für den Zusammenbruch ist so unerbittlich wie seine Folgerung: Die Regulierung des Kreditgewerbes muss hochgefahren werden, und zwar drastisch; mit vorgeschriebenen Eigenkapitalquoten der Banken zwischen 20 und 30 Prozent. Sein 2013 gemeinsam mit der Stanford-Professorin Anat Admati veröffentlichtes Buch „The Bankers' New Clothes"[2] hat in Wissenschaft wie Politik Furore gemacht.

Dass sich ein Theoretiker derart konkret der wirtschaftspolitischen Gegenwart und ihrer Gestaltung zuwenden mag, wie Martin Hellwig dies tut, ist nicht selbstverständlich. Die Neigung dazu ist ihm wohl schon im Elternhaus mitgegeben worden. Als er 1949 in Düsseldorf geboren wurde, feilte sein Vater gerade an den Düsseldorfer Leitsätzen. Seit 1947 Mitglied der CDU, arbeitete dieser in den wirtschaftspolitischen Ausschüssen seiner Partei mit und zählte zu den Mitverfassern des wirtschafts- und sozialpolitischen Programms der CDU für die erste Bundestagswahl, berühmt für die darin verankerte, von Ludwig Erhard maßgeblich vorangetriebene Hinwendung der Partei zur Sozialen Marktwirtschaft. Fritz Hellwig, seit 1953 Bundestagsabgeordneter, wurde zu einem der führenden Ordnungspolitiker der Union. Von 1951 bis 1959 leitete er das damals neugegründete Deutsche Industrieinstitut, das heutige Institut der deutschen Wirtschaft (IW). Anschließend wurde er zum Mitglied der Hohen Behörde der Europäischen Gemeinschaft für Kohle und Stahl (EGKS) ernannt. Nach dem EG-Fusionsvertrag 1967 wurde er Kommissar für die Forschungspolitik und Vizepräsident der Kommission der Europäischen Gemeinschaft.

Im Hause Hellwig war das politische Denken stets in eine übergreifende geschichtliche Perspektive eingebunden. Fritz Hellwig hatte Philosophie, Geographie, englische Philologie, Volkswirtschaft, Staatenkunde und Geschichte studiert und sich mit 24 Jahren als Historiker habilitiert. Seine Frau Margarete war ebenfalls promo-

---

1 Heuser, U. J. (2017), Der Skeptiker und das Rätsel vom Geld, *Die Zeit* 17/2017 vom 19. April.
2 Admati, A. und M. Hellwig (2013a), *The Bankers' New Clothes: What's Wrong with Banking and What to Do about It*, Princeton, Princeton University Press; deutsch: Admati, A. und M. Hellwig (2013b), *Des Bankers neue Kleider: Was bei Banken wirklich schief läuft und was sich ändern muss*, München, Finanzbuchverlag.

vierte Historikerin; sie arbeitete einst als Chef-Archivarin der Firma Krupp. Der Sohn Martin, als einziges der drei Kinder erst in der Nachkriegszeit geboren, fühlte sich ebenfalls von der Geschichtswissenschaft angezogen. „Meine Eltern haben mir das nicht aufgedrängt. Aber ich habe viel gelesen, und sie waren natürlich immer sehr hilfreich, wenn ich Fragen hatte", erzählt er.

Dass daraus an der Universität dann schließlich ein Parallelstudium wurde, hatte allein praktische Gründe: Die Historiker waren Teil der philosophischen Fakultät, doch dort hätte Hellwig das Fach nur mit alten Sprachen kombinieren können – „und Lehrer wollte ich nicht werden". Der gute Rat des Vaters, dann die Volkswirtschaftslehre zur Geschichtswissenschaft hinzuzunehmen, ließ sich wegen der Trennung der Fakultäten nur durch ein Parallelstudium verwirklichen. Dabei verschoben sich die Gewichte rasch in Richtung Volkswirtschaftslehre, sodass das Geschichtsstudium ohne Abschluss blieb. Nach Hellwigs Bekunden kam es einfach so, dass es für ihn in der Ökonomik immer einige Fragen gab, die er klären wollte, bevor er sich der Geschichte würde widmen können. „Das ist so bis heute", sagt er und lacht.

Nach dem Studium in Marburg und Heidelberg legte Hellwig 1970 das Diplom im Fach Volkswirtschaftslehre ab; er schrieb seine Diplomarbeit bei Carl Christian von Weizsäcker zu der Frage, ob der Zinssatz mehr als monetäres oder realwirtschaftliches Phänomen zu interpretieren sei. Von seinem belesenen Schüler, den er gerade einmal ein Jahr als Assistent an seinem Heidelberger Lehrstuhl halten konnte, habe er viel gelernt, erzählt Weizsäcker nicht ohne Stolz. Selbst erst 1970 zurückgekehrt von einem zweijährigen Aufenthalt am Massachusetts Institute of Technology (MIT), ließ Weizsäcker Hellwig 1972 ins amerikanische Cambridge ziehen und damit in seine Fußstapfen treten. Hellwig hatte dort, an der einflussreichsten wirtschaftswissenschaftlichen Fakultät der Welt, einen Platz als Graduate student ergattert. Sich als deutscher Ökonom vom damaligen Sonderweg des Fachs zu lösen, sich in die viel größere, offenere und fortschrittlichere Forschungswelt der Vereinigten Staaten zu begeben und dort zu reüssieren, war damals eine Rarität.

Am MIT wurde Martin Hellwig Forschungsassistent von Peter Diamond, der später – im Jahr 2010 – zusammen mit Dale Mortensen und Christopher Pissarides den Nobel-Gedächtnispreis für Wirtschaftswissenschaften erhielt. Selbst noch sehr jung, betreuten Peter Diamond und Duncan Foley Hellwigs Doktorarbeit; darin befasste dieser sich mit sequenziellen Modellen zur Untersuchung dynamischer wirtschaftlicher Prozesse.[3] Im Jahr 1973 ging Hellwig mit Foley nach Stanford, bevor er 1974 wieder an die Ostküste zurückkehrte und Assistant Professor of Economics an der Princeton University wurde. In seiner Forschung konzentrierte er sich zu dieser Zeit vor allem auf geldtheoretische Fragen und beschäftigte sich mit Aspekten wie der Geldnachfrage, der Kreditvergabe und der Anlagestrategie, all dies im Rahmen allgemeiner Gleichgewichtsmodelle.

---

3 Hellwig, M. (1973), *Sequential Models in Economic Dynamics*, Dissertation, MIT.

Im Jahr 1977 folgte Hellwig einem Ruf zurück in die Heimat und an die Universität Bonn, wo er mit 28 Jahren der jüngste Ordinarius des Landes wurde. Er richtete sein Forschungsinteresse auf die Frage der Informationseffizienz des Kapitalmarkts, arbeitete zu Wert und Neutralität des Geldes, Kreditrationierung, Währungskonkurrenz, Marktformen und Wettbewerb. Auch öffentliche Güter und Besteuerung hatte er als Themen im Blick. Er untersuchte die Versicherungsmärkte und wie mit asymmetrischer Information umzugehen sei, mit Anreizproblemen wie Moral hazard und adverser Selektion. Im Jahr 1987 lockte es ihn, diese und andere Fragen an der Universität Basel zu vertiefen. In den Schweizer Jahren ging es ihm immer wieder um die Kommunikationsfunktion der Finanzmärkte, um Finanzinnovationen und Risikoallokation – und um die makroökonomischen Implikationen von Kapitalanforderungen für Banken. Bevor er 1996 nach Mannheim ging, legte er ein Jahr an der Hebrew University in Jerusalem und ein weiteres in Harvard ein.

An der Universität Mannheim, einem Hort der mathematisch anspruchsvollen Ökonomie, war Hellwig an einem ideal zu ihm passenden Platz; schließlich publizierte er regelmäßig in Top-Fachzeitschriften wie Econometrica, der Review of Economic Studies, der American Economic Review und dem Journal of Economic Theory. Neben der theoretischen Durchdringung kümmerte er sich aber auch aktiv um die wirtschaftspolitische Gestaltung. Es war die Zeit seiner Profilierung als Fachmann der Wettbewerbspolitik. Hellwig wurde 1998 bis 2006 Mitglied der Monopolkommission, die einst Bundeskanzler Willy Brandt (SPD) ins Leben gerufen hatte und welche die Bundesregierung in wettbewerbspolitischen Fragen berät. In den Jahren 2000 bis 2004 war er Vorsitzender der Kommission. In diesem Zusammenhang rückte nun unter anderem auch der Postmarkt in sein Visier, die Telekommunikation, der Strommarkt, das Zeitungswesen, die Bahn. Schon damals befasste er sich aber auch mit dem Phänomen systemischer Risiken und über die ihn bis heute beschäftigende Frage der gesamtwirtschaftlichen Verantwortung von Banken.

Im Jahr 2004 zog es Hellwig zurück nach Bonn; Rufe nach London und München hatte er ebenso abgelehnt wie, nach langwierigen Verhandlungen, die Nachfolge von Horst Siebert als Präsident des Instituts für Weltwirtschaft in Kiel. Letztlich hatte er die Spielräume, das Institut nach seinen Interessen zu gestalten und dabei Forschung und Beratung enger zu verbinden, als nicht hinreichend empfunden. Stattdessen wurde er, neben dem Rechtswissenschaftler Christoph Engel, Direktor am neu gegründeten Max-Planck-Institut zur Erforschung von Gemeinschaftsgütern. Domiziliert im Bonner Stadtteil Gronau in einer Villa aus den zwanziger Jahren, ist dieses Institut aus der seit 1997 arbeitenden Projektgruppe „Recht der Gemeinschaftsgüter" hervorgegangen. Diese verdankte ihre Existenz den Ausgleichsmaßnahmen für den Umzug der Bundeshauptstadt nach Berlin. In Bonn genoss Hellwig die Muße, sich vor dem Hintergrund der Finanzkrise noch weiter in die Frage der Bankenregulierung zu vertiefen. Dazu passte es ideal, dass er zum Mitglied, Vorsitzenden und stellvertretenden Vorsitzenden des beratenden wissenschaftlichen Ausschusses des Ende 2010 auf Empfehlung der Larosière-Gruppe eingerichteten European Systemic Risk Board (ESRB) berufen wurde, das für die makroprudenzielle Aufsicht über das EU-Finanzsystem sowie für die Prävention des Systemrisikos zuständig ist.

Im Frühjahr 2017 wurde Hellwig am Max-Planck-Institut pensioniert; sein Nachfolger wurde der experimentelle Ökonom Matthias Sutter. Hellwig ist dankbar, auch weiterhin ein Büro im Erdgeschoss der Bonner Villa nutzen zu können. Zu tun hat er genug. Seinen Status als Pensionär spürt er eigentlich nur auf dem Bankkonto, wie er schmunzelnd gesteht.

„Man sollte mehr Mut haben, Banken in die Insolvenz gehen zu lassen"

Ein Gespräch über Leistungsbilanzen, staatliche Investitionen, Schulden, Geldpolitik und Bankenregulierung

Herr Professor Hellwig, Sie haben in einem Zeitungsartikel[4] davor gewarnt, die internationale Kritik am Leistungsbilanzüberschuss Deutschlands nicht ernst zu nehmen. Sie wehren sich gegen die Sichtweise, es gebe keinerlei Anlass für den Staat, finanzpolitisch gegenzusteuern, denn dieser Überschuss sei vor allem der überlegenen Wettbewerbsfähigkeit der deutschen Unternehmen geschuldet. Stimmt das denn nicht?

In diesem Artikel warnte ich vor Insensibilität gegenüber den Wirkungen der deutschen Politik und des deutschen Diskursverhaltens auf andere. Ich beobachte ein Auseinanderdriften der Diskurse in Deutschland und in anderen Ländern Europas und fürchte, dass diese Entwicklung auf Dauer eine ähnliche Isolierung Deutschlands nach sich ziehen kann wie die Insensibilität einer früheren Ära, im dritten Jahrzehnt nach der Einigung von 1871. Die Diskussion über die Leistungsbilanzüberschüsse liefert dafür ein Beispiel. Wenn die IWF-Direktorin Christine Lagarde und der französische Staatspräsident Emmanuel Macron über die deutschen Leistungsbilanzüberschüsse schimpfen und Bundesfinanzminister Wolfgang Schäuble antwortet, diese Überschüsse hätten nichts mit der Politik der Bundesregierung zu tun und seien nur ein Ergebnis der Leistungsfähigkeit deutscher Unternehmen, so ist das entweder ignorant oder arrogant – ignorant, wenn er das wirklich glaubt, arrogant, wenn er es besser weiß, aber gleichwohl die Diskussion abblockt. Der Leistungsbilanzüberschuss ist notwendigerweise gleich der Summe aus dem Überschuss der Investitionen über die Ersparnisse und dem staatlichen Haushaltsüberschuss. Da geht die staatliche Haushaltspolitik unmittelbar ein. Man kann darüber diskutieren, ob die Leistungsbilanzüberschüsse zum Anlass für eine Politikänderung genommen werden sollten, aber man sollte die Diskussion nicht so verweigern, wie Berlin das tut. Tatsächlich sind die Leistungsbilanzüberschüsse nicht nur der Leistungsfähigkeit der deutschen Unternehmen, sondern auch den makroökonomischen Rahmenbedingungen zu verdanken. Wir hatten diese Diskussion schon einmal, 1968/69, als Bundeskanzler Kurt Georg Kiesinger eine Aufwertung der D-Mark ablehnte – mit eben den Argumenten, die der Bundesfinanzminister heute gebraucht.

---

4 Hellwig, M. (2017), Bitte nicht großdeutsch, *Frankfurter Allgemeine Sonntagszeitung* vom 20. Mai.

Anmerkung: In Print am 13. Oktober 2017 erstmals erschienen, *Perspektiven der Wirtschaftspolitik* 18(3), S. 226–44. Online am 18. Oktober 2017 veröffentlicht, https://doi.org/10.1515/pwp-2017-0020.

Inwiefern sind die Situationen vergleichbar?

Damals waren die Rahmenbedingungen durch die 1967/68 für mehrere Jahre abgeschlossenen Tarifverträge bestimmt. Durch diese Verträge blieben die Nominallöhne während längerer Zeit stabil, während die Produktivität wuchs. Das Auseinanderfallen von Produktivitätsentwicklung und Lohnentwicklung damals hat maßgeblich zur Wettbewerbsfähigkeit deutscher Unternehmen und zu den Leistungsbilanzüberschüssen beigetragen. Das ist heute nicht anders. Die Hartz-Gesetzgebung hat – neben anderen Faktoren – die Verhandlungsmacht der Gewerkschaften nachhaltig geschwächt, mit der Folge, dass es zunächst drei Jahre gab, in denen die Nominallöhne praktisch stagnierten, während die Produktivität wuchs. Nicht umsonst kommt von den Nachbarn regelmäßig die Kritik, Deutschland betreibe eine merkantilistische Lohnpolitik. Die Antwort, die Löhne seien nicht Gegenstand staatlicher Politik, mag für die Jahre nach den Hartz-Reformen zutreffen. Aber wenn man frühere Stellungnahmen von Sachverständigenrat und Bundesbank zur Lohnpolitik ansieht, ist die Kritik nicht so abwegig. Seinerzeit, 1969, waren die deutschen Ökonomen sich übrigens weitgehend einig, dass Kiesingers Missachtung der makroökonomischen Zusammenhänge gefährlich sei, nicht weil sie fanden, dass die Deutschen beim Urlaub im Ausland mehr für ihre D-Mark bekommen sollten, wie Karl Schiller das im Wahlkampf verkündete, sondern weil sie befürchteten, anstelle der versäumten nominalen Aufwertung werde man eine Geldentwertung bekommen. Aufgrund unserer Mitgliedschaft in der Europäischen Währungsunion bei ansonsten flexiblen Wechselkursen ist das Aufwertungsthema heute komplizierter: Es gibt zwar eine Aufwertung gegenüber dem Dollar, die wohl nicht nur Donald Trump, sondern auch der außenwirtschaftlichen Entwicklung der Eurozone insgesamt geschuldet sein dürfte, schließlich hat nur noch Frankreich ein nennenswertes Leistungsbilanzdefizit. Aber diese Aufwertung wird dadurch gebremst, dass der Euro nicht nur die Währung Deutschlands ist, und eine Aufwertung gegenüber den anderen Mitgliedstaaten der Eurozone kann nicht stattfinden. Die seinerzeit erwarteten Inflationswirkungen gibt es (noch?) nicht, aus Gründen, die wir nicht verstehen, abgesehen davon, dass die Hartz-Gesetzgebung nach wie vor auf die Lohnsetzung wirkt. Auf Dauer würde ich aber erwarten, dass die Politik auf die Situation reagiert und die Position der Arbeitnehmer und ihrer Organisationen bei der Lohnbildung wieder stärkt oder Substitute wie den Mindestlohn verstärkt einsetzt.

Leistungsbilanzsalden werden ja von vielen Größen beeinflusst. Die spannende Frage ist aber, welche dieser Größen in einer bestimmten Situation als Treiber kausal entscheidend wirkt. Können Sie sicher sein, dass es eine kausale Wirkung gibt, die vom Haushaltssaldo ausgeht?

Die Aussage, dass der Leistungsbilanzüberschuss gleich der Summe aus dem Überschuss der Investitionen über die Ersparnisbildung und dem staatlichen Haushaltsüberschuss ist, kann auf zwei Weisen interpretiert werden, einmal als Ex-post-Beziehung zwischen den Größen in der volkswirtschaftlichen Gesamtrechnung und einmal als Ex-ante-Beziehung zwischen den Planungen der verschiedenen Beteiligten. Ersteres ist eine Sache der Definitorik in der volkswirtschaftlichen Gesamtrechnung, Letzteres ist eine Gleichgewichtsbedingung, allerdings eine, die wir nicht wirklich verstehen. Diese sogenannte IS-Gleichung wird vielfach als theoretisch unausgegorene Ausgeburt des Keynesianismus verworfen, aber ein Pendant zu dieser Gleichung findet sich in jedem Modell des allgemeinen Gleichgewichts der Volkswirtschaft. Nehmen Sie das Arrow-Debreu-Modell. Da hängt die Nachfrage eines privaten Haushalts von seinem Budget ab. Dieses ergibt sich aus den Erlösen an etwaigen Güter- und Faktorverkäufen und aus Gewinnausschüttungen. Aber woher weiß der Haushalt, was die Gewinnausschüttungen sind? In den Modellgleichungen stehen da einfach die Ausschüttungen, die sich bei den gegebenen Aktienanteilen der Haushalte aus den von den Unternehmen erwarteten Gewinnen ergeben. Da wird implizit unterstellt, dass der Haushalt die von den Unternehmen – aufgrund von deren Planung! – erwarteten Gewinne kennt. Das ist alles andere als selbstverständlich. Die Bedingung, dass die von den privaten Haushalten erwarteten Gewinneinkommen gleich den aufgrund der Unternehmenspläne erzielten Gewinneinkommen sind, ist nun genau die keynesianische IS-Gleichung (nach einigen Umformungen und Aggregation).

Wie kann man sich das etwas lebensnäher vorstellen?

Um die Problematik zu verstehen, stellen Sie sich vor, dass Sie Aktien einer Firma halten, deren Produkte ich kaufe, und ich Aktien einer Firma, deren Produkte Sie kaufen. Dann hängen die Gewinnausschüttungen, die ich bekomme, davon ab, wieviel Sie von den Produkten meiner Firma kaufen, und umgekehrt. Die Gewinnausschüttungen, die ich bekomme, bestimmen aber unter anderem, wieviel von den Produkten Ihrer Firma ich mir leisten kann, und damit, wie hoch die Gewinne und die Gewinnausschüttungen Ihrer Firma sind, und wieviel Sie sich von den Produkten meiner Firma leisten können. Im allgemeinen Gleichgewicht müssen Ihre und meine Erwartungen und Pläne miteinander konsistent sein, aber wie kommt diese Konsistenz zustande? Unser Denken ist sehr stark durch die mikroökonomische Partialanalyse geprägt. Da kennt man nur Markträumungsbedingungen als Gleichgewichtsbedingungen. Im allgemeinen Gleichgewicht kommen aber die Einkommensgleichungen hinzu, also die Bedingungen, dass sich die Einkommenserwartungen realisieren. Die Ungleichgewichtsdynamik, die dahinter steht, verstehen wir nicht wirklich. Man wird da an die Dynamik der Zahlungsprozesse denken, auch daran, dass die verschiedenen Größen in Wirklichkeit nicht alle simultan bestimmt werden, sich zum Beispiel Gewinnausschüttungen auf Gewinne des Vorjahrs beziehen. In den Lehrbüchern steht zumeist, die IS-Gleichung sei eine Gleichgewichtsbedingung für den Gütermarkt. Aber dann hat mich einmal ein Student gefragt, warum es eigentlich zwei Gleichgewichtsbedingungen für den Gütermarkt gebe, die IS-Gleichung und die Bedingung, dass aggregierte Nachfrage und aggregiertes Angebot übereinstimmen. Das hat mich zum Nachdenken gebracht. Die moderne Makroökonomik hat das Problem dadurch gelöst, dass sie den Einkommenskreislauf weitgehend verdrängt hat. Ein Fall von prokrustianischer Amnäsie!

Was bitte?

Prokrustianische Amnäsie. Was nicht in das Prokrustes-Bett der Modelle passt, die ich verstehe, wird verdrängt. Was nun den Zusammenhang von staatlicher Politik und Leistungsbilanzüberschüssen angeht, so will ich gar nicht behaupten, dass Änderungen der Finanzpolitik hier sehr große Wirkungen hätten. Aber die Aussage, es gebe gar keine Wirkungen, ist nicht haltbar. Staatliche Ausgaben oder staatliche Maßnahmen zur Förderung privater Investitionen haben da Wirkungen.

Und was folgt daraus?

Das muss man jeweils im Detail prüfen und abwägen. Ich persönlich glaube, dass eine nachhaltige Erhöhung der Infrastrukturinvestitionen, und zwar nicht nur auf der Ebene des Bundes, sinnvoll wäre. Bei uns sind Straßen und Brücken, Schulgebäude und vieles andere marode. Allzu viele Ökonomen schließen davor die Augen. Und selbst wenn sie das Problem sehen, suchen sie Vorwände, um sich nicht damit auseinanderzusetzen. So habe ich einmal dazu gelesen, man könne ja über marode Straßen und Brücken in Deutschland schimpfen, aber man müsse doch auch sehen, dass die Bauindustrie völlig ausgelastet sei. Dann folgte noch die Bemerkung, ein Anreizprogramm für private Investitionen wäre vielleicht eine gute Sache. Die einzige rote Linie in diesem Argument ist die Feindseligkeit gegenüber staatlichen Investitionen. Wenn man sagt, die Bauindustrie sei völlig ausgelastet, heißt das noch nicht, dass eine Steigerung der öffentlichen Bauinvestitionen gar keine Auswirkungen hätte oder dass diese Auswirkungen notwendigerweise schlecht wären. Eine solche Steigerung könnte wohl Preissteigerungen im Baugewerbe verursachen und dadurch private Bauinvestitionen verdrängen. Vielleicht würden die Preissteigerungen auch Ressourcen aus anderen Aktivitäten in das Baugewerbe lenken. Das könnte in den anderen Bereichen weitere Preissteigerungen nach sich ziehen, so dass deren Exportaussichten sinken würden. So gäbe es entweder einen Rückgang der privaten Investitionen oder einen Rückgang der Exportüberschüsse oder beides. Wie sich das verteilt, weiß man nicht.

Kann man das nicht zumindest in empirischen Studien aus der Vergangenheit extrapolieren?

Natürlich kann man sich Schätzungen der Elastizitäten ansehen, aber die Aussagekraft dieser Schätzungen ist begrenzt, denn die Rahmenbedingungen sind heute sehr anders. Im Übrigen, wie auch immer die Elastizitäten aussehen mögen, die einfache Feststellung, eine Steigerung der öffentlichen Investitionen würde private Investitionen verdrängen, sagt noch nichts darüber, ob das wünschenswert wäre oder nicht. Implizit steckt in der genannten Aussage die Wertung, die Verdrängung privater durch öffentliche Investitionen sei an sich schon eine schlechte Sache.

Und darin sehen Sie Ideologie?

Ja, ich halte nichts von solchen Pauschalwertungen. In einer Zeit, wo wir uns über eine Immobilienblase Sorgen machen, fragt sich doch, ob es wirklich sinnvoll ist, dass angesichts von Nullzinsen auf Staatsanleihen ein guter Teil der Ersparnisse der Volkswirtschaft in Immobilien geht. Möglicherweise haben wir da in ein paar Jahren wieder Leerstände. Und wenn die Zinsen wieder steigen, werden die Renditeerwartungen auch enttäuscht. Natürlich weiß man das nicht genau. Aber man kann nicht gleichzeitig über eine Immobilienblase sinnieren und die Effizienz privater Investitionen als selbstverständlich ansehen. Natürlich sagen wir gerne, der Markt weiß es am besten. Aber Ertragspanik ist ein schlechter Ratgeber. Und im öffentlichen Raum gibt es Verzerrungen der Entscheidungsmechanismen zulasten von öffentlichen Investitionen. Dass die Infrastruktur erkennbar marode ist, hat doch einen Grund. Früher gab es bei dem Kreditaufnahmeverbot des Art. 115 GG eine Ausnahme für Investitionen. Diese Ausnahme wurde 2009 abgeschafft, weil damit Missbrauch getrieben wurde. Man hatte vieles als Investition deklariert, was gar keine Investition war. Die Reform hat insgesamt zur Haushaltsdisziplin beigetragen, gleichzeitig aber die Tendenz zu einer Priorisierung von öffentlichem Konsum und Sozialleistungen gegenüber öffentlichen Investitionen noch verschärft.

Nicht behoben – einverstanden. Aber wieso verschärft?

Die Möglichkeit der Kreditaufnahme ließ Investitionen als relativ billig erscheinen, schon gar bei den derzeitigen Zinssätzen. Und bei den Missbräuchen musste man immer auch ein paar argumentative Purzelbäume schlagen.

So einfach war das also mit dem Missbrauch gar nicht?

Man konnte nicht einfach alles als Investition deklarieren. Heute, wo alles gleich zu finanzieren ist, fällt es noch stärker ins Gewicht, dass Investitionen, vor allem Erhaltungsinvestitionen, politisch weniger attraktiv sind. Ihre Wirkungen sind eben nicht so schnell spürbar.

Was heißt das denn für die Schuldenbremse? Rückabwickeln?

Die Schuldenbremse schafft Disziplin mit dem Holzhammer. Bei den Ländern und den Kommunen, wo wir die eigentlichen Investitionslücken haben, unterbleibt jetzt vieles auch wegen der Schuldenbremse.

Also? Was machen wir mit ihr?

Ich hielte eine Rückkehr zu irgendeiner Form des alten Artikel 115 GG durchaus für vernünftig. Man muss sich allerdings auch Gedanken machen über die Governance der Entscheidungen, vor allem über die Governance von kommunalen Ausgaben und Einnahmen. Die Erosion der kommunalen Investitionen hat ja auch damit zu tun, dass den Kommunen von oben her, speziell vom Bund, immer wieder alles Mögliche an Belastungen aufgebürdet wird, was nicht gerade investiven Charakter hat. Auch der Missbrauch der kommunalen Kassenkredite zur Haushaltsfinanzierung sollte beseitigt werden. Aber die politische Ökonomie der Finanzverfassung ist ein Thema für sich.

Im Zusammenhang mit der Schuldenbremse gibt es in der Diskussion derzeit vor allem zwei Stränge. Der eine betrifft die Investitionen; der andere hat mit der von Carl Christian von Weizsäcker in die Diskussion eingebrachten These zu tun, der natürliche Realzins sei negativ, weshalb sich der Staat stärker verschulden sollte, woran ihn die Schuldenbremse aber hindere[5]. Wie stehen Sie dazu?

Agnostisch.

Das heißt?

Die Argumente, die Weizsäcker in dieser Diskussion vorbringt, sind sehr ernst zu nehmen. Wir wissen nicht, warum die langfristigen Realzinsen so niedrig sind, wie sie sind; warum wir derart niedrige Nominalzinsen haben ohne Inflation, und warum es diese riesige Nachfrage nach Wertaufbewahrungsmitteln gibt. Es gibt dafür einige realwirtschaftliche Gründe, wobei die demographische Entwicklung sicher eine große Rolle spielt. Die demographische Entwicklung scheint auch die Entwicklung seit den neunziger Jahren in Japan maßgeblich mitbeeinflusst zu haben. Jedoch muss man auch die Nachwirkungen der Krise von 2008/09 berücksichtigen, und zwar erstens die Schwäche der Banken und zweitens die hohen Schuldenstände bei Nichtbanken, privaten Haushalten, Unternehmen und Staaten, zusammen mit Wertverlusten bei privaten Vermögen, vor allem Immobilien (Irland, Spanien, Griechenland). Bankenschwäche und hohe Schuldenstände tragen zur Schwäche der privaten Investitionen und der gesamtwirtschaftlichen Nachfrage bei. In diesem Zusammenhang ist übrigens eine Beobachtung des Nobelpreisträgers Vernon Smith von Interesse. Er weist darauf hin, dass die Welt-

---

5 Siehe unter anderem Weizsäcker, C. C. von (2015), Kapitalismus in der Krise? Der negative natürliche Zins und seine Folgen für die Politik, *Perspektiven der Wirtschaftspolitik* 16(2), S. 189–212. Vgl. auch das Gespräch in diesem Band.

wirtschaftskrise der dreißiger Jahre für private Haushalte hohe Vermögensverluste mit sich brachte, vor allem bei Immobilien, während ihre Verschuldung gleich blieb, und dass die Konsumnachfrage entsprechend einbrach.[6] Der Zeitpunkt 1940/41, als die Krise endgültig überwunden wurde, war just auch der Zeitpunkt, zu dem die Nettovermögen der privaten Haushalte wieder ihren früheren Stand erreicht hatten. Es heißt sonst ja immer, die Überwindung der Weltwirtschaftskrise hing mit dem Beginn des Zweiten Weltkriegs zusammen.

Infolge der Rüstungsnachfrage des Staates.

Ja. Nach Vernon Smith sollte man aber auch die Möglichkeit sehen, dass dieser Vermögenseffekt viel wichtiger war. Ich finde das eine interessante These.

Ein wunderbares Forschungsthema für Wirtschaftshistoriker! Aber wollen Sie damit jetzt sagen, dass wir also doch zu viel und nicht zu wenig Schulden haben?

In vielen OECD-Ländern sind Schulden zu hoch, sei es bei privaten Haushalten, sei es bei Unternehmen, sei es beim Staat. In den Krisen sind viele Schulden vom privaten Sektor, vor allem von den Banken auf den Staat verlagert worden, aber abgebaut worden sind sie nicht. Deshalb habe ich in der Diskussion über „Quantitative easing" die Leute von der EZB mehrfach darauf hingewiesen, dass wir gar nicht wissen, warum die Kreditvergabe so schwach ist. Wenn das eigentliche Problem darin besteht, dass Private und Staaten stark verschuldet sind und sich nicht noch weiter verschulden wollen (oder dürfen), dann kann man den Banken noch so viele Anreize zur Kreditvergabe geben, die Schwäche der Kreditnachfrage behebt man nicht. Oder die Banken selbst sind so marode und de facto insolvent bei realistischer Bewertung all dessen, was sie in den Büchern haben, dass sie nunmehr ganz vorsichtig sind und ähnlich wie in den neunziger Jahren in Japan ihre alten Kreditnehmer glimpflich behandeln, um keine Ausfälle zu provozieren und wieder Abschreibungen vornehmen zu müssen. Wenn die Zentralbank die Geschäftsbanken veranlasst, noch mehr Kredite zu vergeben, wird sie dieses Problem möglicherweise verschärfen. Es wäre dann besser, zuerst im Bankensektor aufzuräumen, zum Beispiel indem man die Banken zwingt, mehr Eigenkapital aufzunehmen und auf dieser Grundlage die faulen Kredite zu bereinigen, durch Umschuldungen und Schuldenschnitte, über Verhandlungen oder Insolvenzverfahren. Das Aufräumen bei den Banken liegt in der Kompetenz der Aufsicht, wenn sie denn will. Das Aufräumen bei den Schuldnern der Banken liegt nicht in der Hand der Politik, aber wenn die Banken selbst robust sind, so werden sie sich im eigenen Interesse darum kümmern.

---

6 Gjerstad, S. D. und V. Smith (2014), *Rethinking Housing Bubbles: The Role of Household and Bank Balance Sheets in Modeling Economic Cycles*, Cambridge, Cambridge University Press.

Alles plausibel – aber wie können Sie gleichzeitig die allgemeine Überschuldung beklagen und eine stärkere Verschuldung des Staates gutheißen, um die öffentlichen Investitionen hochzufahren?

Es gibt doch einen Unterschied zwischen Deutschland und Griechenland. Die deutsche Staatsverschuldung ist im internationalen Vergleich eher niedrig. Auf ihrem Höhepunkt vor einigen Jahren lag sie zwischen 80 und 85 Prozent des Bruttoinlandsprodukts; jetzt sind wir etwa bei 70 Prozent. Das ist zwar höher als die 60 Prozent von Maastricht, aber bei einem Zinssatz von 1 Prozent oder weniger ist die jährliche Belastung niedrig. Und mikroökonomisch gibt es viele Dinge, um die der Staat sich mehr kümmern sollte, ganz unabhängig von der Diskussion um Leistungsbilanz und Fiskalpolitik. Die schwarze Null zum Dogma zu machen, ist ein schwerer Fehler. Wenn wir davon wegkämen, könnten wir europapolitisch Entgegenkommen signalisieren und unsere Infrastruktur sanieren, bei derzeit sehr niedrigen Finanzierungskosten. Ich glaube, das läge in unserem Interesse.

Unser Interesse – wer genau ist „wir"?

In der Frage steckt natürlich ein Problem. Was hat ein Siebzigjähriger noch von einer Investition in die Sanierung von Schulen oder Brücken? Die intergenerationellen Verteilungseffekte öffentlicher Investitionen können politökonomisch viel Schaden anrichten. Von den Nutznießern dieser Investitionen sind viele am politischen Prozess noch nicht beteiligt, und wenn die Investitionen nicht mit Krediten finanziert werden, gehören von denen, die dafür bezahlen müssen, viele nicht zu den Nutznießern. Im politischen Prozess muss man diesen Konflikt gar nicht offen ansprechen; es genügt schon, dass man von Haushaltskonsolidierung und Steuersenkungen redet. Dass dabei die Infrastruktur verrottet oder dass Kitas, Schulen und Universitäten unterfinanziert sind, darüber redet man nicht.

Und die alternde Klientel, die wählt, stört sich daran nicht.

Genau. Dazu kommt manchmal der Einwand, dass viele Großeltern sehr viel Aufwand für ihre Enkelkinder treiben, sie also durchaus an die nächste oder übernächste Generation denken. Der Einwand ist richtig, aber das heißt nicht, dass diese Großeltern bereit wären, in die Zukunft des Gemeinwesens, gerade auch im Bildungsbereich, zu investieren. Davon könnten ja die Konkurrenten der Enkelkinder profitieren. Das deutsche Bildungssystem bietet heute viel weniger eine Grundlage für intergenerationelle soziale Mobilität als etwa 1980. Das ist auch eine Wirkung der Sparpolitik, beginnend mit der Umstellung von BaföG unter der Regierung von Helmut Kohl. Ich halte das für problematisch. Das „wir", das Sie hinterfragt haben, enthält das Werturteil, dass es für das Gemeinwesen gut ist, wenn es solchen Partikularinteressen widersteht und für Nachhaltigkeit sorgt, hinsichtlich der Infrastruktur und hinsichtlich der intergenerationellen Mobilität.

Und wie soll man mit der Verschuldung in anderen europäischen Ländern umgehen?

Hier ist zu unterscheiden zwischen den bestehenden Schulden und der Zukunft der Fiskalpolitik. Der Umgang mit den bestehenden Schulden ist zunächst einmal Sache der Gläubiger. Hätte man 2010 die Banken mit Griechenland allein gelassen, wäre es früher zu einem Schuldenschnitt und zu Reformen in Griechenland gekommen; ersteres, weil die Banken gar keine andere Wahl gehabt hätten, letzteres, weil Griechenland keine Quelle für neues Geld gehabt hätte. Schuldenschnitte – offen oder verdeckt – sind dort unvermeidlich, wo der Gläubiger seine Forderung nicht durchsetzen kann, wo der Schuldner nicht zahlen kann oder nicht zahlen will und auch nicht gezwungen werden kann. Dieses Problem betrifft nunmehr die seit 2010 an die Stelle der Bankkredite getretenen öffentlichen Kredite, beispielsweise für Griechenland.

Und in Zukunft?

Hier stehen die verschiedenen Vorschläge für eine Europäische Fiskalunion im Raum. Macron will dieses Projekt vorantreiben. Die Bundesregierung sollte das nicht einfach blockieren, sondern überlegen, was wir eigentlich wollen und was sich sinnvollerweise machen lässt. Dann sollte sie das so konkret und so genau wie möglich zur Diskussion stellen, wobei auf die Nachhaltigkeit der zu vereinbarenden Regeln zu achten wäre. Beim Stabilitäts- und Wachstumspakt war von Anfang an klar, dass er nicht durchzusetzen sein würde, weil im Ernstfall weder die Kommission noch der Rat ein Interesse daran hätte.

Was heißt das konkret?

Man sollte sich nicht pauschal auf eine Fiskalunion einlassen, denn da ist nicht klar, was das bedeutet. Reine Umverteilung? Das kann ein Fass ohne Boden sein. Disziplinierung der nationalen Politik durch einen Europäischen Finanzminister oder einen Europäischen Währungsfonds? Warum sollte das besser funktionieren als der Stabilitäts- und Wachstumspakt? Oder besser als der Generalagent der Alliierten in der Weimarer Republik, der 1928 einer Erhöhung der Beamtengehälter um 25 bis 50 Prozent machtlos zusehen musste? Ein Arrangement für wechselseitige Versicherung gegen „asymmetrische Schocks"? Theoretisch gut, aber praktisch kaum ohne erheblichen Spielraum für Missbrauch umzusetzen. Bei all diesen Dingen muss man sich hüten vor Selbstbetrug durch Worthülsen. Man muss genau überlegen, was man konkret meint, um welche Kompetenzen es geht und um welche nicht. Je konkreter und genauer, desto weniger Spielraum gibt es auch für Missbrauch.

Haben Sie ein Beispiel zur Hand?

Man sollte konkrete Vorhaben ins Auge fassen, bei denen eine gemeinsame Durchführung und gemeinsame Finanzierung sinnvoll ist. Das kann beispielsweise den Schutz der europäischen Außengrenzen betreffen. Es kann aber auch sinnvoll sein, den Umgang mit Problembanken völlig auf die europäische Ebene zu heben. Man braucht Mechanismen, die dafür sorgen, dass die notleidenden Institute schnell und radikal entweder saniert oder abgewickelt werden. Das geschieht bisher nicht, weil die Mitgliedstaaten immer noch eine zentrale Rolle spielen und das Instrument der vorsorglichen Rekapitalisierung zu einer zumeist unterfinanzierten Erhaltung dieser Banken missbrauchen, wenn sie die Probleme nicht von vornherein negieren und verschleppen. Die Vergemeinschaftung der Aufsicht hat einiges verbessert, aber auch die europäische Aufsicht ist hilflos, wenn bei der Sanierung oder Abwicklung von Banken Sand im Getriebe ist. Ich halte es daher für sinnvoll, die Kompetenz für den gesamten Komplex Sanierung und Abwicklung, einschließlich möglicher Rekapitalisierungen, auf die europäische Ebene zu heben. Die dafür zuständige Behörde braucht allerdings Geld, sei es zur Sicherstellung der Liquidität während des Verfahrens, sei es für Rekapitalisierungen, oder sei es für die Abdeckung von Verlusten, wenn die Bank nicht genügend Verbindlichkeiten hat, die für einen Bail-in in Frage kommen, also nicht genügend Eigenkapital oder ungesicherte Verbindlichkeiten.

Rekapitalisierungen und Verlustabdeckungen – läuft das nicht auf problematische Staatshilfen hinaus?

Ja. Ich teile Ihre Einschätzung, dass die Staatshilfen problematisch sind, halte sie aber in bestimmten Situationen für unvermeidlich. Deshalb verlange ich, dass die Eigenkapitalanforderungen für Banken drastisch erhöht werden, damit man gar nicht erst in die Bredouille kommt. Man sollte auch mehr Mut haben, Banken gegebenenfalls in die Insolvenz gehen zu lassen und – bei Sanierung oder Abwicklung – die Gläubiger von Banken stärker an Verlusten zu beteiligen, wie bei gewöhnlichen Insolvenzverfahren. Aber bei systemrelevanten Instituten, die in mehreren Jurisdiktionen gleichzeitig tätig sind, können die Schäden einer Abwicklung für das Gesamtsystem so groß sein, dass es am Ende doch besser ist, man verwendet Staatsmittel, um das zu verhindern. Eine Wiederholung der Erfahrung mit Lehman Brothers müssen wir verhindern. Leider bieten die derzeitigen Sanierungs- und Abwicklungsverfahren, auch die seit 2008 neu eingeführten, dafür keine Gewähr. Die verstärkte Europäisierung beziehungsweise Denationalisierung dieser Verfahren würde zumindest die missbräuchliche Fortführung von eigentlich insolventen Banken durch die Mitgliedstaaten einschränken. Aber wenn man das auf die europäische Ebene hebt, braucht man Finanzierungsmöglichkeiten und somit eine fiskalische Kompetenz.

Das heißt eine europäische Steuer? Das wäre politisch wieder sehr schwierig.

Vielleicht würde das Bundesverfassungsgericht sogar von einer unzulässigen Abgabe von Souveränitätsrechten sprechen. Aber wir hatten so etwas schon einmal, und wir haben es inzwischen wieder. Die 1952 gegründete Europäische Gemeinschaft für Kohle und Stahl (EGKS) hatte das Instrument der Montanumlage, einer Abgabe, die die Hohe Behörde der EGKS bei den Unternehmen der Montanindustrie erheben konnte, um Restrukturierungsprojekte zu unterstützen. Und der durch einen zwischenstaatlichen Vertrag geschaffene Europäische Bankenrestrukturierungsfonds (Single Resolution Fund) wird durch Abgaben von Banken und anderen Unternehmen des Finanzsektors finanziert. Allerdings reicht dieser Fonds nicht aus, um die Liquidität von Problembanken im Zuge des Sanierungs- und Abwicklungsverfahrens sicherzustellen – 55 Milliarden Euro sind ein Klacks neben dem kurzfristigen Refinanzierungsbedarf einer mittelgroßen Bank mit einer Bilanzsumme von mehreren hundert Milliarden Euro, ganz abgesehen von Instituten wie der Deutschen Bank mit Bilanzsummen von mehr als 1.000 Milliarden Euro.

Gibt das nicht noch mehr Umverteilung zwischen den Mitgliedstaaten?

Sie denken an die 350 Milliarden an faulen Krediten in den Büchern italienischer Banken? Vielleicht auch an die Vorschläge, etwa vom Präsidenten der Europäischen Bankenaufsichtsbehörde EBA, solche Kredite in eine europaweite „Bad Bank" zu überführen? Der Unterschied läge darin, dass zumindest bei den mittelgroßen Banken die Gläubiger stärker an den Verlusten beteiligt würden, und auch darin, dass die volkswirtschaftlich sehr schädlichen Verzögerungsstrategien der Banken und Staaten eingeschränkt würden. Ansonsten liegen die global systemrelevanten Banken wie BNP Paribas oder Deutsche Bank, bei denen im Ernstfall Staatshilfen nicht zu vermeiden sein werden, in Nordeuropa. Wenn ich Italiener wäre, würde ich rabiat dagegen protestieren ... Im Sommer 2012 war ich als Vorsitzender federführend am Bericht des Advisory Scientific Committee des European Systemic Risk Board über „Forbearance, Resolution and Deposit Insurance"[7] beteiligt. Wir sprachen uns für eine Bankenunion mit einer Europäisierung der Aufsicht und der Sanierungs- und Abwicklungsverfahren aus. Die Europäisierung der Einlagensicherung hielt ich für eine Cura posterior. Damals befürchteten wir, dass Spanien die Bereinigung der dortigen Bankenkrise noch beliebig lange weiter hinauszögern könnte. Ich dachte damals und denke heute immer noch, dass eine einmalige Vergemeinschaftung bereits entstandener Verluste immer noch besser ist, als gar nichts zu tun, die Bereinigung der Krisen vor sich herzuschieben und die japanische Erfahrung zu wiederholen.

---

7 Hellwig, M. et al. (2012), Forbearance, Resolution and Deposit Insurance, *Reports of the Advisory Scientific Committee*, ESRB, online verfügbar unter: http://www.eesc.europa.eu/resources/docs/reports_asc_1207.pdf.

Unbedingt notwendig ist allerdings, dass die neu geschaffenen Institutionen tatsächlich das Verschleppen der Probleme – und die zugrundeliegenden Missbräuche – auf der Ebene der Mitgliedstaaten verhindern. Seither haben sowohl der gemeinsame Aufsichtsmechanismus als auch der gemeinsame Sanierungs- und Abwicklungsmechanismus Fortschritte gebracht, aber noch längst nicht genug. Die Fälle Monte dei Paschi, Banco Popolare di Vicenza und Veneto Banca zeigen das sehr deutlich, aber die Italiener sagen dazu, die Deutschen hätten es ihnen ja 2008/09 vorgemacht. Und sollte die Europäische Kommission im nächsten Frühjahr eine Abwicklung von HSH Nordbank vorschreiben, werden wir sehen, ob die Deutschen das nunmehr anders machen.

Was machen Sie denn mit dem Moral-hazard-Problem der Banken, die sich darauf verlassen, dass ihnen vom Staat geholfen wird?

Zum einen sollten Sie sehen, dass das Moral-hazard-Problem zumindest bislang deutlich größer ist, wenn die Banken mit ihrem eigenen Staat zu tun haben, als wenn die Entscheidungen bei einer Brüsseler Behörde liegen. Innerhalb der Mitgliedstaaten sind die Banker, ihre Geldgeber und ihre Kreditnehmer, zum Beispiel Bauunternehmer, eng mit der Politik vernetzt, da hilft die Politik gern und großzügig, auch wenn das nicht immer zu beobachten ist. Die einzige Instanz, die dem seit 2009 Einhalt geboten hat, war die Europäische Kommission mit ihrer Beihilfekontrolle. Und die Bankenunion hat auch dafür gesorgt, dass die Zügel der Aufsicht etwas angezogen werden. Zum anderen müssen Sie unterscheiden zwischen Banken, Bankern und Bankgläubigern. Wenn man Banken als Institutionen erhält, gleichzeitig aber die Banker entlässt beziehungsweise haftbar macht und die Bankgläubiger an den Verlusten beteiligt, dürfte das Moral-hazard-Problem gering sein. Im Übrigen ist das wiederum ein Grund, warum ich für deutlich höhere Eigenkapitalanforderungen plädiere. Zu den Merkwürdigkeiten der Krise gehört es, dass nur sehr wenige Banker entlassen wurden, und das unter Beibehaltung ihrer akkumulierten Boni. Zu den Merkwürdigkeiten der Krise gehört es auch, dass die Branche insgesamt nur wenig diskreditiert wurde.

Finden Sie?

Die Bankenlobby konnte trotz der gemachten Erfahrungen die Entwicklung der Regulierung nach der Krise sehr stark beeinflussen. Josef Ackermann, der Vorstandsvorsitzende der Deutschen Bank, hat schon im November 2009 im Interview mit der Süddeutschen Zeitung wieder gepredigt, höhere Eigenkapitalanforderungen könnten das System zwar stabiler machen, würden aber die Kreditvergabe und das Wirtschaftswachstum schädigen – und das, nachdem wir im vierten Quartal 2008 gerade den schärfsten Einbruch von Kreditvergabe und Wirtschaftswachstum seit der Weltwirtschaftskrise erlebt hatten, verursacht unter anderem dadurch, dass die Banken im Vorfeld der Krise so wenig an eigenen Mitteln einsetzten, dass die ersten großen Verluste 2007 sie an den Rand der Insolvenz brachten, so dass die Geldmarktgläubiger misstrauisch wurden. Dass die Lobby nicht genügend diskreditiert war, hat dazu beigetragen, dass die Erhöhung der Eigenkapitalanforderungen nach „Basel III" sehr mäßig ausfiel, wobei Deutschland sehr aktiv als Bremser auftrat. Und heute tut man so, als habe es nie eine Krise gegeben. Manchmal frage ich mich, ob es nicht besser gewesen wäre, der Krise 2008/09 ihren Lauf zu lassen, so dass die Lobby nachhaltig diskreditiert worden wäre, wie in den dreißiger Jahren. Wenn ich allerdings bedenke, was die Krise der dreißiger Jahre noch alles nach sich zog, dann bin ich doch zufrieden, dass es die Interventionen gab.

Aber ist Eigenkapital denn nicht tatsächlich teuer für die Banken?

Die Kosten für die Banken sind nicht unbedingt auch Kosten für die Gesellschaft. Es gibt im Wesentlichen drei Gründe, warum eine Erhöhung des Eigenkapitals für die Banken beziehungsweise ihre Aktionäre als teuer erscheint. Zum einen sind Gewinne körperschaftsteuerpflichtig, Schuldzinsen aber nicht. Daher ist die Steuerlast größer, wenn man den Finanzierungsmix in Richtung auf größere Eigenkapitalfinanzierung verschiebt. Den privaten Kosten der Bank und ihrer Aktionäre steht hier allerdings ein Gewinn des Staates gegenüber; es handelt sich also nicht um gesamtgesellschaftliche Kosten. Zum anderen ist eine Insolvenz der Bank weniger wahrscheinlich, wenn sie mehr mit eigenen Mitteln arbeitet und weniger mit Schulden. Dadurch werden die expliziten und impliziten Garantien des Staats für Schulden der Bank weniger wert. Hier steht den Kosten der Bank ebenfalls ein Gewinn des Staats gegenüber, wie Anat Admati und ich auch in unserem Buch geschrieben haben[8]. Am wichtigsten ist meines Erachtens ein dritter Effekt: Bei einer Bank, die bereits verschuldet ist, kommt ein Ersatz von Fremdkapital durch Eigenkapital, zum Beispiel durch Aktienausgabe und Schuldenrückkauf, zumindest teilweise den Altgläubigern zugute; in dem Maß, wie die Altgläubiger profitieren, erleiden die Aktionäre einen Verlust. Auch dazu gibt es eine Arbeit von uns.[9]

Wodurch kommt der Verlust zustande, durch die Verwässerung ihrer Beteiligung?

Das Wort ist irreführend. Die Altaktionäre werden nicht einfach deshalb schlechter gestellt, weil zum Beispiel bei einer Verdoppelung des Eigenkapitals durch Hereinnahme von Mitteln von außen ihre eigene Beteiligung sich halbiert. Es kommt ja Geld hinzu. Jedoch ist der Wert der halbierten Beteiligung an dem größeren Kuchen normalerweise kleiner als der Wert der ursprünglichen Beteiligung an dem kleineren Kuchen. Hinter dieser Aussage steht nicht die mechanische Verwässerung durch Absenkung der Anteile; diese ist allenfalls von Bedeutung, wenn es um Stimmrechte geht, was aber für

---

8 Admati, A. und M. Hellwig (2013b), *Des Bankers neue Kleider*, München, Finanzbuchverlag, Kapitel 9.
9 Admati, A. et al. (2018), The Leverage Ratchet Effect, *Journal of Finance* 73(1), S. 145–98.

die Aktionäre der meisten großen Banken irrelevant ist. Dahinter stehen zum einen die bereits genannten Effekte, dass die Steuerlast steigt und der Wert der staatlichen Garantien sinkt, und zum anderen gibt es noch den Effekt, dass die Konkursoption der Aktionäre weniger wert wird.

Was ist damit gemeint?

Der wirtschaftliche Wert des Aktienkapitals einer Bank ist gleich dem Wert der Aktiva minus die Verbindlichkeiten plus den Wert der Option, dass man gegebenenfalls die Verbindlichkeiten der Bank nicht erfüllt und sie stattdessen in den Konkurs gehen lässt. Die Existenz dieser Option ist ein Grund, warum bei korrekter Bewertung der Aktiva der Marktwert des Eigenkapitals größer ist als der Buchwert. Die Option ist umso wertvoller, je wahrscheinlicher der Konkursfall ist. Wenn die Bank den Einsatz eigener Mittel erhöht und ihre Schulden senkt, wird eine Insolvenz weniger wahrscheinlich, und das senkt den Wert der Konkursoption. Allerdings beruhen auch diese „Kosten" von Eigenkapitalanforderungen auf einem Verteilungseffekt: Die Beschränkung der Haftung, das heißt das Recht der Aktionäre, bei Insolvenz des Unternehmens die Schulden nicht zu bedienen, hat zur Folge, dass die Verluste die Gläubiger treffen. Die Erhöhung der Eigenkapitalfinanzierung macht das weniger wahrscheinlich und stellt die Gläubiger besser. In der Diskussion um Eigenkapitalregulierung kommt regelmäßig das Argument, die Regulierung sei ein verfassungswidriger Eingriff in die Eigentumsrechte der Aktionäre. Haben die Aktionäre eines Unternehmens wirklich einen verfassungsrechtlichen Anspruch auf die Option, dass sie die Verbindlichkeiten, die sie eingegangen sind, im Insolvenzfall nicht erfüllen? Und haben sie einen verfassungsrechtlichen Anspruch darauf, dass der Staat diese Option nicht entwertet, indem er durch Eigenkapitalanforderungen den Insolvenzfall weniger wahrscheinlich macht?

In der Tat, das scheint ein bisschen absurd.

Die Quelle des Marktversagens liegt darin, dass ein Unternehmen bei der Anfangsfinanzierung nicht auch schon die künftige Finanzierungspolitik verbindlich festlegen kann. Am Anfang gibt es eine Finanzierung durch Kredite, Obligationen, Aktien, dann vergeht einige Zeit, und irgendwann steht eine neue Finanzierungsentscheidung an – sei es, weil ein Kredit abzulösen ist, sei es, weil man neue Projekte finanzieren will, sei es, weil eine Änderung der Rahmenbedingungen einen anderen Finanzierungsmix als besser erscheinen lässt. Diese spätere Finanzierung wird nicht im Vorhinein festgelegt. Das Fehlen bindender Vorschriften für spätere Finanzierungsbedingungen aber begründet ein Marktversagen. Könnte man sich im Vorhinein wirksam binden, so würde man vielleicht festlegen, dass man das Unternehmen nach Verlusten durch eine Aufnahme zusätzlicher eigener Mittel rekapitalisiert. Das käme ex post den Altgläubigern zugute. Diese wären daher ex ante bereit, sich mit niedrigeren Zinsen zu begnügen. Bei Unternehmen außerhalb des Finanzsektors wird dieses Problem letztlich dadurch behoben, dass die Gläubiger bei den späteren Entscheidungen mitreden oder dass sie Bedingungen, sogenannte Covenants, in den anfänglichen Kreditvertrag hineinschreiben, deren Verletzung sie zur Kündigung der Kredite berechtigt. Die mit solchen Arrangements verbundenen Trittbrettfahrerprobleme im Verhältnis der Gläubiger zueinander sind relativ gering, denn es gibt nur wenige große Gläubiger, die Banken. Schauen Sie sich an, was eine Bank bei einem Hedgefonds an Eigenkapital verlangt.

Passt der Vergleich denn?

Ich nehme bewusst einen Hedgefonds als Beispiel, denn manche Banken sind gar nicht so verschieden von Hedgefonds. Die Deutsche Bank beispielsweise ist genau genommen ein riesiger Hedgefonds, der auch noch Bankgeschäfte betreibt, Einlagen hereinnimmt und Kredite finanziert. Was eine solche Bank einem echten Hedgefonds an Eigenkapitalunterlegung vorschreibt, das würde sie für sich selbst für absurd erklären. Aber bei der Bank selbst spielt niemand diese Rolle und verlangt, sie solle relativ mehr eigene Mittel einsetzen und weniger fremde, und sie solle nicht so hohe Risiken eingehen, die die Gläubiger treffen könnten. Soweit sie durch Staatsgarantien geschützt sind, haben die Gläubiger der Banken kein Interesse an einer solchen Intervention. Viele sind auch zu unbedeutend, um an eine solche Einflussnahme auch nur zu denken. Oder haben Sie schon einmal versucht, Ihrer Bank eine solche Bedingung zu stellen?

Nicht wirklich, wie ich gestehen muss.

Die Fragmentierung der Einleger und anderen Gläubigern der Banken erklärt, warum das Problem der mangelnden Bindungsfähigkeit zukünftiger Entscheidungen bei Banken stärker ins Gewicht fällt als bei anderen Unternehmen. Die Bankenregulierung ist ein Mittel, um die Folgen dieses Marktversagens zu mildern. Übrigens sorgen die Fehlanreize nicht nur für Widerstand gegen Eigenkapitalerhöhungen, sie schaffen auch eine Tendenz zu immer größerer Verschuldung. Noch 1998 lagen die Eigenmittel der großen europäischen Banken zwischen 4 und 7 Prozent der Bilanzsumme. Kurz vor der Krise lagen sie dann zwischen 2 und 5 Prozent. 1998 gab es kaum große Banken mit Eigenmittelquoten unter 4 Prozent, 2007 kaum große Banken mit Eigenmittelquoten über 4 Prozent. Die sogenannte Verdreifachung der Eigenkapitalanforderungen durch Basel III hat bewirkt, dass wir in etwa wieder das Niveau von 1998 erreicht haben. Auch darauf haben wir im Advisory Scientific Committee hingewiesen.[10] Nach der Krise hat sich nicht so viel geändert.

---

10 Pagano, M. et al. (2014), *Is Europe Overbanked?*, *Report of the Advisory Scientific Committee* 4, ESRB, verfügbar unter https://www. esrb.europa.eu/pub/pdf/asc/Reports_ASC_4_1406.pdf.

Und warum hat sich nicht viel geändert? Wie kann es sein, dass aus einer solchen massiven Krise keine Lehren gezogen werden?

Wie ich schon sagte, die Krisenbekämpfung war zu erfolgreich, als dass die Banker genügend diskreditiert wurden. Dabei erzählen die Banker viel Unsinn. So kritisierte der britische Bankenverband 2010 die Reformvorschläge des Basler Ausschusses für Bankenaufsicht, die neuen Regeln würden die britischen Banken zwingen, 700 Milliarden Pfund an zusätzlichem Eigenkapital „zu halten", das würde bedeuten, dass 700 Milliarden Pfund weniger an Krediten vergeben werden könnten. Da wurden Eigenkapitalanforderungen und Mindestreserveregeln verwechselt, das Finanzierungsinstrument Eigenkapital und die Anlageform Zentralbankgeld – ein elementarer Fehler, aber es klingt ja so überzeugend. Die Branche verwendet das Argument nach wie vor, und kaum jemand traut sich, zu sagen, dass das blanker Unsinn ist. Viele wollen das auch nicht, man will es sich mit den Banken nicht verderben, die verfügen ja über Geld!

Sie selbst empfehlen eine Eigenkapitalunterlegung von 20 bis 30 Prozent. Wie kommen Sie zu diesen Zahlen?

Zunächst: Die Empfehlung 20 bis 30 Prozent ist im Sinne eines Stufensystems zu verstehen, bei dem die Vorgaben für die Bank umso restriktiver sind, je weiter unten sie ist. Bei einem Eigenkapital unterhalb von 20 Prozent sollte die Bank gezwungen werden zu rekapitalisieren, zwischen 20 und 30 Prozent sollte sie dazu nicht gezwungen werden, aber Dividendenausschüttungen und Bonuszahlungen sollten untersagt sein. Man kann sich auch noch feinere Unterteilungen vorstellen. Die Idee ist, den Übergang zwischen einer Situation, in der alle Bedingungen erfüllt sind, und einer Situation, in der eine Schließung der Bank ansteht, etwas zu glätten.

Aber noch einmal: Wie begründen Sie die Zahlen?

Es gibt keine präzise Begründung dafür – schon deshalb nicht, weil die Bedeutung der Zahlen selbst von den Rechnungslegungsvorschriften abhängt. Wobei die Möglichkeiten, Risiken aus den Bilanzen herauszuhalten, durch Netting bei Derivaten, durch Zweckgesellschaften und Ähnliches weitgehend beseitigt werden sollten. Zur Größenordnung ist anzumerken, dass 30 Prozent der Bilanzsumme dem entspricht, was die Banken selbst an Eigenmitteln bei ihren Unternehmenskunden verlangen, auch bei Hedgefonds, die ja ähnliche Diversifizierungsmöglichkeiten haben wie Banken. Ferner entspricht die Größenordnung von 20 bis 30 Prozent der Bilanzsumme dem, was die Banken an Eigenkapital einsetzten, ehe der Staat ins Spiel kam. 1913 hatten die deutschen Großbanken eigene Mittel in Höhe von 22 Prozent, das ging bis 1920 auf 8 Prozent herunter – dazwischen mussten die Banken zur Kriegsfinanzierung beitragen. Niemand kann mir weismachen, das sei ein echtes Marktergebnis gewesen. Später, nach der Weltwirtschaftskrise, kam die Subventionierung der Verschuldung durch explizite und implizite Staatsgarantien hinzu, vor allem für Bankeinlagen, ferner die Verwendung der Banken für parafiskalische Finanzierungen, denken Sie an die deutschen Landesbanken.

Kann man die Zeit vor 1914 mit heute vergleichen?

Besser als die Zeit 1935 bis 1990 oder für die USA die Zeit 1935 bis 1970.

Warum das?

Das hohe Maß an Finanzstabilität in der Nachkriegszeit ist im historischen Vergleich außergewöhnlich. Das hatte zwei Gründe: Die Risiken waren klein, und die Wettbewerbsintensität war gering. Es gab nur geringe Zinsschwankungen, und im System von Bretton Woods waren die Wechselkurse fest. Die wenigen Wechselkursänderungen, die es gab, etwa die Pfundabwertung von 1967 oder die D-Mark-Aufwertung von 1969, boten sogar die Möglichkeit, durch fast risikolose Spekulation viel Geld zu verdienen – auf Kosten der Zentralbanken. Seit 1970 ist die Volatilität der Zinsen und Wechselkurse dramatisch angestiegen. In den siebziger und achtziger Jahren gab es enorme Zinsschwankungen, und mit dem Ende des Systems von Bretton Woods kamen auch die Währungsrisiken wieder auf die Tagesordnung. Die Zinsschwankungen brachten etliche Finanzkrisen mit sich, Anfang der achtziger Jahre in den USA, Anfang der neunziger Jahre auch in vielen europäischen Ländern. Und die Währungsrisiken taten das Ihre, von der Herstatt-Insolvenz bis zur Asien-Krise. Die hohe Inzidenz von Finanzkrisen seit 1970 markiert in gewissem Sinn eine Rückkehr zur Normalität der Zeit vor der Weltwirtschaftskrise und vor dem Ersten Weltkrieg.

Und die Regulierung?

In der Phase der Stabilität – 1935 bis 1970 für die USA, bis 1990 für Deutschland – war das Bankwesen nicht durch intensiven Wettbewerb geprägt. In vielen Ländern waren die Einlagenzinsen durch Regulierung oder Kartelle festgelegt. In Deutschland wurde das 1967 beendet, aber ein implizites Kartell gab es auch danach noch. Der Marktzutritt war fast überall streng reguliert. Und so konnten die Banken gute Margen verdienen. Ab 1970 änderte sich das, zuerst in den USA, wo 1975 Geldmarktfonds zugelassen wurden; in der Hochzinsphase um 1980 nahmen diese den Banken und Sparinstituten so viele Kunden weg, dass diese selbst beim Kongress auf eine Beendigung der Einlagenzinsregulierung drangen. Nach der Deregulierung waren sie zwar wieder wettbewerbsfähig, aber die Margen waren weg. Und viele Sparinstitute waren insolvent, weil sie auf die in den sechziger Jahren vergebenen Langzeithypotheken weniger Zinsen verdienten, als sie selbst zahlen mussten.

Und in Deutschland?

In Deutschland setzt die Margenerosion später ein, Mitte der neunziger Jahre. Zwischen 1994 und 1997 sind die Margen der Großbanken deutlich gesunken, von rund einem Prozentpunkt unter den Sparkassen auf rund einen Prozentpunkt über den Landesbanken. Die Sparkassen hatten fast durchweg Zinsmargen von 5 bis 6 Prozent (mit einer leichten Absenkung seit 1995), die Landesbanken fast durchweg von 0 bis 1 Prozent. Die Landesbanken haben noch nie richtig Geld verdient, aber seit Mitte der neunziger Jahre ist das auch den Großbanken schwergefallen.

Was ist da passiert?

Genau kann man das nicht sagen, weil da sehr vieles gleichzeitig lief. Eine mögliche Erklärung könnte sein, dass 1994 in Deutschland Geldmarktfonds zugelassen wurden, aber es gab damals auch andere Deregulierungsmaßnahmen, zum Beispiel bei den Versicherungen. Zu den Merkwürdigkeiten der Entwicklung in Deutschland gehört es, dass wir anders als andere Länder – Schweiz, USA, Schweden und so weiter – Anfang der neunziger Jahre keine Bankenkrise hatten. Ausgerechnet Deutschland mit seinem Vereinigungsboom und etlichen Fehlinvestitionen! Denken Sie an die Insolvenz Jürgen Schneiders, der von der Deutschen Bank einen Immobilienkredit bekommen hatte, bei dem in den Unterlagen von 5.000 Quadratmetern die Rede war, und tatsächlich waren es nur 2.000 Quadratmeter! Dass wir damals keine Bankenkrise hatten, dürfte daran gelegen haben, dass die Banken noch viele stille Reserven in den Büchern hatten, die sie auflösten, um die Verluste auszugleichen – bis die stillen Reserven erschöpft waren. Und dann legte man etliche Verluste nicht offen, sondern hoffte auf bessere Zeiten. Bei höherer Wettbewerbsintensität war diese Hoffnung allerdings vergeblich. Als man das bei der Bayrischen Hypotheken- und Wechselbank beziehungsweise bei deren Großaktionären Allianz und Freistaat Bayern merkte, „löste" man das Problem durch eine Zwangsverheiratung mit der Bayrischen Vereinsbank. In dieser Operation fanden die Wirtschaftsprüfer die Bewertung der Hypobank schwierig, um es diplomatisch zu formulieren. Und die fusionierte Bank verkündete nur weniger Monate später, man müsse die Bücher der Hypobank für das Jahr 1997 neu schreiben, wobei 2 oder 3 Milliarden an Verlusten aus Neubewertungen von Immobilienkrediten ausgewiesen wurden. Die Strategie, stille Verluste mitzuschleppen und später mit neuen Gewinnen zu vermischen, funktionierte nicht mehr, weil die Margen verschwunden waren. Ich vermute, dass auch die sogenannte Bankenkrise von 2003 – heute weiß man noch nicht einmal mehr, dass damals das Wort gebraucht wurde – damit zu tun hatte, dass die Großbanken die Entwicklung nicht verstanden hatten und deshalb ihre Kosten nicht an die veränderte Marktsituation angepasst hatten. Das Hin und Her der Deutschen Bank mit der Bank24 gehört ebenfalls hierher: Erst tritt man die Privatkunden in den Hintern und schiebt sie ab, dann erkennt man, dass man mit denen ja Geld verdient hat, und versucht, sie zurückzuholen mit dem Versprechen, sie in Zukunft wieder gut zu behandeln. Kurz,

Marktstrukturen und Marktverhalten haben sich geändert. Es ist heute für eine Bank viel schwieriger als früher, Verluste über stille Reserven oder in Zukunft kommende Gewinne zu absorbieren und zu glätten. Daher ist der Bedarf an Kapazität zur Absorption von Verlusten durch Eigenkapital heute deutlich größer als in den Jahrzehnten der Stabilität.

Wie bewerten Sie vor diesem Hintergrund die heutige Rolle der EZB?

Mir ist nicht klar, ob Sie mit dieser Frage auf die Bankenaufsicht oder auf die Geldpolitik abstellen. Zur Bankenaufsicht habe ich vorher schon gesagt, dass die Europäisierung die Chance bietet, die nationalen Vernetzungen von Banken, Politik und Aufsichtsbehörden etwas aufzulösen, das heißt die Banken zu zwingen, Verluste offenzulegen, gegebenenfalls neues Eigenkapital aufzunehmen oder in ein Sanierungs- und Abwicklungsverfahren zu gehen. Ich hätte es vorgezogen, die Bankenaufsicht in einer unabhängigen Behörde außerhalb der EZB anzusiedeln, aber das hätte einer Änderung der Verträge bedurft, an die man sich nicht herantraute.

Und die Geldpolitik?

Hier muss man genau unterscheiden. Es ist in Deutschland üblich, den geldpolitischen Aktionismus der EZB zu verteufeln. Ich halte das für falsch. Man sollte zwischen den einzelnen Maßnahmen genau unterscheiden. Ich beginne mit der Beobachtung, dass die Geschäftsbanken ein integraler Teil des Geldsystems sind und zwar nicht nur, weil Kredite der Zentralbank an die Geschäftsbanken eine wichtige Form der Geldschöpfung sind, sondern auch, weil wir alle die Einlagen, die wir bei den Geschäftsbanken haben, als Grundlage für unseren Zahlungsverkehr verwenden. Diese Beobachtung hat seinerzeit Milton Friedman und Anna Schwartz veranlasst, als relevantes Geldmengenaggregat nicht die Zentralbankgeldmenge zu nehmen, sondern die Summe aus Bargeld und Bankeinlagen außerhalb des Banksektors. Zur Weltwirtschaftskrise schreiben sie daher, die Geldpolitik der USA sei kontraktiv gewesen, und das, obwohl die Zentralbankgeldmenge in den USA von 1929 bis 1933 um 15 Prozent angestiegen war.[11] Das nach Friedman und Schwartz maßgebliche Geldmengenaggregat war in dieser Zeit um 33 Prozent gesunken, da Banken und Nichtbanken vermehrt Zentralbankgeld nachfragten und die Bankeinlagen stark schrumpften. Eine im Sinn von Friedman und Schwartz „neutrale" Geldpolitik hätte erfordert, dass die Zentralbankgeldmenge um 48 Prozent anstieg, um die Kontraktion der Giralgeldschöpfung bei den Geschäftsbanken auszugleichen. Da wird Aktionismus zur Grundlage einer „neutralen" Geldpolitik, und das bei den Aposteln des Laissez-Faire! Im weiteren Verlauf haben die Monetaristen dieses Paradox verdrängt, ein weiterer Fall von

---

11 Friedman, M. und A. Schwartz (1963), *A Monetary History of the United States*, Princeton, Princeton University Press.

prokrustianischer Amnäsie. Das Problem, dass das als relevant betrachtete Geldmengenaggregat M_1, M_3 oder M_{547} sich anders entwickelt als die Zentralbankgeldmenge, kommt ja auch nur selten vor, in der Weltwirtschaftskrise und jetzt wieder seit 2008. Für jemanden, der die Analysen der Weltwirtschaftskrise verdrängt hat, ist der Aktionismus der EZB natürlich ein Skandal. Das gilt noch mehr, wenn man sich an die Lehren Friedrich August von Hayeks hält, für den das Geldschöpfungsmonopol einer staatlichen Zentralbank an sich schon von Übel war und der die Geldschöpfung völlig in private Hände überführen wollte.[12]

Dem schließen Sie sich ja gewiss nicht an.

Es gibt vieles von Hayek, das ich sehr schätze, aber dieses Buch halte ich für sehr schlecht, denn es bedient den Traum von einem staatsfreien Geldsystem, ohne zu erklären, wie der Wettbewerb der Geld ausgebenden Bank genau funktioniert. Da heißt es, die Banken würden jeweils ankündigen, bezüglich welchen Warenkorbs sie den Wert ihrer Banknoten stabil halten wollten, und dann würden Reputationsmechanismen dafür sorgen, dass sie das auch tun. Er sagt sogar ausdrücklich, es gehe nicht um schuldrechtliche Verbindlichkeiten! Dass Reputationsmechanismen nicht wirken, wenn es attraktiver ist, die Bank zu plündern, wird übergangen. Auch die Probleme von Moral hazard und von Systemrisiken, wie wir sie gerade in der Finanzkrise beobachtet haben, kommen bei Hayek nicht vor. Diese Probleme haben die Tradition des „Lender of the last resort" begründet, nicht erst jetzt, sondern schon früher, im Zuge der „Evolution des Zentralbankwesens", wie Charles Goodhart das genannt hat.[13] Aber bei einem guten Prokrustianer wirkt der Traum stärker als die Erfahrungen.

Und was bedeutet das alles nun für die Beurteilung der EZB?

Die Interventionen der EZB von 2008 und 2009, auch die „Long-Term Refinancing Operation" (LTRO) von 2011/12 entsprachen ziemlich genau dem, was Friedman und Schwartz gefordert hatten, einer aktionistischen Geldpolitik zur Neutralisierung kontraktiver Entwicklungen im Banksystem. Von 2008 bis 2013 hat sich die Zentralbankgeldmenge verdoppelt, und viele in Deutschland haben über den Aktionismus und die Inflationsrisiken geschimpft. Das Geldmengenaggregat M_3 ist in dieser Zeit kumulativ um 10 Prozent gestiegen, desgleichen das Preisniveau. Das entsprach genau dem vorgegebenen Inflationsziel. Geldpolitisch ist da allenfalls zu kritisieren, dass ein Geldmengenwachstum von 2 Prozent pro Jahr bei einem Inflationsziel von 2 Prozent pro Jahr keinen Spielraum für reales Wachstum lässt. Vielleicht hätte die EZB noch expansiver sein sollen! Übrigens ist die dramatische Erhöhung der Zentralbankgeldmenge durch LTRO bis 2014, als die Tur-

12 Hayek, F. A. von (1976), *Entnationalisierung des Geldes*, Tübingen, Mohr Siebeck.
13 Goodhart, C. A. E. (1988), *The Evolution of Central Banking*, Cambridge, MIT Press.

bulenzen im Finanzsektor sich wieder gelegt hatten, weitgehend wieder zurückgefahren worden, freilich ohne dass die deutschen Kritiker der EZB das wahrgenommen hätten. Ordnungspolitisch ist allerdings unschön, dass schwache, vielleicht sogar de facto insolvente Banken damals die Möglichkeit bekommen haben, sich etwas zu sanieren, indem sie das Geld, das sie zu 1 Prozent von der EZB bekamen, zu 4 oder 5 Prozent an ihre Regierungen weiterverliehen. Schwache Banken sollten sich eigentlich rekapitalisieren oder aus dem Markt ausscheiden. Die Regierungen haben aber kein Interesse, das durchzusetzen, wenn sie durch die Stützungsmaßnahmen der EZB für den Finanzsektor auf indirekte Weise an die Notenpresse kommen – wieder ein Grund für die Europäisierung von Aufsicht und Abwicklung der Banken.

Wie sehen Sie die Geldpolitik seither, das Quantitative easing und Ähnliches?

Die seit 2014 verfolgte Politik – „Targeted Long-Term Refinancing Operations" (T-LTRO), Quantitative easing und negative Einlagenzinsen – halte ich für problematisch, weil diese Politik darauf abzielt, die Banken zu zusätzlicher Kreditvergabe zu veranlassen, ohne die Risiken für die Banken und für die Finanzstabilität angemessen zu berücksichtigen. Bei T-LTRO zum Beispiel wird der Kredit der Zentralbank an die Geschäftsbank davon abhängig gemacht, dass diese ihrerseits einen Unternehmenskredit vergibt. Woher weiß die EZB, ob eine Vergabe von Unternehmenskrediten in der gegebenen Situation angebracht ist? Steht sie damit nicht auch in der Verantwortung für unternehmerische Entscheidungen der Geschäftsbank? Inwiefern verpflichtet sie sich damit, die Geschäftsbank zu unterstützen, falls die betreffenden Kredite ausfallen sollten? Negative Einlagenzinsen belasten die Profitabilität der Geschäftsbanken, das wirkt deren Sanierung entgegen. Ähnliches gilt, wenn die Zentralbank im Rahmen von Quantitative easing de facto als Wettbewerber der Geschäftsbanken auftritt, Staatsanleihen kauft und die Prämie senkt, die die Banken mit Fristentransformation verdienen können. Auch „Forward guidance" wirkt da schädlich. Die hohen Margen bei LTRO sind ja bald verschwunden. Im Unterschied zu vielen deutschen Kritikern bestreite ich der EZB nicht das Recht, derartige Maßnahmen zu ergreifen, aber ich halte es falsch, der kurzfristigen Konjunkturbelebung die Priorität zu geben zu Lasten einer nachhaltigen Sanierung des Finanzsektors. So argumentiert auch der Wissenschaftliche Beirat des Bundesfinanzministeriums.[14]

---

14 Dazu siehe auch: Wissenschaftlicher Beirat beim Bundesministerium für Wirtschaft und Energie (2017), *Zur Diskussion um Bargeld und die Null-Zins-Politik der Zentralbank*, online verfügbar unter: http://www.bmwi.de/Redaktion/DE/Publikationen/Ministerium/Veroeffentlichung-Wissenschaftlicher-Beirat/gutachten-wissenschaftlicher-beirat-gutachten-diskussion-um-bargeld.pdf?__blob=publicationFile&v=8.

Und wie bewerten Sie die deutsche Diskussion zu diesem Thema?

Ein großer Teil der Kritik beruht auf einem ungenügenden Verständnis des Geldwesens. Bundesbank und Bundesverfassungsgericht stellen auf die Möglichkeit ab, dass der Kauf von Wertpapieren für die Zentralbank Verlustrisiken mit sich bringt, die letztlich den Steuerzahler treffen können. Die Warnung ist in dieser allgemeinen Form Unsinn. Man übersieht, dass die Geldschöpfung selbst zunächst einmal einen Gewinn bringt. In der Zentralbankbilanz steht das ausgegebene Geld als Schuld auf der Passivseite, aber ich frage Sie: Wozu verpflichtet diese Schuld die Zentralbank eigentlich?

Letztlich zu nichts.

Ganz genau! Jeder Geldfälscher weiß, dass er, wenn er Blüten in die Welt setzt und für die Blüten Aktien kauft, einen Vermögenszuwachs erlebt. Wenn diese Aktien dann von einer Baisse betroffen werden, schrumpft der Vermögenszuwachs, aber es bleibt immer noch ein Vermögenszuwachs. Das ist bei der Zentralbank nicht anders, abgesehen davon, dass sie keine Angst vor der Polizei haben muss. Die Passivierung des Bargelds ist eine reine Konvention aus der Zeit, als es eine Pflicht zur Einlösung der Banknoten in Gold oder Dollars gab. Diese Konvention ist durchaus nützlich, denn sie hält die Begehrlichkeiten der Politik im Zaum. Wenn in dem Jahr die gesamte Neuausgabe an Zentralbankgeld als Gewinn ausgewiesen würde, dann würde sich die Politik auf diese Geldquelle stürzen. Die Passivierung bremst da ein bisschen, obwohl die meisten Politiker die Zusammenhänge auch so verstehen. Das Gerede von den Verlusten der Steuerzahler aufgrund von Offenmarktoperationen oder auch aufgrund von Krediten an Banken zweifelhafter Solvenz mit schlechten Sicherheiten geht an den eigentlichen Kosten der Geldschöpfung vorbei.

Worin bestehen diese nach Ihrer Meinung?

In normalen Zeiten steht dem Gewinn des Staates aus der Geldschöpfung ein realer Verlust bei denen gegenüber, die Geld oder andere Nominalwerte halten. Erfahrungsgemäß verursacht ein über das Wachtum der Realwirtschaft hinausgehendes Wachstum der Zentralbankgeldmenge eine Geldentwertung. Die beiden großen Inflationen, die wir gehabt haben, 1914 bis 1923 und 1936 bis 1945, sind dafür ein Beispiel. Die Möglichkeit, sich durch Gelddrucken zu Lasten der Inhaber von Geld und zu Lasten der Funktionsfähigkeit des Geldwesens zusätzliche Finanzierungen zu besorgen, ist für die Politik sehr verlockend. Gerade deshalb hat man die Bundesbank und, auf deutsches Drängen, die EZB unabhängig gemacht. Es ist geschichtsvergessen, wenn eben diese Bundesbank und das Bundesverfassungsgericht im Namen der Budgethoheit des Parlaments die Berechtigung einer unabhängigen, das heißt demokratisch nicht legitimierten Zentralbank, zur Durchführung normaler Offenmarktoperationen infrage stellen. Wobei hinzuzufügen wäre, dass eine Zentralbank als Bank agiert, für das Geld, das sie emittiert, Vermögenswerte kauft und damit bestimmten Verlustrisiken ausgesetzt ist. Was hat nicht die Bundesbank alles an Verlust auf Dollarbestände gemacht, die sie zur Unterstützung des Wechselkurses kaufte! Allerdings haben wir derzeit praktisch keine Inflation. Die drastischen Erhöhungen der Zentralbankgeldmenge seit 2014 haben nur geringe Auswirkungen auf die Preise und den Wert des Geldes gehabt. Finanzkrise und Eurokrise haben die Wirkungsmechanismen zumindest kurzfristig ziemlich durcheinandergebracht, so dass die Kosten der Geldmengenexpansion für die Besitzer von Geld kaum spürbar sind.

Und wenn sich das ändert?

Dann könnte das Thema Verluste allerdings akut werden. Sollte die Wirtschaftslage sich so verändern, dass das Inflationspotenzial, das in der bisherigen Geldschöpfung steckt, virulent wird, dann müsste die Zentralbank in Wahrnehmung ihres Preisstabilitätsmandats die Geldmengenexpansion wieder zurücknehmen. Dazu müsste sie Vermögenswerte verkaufen. Und da kann man nicht ausschließen, dass der Verkaufspreis dieser Vermögenswerte niedriger liegt als der ursprüngliche Ankaufspreis. Wenn das der Fall ist, gäbe es insgesamt tatsächlich einen Verlust für den Steuerzahler.

Wie wahrscheinlich ist das?

Nicht sehr. Es ist sogar sehr unwahrscheinlich, dass in einer Situation allgemeiner Inflation die Verkaufspreise der von der Zentralbank vorher akquirierten Vermögenswerte niedriger wären als die ursprünglichen Kaufpreise. Soweit die mit der restriktiveren Geldpolitik verbundenen Zinserhöhungen die Kurse der angekauften Schuldtitel sinken lassen, kann die EZB einen Ausweis von Kursverlusten für eine ganze Weile vermeiden, indem sie zunächst die früher, zu relativ niedrigen Kursen akquirierten Titel verkauft. Im Übrigen sehe ich die größere Gefahr darin, dass die Zentralbank sich gar nicht trauen wird, die Geldmengenexpansion wieder zurücknehmen. In den USA hat Ben Bernanke als Präsident der Zentralbank Ende 2013 zum ersten Mal von „Exit", vom Rückzug aus der expansiven Geldpolitik, geredet. Prompt haben die Börsen gehustet, und er hat ebenso prompt gesagt, er habe das nicht so gemeint. Dieses Spiel hat sich mehrere Male wiederholt, bis seine Nachfolgerin Janet Yellen im Dezember 2015 zum ersten Mal die Zinsen ganz vorsichtig anhob, wonach die Börsen auch wieder drastisch reagierten. Im Juni dieses Jahres hat EZB-Präsident Mario Draghi zum ersten Mal gesagt, die Lage im Euro-Raum sei nicht mehr so schlecht, und dann gab es dasselbe Spiel wie damals bei Bernanke in den USA. In den USA ist immer noch nicht klar, wie nachhaltig die Politikwende ist beziehungsweise sein kann.

Also Sie meinen, wir kommen aus dieser Politik überhaupt nicht wieder heraus?

Ich weiß es nicht, aber ich sehe da ein Risiko. Ich halte die Nullzins-Politik oder Negativ-zins-Politik nicht nur wegen des Drucks auf die Banken für gefährlich. Bei langfristigen Zinssätzen in der Nähe von oder gar unter null verliert das wichtigste Instrument der Finanzanalyse seine Aussagekraft, nämlich die Berechnung von abdiskontierten Gegen-wartswerten zukünftiger Erträge. Bei einem Stück Land oder einem Wohnhaus – oder auch einer Unternehmensaktie – reichen die Erträge bis weit in die Zukunft, und wenn der Zinssatz, den man zum Abdiskontieren verwendet, nahe bei null liegt, dann fallen auch die weit in der Zukunft liegenden Erträge stark ins Gewicht. Es heißt ja immer, wir hätten eine Immobilienblase. Tatsächlich haben wir eine negative Blase, zumindest wenn ich eine Blase dahingehend definiere, dass der Marktwert größer ist als der Fun-damentalwert der Erträge. Wenn die Fundamentalwerte nahe bei unendlich liegen und die Marktpreise endlich sind, wie trifft man dann Anlageentscheidungen? Mir haben schon einige Vermögensverwalter gesagt, sie wüssten gar nicht, wie sie in dieser Situa-tion vorgehen sollten. Anlageentscheidungen und Preisbildung an den Märkten hängen wohl von Erwartungen über die voraussichtliche Dauer dieser Zinspolitik ab, von Kre-ditrationierung und vielen Unwägbarkeiten, die wir nicht kennen und nicht verstehen. Das beeinträchtigt die Qualität der Kapitalallokation. Und die Umkehr der Politik birgt neue Risiken.

Welche Risiken meinen Sie?

Wenn der langfristige Zinssatz von 0 auf 0,10 Prozent, also auf zehn Basispunkte geht, sinkt der Fundamentalwert eines langlebigen Assets von unendlich auf eine endliche Zahl. Das ist ein ziemlich großer Rückgang. Auch wenn die Marktpreise kleiner sind als diese Fundamentalwerte, liegt hierin ein Potenzial für sehr radikale Marktreaktionen. Das erklärt die teilweise sehr nervösen Reaktionen der Börsen auf das Exit-Gemurmel der Zentralbankiers. Im Übrigen sehe ich Risiken für alle Institute, die Fristentransfor-mation betreiben. Laut Finanzstabilitätsbericht der Bundesbank sind in Deutschland die Zinsbindungsfristen für Hypotheken auf Wohnimmobilien deutlich verlängert wor-den. Eine Sparkasse, die jetzt Hypotheken zu 1 bis 2 Prozent vergibt und die Zinssätze für fünfzehn Jahre festschreibt, wird in Schwierigkeiten kommen, wenn in drei oder vier Jahren die Zinssätze auf 3 oder 4 Prozent gehen sollten. Ich glaube auch nicht, dass die Swapmärkte geeignet sind, diese Risiken über derart lange Zeiträume abzusichern. Da gibt es zu viele Gegenparteirisiken. Und je länger die Nullzins-Phase dauert, desto mehr Positionen dieser Art werden aufgebaut, desto schwieriger wird es, aus dieser Si-tuation wieder herauszukommen. Deshalb wäre es mir am liebsten, man würde so bald wie möglich mit dem Exit aus dieser Politik beginnen. Diese Kritik liegt allerdings auf einer anderen Ebene als ein Großteil der deutschen Diskussion über die EZB. Diese wird für meinen Geschmack zu sehr von finanzwissenschaftlichen Belangen beherrscht und zu wenig von finanzwirtschaftlichen oder auch allgemeinpolitischen.

Allgemeinpolitisch? Was meinen Sie damit?

Die EZB hat Macht, und es ist kaum möglich, Missbräuche dieser Macht zu verhindern. Im Herbst 2010 schrieb der EZB-Präsident Trichet an den irischen Premierminister, wenn Irland im Zuge der Bereinigung der Bankenkrise die ungesicherten vorrangigen Gläubiger an Verlusten beteiligen werde, wie es der Rechtslage entsprach, so würde die EZB sich gezwungen sehen, die Liquiditätshilfen für irische Banken einzustellen. Die Einstellung der Liquiditätshilfen hätte dramatische Folgen für das irische Geldsystem und die irische Volkswirtschaft gehabt, und so beeilte sich der irische Premierminister, zu versichern, man werde die genannten Gläubiger nicht an Verlusten beteiligen, der Staat werde die Verluste übernehmen. Und so musste Irland unter den europäischen Rettungsschirm. Im Juli 2015 wurden die Liquiditätshilfen für griechische Banken eingefroren, es kam zu drastischen Beschränkungen des Zahlungsverkehrs in Griechenland, und die griechische Regierung sah sich veranlasst, den gerade gefassten Referendumsbeschluss beiseite zu schieben und neu mit den Gläubigern zu verhandeln. Ich habe keinerlei Sympathie für das Verhalten der griechischen Regierung in diesen Monaten, halte es aber für problematisch, dass die EZB die Macht, die sie über die Banken und die Geldsysteme und damit die Qualität des Lebens in den Mitgliedstaaten hat, benutzt, um die demokratisch gewählten Regierungen im Sinne der Gläubiger zu beeinflussen. In Deutschland, das ja zu den Gläubigern gehört, mag man solche Einflussnahme schön finden, aber sie passt nicht zum Prinzip des Lissabon-Urteils des Bundesverfassungsgerichts, wonach die Abgabe von Souveränitätsrechten nicht die Demokratie beeinträchtigen darf. Ich habe Bauchweh bei der Beobachtung, dass die EZB ihre Macht benutzt hat, um in Gläubiger-Schuldner-Konflikten die Interessen der Gläubiger durchzusetzen.

Das Bauchweh haben Sie aus politischen Gründen, wegen der fehlenden Legitimation.

Ja. Und das Problem ist in der EU größer als im Nationalstaat. Im Nationalstaat muss die Zentralbank immer befürchten, dass der Gesetzgeber ihre Unabhängigkeit aufheben könnte. Deshalb wird sie eher vorsichtig agieren. In der Europäischen Währungsunion kann die Unabhängigkeit der EZB nur durch eine Vertragsänderung aufgehoben werden, das heißt durch einstimmigen Beschluss der Mitgliedstaaten. Davon geht keine disziplinierende Wirkung aus, denn ein solcher Beschluss wird auch im Fall eines Machtmissbrauchs der EZB nicht gefasst werden, schon gar nicht, wenn dieser Missbrauch die Verteilung zwischen den Mitgliedstaaten betrifft.

Karl Homann

https://doi.org/10.1515/9783111208749-006

Hegelianischer Philosoph und Ökonom

Eigentlich war für Karl Homann, geboren 1943 im münsterländischen Everswinkel, als ältestem Sohn einer Bauernfamilie vorgesehen, dass er den kleinen Hof in Alverskirchen übernimmt. Sein Großvater, so erzählt er, habe ihn nach der Taufe über die Tenne getragen, ihm rechts und links die Kühe und die Pferde gezeigt und gesagt: „Die gehören alle Dir." Doch aus der bäuerlichen Zukunft wurde später trotz dieser Verheißung nichts, dazu war am Ende die intellektuelle Neugierde des katholisch erzogenen Heranwachsenden zu groß.

Homann ging zunächst in die Grundschule in seinem Heimatdorf, konnte dann mit finanzieller Unterstützung des Pfarrers das bischöfliche Internat in Ostbevern besuchen und legte schließlich das Abitur am Paulinum in Münster ab. In der Vorstellung, er wolle Lehrer werden, meldete er sich an der Pädagogischen Hochschule an – und bald wieder ab: das war nicht das Richtige. An der Universität Münster studierte er anstelle dessen Philosophie, katholische Theologie und – „für den Brotberuf" – Germanistik auf Lehramt. Zu seinen Dozenten gehörten Joseph Ratzinger, der spätere Papst Benedikt XVI., sowie die Philosophen Willi Oelmüller und Joachim Ritter. In dieser Zeit bekam Homann seine Prägung als Hegelianer, wobei er Hegel nicht etwa als Deterministen und als Gegner der spontanen Ordnung interpretiert, sondern als Philosophen des Fortschritts mit einer hellsichtigen Rechtsphilosophie, die im Grunde eine Institutionentheorie der modernen Gesellschaft darstelle. Nach dem Examen 1969 folgte die philosophische Promotion mit einer Arbeit über die Philosophie der Freiheit des Aufklärers Friedrich Heinrich Jacobi.

Damit war der Wissensdurst noch nicht gestillt. Homann fühlte sich unwohl mit dem Ansatz der hermeneutischen, historisierenden Philosophie, die zur aktuellen Situation – der Achtundsechziger – nichts zu sagen hatte. In dem Interview, das Ingo Pies in der Festschrift für seinen Lehrer mit demselben geführt hat, gibt es hierzu eine hübsche Passage: „Ich war damals sehr unzufrieden [...] Dann habe ich gesehen, wie meine Examenssemesterkollegen aus der Philosophie auf die Straße gingen und die ganze Gesellschaft ändern wollten, ohne viel von dieser Gesellschaft zu verstehen [...] Und ich saß in der Leibnizforschungsstelle und sollte Handschriften edieren. Das habe ich nicht ausgehalten."[1] Mehr realitätsbezogene Erkenntnis versprach er sich von der Wirtschaftswissenschaft. In dem Ökonomen Erik Boettcher, der an der Universität Münster das Institut für Genossenschaftswesen leitete, fand er einen kritischen Rationalisten, der ihm einen neuen theoretischen Ansatz bot. Boettcher hatte die mikroökonomischen Arbeiten von Gary Becker und die „Public-Choice"-Schriften von James M. Buchanan übersetzen lassen und suchte sie theoretisch zu integrieren.

Homann absolvierte also ein Zweitstudium der Volkswirtschaftslehre, das 1979 in einen zweiten, ökonomischen Doktortitel mündete. Wie er bekennt, hat er sich in dieser

---

1 Pies, I. et al. (Hrsg.)(2008), *Freiheit durch Demokratie*, Festschrift für Karl Homann, WVB, Berlin, S. 8.

Zeit das philosophische Denken zur Lösung ökonomischer Probleme gleichsam verboten: „Man muss sich die wissenschaftlichen Disziplinen von innen anschauen und kann
nicht von außen über die Ökonomik reden. Man muss sozialisiert werden in diesem
Denken." Mit der Doppelqualifikation als Philosoph und Ökonom hatte Homann dann
das Rüstzeug, um zu leisten, wofür er heute bekannt ist: eine Integration der beiden
Disziplinen, die ursprünglich derselben Wurzel entstammen, sich aber im Laufe der
wissenschaftlichen Ausdifferenzierung derart weit auseinanderentwickelt haben, dass
ihre Vertreter einander oft kaum mehr verstehen. Mit Hilfe einer Theoriekonzeption,
an der beide Seiten „andocken" können, die blinden Flecken zu beseitigen, die sich aus
der Entfremdung der Disziplinen ergeben – das ist Homanns Lebensthema.

Stipendien sowie Assistentenstellen in Dortmund und Münster ermöglichten es ihm,
sich 1985 an der Universität Göttingen zu habilitieren – nun aber wieder im Fach Philosophie, bei Günther Patzig. Homanns Habilitationsschrift trägt den Titel „Rationalität und
Demokratie"[2]. Danach nahm eine ungewöhnliche Karriere ihren Lauf: Im Jahr 1986
nahm er einen Ruf auf einen Lehrstuhl für Volkswirtschaftslehre und Philosophie an der
neu gegründeten privaten Universität Witten/Herdecke an. Von dort aus zog er 1990 in
Deutschlands Süden, denn damals wurde an der Katholischen Universität Eichstätt eine
wirtschaftswissenschaftliche Fakultät neu gegründet, und Homann konnte dort die erste
Professur für Wirtschafts- und Unternehmensethik im ganzen Land übernehmen. Im
Jahr 1999 wechselte er auf den anfangs von der Industrie finanzierten Stiftungslehrstuhl
für „Philosophie unter besonderer Berücksichtigung der philosophischen und ethischen
Grundlagen der Ökonomie (Wirtschaftsethik)" an der Ludwig-Maximilians-Universität
München. Dort wurde er 2008 pensioniert. Er ist Mitglied der Deutschen Akademie der
Technikwissenschaften (Acatech). Als „Spiritus Rector" des Wittenberg-Zentrums für Glo-
bale Ethik (WZGE) ist er auch Stiftungsratsvorsitzender der WZGE-Stiftung.

Homann ist gelungen, was vielen anderen Wissenschaftlern, zumal in ökonomischen Fächern, kaum mehr möglich ist: eine klar konturierte Denkschule zu begründen. Seine Schüler eint sein systematisches Denken, insbesondere das Bemühen
darum, durch eine adäquate Theoriekonzeption die Verständnisschwierigkeiten von
Philosophie und Ökonomik zu überwinden; die Anerkennung konfligierender Interessen als Ausgangspunkt ökonomischen Denkens; die ordnungstheoretische Unterscheidung zwischen dem Handeln unter gegebenen gesellschaftlichen Spielregeln und dem
Entwurf dieser Spielregeln; und dementsprechend schließlich das Auseinanderhalten
von individualethischer und ordnungsethischer Perspektive.

Mit dem Etikett „Wirtschaftsethik", das ihm anhaftet und ihm auch Türen in die
Unternehmenswelt geöffnet hat, ist Homann nicht wirklich glücklich: „Ich habe nie
Wirtschaftsethik gemacht", sagt er und grenzt sich scharf von allen moralisierenden
Ansätzen der Wirtschaftsethik ab. Im Grunde ist das, was er betreibt, nichts anderes
als klassische Sozialphilosophie. Er bettet die Ökonomik wieder in die Philosophie ein.

---

2 Homann, K. (1988), *Rationalität und Demokratie*, Tübingen, Mohr Siebeck.

Nicht „Corporate Social Responsibility" interessiert ihn, sondern der Zusammenhang des „Sollens" mit dem „Können", also die – typischerweise kontraintuitive – Übersetzung als richtig erkannter moralischer Standards für den realen Kontext großer, abstrakter Marktwirtschaften in der Moderne. Homanns griffige Formulierungen wie „Privateigentum ist sozialer als Gemeineigentum" und „Wettbewerb ist solidarischer als Teilen"[3] haben Furore gemacht.

---

3 Homann, K. (1994), Ethik und Ökonomik: Zur Strategie der Wirtschaftsethik, in: C. Lütge (Hrsg.) (2002), *Vorteile und Anreize, Zur Grundlegung einer Ethik der Zukunft*, Tübingen, Mohr Siebeck, S. 52.

„Wir sind mit unseren intuitiven Moralvorstellungen noch nicht in der Moderne angekommen"

Ein Gespräch über Werturteile in der Ökonomik, die Aufgabe von Unternehmen, den Homo oeconomicus, das Problem dualistischen Denkens und das Gefangenendilemma als Grundstruktur menschlicher Interaktion

Herr Professor Homann, Sie sind Wirtschaftsethiker. Was bitte ist der Platz der Ethik in den Wirtschaftswissenschaften?

Die Ökonomik ist aus der Philosophie, genauer aus der philosophischen Ethik heraus entstanden. Der Vater der Ökonomik, Adam Smith, hatte in Glasgow keineswegs einen Lehrstuhl für Ökonomik inne, sondern für Moralphilosophie. In der unmittelbaren Nachfolge von Adam Smith indes kam es durch Ausdifferenzierung zur Trennung von Ökonomik und Philosophie, was ein ganz typischer wissenschaftlicher Prozess ist. Fast das ganze 19. Jahrhundert hindurch war die Ökonomik dabei aber immer noch politische Ökonomik, sodass die normativen Aspekte immer berücksichtigt waren. Im 20. Jahrhundert indes haben Philosophie und Ökonomik einander weitgehend aus dem Blick verloren. Nicht nur die Ökonomen glaubten, der Philosophie nicht mehr zu bedürfen, auch die Philosophen bildeten sich ein, Moralphilosophie allein mit den Theorieressourcen der Philosophie bestreiten zu können. Die beiden Disziplinen haben sich daraufhin so stark auseinanderentwickelt, dass ihre Vertreter einander nicht mehr verstehen. Dabei ist die Ökonomik auch heute ein letztlich moralphilosophisches Unternehmen. Den jungen Leuten ist das aber nicht mehr bewusst. Deshalb braucht es eine eigene wissenschaftliche Disziplin, um die Verbindungen wieder deutlich zu machen: die Wirtschaftsethik. Solche Lehrstühle sind dringend notwendig.

Brauchen wir die Wirtschaftsethik nicht auch schon deshalb, weil die positiven Ergebnisse der ökonomischen Forschung in der Regel auch zu Politikempfehlungen benutzt werden, die immer zumindest implizit normativ sind?

Die Ökonomik zielt letztlich immer auf eine Analyse zwecks Gestaltung der Wirklichkeit. Wenn man gestalten will, braucht man eine normative Orientierung. Wenn man die künstlich abschneidet, hat man immer noch zumindest subkutan eine normative Orientierung, die dann aber nicht mehr reflektiert und kritisch analysiert werden kann. So kommt das Problem zustande, das ja auch den Vertretern der Disziplin vor-

Anmerkung: In Print am 1. März 2015 erstmals veröffentlicht, *Perspektiven der Wirtschaftspolitik* 16(1), S. 44–56. Online am 6. März 2015 erschienen, https://doi.org/10.1515/pwp-2015-0004.

geworfen wird, dass sie bestimmte, meist ideologische Voreinstellungen haben, die sie selber nicht mehr reflektieren, mit denen aber massiv unsere soziale Wirklichkeit beeinflusst wird. Das ist ein Rückschlag, weil es, mit Freud gesagt, zu einer Wiederkehr des Verdrängten kommt. Wenn man das Normative abschneidet, kommt es durch die Hintertür zurück, in unreflektierter Form. Dann aber kommen häufig ethische Hintergrundvorstellungen politisch zum Tragen, die trivial und naiv oder aber kontraproduktiv sind.

Welche zum Beispiel?

So etwas passiert, wenn Befürworter unserer Wirtschaftsordnung beispielsweise behaupten, in der Sozialen Marktwirtschaft müsse die Marktwirtschaft durch das Soziale korrigiert werden. Das wird dann einfach gesetzt, ohne dass man darüber nachdenkt, wie das Verhältnis von Markt und Sozialem eigentlich zu bestimmen ist. Dieser Dualismus hat mich schon immer gestört. Es wird so getan, als hätten Ethik und Ökonomik, normative und positive Wissenschaft systematisch nichts miteinander zu tun. Wenn wir in einem solchen dualistischen Theoriekonzept denken, dann können wir nur noch eines tun: uns entscheiden. Wenn man dann mehr Moral will und mehr davon in die Wirtschaft bringen will, geht das automatisch zulasten von Markt und Wettbewerb – mit den entsprechenden politischen Folgen. Mit einem solchen Theoriekonzept, das einen erbarmungslosen Trade-off unterstellt, sitzen wir in einer Falle, aus der wir nur sehr schwer wieder herauskommen.

Das Prinzip der Werturteilsfreiheit wird in den Sozialwissenschaften, insbesondere in der Ökonomik, spätestens seit dem berühmten Werturteilsstreit vor mehr als hundert Jahren hochgehalten. Sobald jemand normativ Stellung bezieht, schwingen andere gern die Keule, das sei unwissenschaftlich. Ist das denn vollkommen falsch?

Klar ist: Ohne positive Kenntnisse kann man nicht normativ steuern; die Empirie ist eine notwendige Voraussetzung für eine sinnvolle normative Steuerung. Aber ohne eine normative Orientierung, also ohne Vorstellung darüber, wozu das Ganze gemacht wird, hängt die positive Analyse in der Luft. Natürlich kann man sich als einzelner Wissenschaftler im Rahmen der Arbeitsteilung auf die positive Analyse fokussieren und beschränken. Dagegen ist nichts einzuwenden. Aber in dem Augenblick, wo diese positive Analyse Einfluss auf die Politik gewinnen soll, als Empfehlung oder Kritik, ist normative Orientierung unabdingbar.

Kann diese das Kriterium der Wissenschaftlichkeit erfüllen?

Ja, das kann sie. Die empirischen Wissenschaften sind nicht grundsätzlich wissenschaftlicher als eine elaborierte normative Reflexion. Auch die Empirie bietet kein unerschütterliches Fundament, keine reinen Tatsachen. Wenn wir irgendeinen Befund als Tatsache werten, liegt darin bereits eine Festlegung, wie man bei Karl Popper nachlesen kann. Einzelwissenschaftliche Theorien sind durch eine bestimmte eingeschränkte, „abstrakte", Fragestellung konstituiert, die den Sinn anderer, ebenso eingeschränkter Fragestellungen nicht bestreitet; sie können daher auch nur für die jeweilige Fragestellung Gültigkeit beanspruchen. Schon unsere Beobachtungen sind theoriegetränkt. Daher sind zu Objektivität im Sinne von Wissenschaftlichkeit auch die empirischen und die naturwissenschaftlichen Fächer nicht in einem höheren Maße imstande als eine elaborierte normative Reflexion. Für die Objektivität kommt es immer darauf an, ob es überlegene Theoriealternativen in der wissenschaftlichen Community gibt.

Aber was ist dem gerade aus den Nachbardisziplinen ertönenden Vorwurf entgegenzusetzen, die Ökonomik sei unterschwellig ideologisiert?

Wir können diesem Vorwurf nur entgehen, wenn wir uns aktiv um die normative Orientierung bemühen, diese kritisch reflektieren, offen ausweisen und darüber Rechenschaft ablegen. Aus einem solchen intersubjektiven Prozess resultiert dann wissenschaftliche Objektivität. Dass sich Wertfragen nicht wissenschaftlich entscheiden lassen, stimmt nicht. Empirische Forschung kann Wertfragen nicht entscheiden, das ist wahr, dazu ist normative Wissenschaft notwendig. Und diese ist sehr wohl in der Lage, saubere Argumente dafür vorzutragen, warum eine normative Orientierung einer anderen vorzuziehen ist. Dass die Ergebnisse, die hier und heute daraus resultieren, in Zukunft überholt, „falsifiziert" werden können, ist klar und gilt genauso auch für empirische Wissenschaften. Eine „Letztbegründung" ist in keiner Wissenschaft erreichbar.

Lassen Sie uns einmal kurz in die Niederungen der Unternehmensethik, der betriebswirtschaftlichen Schwester der Wirtschaftsethik, herabsteigen. Stichworte wie „Corporate Social Responsibility" (CSR) und „Corporate Citizenship" sind in der Wirtschaft allgegenwärtig. Aber ist es nicht so, dass sich die Unternehmen oft das CSR-Mäntelchen umhängen und damit ihre Pflicht gegenüber der Gesellschaft bereits meinen erfüllt zu haben? Eigentlich werden damit aber Aktivitäten befördert, die letzten Endes nur die Aktionäre ärmer machen.

Ich bin sehr unglücklich über diese Verunsicherung der Unternehmen durch die CSR-Diskussion. Das ist wieder ein Punkt, wo wir theoretisch unsauber geworden sind. Die ganzen CSR-Maßnahmen bringen den Unternehmen nur wenig, denn der Standardvorwurf lautet, die Unternehmen würden sich „nur aus Eigeninteresse" zu CSR durchringen und alles sei deshalb nur „Ablasshandel". Wenn wir die ethische Qualität des unternehmerischen Tuns dominant oder gar allein auf CSR-Aktivitäten legen, wenn wir also so tun, als ob nur das, was freiwillig über das Kerngeschäft hinaus im Sinne der gesellschaftlichen Verantwortung getan wird, das unternehmerische Tun moralisch rechtfertigt, dann transportieren wir im Umkehrschluss die Botschaft, dass das

Kerngeschäft als solches unmoralisch ist, weil es nur den privaten Interessen der Shareholder dient. Das ist ein Eigentor mancher Verteidiger der Marktwirtschaft.

Was ist denn die Aufgabe von Unternehmen?

Normativ gesehen haben Unternehmen die Aufgabe, die Gesellschaft mit guten, preiswerten und innovativen Gütern und Dienstleistungen zu versorgen. Das ist ihre gesellschaftliche Verantwortung. In dem Augenblick, wo die CSR-Aktivitäten dem Kerngeschäft Abbruch tun, kommen die Unternehmen dieser ihrer gesellschaftlichen Verantwortung nicht mehr nach. Denn die liegt im Kerngeschäft.

Wo ziehen Sie denn da die Grenzen? Ab wann wird das Kerngeschäft beeinträchtigt? Das Geld der Eigentümer geht ja auf jeden Fall drauf.

Ich würde hier keinen Dualismus sehen, kein Entweder-Oder konstruieren. Das wäre verheerend. Unternehmen können mit Aktivitäten, die unter CSR laufen, das Kerngeschäft nachhaltig unterstützen. Insbesondere regional und lokal brauchen Unternehmen Akzeptanz. Es ist durchaus sinnvoll, hierfür in CSR zu investieren. CSR ist dann ein Schmiermittel, das dazu beiträgt, dass das Kerngeschäft besser laufen kann. Das liegt in der Entscheidung des Managements. Ein Beispiel, das ich dem Kollegen Markus Beckmann verdanke: Die Informationstechnik-Unternehmen im Raum Dresden engagieren sich im Kampf gegen Rechtsradikalismus. Was hat die Informationstechnik mit Rechtsradikalismus zu tun? Ganz einfach: Die Unternehmen sind darauf angewiesen, aus aller Welt die besten Fachleute zu rekrutieren, und das fällt ihnen schwerer, wenn es in Dresden Rechtsradikalismus gibt. Insofern unterstützen sie mit ihrem CSR-Engagement langfristig ihr Kerngeschäft. Unternehmen müssen sich nicht nur der kurzfristigen Gewinnmaximierung unter gegebenen Bedingungen widmen, sondern sie müssen sich im Rahmen ihrer Möglichkeiten auch darum kümmern, dass die Bedingungen für langfristige Gewinnerzielung stimmen. Wenn man die Prämisse preisgibt, dass die grundlegende gesellschaftliche Verpflichtung von Unternehmen im Kerngeschäft liegt, schießt man ein Eigentor. Das bekommt ein Unternehmen auch durch noch so viele CSR-Aktivitäten nicht wieder weg, und außerdem steigen dann die ethisch drapierten Ansprüche gegen die Unternehmen ins Unendliche.

Und das aufgrund eines Denkfehlers.

Ja. Eins muss klar sein und bleiben: Unternehmen sind Agenten gesellschaftlicher Wertschöpfung, nicht privater. Die Legitimation unternehmerischen Handelns kann nur in ihrem Beitrag zum Gemeinwohl bestehen. Die Aussicht auf private Gewinne ist lediglich der Anreiz, diese gesellschaftliche Aufgabe effizient zu erfüllen.

Sie argumentieren hier strikt konsequentialistisch. Aber ist unternehmerisches Handeln nicht auch schon von einem individuellen Freiheitsrecht gedeckt, meinetwegen auch naturrechtlich begründet, gleichgültig, ob die Ergebnisse für die Gesellschaft gut oder schlecht sind?

Das ist ein wichtiger Punkt. In der Tat ist die unternehmerische Freiheit im Rechtssystem der Bundesrepublik an Artikel 12 GG, Freiheit der Berufswahl, angehängt und wird rechtstechnisch in diesem grundrechtlichen Sinne ausgelegt. Eine ethische Begründung sieht anders aus. Sie hat immer den Nutzen für die Gesamtheit, also für die Gesellschaft, als Ankerpunkt. Alles muss seine normative Rechtfertigung an dem Ziel der Eudaimonia aller, des Glücks aller, messen. Es hat sich im Laufe der Geschichte herausgestellt, dass dafür manche Institutionen wichtig sind, beispielsweise der Schutz des Privateigentums. Aber die normative Begründung des Privateigentums beginnt nicht beim Eigentümer, auch sie liegt im Nutzen für die Gesellschaft. Die naturrechtliche Auffassung von der Rechtfertigung des Privateigentums wird in der Regel auf John Locke zurückgeführt: Der Einzelne hat ein Recht auf seinen Körper und folglich auch auf all das, was er mit Hilfe seines Körpers, also durch seiner Hände Arbeit, schafft. Doch man sollte sich nicht täuschen: Selbst Locke erkennt in demselben, nur eine halbe Seite umfassenden Absatz 27 im fünften Kapitel seiner „Second Treatise" im Schlusssatz die gesellschaftliche Bedingtheit des Privateigentums an, wenn er dessen Legitimität an die Voraussetzung bindet, dass genug für alle da sein muss[4]. Die Sozialpflichtigkeit, wie Juristen nennen, wird nicht nachträglich, als Korrektur, auf die Garantie des Privateigentums aufgepfropft, sie ist vielmehr systematisch in die Eigentumsbegründung eingebaut. Die naturrechtliche Begründung des Eigentums oder auch die Einstufung der unternehmerischen Betätigung als Grundrecht ist nicht zu halten. Franz Böhm hat die systematische Verschiedenheit von Freiheit als Grundrecht und unternehmerischer Freiheit klar erkannt, wenn er letztere auf „eine soziale Auftragszuständigkeit, die der Rechtfertigung durch den sozialen Nutzen bedarf"[5], gründet. Alles andere ist systematisch falsch. Wenn man das unternehmerische Tun philosophisch als ein Grundrecht auslegt, handelt man sich im Übrigen auch schnell die Forderung nach sehr weitgehender Umverteilung ein, denn Grundrechte müssen für alle gleich sein. Faktisch jedoch sind beispielsweise der Unternehmer und der Arbeitslose in ihrer wirtschaftlichen Frei-

---

4 Der Schlusssatz lautet: „Denn diese Arbeit ist das unbestreitbare Eigentum des Arbeitenden, und niemand außer ihm selbst kann ein Recht haben auf irgendetwas, was einmal mit seiner Arbeit verbunden ist – zumindest dort nicht, wo für die anderen bei gleicher Qualität noch genug davon in gleicher Güte vorhanden ist." Locke, J. (1689), *The Second Treatise of Government*, hrsg. von P. C. Mayer-Tasch 2012, Stuttgart, Reclam, S. 49.
5 Böhm, F. (1971), Freiheit und Ordnung in der Marktwirtschaft, *ORDO* 22, S. 11–27, wieder abgedruckt in: N. Goldschmidt und M. Wohlgemuth (Hrsg.), *Grundtexte zur Freiburger Tradition der Ordnungsökonomik*, Tübingen, S. 299–312, hier S. 307.

heit sehr ungleich. Dieses Problem stellt sich aber nur, wenn man, anknüpfend an einen falsch verstandenen John Locke, einen systematischen Denkfehler macht.

Damit sind wir schon mitten drin in der Frage, welche Rahmenordnung wir eigentlich brauchen und welchen Imperativen diese gehorchen soll. Die „Soziale Marktwirtschaft" mögen Sie ja nicht so sehr, stimmt's?

Nein, ich mag die Soziale Marktwirtschaft und den Begriff sehr. Ich wehre mich nur gegen eine falsche Auslegung, die jedoch weit verbreitet ist. Hier schießen die Freunde der Marktwirtschaft wie gesagt ein klassisches Eigentor, wenn sie zu verstehen geben, dass die Marktwirtschaft erst mit diesem Zusatz des Sozialen moralisch akzeptabel werde. Damit transportieren sie im Umkehrschluss die Auffassung, die Marktwirtschaft als solche sei eigentlich unmoralisch. So verwirrt ist unser Denken geworden! Hier wird wieder dualistisch gedacht: Die Marktwirtschaft dient der privaten Bereicherung, und das Soziale ist die ethisch erforderliche Korrektur. Die politische Folge ist, dass es kein Halten mehr gibt, ständig die Marktwirtschaft durch sozialpolitische Korrekturen zu „bändigen", zu „domestizieren" und „in die Schranken zu verweisen"; es wird eine „Durchbrechung" der ökonomischen Logik verlangt und dieser ganze Schwachsinn. Auf der Grundlage eines solchen Denkens wird dann so lange an der Marktwirtschaft herumgedoktert, bis nichts mehr von ihr übrig ist.

Wie muss man das Verhältnis zwischen der Marktwirtschaft und dem Sozialen denn dann denken?

Die Marktwirtschaft als solche, ohne den Zusatz des Sozialen, hat in aller Welt enorm viel Armut beseitigt, und insofern stellt sie ein moralisches Unternehmen dar. Die Soziale Marktwirtschaft verbessert die Marktwirtschaft. Hier besteht ein Steigerungsverhältnis: So müssen wir das denken.

Was ist denn zu verbessern an der Marktwirtschaft?

Eine Verbesserung liegt zum Beispiel darin, jungen Leuten einen gebührenfreien Schul- und Hochschulbesuch zu ermöglichen. Das Ziel muss sein, immer mehr Menschen zu potenten Marktteilnehmern zu entwickeln. Wir müssen die Marktwirtschaft verbessern, indem wir immer mehr Menschen, übrigens auch international, einbeziehen. Das vergrößert den Wohlstand aller. So sieht die bessere Marktwirtschaft aus – wir müssen nur aufpassen, dass sie eine Marktwirtschaft bleibt. Wir dürfen auf keinen Fall den Ast absägen, auf dem wir sitzen, indem wir die marktwirtschaftlichen Prinzipien im Namen des Sozialen untergraben. Genau das aber ist im Laufe der vergangenen Jahrzehnte bei uns geschehen, exemplarisch und ganz besonders in den Verhandlungen zur Bildung der großen Koalition.

Inwiefern herrscht denn heute keine Marktwirtschaft mehr?

Unter anderem sind mehr als 50 Prozent der Preise keine Marktpreise mehr, sondern aus sozialpolitischen Erwägungen politisch administrierte Preise. Dahinter stehen immer politische Interessengruppen, die sich vordergründig auf sozialpolitische Ziele berufen und die „soziale Gerechtigkeit" für sich in Anspruch nehmen. Damit kann man die Richtung der Politik bestimmen. Seit etwa 40 Jahren entwickeln wir uns in diese Richtung; es gibt immer weniger Wettbewerb und Marktwirtschaft. Was das Paradigma angeht, herrscht auch hier der beschriebene Dualismus mit dem Umkehrschluss, dass die Marktwirtschaft unmoralisch ist.

Sie haben gerade den Begriff der „sozialen Gerechtigkeit" erwähnt, mit dem sich trefflich Politik machen lässt. Friedrich August von Hayek hat die Verwendung dieses Begriffs einmal mit dem Argument kritisiert, Gerechtigkeit sei eine individuelle Tugend und mithin auch individuell zu verantworten; ein Kollektiv wie die Gesellschaft könne insofern nicht gerecht sein. Wie stehen Sie zu diesem Begriff?

Ich zitiere zwar gern Hayeks Wort, dass der Begriff der „sozialen Gerechtigkeit" in etwa so sinnvoll sei wie der Ausdruck „ein moralischer Stein"[6], aber in der Begründung bin ich nicht mit ihm einverstanden. Er übersieht, dass eine reine Marktwirtschaft mit strukturellen Defiziten verbunden sein und verbessert werden kann.

Welcher Natur sind diese strukturellen Defizite?

Es kann beispielsweise zur Verarmung oder anderweitiger Exklusion einzelner Gruppen von Menschen kommen. Oder das marktwirtschaftliche Versprechen eines sozialen Aufstiegs für den Fleißigen lässt sich nicht mehr einlösen, weil die soziale Herkunft bedeutsamer ist als die eigene Anstrengung. Die Soziale Marktwirtschaft ist eine Marktwirtschaft, in der jedermann eine reelle Chance erhält. Dafür kann man normativ ein „Recht auf Bildung" geltend machen, wie es beispielsweise die Achtundsechziger taten. Man kann aber auch ökonomisch argumentieren, dass es einen Verlust für die gesamte Gesellschaft bedeutet, wenn man das Talent und die potenziellen Beiträge eines Teils der Bevölkerung brach liegen lässt. Ich habe in meiner Wirtschaftsethik immer dafür argumentiert, dass man diese beiden Sichtweisen nicht gegeneinander ausspielen darf, denn sie gehören systematisch zusammen wie die zwei Seiten einer Medaille. Alle ethischen Normen, sollen sie Bestand haben können, haben ein ökonomisches Fundament. Denken Sie nur an das vierte Gebot: „Du sollst deinen Vater und deine Mutter ehren,

---

6 Hayek, F. A. von (1981), *Recht, Gesetzgebung und Freiheit*, Bd. 2, *Die Illusion der sozialen Gerechtigkeit*, Landsberg am Lech, Verlag Moderne Industrie, S. 112.

auf dass du lange lebest in dem Lande, das dir der Herr, dein Gott, geben wird." Das ist nichts anderes als ein knallhartes individuelles Vorteilskalkül als Bedingung dafür, dass die Menschen das normative Gebot des Wohlverhaltens gegenüber den alten und unproduktiven Eltern einhalten.

Dem steht die gängige Opfer- und Verzichtsrhetorik gegenüber: Moral muss schon wehtun, sonst ist sie keine Moral.

Ja, und genau da liegt das Problem. Insbesondere Führungskräfte in der Wirtschaft machen in der Tat im Alltag die schwierige lebensweltliche Erfahrung, dass sie sich regelmäßig ökonomischen und diesen scheinbar entgegenstehenden moralischen Forderungen gegenübersehen. Aber das bedeutet noch lange nicht, dass wir einen solchen empfundenen Gegensatz in der Theorie doppeln müssen, wie das die Wirtschaftsethik und insbesondere die Unternehmensethik in den achtziger Jahren taten und zum Teil bis heute noch tun, wenn die „Durchbrechung" der ökonomischen Logik gefordert wird. So wirft man die Akteure auf eine Entscheidung für die eine oder andere Seite zurück und verbaut sich eine sinnvolle Lösung.

Und dieses Denken beflügelt auch die Klage über die „Ökonomisierung aller Lebensbereiche".

Ja, gerade in bildungs- und gesundheitspolitischen Fragen hat dieses Denken Einzug gehalten. Diese gesellschaftlich wichtigen Felder dürfe man demnach nicht dem Markt und der ökonomischen Logik überlassen. Aber soll man da wirklich Ressourcen verschwenden dürfen?

Wie kann denn eine sinnvolle Konfliktlösung im Alltag aussehen?

Die moderne Welt ist dadurch bestimmt, dass wir in unserem Tun, sei es nun auf politische Reformen oder unternehmerische Weichenstellungen ausgerichtet, nicht nur das Rechtssystem respektieren müssen; es muss auch moralisch einigermaßen stimmen, und es muss ökonomisch stimmen. Wir müssen also verschiedene Systemlogiken gleichzeitig bedienen und können uns nicht auf eine Logik allein verengen. Tun wir letzteres doch, produzieren wir nur noch Moralismus und maßen uns Schuldzuweisungen an. Daher kommt auch im öffentlichen Diskurs die Tendenz, den Unternehmern ins Gewissen zu reden und ihnen vorzuschreiben, wie viel Gewinn sie machen dürfen. Selbst der frühere Bundeskanzler Helmut Schmidt, ausgebildeter Ökonom, hat einmal gesagt, es könne in der Unternehmenswelt doch wohl nicht um die maximale Rendite gehen, sondern nur um eine angemessene. Diese Einstellung geht heute bei manchen bis zur Militanz. Mein Kronzeuge hierfür ist der Philosoph Hans Jonas, der in seinem „Prinzip Verantwortung" zum Schutz des Lebens eine „wohlwollende, wohlinformierte und von der richtigen Einsicht beseelte Tyrannis" postuliert.[7] Jonas war dabei natürlich kein Verfechter der Diktatur. Aber sein Beispiel zeigt, in welche Argumentationsnöte man gerät, wenn man dualistisch denkt und die Dominanz der Ethik und das unbedingte Primat der Moral postuliert.

Was ist gegen diese dualistische Sackgasse zu tun?

Wir müssen dieses Entweder-Oder in unserem Denken beseitigen. Wir können die Moral nicht gegen die Funktionslogik der sie umgebenden Systeme denken und durchsetzen, sondern nur mit und in den anderen Funktionslogiken. Ein analoges Beispiel finden wir in der katholischen Kirche, die versucht hat, mit Metaphysik, Theologie und Bibel die Naturwissenschaft des Galileo Galilei aus den Angeln zu heben. Sie hat 350 Jahre gebraucht, um offiziell anzuerkennen, dass das nicht geht; aber für die Lehren von Charles Darwin kann man das nicht sagen, manche katholischen Kreise versuchen bis heute dagegen die Theologie und die Bibel ins Feld zu führen. Das ist absurd: Keinem Menschen würde einfallen, auf 10.000 Meter Höhe aus dem Flugzeug auszusteigen im Vertrauen auf seinen Glauben. Aber viele Menschen und vor allem die Moralisten stellen sich ständig vor, wir könnten im Namen der Moral aus den grundlegenden ökonomischen Gesetzmäßigkeiten aussteigen, und zwar ohne Folgen!

Warum tun wir uns so schwer damit, das Entweder-Oder-Denken abzulegen? Sind wir dafür am Ende von der Natur vielleicht schlecht ausgerüstet? Sind wir, um bei Hayek zu bleiben, genetisch vielleicht derart von der Moral der Kleingruppe geprägt, dass es uns nicht gelingt und auch gar nicht gelingen kann, die oft scheinbar diametral entgegengesetzten ethischen Imperative der abstrakten Gesellschaft zu verinnerlichen?

Unsere Moralvorstellungen und die wissenschaftliche Reflexion darüber in der philosophischen Ethik sind vor dem Hintergrund vormoderner Gesellschaften entstanden. Das waren Kleingruppen, Face-to-face-Gesellschaften, und in solchen Kleingruppen erlernen wir als Kinder auch heute noch die Moral. Als Erwachsene leben wir dann jedoch in einer anonymen Großgesellschaft. Dort gelten andere Gesetzmäßigkeiten. Die verschieden Funktionslogiken unterliegen allerdings denselben normativen Postulaten: Es hat sich nichts geändert an der Eudaimonia als dem Ziel der Ethik und an den Prinzipien Freiheit und Würde des Einzelnen und Solidarität aller Menschen. Grundlegend geändert haben sich hingegen die Strukturen der Gesellschaft. Damit ergeben sich ganz andere, und zwar kontraintuitive, Handlungsimperative, die uns theoretisch, vor allem aber auch emotional, in unseren internalisierten moralischen Überzeugungen, große Schwierigkeiten bereiten. Wir sind mit unseren intuitiven Moralvorstellungen noch nicht in der Moderne angekommen. Da nun die Philosophie ihre Aufgabe darin sieht,

---

7 Jonas, H. (1979), *Das Prinzip Verantwortung*, Frankfurt, Suhrkamp.

uns über unsere moralischen Intuitionen aufzuklären, richtet sie sich in weiten Teilen, besonders in an Kant orientierten Konzeptionen, gegen die Marktwirtschaft mit ihren Systemimperativen Wettbewerb und Gewinnstreben der Unternehmen. Ich bringe immer gern zwei Sätze dagegen in Stellung: „Privateigentum ist sozialer als Gemeineigentum", weil es die Tragik der Allmende überwindet. Und „Wettbewerb ist solidarischer als Teilen", weil beim Teilen die Wohltaten nur den Beschenkten zugutekommen (was in eingeschränkten Fällen moralisch durchaus richtig sein kann), während der Wettbewerb die Wohltaten allen zugutekommen lässt. In dieser Hinsicht ist der Wettbewerb kein Gegenprinzip zu Solidarität, sondern – unter einer geeigneten Rahmenordnung selbstverständlich – ein hoch elaboriertes Instrument zur Verwirklichung der Solidarität aller, allerdings einer Solidarität ohne solidarische Motivation. In der vormodernen Welt konnte man so noch nicht einmal denken, und deshalb hat man Vorstellungen über gerechte Preise, ein Verbot von Zinsnehmen und Kapitalbildung und ähnliches entwickelt, was für uns jetzt so schwer abzuschütteln ist.

Wie kommen wir dahin, wenigstens heute so zu denken und uns von den nicht mehr angemessenen Imperativen zu lösen?

Das Problem ist, dass man nicht mehr aus einer einheitlichen Handlungsmaxime heraus handeln kann, die in allen Konstellationen vom Menschen dasselbe Verhalten verlangen würde. Ein Bauunternehmer, der auf eine Ausschreibung ein Angebot einreicht, konkurriert damit mit seinem Kollegen aus demselben Ort, mit dem er unter Umständen am Sonntag die Kirchenbank teilt. Wenn er den Zuschlag bekommt, kann das für den Letzteren den wirtschaftlichen Ruin bedeuten. Diese marktwirtschaftliche Logik moralisch zu akzeptieren, ist bei unserer traditionellen Solidaritätsprägung nicht einfach. Genau deswegen brauchen wir eine moderne Wirtschaftsethik, die eine theoretisch belastbare Beziehung zu den althergebrachten Moralvorstellungen herstellt. Es führt nirgendwo hin, wenn man den Leuten sagt, sie seien von gestern, wie man manche Argumentationen bei Hayek verstehen kann. Das stößt sie nur vor den Kopf. Nein, man muss vielmehr erklären, dass die Marktwirtschaft die alten normativen Ideale von Freiheit und Würde sowie Solidarität aller Menschen unter den modernen Bedingungen viel besser erfüllt als jede andere Wirtschaftsform. Und dass damit von der Kleingruppenmoral abweichende Handlungsanweisungen verbunden sind, wobei es eben geschehen kann, dass der Konkurrent in den wirtschaftlichen Ruin geht. Das ist moralisch nicht nur erlaubt, sondern sogar geboten, weil permanenter Strukturwandel mit all seinen unmittelbaren Härten langfristig das Wohl aller fördert.

Können Sie auch die moderne Wachstumskritik so erklären?

Natürlich muss man über die Begrenztheit der natürlichen Ressourcen nachdenken und entsprechende politische Schlussfolgerungen daraus ziehen. Aber insbesondere bei der populären Wachstumskritik spielt nach meiner Auffassung noch ein anderes Motiv eine zentrale Rolle: Die Marktwirtschaft mit Wettbewerb und permanentem Struktur-wandel ist ein äußerst stressiges System, dem sich viele am liebsten entziehen möchten. Zwar erkennen die Kritiker an, dass dieses System uns einen enormen Wohlstand ein-schließlich immaterieller Bereicherungen gebracht hat, aber sie meinen, jetzt sei es genug. Das mündet dann in eine sehr pauschale Kritik an der Marktwirtschaft, an Wett-bewerb und Gewinnstreben der Unternehmen, am Wachstumswahn und dergleichen mehr, was alles die humanen, solidarischen und immateriellen, also die „höheren" Werte zerstöre.

Schon wieder ein Fall von dualistischem Denken.

Sie nehmen mir das Wort aus dem Mund. Was wir einzig und allein tun können, ist aufklären. Aufklären über die moralische Qualität der Marktwirtschaft, und aufklären vor allem über die Problemstrukturen, die den moralischen Problemen unserer Welt zugrunde liegen. Insbesondere müssen die Menschen über den Mechanismus des Gefangenendilemmas und der Tragik der Allmende Bescheid wissen, wenn sie ihre Welt und ihre moralischen Probleme verstehen und kompetent urteilen wollen.

Also darüber, dass es Situationen gibt, in denen es systematisch angelegt ist, dass Kooperation nicht zustande kommt, womit sich alle schlechter stellen; und darüber, dass es Situationen gibt, die Trittbrettfahrerverhalten herausfor-dern, womit sich ebenfalls alle schlechter stellen.

Ja. Und Führungskräfte müssen mit Theoriekonzeptionen ausgestattet werden, die solche Fallen vermeiden. Wir müssen versuchen, das nicht-dualistische Denken einzuüben. Im Alltag und in der Literatur reden wir vom Aufgang der Sonne, was physikalisch Unsinn ist. Wir wissen das und empfinden solche Rede trotzdem nicht als Widerspruch zur Phy-sik. Es muss das Ziel sein, dass die Menschen auch die ökonomischen Zusammenhänge in ähnlicher Weise so internalisieren, dass sie dies nicht mehr als Widerspruch zu ihren mo-ralischen Leitideen empfinden.

Davon sind wir aber weit entfernt.

Ich habe als Hochschullehrer meine Aufgabe darin gesehen, die Studierenden mit den richtigen Konzeptionen auszustatten. Wir haben uns auch Gedanken darüber ge-macht, wie wir die Erkenntnis, dass ein Wettbewerb unter Regeln solidarischer ist als Teilen, in die Schulen bringen. Semantisch hat es sich dabei immer als hilfreich erwie-sen, die Analogie zum Fußballspiel zu bemühen. Das Fußballspiel schließlich lebt davon, dass es Regeln gibt und dass der Schiedsrichter diese Regeln auch anwendet und gegenüber den Spielern durchsetzt. Innerhalb dieser Regeln lässt sich dann ein produktiver, hoffentlich auch aus Sicht des Fußballfans ansehnlicher Wettbewerb veranstalten. Mir ist vorgeworfen worden, dies führe zu einem Rahmenordnungsdeterminismus. So ein Quatsch! Die Regeln des Fußballspiels determinieren doch nicht die Spielzüge und das Ergebnis.

Worin besteht denn nach Ihrer Auffassung das Grundproblem der Moral unter Bedingungen der Marktwirtschaft mit Wettbewerb?

In der Ausbeutbarkeit moralischer Vorleistungen, soweit diese etwas kosten, ohne dass sie auf dem Markt honoriert werden. Die Lebenserfahrung hierzu ist so weit verbreitet, dass sie in Metaphern und Sprichwörtern festgeschrieben ist.

Trittbrettfahrer, Rosinenpicker ...

Ja, und „Der Ehrliche ist der Dumme", „Hannemann, geh Du voran", „St. Florians-Prinzip", oder denken Sie nur an Friedrich Schiller, Wilhelm Tell, 4. Akt, 3. Szene: „Es kann der Frömmste nicht im Frieden bleiben, wenn es dem bösen Nachbarn nicht gefällt." Obwohl als Lebenserfahrung weithin bekannt, hat die philosophische Ethik diese Problemstruktur, die in der Spieltheorie als Gefangenendilemma modelliert wird, bis heute nicht auf ihrem Radarschirm, und das regt mich an den Kollegen in der Philosophie regelrecht auf. Sie wollen moralische Probleme, die die Struktur des Gefangendilemmas aufweisen, überwiegend individualmoralisch auflösen, also mit Appellen an das individuelle Wohlverhalten; seit Kant hat sich da nicht viel geändert.

Dabei soll das spieltheoretische Gefangenendilemma als Grundmodell der Ethik doch gerade eine Problemstruktur abbilden, wo die individuelle Moral versagt.

Ja, und deren Ergebnis ist die soziale Falle. Der Einzelne kann allein aus dieser Struktur nicht herausfinden. Man braucht den anderen Teilnehmer, um zu einer für jeden Einzelnen besseren Lösung zu finden. Deshalb stellt das Modell des Gefangenendilemmas für mich das für die Wirtschaftsethik und für die allgemeine Ethik grundlegende Modell dar. Es beschreibt die Grundstruktur menschlicher Interaktionen, weil immer gemeinsame und konfligierende Interessen zugleich vorliegen. Es gilt zu verhindern, dass die konfligierenden Interessen dazu führen, dass die gemeinsamen Interessen nicht zum Zuge kommen. Die Philosophen diskutieren über das Gefangenendilemma bis heute leider nicht systematisch. Wenn sie es überhaupt diskutieren, dann lösen sie es mit einem Appell zur persönlichen Rücksichtnahme auf den/die Anderen, also individualmoralisch, auf. Sie verstehen offenbar nicht, dass das Ergebnis meines Handelns nicht allein von mir abhängt, sondern entscheidend auch von meinem Gegenüber. Verlässlichkeit bezüglich des Verhaltens der anderen bekommt man aber nur durch sanktionsbewehrte Institutionen – und damit ist man bei der Ordnungsethik.

Es ist eigentlich merkwürdig, dass man ausgerechnet an dieser Stelle so tut, als seien die Individuen vollständig autonom. Dass das Zusammenleben Konfliktsituationen mit sich bringt und dass die Gemeinschaft auch das individuelle Handeln beeinflusst, wusste ja spätestens Karl Marx, von den Vertretern der modernen Mikroökonomik ganz zu schweigen.

Nicht umsonst lautet bei meinem Buch „Sollen und Können" der Untertitel „Grenzen und Bedingungen der Individualmoral"[8]. Die Individualmoral stößt nun einmal in kollektiven Dilemmastrukturen an Grenzen. Es müssen bestimmte Bedingungen kollektiver Art erfüllt sein, damit es für den Einzelnen überhaupt möglich wird, moralisch zu handeln. Walter Eucken schrieb in seinen „Grundsätzen der Wirtschaftspolitik": „Die Gesamtordnung sollte so sein, dass sie den Menschen das Leben nach ethischen Prinzipien ermöglicht."[9] Genau das ist das Konzept.

Und was bedeutet das, was folgt daraus für die klassische Ökonomik?

Vielleicht überraschend: dass sie sich nicht einschüchtern lassen soll, wenn sie am Homo oeconomicus festhält.

Aber die experimentelle Wirtschaftsforschung zeigt, dass sich die meisten Menschen durchaus nicht strikt rational verhalten, nicht nur ihr Eigeninteresse verfolgen und noch nicht einmal perfekt informiert sind, wie es der Homo oeconomicus vorsieht. Hat er als Heuristik trotzdem einen Sinn?

Aber sicher! Die Versicherung, der Homo oeconomicus sei falsifiziert, gehört zwar zum guten Ton in der Ökonomik. Wenn wir unterstellen, dass der Homo oeconomicus das empirische Verhalten der Menschen beschreiben soll, dann ist er als generelle Verhaltensannahme in der Tat sicher falsch. Aber um das zu erkennen, brauchen wir keine experimentelle Wirtschaftsforschung, das wussten wir immer schon. Der Homo oeconomicus ist eine Verhaltensannahme, kein Motiv: So haben das die seriösen Ökonomen auch immer gesehen, nur Philosophen und viele andere haben das falsch verstanden. Der Homo oeconomicus ist auch kein Menschenbild! Er hat mit dem Homo, mit dem Menschen, eigentlich nicht viel zu tun. Er ist keine Beschreibung, wie der Mensch unabhängig von der Situation, in der er steckt, ist. Der Homo oeconomicus ist nichts anderes als ein Theoriekonstrukt zur Ableitung von Verhaltenstendenzen in bestimmten Situationen.

---

8 Homann, K. (2014), *Sollen und Können, Grenzen und Bedingungen der Individualmoral*, Wien, Ibera/European University Press.
9 Eucken, W. (1952), *Grundsätze der Wirtschaftspolitik*, Tübingen, Mohr Siebeck, S. 199.

Was für Situationen?

Die schon erwähnten Situationen mit einer klassischen Gefangenendilemmastruktur. Der Homo oeconomicus ist eine Beschreibung und eine Erklärung dafür, wie sich Menschen in Gefangenendilemmasituationen verhalten. Er ist damit keine eigenständige, am homo orientierte, sondern eine aus der Grundstruktur des Gefangenendilemmas abgeleitete Kategorie. Für solche Situationen ist der Homo oeconomicus eine hervorragende Heuristik, und es lässt sich ja auch nicht leugnen, dass die Ökonomen damit in grundlegenden Fachgebieten nach wie vor recht erfolgreich arbeiten. In Situationen mit der Struktur des Gefangenendilemmas können wir auf Dauer gar nicht anders, als uns wie ein Homo oeconomicus zu verhalten, also zu „defektieren", wie die Spieltheoretiker sagen, das heißt die Kooperation zu verweigern. Menschen lassen sich nicht dauerhaft und systematisch gerade in ihrem Wohlverhalten ausbeuten. Sie müssen sich gegen andere schützen, die weniger moralisch spielen, als sie selbst es eigentlich wollen. Präventive Gegendefektion ist die Logik des Gefangenendilemmas.

Und was ist davon moralisch zu halten?

In diesen Fällen verteidigen wir uns mit der Defektion ja gegen eine strukturell angelegte Ausbeutung, und wir tun das deswegen so entschieden, weil, wie man etwa bei Daniel Kahneman nachlesen kann, wir als genetisches Erbe eine ganz starke Verlustaversion haben. Dies ist ethisch ganz anders zu bewerten als ein Verstoß gegen moralische Prinzipien beispielsweise aufgrund von Willensschwäche und/oder durch Ausnutzen anderer. Wenn ich etwas als moralisch richtig erkannt habe, beispielsweise Frieden zu halten, dann gilt der daraus folgende Imperativ zunächst nur für meinen Willen, für meine Gesinnung, und noch nicht für mein Handeln. Denn wenn ich diesen Imperativ unmittelbar in meinem Handeln umsetzen würde, wie es eine kantianische Ethik fordert, hieße das nach Thomas Hobbes „eher, sich selbst als Beute dar[zu]bieten – wozu niemand verpflichtet ist – als seine Friedensbereitschaft [zu] zeigen"[10]. Wie Hobbes schon sagt, kann das keine Ethik verlangen, und das hat bislang auch keine Ethik verlangt. Für individuelles Handeln gilt der Imperativ erst, wenn die gröbsten Formen der Ausbeutung durch eine sanktionsbewehrte soziale Ordnung unterbunden sind. Erst dann greift der kategorische Imperativ.

---

10 Hobbes, T. (1651/1984), *Leviathan oder Stoff, Form und Gewalt eines kirchlichen und bürgerlichen Staates*, hrsg. von I. Fetscher, Frankfurt, Suhrkamp, Anm. 2, S. 100.

Aber nicht bei Kant.

Richtig. Kant kennt die Gefangenendilemmastruktur, er erörtert an einer Stelle sogar das Verhalten der präventiven Gegendefektion – er spricht von einem „Vorbauungs-mittel"[11]. Aber ganz am Ende der entsprechenden Passage kommt er dann unglückli-cherweise doch wieder zu dem Urteil, solches Verhalten stelle ein „Laster" dar; er meint also, die Situation individualmoralisch auflösen zu können. Leider stehen die meisten Philosophen und Moralisten immer noch an diesem Punkt.

Sind Gefangenendilemmasituationen denn in der Wirtschaft allgegenwärtig?

Diese Struktur liegt im Marktwettbewerb ebenso wie beim Problem der Gemein-schaftsgüter vor, also in den beiden großen Domänen der Ökonomik, und genau des-halb ist der Homo oeconomicus für Wirtschaftswissenschaftler so unverzichtbar. Der Wettbewerb auf derselben Marktseite ist als ein Gefangenendilemma zu inter-pretieren, das wir aufrechterhalten wollen, weswegen wir Kooperation im Sinne von Kartellen verhindern müssen – während wir im Fall der Gemeinschaftsgüter Kooperation ermöglichen wollen, also das Gefangenendilemma zu überwinden suchen. Positiv betrachtet liegt aber in beiden Fällen dieselbe Struktur des Gefangenendilem-mas mit den entsprechenden Anreizen und der Unmöglichkeit des individuellen Aus-wegs vor. Und man kann es niemandem moralisch verwehren wollen, sich gegen die Ausbeutung durch weniger moralische Interaktionspartner zu schützen.

Die experimentelle Wirtschaftsforschung hat aber noch mehr gebracht als die angebliche Falsifikation des Homo oeconomicus.

Ja, klar. Ich lese die Literatur wie einen Kriminalroman. Da werden die erstaunlichs-ten Dinge zutage gefördert, neuerdings in der Biologie sogar bis in die Tierwelt. Die Forschungsergebnisse stellen wertvolle Verfeinerungen des ökonomischen Standard-modells dar. Sie können aber durchweg erst dann fruchtbringend zum Tragen kom-men, wenn die gröbsten Formen der Ausbeutung glaubwürdig eingedämmt sind.

Was halten Sie denn von den anderen modernen ökonomischen Ansätzen, die vom Unbehagen mit der klassischen Ökonomik ausgehen, zum Beispiel die Glücksfor-schung, die das Wohlbefinden des Menschen jenseits des materiellen Wohlstandes in den Blick nehmen soll, oder der Ansatz des „liberalen Paternalismus", wo es darum geht, soziale Dilemmastrukturen mit Hilfe von intelligent gesetzten Anrei-zen gar nicht erst entstehen zu lassen? Das alles ist doch ein Import von ethischen

---

11 Kant, I. (1793), Die Religion innerhalb der Grenzen der bloßen Vernunft, in: *Immanuel Kant: Werke in zwölf Bänden*, Band 8, hrsg. von W. Weischedel, Frankfurt, Suhrkamp, Rz. 673.

Überlegungen in die politische Ökonomik und bekommt auch zunehmende politische Relevanz.

Das sieht auf den ersten Blick wie eine klassische ordnungsethische Konzeption mit einem offenen Vorteilsbegriff nach Art von Gary S. Becker aus, wie auch ich sie vertrete. In der Tat geht es in der Ethik um „Eudaimonia". Was für die Menschen Vorteile und Nachteile sind und was für sie ein gelingendes Leben ausmacht, müssen sie allerdings jeweils selbst bestimmen. Inhaltlich hat dazu die klassische Ökonomik als solche wenig beizutragen, dafür brauchen wir die Philosophie, aber auch die Literatur, die Kunst und die Religion. Hier können sich Ökonomik und Philosophie wunderbar ergänzen. Die ökonomische Glücksforschung jedoch ist mir zu oberflächlich, zu empirisch und viel zu wenig philosophisch reflektiert. Wir übersetzen zwar Eudaimonia heute mit Glück, aber damit ist nicht die stark psychologische Glücksvorstellung der Glücksforschung gemeint. Natürlich streben alle Menschen auch nach Glück in diesem psychologischen Sinne, aber zu einem solchen Glücklichsein sind wir nicht gemacht. Wir kennen höchstens Verbesserungen unserer Situation, und wir sind immer unzufrieden, solange es anderen besser geht als uns selbst. Im Übrigen kann dieser Ansatz auch praktisch nicht sehr weit führen, solange nicht berücksichtigt wird, dass es zuerst die ökonomische Ausbeutbarkeit von moralischen Vorleistungen zu unterbinden gilt. Erst dann ergibt es Sinn, sich sogenannte nicht-ökonomische Ziele zu setzen und nach moralischen Idealen wie Fairness oder, wenn Sie solche Wunschvorstellungen hegen, nach einer gerechten Gesellschaft ohne Wettbewerb zu streben. Sonst gehen diese Wunschvorstellungen zwangsläufig vor die Hunde. Das erleben wir derzeit in Europa.

Inwiefern?

Die Vision Europa, diese großartige Idee einer Friedens- und Wertegemeinschaft, geht kaputt, weil das ökonomische Fundament fehlkonstruiert ist. Ein anderes Beispiel ist die Familie: Wenn es ein Armutsrisiko bedeutet, drei Kinder zu haben, ist es kein Wunder, wenn die Geburtenrate sinkt. Das ökonomische Fundament muss stimmig sein, damit ich auf anderen Feldern nach Glück oder sonstigen normativen Zielen streben kann. Anders herum funktioniert das nicht. Wenn Sie den Glücksansatz nun in die Politik tragen, werden Sie Paternalismus ernten. Sie ermächtigen die Politik, den Menschen bestimmte Glücksvorstellungen aufzudrücken. Ich finde das überhaupt nicht gut. Das ist im Übrigen auch ein Fass ohne Boden: Da wir zum Glücklichsein nicht gemacht sind, da wir uns immer Verbesserungen vorstellen können, vor allem wenn wir uns mit anderen vergleichen, würde das bedeuten, dass wir den politischen Beglückern eine Beschäftigungsgarantie geben. Man findet nie ein Ende. Und die Beglückerei geht in der Regel zulasten der ökonomischen Grundlagen. Dann kommt es zu Umverteilung in großem Stil, mit allen Folgen, die mit einer solchen Gleichmacherei einhergehen. Eine moderne Gesellschaft lebt vom Wettbewerb, und Wettbewerb setzt Ungleichheit voraus und erzeugt sie immer wieder neu. Das Recht auf Gleichheit beispielsweise in der amerikanischen Verfassung können wir nicht als ein Recht auf ein gleiches Einkommen oder gar gleiches Glück interpretieren. Das wäre verheerend. Wir würden in Armut versinken.

Aber Wettbewerb und Ungleichheit sind unbeliebt. Wieso eigentlich?

Mindestens 80 Prozent der Menschen in Deutschland mögen den Wettbewerb nicht, außer im Sport. Und zwar schlicht deshalb, weil man im Wettbewerb verlieren und im Vergleich zu anderen schlechter dastehen kann. Lieber nehmen sie ein niedrigeres, aber gleiches Wohlstandsniveau für alle hin. Dabei bringt das System des Wettbewerbs so viel Wohlstand, dass auch die profitieren, die den Wettbewerb gar nicht wollen. Und wenn man in der öffentlichen Diskussion immer nur darauf verweist, wie sich Menschen im Wettbewerb auch auf kriminelle Weise Vorteile verschaffen, zum Beispiel durch Steuerhinterziehung, Zinsmanipulationen, Kartellabsprachen usw., dann macht man es den Kritikern des wettbewerblichen Systems zu einfach. Denn all das ist nicht Wettbewerb, sondern ganz im Gegenteil ein Verstoß gegen die Prinzipien des Wettbewerbs. Die Glaubwürdigkeit und Akzeptanz der Marktwirtschaft hängt wesentlich davon ab, ob wir gegen solche gravierenden Ordnungsverstöße entschieden vorgehen.

Meinen Sie, dass dann der Wettbewerb beliebt wird?

Ein gesellschaftliches Umsteuern von Mentalitäten kostet Zeit. Bis Menschen verinnerlicht haben, dass Wettbewerb solidarischer ist als Teilen, braucht es mehrere Generationen. Doch das darf uns nicht schrecken: Wie lange haben wir in Europa gebraucht, den Rechts- und Verfassungsstaat mit Demokratie und Marktwirtschaft zu etablieren und einigermaßen funktionsfähig zu machen? Unter Brüdern 700 Jahre. Gesellschaftliche Veränderungen können wir nicht nach dem Modell der Moralisten denken, wonach ein Mensch sich fest vornimmt, ab morgen nicht mehr zu rauchen, und es dann auch tut. Bloße Willensentscheidungen reichen da nicht aus. Gesellschaftliche Veränderungsprozesse nach diesem Modell zu denken, wäre naiv, mehr noch: Es wäre ein Ausdruck von gesellschaftstheoretischem Analphabetismus.

Otmar Issing

https://doi.org/10.1515/9783111208749-007

Personifiziertes Stabilitätsversprechen

Als Sohn eines Gastwirts wurde Otmar Issing 1936 in Würzburg geboren. Seine „Neugier auf die Welt", wie er sagt, weckten einst die Lehrer am Humanistischen Gymnasium seiner Heimatstadt. Ursprünglich wollte der begabte Schüler Mathematik studieren, dann aber „brach die Liebe zur Altphilologie und zur Philosophie durch". Doch nach zwei Semestern in Würzburg war die Enttäuschung groß. Zwar hatte ein Emeritus eine faszinierende Vorlesung über die Geschichte der Philosophie gehalten, an die sich Issing gern erinnert, ebenso wie an den Gräzisten Franz Dirlmeier. Insgesamt aber war das Lehrangebot von dürftiger Qualität. „Es gibt nichts Furchtbareres als schlechte Philosophie. Es war abschreckend. Das war nicht klar im Denken, das war an der Grenze zum Phantasieren."

Issing brach ab, einigermaßen am Boden zerstört. „Ich hatte keine Ahnung, was ich jetzt machen sollte. Wir hatten ja auch kein Geld, und umso mehr fühlte ich mich als gescheiterte Existenz", erzählt er. Ihm half der Zufall auf die Sprünge. An der Würzburger Universität lief er einem ehemaligen Schulkameraden über den Weg, der gerade zu einer volkswirtschaftlichen Vorlesung von Erich Carell trabte. Issing ging mit. Er hatte keine Ahnung, was Volkswirtschaftslehre war, und auch sonst hatte er keine Beziehung zu ökonomischen Dingen. „Aber in dieser Vorlesung fiel es mir wie Schuppen von den Augen. Was Carell redete, war glasklar. Ein Satz folgte aus dem anderen. Diese stringente Logik, angewendet auf konkrete Probleme, die für die Menschheit wichtig sind – das gefiel mir sehr. Ich war von diesem Moment an von der Ökonomie begeistert." Allerdings verlor er trotzdem auch die Sehnsucht nach der Philosophie nie ganz.

Erich Carell wurde für Issing eine prägende Figur. Er blieb in Würzburg, von zwei kurzen Abstechern nach London und Paris abgesehen. Er schloss 1960 als Diplom-Volkswirt ab und heuerte dann am Lehrstuhl Carell als Assistent an. Bei ihm schrieb er auch seine Doktorarbeit – über ein Thema, das seinen Karriereweg vorzeichnete: „Probleme der Konjunkturpolitik bei festen Devisenkursen und freier Konvertibilität der Währungen, dargestellt am Beispiel der EWG"[1]. Drei Jahre später habilitierte er sich, wieder bei Carell, mit einer Schrift über „Leitwährung und internationale Währungsordnung"[2]. Währungspolitik im internationalen Kontext – das ließ ihn in der Folge nicht mehr los. Nach der Habilitation lehrte er zunächst in Würzburg als Privatdozent und übernahm eine Lehrstuhlvertretung in Marburg, bis er 1967 einen Ruf an die Universität Nürnberg-Erlangen annahm. 1972 gründete er die Zeitschrift „Wirtschaftswissenschaftliches Studium" (WiSt). Im Jahr 1973 folgte er Carell auf dem Würzburger Lehrstuhl für Volkswirtschaftslehre, Geld und Internationale

---

1 Issing, O. (1961), *Probleme der Konjunkturpolitik bei festen Devisenkursen und freier Konvertibilität der Währungen, dargestellt am Beispiel der EWG*, Dissertation, Universität Würzburg.
2 Issing, O. (1965), *Leitwährung und internationale Währungsordnung*, Berlin, Duncker&Humblot.

Wirtschaftsbeziehungen nach. Aus der Zufallsbekanntschaft mit der Ökonomie war Beruf und Berufung geworden.

Er beackere da ein unendliches Feld, sagt Issing, das nie an Faszination verliere. „Das empfinde ich als Geschenk." Bei manchen Kollegen, einst hervorragenden Wissenschaftlern, habe er beobachtet, dass irgendwann das Feuer erloschen sei. Mit zunehmendem Alter hielten sie zwar noch ihre Vorlesungen, aber sie hätten keinen Forscherdrang mehr. Ihm gehe das anders. „Je mehr ich im Laufe meines Lebens an Ökonomie gelernt habe, desto mehr habe ich gemerkt, was ich nicht weiß, und umso mehr Fragen sind mir gekommen. Als Wissenschaftler habe ich den besten Beruf aller Zeiten: Es wird mir nie langweilig. Wenn ich gesund bleibe, ist das ein Feld, das mir immer Freude machen wird."

Im Jahr 1987 wurde Issing Mitglied im Kronberger Kreis, und im Mai 1988 wurde er auf Vorschlag der Bundesregierung in den Sachverständigenrat zur Begutachtung der gesamtwirtschaftlichen Entwicklung berufen. Damit war der erste Schritt des ordnungspolitisch denkenden Ökonomen aus der rein wissenschaftlichen Welt hinaus schon getan, und es ging rasch weiter: 1990 wurde er zum Chefökonomen und ins Direktorium der Deutschen Bundesbank berufen. „Das kam völlig überraschend", erzählt er. „Ich habe gezögert, auch wenn das heute etwas merkwürdig klingen mag. Für einen Ökonomen war das die interessanteste Position in Deutschland. Der damalige Bundesbank-Vizepräsident Helmut Schlesinger fragte mich nur verständnislos, was es denn da noch zu überlegen gebe. Für ihn, der in dieser Institution groß geworden war, war mein Zögern völlig rätselhaft. Aber ich hatte Sorge um meine Unabhängigkeit als Wissenschaftler. Es gab nichts, was mich aus der Universität wegtrieb. Dieses Leben war genau, was ich wollte, ich war nicht auf der Suche nach etwas anderem. Gereizt hat die neue Aufgabe aber vor allem deshalb, weil sie so nahe an dem lag, was ich wissenschaftlich an der Universität gemacht hatte. Das gibt es ja nur ganz selten."

Von der Bundesbank zog Issing 1998 in gleicher Funktion – Chefvolkswirt und Direktoriumsmitglied – an die neu gegründete Europäische Zentralbank (EZB) weiter, gleichsam als das personifizierte Versprechen, dass der Euro so stabil werde wie die von der Bundesbank jahrzehntelang erfolgreich gesteuerte D-Mark. In der EZB war elementare Aufbauarbeit zu leisten. Issing entwickelte die „Zwei-Säulen-Strategie" der europäischen Geldpolitik, die neben allgemeinen wirtschaftlichen Faktoren, die sich auf die Preisentwicklung auswirken, auch die Geldmengenentwicklung in den Blick nimmt. Das war das Erbe der Bundesbank. Der Außergewöhnlichkeit und Bedeutung seiner Aufgabe war sich Issing ebenso bewusst wie der großen Verantwortung: „In der EZB war es besonders am Anfang extrem fordernd", gesteht er. „Ich habe spätabends oft müde am Schreibtisch gesessen und mich gefragt, was ich da eigentlich mache – eine neue Strategie erfinden für eine Währung, die es noch gar nicht gibt! Wir hätten so viel falsch machen können. Aber wenn man eine Herausforderung angenommen hat, muss man sich ihr stellen. Selbstzweifel helfen nicht weiter." Eine Vielzahl von Ehrungen ist Issing für dieses Engagement zuteil geworden: nach dem

Bundesverdienstkreuz erster Klasse noch das Große Bundesverdienstkreuz, zudem unter anderem Ehrendoktorwürden der Universitäten Bayreuth, Konstanz und Frankfurt.

Die Aufgabe bei der EZB bedeutete für ihn keinen Abschied von der Wissenschaft. Issing sieht sich als Brückenbauer zwischen Theorie und Praxis. Gefragt, welche Themen er denn wohl noch beackert hätte, wenn er ganz bei der reinen Wissenschaft geblieben wäre, stutzt er: „Darüber habe ich noch gar nicht nachgedacht. Ich kann mir vorstellen, dass es mich nicht ausgefüllt hätte, immer wieder eine neue Auflage meines Lehrbuchs zu schreiben. Ich hätte sicherlich die Geldtheorie weiter betrieben, das war ja meine Spezialität, und vielleicht hätte ich mich auch wieder mehr in die internationalen Wirtschaftsbeziehungen hineingearbeitet. Vielleicht hätte ich mich auch noch ein wenig mehr mit Ideengeschichte befasst. Je älter Ökonomen werden, umso mehr kommen sie wieder auf philosophische Fragen zurück. Das gilt auch für mich.“

Nach seinem turnusgemäßen Ausscheiden aus der EZB 2006 im Alter von 70 Jahren übernahm Issing vom früheren Bundesbank-Präsidenten Karl Otto Pöhl die Präsidentschaft des Center for Financial Studies an der Frankfurter Goethe-Universität; dieses Amt hatte er bis 2022 inne. Es folgten etliche politische und auch kommerzielle Beratungsmandate, vom Vorsitz der Expertenkommission für eine neue Finanzmarktarchitektur, der sogenannten Issing-Kommission und der Mitgliedschaft in der High Level Group der Europäischen Kommission, dem sogenannten De Larosiere Committee, bis zur Teilnahme an der G20 Eminent Persons Group on Global Financial Governance und der Rolle als „International Adviser“ bei Goldman Sachs.

„Gute Politik braucht rigorose ökonomische Analyse und Urteilsvermögen"

Ein Gespräch über den Euro, den Binnenmarkt als Kern der europäischen Einigung, das Prinzip Haftung sowie das Verhältnis zwischen ökonomischer Theorie und politischer Praxis

Herr Professor Issing, der Euro-Raum hat Probleme. Wir stecken jetzt, im Jahr 2014, in einer Staatsschuldenkrise, Nord und Süd fallen wirtschaftlich auseinander, die Europäische Zentralbank (EZB) scheint sich einer Vereinnahmung durch die Politik kaum mehr erwehren zu können. Auch wenn Sie die EZB nicht direkt kritisieren, so haben Sie sich doch in letzter Zeit häufiger sorgenvoll zu Wort gemeldet. Sie sehen die Anleihekäufe der EZB ebenso wenig gern wie die dortige Ansiedlung der Bankenaufsicht; Sie warnen vor den Risiken einer allzu expansiven Geldpolitik; Sie geißeln Eurobonds als Vollzug der Transferunion und Verstoß gegen die Prinzipien der Demokratie. Als Ordnungspolitiker, der Sie sind, mahnen Sie regelmäßig eine Rückkehr zum Prinzip des No-Bailout im Euro-Raum an. Wie sehen Sie den Euro?

Der Euro ist ein Experiment. Er war und ist ein Experiment von einer Dimension, wie man das auf dem Gebiet der Währung vorher kaum gekannt hat. Das habe ich auch Ende der neunziger Jahre schon so gesehen und gesagt. Ich galt ja nicht gerade als „Europhoriker". Wenn ich von einem Experiment sprach, dann meinte ich damit, dass nach Einführung des Euro immer noch schwierige Probleme zu lösen sein würden und dass auch die Gefahr des Scheiterns nicht auszuschließen war.

Sie waren kein „Europhoriker", aber Sie waren auch nicht dagegen.

Dagegen war ich nie. Die Währungsunion war für mich immer der Endpunkt der Integration in Europa. Sie müssen verstehen: Ich bin 1936 geboren. Als Kind bin ich durch die Ruinen meiner Heimatstadt zur Schule gelaufen. Die europäische Sache, das Abbauen von Schranken, die Tatsache, dass ich später in Ländern Freunde gefunden habe, von denen man mir in der Schule gesagt hatte, dass dort der Feind sitzt – das ist ein prägendes Merkmal meiner Lebensgeschichte. Dann habe ich Ökonomie studiert, da passt der Abbau von Schranken perfekt dazu. Ich habe sehr früh schon Vorlesungen über europäische Integration gehalten. Das war mir alles sozusagen eine Einheit.

Anmerkung: In Print am 1. Juni 2014 erstmals erschienen, *Perspektiven der Wirtschaftspolitik* 15(2), S. 158–70. Online am 4. Juni 2014 veröffentlicht, https://doi.org/10.1515/pwp-2014-0010.

Und als es dann losging?

Die Einführung des Euro 1999 mit elf Ländern fand ich äußerst riskant. Das war zu rasch und es waren auch zu viele Teilnehmer. Das stand eindeutig fest. Die Frage stellte sich also umso drängender, wie ein solches Experiment nun funktionieren könnte. Wenn ich der Meinung gewesen wäre, dass es unausweichlich zum Scheitern verurteilt sei, wäre ich nicht zur EZB gegangen. Ich habe das große Risiko gesehen, aber auch die Chance des Erfolgs. Ich wollte alles daran setzen, dem Euro zum Erfolg zu verhelfen.

Würden Sie heute sagen, dass der Euro ein Erfolg ist? Trotz der Entwicklungen im Zusammenhang mit der Staatsschuldenkrise, die besonders die südlichen Mitgliedsländer trifft?

Geldpolitisch gesehen war und ist der Euro ein Erfolg. In der Stabilität muss er sich nicht hinter der D-Mark-Erfahrung verstecken. Wenn man daran also den Erfolg einer Währung misst, dann war der Euro ein Erfolg. Der amerikanische Ökonom Martin Feldstein war ursprünglich ein massiver Gegner der europäischen Währungsunion – mit Argumenten, die ich weitgehend teilte. Er meinte einmal, mit dem Euro hätten sich die Europäer Probleme aufgeladen, die sie ohne den Euro nicht hätten. Das stimmt. Doch bei allen aktuellen Problemen in der Währungsunion muss man sich immer auch überlegen, was gewesen wäre, wenn es den Euro nicht gegeben hätte. Dass man darüber nur mutmaßen kann, ist das Los der Ökonomen. Man kann die Frage nach kontrafaktischer Evidenz eigentlich niemals befriedigend beantworten. Man ist da auf seine eigene Urteilsfähigkeit angewiesen.

Und die sagt Ihnen was?

Für mich war nicht zuletzt die Krise 1992/93 prägend, als das Wechselkurssystem zusammenbrach und zum Beispiel die italienische Lira innerhalb von wenigen Monaten über 30 Prozent gegenüber der D-Mark abwertete. Viele Menschen, die voller Skepsis überlegen, was uns der Euro eigentlich gebracht hat und ob man das Experiment nicht lieber unterlassen hätte, vergessen diese Erfahrung. Damals war nicht „nur" das Wechselkurssystem in Gefahr, sondern der ganze Binnenmarkt stand auf dem Spiel. Bei einer derart starken Wechselkursänderung gehen unweigerlich viele Unternehmen pleite. Auf einen solchen Schock ist man überhaupt nicht vorbereitet; man war damals nahe daran, Importschranken wieder einzuführen – das wäre dann das Ende des Binnenmarkts gewesen. Ich aber bin fest davon überzeugt, dass der gemeinsame Markt der Kern der europäischen Integration ist. Das ist für mich Europa. Zu Europa gehört auch, dass die jungen Leute in Paris, Barcelona oder wo auch immer studieren können. Dass man frei reisen kann. Aber dieses Europa der vier Grundfreiheiten – Freizügigkeit von Personen, Waren, Dienstleistungen und Kapital – ist gefährdet in einem System, in dem Wechselkurse festgelegt und von heute auf morgen massiv geändert werden können. Das muss man einfach sehen. Auch Feldstein sagt inzwischen, dass so, wie sich die Lage jetzt darstellt, eine Auflösung des Euro teurer werde als das Weitermachen.

Einerseits hätte, wie Sie sagen, das Binnenmarktprojekt scheitern können, wenn man die Vielfalt und die Instabilität der Währungen weiter zugelassen hätte. Andererseits jedoch stellt sich die Frage, ob die Hoffnung, dass das europäische Projekt durch die Einheitswährung befördert wird, nicht getrogen hat. Wo stehen wir denn heute? Man hat nicht den Eindruck, dass die europäische Einigung leichter geworden ist.

Nein, keineswegs. Das ist das Kernproblem der europäischen Integration: die Frage, wie es mit den institutionellen Arrangements weitergeht. Mir macht in der gegenwärtigen Lage Sorge, dass man im politischen Krisenmanagement logischerweise auf aktuelle Probleme eingehen muss und dass man dabei allzu leicht Gefahr läuft, den Endpunkt aus dem Blick zu verlieren. Wo soll das Ganze hinführen? Um im Ökonomenjargon zu bleiben: Wo liegt der „Steady state"?

Apropos – sprechen Ökonomen und Politiker in dieser Frage überhaupt dieselbe Sprache? Haben sie dieselben Ziele?

Hier sind nicht nur ökonomische Abwägungen vorzunehmen, sondern es handelt sich um komplexe politische Fragen. Und da stoßen zwei Welten aufeinander. Die Politiker meinen, sie könnten die ökonomischen Dinge auf die leichte Schulter nehmen und sie kraft politischen Willens überwinden. Und die Ökonomen übersehen allzu leicht die politische Dimension. Sie konstruieren Modelle, die formal sehr schön sein mögen, die aber die Eigengesetzlichkeiten des politischen Prozesses überhaupt nicht berücksichtigen. In diesem Geflecht von Widersprüchen befinden wir uns. Und doch gibt es kaum jemanden, der in ökonomisch realistischer Weise eine Vorstellung entwickelt für eine Währungsunion, die am Ende doch keine politische Union sein wird.

Die politische Union steht also für Sie als Endpunkt fest? Die Frage ist nur, auf welchem Weg man dahin kommt?

Ich gehörte zu der Gruppe jener Ökonomen, die noch in der Mitte der neunziger Jahre die Vorstellung vertreten haben, es müsse erst die politische Union geben und erst danach könne die Währungsunion kommen, mindestens aber gleichzeitig. „Krönungstheorie" war das Stichwort – eine Auffassung, die damals die meisten deutschen Ökonomen vertreten haben. Doch dazu ist es nicht gekommen. Mein Kollege im EZB-Direktorium Tommaso Padoa-Schioppa hat schon bald nach der Einführung des Euro in seinen Reden und Vorträgen immer wieder mit Nachdruck die politische Union gefordert, sonst scheitere der Euro. Mir war dabei immer unwohl. Angesichts der Tatsache, dass die politische Union allenfalls in weiter Ferne zu sein schien, brachte er damit schließlich implizit die Erwartung zum Ausdruck, dass der Euro scheitern werde. Und genau diese Vorstellung, dass es ohne politische Union nicht geht, kommt heute wieder zum Tragen.

Sehen Sie das auch so?

Meine Auffassung hat sich auf der Zeitachse verschoben. Ich bin heute davon überzeugt, dass die politische Union fürs Erste nur eine Vision für die fernere Zukunft ist. Das ist nichts, was sehr bald realisierbar ist. Wenn man diese Prämisse akzeptiert, verbieten sich allerdings auch viele Schritte zur Rettung der Währungsunion. Es gab ja weitverbreitete Vorstellungen, nach denen der Euro der Schrittmacher zur politischen Union sei. Doch jetzt wird es so dargestellt, als ob man zwingend die politische Union schaffen müsse, um den Euro zu retten. Das kann nicht sein. Das ist eine völlige Verkehrung der Zusammenhänge. Und dazu eine gefährliche Verkehrung.

Das lässt fast ein taktisches Manöver vermuten: Man dreht den logischen Ablauf um, um durch die Hintertür die politische Union vorzuziehen, die zunächst hintangestellt worden war, weil man wusste, dass es schwierig, wenn nicht unmöglich würde, darüber einen Konsens herzustellen. Man lässt die Krise Fakten schaffen.

Ich will das einmal so formulieren. Es gibt zwei Gruppen. Es gibt Leute, die aus der Not heraus die politische Union fordern und über die Konsequenzen gar nicht nachdenken. Und es gibt in der Tat andere, die auf diesem Wege das, was sie schon zuvor planten, quasi durch die Hintertür erreichen wollen. Das halte ich für geradezu tödlich für den Zusammenhalt in Europa. Die Bevölkerung durchschaut diese Absicht und wird dann möglicherweise auf breiter Front europafeindlich. Heute ist das noch eine Minderheitenposition. Das ist absolut nicht das, was man sich mit der Einführung des Euro gedacht hatte.

Aber lassen Sie mich etwas provokant fragen: Brauchen wir wirklich eine politische Union in Europa, ob sie nun direkt oder indirekt angesteuert wird? Wie sinnvoll ist sie als Endpunkt der Entwicklung? Der Zug mag abgefahren sein, aber hätte man nicht auch bei einem Europa allein des Binnenmarkts und der vier Grundfreiheiten bleiben können, in dem es noch Elemente des Systemwettbewerbs gibt, wo man voneinander lernt? Die politische Union ist doch nichts anderes als ein Zentralisierungsprojekt mit etwas heikler Legitimation. Es gibt keine europäische Öffentlichkeit, es gibt keinen öffentlichen demokratischen Diskurs in Europa. Warum und wozu also?

Ich halte die auf eine Stärkung der Demokratie in Europa durch Zentralisierung der Entscheidungen abhebende Argumentation des Philosophen Jürgen Habermas, die auch mein Freund Mario Monti in seinem mit Sylvie Goulard geschriebenen Buch unter dem an Alexis de Tocqueville angelehnten Titel „De la démocratie en Europe"[3] vertritt, für wenig überzeugend, ja gefährlich. Dass man auf der europäischen Ebene den Demokratiegedanken sozusagen in vollkommenerer Form verwirklichen könnte als auf der nationalen Ebene, halte ich bestenfalls für eine Illusion. Das ist ein elitärer, zentralistischer Ansatz, der mit den Vorstellungen der Menschen überhaupt nichts zu tun hat, der ökonomische Überlegungen im Grunde ganz außer Acht lässt oder ihnen sogar widerspricht. Dabei hat die Geschichte gezeigt, dass die Stärke Europas aus der Vielfalt und aus dem Wettbewerb kommt. Weitere Zentralisierung ist der falsche Ansatz.

Was halten Sie dagegen?

Wenn man es ernst meint mit der politischen Union, müsste man sich erst einmal überlegen, wie sie aussehen soll. Ist das ein liberal verfasster Staat, ein Rechtsstaat mit klaren Prinzipien? Oder ist das ein Wohlfahrtsstaat, der auf Mehrheiten für hohe zwischenstaatliche Transfers, für mehr Steuern und Ausgaben setzt? Man kann nur mit Schrecken ahnen oder bisweilen auch schon sehen, welche Vorstellungen zumeist hinter diesem Ruf nach Zentralisierung stehen. Es kommt noch eines hinzu: Ein starkes Europa, das in der Welt eine Rolle spielt, ob militärisch oder nicht, kann man sich nur vorstellen, wenn es wirtschaftlich stark ist, wenn es das Problem der Arbeitslosigkeit, insbesondere der Jugendarbeitslosigkeit lösen kann und wenn es ein vernünftiges Wachstum generiert. Aber das kann man garantiert nicht mit weiterer Zentralisierung erreichen, mit Harmonisierung der Wirtschaftspolitik und der Sozialstandards. Das sind Maßnahmen, die die Europäische Union ökonomisch schwächen. Die angeblichen „Überzeugungseuropäer", die den politischen Gedanken eines starken Europa in den Vordergrund stellen, vergessen völlig die ökonomischen Grundlagen. Ökonomie ist nicht alles und im Leben noch nicht einmal das Wichtigste. Aber ohne eine funktionierende europäische Wirtschaft, ohne stabiles Geld, hohe Beschäftigung und Wachstum, geraten auch alle weitergehenden politischen Ambitionen außer Reichweite.

Man könnte auch die These aufstellen, dass die Gemeinschaftswährung, was die wirtschaftliche Leistungsfähigkeit angeht, einen Keil durch Europa getrieben hat. Ursache sind die laufende Umverteilung, die Fehlanreize für die Länder im Süden, die unverdiente „Euro-Dividende" in Form von dort unverhältnismäßig niedrigen Zinsen. Sie wurde verfrühstückt. Die erhoffte allgemeine Produktivitätssteigerung hat so nicht stattgefunden. Muss man bei einem solchen Befund nicht realisieren, dass die These, Europa brauche eine gemeinsame Währung,

---

3 Goulard, S. und M. Monti (2012), *De la démocratie en Europe*, Paris, Flammarion.

um stark zu sein und in der Welt eine Rolle zu spielen, schlicht falsch ist? Hat die gemeinsame Währung Europa nicht vielmehr gespalten und somit auch in seiner geopolitischen wie auch wirtschaftlichen Bedeutung geschwächt?

Die Politiker der Länder, die den Maastricht-Vertrag unterschrieben haben, waren sich darüber im Klaren, dass sie die geldpolitische Souveränität ihrer Länder an eine europäische Institution übertrugen, auf die Europäische Zentralbank. Für die meisten Länder war das kein wirklicher Souveränitätsverzicht, denn die Geldpolitik wurde in Europa damals ohnehin de facto in der Bundesbank entschieden. Und für die deutschen Politiker war es im Grunde auch kein Souveränitätsverzicht, denn die Bundesbank war unabhängig und die deutsche Politik hat nicht gewagt, sich einzumischen. Damit war die Unterschrift ziemlich leicht zu haben. Aber wer macht sich schon bewusst, welche Konsequenzen eine solche Regelung für die Tarifverhandlungen im Land hat, für den Arbeitsmarkt? Mittlerweile, spät genug, hat man das realisiert. Weil ich das aus dem deutschen Modell und aus dem Beispiel der Bundesbank so gelernt und internalisiert hatte, habe ich von Anfang an betont, dass man, wenn man sich für eine unabhängige Notenbank mit der Verpflichtung auf das Ziel der Preisstabilität entscheidet, ein System mit einer Logik schafft, der sich die Makroökonomie insgesamt weitgehend unterwerfen muss, und zwar zum Vorteil der beteiligten Staaten. In der Europäischen Union steht das sogar so in den Verträgen. Das ist der Auftrag der EZB, das ist politisch gewollt und demokratisch legitimiert. Aber dann darf man sich hinterher nicht über die Konsequenzen beklagen.

Aber genau das fand statt.

Der Schritt war offensichtlich nicht zu Ende überlegt. Wenn Gewerkschaften und Arbeitgeber überhöhte Löhne vereinbaren, dann kann man in einer Währungsunion nun einmal nicht mehr abwerten, sondern man bekommt letztlich Arbeitslosigkeit. Aber das weiß man doch vorher. Insofern war und ist es unredlich, im Nachhinein zu verlangen, dass das Mandat der EZB geändert und das Ziel der Vollbeschäftigung mit der Absicht aufgenommen wird, das Ziel der Preisstabilität zu relativieren. Man muss sich an die einmal vereinbarten Bedingungen halten. Wenn man das gut und richtig macht, bekommt man eine Dividende in Form einer stabilen Wirtschaft. Wenn nicht, dann schafft man Probleme.

Allerdings ist es für Politiker schwierig, nicht der Versuchung zu erliegen, die Bedingungen im Nachhinein zu verändern. Das liegt an der Logik des politischen Prozesses. Wie auch immer – wie geht es denn jetzt weiter? Sie betonen regelmäßig das Prinzip Haftung, die Rückkehr zum No-Bailout im Euro-Raum. Aber wie soll das praktisch gehen, und zwar so, dass es nicht bei nächster Gelegenheit wieder kippt, weil Politiker die Regeln, die sie binden sollen, nachträglich ändern? Wie soll in Zukunft gelingen, was in der Vergangenheit und Gegenwart danebengegangen ist?

In der öffentlichen Diskussion gab es interessanterweise drei Phasen. In der ersten Phase standen sich die Skeptiker, die „Europhoriker" und jene gegenüber, die wie ich einfach alles unternehmen wollten, um das Experiment zum Erfolg zu führen. In der zweiten Phase verstummten weitgehend die Skeptiker unter den Ökonomen. Die Einführung des Euro ist wirklich erstaunlich glatt verlaufen. Schauen Sie sich nur die monetären Statistiken über Zinsen, Inflationserwartungen und ähnliches an und vergleichen Dezember 1998 und Januar 1999. Sie werden nichts finden. Da findet ein solcher Systemwechsel statt, und es gibt in den Statistiken keinen Sprung. Nichts zu sehen! Und jetzt schlägt das Pendel wieder nach der anderen Seite aus, man hört immer mehr Stimmen, die sauertöpfisch behaupten, das Ganze habe ohnehin nicht funktionieren können. Ich bin nicht dieser Meinung. Die EZB hat eine sehr erfolgreiche Politik betrieben. Wenn ich das sage, klingt das natürlich pro domo, aber es lässt sich nachweisen. Doch jenseits der Geldpolitik ist so vieles schief gelaufen. Es ist wenig von dem geschehen, was als Flankierung notwendig gewesen wäre. Das war allerdings nicht zwangsläufig so. Das war politisches Versagen. Und das hat sehr viel damit zu tun, dass die Überwachung der Regierungen untereinander zahnlos war. Man geht in Europa viel zu höflich miteinander um, nicht zuletzt aus Angst, dass man morgen selber dran sein könnte, wenn man heute den anderen kritisiert. Der Stabilitäts- und Wachstumspakt war ohnehin auf Sand gebaut. Ich habe schon vor der Einführung des Euro davor gewarnt, eine Jury einzurichten, in der potenzielle Sünder über aktuelle Sünder zu urteilen haben. Das war eine ganz wesentliche Schwachstelle. Aber die noch größere war, dass die Wettbewerbsverhältnisse so stark auseinandergelaufen sind.

Aber wie kann man einen Disziplinierungsmechanismus so konstruieren, dass er tatsächlich hält?

Zunächst einmal sollte man nicht übertreiben. Das Glas ist ja noch immer oder besser wieder halb voll. Dass man sich in einer Währungsunion anders verhalten muss, als wenn man eine eigene Währung hat, die man abwerten kann – diese Einsicht ist spät, viel zu spät und unter hohen volkswirtschaftlichen Kosten gewachsen. Aber immerhin, jetzt ist sie da. Wie lange das anhält, wird die Zeit zeigen. Wenn in einem Land wie Spanien die Arbeitsgesetze aus Francos Zeit stammen und erst in der Krise, die durch den Euro mit erzeugt wurde, Änderungen auf den Weg gebracht werden, dann zeigt das doch immerhin, dass institutionelle Arrangements wie eine Währungsunion nationale wirtschaftspolitische Reformen erzwingen, die vorher sonst nicht möglich gewesen wären. Und es stimmt: Ein Stück weit haben wir auch geglaubt und gehofft, dass einige Länder wegen des Euro über Jahrzehnte, wenn nicht länger eingeübte Verhaltensweisen ändern würden.

Was muss denn alles geändert werden?

Die Südländer brauchen keine Nordländer zu werden. Hoffentlich werden sie es nicht! In mancherlei Hinsicht wäre uns das gar nicht recht. Die Vielfalt der Kulturen und Mentalitäten macht ja gerade den Reiz und die Stärke Europas aus. Aber es gibt zentrale Punkte, in denen sich jedermann den Bedingungen einer stabilen Währung unterwerfen muss. Es ärgert mich wahnsinnig, dass diese Bedingungen mittlerweile als rein teutonisches Regime beschrieben werden. Dabei wollten doch alle eine stabile Währung. Das war ein gemeinsamer Wunsch. Nur die Konsequenzen wollten manche Länder nicht tragen. Die deutsche Seite hat sich – wohl auch aus historischen Gründen – viel zu lange gesträubt, allen Beteiligten mit Nachdruck klar zu machen, dass der Vorrang der Währungsstabilität keine ausschließlich deutsche Idee ist. Die Partner wollten, dass der Euro so stabil wie die D-Mark wird – und wenn man das will, dann heißt es auch mit den Konsequenzen leben. Zu behaupten, die dafür notwendige makroökonomische Disziplin beruhe auf deutschem Zwang, ist politischer Unsinn und falsch. Dagegen muss man sich energisch wehren. Sonst kommt bei uns ein unnötig schlechtes Gewissen auf und wir lassen uns moralisch erpressen auf Transferzahlungen, nach dem Motto, die Südländer hätten ihre Probleme nur, weil Deutschland ihnen dieses Stabilitätssystem aufgezwungen hat. Was da stattfindet, war alles absehbar. Natürlich lässt sich das vom Schreibtisch aus leichter sagen, als man es in der politischen Auseinandersetzung mit den europäischen Partnern durchsetzen kann, wo man dann gleich mit alten Ressentiments konfrontiert wird. Und dennoch werfe ich der deutschen Politik vor, dass sie diese Klarstellung unterlassen hat. Sie hätte nicht ausweichen dürfen.

Soll das heißen, Sie haben auch kein Regelwerk im Kopf, das den Stabilitäts- und Wachstumspakt ersetzen oder wieder sturmsicher machen könnte? Weil Sie festgestellt haben, dass selbst das Bewusstsein, dass es ein solches Regelwerk braucht, im politischen Prozess des Miteinanders der Länder überhaupt erst entstehen muss?

Ich habe schon eine klare Vorstellung, wie das institutionelle Arrangement aussehen sollte, auch ohne politische Union. Doch wie man dahin kommt, ist eine andere Sache. Dass man mit der Verpflichtung zu soliden öffentlichen Finanzen auf nationaler Ebene den europäischen Prozess entlastet, ist eine wichtige und richtige Idee. Aber das wird nicht ausreichen. Solche Regeln werden allzu leicht verletzt. Deswegen brauchen wir eine zweite Jury, und das sind die Finanzmärkte.

Die haben Griechenland allerdings auch erst abgestraft, als es eigentlich schon zu spät war.

Man kann lange über die Effizienz und das Überschießen von Finanzmärkten sprechen. Geschenkt! Aber wenn man die Finanzmärkte hinsichtlich ihrer Überwachungsleistung einmal mit der Politik vergleicht, schneiden die Märkte alles andere als schlecht ab, um es ganz vorsichtig auszudrücken. Das ist so. Deswegen sind alle Überlegungen, die darauf hinauslaufen, die Jury der Finanzmärkte zu schwächen oder gar auszuschalten, schädlich. Absolut schädlich. Was man da als Erfolg gefeiert hat, nämlich dass Länder mit völlig unterschiedlicher Verschuldung und Finanzpolitik die gleichen langfristigen Zinsen hatten, das war vielmehr ein gefährlicher Virus, der die Währungsunion an den Rand des Scheiterns gebracht hat. Ich war schon nach einigen Jahren nach Einführung des Euro überzeugt, dass die Währungsunion auf eine Krise zusteuert.

Was war der Anlass dazu?

Ich habe das schon in meinem 2007 verfassten und 2008 erschienenen Buch „Der Euro – Geburt, Erfolg, Zukunft"[4] formuliert. Sie wissen ja, Wissenschaftler zitieren sich immer gern selbst ... Jedenfalls habe ich die wesentlichen Schwachstellen aufgezeigt. Die Krise entstand im Wesentlichen aus drei Wurzeln: dem Auseinanderdriften der Wettbewerbsverhältnisse, der fehlerhaften Finanzpolitik und weiteren makroökonomischen Ungleichgewichten. Die Kombination machte das Ganze schwierig, und die Finanzmarktkrise, die sich zusätzlich noch hinzugesellte, hat es nicht leichter gemacht. Aber ich sah die Krise durchaus auch als Katalysator. Wir hatten nun die Chance, mit den gesammelten Erfahrungen nachzuholen und besser zu machen, was vor 1999 und in den Jahren danach versäumt worden war. Schon in den ersten Jahren haben wir immer wieder nachdrücklich auf die aus dem Ruder laufenden Lohnstückkosten in einer ganzen Reihe von Ländern verwiesen, aber die Warnungen der EZB verhallten ungehört. Inzwischen kennt man die Konsequenzen. Übrigens bestand ein schwerer politischer Kommunikationsfehler darin, dass man den Regierungen der einzelnen Länder immer gesagt hat, im Interesse des Euro müssten sie ihre Haushalte in Ordnung bringen, die heimischen Lohnstückkosten drosseln und ähnliches. Das ist zwar nicht falsch, aber der Hauptgrund war, dass dies im nationalen Interesse lag.

---

4 Issing, O. (2008), *Der Euro – Geburt, Erfolg, Zukunft*, München, Vahlen.

Man wollte ja einen starken Euro nicht um des Euro willen, sondern weil man davon etwas hat.

Ja. Und deshalb ist ein Arrangement mit Überwachung durch die Märkte und größerer Transparenz so wichtig. Die Europäische Kommission hat mehr oder weniger versagt in ihrer Rolle des Hüters nicht nur der Verträge, sondern auch der makroökonomischen Entwicklung. Die Mitarbeiter der Kommission haben zwar alle möglichen klugen Papiere veröffentlicht, aber das war es dann auch schon. Es ist auch schwer vorzustellen, dass eine Kommission, die letztlich doch immer nahe an der Politik bleibt, eine solche Wächterrolle vor allem gegenüber den großen Ländern überzeugend spielen kann. Aber ohne das wird es nicht gehen.

Ihr Plädoyer dafür, die Überwachung solider Finanzen nicht der Politik allein zu überlassen, sondern auf die Märkte als zweite – und im Zweifelsfall zuverlässigere – Jury zu setzen, dürfte für viele Leute die Frage nach dem Primat von Politik oder Wirtschaft aufwerfen.

Eine Politik, die für die Wirtschaft im Sinne von Stabilität, Wachstum und Beschäftigung schlecht ist, ist keine gute Politik. So einfach würde ich das formulieren. Im Übrigen zeigt sich das Politikversagen in krasser Form in der Missachtung der von der Politik eingegangenen Verpflichtungen. Es ist ernüchternd, ja bedrückend zu sehen, mit welcher Nonchalance am laufenden Band einst feierlich beschworene Verträge gebrochen werden. Bedarf es eines weiteren Beweises, dass man eine Jury außerhalb der Politik benötigt?

Wie haben Ihre reichen praktischen geldpolitischen Erfahrungen denn Ihr theoretisches Denken beeinflusst? Gab es da Veränderungen? Mussten Sie frühere Vorstellungen und Theorien verwerfen, gab es Einsichten, mit denen Sie nicht gerechnet hatten? Welche wissenschaftlichen Lehren konnten Sie ziehen?

Meine Zeit in der praktischen Geldpolitik war natürlich der interessanteste Abschnitt meines beruflichen Lebens, kulminierend in den acht Jahren bei der EZB. Ich war sowohl in der Bundesbank als auch in der EZB für die geldpolitische Strategie verantwortlich. Ich hatte bei der EZB vom Präsidenten aus völlig freie Hand. Dort habe ich das Verhältnis zwischen Theorie und politischer Praxis vor allem als eine unglaubliche Verantwortung empfunden. Und in der Tat hat die Praxis meine theoretischen Vorstellungen modifiziert. Oder, präziser, ich habe erkannt, welche theoretisch gut begründeten Empfehlungen wann in der Praxis anwendbar sind und wann nicht. Eine wesentliche Veränderung gab es zum Beispiel in meiner Haltung zum Geldmengenziel.

Zu Ihren Bundesbank-Zeiten hatten die Ansicht vertraten, die EZB müsse sich unter allen Umständen ein Geldmengenziel in der Tradition der Bundesbank setzen.

Ja. Als ich dann in der EZB anfing, habe ich erst einmal die besten jungen Wissenschaftler aus meinem Stab um mich geschart und mit ihnen ganz offen erörtert, was wir überhaupt machen wollten. Man muss sich das einmal überlegen: In wenigen Monaten sollte eine neue Währung kommen, und nichts war geklärt, alles war offen. Brauchen wir eine geldpolitische Strategie, und wenn ja, welche? Würde es reichen, darauf zu setzen, dass die Menschen der neuen Institution EZB einfach vertrauen würden? Konnten wir es uns leisten, nach dem Prinzip „Versuch und Irrtum" vorzugehen? War es tatsächlich klug und richtig, ein Geldmengenziel zu definieren? Ich bin zur gegenteiligen Überzeugung gekommen. In der Bundesbank habe ich das Geldmengenziel gegenüber allen Strukturbrüchen verteidigt, vor allem im Zusammenhang mit der deutsch-deutschen Währungsunion, weil ich der Meinung war, dass wir das sowohl analytisch als auch instrumentell beherrschten. Bei einem Strukturbruch in Form der Einführung einer neuen Währung hingegen – ich war da sehr von den Arbeiten von Robert Lucas geprägt – konnte niemand wissen, wie sich die Sparer und Investoren verhalten würden. Unter solchen Umständen wäre die Verabschiedung eines Geldmengenziels eine Harakiri-Strategie gewesen. Es hätte gut gehen können, aber das Risiko war viel zu hoch. Wenn die neue Notenbank nach wenigen Monaten den Bankrott ihrer Strategie hätte eingestehen müssen, wäre das geradezu tödlich für die Reputation gewesen. Davon hätte sich die neue Institution lange nicht erholt, ich hätte selbstverständlich meinen Rücktritt angeboten. So kam ich nach intensivem Nachdenken zu dem Schluss, dass wir eine andere Strategie brauchten und dass wir diese der Öffentlichkeit am besten schon im Vorhinein erklären sollten. Das hat noch nie eine Notenbank der Welt je gemacht. Und diese Strategie durfte auf keinen Fall in einem Geldmengenziel bestehen. Ich war jetzt strikt gegen ein reines Geldmengenziel.

Ihre jungen Wissenschaftler dürften über diese Ansage von Ihnen bass erstaunt gewesen sein.

Waren sie. Wobei ich von der grundsätzlichen Erkenntnis, dass Notenbankpolitik etwas mit Geld zu tun hat und dass Inflation in der langen Frist ein monetäres Phänomen ist, nicht abgerückt bin. Aber nun war die Frage, wie das in einer Strategie umzusetzen ist. Ich werde einen Montagabend im Sommer 1998 nie vergessen, an dem ich mit der ausgewählten Gruppe exzellenter Ökonomen aus den Generaldirektionen Economics und Research zusammensaß. Ich schaute in die jungen Gesichter und sagte in etwa: „Ich komme mir vor wie in einem Universitätsseminar. Wir suchen in intensiver Diskussion nach der Lösung für ein schwieriges Problem. Aber zwei Dinge sind hier anders. Wir müssen zu einem Ergebnis kommen, wir können schließlich am Ende des Jahres nicht mit dem Anliegen kommen: Die Einführung des Euro muss verschoben werden, wir haben noch keine fertige Strategie. Und zweitens, ganz entscheidend: Seien wir uns bewusst, dass unsere Überlegungen einen Einfluss auf das Schicksal von 300 Millionen Menschen haben. Diese Dimension kommt im normalen Wissenschaftlerleben nicht vor."

Sie haben dann die Zwei-Säulen-Strategie entwickelt. Die EZB betrachtet einerseits allgemeine wirtschaftliche Daten, welche die Preisentwicklung beeinflussen, beispielsweise die langfristigen Zinsen, Löhne und Gehälter sowie Wechselkurse, und andererseits die Entwicklung der Geldmenge M3.

Ich bin damals im EZB-Rat dafür von zwei Seiten kritisiert worden, von Personen, die schwer enttäuscht waren, weil sie mich vom Kurs der Bundesbank abweichen sahen, und von anderen, die überhaupt nicht einsahen, weshalb man überhaupt eine monetäre Säule braucht. Die monetäre Säule war im Übrigen von Anfang an sehr breit ausgerichtet. Neben den verschiedenen Geldmengenaggregaten spielte auch die Entwicklung des Kreditvolumens eine wichtige Rolle. Die einschlägigen Analysen wurden dann schon bald intensiviert. Was damals niemand bedacht hat und was man natürlich von außen auch nicht sehen konnte, war die Tatsache, dass die Zwei-Säulen-Strategie auch intern als ein Korsett diente, das die Diskussion im EZB-Rat disziplinierte. Es wäre ein Albtraum gewesen, mit der konkreten Geldpolitik zu beginnen und gleichzeitig endlose Auseinandersetzungen im Rat zu haben, weil jedes Mitglied mit seinen jeweiligen Ideen angekommen wäre. Es ging dabei gar nicht darum, dass offen nationale Interessen vertreten werden; es reicht schon, dass jeder am Tisch naturgemäß seine eigenen Vorstellungen mitbringt. Wenn nicht von Anfang an die Spielregeln klar gewesen wären, hätte das diese junge Institution sehr belastet. Hier Klarheit zu schaffen, leistete die Zwei-Säulen-Strategie, verbunden auch mit meiner Idee, dass die zugrundeliegenden Prognosen und Projektionen zentral vom EZB-Stab angefertigt und in den Entscheidungsprozess des Rats eingespeist werden, als Input in die Diskussion des EZB-Rats. Hätte der Rat das selber machen wollen, hätte es ein Chaos gegeben. So aber hatten wir die Chance, auch über die Zeit konsistente Entscheidungen zu fällen.

Sie haben als Chefökonom der EZB eine Brückenfunktion zwischen Theorie und Praxis ausgeübt.

In der Tat. Es gehörte für mich zu den beglückendsten Momenten meines beruflichen Lebens, in meiner Zeit bei der EZB permanent mit so vielen exzellenten jungen Wissenschaftlern aus ganz Europa zusammenzuarbeiten. Zu den Vorzügen meiner Position gehörte außerdem auch der Austausch mit den wichtigsten Ökonomen aus aller Welt, die uns besuchen kamen. Ich hatte so die Möglichkeit, einerseits in die Wissenschaft hinein zu spiegeln, welche Probleme in der praktischen Geldpolitik auftreten – interessante Themen, die Wissenschaftler, die der Politik fernbleiben, nicht unbedingt immer schon im Visier haben. Und andererseits konnte ich die theoretische Entwicklung sehr genau beobachten, um zu filtern, welche neuen wissenschaftlichen Ansätze für unsere Politik brauchbar und welche allzu riskant sein könnten.

Wie eng sollte denn die Politik der wissenschaftlichen Entwicklung folgen?

Wenn man jeweils den neuesten Stand der Wissenschaft unmittelbar in die Praxis umsetzen wollte, könnte das in vielen Fällen großen Schaden anrichten. Es wäre auch schon in sich ein logischer Widerspruch. Den neuesten Erkenntnisfortschritt oder das, was dafür gehalten wird, zu verwirklichen, heißt ja, dass dieser Wissensstand spätestens übermorgen wieder überholt ist. Wichtig ist daher eine gewisse kritische Distanz. In der Wissenschaft müssen selbst verrückt erscheinende Arbeiten erlaubt sein. Es darf keinerlei Denkbeschränkungen geben. Aber bevor es um die praktische Anwendung geht, muss sich erst herauskristallisieren, was auch empirisch trägt und zudem politisch durchsetzbar ist. Das gebietet die Verantwortung. Umgekehrt darf man auch nicht glauben, dass die praktische Geldpolitik reines Handwerk ist und deshalb von der Theorie nichts lernen kann. Wie schrieb John Maynard Keynes so schön: „Männer der Praxis, die sich ganz von intellektuellen Einflüssen ausgenommen wähnen, sind gewöhnlich Sklaven irgendeines verblichenen Ökonomen.“[5] Das Optimum liegt irgendwo dazwischen: Gute Politik braucht rigorose ökonomische Analyse auf der Höhe der Zeit, verbunden mit „Judgement“, mit Urteilsfähigkeit.

Ihr Lehrbuch zur Geldtheorie kam 1974 erstmals auf den Markt[6], jenes zur Geldpolitik 1981[7]. Seither hat es viele Neuauflagen gegeben. Wie sehr hat sich die Welt verändert?

Das ist eine Frage, die jeden Ökonomen eigentlich permanent beschäftigen muss. Natürlich gibt es Leute, die meinen, es gebe nichts Neues unter der Sonne, es sei alles schon einmal da gewesen. Tatsächlich gibt es im Bereich der Währungspolitik sehr viel mehr Konstanten, als es viele Wissenschaftler in der Aufregung des aktuellen Geschehens wahrhaben wollen. Bestimmte Grundelemente kommen immer wieder zum Vorschein. Es geht immer um die Rolle des Vertrauens der Bürger zur Währung, um das Verhalten der Sparer, um die Glaubwürdigkeit der Notenbank, um den politischen Einfluss und die schädlichen Wirkungen einer Verquickung von Geld- und Fiskalpolitik, um Wechselkursprobleme und so weiter. Ich muss da oft an Arthur Schnitzlers „Reigen“ denken. Es kommen auf der Bühne immer wieder die gleichen Figuren vorbei, aber sie sind doch nicht ganz dieselben. Die Zeitumstände waren früher andere. Aber ältere Theo-

---

5 „Practical men, who believe themselves to be quite exempt from any intellectual influences, are usually the slaves of some defunct economist.“ Keynes, J. M. (1936), *The General Theory of Employment, Interest and Money*, London, Macmillan, S. 383.
6 Issing, O. (1974), *Einführung in die Geldtheorie*, München, Vahlen.
7 Issing, O. (1981), *Einführung in die Geldpolitik*, München, Vahlen.

rien können uns trotzdem für heute etwas sagen. Es kommt darauf an, das Neue am Alten kritisch zu spiegeln, und zwar sowohl in der Theorie als auch mit Blick auf die politischen Umstände. Das ist eine hohe Kunst. So betriebene Wissenschaft bleibt Wissenschaft, aber eine Wissenschaft, die sich nicht bloß auf ein Modell verlässt. Modelle bilden die Welt nie vollständig ab. Das kann gar nicht sein.

Welche theoretischen Eckpfeiler stehen denn hinter Ihrem Weltbild als Ökonom? Wer hat Sie als Geldtheoretiker geprägt und beeinflusst?

Dafür muss ich ganz an den Anfang meiner Beschäftigung mit der Ökonomie zurückgehen. Was mich an der Ökonomie sofort begeistert hat, war die Beschäftigung mit zentralen Fragen von Staat und Gesellschaft. Die Tatsache, dass die Ökonomie versucht, Lösungen für reale Probleme zu finden. Ich bin früh auf Walter Eucken und sein Buch „Grundsätze der Wirtschaftspolitik"[8] gestoßen. Ich habe das Werk antiquarisch gekauft, schon das war teuer genug damals für einen armen Studenten. Auch Hayek und Keynes habe ich sehr früh gelesen. Mit der Geldtheorie habe ich mich intensiv befasst, als ich meine Lehrbücher geschrieben habe. Ich habe mich erst einmal in die Bibliothek gesetzt und mir einen gründlichen Überblick verschafft. An Milton Friedman führte natürlich kein Weg vorbei. Was mich an ihm fasziniert hat, war sein liberaler Standpunkt verbunden mit der Maßgabe, dass Regeln besser sind als diskretionäre Entscheidungen. Friedmann war ein Gegner der Unabhängigkeit von Notenbanken; er hielt von den Notenbankern nicht viel. Er drang auf Regeln. Ich war damals noch weit entfernt davon, mir selbst eine berufliche Zukunft in einer Notenbank vorzustellen. Derlei kam in meinem Denken gar nicht vor. Aber auch so, rein wissenschaftlich, schien für mich Friedmans Idee einer festen Regel zur regelmäßigen Ausdehnung der Geldmenge damals der Stein der Weisen. Ich habe sogar einen Aufsatz geschrieben, in dem ich dafür plädierte, eine solche Regel für das internationale Währungssystem einzuführen, mit festen Wechselkursen und freier Konvertibilität. Eine Papierwährung mit regelgebundener Ausweitung der Liquidität schien mir eine bessere Lösung zu sein als eine Goldwährung.[9] Doch irgendwann kam der Zweifel. Da die Verwirklichung dieses Plans als irreal anzusehen ist, folgt daraus ein Votum für ein System flexibler Wechselkurse.

Machte Ihnen die politische Umsetzbarkeit Sorgen?

Abgesehen davon gab es auch ein theoretisches Problem. Eine Geldmengenregel definiert man immer für eine konkrete Geldmenge. Finanzinvestitionen bewirken, dass

---

8 Eucken, W. (1952), *Grundsätze der Wirtschaftspolitik*, Tübingen, J.C.B. Mohr.
9 Issing, O. (1971), Zentrale Versorgung mit internationaler Liquidität, Sonderziehungsrechte und Inflation, *ORDO 22*, S. 273–90.

sich der ökonomische Inhalt der entsprechenden statistischen Aggregate im Laufe der Zeit verändert. Und damit verliert eine Geldmengenregel völlig ihre theoretische Stringenz. Sie wird unbrauchbar. Wenn man ein Konzept selber entwickelt hat, braucht man etwas länger, um davon gegebenenfalls wieder Abschied zu nehmen – doch auch Friedman hat sich davon irgendwann gelöst, auch er konnte sich nicht allzu lange der Realität verschließen. Die Idee der Geldmengenregel schied für mich längst vor meiner Zeit als Notenbanker als empfehlenswerte Lösung aus dem Kanon der denkbaren Optionen der Geldpolitik aus.

Und dann?

Ich habe mich dann mit einer ganzen Reihe von liberalen Kollegen gestritten, die wie Friedman darauf beharrten, dass man die potenzielle Willkür von Notenbankern durch strikte Regeln ausschließen müsse. Gern – aber welche Regeln? Wo sind sie? Wie sollen sie aussehen? Und wie gehen wir damit um, dass üblicherweise keine Regel ohne Ausnahme auskommt? Und damit, dass sich Aggregate ändern und dass nicht alle statistischen Daten immer verlässlich sind? Dass sie unter Umständen zu Fehlentscheidungen verleiten?

Worauf spielen Sie an?

Ich erinnere mich noch deutlich an eine wissenschaftlich sehr harte Diskussion, die ich wenige Monate vor dem Start des Euro mit einigen Kollegen aus aller Welt führte. Lars Svensson zum Beispiel, prominenter Ökonom an der Universität Stockholm und später stellvertretender Gouverneur der Schwedischen Reichsbank, einer der Gurus des „Inflation targeting", zeigte sich gegenüber einer monetären Säule sehr kritisch. Darüber konnte man diskutieren. Gegenüber seinem Ansatz habe ich diese kritische Einstellung bei ihm jedoch vermisst. Für das Inflation targeting indes benötigt man ein Modell, das eine verlässliche Inflationsprognose ermöglicht und das einem folglich zeigt, was man geldpolitisch zu tun hat. Solche Modelle beruhen nicht zuletzt auf Daten über die volkswirtschaftliche Outputlücke. Ich legte die damals dazu verfügbaren Daten auf den Tisch – in den vier höchst verschiedenen Varianten der OECD, des Internationalen Währungsfonds, der Europäischen Kommission und unseres Stabes. Ich sagte ihm: „Ich bin jederzeit bereit, meine Meinung zu überprüfen, wenn Du mir überzeugend darlegst, wie wir das Datenproblem lösen können." Die Antwort habe ich nie bekommen.

Und Sie wollten lieber kein Risiko eingehen.

Auf keinen Fall. Zumal wir im Euro-Raum, was die Datenlage anging, auf brüchigem Grund standen. Wir wussten fast nichts. Die monetären Daten waren in Ordnung. Alles andere kam erst einmal gar nicht. Und das, was dann kam, war problematisch.

Die Arbeitslosenzahlen zum Beispiel waren bei vollkommen unterschiedlichen Time-lags quer über den ganzen Euro-Raum aggregiert. Was bei schlechtem Datenmaterial passieren kann, das man in komplexe Modelle einfüttert, zeigt das abschreckende Bei-spiel der amerikanischen Notenbank aus den siebziger Jahren. Die Fed hat damals aufgrund der statistischen Daten über die Outputlücke eine für amerikanische Ver-hältnisse große Inflation zugelassen. Spätere Studien von Athanasios Orphanides und anderen haben gezeigt, dass diese Zahlen im Nachhinein massiv revidiert werden mussten.[10] Die Fed hatte sich also anhand von falschen Daten für eine zu expansive Geldpolitik entschieden. Und ein solcher Fehler kann ihr auch wieder unterlaufen. Ich bin sehr besorgt über die aktuell extrem expansive amerikanische Geldpolitik. Die Liquiditätsschwemme könnte sich eines Tages bitter rächen. Stellen Sie sich das ein-mal vor: Seit 1999 sind die Schätzungen des Internationalen Währungsfonds über die Outputlücke in fast der Hälfte der Fälle so revidiert worden, dass sich sogar das Vor-zeichen geändert hat. Wie kann man auf einer solchen Grundlage verlässlich Geldpo-litik gestalten?

Bedenklich. Was folgt daraus?

Erstens: Eine gute Geldpolitik setzt wissenschaftlich nicht nur voraus, dass Sie die richtigen Theorien, Modelle und Regeln verwenden, sondern auch vertrauenswür-dige, aussagekräftige Daten. Darüber wird in der Wissenschaft leider kaum diskutiert. Kein Mensch kümmert sich ernsthaft darum, welche Zahlen in die immer komplexe-ren Modelle eingefüttert werden. Zweitens: Man darf sich nichts vormachen. Es gibt einfach keine Regeln, denen man über die Zeit absolut und bedingungslos vertrauen kann. Also muss es darum gehen, den Gedanken einer regelgebundenen Geldpolitik nicht aufzugeben, ihm aber ein diskretionäres Element hinzuzufügen, das Urteilsfä-higkeit voraussetzt. Und dieses Ermessen impliziert nicht zuletzt auch ein gutes Urteil über die Datenqualität. Aus liberaler Sicht ist das Ganze natürlich nicht befriedigend, weil man nie wissen kann, wie dieser Ermessensspielraum im konkreten Fall ausge-füllt wird.

Apropos richtige Theorie: Wenn Sie ein Pflichtenheft für die Geldtheorie entwerfen müssten, was würden Sie sich denn noch wünschen? Wo wissen wir noch nicht genug Bescheid und müssten wissenschaftlich noch tiefer graben?

---

10 Vgl. u. a. Orphanides, A. et al. (1999), Errors in the measurement of the output gap and the design of monetary policy, *Finance and Economics Discussion Series (FEDS)*, online verfügbar unter https://www.federalreserve.gov/econres/feds/errors-in-the-measurement-of-the-output-gap-and-the-design-of-monetary-policy.htm, sowie Orphanides, A. und S. van Norden (2002), The unreliability of output-gap estimates in real time, *The Review of Economics and Statistics* 84(4), S. 569–83.

Ich bin insofern „verdorben" dadurch, dass ich mich immer frage, was für die Politik wichtig ist. Ich denke zweckgerichtet. Theoretische Forschung ist demgegenüber ja zunächst einmal zweckfrei. Man stößt auf interessante Probleme, befasst sich damit und schaut, was dabei herauskommt. Aber mich bedrückt die Tatsache, dass es für junge Leute ganz schwierig ist, für eine Forschung Aufmerksamkeit und Gehör zu finden, die nicht im Mainstream liegt. Der monetären Theorie als einer Theorie, in der Geld und Kredit eine aktive Rolle spielen, hat es allzu lange an neuen Ideen gefehlt. Das Feld galt zwar lange als abgegrast, aber in der jüngeren Vergangenheit sind im Zusammenhang mit der Entwicklung auf den Finanzmärkten viele neue wichtige und spannende Fragen aufgetaucht. Eine Makroökonomie, die weitgehend ohne eine wirkliche monetäre Theorie entwickelt wird, ohne Berücksichtigung der Rolle von Geld und Kredit, ohne Finanzmärkte, kann zwar interessant sein. Ich bin zum Beispiel voller Bewunderung für das Werk von Michael Woodford. Aber dort fehlt etwas ganz Wesentliches. Und diese Lücke kann man auch nicht dadurch schließen, dass man einfach Geld und/oder Kredit als zusätzliche passive Variable einführt, wie es in den Modellen geschieht, auf denen beispielsweise das lange Zeit so populäre „Inflation targeting" beruht. Die Rolle von Geld und Kredit, der Einfluss der Finanzmärkte, muss intensiv erforscht und berücksichtigt werden.

Da gibt es aber doch durchaus einige Forschungsarbeiten.

Ja, es gibt mittlerweile eine Reihe hervorragender Wissenschaftler, die in dieser Richtung erfolgreich unterwegs sind, zum Beispiel Markus Brunnermeier oder Hyun Song Shin. Aber es hat sehr lange gedauert, es ist immer noch schwierig, und es sind noch immer zu wenige. Die jungen Leute wollen ja Karriere machen, das kann man ihnen nicht nur nicht verdenken, sondern das ist auch vernünftig. Und sie müssen sich dafür ein Feld aussuchen, auf dem sie wahrgenommen werden. Aber deshalb läuft die Theorieentwicklung lange einseitig in eine bestimmte Richtung, und der Blick verengt sich. Und das hat dann wiederum bedenkliche Auswirkungen auf die praktische Geldpolitik. Nehmen Sie Alan Greenspan, den früheren Fed-Chairman. Es geht mir gar nicht um die spezifische Person, aber sein Beispiel ist symptomatisch. Ich weiß nicht, wie viele Vorträge und Konferenzbeiträge von Greenspan zur Geldpolitik der Federal Reserve ich seinerzeit gehört habe. Aber das Wort „Geld" kam darin nie vor. Nicht einmal das Wort. Das ist doch ziemlich absurd.

Dalia Marin

https://doi.org/10.1515/9783111208749-008

Außenhändlerin aus Wien

Dalia Marin ist Wienerin. In der österreichischen Hauptstadt kam sie auf die Welt, wuchs sie auf, besuchte sie die Schule und studierte sie Volkswirtschaftslehre. Eine leichte Entscheidung war die Wahl des Studienfachs nicht. „Eigentlich wollte ich Schauspielerin oder Opernsängerin werden", erzählt die lebhafte Wissenschaftlerin. Schon in der Schule habe sie Theater gespielt und die Überzeugung gehegt, dort liege ihre Bestimmung. Dann sei die Idee aufgekommen, Psychologie zu studieren, doch der Besuch einer „fürchterlichen" Vorlesung brachte sie davon rasch ab. Da sie in der Schule gut in Mathematik gewesen war, machte sie sich daraufhin auf die Suche nach einer Sozialwissenschaft, für die man mathematische Fähigkeiten gut gebrauchen könnte – und so wurde es am Ende die Volkswirtschaftslehre. „Das ist das absolute Traumfach für mich geworden", sagt sie und strahlt.

Mit all der Energie und dem Selbstbewusstsein, die aus ihr sprudeln, muss sie sich damals ins Studium an der Universität Wien geworfen haben, ambitioniert und engagiert. Um das sie nicht befriedigende Lehrangebot zu ergänzen, organisierte sie auf eigene Faust studentische Arbeitskreise, in denen sie mit den Kommilitonen ökonomische Literatur im Originaltext durchackerte und diskutierte. Der Erfolg ließ nicht auf sich warten. Nach dem Diplom wurde sie zum Institut für Höhere Studien (IHS) zugelassen, einer von der Ford Foundation finanzierten Einrichtung zur Postgraduiertenausbildung außerhalb der Universitäten, das Ziel vor Augen: „Schon während des Studiums war mir klar, dass ich Professorin werden will."

Das IHS war 1962/63 auf Initiative des Soziologen Paul Lazarsfeld und des Ökonomen Oskar Morgenstern gegründet worden, die beide aus Österreich stammten und nach dem Krieg die Lehre an den dortigen Universitäten als rückständig beklagt hatten. Am IHS unterrichteten nunmehr hochkarätige Gastprofessoren aus aller Welt. Sie brachten einer jungen Generation von Soziologen, Ökonomen und Politologen methodologisch und theoretisch das Neueste von der internationalen Forschungsfront mit. Dalia Marin erinnert sich besonders gern an die inspirierenden Vorlesungen des Außenhandelstheoretikers Elhanan Helpman und des Makroökonomen Alan Blinder.

„Ich kam erst durch das Institut wirklich darauf, was in den Wirtschaftswissenschaften los war in der Welt, und ich wollte unbedingt in die Vereinigten Staaten", erzählt Marin. Also ging sie für ein Jahr an die Harvard University – und wäre am liebsten geblieben. Doch sie kehrte in die Heimat zurück, um die Wiener Ausbildung abzuschließen. „Ich habe mir geschworen, ich komme wieder." Drei Jahre nach dem Diplomabschluss von der Universität Wien wurde sie 1984 mit einer Arbeit zu den Verteilungswirkungen der Wechselkurspolitik promoviert.[1] Schon damals baute sie neue vertragstheoretische Konzepte in die Außenhandelstheorie ein – ein Impuls, der

---

[1] Marin, D. (1983), *Wechselkurs und Industriegewinne: Eine empirische Studie zu den Verteilungswirkungen der Währungspolitik in Österreich*, Frankfurt, Campus.

später zu ihrem Markenzeichen wurde. Zwei weitere für sie prägende Einsichten hat Dalia Marin vom Wiener IHS mitgenommen: dass man an der Forschungsfront seine Daten oft selber sammeln muss, und dass es die wirtschaftspolitische Relevanz im Blick zu behalten gilt. Weil das Institut an der österreichischen Gemeinschaftsprognose beteiligt war, brachte es seine Studenten auch mit der Wirtschaftspolitik in Berührung.

Nach der Promotion begann Marin umgehend mit der Arbeit an ihrer Habilitation, die thematisch an der Doktorarbeit anknüpfte. Denn auch wenn sie in dieser Zeit viel über die österreichische Wirtschaft publizierte, faszinierte sie doch vor allem der Welthandel. Sie entwickelte die These, dass es im Welthandel immer wieder zu Barterhandel kommt, weil es Länder gibt, die ein Solvabilitätsproblem haben – die also keine Kredite bekommen, weil sie nicht glaubwürdig signalisieren können, dass sie diese zurückzahlen werden. Für ihre Untersuchung betrachtete sie unter anderem die Kompensationsgeschäfte, die im Rahmen des Handels zwischen Österreich und den Planwirtschaften Osteuropas abliefen, und holte sich detaillierte Informationen darüber von den österreichischen Banken, die zur Abwicklung dieses „Countertrade" spezialisierte Tochtergesellschaften eingerichtet hatten.

Als nur wenig später, nach dem Fall der Mauer, in Russland und der Ukraine die Tauschwirtschaft ausbrach, war sie mit diesem Thema eine gefragte Spezialistin. Auf Einladung der Weltbank reiste sie nach Moskau, um sich ein genaueres Bild zu verschaffen. Sie stellte fest, dass es in dieser Situation nicht die staatlichen Institutionen waren, die keine Glaubwürdigkeit hatten, sondern die Unternehmen – weil es an deren Bewertung fehlte. „Der Barterhandel kam in Russland deshalb auf, weil das dortige Bankensystem den Staat finanzierte, nicht aber die Unternehmen, die Kredite brauchten. Der Barterhandel war ein Substitut für den nicht funktionieren Bankensektor", erklärt Marin. Sie riet der Weltbank, in dieser Krise von Russland nicht noch wie geplant eine Besteuerung des Barterhandels zu verlangen, weil dann die Wirtschaft zusammenbräche.

Nach der Habilitation 1992 machte Dalia Marin ihren Traum wahr und ging für zwei ganze Jahre mit einem Schrödinger-Stipendium nach Harvard. „Wie eine Doktorandin habe ich mich dort noch einmal in den Hörsaal gesetzt", sagt sie, in Vorlesungen und Seminare von Paul Krugman, Andrew Shleifer und anderen. Was sie dort hörte, hat ihre Forschung wesentlich beeinflusst, die zu einer Mischung aus Corporate Finance und Außenhandel wurde. Auch diesmal blieb sie nicht in den Vereinigten Staaten, schlug sogar ein Angebot aus, zur Weltbank zu gehen, und sagte sich abermals: „Ich komme wieder." Zunächst aber folgte sie einer Einladung zum Berufungsvortrag für eine C3-Professur an der Humboldt-Universität zu Berlin, deren Fakultät nach der deutschen Wiedervereinigung abgewickelt worden war und nun in einem großen internationalen Rekrutierungsprozess neu aufgebaut wurde. „Es war alles ziemlich heruntergekommen und roch nach DDR", erinnert sich Marin und schmunzelt. „Aber es war eine sehr spannende Zeit, weil der Umbruch voll zu spüren war." Zu ihren Lehrfächern gehörten die Mikroökonomik und die Transformationsökonomik.

In Berlin blieb sie zwar nur vier Jahre, doch in dieser Zeit hat sie die Grundlage für ihre weitere Forschung gelegt. In einem großen Projekt mit Unterstützung der Deutschen Forschungsgemeinschaft (DFG) legte sie einen Paneldatensatz an, für den sie nicht nur erhob, welche deutschen und österreichischen Unternehmen überhaupt nach der EU-Osterweiterung im Osten investierten, sondern die Unternehmen auch nach ihrer inneren Organisation und ihrem Export befragte. Das war damals eine Pionierarbeit; selbst die inzwischen verbreitete Fragetechnik galt es erst zu erarbeiten. Für Marin hat sich die Mühe üppig ausgezahlt – noch heute entlockt sie diesem Datensatz immer wieder neue spannende Einsichten.

Als Dalia Marin 1998 einen Ruf auf ein wesentlich besser ausgestattetes Ordinariat an die Ludwig-Maximilians-Universität München (LMU) bekam, zögerte sie nicht. Zu ihren Lehrangeboten dort gehörten nunmehr die Außenhandelstheorie, die Handelspolitik, Makroökonomik und empirische Ökonomik. In München blieb sie, unterbrochen nur von regelmäßigen Sabbaticals in den Vereinigten Staaten – vor allem an der Harvard University und der Stern School of Business der New York University. Sie behielt auf diese Weise ein Bein der akademischen Welt Amerikas und war früh mit Koautoren stärker international vernetzt, als es sonst im deutschen Sprachraum üblich war.

In die Zeit nach der Jahrtausendwende fallen Marins wohl wichtigste Beiträge zur „neu-neuen Außenhandelstheorie“. Anknüpfend an die Arbeiten von Philippe Aghion, Jean Tirole und Oliver Hart hat sie, zumeist gemeinsam mit Thierry Verdier von der Paris School of Economics, die herkömmlichen Außenhandelsmodelle um die Aspekte der Heterogenität von Unternehmen und deren interner Organisation erweitert. Um den Zusammenhang zwischen der wirtschaftlichen Globalisierung und der Organisationsweise von Unternehmen und Märkten eingehender zu erforschen, hat sie zudem innerhalb des Centre for Economic Policy Research (CEPR) ein internationales Forschungsnetzwerk aufgebaut. Für ihre Arbeit, die zeigt, dass die deutschen Unternehmen in ihren Wertschöpfungsketten mit Osteuropa nach dem Fall der Mauer vor allem die skill-intensiven Tätigkeiten nach Osteuropa verlagert haben, wurde sie 2010 mit dem „Verdienstorden am Bande der Bundesrepublik Deutschland“ geehrt.

Rufe an die Wirtschaftsuniversität Wien, nach Brüssel an die Denkfabrik Bruegel und nach Genf ans Graduate Institute of International Studies lehnte Marin ab. Erst 2017 wechselte sie, nach fast 20 Jahren – jedoch nur innerhalb der offenbar zur zweiten Heimat gewordenen Stadt München, an die TUM School of Management der Technischen Universität (TUM). Dalia Marin setzt hier ihre Forschung fort, die das Spezialgebiet der Unternehmensfinanzierung mit der Handelstheorie verbindet.

„Der globale Wettbewerb wird es mit sich bringen, dass auch wir im Westen mehr subventionieren"

Ein Gespräch über den Chinaschock, eine nationale Industriestrategie, die Globalisierung, dezentrale Firmenorganisation und Vorstandsbezüge

Frau Professorin Marin, der wirtschaftliche Aufstieg Chinas ist rasant, und weil dort ein autoritäres Regime mit ausgeprägten langfristigen geopolitischen Interessen und wenig Respekt für Menschenrechte herrscht, stellt sich für die westlichen Regierungen wie die Unternehmen immer wieder die Frage, wie man sich verhalten soll. Amerika beharkt sich mit China in einem Handelskonflikt, während China den Westen in sein Projekt einer „Neuen Seidenstraße" einzubinden sucht, und das Bundeswirtschaftsministerium hat sich eine industriepolitische Abwehrstrategie[2] überlegt. Ist das der richtige Umgang mit China?

Zunächst einmal möchte ich festhalten, dass es durchaus verständlich ist, wenn die Amerikaner auf den Aufstieg Chinas sehr viel empfindlicher und aggressiver reagieren als wir. Der Chinaschock, also der Beitritt Chinas zur Welthandelsorganisation (WTO) im Jahr 2001, mit den damit einhergehenden drastischen Veränderungen im Handelsgefüge der Welt, hat die Vereinigten Staaten deutlich stärker getroffen als Deutschland. In den Vereinigten Staaten, so zeigt die Forschung, sind 20 Prozent des Rückgangs des Industrieanteils der Volkswirtschaft auf diesen Schock zurückzuführen.

Durch die Importkonkurrenz?

Ja, genau. In Deutschland war das nicht so der Fall. Hier waren zwei Effekte zu beobachten. Der eine Effekt war, dass sich Deutschland an die Billigkonkurrenz schon teilweise angepasst hatte. Zuvor hatte es bereits die Importkonkurrenz aus der Türkei und aus Südeuropa gegeben. Der Chinaschock hat dann nur bewirkt, dass Deutschland statt aus der Türkei, aus Italien, Spanien und Portugal nun die Billigprodukte aus China importierte. Die Chinesen haben die Südeuropäer und die Türken verdrängt. Der Chinaschock hat also die Handelspartner in Südeuropa und in der Türkei getroffen, nicht

---

2 Bundesministerium für Wirtschaft und Energie (2019), *Nationale Industriestrategie 2030, Strategische Leitlinien für eine deutsche und europäische Industriepolitik*, online verfügbar unter https://www.bmwk.de/Redaktion/DE/Publikationen/Industrie/nationale-industriestrategie-2030.pdf%3F_blob%3DpublicationFile%26v%3D10.

Anmerkung: In Print am 6. September 2019 erstmals erschienen, *Perspektiven der Wirtschaftspolitik* 20(2), S. 133–44. Online am 12. September 2019 veröffentlicht, https://doi.org/10.1515/pwp-2019-0024.

aber Deutschland. Der zweite Effekt war, dass wir, anders als die Amerikaner, ungefähr zur selben Zeit die Handelsliberalisierung infolge der EU-Osterweiterung erlebten, den Osteuropaschock. Deutschland war zwar im Vergleich zu Österreich sehr langsam im Vordringen nach Osten, im Endeffekt aber gingen die Unternehmen massiv dorthin und eroberten neue Exportmärkte. Zwischen den beiden Schocks gibt es im Übrigen einen erheblichen Unterschied. Der Chinaschock war ein inter-industrieller, der Osteuropaschock ein intra-industrieller Schock. Nehmen wir den Fall Deutschlands, da hat man Autos exportiert und zunächst Textilien, später Computer aus China importiert – da sind verschiedene Wirtschaftszweige im Spiel. Zwischen Deutschland und Osteuropa hingegen finden Export und Import innerhalb derselben Sektoren statt. Ein inter-industrieller Schock ist immer viel härter.

Inwiefern ist der inter-industrielle Handelsschock härter?

Der inter-industrielle Handelsschock, wie er beispielsweise durch den WTO-Beitritt Chinas zustande kam, geht mit entsprechenden Verteilungseffekten einher, während der intra-industrielle keine hat. In den Vereinigten Staaten hat der Chinaschock dazu geführt, dass jene Sektoren, die der Importkonkurrenz ausgesetzt waren, stark schrumpften. Viele Menschen verloren ihren Arbeitsplatz, und es dauerte lange, bis sie wieder eine Stelle fanden, und das dann auch nur zu einem niedrigeren Lohn als zuvor. Das waren wir nicht gewohnt. Der Chinaschock ist in dieser Hinsicht ziemlich einzigartig. Bisher kannten wir solche massiven, lange andauernden Arbeitslosigkeitsprobleme nach einer Handelsliberalisierung nicht. Man ist immer davon ausgegangen, dass eine Handelsliberalisierung dazu führt, dass die der Importkonkurrenz ausgesetzten Wirtschaftszweige schrumpfen, dass die Exporte dank der vergrößerten Märkte expandieren, und dass man damit im Durchschnitt auf jeden Fall besser dasteht als zuvor, weil der gesamtwirtschaftliche Kuchen größer wird. Im Gleichgewicht gibt es keine Verluste. Das aber war für Amerika nicht der Fall.

Für alle Freihandelstheoretiker ist diese Einsicht ein herber Schlag.

Ja und nein. Wir wissen aus der Theorie, dass Handelsliberalisierungen Verteilungseffekte haben. Sie führen zu Verlierern und Gewinnern. Daher waren sie nicht überraschend. Aber in der Praxis waren in früheren Handelsliberalisierungen, zum Beispiel mit den Entwicklungsländern, solch starke Effekte wie bei dem Chinaschock nicht zu beobachten. Das hat auch zu entsprechenden Diskussionen innerhalb der Profession geführt. In Deutschland gab es eine solche dramatische Entwicklung wie in Amerika nicht. Deutschland hat im Handel mit China stark gewonnen. Allein seit der internationalen Finanzkrise haben sich die Exporte Deutschlands nach China fast verdreifacht. Das heißt, Deutschland hat bisher vom wirtschaftlichen Aufstieg Chinas außergewöhnlich stark profitiert. Der Schock war insofern ein positiver.

Dass Deutschland profitiert hat, lag wahrscheinlich an der Produktqualität?

Genau. Die Chinesen lieben nun einmal die deutschen Hochqualitätsautos und Maschinen. Der Qualitätseffekt hat eine große Rolle gespielt. Die Chinesen kaufen keine italienischen oder französischen Autos, sie kaufen deutsche Autos. Die Taxifahrer in Peking fahren VW, und die Mittelschicht, die sich etwas leisten kann, kauft Premiummodelle. Aber jetzt befinden wir uns in einer anderen Situation, und ich bin der Auffassung, dass Bundeswirtschaftsminister Peter Altmaier im Frühjahr mit seinem Denkanstoß zu einer industriepolitischen Strategie den richtigen Punkt gemacht hat. Man muss zur Kenntnis nehmen, dass China ein anderes politisches System hat als der Westen, und seine Industriepolitik ist clever. China hat als großes Land komparative Vorteile in Industrien, in denen es Skalen- oder Lerneffekte gibt. Ein großes Land wie China muss danach trachten, dass es möglichst schnell viel produziert und dadurch die Lernkurve herunterkommt, denn dann kann es die Kosten reduzieren und wettbewerbsfähig werden. Eine industriepolitische Subvention hilft den Chinesen, diesen Lernkurveneffekt zu beschleunigen.

Das ist das klassische Schutzzollargument.

Genau. Das haben die Chinesen seit Jahren konsequent angewendet. Schon in den neunziger Jahren hat sich die Volksrepublik für den Weltmarkt parat gemacht, auch auf dem Feld der künstlichen Intelligenz, die der Staat stark subventioniert. Die künstliche Intelligenz ermöglicht große Lerneffekte. Je mehr Daten produziert werden, desto besser wird der Algorithmus, und umso besser ist das Unternehmen oder das Land.

Big data ist big in China.

Ja, very big. Jedenfalls stellt sich für den Westen in der Tat die Frage, wie man reagieren soll, wenn ein solches Land seine Wirtschaft mit massiver staatlicher Unterstützung auf den Weltmarkt schiebt. Vor diesem Hintergrund sehe ich sogar den Protektionismus des amerikanischen Präsidenten Donald Trump ambivalent. Denn die an sich natürlich unschöne Androhung von protektionistischen Maßnahmen und hohen Zöllen versetzt ihn überhaupt erst in die Lage, mit den chinesischen Machthabern an einen Verhandlungstisch zu treten und ihnen sagen zu können: „So geht es nicht. So nicht." Aber das ist Amerika – und was soll Deutschland in der beschriebenen Situation tun? Deutschland kann als exportorientiertes Land nicht gut protektionistisch auftreten; die Androhung von Zöllen geht zudem gar nicht im Alleingang, sondern ohnehin nur auf europäischer Ebene. Aber in dem dann noch verbleibenden Rahmen stimmt es schon, dass Deutschland nachziehen muss.

Aber was heißt dann nachziehen? Heißt das, künstlich nationale Champions zu schmieden? Heißt das konkret zum Beispiel, es wäre doch besser gewesen, wenn die EU-Kommission den geplanten Zusammenschluss zwischen Alstom und Siemens im Februar 2019 genehmigt hätte, um einen Eisenbahnbau-Riesen zu schmieden?

Nein, was Alstom-Siemens angeht, hat die EU-Kommission schon die richtige Entscheidung getroffen. Ein Zusammenschluss der beiden hätte im Idealfall bewirkt, dass die Kosten gesunken wären. Das wiederum hätte bedeutet, dass man im Wettbewerb mit den Chinesen neue Marktanteile hätte erwirtschaften können. Aber wenn man sich die Zahlen ansieht, dann sieht das anders aus. CRRC, das riesige chinesische Eisenbahn-Konglomerat, beliefert derzeit vor allem den chinesischen Markt mit Eisenbahnen und konkurriert kaum mit ausländischen Firmen auf Drittmärkten. Deshalb wäre Alstom und Siemens durch CRRC jedenfalls keine ernste Konkurrenz erwachsen. Ein Zusammenschluss von Alstom und Siemens hätte folglich nur dazu geführt, dass die Marktmacht auf dem europäischen Markt gestiegen wäre. Aber ansonsten muss man sich grundsätzlich darüber im Klaren sein, dass die Größe des Unternehmens per se ein Wettbewerbsvorteil ist, wie die neu-neue Außenhandelstheorie zeigt. In der Regel sind es deshalb auch nur einige wenige Unternehmen in einer Volkswirtschaft, durchschnittlich bis zu 20 Prozent, die den auswärtigen Handel eines Landes abwickeln.

Sind es in Deutschland mit seiner mittelständischen Struktur nicht mehr?

Doch, schon. Deutschland ist eine Ausnahme, der Anteil ist etwas größer. Die mittelständischen Unternehmen spielen hierzulande auch als Träger der Innovation eine andere Rolle als anderswo. Aber das ist wie gesagt eine Ausnahme. In den Vereinigten Staaten ist der Anteil der Unternehmen, die den Außenhandel erledigen, sogar noch geringer als der Durchschnitt. Grundsätzlich führt jede Handelsliberalisierung zu einer Reallokation von den kleinen, weniger produktiven zu den großen, hochproduktiven Unternehmen. Diese haben den Vorteil, von Skaleneffekten zu profitieren, was ihre Produktivität gegenüber kleineren Unternehmen erhöht. Große Unternehmen haben auch einen stärkeren Anreiz zur Innovation, weil diese sich für sie am ehesten rechnet. In einem Land wie China kann ein Unternehmen schnell groß werden und all diese Vorteile einstreichen. Aber es gibt auch das Argument, dass große Firmen wegen geringer Konkurrenz wenig Anreiz zur Innovation haben. Empirisch ist das umstritten.

Aber ist das denn gut, wenn Größe eine solche wirtschaftliche Dominanz erringt? Zwei Aspekte sprechen doch dagegen: Betriebswirtschaftlich kann Größe auch ineffizient werden, volkswirtschaftlich bleibt der Wettbewerb auf der Strecke.

Ja, das muss man alles beachten, insbesondere Ihren wettbewerbspolitischen Einwand, auch wenn das letztlich doch eine andere Diskussion ist. Es stimmt jedenfalls, der Konzentrationsgrad hat insbesondere in den Vereinigten Staaten, aber auch in anderen westlichen Ländern, auch in Deutschland zugenommen. Das hat unter anderem etwas mit der Plattformökonomie zu tun. Die Probleme, die damit auftauchen, sind sehr ernst: Die dort entstandenen Unternehmen sind mächtig; sie können Neulinge leicht von dem Markt fernhalten; sie haben enge Verbindungen in die Politik und üben erheblichen Einfluss aus. Das möchte ich alles gewiss nicht bestreiten. Aber wenn man sich die Konkurrenz mit China anschaut, erscheint das trotzdem in einem etwas anderen Licht.

Mit einer industriepolitischen Strategie, die darauf zielt, „National Champions" zu schmieden, haben Sie folglich kein Problem?

Grundsätzlich lehne ich das nicht ab, eben weil es den Vorteil der Größe gibt. Natürlich muss man sich immer den konkreten Fall ansehen, wie der Fall Alstom/Siemens zeigt. Man muss auch dazu sagen, dass es ja einmal die Erwartung gab, dass sich China, sobald es einmal der WTO beigetreten und in den Welthandel integriert ist, allmählich in ein demokratisches System verwandelt. Es ist so nicht gekommen. Präsident Xi hat ein anderes Modell für China ausgerufen: den Staatskapitalismus. Das heißt, dass die Wirtschaft stark subventioniert und gesteuert wird. Auch wenn wir das nicht gerne sehen, müssen wir das im Westen zur Kenntnis nehmen und angemessen reagieren.

Teilen Sie noch die Hoffnung, dass die westlichen Staaten dadurch, dass sie mit China Handel treiben und nun auch in Großprojekte wie die „Neue Seidenstraße" einsteigen, die Volksrepublik noch enger in die internationale Ordnung einbinden und mittelfristig ihre politischen Werte – Menschenrechte, Demokratie, Rechtsstaat – dorthin exportieren können? Als Mitglied in der WTO verhält sich China verlässlich, nur wäre ja denkbar, dass man das Land stärker fordert und unter anderem die seinerzeit eingeräumten Regelausnahmen aufgrund seines Entwicklungsland-Status abbaut. Wenn es gelänge, die Vorschriften über Beihilfen für die Wirtschaft auf China zu übertragen, wäre für die Chancengleichheit im globalen Wettbewerb viel erreicht.

Nein. Dass man China so an die westliche Ordnung heranführen kann, halte ich für eine Illusion. Ich glaube nicht, dass sich die Chinesen ihr politisches System vorschreiben lassen werden – wie auch wir uns nicht vorschreiben lassen, welches System wir haben. In aller Fairness muss man ihnen das zubilligen, auch wenn wir die Hoffnung hatten, dass das Land eine andere Entwicklung nehmen und sich nicht im Staatskapitalismus einrichten würde. Das ist nun aber nicht so, und darauf muss man sich schlicht einstellen. Es ist kein Wunder, dass die Verhandlungen zwischen China und den Vereinigten Staaten so schwierig sind und immer wieder scheitern. Denn die Chinesen werden sich von den Amerikanern nicht vorschreiben lassen, was sie subventionieren und was nicht. Die Amerikaner subventionieren ihre Exportindustrie ja auch und lassen sich von den Chinesen nichts sagen. Da ist keiner besser als der andere. Deutschland ist auch da eine Ausnahme mit den ordnungspolitischen Bedenken, die sich hier Bahn brechen.

Und wo führt uns die Reise dann hin?

Der globale Wettbewerb wird es mit sich bringen, dass auch wir im Westen mehr subventionieren. Wir werden uns China insofern ein wenig annähern. So wird es am Ende ausschauen. Ein Schritt in diese Richtung ist zum Beispiel die Idee von Bundeswirtschaftsminister Altmaier, die Produktion von Batteriezellen in Europa anzusiedeln. Das halte ich für eine ausgesprochen gute Idee. Im Moment ist es so, dass die Chinesen die Wertschöpfungskette des Elektroautos dominieren. Sie haben den wesentlichen Input für die Batterien dieser Autos, das Kobalt. Fast 70 Prozent der gesamten Produktion elektrischer Batterien findet deshalb in China statt. In den Vereinigten Staaten gibt es immerhin noch die Giga-Factory von Elon Musk, die Batterien herstellt. Aber in Europa haben wir gerade einmal 4 Prozent der Produktion.

Das ist nicht viel.

Das ist so gut wie nichts. Autoexperten sagen, wer die Forschungsbeziehungen zwischen dem Auto und der Batterie im Elektroauto nicht beherrscht, der kann kein vernünftiges Modell des Zukunftsautos produzieren. So essenziell ist diese Batterie. Wir wissen aus der theoretischen Forschung, dass es sich umso mehr auszahlt, selber einen solchen Sektor anzusiedeln, je größer dieser Anteil der Batterie an der gesamten Wertschöpfung ist. Die Ansiedlung dieses Wirtschaftszweigs in Europa bewirkt einen Agglomerationseffekt. Wenn dieser Inputsektor hier in Europa sitzt, ist zu erwarten, dass auch mehr Autobauer kommen, weil sie dessen Nähe suchen. Dadurch sinken die Transportkosten, was sich wiederum darin niederschlägt, dass die Autos billiger werden. Die theoretischen Modelle zeigen, dass die realen Einkommen in Europa dadurch steigen werden. Kurz: Ich bin sehr dafür, dass man das macht.

Man begibt sich damit freilich auf das ordnungspolitisch abschüssige Gleis, dass der Staat definieren muss, was eine Zukunftstechnologie ist. Sollte er, wenn er sich schon einmischt, nicht wenigstens technologieneutral fördern?

Ich sage es Ihnen, der Staat irrt. Das passiert. Der Staat irrt, so wie sich ein Unternehmen auch irrt. Aber Sie müssen nur betrachten, was der amerikanische Staat in dieser Hinsicht in der Vergangenheit getan hat und wie sich das bis heute auswirkt. Warum haben wir in Europa kein Google, Amazon und Facebook? Ein Problem ist, dass der Staat nicht die Basis dafür bereitet hat. Wo ist denn das Internet entstanden, ohne das es Google, Amazon und Facebook nicht gäbe? In DARPA!

Der „Defense Advanced Research Projects Agency", einer 1958 unter Präsident Dwight Eisenhower gegründeten Forschungsbehörde für die amerikanische Armee.

Genau. Es ist völlig verfehlt zu glauben, dass die großen Innovationen in der amerikanischen Privatwirtschaft jemals ohne staatliche Förderung ausgekommen wären. Ich würde deshalb eher sagen, Bundeswirtschaftsminister Altmaier ist in seinem Denkanstoß für eine deutsche Industriestrategie noch nicht einmal weit genug gegangen. Er sollte jetzt viel Geld in die Hand nehmen und eine Initiative auf den Weg bringen, auf dass so etwas wie ein europäisches DARPA entsteht, das den Input für Zukunftstechnologien liefern kann. Das wäre übrigens auch politisch eine gute Idee. Deutschland wird ja nicht zuletzt von den Amerikanern in der NATO immer angegriffen dafür, dass es nicht genug für seine Verteidigung ausgibt. Mehr Geld in eine solche Initiative fließen zu lassen – das wäre doch etwas.

Sie sind ja ohnehin der Ansicht, dass der deutsche Staat die Investitionen hochfahren sollte, nicht wahr?

In der Tat. Die Deutschen sind zu sehr mit dem Abbau der Staatsverschuldung beschäftigt. Die Chinesen haben technologisch aufgerüstet und sind Weltanbieter in der künstlichen Intelligenz geworden, während die Deutschen auf die schwarze Null gestarrt haben. So kann man das zusammenfassen. Die deutsche Politik ist zu kurzsichtig. Es wird immer argumentiert, dass wir für die künftigen Generationen sparen müssten. Aber was bedeutet es denn wohl für die künftigen Generationen, wenn wir den Wettbewerb auf dem Feld der künstlichen Intelligenz verlieren? Deshalb, noch einmal: Bundeswirtschaftsminister Altmaier hat einen richtigen Punkt gemacht. Nur müsste er noch viel mehr tun, als er jetzt überlegt, und Deutschland als einen modernen Innovationsstandort auf Vordermann bringen – in europäischem Schulterschluss. Ich kann mir gut vorstellen, dass Frankreich gerne bereit wäre, bei einem europäischen DARPA-Projekt mitzumachen. Und Deutschland sollte als das wirtschaftsstärkste Land Europas bei einer solchen Initiative vorangehen. Wir stehen in einem technologischen Wettbewerb mit anderen Ländern und müssen uns besser aufstellen.

Hat Ihre Unterstützung staatlicher Investitionen in der jetzigen Lage etwas zu tun mit der These der demographisch getriebenen säkularen Stagnation, wie sie unter anderem Lawrence Summers in Amerika und in Deutschland Carl Christian von Weizsäcker vertreten?[3]

---

3 Siehe u. a. Weizsäcker, C. C. von (2015), Kapitalismus in der Krise? Der negative natürliche Zins und seine Folgen für die Politik, *Perspektiven der Wirtschaftspolitik* 16(2), S. 189–212. Vgl. auch das Gespräch in diesem Band.

Gewiss. Die These ist umstritten, aber sie wird dadurch bestätigt, dass die Zinsen im Keller sind und wir bisher keinerlei Inflation haben. Wir konsumieren zu wenig, das ist das Problem und nicht die staatlichen Schulden. Wenn die Wachstumsrate einer Volkswirtschaft größer ist als die Realzinsen, dann kann man das Problem der Schulden vergessen, wie Olivier Blanchard in seiner Presidential Address auf der Jahrestagung 2019 der American Economic Association eindrucksvoll gezeigt hat. Es kostet nichts, sich zu verschulden. Die Fiskalpolitik muss in einer Welt der Nullzinsen neu bewertet werden. Aufgrund der Alterung der Gesellschaft gibt es keine ausreichende Nachfrage insbesondere nach innovativen Produkten. Mehr Staatsinvestitionen wären auch die offensichtliche Lösung für das Problem des Leistungsbilanzüberschusses, mit dem wir unsere Handelspartner verärgern.

Aber mit dem Ausgeben ist es ja nicht getan, es spielt auch eine Rolle, wo das Geld hinfließt, oder? Deshalb noch einmal: Woher weiß der Staat, wofür mehr Geld ausgegeben werden soll, welche Technologie zukunftsweisend ist? Der Vorteil marktlicher Prozesse ist ja, dass sie spontan das Wissen zutage fördern, welche Produkte sich lohnen.

Es ist naiv zu glauben, wir hätten in der Technologie kein Marktversagen. Wenn Sie Lernkurven haben, gibt es Marktversagen. Auch der Agglomerationseffekt, von dem ich gerade sprach, ist ein externer Effekt, bedingt also Marktversagen. Dafür brauche ich noch nicht einmal an der Front der Forschung unterwegs zu sein, das ist die alte Schule der Nationalökonomie. Da gibt es nun einmal eine Rolle für den Staat.

Um den Wettbewerb machen Sie sich ebenfalls Sorgen, nicht wahr? Wenn ich mich recht entsinne, haben Sie vor einigen Jahren der G20 ein Welt-Wettbewerbs-Netzwerk vorgeschlagen.[4]

Ja, aus genau den Gründen, über die wir gerade gesprochen haben. Wenn der internationale Handel nur noch zwischen einigen wenigen Unternehmen abgewickelt wird, weil er die Großen begünstigt, ist das durchaus problematisch. Wenn wie gesagt die Firmengröße eine Rolle spielt, fallen die kleinen Unternehmen früher oder später aus dem Markt. Wir beobachten nur eine geringe Marktdynamik; es scheiden nur wenige Unternehmen aus und nur wenige neue treten ein. Zugleich ist die Produktivität niedrig. Das deutet darauf hin, dass etwas mit dem Wettbewerb nicht in Ordnung ist. Hiermit nehme ich insofern eine konträre Position zu dem ein, was ich bisher gesagt habe, denn wir befinden uns hier in einem Szenario, wo man sagen muss, dass einige Unternehmen durch die Technologie zu groß geworden sind.

---

4 Siehe https://www.g20-insights.org/policy_briefs/inclusive-globalization-digital-age-g20-implement-global-competition-authority-address-superstar-firms/.

Da geht es um die Unternehmen der Plattformökonomie, nicht wahr? Um Google und Co.?

Ja. Das sind Unternehmen, die hohe Kosten beim Etablieren ihrer Plattform tragen müssen, aber danach können sie zu Nullkosten expandieren, ohne neue Arbeitskräfte einzustellen.

Sie profitieren von Netzwerkeffekten.

Genau. Deshalb wachsen solche Unternehmen sehr rasch. Doch es ist ziemlich beunruhigend, dass durch diese Entwicklung die Lohnquote gefallen ist, der Anteil der Lohneinkommen am Volkseinkommen. In der gesamten Nachkriegszeit war die Lohnquote bis Mitte der achtziger Jahre konstant. Seither sinkt sie. Das ist ein globales Phänomen. Die Arbeitseinkommen bekommen immer weniger vom Kuchen ab. Es ist die Technologie, die das erzeugt. Die Preise für Computer und Roboter sind gesunken. Es werden Roboter statt Arbeitskräfte eingestellt. Die Wettbewerbspolitik bekommt damit eine ganz neue Rolle: Sie wird zu einer Politik gegen die Ungleichheit. Ihre Aufgabe ist es nicht mehr nur, dafür zu sorgen, dass die Konsumentenrente bewahrt wird, sondern auch dafür, dass die materielle Ungleichheit nicht zu groß wird. Ich habe den G20-Staaten jedenfalls vorgeschlagen, ein Welt-Wettbewerbs-Netzwerk nach dem Vorbild der europäischen Wettbewerbsbehörde zu schaffen, eine Kooperationsstruktur für die Wettbewerbsbehörden in aller Welt. Ursprünglich hatte ich mir vorgestellt, dass das an der WTO andocken könnte, aber die Institution ist dafür zu sehr in Misskredit geraten. Die EU-Wettbewerbsbehörde hingegen funktioniert seit jeher besonders gut. Das ist kein Wunder, denn ein zentrales Element der Identität der Europäischen Union basiert auf dem Wettbewerb, den der Binnenmarkt garantiert. Aber ich fürchte, mein Vorschlag wird auch bei der EU nicht durchgehen. Sie wird wohl ihr europäisches Primat nicht aus der Hand geben wollen. Und die Amerikaner werden ohnehin nicht mitmachen. Sie wollen nicht, dass Europa zum Geschäftsgebaren von amerikanischen Unternehmen noch mehr zu sagen hat als schon jetzt.

Wie ist der Vorschlag denn in der wissenschaftlichen Diskussion in Amerika aufgenommen worden?

Ganz anders. Da gibt es auch schon eine Menge Stimmen, die meinen, die Giganten der Plattformökonomie wie Google und Facebook müssten zerschlagen werden, ähnlich wie seinerzeit die Energieriesen. Grundsätzlich sind die Amerikaner ja nicht scheu, so etwas zu tun. Das wissen auch Google und Facebook und bemühen sich jetzt, bei der Politik gut Wetter zu machen.

Kommen wir zurück nach Europa. Sie haben sich in Ihrer Forschung auf dem Feld der „neu-neuen Handelstheorie"[5] unter anderem mit dem Zusammenhang zwischen der Liberalisierung des Außenhandels und der dezentralen Organisation von Unternehmen befasst. Wo hatten Sie denn die Daten dafür her?

Die haben wir selbst erhoben, in einer sechs Jahre langen Anstrengung. Das begann alles in den neunziger Jahren, als ich noch an der Humboldt-Universität zu Berlin war. Damals gab es ein großes Projekt der Deutschen Forschungsgemeinschaft (DFG), in dessen Rahmen wir Daten von österreichischen und deutschen Unternehmen erhoben, die in Osteuropa investierten. Mit diesen Zahlen arbeite ich heute noch, der Datensatz ist ungeheuer ergiebig. Es war damals ein für die Forschung besonders spannender historischer Bruch, denn in der Planwirtschaft hatte es keine Direktinvestitionen gegeben. Deshalb konnten wir nun auf Firmenebene eine Vollerhebung durchführen. Solche Daten gab es damals noch gar nicht. Inzwischen ist das gang und gäbe, aber ich war mit meinem Team in dieser Arbeit seinerzeit ein Pionier. Der politische Hintergrund war damals die EU-Osterweiterung; die Angst vor Verlagerung und Arbeitsplatzabbau in Deutschland war weit verbreitet. Aus den Daten und unserer Analyse kam allerdings heraus, dass das, was die deutschen Tochterfirmen in Osteuropa produzierten, gar kein Substitut, sondern ein Komplement zur Produktion in Deutschland war. Ein global tätiges Unternehmen, das in Osteuropa produzierte, senkte seine Kosten und konnte so seinen Umsatz ausweiten – ganz ohne Beschäftigungsverluste in Deutschland.[6]

Und was haben Sie über den Zusammenhang zwischen dem Außenhandel und der organisatorischen Dezentralisierung im Unternehmen herausgefunden?

Ein neues Merkmal der Globalisierung ist, dass sich die Unternehmen dezentralisiert haben und nunmehr weniger hierarchisch organisiert sind. In meiner Forschung habe ich gezeigt, dass die Ursache für diese Dezentralisierung tatsächlich genau darin liegt, dass die Volkswirtschaften offener und stärker dem internationalen Handel ausgesetzt sind. Durch die Marktöffnung gibt es einen Anreiz, die Firmenorganisation zu dezentralisieren, weil es, um im Wettbewerb zu bestehen, wichtiger wird, dem mittleren Management einen Anreiz für neue Ideen zu geben. Wir zeigen in unserer Forschung, dass sich die deutschen Unternehmen infolge der Handelsliberalisierung mit Osteuropa dezentralisiert haben. Und zwar wurden insbesondere jene Entscheidungen dezentralisiert, bei denen die Ideen des mittleren Managements bedeutend sind, wie die Entscheidungen über Forschung und Entwicklung sowie über die Einführung

---

5 Marin, D. (2016), The theory of the firm goes global, in: P. Aghion et al. (Hrsg.), *The Impact of Incomplete Contracts on Economics*, New York, Oxford University Press, S. 289–300.
6 Marin, D. (2006), A new international division of labor in Europe: Outsourcing and offshoring to Eastern Europe, *Journal of the European Economic Association* 4(2–3), S. 612–22.

neuer Produkte.[7] Die Idee dahinter ist: Das mittlere Management kennt die Bedürfnisse des Kunden besser als das Topmanagement, und es hat auch die Macht, diese relevanten Kenntnisse in der Unternehmensentscheidung umzusetzen.

Wenn sich Unternehmen neue Märkte erschließen wollen, hilft ihnen dabei eine lokale Präsenz. Es liegt dann in der Tat nahe, zu dezentralisieren. Aber wie verhält sich das, unabhängig von der EU-Osterweiterung, zu heutigen Trends wie „Industrie 4.0", wo die Digitalisierung mit wesentlich flacheren Hierarchien und loser verbundenen funktionalen Organisationseinheiten einhergeht? Ist da die digitale Technologie der Treiber der Dezentralisierung oder ist es, gleichsam vorgelagert, die Größe der Märkte, die überhaupt erst die Technologie in den Vordergrund rückt?

Größere Märkte geben den Unternehmen einen Anreiz, moderne Technologien einzuführen. Mit der Einführung einer neuen Technologie sind allerdings zunächst einmal hohe Kosten verbunden. Sie rentieren sich auf einem größeren Markt eher. Auf größeren Märkten führen Unternehmen neue Technologien deshalb schneller ein. Das kann zwei verschiedene Effekte auslösen. Der eine Effekt mündet nicht direkt in Dezentralisierung, sondern vielmehr zunächst in eine stärkere Zentralisierung. Wenn die Technologie komplexer ist, muss man die Angestellten mehr anleiten, damit sie die Technologie verstehen und anwenden können. Die Zentralisierung wird durch die Technologie befördert, schließlich reduziert sie die Kommunikationskosten zwischen dem Topmanagement und dem mittleren Management, der Topmanager kann über E-Mail leichter Fragen des mittleren Managements beantworten. Aber irgendwann ist das zu umständlich. Die Unternehmen entscheiden, die Mitarbeiter mit der neuen Technologie vertrauter zu machen, und investieren in Training. In der Folge kann das mittlere Management die Aufgaben selber lösen, und die Entscheidungsbefugnisse werden auf die untere Ebene dezentralisiert.

Die Dezentralisierung der Unternehmen wird durch den internationalen Handel einerseits und durch die Technologie andererseits getrieben?

Ja, lassen Sie mich bei dem internationalen Handel bleiben, auf den sich meine Forschung konzentriert.[8] Wir führen eine relativ neue Theorie der Unternehmung, die auf Philippe Aghion und den Nobelpreisträger Jean Tirole zurückgeht, in die Handelstheorie ein. In dieser Theorie der Unternehmung wird ein Trade-off beschrieben zwischen dem Ausmaß an Kontrolle durch das Topmanagement und der Initiative des mittleren Managements. Wenn zu viel kontrolliert wird, dann entmutigen Sie die Ini-

---

7 Marin, D. und T. Verdier (2014), Corporate hierarchies and international trade: Theory and evidence, *Journal of International Economics* 94(2), S. 295–310.
8 Helpman, E., D. Marin und T. Verdier (2008)(Hrsg.), *The Organization of Firms in a Global Economy*, Cambridge, Harvard University Press.

tiative des mittleren Managements. Wenn Initiative und Ideen wichtig sind, wird dezentralisiert, um die Entmutigung zu vermeiden. Der Handel gibt einen Anreiz dazu, dass der Topmanager mehr kontrolliert, weil mehr auf dem Spiel steht: Der Markt ist größer, die Gewinne sind höher, es gibt mehr zu kontrollieren. Wenn sich der Handel intensiviert, dann wird der Wettbewerb stärker und die Innovation wichtiger. Deswegen wird bei hinreichendem Offenheitsgrad der Märkte dezentralisiert, um sicherzustellen, dass das mittlere Management die Innovationen auch wirklich liefert.

Wie Sie vorhin sagten, haben Sie ja in der empirischen Umsetzung dann tatsächlich auch gefunden, dass die Firmen gerade dort dezentralisieren, wo die Ideen eine entscheidende Rolle spielen, zum Beispiel mit Blick auf Forschung und Entwicklung und darauf, wann ein Produkt auf einem Markt neu eingeführt werden soll.

Genau. Für Deutschland war diese Entwicklung sehr wichtig. Denn sie hat es mit sich gebracht, dass die hierzulande bis dahin noch eher zentralistisch geführten Unternehmen etliche Hierarchiestufen abgebaut haben und sich organisatorisch dezentralisiert haben. Und diese organisatorische Dezentralisierung hat, wie wir in einer anderen Arbeit herausgefunden haben, in Deutschland dazu geführt, dass die Unternehmen eine bessere Produktqualität im Export erreichen. Und dadurch sind wiederum die Exportanteile gestiegen.[9]

Also kam es der Wettbewerbsfähigkeit zugute.

Ja – und zwar einer Wettbewerbsfähigkeit, die nicht etwa auf moderaten Preisen, sondern auf der Produktqualität basiert. Das erklärt, warum Deutschland, in den neunziger Jahren ja noch der kranke Mann Europas, so ungeheuer aufgeholt hat. Es geht letztlich alles auf diesen Handelsschock mit Osteuropa zurück, der in den Unternehmen eine Dezentralisierung produziert hat, die ihrerseits die Produktqualität im Export erhöht hat. Für andere europäische Länder lässt sich das nicht zeigen.

Aber wie kam das genau zustande? Was hat Deutschland in dieser Situation so richtig gemacht, dass es schließlich sogar Exportweltmeister werden konnte – abgesehen davon, dass den Ausfuhrunternehmen der Euro geholfen hat?

Nun, da gibt es mehrere Hypothesen.[10] Eine dieser Hypothesen ist, dass die Lohnzurückhaltung eine ganz wesentliche Ursache dafür gewesen ist. Das stimmt auch, aber

---

9 Marin, D., J. Schymik und J. Tscheke (2015), Europe's export superstars – it's the organization, *Bruegel Working Paper*, Juli.
10 Marin, D. (Hrsg.)(2018), *Explaining Germany's Exceptional Recovery*, London, CEPR Press.

in diesem Zusammenhang spielt wieder die EU-Osterweiterung eine Rolle, neben der deutschen Einheit. Die Lohnzurückhaltung geht auf die Osterweiterung und die Liberalisierung des Handels mit den Staaten Osteuropas zurück, die in Deutschland das Machtgleichgewicht zwischen den Gewerkschaften und den Arbeitgebern zugunsten der Unternehmen verschoben haben. Die Unternehmen konnten nunmehr glaubhaft androhen, ihre Produktion nach Osten zu verlagern, wenn die Löhne in Deutschland zu stark steigen. Das hat zu Verbandsflucht und zu dezentralen Lohnverhandlungen geführt, statt wie bis dahin auf Industrieebene. Die Unternehmen waren nunmehr besser in der Lage, die Lohnentwicklung in ihren Betrieben auf ihre jeweilige Marktsituation abzustimmen. Das hat einen langsameren Anstieg der Löhne zur Folge gehabt, und die Lohnstückkosten in Deutschland sind drastisch gesunken. Außerdem hat es die Produktionsverlagerung nach Osteuropa in vielen Fällen ja auch nicht nur als Drohung, sondern auch ganz real gegeben, was die Produktionskosten der deutschen Unternehmen insgesamt gedrosselt hat. Als dritter Mechanismus aber ließ sich eben beobachten, dass sich die Unternehmen in Reaktion auf den Handelsschock dezentralisiert haben, was zur Verbesserung der Produktqualität im Export geführt hat. Diese drei Dinge haben es in ihrem Zusammenwirken ermöglicht, dass sich Deutschland so erfolgreich von einem Hochlohn- und Hochkostenland zu einem Niedriglohn- und Niedrigkostenland mit gesteigerter Produktqualität wandeln konnte. Das ist schon nicht schlecht.

Hätte es auch anders laufen können?

Ja, Frankreich ist das Gegenbeispiel. Wir haben festgestellt, dass sich die französischen Unternehmen organisatorisch so gut wie gar nicht dezentralisiert haben. Und wenn sie dezentralisiert haben, dann ist trotzdem der Exportmarktanteil von Hochqualitätsprodukten nicht gestiegen. In Spanien und in Großbritannien ist er immerhin ein wenig gestiegen, in Deutschland aber eben exorbitant.[11]

Woran liegt es, dass die Franzosen diesen Dezentralisierungstrend nicht nachvollzogen haben?

Frankreich hat den Handelsschock mit Osteuropa nicht im selben Ausmaß erlebt wie Deutschland und Österreich. Dadurch war der Konkurrenzdruck, der von Osteuropa ausging, nicht im selben Ausmaß gegeben. Die Dezentralisierung hat auch einen Nachteil: Das mittlere Management kann seine Macht im Unternehmen für seine eigenen Zwecke ausnutzen. Der Manager kann zum Beispiel beschließen, ein Produkt einzuführen, das ihm in seiner zukünftigen Karriere nützlich sein wird, auch wenn es für das Unternehmen nicht gut ist. So etwas ist in Frankreich geschehen.

---

11 Siehe Marin, Schymik und Tscheke 2015.

Warum nutzen es die deutschen Manager nicht aus, wenn sie über Autonomie verfügen, die französischen Manager aber sehr wohl, wie Sie sagen? Weil sie nicht können?

Sie können schon. Warum sie es nicht tun – das ist eine schwierige Frage. Womöglich spielt das in der Gesellschaft verbreitete Vertrauen eine Rolle. Denn auf jeden Fall ist es empirisch so, dass unternehmerische Dezentralisierung und Vertrauen korreliert sind. Der World Value Survey[12] zeigt, dass in Deutschland das Vertrauen in der Gesellschaft wesentlich stärker ausgeprägt ist als in Frankreich. Vertrauen ist ein sehr wichtiges Sozialkapital. Manche Wissenschaftler meinen, dass die Fähigkeit zur wirtschaftlichen Dezentralisierung auch etwas mit der Religion zu tun hat. In Ländern, in denen die dominante Religion hierarchisch organisiert ist wie der Katholizismus, tut sich die Wirtschaft mit der Dezentralisierung schwerer. Deutschland ist eher protestantisch und Frankreich eher katholisch: Das passt. Diese These steht zumindest im Raum. Das ist zwar wissenschaftlich nicht mein wesentlicher Punkt, aber es ist schon interessant, dass da so deutliche Unterschiede zwischen den Ländern herauskommen. Die einzigen, die auch in dieser Hinsicht erfolgreich sind, sind übrigens die Engländer. Das sind auch Protestanten.

Sie haben sich in Ihrer Forschung auch mit dem Effekt des Außenhandels auf die Vorstandsgehälter befasst. Was haben Sie da herausgefunden?

In unserer Forschung, in der wir ja die neue Unternehmenstheorie in die Handelstheorie einführten, haben wir festgestellt, dass der Außenhandel die Vorstandsvergütung treibt. Im Zuge einer Handelsliberalisierung treten neue Unternehmen in den Markt ein, die mit den bestehenden Unternehmen auch um die Manager konkurrieren. Manager werden lokal rekrutiert. Wenn beispielsweise eine amerikanische Firma nach Deutschland kommt, stellt sie eher einen deutschen als einen amerikanischen Manager ein. Es kommt dann vor Ort zu einem „War for talent", induziert durch die Handelsöffnung. Diese treibt die Managerentlohnung in die Höhe. Durch die Marktöffnung entsteht mehr Mobilität unter den Managern, weil sich durch die neu auf den deutschen Markt eintretenden Unternehmen mehr Anstellungsmöglichkeiten ergeben.[13] Empirisch passt das. In unserer Studie zum Anstieg der Vorstandsgehälter in deutschen Unternehmen zwischen 1980 und 1997 finden wir in der Tat, dass der Anstieg der Vorstandsgehälter wesentlich durch den Eintritt ausländischer Firmen erklärt wird. Zwischen 1980 und 1997 sind in Deutschland die Vorstandsgehälter um das Dreieinhalbfache gestiegen, in den Vereinigten Staaten um das Sechsfache, also viel mehr. Wie gut das je-

---

12 Vgl. https://www.worldvaluessurvey.org/wvs.jsp.
13 Marin, D. und T. Verdier (2012), Globalization and the empowerment of talent, *Journal of International Economics* 86(2), S. 209–23.

weilige deutsche Unternehmen dasteht, spielt für diesen Zuwachs keine Rolle. Wichtiger ist, wie es der Industrie insgesamt geht. Der Manager profitiert davon, wenn es der Industrie gut geht, selbst wenn er dazu gar nichts beigetragen hat.[14]

Der nationale Wettbewerb um die Manager von neu eintretenden ausländischen Unternehmen erklärt also den Anstieg der Vorstandsgehälter. Aber warum war er in Deutschland so viel niedriger als in den Vereinigten Staaten?

Ein Teil der Erklärung liegt darin, dass das Finanzgewerbe in Deutschland keine so große Rolle spielt wie in den Vereinigten Staaten. Aber wir haben in einer Studie zeigen können, dass darüber hinaus deutsche Unternehmen auch ihre Manager nach Osteuropa verlagert haben, als sie in Osteuropa investierten, was zu dem geringeren Anstieg der Vorstandsgehälter beigetragen hat.[15]

Was meinen Sie damit? Sind die Manager also mit umgezogen?

Nein, eben genau nicht, sondern sie wurden lokal rekrutiert. Die genauen Zahlen sehen wie folgt aus: In 57 Prozent der deutschen Investitionen in Osteuropa wurde ein lokaler Manager vor Ort eingestellt. Das hatte einen dämpfenden Effekt auf die Entlohnung. Wenn ausländische Unternehmen nach Deutschland kommen und hier einen Manager suchen, dann treibt das tendenziell natürlich die Managerentlohnung in Deutschland. Aber wenn deutsche Unternehmen ins Ausland gehen, ihre Organisation mitbringen und dort einen nicht-deutschen Manager einstellen, dann wird die Managerentlohnung wieder reduziert.[16] Der Effekt ist riesig. Wenn auch nur ein einziger Manager nach Osteuropa verlagert wird, dann reduziert das die Managerentlohnung um 4,6 Prozent. Mit anderen Worten, hohe Vorstandsgehälter haben etwas damit zu tun, dass Manager knapp auf dem Markt sind. Die Ungleichheit in Deutschland wird auch von den Top-1-Prozent der Einkommen getrieben, und unter diesen bewegen sich die Manager. Wenn man die Ungleichheit in Deutschland verringern will, dann muss man bei der Knappheit an Managern ansetzen. Nur rund 2 Prozent der Manager sind weiblich und kommen aus dem Ausland. Wenn man die Vorstandsetage internationalisiert und weiblicher gestaltet, dann trägt das zum Abbau der Ungleichheit in Deutschland bei.

14 Fabbri, F. und D. Marin (2016), What explains the rise of executive pay in Germany? *Scandinavian Journal of Economics* 118(2), S. 235–63.
15 Marin, D., J. Schymik und A. Tarasov (2018), Trade in tasks and the organization of firms, *European Economic Review* 102, S. 99–132.
16 Marin, D., L. Rousova und T. Verdier (2021), Do multinationals transplant their business model? *The Economic Journal* 131(634), S. 899–945.

In Deutschland sind aber nicht nur die Vorstandsgehälter geringer als in den Vereinigten Staaten, sondern allgemein ist die materielle Ungleichheit geringer.

Richtig. Für die geringere Ungleichheit in Deutschland spielt neben der Managerverlagerung auch die Wertschöpfungskette mit Osteuropa eine Rolle. Die meisten deutschen Unternehmen verlagerten gerade die besonders anspruchsvollen, skillintensiven Tätigkeiten nach Osteuropa. Denn in den neunziger Jahren waren Teile von Osteuropa reichlicher mit hochqualifizierten Hochschulabgängern ausgestattet als Deutschland. Deutsche Unternehmen stellten in der Folge besonders viele Menschen mit Hochschulabschluss in den Tochterunternehmen in Osteuropa ein. Das scheint auf ersten Blick durchaus paradox: Wieso verlagern Unternehmen ausgerechnet aus Deutschland, einem hochentwickelten Land mit hochqualifizierten Arbeitskräften, derartige Tätigkeiten in Niedriglohnländer im Osten?

Wo die Leute aber zu geringeren Löhnen arbeiteten als daheim in Deutschland.

Ja. Unter dem Kommunismus jedenfalls war die Devise, dass jeder Bildung bekommen sollte, und die Leute waren sehr qualifiziert. Manches Wissen war zwar obsolet, manches aber eben auch nicht. Die Verlagerung des Skill-intensiven Teils der Wertschöpfungskette hat dann dazu geführt, dass in Deutschland die Skill-Prämie, also die Prämie für einen Hochschulabschluss, gesunken ist. In den Vereinigten Staaten indes gingen die Produktionsverlagerungen in Richtung Mexiko, also in ein Land, das reich an geringqualifizierten Arbeitern ist. Das hat daheim in Amerika die Löhne für geringqualifizierte Arbeiter gedrückt. Weil die Produktionsverlagerungen in Deutschland und in den Vereinigten Staaten von so unterschiedlicher Art waren, hatten sie auch unterschiedliche Auswirkungen auf die Einkommensverteilung.

Karl-Heinz Paqué

https://doi.org/10.1515/9783111208749-009

Liberaler Freund der Weltwirtschaft

Im saarländischen St. Wendel gab es einmal die Brauerei Paqué. Die im 18. Jahrhundert aus Lothringen zugewanderte Familie hatte sie im Jahr 1836 gegründet. Bis 1967 blieb sie in Familienbesitz; dann wurde die Firma an die Brauerei Becker verkauft, die sie später an die Karlsberg Brauerei weiterreichte. „Es war eine sehr schöne Kindheit", erinnert sich Paqué und erzählt von dem Pferdefuhrwerk, auf dem er, stolz neben einem trinkfesten Kutscher hoch oben auf dem Bock platziert, bei der Auslieferung von Fassbier mit von der Partie sein durfte. Die unternehmerische Selbständigkeit bedeutete allerdings auch harte Einschränkungen: Der Vater, der gern Jura oder Altphilologie studiert hätte, nach der Rückkehr aus russischer Kriegsgefangenschaft jedoch die Nachfolge seines Onkels in dem Betrieb antreten musste, arbeitete 16 Stunden am Tag, und die Sommerferien im Allgäu fanden ohne ihn statt. Seinem Sohn wünschte er ein anderes Los und riet ihm, zu studieren und Beamter zu werden. Als 16-Jähriger hatte Karl-Heinz Paqué noch vor, sich der Germanistik und Philosophie zu widmen – Neigungen, die sich in seiner geschliffenen Sprache und gedanklichen Breite bis heute niederschlagen. Doch dann traf 1973 der Ölpreisschock Deutschland und weckte das Interesse für volkswirtschaftliche Zusammenhänge. „Ich habe die Ölkrise damals sehr bewusst wahrgenommen und als tiefen gesellschaftlichen Bruch empfunden", erzählt er.

Er begann 1975 an der Universität des Saarlandes in Saarbrücken zu studieren. Vor allem Wolfgang Stützel beeindruckte ihn, der in der Volkwirtschaftslehre eine legendäre Einführungsvorlesung hielt. Auf dem im Saarbrücker Stadtwald gelegenen Campus indes „schwebte immer noch der Geist von Giersch". Der Ökonom Herbert Giersch, Gründungsmitglied und paradigmatisch prägender Kopf des Sachverständigenrats zur Begutachtung der gesamtwirtschaftlichen Entwicklung, war allerdings schon 1969 als Nachfolger von Erich Schneider ans Institut für Weltwirtschaft in Kiel gewechselt. „Der Mann interessierte mich – wie alle Menschen, die etwas ungewöhnlich sind, sich nicht beirren lassen und somit aus der Masse herausragen." Um bei ihm zu hören, ging Paqué nach dem volkswirtschaftlichen Vordiplom an die Förde. „Ich war vom ersten Augenblick von ihm fasziniert", sagt er. Giersch wurde zu seinem wichtigsten akademischen Lehrer und Vorbild, auch was die Präzision der Sprache betrifft. Heute steht Paqué der Herbert-Giersch-Stiftung vor, die der gebürtige Schlesier als Forum zur Diskussion von Fragen der Weltwirtschaft selbst gegründet hatte.

Noch vor dem Diplom verbrachte Paqué im Rahmen eines Austauschprogramms ein Jahr an der University of British Columbia im kanadischen Vancouver – eine für ihn intensive Zeit nicht nur des Trainings in formaler Mikro- und Makroökonomik, sondern auch der Vertiefung seines wirtschaftsgeschichtlichen Interesses. Bei Robert C. Allen hatte er einen Kurs in „European Economic History" belegt, den er als inspirierend empfand. „Es war ein extrem wichtiges Jahr zur Ergänzung meines Studiums", bilanziert Paqué. Zurück in Kiel, wurde er nach dem Diplom am Institut für

Weltwirtschaft wissenschaftlicher Mitarbeiter in der Forschungsgruppe Staat und Wirtschaft, damals von Roland Vaubel geleitet, und begann mit der Dissertation zu „Philanthropie und Steuerpolitik"[1]. Es ging darin wohlfahrtstheoretisch, empirisch und institutionenvergleichend um die Frage, ob gemeinnützige private Spenden und Stiftungen in Deutschland – ähnlich wie in den Vereinigten Staaten – den Staat in der Bereitstellung öffentlicher Güter stärker entlasten könnten und welche Reformen der steuerlichen Rahmenbedingungen dafür empfehlenswert wären.

Einen Teil der Arbeiten hierfür erledigte Paqué 1982/83 auf Empfehlung von Giersch und Vaubel als Research Fellow am Center for Study of Public Choice in Blacksburg im amerikanischen Bundesstaat Virginia. Es war das letzte Jahr dort, bevor die zwei führenden Köpfe des Centers, der spätere Nobelpreisträger James M. Buchanan und sein langjähriger Koautor Gordon Tullock, mit ihrer Forschungseinrichtung an die George Mason University in Fairfax umzogen. Mit Steuerdaten schätzte Paqué – was damals in seiner Heimat ein Novum war – die Preiselastizität des Spendenaufkommens in Deutschland. Sie erwies sich als sehr hoch. Paqué kam zu dem Schluss, dass es gesellschaftlich nützlich und fiskalisch effizient wäre, die Abzugsfähigkeit von Spenden durch eine großzügige pauschale Steuergutschrift zu ersetzen, damit jeder Betrag gleichermaßen honoriert würde, und nicht in Abhängigkeit vom marginalen Einkommensteuersatz. Die Arbeit brachte ihm drei Preise ein, aber in der praktischen Politik hat sich die Idee bisher nicht durchgesetzt.

Nach der Rückkehr wurde Paqué Assistent von Giersch, der ihn 1986 auch promovierte. Anschließend wurde er Hochschulassistent am Institut für Theoretische Volkswirtschaftslehre der Universität Kiel. Er übernahm 1991 am Institut für Weltwirtschaft die Leitung der Forschungsabteilung Wachstum, Strukturpolitik und internationale Arbeitsteilung als Professor und Wissenschaftlicher Direktor – eine Aufgabe des Wissenschaftsmanagements, die dem im Elternhaus unternehmerisch geprägten, umtriebigen „Macher" Paqué lag. Er schloss 1995 seine makroökonomische Habilitation bei Giersch unter dem Titel „Structural Unemployment and Real Wage Rigidity in Germany"[2] ab. In der Studie untersuchte er, inwieweit die schubweisen Wellen der De-Industrialisierung der siebziger und achtziger Jahre im Gefolge der beiden Ölkrisen in ihrer Wirkung auf den Arbeitsmarkt durch eine Reallohnstarrheit akzentuiert wurden – im Unterschied zu den Vereinigten Staaten, wo entlassene Arbeitskräfte der Industrie im Dienstleistungssektor wiederbeschäftigt wurden. Was sich in Deutschland in dauerhaft erhöhter Langzeitarbeitslosigkeit niederschlug, zeigte sich demnach in den Vereinigten Staaten in einer verstärkten Lohndifferenzierung.

---

1 Paqué, K.-H. (1986), *Philanthropie und Steuerpolitik. Eine ökonomische Analyse der Förderung privater Wohltätigkeit*, Tübingen, Mohr Siebeck.
2 Paqué, K.-H. (1999), *Structural Unemployment and Real Wage Rigidity in Germany*, Tübingen, Mohr Siebeck.

Im Jahr 1996 folgte Paqué einem Ruf auf den Lehrstuhl für Volkswirtschaftslehre, insbesondere Internationale Wirtschaft an der Otto-von-Guericke-Universität in Magdeburg. Paqué ließ sich auf Magdeburg, auf Sachsen-Anhalt, auf Ostdeutschland mit der Vorbehaltlosigkeit, der Begeisterungsfähigkeit und dem Tatendrang ein, die für ihn typisch sind. Sachsen-Anhalt wurde ihm zur Heimat. Er erfreute sich an Wissenschaft, Kultur, Zivilgesellschaft und Natur gleichermaßen: an der aus Technischer Universität, Medizinischer Akademie und Pädagogischer Hochschule 1993 neu gegründeten Otto-von-Guericke-Universität und dem dortigen Kollegium ebenso wie am Dessau-Wörlitzer Gartenreich oder an mittelalterlichen Städten wie Quedlinburg und Wernigerode oder Naumburg und Stendal. Die Herausforderungen des Strukturwandels und der Integration der ostdeutschen Wirtschaft fesselten ihn; die Arbeit der Treuhandanstalt und ihres Nachfolgers, der Bundesanstalt für vereinigungsbedingte Sonderaufgaben, zur Privatisierung der volkseigenen Betriebe der DDR hatte er aufmerksam verfolgt.

Es dauerte nicht lange, da begann er sich politisch zu engagieren – einerseits aus dem selbstbewussten Pflichtgefühl heraus, in der neu gewonnenen Heimat mit der eigenen ökonomischen Kompetenz im harten Standortwettbewerb der Regionen etwas Vernünftiges beitragen zu können, andererseits aus der Überzeugung, dass man sich als Ökonom nicht nur in einer abstrakten Modellwelt bewegen, sondern nach konkreter Wirkung streben sollte. „Alle demokratischen Parteien in Deutschland bräuchten dringend mehr ökonomischen Sachverstand in ihren Reihen [...]. Umgekehrt benötigen Volkswirte genauso dringend die Erfahrungswelt des politischen Entscheidens", schrieb er einmal[3]. Diese Erfahrung lehre einen gewissen Pragmatismus und schütze damit außerdem vor Dogmatismus. Paqué selbst war 1999–2002 Mitglied der Enquête-Kommission des Deutschen Bundestags „Globalisierung der Weltwirtschaft" sowie 2011–2013 der Enquête-Kommission „Wachstum, Wohlstand, Lebensqualität".

Außerdem trat der Wissenschaftler, der sich immer schon als Liberaler – ausdrücklich nicht nur in wirtschaftlichen Fragen – verortet hatte, 1999 in die FDP ein. Es war der Startschuss zu einer raschen politischen Karriere und zu einem nicht leichten Navigieren zwischen den Welten der Wissenschaft und der Politik, zwischen der rigorosen Analyse und dem taktischen Kalkül, zwischen der abstrakten akademischen Sprache und dem wahlkämpferischen Diskurs, zwischen dem Dozieren und dem Zuhören. Im Jahr 2001 wurde er zum stellvertretenden FDP-Landesvorsitzenden gewählt und kandidierte für das Amt des Magdeburger Oberbürgermeisters. Im Wahlkampf setzte Paqué darauf, der Bevölkerung reinen Wein über die erheblichen wirtschaftlichen Herausforderungen einzuschenken, „mit nüchternem Blick, aber durchaus auch mit provozierender Deutlichkeit", wie er später auch in seinem Buch „Die Bilanz" seine allgemeine Herangehensweise beschrieb.[4] Zugleich aber verströmte er Freude

3 Paqué, K.-H. (2020), Das Elend der Experten, *Wirtschaftsdienst* 4, S. 239–55.
4 Paqué, K.-H. (2009), *Die Bilanz – Eine wirtschaftliche Analyse der Deutschen Einheit*, München, Hanser, S. VIII.

am Anpacken und Fortschrittsoptimismus. Eine Chance, das Amt zu erringen, hatte er mit seiner Partei nicht, aber er holte für die Liberalen fast 17 Prozent der Stimmen.

In der Landtagswahl kandidierte Paqué auf Platz zwei der FDP-Landesliste. Diesmal erhielten die Liberalen gut 13 Prozent, er selbst in seinem Wahlkreis in Magdeburg-Stadtfeld 21 Prozent. In der neuen CDU-FDP-Regierung unter Ministerpräsident Wolfgang Böhmer (CDU) wurde Paqué Finanzminister und setzte sich die Aufgabe, in dem damals ärmsten Bundesland eine Ansiedlungsoffensive durchzuführen, der Wirtschafts- und Innovationskraft einen Schub zu versetzen und trotzdem einen ausgeglichenen Haushalt vorzulegen. Der Verzicht auf Neuverschuldung ließ sich wegen des Einbruchs der Steuereinnahmen in ganz Deutschland nicht erreichen, aber am Ende der FDP-Regierungsbeteiligung begann das Wirtschaftswachstum anzuziehen und die Arbeitslosigkeit in Sachsen-Anhalt sank – und auch der Haushalt sah inzwischen besser aus. Es folgten nach der Landtagswahl 2006 Jahre der Opposition, mit Paqué als Fraktionsvorsitzendem der Liberalen im Landtag. Im Jahr 2008 legte er das Fraktionsamt ebenso nieder wie sein Mandat und kehrte wieder an die Universität zurück, wo er seit 2002 freigestellt war.

Er ließ nun seine Erlebnisse und Analysen in das Buch „Die Bilanz" einfließen, in dem er sich gegen „eine neue Dolchstoßlegende" verwahrt: gegen „die Legende, dass die Politik nur vieles anders und besser hätte machen müssen, dann gäbe es heute eine kraftstrotzende ostdeutsche Wirtschaft, und die Probleme der Deutschen Einheit wären gelöst". Stattdessen verweist er auf die „Flurschäden, die vier Jahrzehnte der Abschottung vom Weltmarkt in Ostdeutschland hinterlassen haben"[5]. Es folgten weitere Bücher, eines zur Verteidigung des wirtschaftlichen Wachstums[6] und eines über die allgemeinen Arbeitsmarktperspektiven in Deutschland[7]. In den Jahren 2013 bis 2018 übernahm Paqué die federführende Herausgeberschaft der „Perspektiven der Wirtschaftspolitik"; er hat das Journal neu konzipiert, attraktiver gemacht und in einer breiteren wirtschaftspolitischen Debatte verankert.

Dem Liberalismus blieb Paqué unverändert verbunden. In der schwersten Zeit der FDP nach dem Ausscheiden aus dem Bundestag 2013 wurde er wieder in den Bundesvorstand gewählt, dem er schon 2003 bis 2007 angehört hatte. Daneben wurde er 2014 stellvertretender Vorstandsvorsitzender der (FDP-nahen) Friedrich-Naumann-Stiftung für die Freiheit. In Nachfolge Wolfgang Gerhardts wurde er 2018 zum Vorstandsvorsitzenden der Stiftung und daneben zum stellvertretenden Präsidenten der Liberalen Internationalen gewählt. Seither ist er mehr denn je in der Welt unterwegs – mit einer Unterbrechung in der Corona-Krise. Neben der Alltagsarbeit findet

---

5 Ebenda.
6 Paqué, K.-H. (2010), *Wachstum! Die Zukunft des globalen Kapitalismus*, München, Hanser.
7 Paqué, K.-H. (2012), *Vollbeschäftigt: Das neue deutsche Jobwunder*, München, Hanser.

er immer noch Zeit zum konzentrierten, ernsthaften und weit ausholenden Schreiben, wie sein gemeinsam mit dem Berliner Philosophen und Theologen Richard
Schröder verfasstes Buch „Gespaltene Nation? Einspruch!" zeigt[8], in dem beide gegen
den Mythos einer dauerhaften und sich vertiefenden wirtschaftlichen, politischen
und sozialen Spaltung Deutschlands anschreiben.

---

8 Paqué, K.-H. und R. Schröder (2020), *Gespaltene Nation? Einspruch! 30 Jahre Deutsche Einheit*, Basel,
NZZ Libro.

„In dieser Krise wirken alle Kräfte in Richtung einer Spaltung der Gesellschaft"

Ein Gespräch über die Maßnahmen zur Bekämpfung der Corona-Krise, die Zukunft der Globalisierung und die Probleme der ökonomischen Disziplin

Herr Professor Paqué, wir alle wissen nicht, wie lange uns das Corona-Virus noch im Griff halten wird. Es ist nicht ausgeschlossen, dass es wieder zu Lockdowns kommt, mit den nun schon bekannten schmerzhaften wirtschaftlichen Folgen. Die Unsicherheit ist so groß wie selten. Wie besorgt sind Sie?

Ich bin sehr besorgt. Man muss schon im Blick haben, dass die meisten großen Schocks und schweren Rezessionen in der Wirtschaftsgeschichte Spuren hinterlassen haben, vor allem am Arbeitsmarkt. Sie führen in der Regel dazu, dass das Produktionspotenzial dauerhaft schrumpft. Das ist meine Hauptsorge und zugleich das große Fragezeichen in der Corona-Krise: Wie schnell kommt die Erholung, werden wir da ein V, ein U, ein L sehen? Mein Gefühl ist, dass es ein langgezogenes U wird, und dies leider mit langfristigen Folgen.

Kurze Zwischenfrage: Wann wird das V eigentlich zum U? Und sind wir jetzt, im Sommer 2020, nicht über den Punkt, wo es ein V werden könnte, schon hinaus?

Die Abgrenzung ist natürlich schwierig. Auf jeden Fall sehen wir gerade, dass die Motoren der Wirtschaft wieder anspringen. Aber es wird eine Menge von Nachwirkungen geben, insbesondere deshalb, weil diese Krise den gesamten gewerblichen Mittelstand getroffen hat. Das war ganz anders als beim Konjunktureinbruch 2009 im Zuge der Weltfinanzkrise, der nach den Banken vor allem die exportorientierte Industrie traf. Wir sehen auch jetzt international zusammengebrochene Wertschöpfungsketten, die wohl wiedererstehen werden. Ob zu 100 Prozent oder weniger, ist allerdings eine offene Frage. Ich rechne mit einem beachtlichen Strukturwandel in manchen Branchen, nicht nur im Flugverkehr und Flugzeugbau, wo wir wohl kaum auf das Vorkrisenniveau zurückkehren werden. Die Corona-Krise hat aber viel mehr als bisherige Einbrüche die Binnenwirtschaft getroffen: kleine Dienstleister und Handwerksbetriebe, Gastronomie, Frisöre, Nagelstudios, Fitness-Center, der Blumenladen an der Ecke – fast kein lokales Gewerbe blieb verschont. Es ist überhaupt nicht gesagt, dass die sich alle wieder erholen. Manche Selbstständige und Unternehmer werden demotiviert aufgeben oder früher aufhören zu arbeiten als eigentlich geplant. Wenn das nur jeder Zehnte von ihnen macht, erleben wir eine kräftige dauerhafte Senkung des Produktionspotenzials. Das Magazin

Anmerkung: Online am 28. August 2020 erstmals erschienen, https://doi.org/10.1515/pwp-2020-0044. In Print am 9. September 2020 veröffentlicht, *Perspektiven der Wirtschaftspolitik* 21(3), S. 218–31.

The Economist[9] nannte das treffend die „90 Percent Economy" – und präsentierte dazu eine Titelseite, von der 10 Prozent abgerissen erschienen, per Hand mit unschöner Reißkante. Als Ökonomen würden wir von Hysterese-Effekten sprechen, wie nach den Ölkrisen der siebziger und achtziger Jahre.

Einfacher gesagt, Strukturbrüche.

Ja. Das ist nichts Unbekanntes. Das kann sich sehr stark auf den Arbeitsmarkt auswirken. Wir hatten über 10 Millionen angemeldete Kurzarbeiter. Anmeldungen und Realität mögen auseinanderklaffen; in der Realität waren es Mitte des Jahres 2020 rund 6,7 Millionen. Schon das ist eine erschreckende Zahl, viel höher als 2009 in der Schlussphase der Weltfinanzkrise. Das kann tiefgreifende langfristige Wirkungen haben, und die sind alle negativ.

Sie sind doch sonst eher Optimist?

Stimmt. In den vergangenen Jahren war es ja auch so, dass wir uns mit Riesenschritten der Vollbeschäftigung näherten, zumal die demographische Entwicklung mit dem Ausscheiden der Babyboomer-Generation zwischen 2020 und 2035 die Knappheit an Arbeitskräften noch forciert. Aber jetzt haben wir einen Schock, der schlimmer kaum sein könnte, weil er viele Bereiche der Wirtschaft trifft, in denen weniger qualifizierte Arbeit ihren Platz hat. Das ist hochproblematisch.

Müssen wir befürchten, dass diese Krise auch die Ungleichheitstendenz noch weiter verschärft?

Ja, leider. Die Spaltung der Gesellschaft wird durch diese Entwicklung geradezu befördert. Die Wirkung der Krise geht in die Breite der Bevölkerung. In der Weltfinanzkrise waren in erster Linie die Banken betroffen – und wurden gerettet, was viele Menschen geärgert hat. Aber jetzt geht es um den gesamten Klein- und Mittelstand. Ihm wird geholfen, und das finde ich absolut richtig.

Es ist eine Menge unternommen und aufgegleist worden, um die Krise abzupuffern – von den nationalen und europäischen Hilfspaketen bis hin zu dem voluminösen EU-Wiederaufbauprogramm, auf das sich der Europäische Rat Ende Juli nach langen und schwierigen Verhandlungen geeinigt hat. Wie bewerten Sie dieses europäische Programm?

---

9 *The Economist* vom 2. Mai 2020.

Im Prinzip positiv. Es gab in den achtziger Jahren einmal die Diskussion um den „Two-handed approach"[10]. Ich bin immer ein Anhänger dieser Vorstellung gewesen: Wenn man die Möglichkeit hat – und die ist zumindest in einem Land wie Deutschland bei unserem Schuldenstand, der AAA-Bonität des Staates und dem seit langem negativen Realzins für langfristige staatliche Schuldverschreibungen fiskalisch derzeit gegeben –, dann sollte man wirklich alles versuchen, um sowohl von der Nachfrageseite als auch von der Angebotsseite aus die Lage nachhaltig zu stabilisieren. Da will ich gar nicht über Summen reden.

Doch, bitte.

Die Summen, die jetzt auf dem Tisch liegen, sind gewaltig. Wenn man alles aufaddiert, kommen allein auf europäischer Ebene in der mehrjährigen Planung 1,8 Billionen Euro zusammen. In Deutschland beläuft sich die zusätzliche Staatsverschuldung 2020 auf über 200 Milliarden Euro. Da würde ich eher schon sagen: Das ist des Guten zu viel. Es könnte passieren, dass das Geld gar nicht vollständig untergebracht werden kann. Die administrative Praxis wird davon überfordert sein, und es werden viele Mittel gar nicht abgerufen werden.

Schafft gerade diese Üppigkeit vielleicht Vertrauen – oder muss man das Gegenteil befürchten?

Sie ist schon ein Signal, das im Notstand Vertrauen schafft. Nach dem Motto: Der Staat steht bereit, die Wirtschaft auf einen langfristigen Wachstumspfad zurückzuführen. Das gilt nicht nur für die kurzfristige Liquiditätshilfe, sondern auch und besonders für jene gesellschaftliche Infrastruktur, deren überragende Bedeutung wir erst durch die Krise kennengelernt haben. In Deutschland ist das die Digitalisierung, besonders im Bildungsbereich. Die Spaltung der Gesellschaft zeigt sich ja weniger in den Einkommen als in den Bildungschancen und damit langfristig am Arbeitsmarkt. Wenn wegen eines Corona-Lockdowns über Wochen und Monate die Schule ausfällt, ist das in einer Akademikerfamilie in der Regel ein kleineres Problem für die Kinder als in einem bildungsfernen Haushalt. Das wird die Spaltung der Gesellschaft auf dem Arbeitsmarkt noch weiter akzentuieren. Ich sehe darin eine auch politisch sehr gefährliche Entwicklung. Da gibt es dann natürlich auch staatlichen Investitionsbedarf. Der Staat muss dafür sorgen, dass möglichst alle Schulen und Familien eine vernünftige Ausstattung haben, mit geeigneten Geräten und Materialien für den digitalen Fernunterricht.

---

10 Blanchard, O. et al. (1985), Employment and growth in Europe – A two-handed approach, Report der CEPS Macroeconomic Policy Group, *Economic Papers* 36.

Noch einmal zum Two-handed approach. Das passt natürlich zur Corona-Krise, die sowohl auf der Angebots- als auch auf der Nachfrageseite zugeschlagen hat: Es konnte nicht mehr produziert werden, und weil sie zuhause blieben, haben die Leute auch wesentlich weniger gekauft. Aber gibt es nicht insofern einen wesentlichen Unterschied, als die Nachfrage möglicherweise in großen Teilen nur zurückgestaut wurde, das Angebot aber schlicht nicht zustande kam? Oder fürchten Sie, dass die mit dem Lockdown verbundenen Einkommenseinbußen die Nachfrage schmerzhaft komprimieren?

So ist es: Wo Einkommen wegfällt, nimmt auch der Konsum ab; und wo Jobs gefährdet sind, verschwindet das Vertrauen in die Zukunft – und damit auch die Zuversicht, sich mit langlebigen Konsumgütern wie Autos und Möbeln auszustatten. Ein wichtiger Aspekt ist schließlich die Atmosphäre: Mit einer Maske im Gesicht macht es doch keinen Spaß, beim Herrenausstatter einen Anzug zu kaufen. Das verschiebt man. Natürlich holt man die Anschaffung irgendwann nach. Aber es ist schon richtig, wenn in der jetzigen Situation der Staat die Menschen glaubhaft wissen lässt, dass Aufschieben auch gesellschaftlich unerwünscht ist. Das war ja auch seinerzeit in der Finanzkrise die Idee der Abwrackprämie, die ich allerdings für viel schlechter halte als eine Mehrwertsteuersenkung. Denn die fördert den gesamten Konsum, aber sie lenkt und verzerrt ihn nicht.

Hätten Sie die Mehrwertsteuersenkung gern länger als nur ein halbes Jahr gehabt?

Ja, ganz eindeutig. Es geht vor allem um den nachhaltigen Anreiz zum Konsum und nicht nur um das kurzfristige Vorziehen. Derzeit ist die Auslastung des vorhandenen Produktionspotenzials miserabel. Und erst wenn sie sich deutlich verbessert, werden auch Vergünstigungen für Investitionen ihre Wirkung entfalten. Denn wer investiert schon, wenn der vorhandene Maschinenpark nicht voll genutzt wird? Ich habe übrigens auch keine großen Bedenken, dass die Mehrwertsteuersenkung nicht weitergegeben wird, wie manche Ökonomen befürchten. Im Handel herrscht gerade in der Konjunkturflaute starker Wettbewerb; und es gibt auch einen gewaltigen öffentlichen Druck auf die Unternehmen, den Steuernachlass nicht in die eigene Tasche zu stecken. Die Mehrwertsteuersenkung wird wohl auch nicht zu Inflation führen, wie manche Beobachter unken, eben weil wir Überkapazitäten haben. Einen Preisanstieg wird man vielleicht irgendwann später sehen, wenn tatsächlich der Hysterese-Effekt des geschrumpften Produktionspotenzials einsetzt.

Fürchten Sie nicht, dass das Programm der EU zu spät kommt und somit vor allem prozyklisch wirkt, dass es also in den einsetzenden Aufschwung hineinstößt und vielleicht zur Überhitzung führt?

Nein, diese Sorge teile ich nicht. Dass das Wachstum in der Erholung gleich derart stark ausfällt, dass wir ganz rasch an die Kapazitätsgrenzen stoßen, halte ich eher für eine unrealistische Wunschvorstellung. Ich bin geneigt zu sagen: Schön wär's! Selbst mit dem Risiko einer leicht höheren Inflation, die ja derzeit in Deutschland und der EU zwischen 0 und 1 Prozent liegt. Da sehe ich keine Gefahr.

Und wie sieht es mit der drastisch erhöhten Verschuldung aus?

Wie gesagt: Wir können uns in Deutschland diese zusätzliche Verschuldung leisten – bei unserer vorzüglichen Bonität und den derzeit negativen Nominal- und Realzinsen sowie einer Schuldenquote, die in den letzten Jahren deutlich von rund 80 auf 60 Prozent des BIP gesunken ist. Wir können uns nur eines nicht leisten: kein Wachstum. Denn dann treibt die zusätzliche Kreditaufnahme die Schuldenquote auf Dauer nach oben. Das wäre fatal. Wir haben nach der internationalen Finanzkrise in Deutschland ein gutes Beispiel erlebt, wie die Erholung laufen kann. Es war ein gutes U oder vielleicht sogar ein V. Wir hatten schnell wieder Vollbeschäftigung, keine Inflation, ordentliches Wachstum; die Steuereinnahmen sprudelten. Das Ziel jetzt muss sein, einen ähnlichen Zustand zu erreichen. Leider ist das wohl heute noch schwieriger als damals.

Für das Wiederaufbauprogramm verschuldet sich die EU erstmals gemeinsam. Man hat eine Konstruktion unter Einbindung der EU-Kommission gefunden, die den Verträgen nicht widerspricht und insofern auch keiner Veränderung der Verträge bedarf, wie es bei Eurobonds der Fall wäre.

Der Unterschied zu Eurobonds liegt darin, dass es jetzt keine gesamtschuldnerische Haftung gibt. Das ist ein gewaltiger Unterschied, sowohl fiskalisch als auch rechtlich – und natürlich darüber hinaus auch psychologisch. Die gesamtschuldnerische Haftung ist der Rubikon, dessen Überschreitung die ganze EU schwer verändern würde. Dass wir politisch und volkswirtschaftlich, wenn es zu einem schweren Einbruch kommt, doch gemeinsam in einer Art Haftung stecken – wegen der engen ökonomischen Verflechtung und des moralischen Drucks untereinander – das versteht sich von selbst und ist nicht zu ändern. Das haben die Weltfinanzkrise 2009 und die Schuldenkrise 2011 gezeigt. Und die Corona-Krise tut es ebenso.

Es gibt aber Befürchtungen, man habe mit dieser ersten gemeinsamen Verschuldung trotzdem einen Präzedenzfall geschaffen. Ich persönlich kann mir allerdings nicht vorstellen, dass man diese Konstruktion regelmäßig nutzen wird, eben weil sie dem Geist der Verträge widerspricht. Man müsste dafür dann schon die Verträge ändern, und das ist nicht leicht. Wie sehen Sie das?

Ich sehe das genauso. Man segelt bei diesen Dingen natürlich immer zwischen Scylla und Charybdis, also zwischen Treue zu Prinzipien einerseits und Pragmatik des Katastrophenfalls andererseits. Dabei sind die Prinzipien unverändert, die Katastrophen aber immer unterschiedlich. Wir können aus der Corona-Pandemie 2020 und der Finanz- und Schuldenkrise ein Jahrzehnt zuvor viel lernen, aber die kommenden Katastrophen werden wieder anders aussehen – und eine neue Pragmatik verlangen. Ich sehe nicht, dass sich hier ein Muster verfestigt. Ich teile auch nicht die Sorge der Staatsskeptiker, dass jetzt ein unwiderstehlicher politischer Druck entsteht, das Außergewöhnliche zur Regel zu machen. Da gibt es durchaus Grenzen und Widerstand. Die Verhandlungen zum Wiederaufbauprogramm und zum EU-Haushalt in Brüssel haben das übrigens sehr schön gezeigt.

Inwiefern?

Insofern, als sich die Gruppe der sogenannten Frugalen Vier beziehungsweise Fünf gebildet hat – mit Österreich, Schweden, Dänemark, den Niederlanden und später auch Finnland. Sie hielt dem finanziell vorpreschenden deutsch-französischen Tandem etwas entgegen, nämlich ihren gesunden Menschenverstand. Dass man sich nicht vorab mit den dabei beteiligten kleinen Ländern abgestimmt hat, war ein schwerer Fehler von Emmanuel Macron und Angela Merkel. Die Franzosen sind wie immer mit der pathetischen Geste der großen Führungsmacht aufgetreten, und die Deutschen wollten um jeden Preis Eurobonds vermeiden und hatten deswegen das Gefühl, sie müssten an anderer Stelle Opfer bringen. Deswegen ist man in den Volumina des Pakets derart inflationär weit gegangen und hat die Finanzierung über Zuschüsse (statt Kredite) massiv angehoben. Es war an der Zeit, dass sich da eine Gruppe von Ländern bildet, die gegensteuert. Übrigens sind das alles Länder mit bestens funktionierender Demokratie, einwandfreiem Rechtsstaat, vorbildlicher Zivilgesellschaft und offener Marktwirtschaft, von deren Erfolgen man sich in mancherlei Hinsicht eine Scheibe abschneiden kann.

Die Dominanz des deutsch-französischen Tandems ist unter demokratischen Gesichtspunkten vielleicht ohnehin nicht so günstig.

Richtig. Und wir sind nicht mehr in den fünfziger Jahren, als die epochale Versöhnung der Völker im Vordergrund stand und nicht die gemeinsame Lösung eines riesigen Sachproblems. Die EU hat sich verändert. Es ist deshalb auch völlig unangemessen, dass in der öffentlichen Debatte dem niederländischen Ministerpräsidenten Mark Rutte nationaler Egoismus und Krämergeist vorgeworfen wird.

Bahnt sich da eine Spaltung der EU an?

Die Gefahr ist real. Und zwar in drei von vier Himmelsrichtungen: Denn der Zwist des Tandems Macron/Merkel mit den „Frugalen" erlaubte es Viktor Orbán, in deren Windschatten allzu starken Druck auf sein Land und Polen wegen der Aushöhlung rechtsstaatlicher Prinzipien zu vermeiden und dafür sogar noch Verbündete zu finden. Auf einmal war sogar die alte Visegrád-Gruppe wieder da. Und jetzt ist Europa ziemlich gespalten.

Wir haben die Frugalen; wir haben Visegrád; wir haben den Süden, der sein Haus nicht in Ordnung bringt; und wir haben dazwischen Frankreich und Deutschland, das die Frugalen, die doch eigentlich so ähnlich argumentiert haben wie die Deutschen bisher, im Stich gelassen hat – ein Vertrauensbruch, den man dort so leicht nicht vergessen wird. Insgesamt ein nicht ungefährlicher Zustand. Allerdings ist er auch heilbar, wenn man nur die richtigen Lehren zieht und in Zukunft eine bessere Diplomatie und Kommunikation einsetzt.

Dass sich nach dem Ausscheiden des Vereinigten Königreichs die Machtverhältnisse innerhalb der EU neu sortieren, war aber durchaus erwartbar.

Natürlich. Es ist aber eine krasse Fehldeutung, wenn es jetzt heißt, Mark Rutte werde ein neuer David Cameron. Die Niederländer sind engagierte Europäer und mit den Briten überhaupt nicht zu vergleichen, was die EU-Skepsis betrifft. Sie haben immer eine konstruktive Rolle gespielt.

Man sieht, die europäische Einigung ist nach wie vor eine schwierige Sache. Aber sie lohnt sich.

Mehr als das, sie ist eine riesige Erfolgsgeschichte. Die EU ist für den europäischen Kontinent als Rahmen völlig unentbehrlich, übrigens selbst für die Länder, die nicht unmittelbar mitmachen, zum Beispiel die Schweiz und Norwegen sowie nun auch das Vereinigte Königreich. Deshalb ist es auch politisch sehr wichtig, die Briten nach dem Brexit möglichst stark mit der EU zu verbinden, auch wenn dies noch diplomatische Kunststücke erfordert. Auf dem internationalen Parkett ist die EU in der Zukunft wichtiger denn je. Vor allem kommt ihr eine zentrale Rolle bei der Rettung des Multilateralismus zu. Die Vereinigten Staaten waren nach dem Zweiten Weltkrieg die treibende Kraft zur Schaffung internationaler Vertragswerke in freiheitlichem Geist. Sie sind es nicht mehr, selbst wenn der nächste amerikanische Präsident Joe Biden und nicht Donald Trump heißt. Vor allem mit Blick auf den Freihandel muss Europa aktiver werden und sich ein Stück weit von Amerika emanzipieren.

Was heißt das konkret?

Es heißt zweierlei. Zum einen brauchen wir Amerika als Partner, und zwar nicht nur in der Sicherheitspolitik, sondern auch in der Handelspolitik, vor allem auch, um den Staatskapitalismus Chinas in die Schranken zu weisen. Deswegen bin ich unverändert ein großer Befürworter des transatlantischen Freihandelsabkommens TTIP, auch wenn es derzeit wegen Trumps Widerstand nicht zur Debatte steht. Aber wenn sich die Vereinigten Staaten weiterhin gegen die Welthandelsorganisation und den Abschluss von Freihandelsabkommen stellen, dann muss Europa bereit sein, auch ohne sie voranzuschreiten. Das hat die EU auch schon getan: durch den Abschluss von Abkommen mit

Kanada, Mexiko, Südkorea und Japan, Weiteres wird folgen. Wenn Amerika nicht mitmachen will, muss man den Multilateralismus eben ohne die Vereinigten Staaten retten – und am Ende werden die Amerikaner vielleicht doch noch die Vorteile erkennen und mitmachen.

Die Corona-Krise hat der Globalisierung einen Schlag versetzt. Wir haben gesehen, wie verletzlich uns die gegenseitige Abhängigkeit macht. Wie wird es weitergehen?

Die Globalisierung ist ein Segen, aber sie ist krisenanfällig, wie die Corona-Pandemie gezeigt hat. So erlebten wir zum Beispiel, dass Deutschland – weltführend in High-Tech-Medizintechnik – zunächst über Wochen außerstande war, den Bedarf an Mund-Nasen-Schutz-Masken aus eigener Herstellung zu decken – wohlgemerkt: ein klassisches Low-Tech-Produkt. Was wir also für die Zukunft brauchen, ist eine „Safe globalization". Medizinische Versorgungskrisen müssen wir ein Stück weit mit einkalkulieren. Der Staat sollte deshalb auf Unternehmen zugehen, die ohne allzu großen Aufwand über die Möglichkeit verfügen, ihre Produktion kurzfristig umzurüsten. Dafür braucht man eine vorausschauende staatliche Planung, die auch sicherstellt, dass im Krisenfall nicht massenhaft Wertschöpfungsketten zerstört werden. Das alles ist umso wichtiger, als wir es im Außenhandel mit vielen Ländern zu tun haben, in denen der Staat massiv in der Wirtschaft mitmischt und eigene machtpolitische Interessen vertritt. Bedeutendster Fall: das staatskapitalistische China.

Aber wie kann man da mithalten, ohne selber staatskapitalistisch oder zumindest protektionistisch zu werden?

Wenn man zum Beispiel an das Thema der 5G-Technologie von Huawei denkt, muss man sich schon darüber klar sein, dass es sich um eine höchst sicherheitsrelevante Infrastruktur handelt. Es wäre deshalb sehr wichtig, dass die Welthandelsorganisation (WTO) weiterentwickelt wird – mit Blick auf die Sicherheitsinteressen und den Schutz von Eigentumsrechten der am Handel beteiligten Länder. Selbst die Vereinigten Staaten müssten daran ein Interesse haben. Es wird höchste Zeit dafür. Denn wenn sich in wenigen Jahren die ökonomischen und geopolitischen Gewichte noch weiter zu Gunsten von China verschoben haben, wird es gefährlich. Mit seiner neo-imperialistischen Politik der Seidenstraße, der „Road and Belt Initiative", schafft China durch weltumspannende Direktinvestitionen ein System von Einflussmöglichkeiten, die über ganz Afrika, aber auch über Griechenland und Italien nach Europa reichen. Man darf die Augen vor diesen politischen Risiken nicht verschließen, mit denen wir es auf den Weltmärkten zu tun haben. Da haben wir uns als Volkswirte und Freunde des Freihandels vielleicht allzu lange etwas vorgemacht. Auch ich war früher der Überzeugung: Die Welt wächst zusammen, und es gibt irgendwann fast nur noch freundliche Partner, die miteinander friedlich Handel treiben. Dass sich im Außenhandel immer auch massive staatliche Machtinteressen zeigen, haben wir unterschätzt.

Ist es nicht schon zu spät, da gegenzusteuern?

Nein, es ist noch nicht zu spät. Und ich glaube auch, dass die Chinesen, eben weil sie inzwischen so stark in die Weltwirtschaft integriert sind, letztlich konstruktiv reagieren werden. Sie werden nicht mit den Achseln zucken, wenn man ihren Staatskapitalismus beim Namen nennt. Sie haben auch nicht gleichgültig, sondern empfindlich und empört reagiert, als ihnen von der WTO das Prädikat „Marktwirtschaft" vorenthalten wurde. Kurzum: Wir brauchen eine kraftvolle Verteidigung der liberalen privatwirtschaftlichen Welthandelsordnung. Sie darf nicht von staatlichen Machtinteressen usurpiert werden. China ist riesengroß und viel mächtiger, als uns lieb ist. Aber es gibt genug Länder in der Welt, insbesondere in Asien, die alles tun würden, um die chinesische Dominanz einzudämmen. Da findet man Verbündete. Und je weniger China die Menschenrechte im eigenen Land (einschließlich Hong Kong) respektiert, desto entschlossener wird der Widerstand gegen die Übermacht in den marktwirtschaftlichen Nachbarländern.

Warum ist es so wichtig, dass die Globalisierung weitergeht?

Die Globalisierung, die Spezialisierung, die internationale Arbeitsteilung, die komplexen Wertschöpfungsketten sind so wichtig, weil sie die Prosperität der Menschheit fördern, in einem weiten Sinne.

Also nicht bloß die Maximierung des Bruttoinlandsprodukts.

Nein, um Himmels Willen. Das Ziel, die Prosperität zu steigern, innerhalb vernünftiger ökologischer Leitplanken, umschließt auch noch die Ärmsten, wenn es richtig gemacht wird. Dieses Ziel darf man nicht aufgeben. Schauen wir zurück in die Geschichte. Anders als die politische Geschichte, die oft abrupte Brüche aufweist, verläuft die Wirtschaftsgeschichte zumeist in längeren Schüben und Wellen. Das gilt auch für die Geschichte des Handels. Im 19. Jahrhundert gab es eine Generation lang eine Bewegung in Richtung Freihandel. Dann gab es ab den siebziger Jahren eine protektionistische Gegenbewegung, die sich bis zum Ersten Weltkrieg hinzog, aber die weitere Globalisierung dann doch nicht verhindern konnte. Die technologischen Wachstumskräfte waren so stark, dass Industrialisierung und Globalisierung trotz Protektionismus weitergingen. Ich denke, wir sind heute in einer ähnlichen Situation.

Inwiefern?

Wir haben eine Welle hinter uns, in der alles sehr flott lief und alle optimistisch waren. Sie begann nach dem Fall der Berliner Mauer 1989 sowie der Öffnung des Eisernen Vorhangs; und sie währte fast zwei Jahrzehnte. Dann kam die Weltfinanzkrise. Sie ist wie ein Markstein, der anzeigt, ab wann das einsetzte, was das Magazin The

Economist so treffend als „Slowbalization" bezeichnet hat[11]. Seither geht alles langsamer, und die protektionistischen Verwerfungen sind größer. Das ist ein guter Grund zur Klage. Aber man darf nicht vergessen, dass wir auf einem ganz anderen Niveau der wirtschaftlichen Integration stehen als einst, und zwar weltweit und vor allem in Europa. Ähnliches gilt übrigens für unsere völlig berechtigten Klagen über die erodierende Rechtsstaatlichkeit Ungarns und Polens oder die Verletzung von Freiheits- und Menschenrechten in Russland. Wir klagen von einem Niveau aus, das wir uns vor fünfzig Jahren nicht hätten erträumen können. Da gab es in Russland gerade mal zwei (weltberühmte) Dissidenten; die hießen Solschenizyn und Sacharow. Heute ist der Sowjetblock zerfallen, und es gibt Millionen von Russen, die öffentlich Wladimir Putin kritisieren. Es ist eine andere Welt geworden – in der Summe mit viel mehr Freiheit als früher. Insofern darf man es mit Skepsis und Pessimismus wirklich nicht übertreiben.

Und wie geht es weiter?

Wir bleiben in der Phase der Slowbalization, und es wird keine rasante Beschleunigung geben. Wir werden uns hoffentlich von Corona einigermaßen erholen und die meisten globalen Wertschöpfungsketten wieder zusammenfügen können. Dann entsteht wieder eine gewisse Normalität des moderaten Wachstums. Das ist dann die Zeit, ein neues Regelwerk in Angriff zu nehmen. Die WTO muss weiterhin den Rahmen abstecken, aber wir brauchen daneben auch mehr plurilaterale Strukturen, also „offene Clubs" von Nationen, die Freihandelsverträge abschließen und Standards setzen. Nur so kann es für ein Land wie China dann auch irgendwann einmal attraktiv werden, sich selbst an die sonstwo üblichen Regeln zu halten. Im Übrigen muss man auch ganz pragmatisch bereit sein, bestimmte hochsensible Bereiche aus dem Spektrum des Handels mit China herauslösen. Dies gilt vor allem für die Infrastruktur der Datennetze: Solange in diesem Bereich das (womöglich berechtigte) Misstrauen im Westen so massiv ist wie bisher, wird es schwer sein, auf freien Handel zu setzen. Dann ist es vielleicht besser, solche politischen Minenfelder ganz außen vor zu lassen, weil sie sonst den Handel in anderen – und quantitativ bedeutsameren – Feldern politisch kontaminieren.[12]

Befürchten Sie nicht, dass es zu immer neuen Handelskriegen kommt?

Das kann durchaus passieren. Die Möglichkeit von Handelskriegen darf man nicht dogmatisch ausschließen. Wo sich Länder nicht an Regeln halten, muss es auch Strafen geben – also Strafzölle. Die libertäre Vorstellung, dass man unilateral die Zölle abschaffen sollte, unabhängig vom Verhalten der anderen, einfach weil Freihandel immer gut

---

11 *The Economist* vom 26. Januar 2019.
12 So auch *The Economist* vom 18. Juli 2020, „Trade without trust."

ist – das greift politisch einfach zu kurz. Es hilft nichts: Wenn ein Land keine liberale, sondern eine neo-merkantilistische oder gar neo-imperiale Strategie verfolgt und im Übrigen so furchtbar die Menschenrechte mit Füßen tritt, wie China das tut, dann braucht man zur Not solche rustikalen Mittel.

Die Bundesregierung plant ein Lieferkettengesetz. Es soll dafür sorgen, dass sich Unternehmen darum kümmern, ob ihre Zulieferer im Ausland die Menschenrechte einhalten und pfleglich mit der Umwelt umgehen. Es wird nicht leicht sein, diesen Anspruch zu erfüllen. Wie wird sich das, wenn es sich auch in anderen Ländern durchsetzt, auf die Globalisierung auswirken?

Die Motivation für ein Lieferkettengesetz ist nachvollziehbar und nobel: Man möchte in Deutschland jenen Verbrauch von Gütern vermeiden, die unter inakzeptablen Bedingungen produziert werden – unter Missachtung der Menschenrechte oder mit Raubbau an der Natur. Krasse Beispiele dafür sind Kinderarbeit oder die Abholzung tropischer Regenwälder. Die Frage ist allerdings, wie man das humanitäre oder ökologische Ziel am besten erreicht. Der traditionelle Weg ist der Abschluss internationaler Abkommen, die bestimmte Methoden der Produktion ausschließen und ächten. Überwachung und Sanktionierung der Regeln sind dann staatliche Aufgaben, die auch in Handelsverträgen vereinbart werden können. Das Besondere eines Lieferkettengesetzes ist es nun, dass es die Kontrollaufgabe und die Haftung dafür auf die privaten Unternehmen verlagert, die den Handel betreiben und die Vor- und Zwischenprodukte einkaufen. Dies sind natürlich zusätzliche Kosten …

… aber sind die nicht gerechtfertigt, auch als negativer Anreiz?

Ja, natürlich. Allerdings muss man hier die praktischen Probleme sehr ernst nehmen: Wie soll ein deutsches Unternehmen im Einzelfall sicherstellen, dass ein Zulieferer tatsächlich vor Ort die vereinbarten Arbeitsbedingungen zu jedem Zeitpunkt exakt einhält – und zwar auch dann, wenn sie in dem betreffenden Land keineswegs einer gesetzlichen Auflage entsprechen? Jedenfalls kann es praktisch sehr schwierig werden, unangemeldete Kontrollen in einem weit entfernten Land durchzuführen und auf diesem Weg den humanitären Qualitätsstandard zu garantieren. Dies gilt umso mehr, wenn in dem betreffenden Land Korruption weit verbreitet ist, so dass auf beauftragte nationale Kontrollinstanzen kaum Verlass ist. Die Folge wird vielerorts sein, dass deutsche Unternehmen von vornherein vom Handel und der Globalisierung der Wertschöpfungskette Abstand nehmen, um die hohen Haftungsrisiken zu vermeiden. Dies gilt vor allem für kleinere und mittlere Unternehmen, die sich keine ständige Vertretung vor Ort leisten können.

Sehen Sie in einem Lieferkettengesetz deshalb eine Gefahr für die deutsche Exportwirtschaft?

Der Gesetzgeber braucht Augenmaß. In den letzten 70 Jahren deutscher Wirtschaftsgeschichte hat es eine beispiellos erfolgreiche und nachhaltige Integration der deutschen Industrie in die Weltwirtschaft gegeben.[13] Diese darf nicht gefährdet werden – auch nicht durch gut gemeinte, aber bürokratische Vorschriften, die gerade kleine und mittlere Unternehmen vom Weltmarkt abhalten könnten. Es kommt also ganz darauf an, wie ein Gesetzentwurf schließlich aussieht. Er muss im Gespräch mit Wirtschaftsvertretern und -verbänden auf seine Praxistauglichkeit geprüft werden – übrigens auch mit Blick auf protektionistische Tendenzen „durch die Hintertür": Niemandem wäre geholfen, wenn mächtige inländische Unternehmen durch politischen Druck dem konkurrierenden Mittelstand die Auslandspräsenz erschwerten. Dies würde auch zu Lasten der betroffenen Entwicklungs- und Schwellenländer gehen, denen damit der Weg in die globalen Wertschöpfungsketten erschwert würde. Ein Stück Prosperität ginge verloren – für alle.

Blicken wir noch einmal auf Deutschland. Müssen wir befürchten, dass die Corona-Krise die regionalen Disparitäten noch weiter verschärft, und dass insbesondere Ostdeutschland das zu spüren bekommen wird?

Soweit der Osten eine stärker gespaltene Gesellschaft hat als der Westen, treffen ihn die indirekten Effekte der Corona-Krise tatsächlich härter. Ich glaube aber nicht, dass dies eine sehr große Bedeutung hat. Für den Osten ist und bleibt der zentrale Engpass die Innovationskraft. Die sehe ich auch in Deutschland insgesamt als das zentrale Problem. Die Frage ist: Wie erhält ein Land, das altert, seine technologische Vitalität? Das ist alles andere als ein triviales Problem. Die Generation der Babyboomer geht in den nächsten 15 Jahren aus dem Arbeitsmarkt. Die Ingenieure dieser Generation sind das Rückgrat der deutschen Wirtschaft. Immer weniger junge Leute studieren Ingenieurwissenschaften; handwerkliche Tätigkeiten, die mit Technik verbunden sind, gelten auch nicht mehr als attraktiv und interessant. Der generelle Trend der Gesellschaft geht weg von der Technik – abgesehen von der Anwendung der Informationstechnologie. Das kann weitreichende Konsequenzen haben: Die Innovationskraft wird immer knapper und immer schwieriger zu ergänzen, am besten noch durch ein politisch liberales und ökonomisch rationales Einwanderungsgesetz, das Talente auch aus dem außereuropäischen Ausland anzieht. Weil es an wichtigen Fähigkeiten überall fehlt und die Ballungszentren eine starke Anziehungskraft haben, verschärft sich der Standortwettbewerb.

---

13 Paqué, K.-H. (2018), Die Rückkehr der Mitte Europas. 70 Jahre Soziale Marktwirtschaft in Deutschland, *Perspektiven der Wirtschaftspolitik* 19(4), S. 269–301.

Das trifft wirtschaftlich zurückgebliebene Regionen am härtesten. Das ist das Problem Ostdeutschlands.

Könnte es nicht sein, dass die Corona-Krise zumindest die Anziehungskraft der Ballungszentren schmälert? Einfach weil die Leute den „Dichtestress" in urbanen Zentren nicht mehr mögen und in vielen Berufen auch festgestellt haben, dass man ganz gut „remote" arbeiten kann?

Das kann schon sein. Es wird sehr darauf ankommen, wie lange die Pandemie uns begleitet. Wenn sie, was wir alle hoffen, bald vorbei ist, dann geht alles einigermaßen normal weiter. Wenn sie länger dauert, dann wird sich möglicherweise auch an unseren Siedlungsstrukturen so manches verändern. Das Problem, wie wir die ländlichen Räume vor der Verödung retten, wird uns aber wohl doch weiter begleiten. Da hat der Staat ganz klar eine infrastrukturelle Aufgabe. Die passive Sanierung, also der massenhafte Wegzug der Leistungsträger, ist nie erstrebenswert. Attraktive ländliche Räume haben eine große Bedeutung für den Zusammenhalt in einer Gesellschaft. Das heißt nicht, dass der Staat auch noch den allerhintersten Winkel im Land fördern soll. Aber er muss sich um die mittelgroße Stadt kümmern, gewissermaßen „die kleine Ballung", die auf ihre ländliche Umgebung ausstrahlt und ihr wirtschaftliche Stabilität gibt. Das ist übrigens auch ungeheuer wichtig im Kampf gegen den Populismus. Wir müssen zeigen, dass die vernünftige Seite der Politik Phantasie, Kompetenz und Lösungen auch für entlegene Räume hat, und dass sie dabei den Stolz der Menschen vor Ort wahrnimmt. Das ist eine äußerst komplexe Aufgabe, die weit über die reine Ökonomie hinausgeht.

Der ökonomischen Kompetenz und Beratung bedarf es dabei aber schon. Geschieht da genug?

Ich würde mir wünschen, dass sich mehr Ökonomen aus der akademischen Deckung wagen und sich aktiv im politischen Prozess einbringen. Dahinter steckt ein verbreitetes Problem unserer Disziplin, das ich als „Modell- und Regelgläubigkeit" bezeichnen würde. Diese Schwäche ist, wie so vieles im Leben, Reflex einer Stärke. Die ungeheure Stärke der Volkswirtschaftslehre besteht darin, die Realität in Modelle pressen zu können. Das gibt uns eine Qualität und eine Stringenz, auch in der empirischen Forschung, um die uns andere Sozialwissenschaften nur beneiden können. Es erlaubt uns auch, für die Politik feste Regeln aufzustellen, die wir zur strikten Einhaltung empfehlen. Allerdings geht damit auch eine gewisse Arroganz einher, die in der Politik schädlich ist. Andere Wissenschaften befassen sich vielleicht mit Phänomenen, die sich aus der Natur der Sache heraus nicht so leicht in Modelle und Regeln pressen lassen, aber trotzdem politisch von großer Bedeutung sind. Wir Ökonomen neigen zu dem Vorurteil: Was nicht formal modellierbar ist, das ist dann eben auch nicht relevant.

Und was ist aus Ihrer Sicht relevant?

Nun ja: Relevant ist, was die Gesellschaft bewegt und worüber sie deshalb intensiv diskutiert. Wir Volkswirte müssen uns bewusst sein, dass unsere Stringenz einen Preis hat. Wir müssen Dinge ausblenden. Mal mag das Ausblenden völlig harmlos sein, mal mag dort aber der Kern der Sache liegen. Ähnlich ist es bei Regeln. Sie zu haben, ist wichtig und richtig, bis hin zur Verfassung. Aber das perfekte Regelwerk, mit dem man für jeden Fall Vorsorge getroffen hat, gibt es nicht. Mich überzeugt deshalb niemand, der sagt, eine Regel dürfe nie gebrochen werden. Es braucht immer eine Generalklausel, die Ausnahmen zulässt, wobei die Beweislast bei denen liegt, die überzeugt sind, dass eine Abweichung von der Regel gerechtfertigt ist. Diese Skepsis nehme ich aus der Wirtschaftsgeschichte. Wir haben mehrfach schmerzvoll erlebt, dass Regelwerke völlig zusammenbrachen, oder, anders formuliert, dass Notstände entstanden sind, in denen Regelwerke zu Recht missachtet oder gar aufgegeben wurden, einfach deshalb, weil das Modell, das diesem Regelwerk zugrunde lag, nicht mehr funktionierte.

Könnten Sie konkrete Beispiele geben?

Ein zentrales Beispiel dafür ist die deutsche Wiedervereinigung – und ihre wirtschafts- und finanzpolitischen Konsequenzen. Die massive Mobilität der Menschen nach dem Mauerfall sorgte dafür, dass alle modellhaften Vorstellungen einer graduellen, evolutorischen Öffnung des Ostens obsolet wurden. Das Ergebnis war, dass die Politik den Rat vieler Ökonomen beiseiteschob und den Aufbau Ost mit sofortiger Währungsunion, schneller Privatisierung und teurem Aufbau Ost „auf eigene Faust" vorantrieb. Ich selbst bin der Überzeugung: Das war richtig, denn alles andere wäre völlig unrealistisch gewesen.[14]

Da haben Sie aber ein Extrembeispiel aus der Geschichte herausgepickt. Die deutsche Wiedervereinigung gab es ein einziges Mal und wird so nie wieder geschehen.

Stimmt, aber es gibt andere Beispiele, und zwar von Phänomenen, die sich langsam anbahnen und bei denen genügend Zeit ist, sein Weltbild zu erneuern, bevor es allzu dogmatisch wird. So etwa bei der langfristigen Entwicklung der Realzinsen. Empirisch lässt sich zeigen, dass in Deutschland die Realzinsen schon seit Mitte der achtziger Jahre im Trend gesunken sind.[15] Carl Christian von Weizsäcker weist seit über zehn Jahren darauf hin, dass sich ein solcher – übrigens globaler – Trend nicht als Ergebnis

---

14 Paqué, K.-H. (2009), *Die Bilanz. Eine wirtschaftliche Analyse der deutschen Einheit*, München, Hanser, sowie Paqué, K.-H. und R. Schröder (2020), *Gespaltene Nation? Einspruch!*, Basel, NZZ Libro.
15 Vgl. Paqué 2018, Abbildung 12, S. 289.

laxer Geldpolitik einzelner (oder aller!) Zentralbanken interpretieren lässt, jedenfalls nicht nach allen plausiblen Theorien, die wir kennen. Er hat deshalb eine realwirtschaftliche Theorie der Kapitalschwemme in der Tradition von Eugen Böhm-Bawerk entwickelt, die das „neue" Phänomen als Folge demographischer und technologischer Trends erklärt. Ich finde seine Theorie überzeugend, aber darüber mag man im Einzelnen streiten. Es mutet allerdings merkwürdig an, wenn auch 35 Jahre nach dem Einsetzen des neuen Trends immer noch nach monetären statt realen Ursachen gesucht wird – oder gar die Stabilität des Trends in Zweifel gezogen wird. Immerhin haben wir inzwischen sogar einige Jahre negativer Realzinsen hinter uns. „Wir leben in einem gänzlich neuen Zeitalter", so hat dies Carl Christian von Weizsäcker 2014 formuliert.[16] Da frage ich mich schon: Schließen manche Volkswirte, um ihr Modell nicht zu gefährden, die Augen vor der Wirklichkeit? Ähnliches gilt übrigens für das langfristige globale Verschwinden der Preisinflation in den letzten drei Dekaden.

Sehen Sie darin eine Art ideologischen Dogmatismus in unserem Fach?

Vielleicht eine Neigung dazu – aus Liebe zum Modell. Daneben ist es aber auch so etwas wie eine fehlende Neugier auf neue Rätsel der Realität. Dafür gibt es eine Fülle von Beispielen, und zwar stets überraschende, plötzliche Ereignisse, die gewissermaßen die Ökonomenzunft „kalt erwischen": die Weltwirtschaftskrise 1930/32, die beiden Ölkrisen und schweren Rezessionen 1973/75 und 1980/82 und eben derzeit die Corona-Pandemie. Dabei sage ich nicht, dass Volkswirte nicht dazulernen. Das konnte man am Verlauf der Weltfinanzkrise ab 2007/08 beobachten: Als ein „Run on Banks" drohte, stellte sich die Mehrheit der Ökonomen hinter die Notmaßnahmen der Regierungen und Zentralbanken, obwohl sie allen Regeln der Vermeidung von „Moral hazard" widersprachen. Aber die Schleusen der Liquidität mussten geöffnet werden, um eine Katastrophe wie in der Weltwirtschaftskrise 1930/32 zu verhindern. Allerdings gab es vor allem im deutschsprachigen Raum auch viele Volkswirte, die dies noch immer für falsch hielten – genauso wie die Rettung von Griechenland, Portugal, Spanien und Irland im Zuge der Schuldenkrise ab 2011. Ihr Bild war unverändert dominiert von der Vorstellung, man müsse Regeln um jeden Preis einhalten und die Anreize richtig setzen.

Aber wo liegt nach Ihrer Meinung die Grenzlinie zwischen prinzipienlosem und sachgerechtem Pragmatismus? Oder auch zwischen hilfreicher Orientierung und allzu starrer Dogmatik?

Das lässt sich nur im Einzelfall entscheiden. Es ist das Ergebnis abwägender Vernunft, also einer Art impliziter Kosten-Nutzen-Analyse. Beispiel: der Run on banks. Wenn er

---

16 Horn, K. (2014), „Wir leben in einem gänzlich neuen Zeitalter", Gespräch mit Carl Christian von Weizsäcker, *Perspektiven der Wirtschaftspolitik* 15(1), S. 24–40.

tatsächlich kommt oder droht zu kommen, dann muss man diesem Run liquiditätsmäßig nachgeben und dies möglichst vorher glaubwürdig ankündigen, um den Run zu verhindern, sonst wird der Schaden riesengroß sein. Anschließend kann man dann überlegen, wie man die Institutionen so reformiert, dass die Wahrscheinlichkeit eines Runs mit anschließender Inanspruchnahme des Staates minimiert wird. Aber das kann man nicht in der Notstandssituation selbst tun, so wenig wie man im Brandfall, während das Haus schon in Flammen steht, noch eine Untersuchung vornehmen kann, wer da gezündelt hat. Das ist erst einmal uninteressant; es muss gelöscht werden. Und an dieser Stelle kommt neben Modellen und Regeln noch ein Drittes ins Spiel, die Anreize.

Sie meinen die Anreize, sich so zu verhalten, dass möglichst viel Nutzen und wenig Schaden entsteht, also auch das Vermeiden von Moral hazard ...

Genau, und da werfe ich manchen Vertretern unserer Zunft ein allzu mechanistisches Weltbild vor. Es ist nämlich nicht richtig zu denken, dass monetäre Anreize immer und überall wirken. Oft sind die Anreizstrukturen, die das Handeln bestimmen, so vielfältig und komplex, dass der simple monetäre Anreiz nicht ausreicht oder sogar in die falsche Richtung wirkt. Auch ist häufig die Nachprüfbarkeit nicht gegeben. Die Leistung von Lehrern zum Beispiel erkennt man erst nach Jahrzehnten – an dem Lebens- und Berufsweg ihrer Schüler. Wenn man nun für Lehrer einen kleinen Zusatzbetrag auslobt, damit sie mehr und Besseres leisten, dann bringt das nicht nur nichts, sondern sie empfinden das in aller Regel als demotivierende Zumutung und Missachtung ihres Berufsethos. Je komplexer das Ergebnis einer Dienstleistung ist, desto problematischer wird der Einsatz finanzieller Anreize.

Oftmals haben finanzielle Anreize ja auch „Unintended consequences"; oder sie werden in unerwünschter Weise dominant. Ich erinnere nur an das Desaster der „Stock options" und der Boni.

Und manchen Ökonomen fehlt die notwendige Offenheit, um solche Phänomene wirklich ernst zu nehmen. An dieser Stelle kommen eben die anderen wissenschaftlichen Disziplinen ins Spiel. Ein typisches Beispiel ist auch die materielle Ungleichheit in unserer Gesellschaft, die als Spaltung wahrgenommen wird. Sie hat politisch eine immense Bedeutung. Da hilft es nichts, darauf hinzuweisen, dass es sich um ein Marktergebnis handelt. Wir müssen uns als Ökonomen schon fragen, wie wir das Bildungssystem so umgestalten können, dass die Menschen am Markt weniger ungleiche (und hoffentlich alle die bestmöglichen) Ergebnisse erzielen. Wir müssen also die Themen anderer Wissenschaften und die politischen Sorgen der Gesellschaft ernst nehmen.

Wie kann man das ändern?

Am besten indem sich mehr Volkswirte in die Politik einmischen!

Aber Moment. Wissenschaft ist doch wie alles andere auch ein arbeitsteiliger Prozess. Warum sollte es da nicht unterschiedliche Spezialisierungen geben – mit Leuten, die sich der reinen Forschung verpflichtet sehen und ihre akademischen Kämpfe austragen, und anderen, die sich bemühen, aus der Forschung praktische Hilfestellungen für die Politik abzuleiten und sie einzuspeisen?

Ich gebe Ihnen sofort recht. Nicht jeder ist für den politischen Raum geeignet. Die Gesetze der Arbeitsteilung gelten selbstverständlich auch für die Ökonomen selbst. Aber es stört mich schon, dass der Einfluss der Ökonomen zwar im Stimmengewirr der veröffentlichten Meinung zugenommen hat, nicht aber in der Politik. Das liegt zum Teil daran, dass jene Stimmen, die differenziert und nicht schon aus Prinzip alles skandalisierend an die Dinge herangehen, in den Medien oftmals überhaupt nicht zu Wort kommen. Trotzdem würde ich mir wenigstens wünschen, dass man in der Ausbildung der Ökonomen deren politische Ader bewusst sensibilisiert, statt sie zu reinen Technokraten zu machen. Es geht darum, einen breiteren Blick zu trainieren. Insbesondere eine stärkere Verknüpfung der Ökonomie mit Philosophie, Politikwissenschaft, Geschichte und Soziologie erscheint mir sehr wichtig.

Also der Weg zurück zur guten alten deutschen Staatswissenschaft, die es ja mal gab?

Na ja, die Uhr zurückdrehen will ich natürlich nicht, obwohl so manche Diskussion, wie sie Max Weber vor über 100 Jahren im Kaiserreich über das Wesen des Kapitalismus führte, unserer modernen Volkswirtschaftslehre gar nicht schlecht täte. Aber ich denke eher an moderne Formen wie die „Government Schools" in den Vereinigten Staaten. Möglicherweise wären die der bessere, fruchtbarere Humus für Wissenschaftler, die nachher in der Politik oder in gesellschaftlich relevanter Politikberatung landen.

Ich habe manchmal den Eindruck, dass die Theorie im Vergleich zur Empirie in der Ökonomie ein wenig an Gewicht verliert – mit dem Nebeneffekt, dass es thematisch in vielen Fällen gar nicht mehr um genuin ökonomische Fragen geht, sondern um die Evaluation von politischen Maßnahmen auf allerlei möglichen Feldern. Die kraftvollen Methoden der modernen Ökonometrie spielen dann nur noch als „Metrie" eine Rolle, das „Ökono" ist weg. Das ist vielleicht nicht schlimm, aber es fällt auf.

Ich teile diese Beobachtung. In der Empirie sind die Ökonomen zwar exzellent, aber dieser Fokus führt dazu, dass sich die Forschung hauptsächlich mit statistischen und ökonometrischen Schätz- und Testverfahren beschäftigt und weniger mit den Inhalten. Das ist der Preis, den wir für eine saubere Methodik zahlen. Es gibt auch aus meiner Sicht noch einen weiteren Strang der Kritik. Was mich stört, ist vor allem, dass wir uns in der Theorie in die Nähe geschlossener Glasperlenspiele und selbstgestellter Puzzles begeben. Es ist oft nicht mehr die Realität, die uns die Fragen stellt. Es gibt einen schönen Satz von Kurt Schumacher: „Politik beginnt mit der Betrachtung der Wirklichkeit." Als Volkswirt bin ich geneigt hinzuzufügen: „Wissenschaft auch."

Sehen Sie in dieser Hinsicht Reformbedarf?

Nicht politisch. Denn es gilt die Freiheit der Wissenschaft. Und die liegt in den guten Händen jener Kolleginnen und Kollegen, die in der Zukunft in unseren Fakultäten wirken werden. Da mache ich mir keine Sorgen.

Joachim Ragnitz

https://doi.org/10.1515/9783111208749-010

Ostdeutschlandforscher mit Verwurzelung

In Westdeutschland zu leben, kann sich Joachim Ragnitz, geboren 1960 am westlichen Rand von Niedersachsen, in Nordhorn an der Grenze zu den Niederlanden, nicht mehr vorstellen. Einerseits liegt das an den familiären Wurzeln – der Vater, ein Lehrer, stammte aus Ostpreußen, die Mutter aus Mecklenburg. „Für ich gab es schon in meiner Jugend zu Ostdeutschland immer auch eine emotionale Nähe", sagt er. Andererseits hat es aber auch etwas damit zu tun, dass er schon seit den neunziger Jahren in Ostdeutschland lebt. Er fühlt sich derart heimisch, dass er gar nicht mehr weg will, auch nicht später, nach der Pensionierung. „Westdeutschland ist mir fremd geworden."

Zur Volkswirtschaftslehre war Ragnitz mehr oder weniger durch Zufall gekommen. So recht wusste er Anfang der achtziger Jahre noch nicht, was er einmal werden wollte – aber Bundeskanzler Helmut Schmidt beeindruckte ihn schwer, und der war ja schließlich Ökonom. „So wie er die Welt erklären konnte, das wollte ich auch können", erzählt er. Außerdem erschien ihm das Fach sehr vielfältig in den beruflichen Möglichkeiten, die es eröffnete. Also probierte er es an der Universität Köln aus und stellte rasch fest, dass es ihm tatsächlich gut lag. Nach dem Diplom bot ihm dann der für sein striktes ordnungspolitisches Denken berühmte Ökonom Hans Willgerodt eine Stelle als wissenschaftlicher Mitarbeiter an seinem Lehrstuhl für Wirtschaftspolitik an; „allerdings mit der Auflage, binnen zwei Jahren eine Dissertation abzuschließen, weil er dann emeritiert wurde". Der Plan war sportlich, doch er gelang, auch wenn die Ausführung „eine Tortur" war, wie sich Ragnitz erinnert. Mit einer Arbeit zu internationalen Kapitalströmen wurde er 1989 promoviert.[1] Der Name seines Doktorvaters fällt auch als erstes, wenn man Ragnitz nach den Wissenschaftlern fragt, die ihn geprägt haben; daneben nennt er auch die Kölner Finanzwissenschaftler Klaus Mackscheidt und Karl-Heinrich Hansmeyer sowie den Statistiker Karl-August Schäffer.

Eine Habilitation reizte ihn damals nicht sonderlich: „Bloß nicht noch so ein Buch schreiben!" Doch es ergab sich für Ragnitz die Möglichkeit, seine an der Aktualität orientierten wirtschaftspolitischen Interessen im wissenschaftlichen Mitarbeiterstab des Sachverständigenrats zur Begutachtung der gesamtwirtschaftlichen Entwicklung in Wiesbaden weiterzuverfolgen und dabei seine Kenntnisse der empirischen Wirtschaftsforschung zu vertiefen. Es war eine wichtige, hochspannende Zeit: Die Mauer fiel 1989, zur Deutschen Einheit kam es 1990, und fortan stellte sich die drängende Frage, wie die notwendige Systemtransformation im Osten zu gestalten sei.

Als Rüdiger Pohl, Mitglied des Sachverständigenrats, im Jahr 1994 von der Fernuniversität Hagen an die Martin-Luther-Universität Halle-Wittenberg und an das Institut für Wirtschaftsforschung Halle (IWH) wechselte, ging Ragnitz mit und wurde dort Ab-

---

1 Ragnitz, J. (1989), *Der internationale Zinszusammenhang*, Dissertation, Universität Köln.

teilungsleiter. Das Institut war 1992 auf Empfehlung des Wissenschaftsrats gegründet worden, mit der Absicht, eine in der ostdeutschen Forschungslandschaft klaffende Lücke zu schließen und zugleich der Transformationsforschung eine wissenschaftliche Heimat zu geben. Es war zunächst in Berlin ansässig, wobei die meisten Mitarbeiter noch aus dem früheren ökonomischen Forschungsinstitut der staatlichen Plankommission der DDR stammten und der neuen westdeutschen Leitung sehr misstrauisch gegenüberstanden. Zum Jahresbeginn 1994 fand dann als Ergebnis des beharrlichen Drängens von Bundesaußenminister Hans-Dietrich Genscher der Umzug in dessen Heimatstadt Halle statt, und es begannen mühsame inhaltliche wie auch personelle Anpassungen. „Vor allem das erste Jahr war eine schreckliche Zeit", erinnert sich Ragnitz, nicht zuletzt weil die Mitarbeiter nur notdürftig alle miteinander in einem verkommenen Wohnheim untergebracht werden konnten. Doch die anfänglichen Schwierigkeiten ließen sich allmählich überwinden, und das neue Institut etablierte sich zusehends in der deutschen Forschungslandschaft und Politikberatung.

Nach dem Rückzug Rüdiger Pohls 2003 und unter der neuen Leitung durch Ulrich Blum von 2004 an kam es im IWH noch einmal zu einer Neuausrichtung und zu tiefgreifenden organisatorischen Umbauten. Schließlich beschloss Ragnitz, dass es Zeit für einen Wechsel sei. Mittlerweile tief in der anwendungsorientierten Ostdeutschlandforschung verwurzelt, spezialisiert auf die Themen Strukturwandel, Regionalentwicklung, Demographie und öffentliche Finanzen, bot sich für ihn die Dresdner Niederlassung des ifo-Instituts für Wirtschaftsforschung förmlich an. Das kleine, heute etwa 15 Mitarbeiter zählende Institut besteht seit dem Jahr 1993. Es war auf Betreiben und unter Nutzung der Kontakte des damaligen sächsischen Ministerpräsidenten Kurt Biedenkopf gegründet worden, in bewusster Konkurrenz zum IWH. Es ist ebenfalls auf die Belange Ostdeutschlands fokussiert, freilich mit einem besonderen Augenmerk auf Sachsen. Zu den Themenfeldern gehören Konjunktur und Wachstum, Humankapital und Strukturwandel, Standortwettbewerb, Arbeitsmarkt und Sozialpolitik, Demographie, öffentliche Finanzen und Wirtschaftsförderung. Anfangs übernahm ifo Dresden, formal eine Abteilung des Münchner Instituts, gleichsam die Aufgabe einer Grundsatzabteilung für das sächsische Wirtschaftsministerium. Noch heute spielt in der Arbeit des Instituts die Beratung politischer Entscheidungsträger eine herausragende Rolle.

Seit 2007 bildet nun Joachim Ragnitz mit Marcel Thum, der an der Technischen Universität Dresden eine Professur für Volkswirtschaftslehre, insbesondere Finanzwissenschaft innehat, die Doppelspitze des ifo Dresden. Thum ist hauptberuflich an der Universität tätig und kümmert sich daneben als Leiter des Instituts im Rahmen einer Teilzeitstelle vor allem um die wissenschaftliche Qualitätskontrolle und die Promotionen, während Ragnitz als stellvertretender Leiter hauptberuflich am Institut arbeitet und sich der Projektarbeit sowie der administrativen Dinge annimmt. Als Honorarprofessor lehrt er zudem an der TU Dresden, angedockt an Thums Lehrstuhl.

Dass er aus der Sicht der Ostdeutschen trotz seiner ererbten familiären Verbindungen in den Osten ein „Wessi" ist, kann Ragnitz meistens ausblenden. Manchmal halte man ihm das zwar noch vor, sagt er, besonders wenn er sich auf provozierende Weise in den Medien äußere, was ihm durchaus ab und zu Vergnügen bereite – zum Beispiel mit dem Hinweis, dass man angesichts der Entvölkerung des Ostens, die sich zu einer Bremse der Wirtschaftskraft entwickele, über das aktive Anwerben von Zuwanderern aus dem nicht-europäischen Ausland nachdenken müsse. „Aber im Alltag", versichert er, „gibt es das Ost-West-Denken gar nicht mehr".

„Das größte Problem für die Zukunft Ostdeutschlands ist der zunehmende Arbeitskräftemangel"

Ein Gespräch über die Lage Ostdeutschlands dreißig Jahre nach dem Mauerfall, Erfolge und Fehler der Politik, Strukturschwächen und die Notwendigkeit von Zuwanderung aus anderen Kulturkreisen

Herr Professor Ragnitz, dreißig Jahre ist es nun her, dass die Mauer fiel. Es war das Ende eines auch in wirtschaftlicher Hinsicht verheerend gescheiterten sozialistischen Experiments. Was folgte, war die Deutsche Einheit und ein tiefgreifender, schwieriger Transformationsprozess. Wo steht Ostdeutschland heute?

Wenn man als Vergleichsmaßstab die Lage zu Beginn des Transformationsprozesses 1991 nimmt, dann ist ganz klar, dass Ostdeutschland in eigentlich allen wirtschaftlich relevanten Indikatoren enorme Fortschritte gemacht hat. Wirtschaftskraft, Produktivität, Einkommensniveau – das ist alles um 100 bis 150 Prozent gestiegen. Man sieht diese massiven Fortschritte unter anderem auch an der Infrastruktur, dem Aufbau eines neuen Kapitalstocks, der Umweltsituation, dem modernisierten Bildungswesen. Nach dreißig Jahren wäre es aber auch überraschend, wenn sich da nichts getan hätte. Wenn man sich den zeitlichen Verlauf genauer ansieht, stellt man allerdings fest, dass die Entwicklung nicht linear war. Es gab eine Phase sehr flotter Verbesserungen, beispielsweise von 1991 bis 1996. Das hatte damit zu tun, dass der Osten von einem sehr niedrigen Niveau kam. In dieser Aufbauphase wurden viele Unternehmen gegründet; praktisch aus dem Nichts entstand eine neue ostdeutsche Wirtschaft. Dieses rasche Aufholen brach dann Mitte der neunziger Jahre ab, und seitdem haben wir eine Entwicklung, die im Großen und Ganzen nicht viel besser verläuft als im Westen.

Ein positives Gesamtbild, und trotzdem liegt darin ein Grund zur Enttäuschung?

Gemessen an den ursprünglichen Erwartungen ist der heutige Befund schon enttäuschend. Man hatte ja mal das Ziel, in den relevanten wirtschaftlichen Indikatoren zum westdeutschen Niveau aufzuholen. Das war den Leuten auch versprochen worden: „Gleichwertige Lebensverhältnisse" sollte es geben, die legendären „blühenden Landschaften". Nun, die Wirtschaftskraft als der maßgebliche Indikator, gemessen an der Produktivität, also dem Bruttoinlandsprodukt (BIP) je Erwerbstätigem, liegt heute bei ungefähr 80 Prozent des Westniveaus, oder gemessen am BIP je Einwohner bei unge-

Anmerkung: Online am 1. November 2019 erstmals veröffentlicht, https://doi.org/10.1515/pwp-2019-0033. In Print am 18. November 2019 erschienen, *Perspektiven der Wirtschaftspolitik* 20(3), S. 226–36. Das Gespräch wurde gemeinsam mit Karolin Herrmann geführt, der Geschäftsführerin des Vereins für Socialpolitik.

fähr 70 Prozent, und das bei einer sehr geringen Differenzierung zwischen den ostdeutschen Ländern. Dabei würde man eigentlich vermuten, dass Sachsen und Thüringen viel besser als der Rest dastehen und Mecklenburg-Vorpommern und Sachsen-Anhalt hinterherhinken – aber in Wirklichkeit ist das alles sehr dicht beieinander. Selbst auf Kreisebene gibt es nicht sonderlich große Unterschiede. Der Niveauvergleich zum Westen hin zeigt, dass es zumindest in der Wirtschaftskraft noch eine sehr große Lücke gibt.

Aber die umfangreichen Transfers sorgen dafür, dass die Menschen das nicht allzu sehr spüren.

Ja, richtig, die wirtschaftliche Schwäche spiegelt sich fast gar nicht in den verfügbaren Einkommen der Menschen, die liegen nominal bei etwa 85 Prozent des westdeutschen Niveaus. Das hat viel damit zu tun, dass wir in Deutschland ein progressives Steuersystem haben und eben auch sonst umfangreiche Transfers, was dazu führt, dass niedrige Bruttoeinkommen netto schon etwas stärker angeglichen sind. Man muss darüber hinaus auch sehen, dass wir noch immer große Preisunterschiede zwischen Ost und West haben. Das gilt insbesondere für die Mieten, aber auch für die Preise anderer Güter. Vor allem nicht-handelbare Dienstleistungen sind im Westen deutlich teurer. Wenn man das berücksichtigt, liegt das reale Einkommensniveau der privaten Haushalte im Osten bei 90–92 Prozent des Westniveaus. Das müsste für das Ziel einer Angleichung der Lebensverhältnisse eigentlich schon genügen. In Schleswig-Holstein ist es auch nicht unbedingt viel besser. Kurz: In der Wirtschaftskraft gibt es weiterhin große Unterschiede, in den verfügbaren Einkommen eigentlich nicht mehr.

Wie sieht es am Arbeitsmarkt aus?

In den neunziger und frühen zweitausender Jahren hatten wir da ein Riesenproblem; heute ist es das zum Glück nicht mehr. Die Arbeitslosenquoten sind von ursprünglich einmal mehr als 20 Prozent in einzelnen Bundesländern auf jetzt etwa 7,5 Prozent zurückgegangen. Es gibt da noch eine gewisse Differenzierung, aber die Quoten sind stark rückläufig, es gibt keinen großen Unterschied zum Westen mehr. Das hat allerdings primär mit der Alterung der Erwerbspersonen zu tun. Die Arbeitslosen gehen irgendwann aus Altersgründen in den Ruhestand und fallen damit aus der Statistik heraus. Das ist also ein demographischer Effekt und hat nichts damit zu tun, dass massiv neue Arbeitsplätze aufgebaut worden wären. Wir haben in den vergangenen 10–15 Jahren hier im Osten „Jobless growth" erlebt, ein durchaus starkes Wirtschaftswachstum, aber kaum Beschäftigungseffekte. Das ist ein wesentlicher Unterschied zur Entwicklung im Westen.

Woran liegt das?

Was die Unternehmen angeht, haben wir eine ganze Reihe an strukturellen Defiziten, zum Beispiel die Branchenstruktur, die Betriebsgrößenstruktur, das Fehlen von Unternehmenshauptsitzen. Außerdem haben wir im Ganzen eine vergleichsweise geringe technologische Wettbewerbsfähigkeit, was daran liegt, dass viele Unternehmen nicht in Forschung und Entwicklung aktiv sind und dass der Technologietransfer über die Hochschulen und andere Forschungseinrichtungen auch nicht so richtig gut funktioniert. Auch bei der totalen Faktorproduktivität gibt es deshalb einen starken Rückstand von etwa einem Viertel. Und man muss auch sehen, dass der Westen kein starres Ziel ist, auf das man sich zubewegen kann, sondern seinerseits stark wächst. Wirtschaftlicher Fortschritt wird zu einem erheblichen Umfang durch steigende Skalenerträge hervorgerufen, und die fallen in der Regel bei den Stärkeren an, das heißt im Westen.

Also hat der Westen da einen historisch gewachsenen Vorteil.

Ja, das kann man so sagen. Unternehmenswachstum als Voraussetzung für die Ausnutzung von Skaleneffekten braucht Zeit, und so gesehen sind 30 Jahre einfach zu kurz gewesen. Ich habe mir einmal den Spaß gemacht auszurechnen, wie groß der Rückstand der Wirtschaftskraft im Osten gegenüber dem Westen in Jahren gemessen ist. Anfangs, im Jahr 1991, lagen wir in Ostdeutschland noch auf dem Niveau von 1959/60; also gut dreißig Jahre zurück. Heute liegen wir auf dem Niveau von 1985, sind also faktisch sogar weiter zurückgefallen. Es gab einen starken Anstieg im Niveau, aber weil der Westen tendenziell genauso stark oder sogar stärker wuchs, ist in der Relation nicht viel passiert.

Das ist ein Rückstand von immerhin einer Generation. Das ist nicht wenig. Kann man sagen, wie bedeutend der Impuls war, den der Mauerfall, die Wiedervereinigung und damit schließlich das Zustandekommen eines größeren Wirtschaftsraums für Deutschland gehabt haben?

Es ist allemal ein Vorteil für alle Deutschen in Ost und West, dass wir jetzt ein vereinigtes Land sind. Darüber dürfte es eigentlich auch keinen Dissens geben, auch wenn rund ein Drittel der Ostdeutschen hier eine andere, verzerrte Wahrnehmung hat. Der rein ökonomische Impuls für die deutsche Volkswirtschaft hingegen ist schwieriger zu beziffern. Man kann aber durchaus argumentieren, dass jegliche Integration von Wirtschaftsräumen zu Wohlstandsgewinnen führt, durch die verbesserte Arbeitsteilung, die damit verbundenen Produktivitätszuwächse und insgesamt durch ein steigendes Produktionspotenzial. Für den Osten war das auf jeden Fall so und die Wirkung mithin positiv – vielleicht nicht für jeden einzelnen Bürger, aber doch insgesamt. Und der Westen hat anfangs stark von dem Nachfrageboom aufgrund der Nachholeffekte aus dem Osten profitiert, ist danach aber wieder auf den alten Wachstumspfad zurückgekehrt. Das heißt, in Summe war der ökonomische Impuls jedenfalls positiv. Und auch politisch ist es nicht unerheblich, ob Sie ein Land mit 83 Millionen Einwohnern haben oder eines mit 65 Millionen. Die Rolle Deutschlands in Europa ist damit wohl auch wichtiger geworden. Aber das sind keine Kategorien, in denen ein Ökonom üblicherweise denkt.

Man hat mitunter den Eindruck, manche Ostdeutsche hegten immer noch das Vorurteil gegenüber den Westdeutschen, diese hätten nach der Wende bei ihnen alles plattgemacht. Wo kommt das her?

Diese Vorurteile sind in der Tat verbreitet. Ich glaube, sie begründen sich durch negative Erfahrungen aus der Zeit nach der Vereinigung. Negative Erfahrungen werden immer höher gewichtet als positive; das Problem ist, dass sie öffentlich nicht aufgearbeitet worden sind. Und heute werden sie im politischen Prozess zum Teil auch noch ausgeschlachtet und damit gepflegt. Die Menschen sind mit sehr großen Hoffnungen in die Einheit gestartet. Die Erwartungen waren allerdings total überzogen, und das wurde von der Politik auch noch befördert, eben zum Beispiel mit dem Versprechen „blühender Landschaften". Die Menschen konnten dann ja, wie gesagt, auch relativ schnell am westdeutschen Wohlstandsniveau teilhaben, doch sie haben nicht gleich begriffen, dass dieses Wohlstandsniveau nicht vom Himmel fällt, dass man sich an neue Bedingungen anpassen muss und dass der Konkurrenzkampf im Kapitalismus sehr viel härter ist als im Sozialismus. Hinzu kommt, dass man sich im Osten wohl auch überschätzt hat. Von der DDR-Propaganda geprägt, hielten die Bürger die ostdeutschen Betriebe für durchaus wettbewerbsfähig; der konkrete Vergleich zum Westen fehlte ihnen. Man glaubte, es würde reichen, die Produktion neu auszurichten und stärker zu diversifizieren, und dann wäre die DDR-Wirtschaft schon in der Lage, einen ähnlichen Wohlstand wie im Westen auf die Beine zu stellen. Das waren Illusionen, die spätestens mit der massiven Aufwertung der Ostmark durch die Währungs-, Wirtschafts- und Sozialunion hätten platzen müssen. Dann kam die Vereinigung, und die gen Osten vordringenden westdeutschen Unternehmen nahmen eher wenig Rücksicht. Sie wollten sich den Markt sichern und hierfür, wo nötig, auch die Konkurrenz ausschalten. Da ist nicht alles fein gelaufen, da waren auch viele Glücksritter unterwegs, die Ostdeutschen wurden auch schon mal über den Tisch gezogen. Das alles hat sicher zu dem Vorurteil beigetragen, die „Wessis" seien nicht etwa Freunde, sondern zum Teil einfach nur kapitalistische Ausbeuter. Dieses Vorurteil ist manchen Bevölkerungsgruppen immer noch stark vorhanden, insbesondere unter den Älteren, die sich oft als Verlierer der Wiedervereinigung fühlen.

Hat die Politik im Laufe der Einigung dann zusätzlich Fehler gemacht, die jetzt und in Zukunft noch nachwirken?

Da gibt es schon einiges, was nicht optimal gelaufen ist und was man mit Fug und Recht kritisieren kann.[2] Das beginnt schon bei der Wirtschafts-, Währungs- und Sozialunion. Der damals aus politischen Gründen gewählte Umtauschkurs 1:1 war aus

---

2 Vgl. Ragnitz, J. (2009), Ostdeutschland heute: Viel erreicht, viel zu tun, *ifo Schnelldienst* 18/2009, S. 3–13.

ökonomischer Sicht ganz klar ein Fehler. Es wurde massiv Geld geschöpft, die Menschen haben dann auch noch ihre Ersparnisse aufgelöst und Westwaren gekauft – und das hat einen wahnsinnigen Nachfrageboom im Westen verursacht, begleitet von einem beschleunigten Zusammenbruch im Osten, denn niemand wollte mehr Ostwaren kaufen. 1992 war dieser rein konjunkturelle Boom dann aber vorbei und Deutschland schlitterte in die Rezession, auch weil die Bundesbank die Leitzinsen angehoben hatte, um der Inflation entgegenzuwirken.

Und die Privatisierung?

Ja, auch an der Privatisierung der ehemals „volkseigenen" Betriebe durch die Treuhand, die ich zwar insgesamt für erfolgreich halte, wird berechtigte Kritik geübt, zum Beispiel dass damit bestehende Vernetzungen zwischen den Betrieben zerstört worden sind. Ich glaube aber, dass die Unternehmen, die nicht privatisiert wurden, tatsächlich nicht privatisierbar waren und auch unter günstigeren Bedingungen hätten geschlossen werden müssen. Abgesehen davon gab es ein großes Problem mit dem Grundsatz der Rückgabe vor Entschädigung, der dazu geführt hat, dass ganz lange ein ernstes Investitionshemmnis bestand. Das wurde erst nach einigen Jahren so behoben, dass der Grundsatz in sein Gegenteil umgekehrt wurde. In der Anfangsphase konnten aufgrund dieser Rechtsfiktion aber manche Unternehmen gar nicht bauen oder mussten Standorte wählen, die für sie nicht optimal waren, was die Renditen gedrückt hat. Außerdem haben wir in der ganzen Wirtschaftsförderung wegen der damaligen Massenarbeitslosigkeit sehr stark darauf gesetzt, dass neue Arbeitsplätze entstehen, was üblicherweise bedeutet, dass die Arbeitsintensität relativ hoch und die Arbeitsproduktivität relativ gering ist. In vielen Fällen hat das dazu geführt, dass sich wenig produktive Branchen angesiedelt haben, sodass die Produktivität in der Region insgesamt gering ist. In den neunziger Jahren hat man sich dann auch noch viel zu sehr auf sozialpolitische Anpassungsmaßnahmen konzentriert und die Leute in dem Glauben gehalten, wenn sie eine Stelle im Rahmen einer Arbeitsbeschaffungsmaßnahme (ABM) annähmen, dann sei das wie Arbeit. Das hat nicht eben dazu beigetragen, dass sich die Leute mehr um Arbeitsplätze auf dem ersten Arbeitsmarkt bemühten. Es hat vielmehr dazu beigetragen, dass das Anspruchslohnniveau der Leute relativ hoch blieb und auch dazu, dass die ABM-Teilnehmer auf dem ersten Arbeitsmarkt stigmatisiert wurden. Abgesehen davon sind die Löhne stark gestiegen, weil es Stellvertreterverhandlungen zwischen westdeutschen Arbeitgeberverbänden und Gewerkschaftsverbänden gab, in deren Folge die Lohnangleichung viel zu schnell war. Insgesamt gibt es somit eine ganze Reihe von politisch verursachten Faktoren, die zur Folge gehabt haben, dass sich eine Wirtschaftsstruktur herausgebildet hat, die bis heute ein stärkeres Wachstum und ein größeres Wohlstandsniveau verhindert. Der Preis sind hohe Transferleistungen von West nach Ost, bis heute.

Es gab doch mal das Konzept der „industriellen Kerne", die es zu erhalten galt und die im Idealfall eine gewisse Strahlkraft hätten entwickeln sollen. Was ist aus denen geworden?

Dieses Konzept kam Mitte der neunziger Jahre im Zusammenhang mit der Privatisierung durch die Treuhandanstalt auf. Es gab Bestrebungen in Sachsen, in Brandenburg und auch in anderen Ländern, wo man versuchen wollte, aus dem Bestand der Treuhandanstalt die besonders strukturrelevanten Unternehmen herauszulösen, sie besonders zu subventionieren und sie zu sanieren, um sie anschließend privatisieren zu können – in der Hoffnung, dass sie zu Leuchttürmen werden. Das ist weitgehend gescheitert: Man denke nur an SKET in Magdeburg oder an das Cargo-Lifter-Experiment in Brandenburg; da ist nun ein Spaßbad drin. Natürlich gibt es ein paar positive Ausnahmen, wo man mit großem finanziellen Aufwand etwas hat erhalten oder ganz neu wieder hinsetzen können. Hierzu gehören zum Beispiel die optoelektronische Industrie in Jena um Jenoptik und Carl Zeiss; in Dresden die Halbleiterindustrie um Infineon, ehemals Siemens, und Global Foundries; auch die Chemie-Industrie in Leuna und Bitterfeld; der Automobilbau mit neuen Werken von Porsche und BMW. Das ehemalige Wartburg-Werk in Eisenach gehört zu Opel, und VW produziert in Zwickau, also am Standort des einstigen Trabant-Werkes. Aber insgesamt sind die Erfahrungen mit der selektiven Industriepolitik, die man im Osten versucht hat, nicht wirklich positiv. Wo es geklappt hat, hat man sehr viel Geld in die Hand nehmen müssen, und das, was da heute steht, ist eben oft etwas ganz Neues. Und es gibt überhaupt nur sehr wenige große Unternehmen in Ostdeutschland.

Ist das ein Problem? Ist nicht der Mittelstand auch im Westen das Rückgrat der Wirtschaft?

Ja, aber die Mischung macht es. In Ostdeutschland fehlen die großen Unternehmen, die zum Beispiel eigene Forschung betreiben oder eine hohe Exportleistung bringen und gut bezahlte Jobs anbieten. Insoweit ist die Kleinteiligkeit der ostdeutschen Wirtschaft trotzdem ein großes Manko, und dieses ist durch die Politik der Erhaltung industrieller Kerne in keinem Fall behoben worden.

Warum hat eigentlich immer noch kein DAX-Konzern seinen Sitz in Ostdeutschland?

Die Frage kommt immer wieder, und ich frage mich jedes Mal, worin überhaupt der Wert liegen sollte, Standort eines DAX-Unternehmens zu sein. Als großes, börsennotiertes Unternehmen gibt es im Osten aber immerhin Jenoptik in Jena, die sind seit 2003 wenigstens im TecDAX gelistet. Aber ansonsten gibt es im Osten einfach überhaupt keine derart großen, selbständigen Unternehmen, dass sie in der Lage wären, einen Aktienhandel in vernünftigem Ausmaß aufzubauen. Um in den DAX hineinzukommen, brauchen Sie ja einen Mindestumsatz. Das meiste, was wir an Betrieben haben, sind Produktionsstätten von westdeutschen Konzernen. Da ist vielleicht noch die Muttergesellschaft im DAX, aber die sitzt eben nicht im Osten.

Aber warum sind die kleinen Unternehmen nicht gewachsen, sodass sie mittlerweile börsenfähig wären?

Die meisten großen Unternehmen in Westdeutschland, die im DAX sind, sind schon vor hundert und mehr Jahren gegründet worden. Sie sind erst im Laufe der Zeit so groß geworden. Das dauert eben, aber in Ostdeutschland beginnt die Zeitrechnung in dieser Hinsicht erst 1990. Wir haben einmal eine Untersuchung zum Unternehmenswachstum im Osten und im Westen gemacht. Es hat sich gezeigt, dass die Unternehmen, die seit 1990 im Osten gegründet worden sind, in etwa genauso schnell wachsen wie die Unternehmen, die in dieser Zeit im Westen gegründet wurden.[3] Wobei ohnehin die meisten Gründungen dauerhaft klein bleiben und ein Großteil der Neugründungen die ersten Jahre nicht überlebt. Aber auf jeden Fall reicht die Entwicklung nicht aus, um die Größen zu erreichen, die man braucht, um im DAX gelistet zu werden.

Moment – die Gründungsdynamik ist dieselbe, aber doch wohl nicht die Gründungsintensität, oder?

Oh nein, da muss man unterscheiden. Die Gründungsintensität, also die Gründungsneigung, wenn man so will, ist in den ostdeutschen Flächenländern tatsächlich deutlich geringer als in den westlichen.[4] Das führe ich insbesondere auf die Erfahrungen der Ostdeutschen in den vergangenen dreißig Jahren zurück. Diese Erfahrung hat es mit sich gebracht, dass man nur ungern bereit ist, Risiken einzugehen. Die Leute haben seit der Wende immer schon große Angst vor Arbeitslosigkeit, aber als Unternehmer müssten sie erst recht die fehlende Absicherung ertragen. Statt Unternehmer zu werden, was ja immer schief gehen kann, versucht man in der Regel, am besten eine feste Anstellung im öffentlichen Dienst zu bekommen. Möglicherweise spielt aber auch das tradierte Unternehmerbild in Ostdeutschland eine Rolle, das ja stark durch Schule und Elternhaus geprägt wird und damit immer noch die Ideologie der DDR widerspiegelt.

Und Rückkehrer gab es auch nicht in nennenswertem Umfang?

Sie meinen, dass einstmals ostdeutsche Unternehmen wie Siemens und Audi wieder an ihren früheren Sitz im Osten zurückkehren, in diesem Fall nach Berlin und Chemnitz? Man hatte das am Anfang tatsächlich gehofft, aber das war natürlich illusorisch.

---

3 Ochsner, C. und M. Weber (2012), Die Kleinteiligkeit der ostdeutschen Wirtschaft – dynamisch betrachtet, *ifo Dresden berichtet*, Heft 5/2012, S. 22–33.
4 Vgl. Ragnitz, J. (2019), Zu wenig unternehmerische Initiative: Gründungen und Gründerneigung in Ostdeutschland, *ifo Dresden berichtet*, Heft 3/2019, S. 18–22.

Die nun schon seit vielen Jahrzehnten im Westen ansässigen Unternehmen haben ihre ganzen Fachkräfte dort, warum sollten sie die zurücklassen?

Entgegen aller Empfehlungen ist es auch nicht gelungen, Cluster zu bilden, an denen Wissenschaft und Wirtschaft verzahnt sind, sodass daraus eine neue Innovationskraft erwächst und eine Exportbasis entsteht?

Die Politik hat am Anfang vor allem darauf gesetzt, die Infrastruktur auszubauen, Verkehrswege, Telekommunikation und so weiter. Das war auch gut und richtig. Ansonsten hat man sich politisch auf die Sachkapitalförderung konzentriert. Das hat sich erst spät gedreht. Man meinte anfangs, es reiche aus, wenn man moderne Maschinen hinsetzt und damit dann auch Arbeitsplätze schafft, um das Beschäftigungsproblem zu lösen. Doch das ist nur eine nachholende Entwicklung, nichts nach vorne Gerichtetes, wirklich Innovatives. Forschung und Entwicklung hat man jedoch eher zu wenig unterstützt. Das ist auch nicht ganz einfach, denn es ist natürlich immer mit dem Problem verbunden, dass man damit lediglich den Personaleinsatz subventionieren kann und nicht weiß, was am Ende wohl an Innovationen dabei herauskommt. Jetzt hat hier aber ein Umdenken stattgefunden, und man hat auch gemerkt, dass es nicht allein auf die Forschung in den Unternehmen ankommt, sondern auf die technologische Leistungsfähigkeit. Deswegen konzentriert man sich zunehmend auch auf den Technologietransfer und den Ausbau der Hochschulen. Nur hakt die Umsetzung in die Praxis daran, dass die politischen Kompetenzen hier sehr stark zersplittert sind. Das Bundesministerium für Forschung und Wissenschaft macht die Exzellenzförderung, aber das nützt dem Osten im Zweifelsfall nichts, schon gar nicht in der Breite. Das Bundeswirtschaftsministerium versucht eine Breitenförderung insbesondere über das „Zentrale Innovationsprogramm Mittelstand", und dann sind da die regionalen Akteure, die auch noch alle irgendetwas machen, ohne dass immer ganz klar ist, an wen sich das richtet. Für meine Begriffe ist die ganze Förderlandschaft in diesem Bereich undurchsichtig, da fehlt ein Gesamtkonzept. Alle bisherigen Studien zeigen im Übrigen, dass dabei auch nicht so schrecklich viel herumkommt, denn häufig werden entsprechende Aktivitäten wieder eingestellt, sobald die Förderung aufhört.

Müssen wir befürchten, dass der Osten auf Dauer wirtschaftlich schwach bleibt?

Ja. Auf jeden Fall ist es so, dass Ostdeutschland an einigen strukturellen Besonderheiten leidet, die sich so schnell nicht zum Guten wenden lassen. Wir haben schon über die Branchen- und die Betriebsgrößenstruktur gesprochen, die auch langfristig kaum veränderbar ist. Zu den strukturellen Besonderheiten gehört aber auch die Siedlungsstruktur. Ostdeutschland ist weitgehend eine ländlich geprägte Region; es gibt ganz wenige große Städte. Typischerweise sind ländlich geprägte Regionen einfach wirtschaftsschwächer, weil sie eine geringere Attraktivität für mobile Einwohner, aber auch für Unternehmen aufweisen. Wir haben einmal ausgerechnet, was noch an Unterschieden übrigbliebe, wenn sich alle Regionstypen in Ost und West voll aneinander anglichen, also die ländlich geprägten Regionen im Osten an diejenigen im Westen und die städtisch geprägten Regionen im Osten an diejenigen im Westen.[5] Die verbleibende Disparität betrüge immer noch 5 Prozentpunkte, man käme also auf etwa 95 Prozent des westdeutschen Niveaus im Osten. Das heißt, die Siedlungsstruktur spielt eine nicht zu vernachlässigende Rolle.

Damit dürfte sich ein weiteres Problem verbinden, die Abwanderung.

In der Tat. In den neunziger und zweitausender Jahren hat es eine enorme und zugleich selektive Abwanderung gegeben. Im Osten hören das die Leute nicht gern, aber es ist eine Tatsache, dass gerade die jüngeren, gut qualifizierten und veränderungswilligen Bevölkerungsgruppen abgewandert sind. Es gab einen Brain-Drain, und deshalb fehlen jetzt die Eliten im Osten. Es mangelt einfach an Leuten, die in den Unternehmen für Innovationen sorgen und die Wirtschaft voranbringen könnten. Es fehlen generell die Leute, die die gesellschaftliche Entwicklung vorantreiben könnten. Dieser Aspekt wird massiv unterschätzt. Zur zurückliegenden Abwanderung kommt die geringe Attraktivität für Zuwanderer hinzu. Das gilt zwar nicht für die großen Städte wie Leipzig, Dresden und auch Jena, aber gerade in vielen ländlichen Räumen ist die Lage geradezu dramatisch, und im Ergebnis kommt eben die Entwicklung insgesamt nicht richtig voran.

Was heißt das in der Konsequenz? Noch mehr „passive Sanierung"?

Die massive Abwanderung aus Regionen, die wenig Zukunftsperspektiven hatten, ist in der Tat damit einhergegangen, dass manche Standorte schlicht aufgegeben wurden. Wenn ein Drittel der Bevölkerung aus einem Ort abgewandert ist, hat man oft mangels tragfähiger Nachfrage auch das öffentliche Angebot an Schulen, Polizei usw. reduziert, was dann seinerseits die Abwanderung noch weiter verstärkt hat. Das ist nichts anderes als passive Sanierung, auch wenn das nie ein politisches Konzept war und es gewiss auch kein Politiker jemals so ausdrücken würde. Politische Maßgabe war immer die Gleichwertigkeit der Lebensverhältnisse; man wollte offiziell die Menschen überall dort unterstützen, wo sie leben. Aber in der Wirklichkeit war es anders. Die Wirtschaftsförderung selbst ist zwar grundsätzlich standortneutral, aber auch sie hat indirekt zur Entvölkerung der ländlichen Gebiete beigetragen. Die Unternehmen sind frei in der Standortwahl, der Grundsatz der Politik war es, sie überall zu unterstützen, ganz egal wo in den ostdeutschen Ländern sie sich ansiedeln wollten. Doch für die Unternehmen waren die Städte von vornherein attraktiver, und im Ergebnis

---

5 Vgl. Ragnitz, J. (2009b), Angleichung der Lebensverhältnisse in Ostdeutschland: Eine regional differenzierte Analyse, *ifo Dresden berichtet*, Heft 4/2009, S. 28–38.

ging die Peripherie weitgehend leer aus. Die politischen Folgen sehen wir im Wahlverhalten der Bürger.

Sie meinen die Stärke der radikalen Ränder rechts und links.

Genau. Das hat zwar nicht ausschließlich mit der tatsächlich erfolgten passiven Sanierung an vielen Standorten in der Peripherie zu tun, aber dass ganze Regionen wirtschaftlich zurückliegen und keine positiven Zukunftsaussichten haben, ist schon fatal. Die Gefahr einer politischen Radikalisierung war eigentlich schon länger absehbar. Dass man jetzt hektisch versucht, mit politischen Maßnahmen gegenzusteuern, wird nichts bringen. Es kommt zu spät, und die Leute durchschauen längst, dass man sie damit „kaufen" will. Besser wäre es, ehrlich mit den Menschen umzugehen.

Wie kann es denn dann in Zukunft weitergehen?

Mein Kollege Reint Gropp vom IWH sagt ja mehr oder minder laut, man müsse die passive Sanierung nicht rückabwickeln, sondern im Gegenteil noch verstärken. Man müsse großflächig ganze Regionen im Osten aufgeben. Ich würde nicht so weit gehen. Aber ich halte es auf jeden Fall auch für richtig, die Wirtschaftsförderung, die Ansiedlung von Unternehmen, die weitere Verbesserung der Infrastruktur stärker auf zentrale Orte zu konzentrieren. Aber anders als Reint Gropp zähle ich dazu nicht nur die großen Städte und ihr direktes Umland, also zum Beispiel Leipzig, Dresden und Berlin, sondern auch kleinere Städte wie Weißenfels, Altenburg oder Delitzsch, Städte mit immerhin noch 25.000 bis 30.000 Einwohnern. Für ihr jeweiliges Umland spielen auch diese Mittelstädte als Ankerpunkte eine große Rolle, sie sind aber zum Teil in einem beklagenswerten Zustand, was Stadtbild und Unternehmensansiedlung angeht. Um sie muss man sich kümmern. Es wird dann trotzdem in den kommenden Jahren einzelne Siedlungen geben, die aufgrund der negativen Einwohnerentwicklung nicht mehr zu halten sind und einfach verschwinden werden. Das weiß eigentlich auch jeder, der sich damit befasst, aber wenn Sie das laut sagen, setzt es Prügel.

So etwas kann man ja auch nicht verordnen, oder?

Aus planerischer Sicht wäre es schon besser, wenn man da einen geordneten, halbwegs gesteuerten Prozess organisierte und es nicht bloß dem Zufall überließe, wenn also nicht gerade diejenigen Orte eingingen, wo die verbliebenen Leute als erstes sterben. Aber ich akzeptiere das Argument, dass es sich kaum legitim begründen lässt, wenn eine Behörde oder sonst ein Dritter darüber befindet, welches Dorf geschlossen wird und welches nicht. Darauf habe ich auch keine Antwort. Aber man muss sich an den Gedanken gewöhnen, dass wir in den nächsten Jahren 20 Prozent weniger Einwohner haben werden und dass gleichzeitig der Trend zu einem Zuzug in die Städte anhält, was bedeutet, dass es Siedlungen geben wird, die nicht mehr aufrechterhalten werden können. Es ist besser, sich darauf einzustellen, als um jeden Preis zu versuchen gegenzuhalten.

Sie haben dafür geworben, aktiv Zuwanderer anzulocken, wenn nicht aus dem Westen Deutschlands oder der Europäischen Union, dann eben darüber hinaus. Politisch dürfte das nicht so ganz leicht werden.

Ja, das sollte provozieren, aber es war gleichzeitig auch sehr ernst gemeint. Das größte Problem für die Zukunft Ostdeutschlands ist wirklich der zunehmende Arbeitskräftemangel. Es geht dabei nicht nur um Fachkräfte, sondern wir werden in naher Zukunft im Osten in allen Bereichen zu wenige Arbeitskräfte haben. Wir haben derzeit noch eine Arbeitslosenquote von 7 Prozent, und sie wird noch weiter sinken. Wir haben schon vor fast 10 Jahren darauf hingewiesen, dass wir uns der Vollbeschäftigung nähern und dann irgendwann Produktionseinschränkungen hinnehmen müssen.[6] In den nächsten Jahren geht die Zahl der Erwerbsfähigen noch weiter zurück, nicht mehr alle Arbeitsplätze können besetzt werden; die Einwohner sind aber noch da, nur befinden sie sich im Ruhestand. Das führt dazu, dass die Produktion stärker zurückgeht als die Einwohnerzahl, und damit wächst das Pro-Kopf-Einkommen nicht mehr oder schrumpft sogar. In Projektionsrechnungen bis 2035 haben wir gesehen, dass Sachsen, das derzeit gut 70 Prozent des Westniveaus hat, auf 80 Prozent bis 2035 kommt, womit aber immer noch eine Lücke verbleibt; Sachsen-Anhalt und Mecklenburg-Vorpommern hingegen werden von derzeit 70 Prozent leicht zurückfallen.[7] Das heißt, die Schere schließt sich nicht, sondern geht in Teilen sogar weiter auseinander.

Was kann man tun?

Man kann einerseits versuchen, den Produktivitätsfortschritt massiv anzutreiben. Der Produktivitätsfortschritt, den man bräuchte, um das Niveau wenigstens der strukturschwachen Westländer zu erreichen, läge in Ländern wie Mecklenburg-Vorpommern oder Sachsen-Anhalt aber beim Dreieinhalbfachen des historischen Werts. Das zu erreichen, ist faktisch ausgeschlossen. Dann könnte man noch versuchen, mit Zuwanderung dagegenzuhalten. Aber da, obwohl sie dürften, die Zuwanderer aus dem Westen Deutschlands und aus der EU nicht kommen, zum Beispiel weil die Löhne niedrig sind und die Netzwerke unergiebig, muss man sich halt verstärkt um Menschen aus Drittländern bemühen. Es ist wichtig, dies in die Köpfe der Politiker, aber auch der einheimischen Bevölkerung hinein zu bekommen: Leute, Ihr müsst Euch daran ge-

---

6 Vgl. Ragnitz, J. (2011), Auf dem Weg zur Vollbeschäftigung: Implikationen der demographischen Entwicklung für den ostdeutschen Arbeitsmarkt, *ifo Dresden berichtet*, Heft 2/2011, S. 3–6.
7 Vgl. Gillmann, N. et al. (2019), *Wachstum und Produktivität 2035*, Studie im Auftrag der Bertelsmann-Stiftung, Gütersloh.

wöhnen, dass hier künftig mehr Ausländer aus ganz anderen Kulturkreisen leben. Die Politik sollte sich aktiv darum bemühen und sie ganz gezielt anwerben.

Für wie realistisch halten Sie das, was Sie da vorschlagen?

Es wird vermutlich nicht so kommen; in der Politikberatung kann man sich ja den Mund fusselig reden. Aber ich finde es wichtig, die Option aufzuzeigen und auf die Gefahren hinzuweisen, die durch Nichthandeln entstehen. Von der Politik würde ich mir wünschen, dass sie diese Möglichkeit zumindest berücksichtigt.

Könnte man im Osten nicht auch etliche Standorte attraktiver machen, wenn die Kommunen mehr Finanzautonomie hätten? Mir fällt als leuchtendes Beispiel dafür, was auf kommunaler Ebene zu schaffen ist, die Stadt Monheim in Nordrhein-Westfalen ein, einst hoch verschuldet, wo aber schließlich ein neuer, junger Bürgermeister die Gewerbesteuerhebesätze drastisch gesenkt hat, um mehr Unternehmen anzusiedeln. Das ist gelungen, und seither ist die Stadt aufgeblüht und ausgesprochen wohlhabend.

Grundsätzlich bin ich sehr dafür, den Kommunen mehr Finanzautonomie zu geben – und das nicht nur im Osten. Das müssen Sie, wenn, dann schon bundeseinheitlich machen. Derzeit haben wir ja das Problem, dass die Gemeinden und auch die Länder so gut wie keine Möglichkeiten haben, ihre Einnahmen selbst auszugestalten. Das Einzige, wo man ansetzen kann, ist die Grunderwerbsteuer auf Länderebene, und es sind eben die Hebesätze der Grundsteuern und die Gewerbesteuern auf kommunaler Ebene. Aber das ist alles sehr beschränkt und wird im Nachhinein über den Finanzausgleich auch wieder nivelliert. Insofern wäre es gut, wenn die Kommunen ein Zuschlagsrecht auf die Einkommensteuer hätten und damit einen Anreiz, etwas für ihre Unternehmen und ihre Bürger zu tun. Und wichtig ist es wohl auch, dass die Kommunen nicht so stark mit Ausgaben belastet sind, die sie nicht wirklich beeinflussen können – also vor allem die vom Bund festgelegten Sozialausgaben.

Der Solidarpakt läuft Ende 2019 aus. Wenn es einen Solidarpakt III gäbe, was müsste der Bund mit den Mitteln machen, wenn er gezielt den Osten fördern wollte?

Einen Solidarpakt III wird es nicht geben, zumindest nicht unter diesem Namen, das ist politisch ausgeschlossen und angesichts einiger strukturschwacher Regionen im Westen auch nicht länger gerechtfertigt. Aber die Ostländer haben in den Verhandlungen über den Finanzausgleich eine weitgehende Kompensation ausgehandelt. Und auch die Mittel, die nun im Rahmen des Braunkohleausstiegs fließen werden, sind etwas Ähnliches wie der Solidarpakt, zumal davon auch ganz erhebliche Teile Ostdeutschlands profitieren. Der jetzt auslaufende Solidarpakt II enthielt Mittel für Infrastrukturinvestitionen der Länder. Der Bund hatte seinen „Korb II", und dieses Geld ging in Investitionen. Es waren jedenfalls alles investive Verwendungen. Nun kann man argumentieren, dass es im Osten mittlerweile gar keine Investitionslücke mehr gibt, dass der Staat im Gegenteil in manchen Regionen sogar schon zu viel investiert hat. Insofern ist dies, um den Aufbau Ost voranzubringen, sicherlich nicht das Mittel der Wahl. Wenn man etwas für den Osten tun will, dann darf man nicht zuerst über die Höhe der Mittel reden, sondern darüber, was man mit dem Geld anfangen will. Also: Was hilft dem Aufbau Ost?

So war die Frage auch gemeint.

Da würde ich alles nennen, was mit Forschungsinfrastruktur zu tun hat, und mit Bildung. Gerade im Bildungsbereich haben wir, was die Politik im Osten immer nicht so recht wahrhaben will, riesige Probleme. In den Pisa-Studien stehen die meisten ostdeutschen Länder zwar recht gut da, aber auch die Zahl der Schulabbrecher ist überall sehr hoch. Ansonsten bin ich überfragt, was man noch machen könnte, um dem Osten gezielt zu helfen – die „bequemen" Maßnahmen sind alle schon ausprobiert, die „unbequemen" Maßnahmen wie echte Sonderwirtschaftszonen oder dergleichen[8] will man nicht. Aber bei den Mitteln, die auf die Empfehlungen der Braunkohlekommission zurückgehen, geht es primär darum, viel Geld in den Osten zu schütten. Da wird es darum gehen, die Infrastruktur auszubauen und Bundeseinrichtungen anzusiedeln. Ich glaube nicht, dass das viel hilft. Wenn Sie sich die Vorschlagslisten der Länder genauer anschauen, sehen Sie, dass auch viele Regionen und Projekte unterstützt werden, die mit der Braunkohle wenig zu tun haben und wo unklar ist, was das für die Regionalentwicklung bringt. Und wenn es darum geht, die Gleichwertigkeit der Lebensverhältnisse anzusteuern, dann klappt das wohl am ehesten mit einem gesamtdeutschen Fördersystem. Egal, wie dessen Verteilungsindikatoren sein werden, davon wird wohl auch überwiegend der Osten profitieren. Vermutlich wird es wohl auch noch eine Gemeinschaftsaufgabe für Regionen im demographischen Wandel geben, wovon dann auch wieder der Osten profitiert. Aber noch einmal: Viel wichtiger ist es, sich vorher zu überlegen, was man finanzieren will. Und ich halte es ohnehin für mehr oder weniger ausgeschlossen, dass es zu einer schnellen Angleichung der Lebensverhältnisse überhaupt noch kommen kann, solange das eigentliche Problem im Arbeitskräftemangel liegt.

---

8 Hierzu hat in den neunziger und zweitausender Jahren ein Konsortium wirtschaftswissenschaftlicher Institute eine Vielzahl von Vorschlägen unterbreitet. Vgl. zum Beispiel DIW/IfW/IWH (1999), Gesamtwirtschaftliche und unternehmerische Anpassungsprozesse in Ostdeutschland, 19. Bericht, *IWH-Sonderheft* 5/1999, sowie DIW/IAB/IfW/IWH/ZEW (2002), Fortschrittsbericht wirtschaftswissenschaftlicher Institute über die wirtschaftliche Entwicklung in Ostdeutschland, *IWH-Sonderheft* 3/2002.

Ergibt es denn überhaupt Sinn, eine Förderpolitik spezifisch auf den Osten auszurichten?

Einen spezifischen Bedarf für eine Förderung des Ostens sehe ich eigentlich nicht mehr. Es gibt auch im Westen Regionen, denen es nicht gut geht. Man sollte grundsätzlich eine Politik betreiben, die gleich schlecht gestellte Regionen in Ost und West auch gleich behandelt. Das heißt aber, dass man belastbare Kriterien braucht, um die Bedürftigkeit zu erfassen. Wir haben dazu neue Indikatoren für die Förderung in der Gemeinschaftsaufgabe „Verbesserung der regionalen Wirtschaftsstruktur" (GRW) entwickelt[9]; wir schauen auf Arbeitslosigkeit, Produktivität, Infrastruktur und Bevölkerungsprognose. Mit diesen Indikatoren jedenfalls kommt heraus, dass neben den Ruhrgebiets-Städten im Westen überwiegend die ostdeutschen Regionen förderungswürdig sind. Insofern verändert sich wenig an der Verteilung der Gelder. Aber ob das am Ende zur „Gleichwertigkeit der Lebensverhältnisse" führt? Schon mit diesem Ziel kommt man nach meiner Einschätzung rasch auf dünnes Eis. Es ist ganz schwierig, eine solche Bewertung vorzunehmen. Klar, Basisleistungen der Grundversorgung muss es flächendeckend geben, aber alles darüber hinaus ist über den Finanzausgleich zu regeln, nicht über Förderprogramme. Außerdem gilt doch auch, dass es gut ist, verschiedene Lebensverhältnisse und damit eine Auswahl zu haben: Wer ein Opernhaus in seiner Nähe braucht, der geht in die Stadt, und wer lieber ein großes Grundstück haben will, der zieht aufs Land. Vielfalt ist doch etwas Gutes.

---

9 Vgl. Maretzke, S., J. Ragnitz und G. Untiedt (2019), Eignung von Regionalindikatoren zur Bestimmung der GRW-Fördergebiete, *ifo Dresden berichtet*, Heft 1/2019, S. 3–8.

Rudolf Richter

https://doi.org/10.1515/9783111208749-011

Pionier der Neuen Institutionenökonomik

Eigentlich hatte er Medizin studieren wollen. Doch der Zweite Weltkrieg durchkreuzte diese Pläne des 1926 geborenen Unternehmersohns aus Leipzig. Seine Familie betrieb in verschiedenen Städten Sachsens das „Haus der Hüte", ein Spezialgeschäft für die Fertigung und den Verkauf von Damen- und Kinderhüten. Nach dem Zusammenbruch galt es vor allem erst einmal für die Familie wieder Boden unter die Füße zu bekommen, und das bedeutete, dass Rudolf Richter alsbald ein Studium beginnen sollte, mit dem er dann auch möglichst bald anständig Geld verdienen würde. Doch das wollten viele junge Leute damals; zehn bis zwölf Kriegsheimkehrer-Jahrgänge konkurrierten um knappe Studienplätze. Zudem dauerte das Medizinstudium in der Regel vier Semester länger als andere Studiengänge. Und weil Medizinstudenten im Krieg vom Dienst lange freigestellt blieben, war ausgerechnet der Ärztemarkt überproportional gut bestückt und die berufliche Aussicht mithin wenig vielversprechend. Pragmatisch griff Richter, der von Leipzig aus zusammen mit einigen Freunden im Winter 1945 illegal via Friedland über die Grenze in den Westen gegangen war, an der Universität Frankfurt zu, wo er einen Studienplatz für Betriebswirtschaftslehre ergattern konnte.

Neben den Kursen seines Curriculums hörte er Vorlesungen in anderen Fächern, unter anderem in Philosophie bei Hans-Georg Gadamer, Max Horkheimer und Theodor Adorno. Auf dem Feld der Ökonomie prägte ihn vor allem Heinz Sauermann, der als Wegbereiter der Spieltheorie und der experimentellen Wirtschaftsforschung in Deutschland gilt und dessen Bemühungen um mehr Wissenschaftlichkeit des Fachs durch den Einsatz der Mathematik Richters formalen Talenten entgegenkam. Für seinen betriebswirtschaftlichen Abschluss ertauschte sich dieser von einem Kommilitonen ein volkswirtschaftliches Diplomarbeitsthema: „Die Bedeutung der Mindestreservesätze für die Geldpolitik". Nach dem Abschluss schrieb er noch geschwind seine Doktorarbeit bei Sauermann – binnen nur eines Jahres. Das Thema lautete „Die Verteilung der Nettoinvestitionen auf die Konsumgüter- und die Produktionsmittel-Industrie"[1] – was er zu einer Verknüpfung der Spiethoff'schen Theorie der Produktionsstufen mit dem Clark'schen Akzelerationsprinzip nutzte. Nach der Promotion arbeitete Richter, der ja rasch Geld verdienen wollte, ein halbes Jahr bei der AEG. Doch dann entschloss er sich zur Habilitation; mit der Möglichkeit eines Rockefeller-Stipendiums für Amerika hatte ihn Sauermann gelockt. Für seine Arbeit wählte er abermals ein völlig anders gelagertes, diesmal wettbewerbstheoretisches Thema: „Das Konkurrenzproblem im Oligopol"[2].

---

1 Richter, R. (1951), *Die Verteilung der Nettoinvestitionen auf die Konsumgüter- und Produktionsmittel-Industrie*, Dissertation, Universität Frankfurt.

2 Richter, R. (1954), *Das Konkurrenzproblem im Oligopol*, Berlin, Duncker&Humblot.

Nach Erlangen der Venia legendi 1953 verwirklichte sich der Traum von Amerika. Mit dem Rockefeller-Stipendium in der Tasche reiste Richter nach New York, um bei George Stigler eine empirische Untersuchung zu seinem Habilitationsthema in Angriff zu nehmen. Doch das war, wie er in seinen Erinnerungen eingesteht, ein Schockerlebnis: „Meine Lücken auf dem Gebiete der Mathematik und Statistik erwiesen sich als viel zu groß, um sie leicht, sozusagen übers Wochenende, schließen zu können." Die Rockefeller-Stiftung entband ihn von seinem Projekt und ermöglichte ihm stattdessen zwei vertiefende Studiensemester an der University of Michigan, der Harvard University und dem MIT. Richter besuchte Vorlesungen von Größen wie Wassily Leontief, Gottfried Haberler, Lawrence Klein, Edward Chamberlin, Kenneth Arrow, Paul Samuelson und Leonid Hurwicz – mit dem Effekt, dass er „für die theoretische Arbeit auf dem Gebiet der Volkswirtschaftslehre ernsthaft Feuer" fing. Zwar kehrte er nach Deutschland zurück, die Verbindung in die Vereinigten Staaten jedoch riss nie ab und beeinflusst die thematische wie auch methodische Ausrichtung seiner Arbeit bis heute.

Im Studienjahr 1956/57 war Richter Visiting Assistant Professor an der University of Michigan; 1959 wurde er außerplanmäßiger Professor an der Universität Frankfurt. Im Jahr 1961 erhielt er einen Ruf an die Universität Kiel; zwei Jahre später kam sein erstes, mikroökonomisches Lehrbuch heraus, zur Preistheorie.[3] Im Herbst 1964 ging er nach Saarbrücken, an die Universität des Saarlandes, wo er einen Lehrstuhl für Nationalökonomie, insbesondere Wirtschaftstheorie bekleidete. Der Campus im Stadtwald, eine ehemalige Kaserne, wurde zu seiner dauerhaften akademischen Heimat; unweit davon lebt er in einer kleinen Wohnsiedlung auf dem Berg. Einen Ruf an die FU Berlin lehnte Richter ab; einen Ruf an die Universität Regensburg nahm er zunächst an, wickelte ihn nach lokalen hochschulpolitischen Streitigkeiten aber wieder ab; auch die Universität Mannheim erhörte er nicht. Weiter in Saarbrücken, hatte er nach eigenem Bekunden viel Freude daran, gemeinsam mit Ulrich Schlieper und Willy Friedmann ein Lehrbuch der Makroökonomik im Stil der neoklassischen Synthese zu schreiben; es kam 1973 heraus und erlebte etliche Neuauflagen.[4]

Von Saarbrücken entwischte Richter regelmäßig zu Gastaufhalten nach Amerika; im Frühsommer 1973 verbrachte er auf Einladung von Richard Musgrave drei Monate an der Harvard University. Dort sammelte er Material für das nächste Lehrbuch, in dem er sich mit der Geldtheorie befasste. Das Thema hatte ihn im Rahmen seiner makroökonomischen Forschung immer schon interessiert, doch nun, nach dem Zusammenbruch des Bretton-Woods-Systems, war die Debatte über eine notwendige Neuorientierung der Geldpolitik voll im Gange und spannender denn je. „Die Kritik Milton Friedmans an den Keynes'schen Lehren leuchtete mir ein", sagt Richter, „ich musste kräftig umlernen". Er war dazu bereit und betrieb das Umlernen mit Verve. Das Buch war schließlich 1987

3 Richter, R. (1970), *Preistheorie*, Wiesbaden, Betriebswirtschaftlicher Verlag Dr. Th. Gabler.
4 Richter, R., U. Schlieper und W. Friedmann (1973), *Makroökonomik, Eine Einführung*, Berlin, Springer.

fertig[5], und es zeigte überdeutlich an, wo Richters weitere intellektuelle Reise im Folgenden hingehen würde: zur Neuen Institutionenökonomik (NIÖ), der damals noch unorthodoxen Teildisziplin, die mit der Berücksichtigung von Transaktionskosten etliche Traditionen der Neoklassik abräumte oder wenigstens gründlich zu hinterfragen erlaubte. Inspiriert von seinen langjährigen amerikanischen Sparringspartnern, hatte Richter erkannt, dass zum Hintergrund der Geldtheorie auch ein Verständnis des institutionellen Rahmens der Geld- und Finanzmärkte gehört.

Wieder galt es also umzulernen, und Richter stürzte sich mit ansteckendem Enthusiasmus in das Abenteuer – und so wurde er zu einem Pionier der Neuen Institutionenökonomik in Deutschland. Hier entfaltete er eine beachtliche Wirkung, die sich zum Teil auch seiner immerwährenden Vernetzung mit der akademischen Welt Amerikas verdankt. Er pflegte diese schon zu einer Zeit, als der deutsche ökonomische Wissenschaftsbetrieb international mehr oder weniger abgehängt war, und trug dazu bei, die Kluft zu überwinden. Um jedenfalls den „einschneidenden Richtungswechsel in der Wirtschaftstheorie" mitzumachen, als den er das Aufkommen der Neuen Institutionenökonomik empfand, las Richter fortan alles, was ihm dazu in die Hände fiel. Er dachte nach, er diskutierte, er schrieb, er reiste immer wieder in die Vereinigten Staaten und trug dort an angesehenen Universitäten vor. An seinem Lehrstuhl schuf er ein „Center for the Study of the New Institutional Economics". Zudem knüpfte der mit unternehmerischer Umtriebigkeit und Organisationstalent ausgestattete Theoretiker für die Universität des Saarlandes eine enge Partnerschaft mit der University of Michigan, von der gut 150 Saarbrücker Studentinnen und Studenten profitierten.

Regelmäßig konnte Richter mit Hilfe der Deutschen Forschungsgemeinschaft (DFG) ausländische Wissenschaftler zu Gastvorlesungen ins Saarland einladen, darunter Ronald Coase, Douglass C. North, James M. Buchanan, Kenneth Arrow, Oliver Williamson, Jean Tirole, Hal R. Varian, Ken Binmore, Wolfgang Stolper und Jan Kmenta. Bald wehte ein Hauch der großen weiten Wissenschaftswelt über den Saarbrücker Campus. Die von Richter organisierten internationalen „Wallerfangen-Tagungen" (1984–1995) und die „Summerschool on New Institutional Economics" (1988–1994) für europäische Doktoranden wurden zu einem bedeutenden Forum dieser neuen Forschungsrichtung. Die „Zeitschrift für die gesamte Staatswissenschaft", deren Betreuung Richter 1978 von Sauermann übernommen hatte, baute er zu einem institutionenökonomischen Journal in englischer Sprache um, das er 1986 in „Journal of Institutional and Theoretical Economics (JITE)" umbenannte. Und während seine institutionenökonomischen Ausführungen in seinem Geldtheorie-Buch noch ein wenig als Fremdkörper dahergekommen waren, fand Richter bald auch Gelegenheit zu einer umfassenden Zusammenschau auf

---

5 Richter, R. (1987), *Geldtheorie, Vorlesung auf der Grundlage der Allgemeinen Gleichgewichtstheorie und der Institutionenökonomik*, Berlin, Springer.

das Feld, die er mit Eirik Furubotn von der Texas A&M University verfasste: das erste internationale Lehrbuch „Neue Institutionenökonomik"[6]. Der 1996 erschienene Wälzer, der mit jeder Neuauflage auf nunmehr knapp 700 Seiten anwuchs, wurde in der deutschen wie in seiner englischen Fassung zum Standardwerk, mehrfach in weitere Sprachen übersetzt. Es hat Generationen von Studenten geprägt.

---

6 Richter, R. und E. G. Furubotn (1996), *Neue Institutionenökonomik*, Tübingen, Mohr Siebeck.

„Wir Ökonomen haben versucht, wie Physiker zu arbeiten – eine ungeheure Selbstüberschätzung"

Ein Gespräch über die Rolle von Netzwerken in Aufholprozessen wie in Ostdeutschland, die Europäische Währungsunion, die Finanzkrise und das Selbstverständnis des Fachs

Herr Professor Richter, Sie sind in Leipzig aufgewachsen. Wie blicken Sie heute auf Ostdeutschland und auf die Integration der sogenannten neuen Länder in die bundesrepublikanische Wirtschaft?

Die deutsche Wiedervereinigung war eines der größten und faszinierendsten Experimente in Politik und Wirtschaft überhaupt. Eine ehedem kommunistische Wirtschaft in eine Marktwirtschaft zu überführen, ist keine Kleinigkeit. Wichtig war dabei, dass die Privatisierung rasch vonstattenging, damit es zu einer Neuausrichtung der Betriebe und zu Investitionen kommen konnte. Und das tat sie: Von wohl mehr als 12.000 staatlichen Unternehmen, die es 1990 gab, waren die meisten bis Ende 1994 verkauft. Aber gleichzeitig galt es ja die Infrastruktur auf Vordermann zu bringen und die Menschen durch Schulungen und Umschulungen beschäftigungsfähig zu machen.

Mittlerweile hat die Produktivität in Ostdeutschland 80 Prozent des Westniveaus erreicht. Das kann man durchaus schon als Erfolg verbuchen. Aber dennoch stellt sich die Frage: Warum ist das Aufholen so langwierig?

Grundsätzlich ist das nichts Ungewöhnliches. Alle Erfahrung zeigt, dass ärmere Regionen zu reicheren Regionen nicht schneller als um jährlich 2–3 Prozent aufzuholen vermögen. Man braucht da eine Menge Geduld – und vor allem die geeigneten Rahmenbedingungen. Was den tieferen Grund angeht, weshalb dieser Prozess so lange dauert, dazu muss ich ein bisschen ausholen. Man muss wissen, dass Ostdeutschland einmal ein industriell hochentwickeltes Gebiet war. Was früher einmal Mitteldeutschland genannt wurde, gehörte einst zu den produktivsten Teilen Deutschlands. Bayern zum Beispiel, das im Westen als wirtschaftlich hoch erfolgreich gilt, war damals im Vergleich weit abgeschlagen. Deswegen kann es auch kaum verwundern, dass der Osten nicht etwa wegen eines technologischen Rückstandes seit der deutschen Teilung und bis heute, wenn auch nicht mehr ganz so drastisch, hinter dem Westen hinterherhinkt. Am Wissen lag es nicht. Die Physiker und die Ingenieure im Osten zum Beispiel waren schließlich kein Stück weniger

Anmerkung: Online am 15. Mai 2019 erstmals veröffentlicht, https://doi.org/10.1515/pwp-2019-0015. In Print am 6. Juni 2019 erschienen, *Perspektiven der Wirtschaftspolitik* 20(1), S. 42–52. Das Gespräch wurde gemeinsam mit Justus Haucap (Heinrich-Heine-Universität Düsseldorf) geführt, dem damaligen federführenden Herausgeber der Perspektiven der Wirtschaftspolitik.

intelligent als im Westen. Im Osten bestand ihr Problem darin, dass es kein Material gab; dass man nicht importieren durfte, was man nicht selber herstellen konnte; dass die politischen Auflagen lähmend waren. Es war alles nur ein Behelf. Nun sind die Deutschen in der Regel ja gut darin, sich zu helfen und zu improvisieren.

Aber?

Das Wirtschaftsleben hängt stark von informellen Dingen ab, von Sitten und Gebräuchen einerseits, von Netzwerken andererseits. Das Problem Ostdeutschlands waren die Netzwerke. Die Netzwerke, die in der DDR für das Wirtschaftsleben notwendig waren, unterschieden sich wesentlich von den früheren Netzwerken im Deutschen Reich und ebenso von jenen in der Bundesrepublik. Zum Teil kopierten sie politische Seilschaften und waren wirtschaftlich nicht produktiv. Und das Problem ist: Wenn ein Netzwerk erst einmal zerstört ist, dann dauert es lange, es wieder instand zu setzen.

Was meinen Sie genau mit Netzwerken?

Ich meine vor allem den spontan entwickelten, losen Verbund von Geschäftsfreunden, die miteinander Wissen, Erfahrungen, Beziehungen zu Lieferanten und Kunden aufbauen und teilen. Hierzu sind die Arbeiten von Mark Granovetter von größter Bedeutung.[7] Geschäftsfreunde spielen im praktischen Wirtschaftsleben eine große Rolle. Das sind natürlich nicht immer wirklich persönliche Freunde; manchmal sind sie sogar richtig ekelhaft zu einem. Aber man kennt einander; man weiß, wem man vertrauen kann. Schon der Zweite Weltkrieg hat in diesem Stoff der Geschäftsbeziehungen in Ostdeutschland viele Löcher gerissen. Dabei hat der Krieg „nur" sechs Jahre und die ganze Hitler-Zeit gerade einmal 12 Jahre gedauert, die DDR aber gab es von 1949 bis 1990, also gut 40 Jahre. In einer derart langen Zeit lässt sich viel Schaden anrichten, und es dauert sehr lange, ihn zu heilen. Daher ließ sich nach der Wiedervereinigung auch nicht so leicht an frühere Verbindungen anknüpfen, einfach weil die ehemaligen Geschäftspartner nicht mehr lebten oder weil andere Generationen am Ruder waren. Das muss man einfach bedenken, wenn man beklagt, dass sich der Osten ökonomisch noch immer schwertut. Auch Ideologien spielen eine Rolle. Ideologien sind wie Religionen sehr festsitzend. Die lange Isolation des Ostens wirkt nach.

Was bedeuteten die fehlenden Netzwerke konkret?

Kurz zusammengefasst: Man hatte im Osten durchaus eine Menge technologisches Wissen und auch eine gute unternehmerische Mentalität, man konnte damit aber

---

7 Zum Beispiel Granovetter, M. (1973), The strength of weak ties, *American Journal of Sociology* 78, S. 1360–80.

nicht so viel anfangen, weil man eben eingesperrt war. Nehmen Sie das Beispiel der Automobilindustrie. Dass deutsche Autos gut sind, war schon in der Zwischenkriegszeit in aller Welt bekannt. Aber der Trabi, der dann in der DDR das Licht der Welt erblickte – er war nun einmal kein Mercedes. Der Trabi – das war ja der alte DKW („das kleine Wunder"), nur dass er mangels normalen Benzins ganz fürchterlich stank. Dieser Trabi konnte auf dem Weltmarkt nicht reüssieren; auch der Wartburg nicht.

Gibt es denn etwas, was man auf der Grundlage dieses Befundes nach der Wende politisch hätte anders machen sollen?

Ich denke, man hätte auf jeden Fall weniger naiv an die Wiedervereinigung herangehen müssen und sich nicht so vielen Illusionen darüber hingeben dürfen, dass die Investoren schon Schlange stehen für Ostdeutschland. Zum Beispiel schien sich niemand richtig im Klaren zu sein darüber, wie veraltet der Maschinenpark war. Das meiste stammte ja noch aus den zwanziger und dreißiger Jahren. Aus dieser Zeit stammte übrigens auch meine Schreibmaschine, die mir mein Vater geschenkt hatte, eine alte, schwere „Orga", die ich eigenhändig in den Westen geschleppt habe. Es gab ja hier nichts, vor der Währungsreform. Die Orga jedenfalls donnerte ganz fürchterlich; meine Zimmerwirtin konnte nicht einschlafen, wenn ich des Nachts meine Doktorarbeit darauf schrieb.

Aber worin genau lag denn konkret der Fehler in der politischen Art und Weise, wie man versucht hat, die neuen Länder wirtschaftlich zu integrieren?

Das ist schwierig. Wir stehen gegenüber den südlichen EU-Mitgliedstaaten vor derselben Art von Problem: gleiche Währung, ungeheure Produktivitätsunterschiede. Auf dem Weltmarkt für Industrieerzeugnisse kann ein Land wie Griechenland unmöglich auf Augenhöhe konkurrieren. Das Konzept des gemeinsamen Marktes in Europa war auch ursprünglich gar nicht so umfassend gedacht. Es ging vor allem erst einmal darum, die Landwirtschaft zu fördern. Es herrschte Hunger nach dem Krieg; also musste man etwas tun. Für die ganze Breite der gesamtwirtschaftlichen Produktion, insbesondere die industrielle, sind die Anforderungen ganz andere. Wenn man so will, kann man vielleicht sagen: Im Fall der Europäischen Währungsunion genau wie im Zusammenhang mit der deutschen Wiedervereinigung hat die Politik vorab viel zu wenig unternommen, um die weit auseinanderklaffenden Produktivitätsniveaus anzugleichen. Ostdeutschland hätte die Ost-Mark noch eine Weile behalten müssen. Auch der Umstellungskurs 1:1 war ein Fehler.

Was würden Sie denn raten, was man mit denjenigen ostdeutschen Regionen tun sollte, in denen die Industrie nicht mehr präsent ist, weil die bestehenden Einrichtungen vom technischen Fortschritt restlos überholt worden sind und es der Politik nach der deutschen Einheit nicht gelungen ist, dort etwas Neues anzusiedeln? Am Ende doch nur passive Sanierung? Und wenn ja, fürchten Sie nicht, dass das gesellschaftlich allzu riskant und mithin politisch unklug wäre?

Das beste Beispiel dafür, wie man mit technologischem Fortschritt und dem sich dadurch vollziehenden Strukturwandel umgeht, sind die Vereinigten Staaten. Schauen Sie nach Kalifornien, auf das Silicon Valley. Das war einmal eine reine Agrarlandschaft, ein Obstanbaugebiet. Es gab dort zwar schon länger eine Universität, die Stanford University, vom Eisenbahnmagnaten Leland Stanford 1891 nach dem Vorbild Humboldts gegründet. Doch die Universität – heute die schönste und am besten ausgestattete Universität, die ich kenne – war seinerzeit noch nicht wirklich ein Magnet. Den Ausschlag dafür, dass dort ein Silicon Valley mit globaler Ausstrahlung entstehen konnte, gaben die wirtschaftlichen Freiheiten. Entscheidend war, dass eine innovative Entwicklung zugelassen wurde, dass neue Ideen ihren Weg finden konnten. Eine Politik, die derart restriktiv und wirtschaftsfeindlich ist wie insbesondere die gegenwärtige Umwelt- und Klimapolitik in Deutschland, steht dem entgegen. Das belastet den Osten.

Sie halten die gegenwärtige Umwelt- und Klimapolitik für verfehlt?

Man spricht im Zusammenhang von Umwelt und Klima mit Garrett Hardin oft von der „Tragödie der Allmende"[8], also der fatalen Übernutzung von Gemeingütern. Unabwendbar ist sie allerdings nicht. Man muss nur auf die Übernutzung mit einer Zugangsregulierung reagieren, und das kann in solchen Fällen von globaler Bedeutung nur der Staat leisten. Aber liegt denn wirklich eine Übernutzung natürlicher Ressourcen vor? Ich persönlich weiß das nicht, aber diese Frage muss man sich schon stellen. Es gehört zu den Erkenntnissen der wissenschaftlichen Methodologie, dass man sich darüber im Klaren sein muss, niemals abschließende Wahrheiten vorfinden zu können. Darum sollte man auch keinerlei Behauptungen von vornherein für solche Wahrheiten halten, sondern alles bezweifeln. Es wird nicht verifiziert, sondern falsifiziert. So hat es uns Karl Popper gelehrt.

Wenn wir schon beim Zweifeln sind – wenden wir uns dem Thema Geld und Währung zu, das für Sie lange im Zentrum Ihrer Forschung stand. Sie haben Anfang der neunziger Jahre mit gut 60 weiteren Personen ein Manifest gegen den Vertrag von Maastricht[9] unterzeichnet. Würden Sie heute sagen, man hätte auf die Währungsunion verzichten sollen?

Nein, das nicht. Sie war der Preis der deutschen Einigung. Kein deutscher Politiker hätte sie verhindern wollen und können. Aus ökonomischer Sicht brauchte kein Mensch die Währungsunion. Eine Freihandelszone funktioniert mit unterschiedlichen Währungen bestens. Aber die Franzosen legten nun einmal großen Wert darauf, dass die D-Mark

---

8 Hardin, G. (1968), The tragedy of the commons, *Science* 162, S. 1243–48.
9 Ohr, R. und S. Schäfer (1992), „Die währungspolitischen Beschlüsse von Maastricht: Eine Gefahr für Europa", abgedruckt unter dem Titel „Die EG-Währungsunion führt zur Zerreißprobe" in der *Frankfurter Allgemeinen Zeitung* vom 11. Juni.

nicht zur dominanten Währung werden sollte. Heute ist es der Euro, der Deutschland wieder eine wirtschaftliche Führungsposition verleiht, und Deutschland soll dafür sorgen, dass die Einrichtung nicht auseinanderbricht, die dafür geschaffen wurde, es unter Kontrolle zu halten. Darin steckt schon eine gehörige Ironie des Schicksals.

Sie haben in einem Aufsatz geschrieben, der Maastricht-Vertrag über die Europäische Union sei, in institutionenökonomischer Ausdrucksweise, ein unvollständiger relationaler Vertrag im Gewand eines vollständigen Vertrags.[10] Man könne ihn nicht wortgenau anwenden. Wieso nicht?

Die Schwierigkeit besteht darin, dass man die Zukunft nicht kennt. Das gilt ja fast überall im Leben und besonders natürlich auch im politischen Zusammenhang. Und eben im Zusammenhang mit einer Währungsunion. Es fehlte nicht nur an Erfahrung, sondern es liegt in der Natur der Sache, dass immer neue Probleme aufkommen, die man beim besten Willen nicht vorhersehen kann. Das bedeutet, dass man künftige Probleme auch nicht etwa im Vorhinein schon mit einer rechnerischen Wahrscheinlichkeit verbinden und berücksichtigen kann. Wir leben in einer nicht-ergodischen Welt. Man kennt ja noch nicht einmal die stochastischen Variablen und die möglichen Ausprägungen, die sie irgendwann einmal annehmen können. Das macht die fundamentale Unsicherheit aus, genauer: die Ungewissheit, von der schon in den zwanziger Jahren Frank Knight sprach und etwas später dann auch auf meisterliche Weise John Maynard Keynes.[11] Und deshalb gibt es keine vollständigen Verträge; man muss sich eben mit unvollständigen Verträgen behelfen. Es bleibt immer etwas offen. Man ist sich aber immerhin einig, dass man sich, wenn Probleme auftauchen, wieder zusammensetzt und sie zu lösen versucht. Man ist sich nur grundsätzlich einig, nicht aber im Detail. Und das gilt auch für die Europäische Union und für die Währungsunion: Das ist sozusagen ihr Zweck. Man muss und man soll sich immer wieder von neuem einigen. Institutionenökonomisch gesprochen heißt das: Statt weiter auf Märkten Transaktionen abzuschließen, gründet man eine Firma. Das ist der Hintergrund.

Und was ist das „Gewand eines vollständigen Vertrags", das eigentlich nicht passt?

Der Maastricht-Vertrag ist doch ungeheuer komplex und kompliziert. Ich persönlich hätte ihn niemals abgeschlossen! Um ihn so vollständig zu machen, wie es geht, hat man darin genau festgehalten, was geschieht, wenn ein Land die Stabilitätskriterien nicht ein-

---

10 Richter, R. (2017), Reconsidering the independence of the European Central Bank, *Credit and Capital Markets* 50(3), S. 267–79.
11 Knight, F. H. (1921), *Risk, Uncertainty, and Profit*, Boston und New York, Houghton Mifflin; Keynes, J. M. (1936), *The General Theory of Employment, Interest and Money*, London, Macmillan.

hält: ein Anwendungsfall des Zeit-Zustands-Präferenz-Modells von Arrow und Debreu[12]. Schon die Kriterien sind ganz präzise beziffert. Wenn ein Land über das vereinbarte Niveau hinaus Schulden macht, steht nicht nur eine neue Runde der Verhandlungen mit den Partnern an, sondern es ist schon klar ausbuchstabiert, dass es Strafe zahlen muss, und sogar genau wieviel. Ich muss Geld dafür bezahlen, dass ich Schulden mache! Und am Ende muss ich dafür Schulden machen, dass ich das Schuldenmachen bezahlen kann! Das kann sich nur jemand ausdenken, der gewöhnt ist, in starren zentralistischen Regeln zu denken. Der Unterschied zwischen Ökonomie und Politik besteht darin, dass die Politiker anordnen, und wer nicht pariert, wird bestraft – doch die Ökonomen verhandeln. Das ist ein ganz anderer Denkstil. Besser wäre es gewesen, man hätte die automatische Disziplinierung durch die Märkte beibehalten. Wie auch immer, der Maastricht-Vertrag gaukelt jedenfalls eine Vollständigkeit vor, die es gerade auf diesem politischen Gebiet nicht geben kann. Es ist deshalb ganz unausweichlich, dass die Europäische Zentralbank ihr Mandat, für Preisstabilität zu sorgen, immer einmal wieder überschreiten muss.

In der Tat hat die Europäische Zentralbank die Aufgabe, dafür zu sorgen, dass die Preissteigerung in der Nähe von 2 Prozent im Jahr bleibt. Sie sehen diese Grenze ohnehin kritisch, nicht wahr?

Ja, irgendwer hat da geschlafen. Insbesondere die Deutsche Bundesbank. Da vereinbart man Preisstabilität, und dann kommt der Zentralbankrat daher und definiert diese Preisstabilität in einem derart weiten Sinn, in dem das niemand gewollt hat. So war das niemals gedacht. Ich habe das mal ausgerechnet: Ich habe mittlerweile ein Viertel meiner Rentenzahlungen an Kaufkraft verloren. Das ist das Ergebnis. Wozu haben wir in Deutschland eigentlich die Indexierung verboten?

Ja, wozu?

Das Indexierungsverbot geht noch auf unsere freundliche Besatzungsmacht zurück, die uns ja seinerzeit die D-Mark ermöglicht hat, und zwar zu dem Zweck, dass sich die Notenbank ordentlich anstrengt, das Preisniveau stabil zu halten. Aber wie gesagt, unter Stabilität versteht man jetzt eine Preissteigerung von rund 2 Prozent. Das ist nicht nichts! Zur Begründung wird dann vorgebracht, unter anderem vom früheren Chef der Federal Reserve Bank, Ben Bernanke, man müsse von einer Preisentwicklung Abstand halten, die Gefahr läuft, in eine Deflation zu münden. Aber das ist reine Phantasie! Das ist überhaupt nicht empirisch und insofern Unseriosität in Reinkultur.

---

12 Arrow, K. und G. Debreu (1954), Existence of an equilibrium for a competitive economy, *Econometrica* 22(3), S. 265–90.

Eine Begründung für ein Inflationsziel von mehr als null ist allerdings ja auch, dass es sogenannte Preisanpassungskosten oder „Menu costs" gibt, wie es Greg Mankiw ausgedrückt hat[13]: Man braucht ein bisschen Inflation, weil die Preise nach unten starr sind und deshalb sonst am Ende die Relativpreise nicht stimmen. Und wenn man die Geschichte der Bundesrepublik betrachtet, mit der Bundesbank: Null Prozent Inflation hatten wir da auch selten.

Ja, aber nicht, weil die Bundesbank das so wollte. Und diese Geschichte mit den „Menu costs", das ist Mumpitz. Das ist einfach haarsträubend.

Ach so? Wenn das so ist, was heißt das denn? Und was folgt daraus?

Es folgt daraus, dass die Notenbanken vor allem das Geld knapp halten müssen. Das Problem ist ja, dass wir einen Papierstandard haben, und zwar einen internationalen Papierstandard. Den hatte sich seinerzeit ja auch Knut Wicksell gewünscht, und das schon vor dem Ersten Weltkrieg, in dem sich alle totschlugen. Er wusste, dass Verhandlungen notwendig sein würden, um einen internationalen Papierstandard zu bekommen, aber er beurteilte das als etwas Positives, als etwas uneingeschränkt Gutes, wenn Nationen miteinander verhandeln müssen, statt Kriege zu führen. Das war sein Ansatz. Doch was haben wir jetzt? Der Dollar ist eine Leitwährung, die den Amerikanern erlaubt, aufgrund irgendwelcher defizitären ökonomischen Theorien zu bestimmen, was hier bei uns mit den Zinsen passiert. Die ganze letzte Finanzkrise in den Vereinigten Staaten war ein einziger Offenbarungseid der Ökonomie. Das war so ungefähr das Schlimmste, was passieren konnte.

Für die Wirtschaft, für das Land?

Ja, beides, aber ich meine jetzt gerade vor allem das Fach. Was hat man sich da nicht alles eingebildet. Wir Ökonomen haben versucht, wie Physiker zu arbeiten – eine ungeheure Selbstüberschätzung. Wir gehen in diesem Fach mit sehr schwierigen Fragen in einer geradezu fantastischen Leichtigkeit um, die völlig unangemessen ist.

Inwiefern?

Viele Vertreter unseres Fachs haben die fundamentale Ungewissheit nicht ernst genommen, also die von mir nun schon mehrfach erwähnte Tatsache, dass man nicht einmal weiß, was man nicht weiß. Wenn man diese Tatsache nicht berücksichtigt, dann kann

---

13 Vgl. Mankiw, G. N. (2000), *Makroökonomik*, Stuttgart, Schäffer-Poeschel, Kapitel 7 und Mankiw, G. N. (1985), Small menu costs and large business cycles: A macroeconomic model of monopoly, *The Quarterly Journal of Economics* 100(2), S. 529–38.

man zwar hochgestochene Modelle konstruieren, aber man hat von der Wirklichkeit nichts verstanden. Und dann kann es eben geschehen, dass keiner ahnt, dass eine große Krise auf uns zukommt – was die britische Königin im Nachgang völlig zu Recht kritisch fragend angemerkt hat. Was haben die Ökonomen da herumgestammelt!

Das bringt uns zu der Frage, wie Ökonomen denn eigentlich arbeiten sollen.

Ich denke, es bedarf einer gesunden Mischung der verschiedenen Ansätze unserer Disziplin. Wir neigen viel zu sehr zur Polarisierung und zur gegenseitigen Ausgrenzung, auch in der Wissenschaft. Da gibt es auf der einen Seite die Neoklassiker, zu denen ja seit der neoklassischen Synthese Paul Samuelsons auch Vertreter diverser keynesianischer Ansätze zählen, und auf der anderen Seite die vehementen Anti-Neoklassiker. Die Neoklassik mit ihren walrasianischen Systemen und dem mathematischen Marginalkalkül mag wohl in manchen Anwendungsfällen zu kurz greifen, aber sie ist wichtig, man muss sie nur richtig benutzen und nicht restlos alles darauf setzen. Es ist falsch, das eine gegen das andere in Stellung zu bringen. Aber für diese abgewogene Erkenntnis habe ich selber ehrlich gestanden einen sehr langen Weg zurücklegen müssen. Ich bin immer stark von den Naturwissenschaften angezogen gewesen und kam von dort zur Ökonomie. Ich habe mich immer als mathematischer Ökonom betrachtet. Die Idee von Walras, eine Theorie des Wirtschaftslebens mit den gleichen mathematischen Mitteln zu entwickeln, die Newton für seine Himmelsmechanik benutzt hatte, fand ich überaus attraktiv. Noch die These meiner Antrittsvorlesung an der Universität des Saarlandes lief darauf hinaus, dass man Ökonomik eigentlich als Anwendung der Physik auf wirtschaftliche Fragen betreiben muss. Doch die Hoffnung, dass das sinnvoll sein und neue Einsichten liefern könnte, hat sich für mich mittlerweile absolut zerschlagen.

Also müssen Ökonomen doch nicht so viel rechnen, wie es mittlerweile üblich ist?

Doch. Es geht nicht anders. Wirtschaft hat immer mit Rechnen zu tun. Zumindest im Kleinen. Im Großen wird es mit dem Rechnen dann schwierig.

Wie würden Sie kurz zusammenfassen, was die Ökonomik für ein Fach ist?

Die Ökonomik handelt vom Wohlstand der Nationen, seinen Ursachen und seiner Verteilung auf die Einzelnen. Sie ist deshalb eine Wissenschaft, die sich mit den materiellen Interessen der Einzelnen und ihrer inneren Dynamik befasst – einem theoretischen Problem komplex dynamischer Anpassungsfähigkeit, das sich allenfalls durch geeignete computergestützte Rechenbeispiele illustrieren lässt oder mit historischen Erfahrungen unterlegt werden kann, das sich jedoch nicht durch die Ergebnisse ökonometrisch gestützter dynamischer Modelle lösen lässt. Letztlich verfügen wir über keinen handfesten

Beweis der Widerspruchsfreiheit und Stabilität einer Wirtschaft. Die Wirtschaftstheorie steht insofern auf ideologisch schwankendem Boden.

Was meinen Sie damit?

Wer das Fach vertritt, muss ideologisch Farbe bekennen: Nach meinem liberalen Verständnis ist Wirtschaftstheorie der erklärende Teil der Wirtschaftswissenschaft – einer Realwissenschaft, die die Verfügung der Einzelnen einer freien Gesellschaft über knappe Güter und deren Tausch über offene und freie Märkte zum Gegenstand hat. Auch Keynes und die „Keynesianer" denken in diesem Stil. Was sie bezweifeln (und auch ich früher bezweifelte) ist, dass Vollbeschäftigung ohne staatliche Interventionen realisiert werden kann. Unabhängig davon ist die Ökonomik ein eminent politisches Fach, denn das wirtschaftliche Glück oder Unglück der Einzelnen hängt immer in starkem Maße von den Entscheidungen derjenigen ab, die auf den sozialen Rahmen der nationalen Wirtschaften irgendwie Einfluss nehmen. Das sind die Politiker und intellektuellen Führungskräfte aller Nationen.

Sie haben sich in den achtziger Jahren sehr klar der Institutionenökonomik zugewandt, wo nicht ganz so viel gerechnet wird, anfangs noch mit einem deutlichen Schwerpunkt auf der Geldtheorie. Trifft der Eindruck zu, dass Sie der deutschen Ordnungstheorie hingegen nicht ganz so viel Interesse entgegenbrachten, dass Ihnen diese vielleicht sogar zu ideologisch erschien?

Da habe ich meine Meinung geändert. Die Ordnungstheorie in der Ausprägung der Freiburger Schule knüpft aus meiner Sicht an den Erkenntnissen von David Hume an, dem klar war, dass die Menschheit von der Natur zu schlecht ausgerüstet ist, um sich gegen die Ungewissheit des Lebens behaupten zu können. Deswegen bedarf der Mensch der Regeln. Und zu diesen Regeln gehören Dinge wie der Schutz des privaten Eigentums, die Vertragsfreiheit und das Haftungsprinzip. Allerdings war es in meinem Fall so und dürfte auch für viele andere Menschen zutreffen, dass man die Ordnungstheorie erst richtig versteht, wenn man die sehr klar strukturierte Konzeptwelt der Institutionenökonomik in sich aufgenommen hat. Lesen Sie doch mal Eucken! Das ist ein ziemliches Geschwafel. Damit kann man doch nichts anfangen.

Und inwiefern ist das in der Neuen Institutionenökonomik besser?

Auch sie liefert uns eine rationale Begründung für die Ordnung einer freien Marktwirtschaft. Aber methodisch erinnert da doch immerhin so einiges an Walras und sein System. Ronald Coase zum Beispiel, der als erster Ökonom den allzu vereinfachenden Grundannahmen der Neoklassik wie der Abwesenheit von Transaktionskosten, der vollständigen Rationalität und der vollkommenen Voraussicht die ihnen gebührende kritische Aufmerksamkeit geschenkt hat, zeigt in einem seiner berühmten Aufsätze, warum es für manche Transaktionen Märkte gibt und warum andere wirtschaftliche Vorgänge stattdessen innerhalb einer Firma abgewickelt werden.[14] Ich bezog mich vorhin im Zusammenhang mit der Währungsunion auf diesen Ansatz. Er erlaubt Coase, die Existenz von Unternehmen zu erklären; eine Frage, auf die ausgerechnet die Wirtschaftswissenschaft neoklassischer Ausprägung bis dahin keine richtige Antwort hatte. Coase bleibt dabei aber innerhalb des neoklassischen Paradigmas. Er verlässt diese Ebene nicht, aber er erweitert und ergänzt sie. Ich bin vom analytischen Nutzen des neuen Denkstils, den Coase geprägt hat und den ich etwa gegen Ende der siebziger Jahre für mich entdeckte, zutiefst überzeugt.

Was ist denn das Problem mit einem nicht solchermaßen erweiterten neoklassischen Ansatz?

Per se gar nichts. Aber wenn Sie im ganz strikten, engen, also nicht erweiterten Sinne Neoklassik betreiben, dann müssen Sie immer maximieren. Eine Produktionsfunktion zum Beispiel können Sie nur maximieren, wenn Sie wissen, ob Sie das Zeug, das Sie produzieren, auch tatsächlich verkaufen können. Sie müssen in die Zukunft schauen können. Wenn Sie davon ausgehen, dass die Zukunft nicht nur unsicher, sondern ungewiss ist, dass also echte Ungewissheit besteht, wenn Sie absolut nicht wissen, was passiert, dann stehen Sie erst einmal da. Sie können natürlich Annahmen treffen. Aber genau genommen können Sie das nicht. Denn Sie wissen gar nichts. Dessen müssen Sie sich bewusst sein. Trotzdem ist es interessant, so zu arbeiten. Aber man muss um die Begrenzungen dieses Ansatzes wissen. Er stellt im Grunde genommen nur eine Hilfskonstruktion dar. Aber das ist auch in Ordnung. Hilfskonstruktionen werden überall genutzt.

Worin liegt für Sie die Bedeutung des Coase'schen Ansatzes? Nur in der Erklärung, warum es Unternehmen gibt?

Nein, natürlich nicht, es ist viel mehr als das. Es ist, wie gesagt, ein ganz anderer Denkstil, der sich vor dem Hintergrund der fundamentalen Ungewissheit radikal von der Vorstellung verabschiedet, man könne die Wirtschaftswissenschaft wie ein Physiker betreiben. Und es ist auch nicht nur Coase, der den Blick geweitet hat, sondern wir verdanken unter anderem auch Douglass C. North und Oliver Williamson sehr viel, mit ihrem Hinweis auf die Bedeutung von Institutionen und Governance-Strukturen, von historischen Pfadabhängigkeiten, von Vertragsgestaltungen, von Kultur, Mentalitäten und Überzeugungen. Überlegen Sie zum Beispiel einmal, warum es für viele Güter keine Terminmärkte gibt. Für Zahnbürsten, Handschuhe und ähnliche Konsumgüter gibt es sie nicht. Selbst für Automobile gibt es sie nicht. Eigentlich gibt es sie nur für ein paar wenige Massenprodukte wie Getreide, zum Beispiel Weizen. Warum? Eben wegen

---

14 Coase, R. (1937), The nature of the firm, *Economica* 16(4), S. 386–405.

der Ungewissheit. Es liegt daran, dass ich nicht weiß, was alles geschehen kann. Und wenn ich Terminabschlüsse anstrebe, muss ich spezifizieren, was wann gelten soll. Ich muss ein Zeit-Zustands-Denken im Arrow'schen Sinne anwenden. Aber das geht nicht. Und wenn das nicht möglich ist, was dann? Dann gründe ich eine Unternehmung und stelle jemanden ein, der seine persönliche Vorstellung davon hat, was die Zukunft wohl bringen könnte. Unternehmungen sind Einrichtungen, die zum Spekulieren geschaffen worden sind.

Zum Spekulieren?

Aber ja. Zum Spekulieren auf die Zukunft. Außerdem sind Unternehmungen in der Lage, „Corriger la fortune" zu betreiben. Mit Werbung kann eine Firma versuchen, das Glück zu ihren Gunsten zu wenden. In Pferderennen zum Beispiel ist das verboten, im Wirtschaftsleben jedoch ist dergleichen erlaubt. Die Unternehmung ist ein fantastisches Ding. Sie ist die Einrichtung, die erlaubt, mit der Ungewissheit fertig zu werden. Wenn man diesen institutionenökonomischen Denkstil annimmt, dann begreift man auch rasch, weshalb manche Unternehmungen den Leuten, die sie in Führungspositionen einstellen, teilweise so hohe Gehälter bieten. Diese Gehälter sind nicht unanständig hoch. Und ich brauche auch keine Turnier-Theorien[15], um ihre Höhe zu begründen. Es sind vielmehr schlicht spekulative Gehälter. Man spekuliert auf das Gelingen einer Strategie, von der jemand behauptet, sie werde Erfolg haben. Etwas anderes ist das nicht. Zum Teil sind das Fantasiebeträge. Mit der Produktivität im engeren Sinne, wie beim Hufschmied, der mit dem Hammer einen Nagel ins Hufeisen des Pferdes einschlägt, hat das nichts zu tun. Sehr viel aber hat es mit dem Einsatz von Ressourcen in Aktivitäten mit unsicherem Ergebnis zu tun.

Sie haben sich sehr um die Verbreitung der Institutionenökonomik in Deutschland verdient gemacht. Wie sind Sie eigentlich auf die schöne Idee gekommen, eine Summer School für Institutionenökonomik zu organisieren – die erste Summer School dieser Art?

Das habe ich mir von den Physikern abgeschaut. Ich wollte damit in erster Linie etwas für die Modernisierung und Internationalisierung der Wirtschaftstheorie institutionenökonomischer Richtung in Deutschland tun. Ein Nebenzweck war es, gute junge Leute zu finden, die Beiträge zum Journal of Institutional and Theoretical Economics (JITE) liefern oder begutachten konnten, für das ich die Herausgeberschaft übernommen hatte. Die von mir organisierten Symposien auf dem Saarbrücker Halberg und später die sogenannten Wallerfangen-Konferenzen dienten dazu, überhaupt erst einmal genauer in Au-

---

15 Lazear, E. P. und S. Rosen (1981), Rank-order tournaments as optimum labor contracts, *Journal of Political Economy* 89(5), S. 841–64.

genschein zu nehmen, was es denn mit der Neuen Institutionenökonomik auf sich hatte. Aber die Summer School brauchte ich neben allem fachlichen Interesse und der Sorge um die wissenschaftliche Anschlussfähigkeit der deutschen Hochschulen schlicht, um eine Mannschaft für die Zeitschrift zusammen zu bekommen. Die meisten dieser jungen Leute sind später dann auch selber Hochschullehrer geworden. Die waren wirklich gut, und wir haben intellektuell sehr bereichernde Momente miteinander verbracht.

Heinz Rieter

https://doi.org/10.1515/9783111208749-012

Meister der Theoriegeschichte

In Weimar wurde Heinz Rieter 1937 geboren, in Erfurt wuchs er auf. Seine Mutter leitete dort in der DDR-Zeit mehrere Konsum-Filialen. Trotzdem war es alles andere als absehbar, dass es ihn eines Tages zu den Wirtschaftswissenschaften hinziehen würde. Der junge Mann schwärmte mächtig für die Literatur, das Theater und die Kunst ganz allgemein, und er träumte davon, Dramaturg oder Regisseur zu werden, vielleicht auch Literaturkritiker – oder, warum nicht, Verlagsdirektor. Weil er die deutsche Sprache so liebte, stand für ihn eigentlich fest, dass er Germanistik studieren würde. Nach dem Abitur bewarb er sich, noch 17-jährig, um einen Studienplatz in Leipzig. Die Aussichten waren nicht gut. Denn er war kein Arbeiterkind; Arbeiterkinder wurden bevorzugt. Was Rieter bekam, war ein Platz für ein Lehramtsstudium.

Im Zulassungsbüro machte man ihm unmissverständlich klar, dass er keinesfalls im Verlauf des Studiums in sein Wunschfach wechseln dürfe und dass er nach dem Abschluss jede Stelle annehmen müsse, die ihm der Arbeiter- und Bauernstaat zuweisen werde, um dort seine Dankbarkeit abzudienen. Er kehrte auf dem Absatz um: „Ich wollte kein Lehrer werden." Er beschloss, die DDR zu verlassen. Er wartete noch bis zum 18. Geburtstag, damit seine Mutter keine Schwierigkeiten bekam, und fuhr, den Koffer auf das Fahrrad geladen, nach West-Berlin. Dort musste er wie alle DDR-Abiturienten das 13. Schuljahr nachholen. In einer Studienberatung an der Freien Universität (FU) Berlin wurde ihm dann allerdings klar, dass ihn ein Studium der Germanistik nicht glücklich machen würde. Sich unter anderem mit Althochdeutsch auseinanderzusetzen, reizte ihn ganz und gar nicht. „Mich interessierte nur die Literatur, nicht so sehr die Sprache an sich."

Von einem Studenten der Volkswirtschaftslehre, der von seinem Fach hellauf begeistert war, bekam er daraufhin den Rat, sich doch dort einmal umzusehen, auch wenn das bedeuten würde, sich von der Schönen Literatur ganz zu entfernen. Die Ökonomik sei das ideale Studium, weil es so breit gefächert sei, es gehe zwar um Wirtschaft, aber auch um Politik und Geschichte, und man könne Mathematik gebrauchen. Von dieser Begeisterung ließ sich Rieter anstecken, obwohl er von der Volkswirtschaftslehre noch nie gehört und die Wirtschaft ihn auch nicht interessiert hatte: „Aus der Sicht der DDR war die Wirtschaft ein eindeutiges Phänomen, ein monolithischer Block, der feste Prinzipien hatte. Da gab es nichts zu erforschen, das nahm man einfach so zur Kenntnis." In der DDR wurde in der Schule zwar Marxismus-Leninismus unterrichtet, aber nicht, wie ein Wirtschaftssystem funktioniert.

An der FU herrschte damals eine völlig andere Atmosphäre als in den sechziger und siebziger Jahren, geschweige denn heute.[1] „Damals wurde noch jeder Student

---

1 Rieter, H. (2015), Die Rechts- und Wirtschaftswissenschaftliche bzw. Wirtschafts- und Sozialwissenschaftliche Fakultät im ersten Jahrzehnt der Freien Universität Berlin, in K. Kubicki und S. Lönnendonker (Hrsg.), *Beiträge zur Wissenschaftsgeschichte der Freien Universität Berlin*, Band 7, Göttingen, V&R unipress, S. 125–181.

vom Rektor per Handschlag begrüßt." Prägende Köpfe waren für Rieter dort der Keynesianer Andreas Paulsen und der Sozialpolitiker Joachim Tiburtius, der wie der Ökonom und Soziologe Friedrich Bülow noch in der Historischen Schule verwurzelt war. Bülows Nazi-Vergangenheit war, wie Rieter sagt, damals nichts, worüber man an der Universität groß sprach. Für die Aufarbeitung der Rolle deutscher Ökonomen im Nationalsozialismus setzte Rieter später, auch in Zusammenarbeit mit Doktoranden, entscheidende Impulse.[2]

Aus der DDR hatte Rieter vor allem eine Aversion gegen scheinbar feststehende Wahrheiten mitgebracht. Bis heute hat er dafür eine ausgeprägte Sensibilität, gerade mit Blick auf sein eigenes Fach. Als er zum Beispiel die Rektoratsrede von Gustav Schmoller aus dem Jahr 1897 erstmals gelesen habe, so erzählt er, da sei er schlichtweg empört gewesen, wie Schmoller auf die Idee kommen konnte, dass es auf der einen Seite feste Wahrheiten gebe und auf der anderen Seite wechselnde Theorien. „Dass jemand derart meinte, die Weisheit gepachtet zu haben, das kam mir sehr bekannt vor. In meiner Schulzeit musste man nur in seinen Aufsätzen die marxistische Basis-Überbau-Theorie und die Formationslehre erwähnen, und kein Lehrer wagte es, einen zu kritisieren. Ich habe bei der Lektüre Schmollers gespürt, dass es auch in der Ökonomie Leute gibt, die so denken, die sich im Besitz feststehender Wahrheiten wähnen und versuchen, andere Theorien als vorübergehende Moden zu diskreditieren." Rieter selbst hat sich einen Satz des französisch-kubanischen Künstlers Francis Picabia zum Wahlspruch erhoben: „Unser Kopf ist rund, damit das Denken die Richtung wechseln kann."

Nach Assistentenjahren in Berlin ging Rieter 1965 mit seinem Chef und Doktorvater Rudolf Schilcher, einem Schüler Paulsens, an die damals erst drei Jahre alte Ruhr-Universität Bochum, die erste Universitäts-Neugründung nach dem Krieg. An Schilchers Lehrstuhl war Rieter zuständig für alles, was mit Geldtheorie und Geschichte der Wirtschaftswissenschaft zu tun hatte. Er wurde 1969 mit einer Arbeit über „Die gegenwärtige Inflationstheorie und ihre Ansätze im Werk von Thomas Tooke"[3] promoviert. In der Folge unterrichtete Rieter – ein zugewandter, geduldiger, ermutigender Lehrer – als Wissenschaftlicher Assistent und Akademischer Rat an der Ruhr-Universität, bis er 1984 einem Ruf auf einen Lehrstuhl an der Universität Hamburg folgte. Dort leitete er bis zur Emeritierung den Arbeitsbereich „Geschichte der Volkswirtschaftslehre" des Instituts für Wirtschaftssysteme, Wirtschafts- und Theoriegeschichte.

Vor vierzig Jahren war Rieter Gründungsmitglied des Dogmenhistorischen Ausschusses im Verein für Socialpolitik, der inzwischen zu seiner Freude als „Ausschuss für die Geschichte der Wirtschaftswissenschaften" firmiert. Ein „Meister seines Fachs", als den ihn der frühere Vorsitzende Hans-Michael Trautwein in einem Sammelband zu

2 Vgl. unter anderem Rieter, H. (2014), Ökonomen im Dienste der nationalsozialistischen Raumplanung und „Raumforschung", in: H.-M. Trautwein (Hrsg.), *Studien zur Entwicklung der ökonomischen Theorie XXIX*, Berlin, Duncker&Humblot, S. 239–332.
3 Rieter, H. (1971), *Die gegenwärtige Inflationstheorie und ihre Ansätze im Werk von Thomas Tooke*, Berlin, Walter de Gruyter.

seinen Ehren[4] würdigte, prägt er den Ausschuss mit seiner stupenden Belesenheit, sanften Autorität und begütigenden Versöhnlichkeit bis heute, wie auch das von ihm mitinitiierte jährliche Doktorandenseminar zur Erneuerung der Ordnungsökonomik an der Universität Erfurt.

Als Historiker der Wirtschaftswissenschaften vertritt Rieter einen Ansatz, in dem es nicht so sehr darum geht, die Lehren von Denkern aus vergangenen Epochen auf das zu überprüfen, was zum jeweils als gültig anerkannten Theoriebestand passt: Die „rationale Rekonstruktion" ist nicht seine Sache; den heutigen Theoriebestand betrachtet er nicht als systematisch überlegen und schon gar nicht als abschließend. Für ihn besteht die Herausforderung darin, ältere, zum Teil auch in Vergessenheit geratene Lehren aus sich selbst heraus, vor ihrem zeitgeschichtlichen Hintergrund und im Lebenskontext ihrer Erfinder zu erfassen, was aber voraussetzt, dass man sich selbst so weit wie möglich von den eigenen geistigen Prägungen löst und in die Denkweisen der historischen Figuren eintaucht. Mit seiner Schrift zu den „Autobiographien und Memoiren von Ökonomen"[5], ein Produkt langer und akribischer Recherchen, hat er der theoriegeschichtlichen Forschung hierfür einen wichtigen Anstoß gegeben. Auch hinter den Kulissen hat er viel bewegt, zum Beispiel mit Blick auf die Erhaltung von Johann Heinrich von Thünens Gut im mecklenburgischen Tellow (es ist heute ein Museum) sowie auf die Erschließung und Veröffentlichung von Thünens Briefen.

Inhaltlich bewegt sich Rieter hauptsächlich in dem von Geldtheorie und Makroökonomik aufgespannten Themenraum, ohne sich auf bestimmte Schulen oder Epochen festgelegt zu haben. Er hat sich in großer Tiefe mit dem Leben und Werk einer Vielzahl von bekannten und weniger bekannten ökonomischen Denkern befasst, von François Quesnay und Adam Smith bis hin zu Gustav Schmoller und Wilhelm Röpke. Dabei treibt ihn immer wieder um, welche konzeptionellen Vorprägungen oder „voranalytischen Visionen" (Schumpeter) Denker in eine bestimmte Richtung gehen lassen, von der sie später nicht mehr abweichen können – was ihre eigentlich runden Köpfe dann womöglich doch noch unrund macht.

---

4 Rieter, H. (2014), *Ökonomische Theoriegeschichte im zeithistorischen Kontext*, Marburg, Metropolis Verlag.
5 Rieter, H. (2009), Autobiographien und Memoiren von Ökonomen, in: C. Scheer (Hrsg.), *Studien zur Entwicklung der ökonomischen Theorie XXII*, Berlin, Duncker&Humblot, S. 117–361.

„Man möchte die Riesen kennenlernen, auf deren Schultern man steht"

Ein Gespräch über Faszination und Nutzen der Geschichte der Wirtschaftswissenschaft, über Selbstdistanz und Selbstkritik sowie über Regeln und diskretionäres Handeln in der Geldpolitik

Herr Professor Rieter, Sie gehörten 1980 zu den Gründungsmitgliedern des Dogmenhistorischen Ausschusses im Verein für Socialpolitik. Inzwischen firmiert dieser als „Ausschuss für die Geschichte der Wirtschaftswissenschaften". Finden Sie den neuen Namen besser?

Ja, ich bevorzuge und spreche für mein Fachgebiet bewusst von der „Geschichte der Wirtschaftswissenschaften", und das lieber noch im Singular, um die Einheit der Wirtschaftswissenschaft als Disziplin zu betonen. Die sonst kursierenden Begriffe „Theoriegeschichte" oder „Geschichte der ökonomischen Lehrmeinungen" oder „Geschichte des ökonomischen Denkens" sind zu eng für das, worum es unserem Fach geht. Es sind schließlich nicht nur die Ideen, Theorien und Lehrmeinungen, die daraus hervorgehen, von Belang, sondern auch die Personen, die diese vertreten, und die Institutionen – zum Beispiel die Wirtschaftsforschungsinstitute und die Universitäten. Hinter jedem Gedanken steckt ein Mensch, eine Person, die eine Rolle spielt. Das ist schon faszinierend. Ich persönlich wurde wissenschaftlich so sozialisiert: Sobald in den Vorlesungen, die ich als Student an der FU Berlin besuchte, bestimmte Theorien behandelt wurden, tauchten auch die Personen auf, die sie erdacht hatten, und die Zeiten, in denen sich das vollzogen hatte. Überdies war es obligatorisch, die Vorlesung zur Dogmengeschichte zu belegen.

Sollte man Theorien nicht besser möglichst unabhängig von den Personen betrachten und beurteilen?

Beurteilen vielleicht, betrachten aber nicht. Um sie richtig zu verstehen, kann man die Theorien nicht sinnvoll, gleichsam wie Folien, von den Leuten ablösen, die sie sich haben einfallen lassen. Die realgeschichtlichen, die geistesgeschichtlichen und auch die lebensgeschichtlichen Umstände greifen im Entstehen von Theorien meistens ineinander. Mir ist das seinerzeit erstmals so eklatant bei Irving Fisher aufgefallen, der doch als großer mathematisch exakt denkender Theoretiker gilt, als Bahnbrecher der entpsychologisierten mikroökonomischen Theorie. In Wirklichkeit aber ist seine Geld-

Anmerkung: Online am 21. April 2020 erstmals erschienen, https://doi.org/10.1515/pwp-2020-0015. In Print am 30. April 2020 veröffentlicht, *Perspektiven der Wirtschaftspolitik* 21(1), S. 43–53.

theorie aus seinen persönlichen Einstellungen und Erfahrungen heraus erwachsen, eng verbunden mit seinen Wertvorstellungen und Weltanschauungen.

Inwiefern?

Er war einfach geschockt davon, wie sehr die Menschen durch die Geldentwertung geschädigt wurden; er empfand das als Betrug und beklagte die Ungerechtigkeit des Geschehens. Fisher wollte mit seiner Quantitätstheorie unbedingt dazu beitragen, derlei zu verhindern. Auf die naive Version der Quantitätstheorie, also auf das Theorem der Proportionalität zwischen Geldmenge und Preisniveau, hat er sich dann zum einen deshalb verlegt, weil sie quantitativ einfacher zu handhaben war. Zum anderen, so hat es schon Joseph Schumpeter in seiner „Geschichte der ökonomischen Analyse"[6] erklärt, brauchte Fisher diese simple Formel, um seine gesellschaftspolitischen Vorstellungen zu verwirklichen, nämlich den Menschen die Geldillusion zu nehmen. Denn sie täusche die Menschen, zerstöre so die „Ethik des Geldsystems" und erzeuge soziale Ungerechtigkeiten.

Aber wenn man eine Theorie nicht unabhängig von ihrem Erfinder betrachtet, dann verwirft man sie womöglich nur, weil man etwas gegen die Person hat, gegen ihre politischen Ziele, ihre Herkunft, ihr Wesen oder ihren Lebenswandel. Denken Sie nur an John Maynard Keynes, dessen theoretische Leistungen unseriöse Wissenschaftler und Kommentatoren immer einmal wieder mit dem Verweis auf sein Intimleben und mit der Unterstellung zu diskreditieren suchen, Kinderlosigkeit bedinge eine unangemessen hohe Zeitpräferenz.

Klar, das ist völlig unseriös. Wenn wir bei Ihrem Keynes-Beispiel bleiben, dann bewegen wir uns da auf dem Niveau von Klatsch und Tratsch. Aber grundsätzlich würde ich es wie gesagt nicht ablehnen, Bezüge zwischen Theorie und Person herzustellen, zumindest nicht in der historischen Betrachtung. Wenn wir Wissenschaftler eine Theorie oder eine Hypothese über irgendetwas aufstellen, dann muss dies selbstverständlich so geschehen, dass sie begründet und intersubjektiv überprüfbar ist. Das heißt, ein anderer Wissenschaftler, der sich mit derselben Frage beschäftigt, muss sagen können, ob ihm einleuchtet, was man geschrieben beziehungsweise behauptet hat, oder ob er es für blanke Spekulation hält, die auf schwachen Füßen steht. Ohne einen Beleg, zum Beispiel in Form eines Dokuments oder Selbstzeugnisses, darf man nichts über persönliche Hintergründe behaupten. Ich hatte zum Beispiel einmal einen kleinen Disput mit einem Kollegen darüber, woher Keynes seine Vorstellungen zur Erwartungsbildung und zur „Liebe zum Geld" als Instinkt bezogen hat. Ein Großteil seiner Begriffe kommt in der Instinktpsychologie von William McDougall vor, die zur selben Zeit viel Beachtung fand. Ich

---

6 Schumpeter, J. A. (1954/2007), *Geschichte der ökonomischen Analyse*, 2. Auflage, Göttingen, Vandenhoeck&Ruprecht.

konnte nun aber die Chronologie der Begriffsverwendung nachweisen: Ein bestimmter Begriff wurde von McDougall in die Fachpsychologie eingeführt, und erst danach taucht er bei Keynes auf, der ihn übernommen haben muss, wobei er McDougall allerdings nicht zitiert.[7] Manchmal kann man Dinge nicht abschließend beweisen, aber man kann sie zumindest so plausibel wie möglich machen, durch Dokumente, Selbstzeugnisse, Aussagen von Zeitgenossen und Kombinationen davon. Dementsprechend bin ich auch in meinen Studien zur Physiokratie vorgegangen, um die herrschende Meinung von der Blutkreislauf-Analogie des Tableau Économique zu widerlegen und Quesnays Zickzack-Schema uhrenmechanisch zu erklären.[8]

Und was bringt einem das?

Man versteht die Dinge einfach besser. Nehmen Sie den Fall von Adam Smith. Antoin E. Murphy, der in seinem Buch „The Genesis of Macroeconomics"[9] versucht, aus der Biographie von Ökonomen deren Theorien verständlich zu machen, kann immerhin erklären, warum Smith seine Einstellung zum Papiergeld geändert hat. Smith war dem Herzog von Buccleuch verpflichtet, dessen Tutor und Reisebegleiter er gewesen war und von dem er eine Leibrente bezog. Der Herzog hatte mit einer Bank eine Pleite erlebt und die East India Company wollte nicht helfen, woraufhin Smith eine Art Gutachten schrieb. Seine Einstellung zum Papiergeld, die darin zum Ausdruck kommt, war eine andere als zuvor. Da ist der Zusammenhang zwischen der Theorie, der Person und den Umständen schon sehr deutlich.

Aber läuft man nicht Gefahr, etwas Falsches, auch Unfaires zu schlussfolgern – hier zum Beispiel, dass Smith bloß ein Gefälligkeitsgutachten geschrieben habe? Menschen ändern manchmal ihre Einstellungen und Urteile aufgrund neuer Erkenntnisse. Ich erinnere an Keynes, der angeblich einmal rhetorisch gefragt hat: „When the facts change, I change my mind. What do you do, Sir?"

Ja, das kann so sein. Gerade deshalb ist auch hier der Wissenschaftshistoriker gefordert, den Motiven des Meinungswandels auf den Grund zu gehen.

Mir macht es auch immer etwas Sorge, wenn nicht so sehr einzelne Theorien rezipiert und auf ihre Validität hin geprüft werden, sondern wenn die Namen derer, die sie irgendwann in ihrem Leben und im Zuge eines womöglich auch mit Irrungen und Wirrungen verbundenen geistigen Weges erfunden haben, zu

---

7 Rieter, H. (1985), Hypothesen zur Erwartungsbildung bei Keynes und Schumpeter, in: H. Scherf (Hrsg.), *Studien zur Entwicklung der ökonomischen Theorie IV*, Berlin, Duncker&Humblot, S. 27–72.
8 Rieter, H. (1990), Quesnays Tableau Économique als Uhren-Analogie, in: H. Scherf (Hrsg.), *Studien zur Entwicklung der ökonomischen Theorie IX*, Berlin, Duncker&Humblot, S. 57–94.
9 Murphy, A. E. (2009), *The Genesis of Macroeconomics*, Oxford, Oxford University Press.

einer Chiffre für eine bestimmte Ideologie werden – ob es nun Adam Smith ist oder John Maynard Keynes oder Walter Eucken.

Da haben Sie recht. Zumal damit manchmal etwas Diskriminierendes einhergeht. Auch jetzt erleben wir das wieder. Mich ärgern zum Beispiel die Angriffe auf den Begriff Neoliberalismus, wo sich Leute zu Wort melden, die ganz offensichtlich keine Ahnung haben, wie diese Schule und ihre Inhalte historisch zustande gekommen sind und was diese bedeuten. Das sind ja nicht nur Fachfremde, sondern eben auch Wissenschaftler, die es besser wissen sollten, was wiederum dafür spricht, wie notwendig es ist, sich mit der Geschichte des Faches zu beschäftigen. Oder nehmen Sie den Begriff „Humankapital", der keineswegs menschenverachtend ist, wie es manche Kritiker in ihrer ideologischen Empfindlichkeit behaupten. Es handelt sich um einen Fachbegriff, und der bringt zudem etwas Positives zum Ausdruck, nichts Negatives. Ich sehe die Aufgabe des Historikers der Wirtschaftswissenschaft unter anderem auch darin, solche Dinge klar zu machen. Aber abgesehen davon glaube ich, man muss unterscheiden.

Was muss man unterscheiden?

Den wissenschaftlichen Diskurs innerhalb eines Fachgebiets und die notwendigerweise etwas holzschnittartige Vermittlung des Lehrstoffs an Studenten. Didaktisch kommen wir nicht darum herum, Schubladen zu bilden. Wir würden die Studenten ja total verwirren, wenn wir ihnen von vornherein zum Beispiel jemanden wie Johann Heinrich von Thünen mit seiner Theorie einerseits als Modelltheoretiker und Neoklassiker vorstellten, andererseits aber auch als Reformsozialisten. Und François Quesnay ist natürlich nicht nur ein Physiokrat im Sinne eines cartesianischen Mechanisten, er ist auch Biologe und Arzt, und er nimmt historische und organizistische Überlegungen in sein Denken mit auf. Aber in der Vorlesung muss man ihn schon in seiner physiokratischen Hauptrolle als Vordenker mathematisch-quantitativer Wirtschaftsanalysen vorstellen. Wir müssen irgendwie Schnittmengen definieren und die Ökonomen in die so entstehenden Schubladen einsortieren. In der Forschung jedoch, wenn es ins Detail geht, müssen wir die Schubladen natürlich wieder aufziehen, auf die Grenzen unserer provisorischen Einteilung aufmerksam machen und differenzierter argumentieren. Unsere Aussagen sind dann „weicher", aber eben auch undogmatischer.

Warum braucht es die Geschichte der Wirtschaftswissenschaften eigentlich?

Sie ist wie die Wirtschaftsgeschichte schlicht ein wertvolles Bildungsgut, das an der Universität – sofern sie sich weiterhin als Bildungsstätte versteht – vermittelt werden muss.

Zudem heißt es ja immer, dass wir auf den Schultern von Riesen stehen.[10] Dann möchte man doch diese Riesen auch einmal kennenlernen, auf deren Schultern man steht, nicht wahr? Und man möchte wissen, ob diese Schultern belastbar sind, oder welche anderen Schultern es gegeben hätte, um sich möglicherweise daran wenigstens anlehnen zu können. Zur Bildung gehört es einfach dazu, herausfinden zu wollen, was war. Und es ist Teil des Menschseins, „Gebildetheit" anzustreben. Deswegen gehört dieses Fach nach meiner Auffassung dringend an eine Institution, die dafür da ist, jungen Leuten Urteilsvermögen und Sachkompetenz zu vermitteln. Nicht allein die Wissenschaftsgeschichte, auch andere Bildungsgüter gehören dazu, aber eben auch diese. In einem idealen Studium würde ich ihr eine Scharnierfunktion zubilligen. Sie gehört in jedes Curriculum.

Was genau brächte das den Studenten?

Für die Studenten ist das Fach wichtig, weil sie die Möglichkeit bekommen, isoliert erworbenes Wissen einzuordnen. Sie lernen, wo etwas herkommt und hingehört. Die verschiedenen Konjunkturtheorien zum Beispiel sind nicht wirklich gut zu verstehen und zu beurteilen, wenn man nicht den zeitgeschichtlichen und diskursiven Kontext kennt, in dem sie aufgekommen sind. Wissenschaft ist ja letzten Endes nichts anderes als ein Gespräch, eine Diskussion zwischen Menschen, die immer mal wieder eine kluge Idee haben und sich in der Fortentwicklung ihrer Gedanken aufeinander beziehen. Es ist wichtig, Wissenschaft so dialogisch und fortlaufend zu verstehen und nicht zu glauben, man könne ein fertiges Kochbuch vorlegen – auch wenn viele Studenten das gern so hätten, weil man damit bequemer für Prüfungen lernen kann.

Und mit Blick auf die Forschung selbst? Was bringt uns da die Beschäftigung mit den Ideen der „Dead economists", wie es in einem Buchtitel[11] etwas despektierlich heißt?

Die Geschichte der Wirtschaftswissenschaft ist zwar eine Geschichte „toter Ökonomen", aber eben keine Geschichte „toter Ideen". Sie ist deshalb zwangsläufig eines der Erkenntnismittel, über die wir verfügen. Man muss auf diesen Wissenshort nicht zwingend zurückgreifen, aber man kann, und man sollte es tun. Er ist komplementär zu allen anderen Teilgebieten des Faches verwendbar. Man denke an den Spruch von Georg Christoph Lichtenberg, wer nur Chemie könne, der könne auch das nicht. Das gilt auch für die Ökonomik. Wer nur die kann, der kann auch die nicht. Und wer nur Teilgebiete der Wirtschaftswissenschaft beherrscht, der beherrscht vielleicht auch die nicht. Gerade deshalb ist die Geschichte der Wirtschaftswissenschaft eine hervorra-

---

10 Merton, R. K. (1965/1980), *Auf den Schultern von Riesen. Ein Leitfaden durch das Labyrinth der Gelehrsamkeit*, Frankfurt, Syndikat Autoren- und Verlagsgesellschaft.
11 Buchholz, T. D. (2007), *New Ideas from Dead Economists*, New York, Plume.

gende, wichtige Kontrollinstanz. Wer von seinen Theorien sehr überzeugt ist, der tut gut daran, auch einmal einen Schritt zurück zu treten und die Sache von einer ganz anderen Seite anzuschauen. Dabei kann die Geschichte der Wirtschaftswissenschaft helfen. Sie schafft Selbstdistanz und ermöglicht Selbstkritik. Sie kann die Spezialisten, die wir natürlich unbedingt brauchen, oftmals gut vor Sackgassen warnen und dabei helfen, aus ihnen wieder herauszufinden. Ich liebe den Spruch von Francis Picabia, unser Kopf sei rund, damit das Denken die Richtung wechseln könne. Das hat mir immer eingeleuchtet.

Ist es nicht manchmal schwer, den Kopf zu drehen, ohne sich den Hals zu verrenken?

Kann schon sein. Mir persönlich hingegen fällt es schwer, immer in die gleiche Richtung zu denken. Mir fällt es sehr schwer, wenn ich über irgendein Gebiet gearbeitet habe, dauerhaft oder ausschließlich dabei zu bleiben. Ich möchte immer einmal wieder etwas Neues anpacken. Ich bin neugierig und freue mich besonders auf Dinge, die mir zunächst ganz fremd sind. Ich weiß noch gut, wie fremd mir einst das Werk, die Zeit, die Sprache und überhaupt das Denken des Physiokraten François Quesnay waren. Je mehr ich aber in seine Schriften eintauchte, desto spannender fand ich das. Mir fiel dabei auf, dass man die Physiokratie auf drei verschiedene Weisen interpretieren kann: auf eine mechanistisch-theoretische, eine historisch-organische und eine marxistische. Dass es tatsächlich mehr als nur eine Lesart geben kann, hat damals im Dogmenhistorischen Ausschuss des Vereins für Socialpolitik für Diskussionen gesorgt.[12]

Gewisse Verengungen muss man auch in der Geschichte der Wirtschaftswissenschaften vermeiden.

Oh ja, und Denkfehler auch. Für meine Arbeit ist mir in dieser Hinsicht schon früh ein Licht aufgegangen, und zwar durch den Aufsatz „Meaning and understanding in the history of ideas"[13], in dem Quentin Skinner meinte, mit einigen Mythen in der Wissenschaftsgeschichte aufräumen zu müssen. Er schrieb, es gebe drei Denkfehler: erstens, Doktrinen für zeitlos zu halten und sie rückwärts zu denken; zweitens, Kohärenz herzustellen; das dritte, Kontinuität zu sehen, wo es keine gebe. Alle drei Denkfehler gibt es in unserem Fach natürlich auch. Dass wir uns davor sehr hüten müssen, ist mir immer eingebrannt gewesen. Die Versuchung, zum Beispiel künstliche Kohärenz herzustellen, ist sehr groß, also die Neigung, jemandem aus Theorieversatzstücken, die man als Bausteine

---

12 Rieter, H. (1983), Zur Rezeption der physiokratischen Kreislauf-Analogie in der Wirtschaftswissenschaft, in: H. Scherf (Hrsg.), *Studien zur Entwicklung der ökonomischen Theorie III*, Berlin, Duncker&-Humblot, S. 55–99.
13 Skinner, Q. (1969), Meaning and understanding in the history of ideas, *History and Theory* 8(1), S. 3–53.

empfindet, allzu rasch ein geschlossenes System anzudichten. Da habe auch ich mich immer mal wieder am Riemen reißen müssen. Man glaubt, als Nachgeborener etwas zu erkennen – aber nein, nach genauerem Studium ist es dann meist doch nicht da. Was die Kontinuität angeht, so ist es unsinnig zu behaupten, beispielsweise, dass die Neoklassik eine Entfaltung der Klassik sei, die latent schon dieselben Angebots- und Nachfragekurven enthalte.

Wer das tut, unterschätzt die Kontingenz von Erkenntnisprozessen. Aber wenn es darum geht, den Kopf zu drehen, um das Denken zu erfrischen, hält jedenfalls die Geschichte der Wirtschaftswissenschaften viele mögliche Richtungen bereit. Sind alle gleich nützlich?

Das kommt natürlich ganz darauf an. Für die Forscher ist von entscheidender Bedeutung, dass sie die Geschichte der Wirtschaftswissenschaft als einen Fundus verstehen und nutzen können, sozusagen als einen Instrumentenkasten der Erkenntnis. Man braucht das erstens, um Referenzvorstellungen zu entwickeln. Gerade diese vermisse ich oft im wissenschaftlichen Diskurs. Wenn jemand kritische Bemerkungen über den Sozialismus macht, dann muss man von ihm verlangen können, dass er eine solide Vorstellung davon hat, was die Lehren von Marx und Engels und anderer Sozialisten ausmacht. Wer zum Beispiel ein glühender Liberaler ist, muss das wissen, wie auch der Sozialist darüber Bescheid wissen muss, was liberale Denker an Theorien vorgelegt haben. Alles andere wäre Ideologie. Wir brauchen solche Referenzvorstellungen, denn sonst haben wir gar keine Möglichkeit, den Abstand zwischen verschiedenen Positionen richtig zu ermessen und unsere eigene Position mit mehr Sicherheit zu bestimmen. Das ist genauso mit Utopien, auch die brauchen wir. Zweitens braucht man die Geschichte der Wirtschaftswissenschaft, um aktuelle Probleme noch einmal in einem neuen Licht betrachten und bestenfalls dadurch lösen zu können. Wieviel Inspiration alten Theorien zu entlocken ist, sieht man doch schon daran, dass die Namen von ökonomischen Denkern wie Gustav Wicksell oder Eugen von Böhm-Bawerk wieder stärker ins Gespräch kommen. Manche Theorien und Topoi gehen unter, manche verschwinden nur zeitweise, aber die Mehrzahl eben nicht. Sie kommen immer wieder hoch.

Zum Beispiel?

Die ganze Diskussion um die Geldpolitik der Europäischen Zentralbank mit Mario Draghis berühmter Ansage „Whatever it takes" 2012 zum Beispiel – die kennt man schon aus der Bullion-Kontroverse und dem anschließenden Currency-Banking-Streit im 19. Jahrhundert.[14] Ähnliche Ansagen haben seinerzeit schon Direktoren der Bank of

---

14 Rieter, H. (1997), Thomas Tooke und die Geldlehre seiner Zeit, in: B. Schefold (Hrsg.), *Vademecum zu dem Klassiker der Banking School*, Düsseldorf, Verlag Wirtschaft und Finanzen, S. 47–98.

England gemacht, und die Diskussion, die sich daran entzündete, entspricht voll und ganz dem Muster älterer wie neuerer Rules-vs.-Authority-Debatten. Das Muster, der Topos und die dahinterstehenden Theorien ziehen sich von den alten englischen Debatten vom Ende des 18. Jahrhunderts bis in unsere Gegenwart, und ich prophezeie, das wird in hundert Jahren auch noch so sein. Dieser Dualismus beschreibt ein Grundmuster, das immer wiederkehren wird. Ich kann etwas durch Menschen regeln, durch deren diskretionäre Entscheidungen, oder ich arbeite mit einem Regelwerk, das zwar Menschen geschaffen haben, aus dem sie ihre Finger aber in der Folge bewusst heraushalten. Das ist eine Einsicht, die man aus der Geschichte der Wirtschaftswissenschaft gewinnt: Es gibt keine abschließenden Wahrheiten, sondern wir bewegen uns immer in den Dualismen des Denkmöglichen.

Und wie ist zu entscheiden, wo genau in dem Dualismus man sich positionieren sollte?

Da kommt dann die ökonomische Theorie ins Spiel. Denn den Ausschlag gibt am Ende, wer welche Theorie vertritt. Wer Menschen viel Schlechtes zutraut und damit rechnet, dass sie entsprechend handeln, um ihren persönlichen Nutzen zu maximieren, der ist wahrscheinlich misstrauisch und traut auch einem Zentralbankchef zu, zum eigenem Vorteil Entscheidungen zu treffen – und der ist dann unter allen Umständen für Regeln. Bekanntlich war schon Ricardo entschieden dieser Auffassung. Die Diskussion um die Gestaltung des westdeutschen Zentralbanksystems nach 1945 lief anders. Da war im Grunde Konsens, dass man so ein wertvolles Gut wie die Währung keinem seelenlosen Mechanismus anvertrauen dürfe, sondern dass da verantwortungsvolle Menschen das Sagen haben müssen, die nicht nur sachkompetente Persönlichkeiten sind, sondern über Lebenserfahrung und Weitblick verfügen. Wer Menschen dies zutraut, legt weniger Wert auf feststehende Regeln.

Kann es sein, dass man eine Zeitlang mit Regeln gut fährt und irgendwann nicht mehr?

Ja, natürlich ist das möglich, weil sich die Verhältnisse ändern und die Erkenntnisse auch. Was zum Beispiel die Geldmenge angeht, so herrschte viele Jahre in der Ökonomie ein tiefes Vertrauen auf quantitätstheoretische Zusammenhänge. Und dann bröckelte dieses Vertrauen. Es gab Ökonomen, die darauf hinwiesen, dass die Quantitätstheorie in der Praxis eben doch nicht immer funktioniert, weil es noch andere, bisher unberücksichtigte Einflüsse gab, die man nicht in die Ceteris-paribus-Bedingungen abschieben darf, sondern die als unabhängige Variablen durchaus auch zum Erklärungszusammenhang gehören. Deshalb hat man auch, als die EZB gegründet wurde, einen neuen Ansatz gefunden, die Zwei-Säulen-Strategie. Und jetzt kommen wir, offensichtlich auch unter dem Druck der Verhältnisse, de facto wieder mehr zu diskretionären Entscheidungen.

Ist das aus Ihrer Sicht gut oder schlecht?

Schwer zu sagen. Denn was ist das Kriterium für gut? Das hängt doch immer davon ab, was wir erreichen wollen, und das ist letztlich eine politische Frage. Die Frage ist, ob wir dieses Währungssystem erhalten und nicht riskieren wollen, dass die Europäische Währungsunion zusammenbricht. Wie man sich dazu auch verhalten mag, heute sind es auf jeden Fall weniger abstrakte Institutionen und formale Regeln als Menschen, die durch ihre jeweiligen Entscheidungen, ihren Einfluss und ihre Überzeugungen alles zusammenhalten.

Das beunruhigt mich jetzt. Muss man nicht danach streben, Regeln und Institutionen zu schaffen, die auch dann noch funktionieren, wenn der Mensch versagt?

So ist es. Aber es gibt nun einmal eine gewisse Zyklizität in den ökonomischen Vorstellungen, Theorien und Meta-Erzählungen. Mal kommt die eine Theorie auf, mal die andere. Mal legt man mehr Wert auf Regeln und Institutionen, mal weniger. Ich will nicht so leichtfertig sein, das Moden zu nennen, sondern oftmals hängt es mit den sich herausbildenden Netzwerken wissenschaftlicher Gemeinschaften zusammen, dass mal das eine immer bedeutender wird, mal das andere. Es ist wichtig, nicht wie etwa Gustav Schmoller zu denken, man sei im Besitz „feststehender Wahrheiten".

Wo sehen Sie das denn in der Ökonomik?

Zum Beispiel bei allen, die versuchen, andere Theorien als unwissenschaftlich, heterodox oder als vorübergehende Erscheinungen zu diskreditieren und den eigenen Standpunkt zu verabsolutieren. Ich habe das einmal im Zusammenhang mit dem Monetarismus erlebt. Ich kann mich gut erinnern, wie ich bei einem Auftritt von Karl Brunner über eine seiner Forderungen ziemlich betroffen war und mir sagte, so will ich nie denken. Auf einer Tagung am Ammersee vertrat er den Standpunkt, dass die monetaristische Geldmengenregelung Verfassungsnorm werden müsse. Da habe ich mich nur gefragt: Was ist das für eine Anmaßung? Und was soll das?

Vielleicht muss man bedenken, dass Brunner Schweizer war. Die Schweizer Verfassung ist infolge der Eidgenössischen Volksinitiativen wandelbarer als das deutsche Grundgesetz. Die Festschreibung, die er empfahl, war insofern wohl nicht ganz so hart.

Gewiss. Aber mich hat schockiert, dass sich da ein Ökonom offensichtlich nicht darüber im Klaren war, dass seine Theorie nur unter bestimmten Bedingungen gilt, und dass sich diese Bedingungen ändern können, weshalb dann andere Theorien relevant werden können. Dies nicht zu respektieren, offenbart einen Fundamentalismus, der in der Wissenschaft nichts zu suchen hat. Das Problem besteht für mich darin, dass es Brunner darum ging, das seiner Überzeugung entsprechende Ziel der Geldpolitik rechtlich zu fixieren. Da blieb eine Theorie nicht Theorie, sondern wurde zum gesellschaftlichen Ziel, das zu bestimmen sich ein Ökonom anmaßte. So war das ja schon bei Gustav Schmoller im Blick auf die Sozialpolitik und die Rolle von „Vater Staat". Es steht dem Ökonomen nicht an, bestreitbare Wirtschaftslehren als gesellschaftliche Ziele festzuschreiben. Noch ein anderes Beispiel, diesmal aus meiner Beschäftigung mit Otto Veit, der von 1947 bis 1952 Präsident der Landeszentralbank von Hessen und zugleich Professor an der Universität Frankfurt war. Geprägt durch die Erfahrung mit der Hyperinflation in Deutschland, wollte er Geldpolitiker, die ein „Währungsdesaster" verursachen, strafrechtlich verfolgt sehen. Er forderte für das Abweichen der geldpolitischen Praxis von den von ihm für richtig gehaltenen geldpolitischen Maßgaben einen Paragraphen im Strafgesetzbuch, der es erlauben sollte, „Währungsgefährdung, -verrat und -betrug" zu sanktionieren.

Brunner, Schmoller, Veit und andere gaben eben auf der Grundlage einer Theorie, die sie für die beste hielten, eine Empfehlung ab. Was ist daran verkehrt?

Der Fehler liegt darin, eine rechtlich bindende Empfehlung mit einer bestimmten ökonomischen Theorie dogmatisch zu begründen. Wenn man wie ich der Meinung ist, dass ökonomische Theorien nicht zeitlos sind, sondern zeitbedingt, dass auch der Ort ihrer Anwendung eine Rolle spielt und dass die Umstände sich ändern können, dann darf man nicht versuchen, eine prinzipiell widerlegbare ökonomische Theorie zum politischen Ziel oder zur juristischen Norm zu erheben.

Was heißt das denn im Fall Brunner konkret?

Wenn man schon über Verfassungsnormen nachdenkt, dann muss man sich dafür einsetzen, dass sie hinreichend weit gefasst sind. Die Vorschrift aus dem Bundesbankgesetz, dass die Institution die Aufgabe habe, „die Währung zu sichern", war insoweit ideal.[15] Es wäre ein Fehler gewesen hineinzuschreiben, sie solle „die Währung sichern, indem sie die Quantitätstheorie verwirklicht" oder „indem sie die Geldmenge jährlich um x Prozent erhöht".

In der Geldpolitik haben wir heute aber eine Festlegung, wenn auch nicht in der Verfassung, aber doch in der Strategie der EZB, dass die Notenbank die Inflationsrate nahe 2 Prozent halten soll.

Eben. Und ich bin nicht sehr glücklich damit, dass wir uns in der europäischen Geldpolitik an einen Index gebunden haben. Zu meinen, das Richtige zu tun, indem man

---

15 Rieter, H. (2009), Die währungspolitische Maxime der Deutschen Bundesbank aus ideengeschichtlicher Sicht, *Jahrbuch für Wirtschaftsgeschichte*, Bd. 1: *Geschichte der Wirtschaftstheorie und Wirtschaftsgeschichte*, Berlin, Akademie Verlag, S. 151–76.

eine feste Maßzahl für ein Ziel definiert, das aber im mathematischen Sinne nichts anderes darstellt als, wie es Bent Hansen ausdrückte, eine endogene Variable zu beschränken. Mir leuchtet nach wie vor nicht ein, warum gerade 2 Prozent noch gut sein sollen. Abgesehen davon, damit eine Messgenauigkeit der Veränderung der Binnenkaufkraft vorzuspiegeln, die gar nicht gegeben ist, fehlt bei einer rein quantitativen Betrachtung die qualitative Dimension der Währungssicherung.

Sie argumentieren mit der Vorläufigkeit der Erkenntnis und der Wandelbarkeit der Umstände, aber was Sie sagen, passt auch zu den derzeit zunehmenden Vorwürfen gegen ordoliberales Denken, es sei „autoritär" – weil es durch Verrechtlichung bestimmte wichtige Entscheidungen der politischen Aushandlung im Alltag entziehen wolle.

Das Label ist boshaft, und historisch ist es falsch, aber mit Blick auf heute ist an dem Einwand manchmal etwas dran. In der Europäischen Union meinte man zum Beispiel der „Sozialen Marktwirtschaft" in den Verträgen einen unverrückbaren verfassungsmäßigen Status geben zu müssen. Warum eigentlich? Wir haben sie ja noch nicht einmal in Deutschland als solche ausdrücklich in der Verfassung stehen – und das mit gutem Grund. Im historischen Rückblick muss man sich vor Augen führen, dass die Mitglieder im Parlamentarischen Rat sehr unterschiedlicher Couleur waren, sich aber alle darauf einigen konnten, dass man bestimmte Vorverfügungen nicht so treffen darf, dass man nicht auch andere Möglichkeiten offenhält. Von rechts bis links, ausgenommen die KPD, gab es darüber Einigkeit. Nun waren die Parteien damals wirtschaftspolitisch noch relativ nahe beieinander positioniert; die CDU neigte in manchen Fällen zu Verstaatlichungen und die SPD war nicht völlig verschlossen gegenüber der Marktwirtschaft. Was damals eigentlich alle gesellschaftlichen Kräfte verband, war etwas, was heute kaum noch jemand zu tun versteht, was aber damals entscheidend war: Sie suchten dritte Wege. Die Liberalen, die Sozialisten, die Gewerkschaften, auch die Wissenschaftler, alle waren sie überzeugt, dass man etwas tun müsse, um das Soziale und den Markt miteinander zu verbinden, dabei zu Bedingungen, die alle akzeptieren können, damit ausreichend Güter erzeugt werden. Es ging ihnen um eine optimal funktionierende Wirtschaft und zugleich auch um eine möglichst gute Gesellschaft. Ihnen war klar, dass man dafür von radikalen Utopien wegkommen und stattdessen aufeinander zugehen muss. Selbst so unterschiedliche Wissenschaftler wie der Sozialist Eduard Heimann und der Liberale Alexander Rüstow waren dazu in der Lage.[16] Dafür bedarf es einer gewissen Offenheit und Denktoleranz, und daran fehlt es heute leider häufiger.

---

16 Rieter, H. (2011), Eduard Heimann – Sozialökonom und religiöser Sozialist, in: R. Nicolaysen (Hrsg.), *Das Hauptgebäude der Universität Hamburg als Gedächtnisort*, Hamburg, Hamburg University Press, S. 229–59, sowie Rieter, H. (2015), Alexander Rüstow und der Dritte Weg, in: J. Dörr et al. (Hrsg.), *Vitalpolitik, Inklusion und der sozialstaatliche Diskurs*, Berlin, LIT Verlag, S. 35–43.

Sollten sich Ökonomen nicht sowieso besser mit politischen Werturteilen zurückhalten?

Es gibt Ziele, die Politiker legitimerweise vorgeben, und da ist der Ökonom in der Tat nur gefragt zu sagen, mit welchen Mitteln sich diese erreichen lassen und mit welchen Nebenwirkungen man dabei rechnen muss. Aber ich bin auch der Meinung, dass der Ökonom selbst ein Bekenntnis davon ablegen muss, was er mit seiner Wissenschaft bezweckt. Das bedeutet dann, ein Werturteil zu fällen, ganz klar, aber es ist notwendig. Ich bemängele, dass viele Ökonomen ein solches Werturteil nicht mehr fällen und schon gar nicht kommunizieren, vielleicht aus Sorge, dass man sie dann für Ideologen hält. Für die wirklich großen Ökonomen, die wir aus der Fachgeschichte kennen, war es überhaupt keine Frage, dass es dessen bedarf. Bei Alfred Marshall zum Beispiel heißt es, die Aufgabe des Ökonomen sei es, wissenschaftlich für den gesellschaftlichen Fortschritt zu arbeiten. Er hatte eine dezidierte Vorstellung davon, unter welchen Bedingungen die Menschen arbeiten und leben sollten – aber ganz ohne klassenkämpferische Anklänge. Ebenso Thünen, der seine agrar- und wirtschaftstheoretischen Überlegungen allein darauf ausrichtete, dem Wohl der Menschheit zu dienen. Und noch etwas; neulich fiel mir die Rektoratsrede wieder in die Hand, die Fritz Neumark 1954 in Frankfurt hielt[17]. Darin definierte er die Aufgabe der Ökonomen dahingehend, dass sie – ich zitiere sinngemäß – geduldig an der Realisierung einer Wirtschaftsordnung mitzuwirken haben, die Funktionsfähigkeit und materiellen Fortschritt mit Menschenwürde und sozialer Gerechtigkeit verknüpft. Ich teile diese Ansicht ganz und gar. Die Wirtschaftswissenschaft hat einen solchen Zweck.

Hat nicht der wissenschaftliche Fortschritt geholfen, diesen Zweck zu erreichen?

Nur zum Teil. Wir haben uns zum Beispiel mit dem, was ich „Popperei" nenne, auch dabei blockiert. Es begann in den sechziger Jahren. Auf einmal bekamen die Ökonomen das Gefühl, sie seien in der Lage, ihre Wissenschaft mit den exakten Naturwissenschaften auf eine Ebene zu stellen. Es war zwar klar, dass man nie „die Wahrheit" erreichen kann. Aber die Vorstellung war schon, sich immer näher an sie herantasten zu können, wenn man nur empirisch gehaltvolle Hypothesen aufstellt und sie überprüft. Werden sie falsifiziert, dann wirft man sie weg, und wenn sie nicht falsifiziert werden, dann bestehen sie fort. Alle begannen nun zu „poppern", überall wurde Falsifizierbarkeit verlangt und nach Tautologien und Modellplatonismus gefahndet. Die Folge war, dass so manche wichtige theoretische Arbeit unterblieb, weil es nicht immer so einfach – und im Übrigen auch nicht immer das Ziel – war, mit empirisch

---

17 Neumark, F. (1954), Wirtschaftsprobleme im Spiegel des modernen Romans, Festrede bei der Rektoratsübergabe der Johann Wolfgang Goethe-Universität am 11. November, *Frankfurter Universitätsreden* 14, Frankfurt, Klostermann, S. 5–36.

gehaltvollen Hypothesen aufzuwarten. Ökonomische Theorien sind ja viel zu komplex, als dass man das Popper-Kriterium auf sie anwenden könnte. Die schon erwähnte Quantitätstheorie zum Beispiel ist so ein Fall. Sie im Popper'schen Sinne zu überprüfen, ist eigentlich nicht möglich, weil zu viele Einflussfaktoren in den Ceterisparibus-Bedingungen stecken und damit das Testergebnis ad absurdum führen. Übrigens arbeitet man ja noch nicht einmal in den Naturwissenschaften so. In der Physik zum Beispiel wird viel eher induktiv vorgegangen, man sammelt Material und schaut, ob sich darin irgendwelche Muster erkennen lassen. Zur Erklärung dieser Muster braucht man dann aber wieder eine Theorie.

Finden Sie den Popper'schen Anspruch denn ganz falsch?

Nein, aber in der klassischen Form ist er zumindest für Wirtschaftstheorien viel zu eng und das Ausschlusskriterium zu radikal. Wir brauchen andere Kriterien. Für die Wirtschaftstheorie ist der Ansatz von Imre Lakatos besser, weil damit komplexe Forschungsprogramme zu identifizieren und zu beurteilen sind. Wissenschaftstheoretisch brauchbar erscheinen mir auch Denkstil-Konzepte. Ob Thomas Kuhns Ansatz wissenschaftlicher Revolutionen und Paradigmenwechsel überhaupt auf die Wirtschaftswissenschaft anwendbar ist, wurde ja kontrovers diskutiert, zumal er das selbst für fraglich hielt. Was er „normalwissenschaftliche" Forschung nennt, gibt es meines Erachtens allerdings auch in der Ökonomik, nämlich in fest gefügten, orthodoxen wissenschaftlichen Gemeinschaften mit entsprechenden Netzwerken. An derartiger Forschung stört mich die Vorstellung, dass man nur Puzzleteile zusammenfügen müsse – dass also alles eigentlich schon da ist, man die Versatzstücke nur zu suchen und zusammenzubringen habe, und irgendwann kommt dann eine universelle oder geschlossene Theorie heraus. So läuft das aber nicht.

Ein solcher Ansatz wirft einen auf das zurück, was man jetzt schon denken kann, und insofern ist er nicht dynamisch – ist es vielleicht auch das, was Sie bemängeln? Aber sind wir nicht insoweit gebunden, ob wir wollen oder nicht?

Ja, das ist richtig, aber man darf eben nicht aus dem Blick verlieren, dass die Ökonomie ein verdammt komplexes System ist. Es ist derart komplex, dass man es nicht simplifizieren darf. Interdependenz ist gleichsam die Quintessenz des Ökonomischen. Alles hängt voneinander ab. Dass er das zu seiner Zeit schon erkannt hat, das hat mich so an François Quesnays Tableau Économique fasziniert. Die Grundeigentümer, die Pächter, die Gewerbetreibenden sind einzel- wie volkswirtschaftlich auf Gedeih und Verderb miteinander verbunden. Insofern sind alle von gleicher Bedeutung. Die Wechselwirkungen darzustellen und zu analysieren, das war seine Absicht. Oder Alfred Marshall. Bei ihm gibt es dieses Bild von dem Wasserbassin, das mit schwimmenden Kugeln angefüllt ist. Wenn man nur eine davon antippt, kommt in dem Becken alles in Bewegung. Genau deswegen führt er ja die Partialanalyse ein, weil das Ganze – wie er meinte – totalanalytisch nicht in den Griff zu bekommen sei. Natürlich kann man da bei der Auswahl der unabhängigen und abhängigen Variablen nicht nach dem Zufallsprinzip verfahren, sondern man muss herausfinden, was im jeweils untersuchten Fall eine größere und was eine kleinere Bedeutung hat. Um das zu unterscheiden, führte Marshall unter anderem die Elastizitätsanalyse ein, die dann allerdings auch nicht alles hielt, was er sich davon versprach. Aber der Punkt ist und bleibt, dass wir uns stets der Komplexität der Ökonomie und ihrer Interdependenzen bewusst sein müssen. Wie Marshall sagte: „Every dogma that is short and simple is false."[18]

Haben Sie in dem breiten Spektrum der Geschichte des ökonomischen Denkens, das Sie bearbeitet haben, eigentlich einen Liebling?

Ja. Im Grunde zwei: Johann Heinrich von Thünen und Alfred Marshall. Thünen, den übrigens auch Marshall sehr schätzte, bin ich dankbar dafür, unsere Wissenschaft mit methodischen Neuerungen, namentlich mit der Marginalanalyse, bereichert zu haben. Seine theoretischen Instrumente waren ihm jedoch nie Selbstzweck. Sie dienten ihm allein dazu, Ideen und Konzepte zu entwickeln, die beanspruchten, wirtschaftliche und soziale Lebensbedingungen zu gestalten. Thünen hätte natürlich gesagt: zu verbessern. Und Marshall mag ich aus gleichem Grund. Auch ihm verdanken wir elementare Werkzeuge und damit eine gute Ausrüstung für unser Fach. Aber ich mag Marshall nicht nur als Ökonom, der sich mit dem Vorhaben, sein Fach als „Economics" auf eigene Füße zu stellen, gegen Kollegen durchsetzte und es professionalisierte, indem er den Anstoß gab zur Gründung der Royal Economic Society mit eigenem Fachorgan, dem „Economic Journal". Ich verehre ihn auch wegen seines reformerischen Engagements und wegen seiner Einstellungen. Ich finde schon bewundernswert, dass er seine schöne Stelle als Fellow am St. John's College in Cambridge aufgab, um seine Schülerin Mary Paley heiraten zu können. An den Colleges in Cambridge und Oxford galt noch der Zölibat. Ich habe auch Hochachtung davor, dass er damals gemeinsam mit dem Philosophen Henry Sidgwick gegen den Protest männlicher Kollegen bereit war, am neu gegründeten Newnham College in Cambridge Frauen eine universitäre Ausbildung zu bieten. Mary Paley Marshall verband mit ihrem Mann neben dem pädagogischen Ehrgeiz, Persönlichkeiten zu bilden, unter anderem auch ein großes Kunstverständnis und die Liebe zur Literatur (übrigens war das im Hause Thünen in Tellow nicht anders). Und sie hat wohl einen größeren Anteil am Werk ihres Mannes, als sichtbar ist. Ein bewundernswertes Paar!

---

18 Zitiert nach Paley Marshall, M. (1947), *What I Remember*, Cambridge, Cambridge University Press, S. 22.

Regina Riphahn

https://doi.org/10.1515/9783111208749-013

Fürsprecherin der datennutzenden Wissenschaften

Nach dem Abitur am Mädchengymnasium der Erzbischöflichen Ursulinenschule in Köln ging Regina Therese Riphahn bei der Wahl eines Studienfachs streng rational und fokussiert vor. Sie besaß ein klares Kriterium: Das Studium sollte sie auf jeden Fall in die Lage versetzen, später einmal ein eigenes Auskommen zu haben. „Das war mir ein Anliegen, zumal damals – Mitte der achtziger Jahre – die Arbeitslosigkeit sehr hoch war." Sie lag bei mehr als 9 Prozent. Riphahn, 1965 in Köln geboren und aufgewachsen, schaute sich an der Universität ihrer Heimatstadt um und entschied sich schließlich für die Wirtschaftswissenschaften – auch deshalb, weil dieses Fach, wie sie sagt, die Brücke zu vielen anderen Gebieten schlägt. Da sie sich für vieles interessierte und verschiedene Studienfächer in Betracht gezogen hatte, kam ihr das entgegen: „Man kann im Rahmen der Wirtschaftswissenschaften auch ein wenig Psychologie, Juristerei, Geographie und Geschichte studieren. Da sind viele Möglichkeiten offen, habe ich mir gedacht."

Schon früh nahm Regina Riphahn die sich im Studium bietenden Möglichkeiten für Auslandsaufenthalte wahr. So ging sie nach dem Vordiplom für ein halbes Jahr nach England, an die University of Sussex. Nach der Heimkehr wechselte sie für das Hauptstudium der Volkswirtschaftslehre an die Universität Bonn, bis sich nach einem Jahr die Gelegenheit zu einem weiteren Auslandsaufenthalt ergab. Von Kommilitonen in Sussex auf das amerikanische Universitätssystem neugierig gemacht, zog es sie diesmal in die Vereinigten Staaten. An der University of Tennessee in Knoxville erwarb sie – als Ergänzung zur Volkswirtschaftslehre – einen Master of Business Administration. Außerdem absolvierte sie Praktika bei der chilenischen Zentralbank in Santiago und der Weltbank in Washington.

Als ihr klar wurde, dass sie auch ohne das deutsche Diplom direkt eine Promotion anschließen konnte, suchte sie sich rasch noch eine Doktorandenstelle in Amerika. Sie landete an der University of North Carolina in Chapel Hill, wo sie auch, wie sie erzählt, ihre „wissenschaftliche Sozialisierung" in der Ökonometrie erhielt. Sie war am Carolina Population Center angestellt, einem Forschungszentrum zu Bevölkerungsfragen, wo sie schon damals große Datensätze bearbeitete. Daran faszinierte sie, was Zahlen über die wirkliche Welt aussagen können – zum Beispiel wenn es darum geht zu prüfen, ob eine bestimmte Politikmaßnahme den theoretisch naheliegenden Effekt tatsächlich zeitigt und wie groß dieser ist. Eine bloß technische Arbeit ist das nicht: „Man entwickelt mit der Zeit einen Spürsinn, was sein kann und was nicht."

Zu dieser Zeit schienen auch die thematischen Weichen gestellt: Alles lief auf die Finanzwirtschaft zu. Schon zu Vordiplomszeiten hatte Regina Riphahn in einer Bank Praktikum gemacht, und in ihrer Dissertation wollte sie sich mit der Frage beschäftigen, ob Fusionen Genossenschaftsbanken mehr Effizienz bringen. „Ich hatte das Thema schon fertig ausgearbeitet, mit Methode und Daten und allem – aber dann habe ich beschlossen, dass mich das eigentlich überhaupt nicht interessiert. Es motivierte mich nicht, zur Profitmaximierung beizutragen", sagt sie. Also hieß es von vorne anfangen und nach einer neuen Ausrichtung suchen – und zwar nach einer, die auch den An-spruch erfüllte, mit der Forschung einen Beitrag für die Gesellschaft zu leisten. Riphahn liebäugelte zuerst mit der Entwicklungsökonomik und landete schließlich bei der Sozi-alpolitik, die bis heute ihr Hauptfeld ist.

„Sozialpolitische Fragestellungen liegen mir am Herzen", erklärt sie, denn es gehe unmittelbar um das Wohlergehen der Menschen. Zudem sei die empirische Forschung hier gut geeignet, wichtige Erkenntnisse für die Politikgestaltung zu produzieren. Sie schrieb ihre Doktorarbeit über den Bezug von Invaliditätsrenten in Deutschland[1] – auf der Grundlage von Daten des Sozio-oekonomischen Panels (SOEP). „Gert Wagner hat mir damals drei große Ordner mit SOEP-Fragebögen nach North Carolina geschickt, per Post, für 100 D-Mark. Es war ja die Zeit vor Email." Im Jahr 1995 wurde sie promoviert.

Statt die akademische Karriere in Amerika fortzusetzen, entschied sie sich an die-ser Weggabelung für eine Heimkehr nach Deutschland, um nicht allzu weit von den Eltern entfernt zu leben, falls diese einmal Unterstützung brauchen sollten. Es bot sich die Chance, wissenschaftliche Assistentin bei Klaus F. Zimmermann an der Lud-wig-Maximilians-Universität München zu werden, wo sie sich 1999 mit einer Arbeit über Sozialhilfebezug habilitierte.[2] Rasch folgten die erste Lehrstuhlvertretung und der Ruf auf eine Professur für Volkswirtschaftslehre, insbesondere Wirtschaftspolitik, an der Universität Mainz. Schon nach einem Jahr zog sie weiter an die Universität Basel auf eine volkswirtschaftliche Professur mit dem Schwerpunkt angewandte Öko-nometrie. Der nächste Wechsel führte sie 2005 an die Universität Erlangen-Nürnberg. Von 2007 bis 2012 lehrte sie parallel als Gastprofessorin an der Freien Universität Amsterdam. Zusätzlich forschte sie als Gastwissenschaftlerin an der University of Cali-fornia in Berkeley und an der University of Melbourne.

Den in Nürnberg angesiedelten Lehrstuhl für Statistik und empirische Wirt-schaftsforschung hat Regina Riphahn bis heute inne. Dort forscht sie auf den Feldern der Sozialpolitik, der Arbeitsmärkte, der Bevölkerungs- und der Bildungsökonomie, zu so breit gefächerten Fragen wie den Mustern des Rentenzugangs, der intergenera-tionellen Übertragung von Sozialhilfebezug, den Lohnstrukturen in Ostdeutschland, den Arbeitsmarktwirkungen von Elterngeld, Mini- und Midijobs, der Fertilitätswir-kung von Kindergeld, der Bildungsmobilität von einer Generation zur anderen und den Auswirkungen des Schulgelds in Deutschland.

Sie lehrt vor allem Methoden – „ein spannendes Feld, mit ständig neuen Entwick-lungen. Man muss am Ball bleiben, um auf dem neuesten Stand unterrichten zu kön-nen." Aktuell begeistert sie sich für die Impulse, die von der Nutzung des maschinellen Lernens auf die empirische Forschung ausgehen. Mit dieser Methode ließen sich –

---

1 Riphahn, R. T. (1995), *Disability Retirement among German Men in the 1980s*, Dissertation, University of North Carolina at Chapel Hill.
2 Riphahn, R. T. (1998), *Why Did Social Assistance Dependence Increase? The Dynamics of Social Assis-tance Dependence and Unemployment in Germany*, Habilitationsschrift, Universität München.

unter starken Annahmen – die kausalen Effekte von Maßnahmen auf Individuen messen, was ganz neue Chancen für eine bessere Politikgestaltung eröffne. Seit 2005 führt sie zudem das „Bavarian Graduate Program in Economics", das inzwischen 10 bayerische Universitäten umspannt.

Neben Forschung und Lehre sowie dem Engagement für den wissenschaftlichen Nachwuchs ist Riphahn seit langem auch in der Politikberatung aktiv. „Das sind spannende Aufgaben, in die viel Energie fließt, bei denen man aber auch einiges lernt", sagt sie. Seit 2007 ist sie Mitglied und derzeit stellvertretende Vorsitzende des wissenschaftlichen Beirats des Bundeswirtschaftsministeriums (seit 2021 Bundesministerium für Wirtschaft und Klimaschutz). Von 2008 bis 2014 war sie Mitglied des Wissenschaftsrates und wurde Vorsitzende in dessen Wissenschaftlicher Kommission; der Wissenschaftsrat berät Bund und Länder zur Weiterentwicklung von Hochschulen, Wissenschaft und Forschung. Seit 2017 ist Regina Riphahn darüber hinaus Vizepräsidentin der Nationalen Akademie der Wissenschaften Leopoldina.

Von 2014 bis 2020 war sie Vorsitzende des vom Bundesministerium für Bildung und Forschung eingerichteten Rates für Sozial- und Wirtschaftsdaten (RatSWD), der auf eine Verbesserung des Datenzugangs für die Forschung im Einklang mit dem Datenschutz hinarbeitet. Ihr gelang es, den RatSWD in der neu geschaffenen Nationalen Forschungsdateninfrastruktur zu verankern. Auch in der öffentlichen Wahrnehmung hat sie sich als unermüdliche Fürsprecherin der datennutzenden Wissenschaften positioniert, die immer wieder in Erinnerung ruft, dass eine gute Politik gute wissenschaftliche Erkenntnis als Grundlage braucht und diese wiederum gute Daten[3]– und dass Deutschland in dieser Hinsicht bisher nicht gut aufgestellt ist. Im Jahr 2023 erweiterte sich das Portfolio von Regina Riphahns Engagements noch um den Vorsitz des Vereins für Socialpolitik – „eine große Ehre und eine große Verantwortung".

---

3 Vgl. u. a. Bachmann, R., A. Peichl und R. T. Riphahn (2021), Bessere Daten– bessere Politik, *Frankfurter Allgemeine Zeitung* vom 6. August.

„Wir wissen in Deutschland vieles nicht, was wir wissen sollten"

Ein Gespräch über die unzureichende Verfügbarkeit von Daten für die Forschung, die Minijob-Falle und die Vererbbarkeit von Sozialhilfeabhängigkeit in Deutschland

Frau Professorin Riphahn, Sie setzen sich seit Jahren für einen besseren Zugang zu forschungsrelevanten Daten ein. Auf welchen Feldern der ökonomischen Forschung macht sich die unzureichende Verfügbarkeit von Daten am stärksten bemerkbar?

Es gibt einige Forschungsfelder, auf denen die Datenverfügbarkeit verbessert werden sollte: Es fehlen Daten, die erlauben, die Erwartungsbildung von Unternehmen und Haushalten zu erforschen. Wir wissen wenig über Verträge im Bereich der Immobilienwirtschaft. Daten für kriminologische Analysen könnten reichhaltiger und systematischer bereitgestellt werden. Die Daten der Krankenversicherung könnten viele Forschungsbereiche beflügeln. Es fehlt ein Zugang zu den Daten der Steuerverwaltung. Informationen zu Haushaltsstrukturen in Verbindung mit vorliegenden Daten der Sozialversicherungen wären für viele Forschungsbereiche wichtig. Aus meiner Sicht ist aber der Datenmangel im Bereich der empirischen Bildungsforschung besonders gravierend.

Wie stellt sich die Situation dort dar?

Die einzelnen Bundesländer führen ja immer wieder Bildungsreformen durch. Prinzipiell wäre es nützlich, wenn diese Reformen durch Evaluationen in jedem Bundesland begleitet würden. Eine verlässliche Evaluation setzt allerdings voraus, dass im Land selbst zufällige Kontrollgruppen gebildet würden, die von den Reformen ausgenommen werden. Mittelfristig könnte man dann den Erfolg einer Reform durch einen Vergleich der davon betroffenen Bevölkerung mit der Kontrollgruppenbevölkerung bewerten. Da solche Kontrollgruppen aber meist fehlen, bietet es sich an, die Reformen als natürliche Experimente zu betrachten und statt der Kontrollgruppe die Entwicklung in anderen Bundesländern zu betrachten, wo die Reform ja ebenfalls nicht stattfand. Der Bundesländervergleich ergibt ein für viele Fälle überzeugendes Forschungsdesign. Allerdings setzt das voraus, dass relevante Maße des Reformerfolgs wie beispielsweise zu Kompetenzen von Schülern und Schülerinnen vorliegen und genutzt werden können. Am Zugang zu bundeslandspezifischen Daten mangelt es jedoch oft.

Anmerkung: Online am 8. März 2022 erstmals erschienen, https://doi.org/10.1515/pwp-2022-0008. In Print am 6. April 2022 veröffentlicht, *Perspektiven der Wirtschaftspolitik* 23(1), S. 38–48.

Welche Daten wären hier besonders nützlich?

Man könnte viel aus den Schuleingangsuntersuchungen in den Ländern lernen. Allerdings werden diese Daten nicht in der Breite für die Forschung verfügbar gemacht. Es gibt gelegentlich Bundesländer, die ihre Erhebungen einzelnen Forschenden zugänglich machen, aber das ist nicht der Regelfall. Im Gegenteil werden Bemühungen aus der Wissenschaft frustriert. Ich habe einen Fall erlebt, bei dem ein Forscher durch die Verwaltung zweier Bundesländer alle möglichen Steine in den Weg gelegt bekam und als Vorbedingung zum Datenzugang immer neue und noch detailliertere Projektbeschreibungen abliefern musste. Am Ende wurden die Daten allen Erklärungen, Selbstverpflichtungen und Datenschutzmaßnahmen zum Trotz von einem Bundesland gar nicht und vom anderen bloß für einen 14-tägigen Bearbeitungszeitraum ausschließlich zur Nutzung vor Ort zur Verfügung gestellt. Damit ließ sich dann natürlich nicht arbeiten.

Ich finde, das grenzt an Schikane.

Das Problem ist, dass Bundesländer kein originäres Interesse an einer objektiven und ergebnisoffenen wissenschaftlichen Evaluation ihrer Bildungspolitik haben. Zu gewinnen gibt es dadurch für sie relativ wenig und Wählerstimmen verliert man schnell. „Yardstick competition" und föderaler Wettbewerb führen in der Praxis nicht dazu, dass überprüfbare Evidenz vorgelegt wird. Dazu hat sich 2016 der Beirat beim Bundeswirtschaftsministerium geäußert: „Allerdings behindern die Kultusbehörden seit vielen Jahren die systematische Erforschung von bundeslandspezifischen Bildungsinitiativen und die Bereitstellung von Vergleichsgrößen, indem sie den Zugang zu relevanten Informationen verweigern [...]."[4] Es gab vor einigen Jahren im Zusammenhang mit dem nationalen Bildungspanel eine Auseinandersetzung um die Frage, ob feste Ländereffekte berechnet werden dürfen; das ist in der Empirie zwar übliche Praxis, wurde Forschenden aber nur unter Auflagen gestattet. Leider ist die Bildungsforschung politisch befrachtet. Das führt dazu, dass wir in Deutschland vieles nicht wissen, was wir wissen sollten und auch sehr gut erforschen könnten, weil es die Daten ja schon längst gibt.

Heißt das, wir könnten, wenn die Bundesländer nur mitzögen, auch mehr darüber wissen, was Homeschooling, Wechselunterricht etc. in der Pandemie für Schulkinder bedeutet haben, welche Lehrformate besser funktioniert haben als andere und wo sich für diese Generation schwerwiegende Wissenslücken aufgetan haben? Das ist ja ein sehr wichtiges und auch emotionales Thema.

---

4 Wissenschaftlicher Beirat beim Bundesministerium für Wirtschaft und Energie (2016), *Mehr Transparenz in der Bildungspolitik*, Gutachten, online verfügbar unter https://www.bmwi.de/Redaktion/DE/Publikationen/Ministerium/Veroeffentlichung-Wissenschaftlicher-Beirat/wissenschaftlicher-beirat-mehr-transparenz-in-der-bildungspolitik.pdf?__blob=publicationFile&v=6.

So ist es. Sowohl die Stellungnahmen der Leopoldina[5] als auch der ständigen wissenschaftlichen Kommission der KMK[6] benennen das Fehlen von hinreichenden Datengrundlagen gerade in der Pandemie. Abgesehen vom Themenfeld Bildung ist das Themenfeld Gesundheit ein zweiter Bereich, in dem besonders viel zu gewinnen wäre, wenn existierende Daten verfügbar gemacht würden. Die Krankenversicherung steht hier tief im Schatten anderer Sozialversicherungsträger: Die deutsche Rentenversicherung macht seit vielen Jahren in vorbildlicher Weise über ihr Forschungsdatenzentrum (FDZ) Daten für die Wissenschaft zugänglich. Internationaler Vorreiter ist ebenso das Forschungsdatenzentrum der Bundesagentur für Arbeit im Institut für Arbeitsmarkt- und Berufsforschung (IAB) in Nürnberg; dieses Forschungsdatenzentrum bereitet Daten aus den Registern der Arbeitslosenversicherung für die Forschung auf und macht sie zugänglich. Das beflügelt seit vielen Jahren die Forschung zum deutschen Arbeitsmarkt (auch durch internationale Forschende) und erlaubt uns, viel zu lernen. Daneben gibt es die Krankenversicherungsdaten. Der Zugang dazu unterliegt zahlreichen Hürden, sofern er überhaupt möglich ist. Zwar wurden 2019 vielversprechende gesetzliche Änderungen verabschiedet, aber nach meiner Kenntnis gibt es immer noch kein akkreditiertes Forschungsdatenzentrum, das Forschenden bei Datenbedarfen im Themenfeld der Gesetzlichen Krankenversicherung professionell zur Seite steht. Hier gibt es einen erheblichen Rückstand aufzuholen. Die Forschung zu Gesundheit, Prävention und Versorgung könnte einen massiven Aufschwung nehmen, wenn die Daten bereitgestellt würden. Bislang gab es Zugang nur zu einem eng beschränkten Datenkranz und das war finanziell teuer, kompliziert und mühsam.

Wieso? Liegt das – analog zu den Ländern und der Bildungspolitik – an konträren Interessen, begründet vielleicht in der Konkurrenz zwischen den Kassen? Wollen sie sich nicht in die Karten blicken lassen und mauern deshalb?

Die Struktur der Versicherungsanbieter ist sicher ein wichtiger Faktor. Dabei geht es bei den Daten, die für die Forschung interessant sind, gar nicht unbedingt um Fragestellungen, die das Geschäftsgebaren der Kassen selbst betreffen. Es geht zum Beispiel um die Häufigkeit und die Wirksamkeit von bestimmten Behandlungen. In diesem Zusammenhang erleben wir auch Dinge wie den Vorgang beim Bremer Leibniz-Institut für Präventionsforschung und Epidemiologie (BIPS), das sich gegen Vorgaben des Datenschutzes zur Wehr setzen musste, die eigenen Daten nach zehn Jahren zu löschen.

---

5 Leopoldina (2020), *Coronavirus-Pandemie: Für ein krisenresistentes Bildungssystem*, 5. Ad-hoc-Stellungnahme vom 5. August, online verfügbar unter https://www.leopoldina.org/uploads/tx_leopubli cation/2020_08_05_Leopoldina_Stellungnahme_Coronavirus_Bildung.pdf.
6 Ständige wissenschaftliche Kommission der KMK (StäwiKo) (2021), *Pandemiebedingte Lernrückstände aufholen – Unterstützungsmaßnahmen fokussieren, verknüpfen und evaluieren*, Stellungnahme vom 11. Juni, online verfügbar unter https://www.ipn.uni-kiel.de/de/das-ipn/archiv/StawiKoStellung nahme_PandemiebedingteLernruckstandeaufholen.pdf.

Wenn man langfristige Versorgungsforschung betreiben will, braucht man langfristigen Datenzugang. Da hat der Datenschutz oft gegensätzliche Vorstellungen und verhängt Löschungsauflagen. Insofern können Datenschutzmechanismen die Forschung massiv behindern. Meine Hoffnung ist, dass wir mit dem wissenschaftsnahen Gesundheitsminister Karl Lauterbach beim Datenzugang für die Forschung weiter vorankommen; sein Vorgänger, Jens Spahn, hat schon wichtige Grundlagen gelegt.

Um in diesem Zusammenhang noch einmal auf Corona zurückzukommen: Deutschland ist schon in der Erhebung von Daten zur Ausbreitung des Virus und der Betroffenheit der Menschen von der Pandemie nicht gerade übereifrig gewesen, nicht wahr?

Da haben wir von Anfang an zu klein gedacht und sollten von anderen Ländern lernen. Die Briten zum Beispiel haben frühzeitig in großem Umfang Daten erhoben. Es gab und gibt in Deutschland viele Initiativen aus der Wissenschaft, beispielsweise beim Sozio-oekonomischen Panel (SOEP). Eigentlich hätte man eine gesonderte Erhebung gebraucht, die für Deutschland repräsentativ und mit großen Stichproben die Pandemie verfolgt. Aber man ist einen anderen Weg gegangen.[7] Darüber hinaus haben wir erhebliche Datenlücken auch hinsichtlich der amtlichen Daten zum Gesundheitswesen. Es fehlen beispielsweise aktuelle und verlässliche Angaben zu Impfquoten und Hospitalisierungsraten. Für ein hochentwickeltes Land wie Deutschland ist das schwer zu erklären.

Es ist ja ein Jammer – es geschehen also jeden Tag Dinge, die uns extrem wichtige Erkenntnisse liefern könnten, wenn wir sie empirisch untersuchten, aber keiner hält sie fest?

Ja, da gibt es einiges Verbesserungspotenzial. Dabei spielt auch die Vernachlässigung der Gesundheitsämter und ihrer Ausstattung eine Rolle. Es ist hinderlich, dass nicht alle mit den gleichen Verfahren arbeiten, so dass das Robert-Koch-Institut im Ergebnis kaum verlässliche Informationen einsammeln kann. Wir haben uns in einer Leopoldina-Stellungnahme unter anderem mit diesem Problem beschäftigt.[8] Es gibt viele Defizite, die schon allein für die politische Steuerung zu beheben wären, und da reden wir noch nicht vom Bedarf der Forschung.

---

7 Rendtel, U. et al. (2021), Die Erforschung der Dynamik der Corona-Pandemie in Deutschland: Survey-Konzepte und eine exemplarische Umsetzung mit dem Sozio-oekonomischen Panel (SOEP), *AStA Wirtschafts- und Sozialstatistisches Archiv* 15, S. 155–96.
8 Leopoldina (2021), *Ökonomische Konsequenzen der Coronavirus-Pandemie – Diagnosen und Handlungsoptionen*, Stellungnahme vom Juli, online verfügbar unter https://www.leopoldina.org/uploads/ tx_leopublication/2021_%C3%96konomische_Konsequenzen_der_Coronavirus-Pandemie.pdf.

Was nun aber die Forschung angeht – welche Rolle spielt denn der Datenschutz dabei, dass Deutschland in der Bereitstellung von Daten für die Wissenschaft vergleichsweise schlecht dasteht?

Auch in Bezug auf den Datenschutz könnte Deutschland viel von den europäischen Nachbarn lernen. Mit der EU-Datenschutzgrundverordnung haben wir zwar alle die gleichen Regeln, leben aber trotzdem in unterschiedlichen Welten, was die Datenverfügbarkeit für die Forschung angeht. In Deutschland ist vieles komplizierter als in anderen Ländern. Wenn man zum Beispiel bestimmte einzelne Variablen aus dem Mikrozensus in der empirischen Analyse nutzen möchte, müssen zuvor die zuständigen Datenschützer aller 16 Bundesländer jeweils einzeln ihr Einverständnis zu diesem Vorhaben geben. Das ist in anderen EU-Mitgliedsländern effizienter geregelt. In der Folge unterbleibt viel gute Forschung für Deutschland. Die Forschenden nutzen dann lieber Daten aus anderen Ländern, die – obwohl sie dem gleichen Rechtsrahmen unterliegen – einfacher zugänglich sind.

Was steckt dahinter?

Die grundsätzliche Einstellung, mit der die öffentliche Hand der Wissenschaft begegnet, unterscheidet sich stark von Land zu Land. Ich habe oft den Eindruck, dass es in Deutschland eine Kultur des Misstrauens gegenüber der Forschung gibt, ganz anders als beispielsweise in der Schweiz. Als ich von 2001 bis 2005 in Basel lehrte, konnte ich gegen ein Entgelt problemlos den gesamten Zensus nutzen. Ich musste unterschreiben, dass ich die Daten sorgfältig bearbeite und nichts nach außen gebe, was nicht nach außen gehört; ansonsten drohten mir strafrechtliche Verfahren und der Entzug des Datenzugangs auf Lebenszeit. Das war's. So kann man es auch machen. Stattdessen erleben wir in Deutschland komplexe Verwaltungsakte, bei denen Forschende wie potenziell Kriminelle behandelt werden. Die deutschen Regelungen sind oft so vorsichtig verfasst, dass viele Dinge nicht möglich sind, die wir in der Forschung brauchen und die vernünftigerweise auch machbar sein sollten. Es geht in der Wissenschaft ja nicht darum, sensible Individualdaten auszuspionieren, das interessiert niemanden. Es geht um Erkenntnis, die allen nützt. Dazu muss man beispielsweise existierende Unternehmensdaten zusammenspielen, um sie sinnvoll auszuwerten. Doch das ist aufgrund gesetzlicher Regelungen oft nicht möglich. Dafür gibt es keine überzeugende Rechtfertigung. Ich bin aber zuversichtlich, dass eine vertiefte Diskussion mit der Politik noch manches bewegen kann.

Sehen Sie dazu tatsächlich die Bereitschaft?

Durchaus. Die letzte Bundesregierung hatte eine Datenstrategie entwickelt, in der viele Vorschläge aus den Wirtschafts- und Sozialwissenschaften aufgegriffen sind.[9] Die Planungen für deren Umsetzung waren vor der Bundestagswahl schon weit gediehen. Unsere Gespräche mit den Ministerien – Wirtschaft, Finanzen und Inneres – haben uns gezeigt, dass man da nicht auf taube Ohren stößt. Es sollten Forschungsdatengesetze gemacht werden, und es war geplant, ein neues Institut für Steuerdaten einzurichten. Jetzt ist abzuwarten, wie sich das unter der neuen Bundesregierung weiterentwickelt. Immerhin hat die Ampelkoalition ihren Willen, die Dinge zu verbessern, im Koalitionsvertrag ausdrücklich bekundet. Sie will die Dateninfrastruktur fördern. Auch der Zugang der Forschung zu Gesundheitsdaten wird im Koalitionsvertrag benannt. Es findet sich darin allerdings auch das Vorhaben, den Datenschutz zu stärken. Was das dann insgesamt für die Forschung bedeutet, ist noch offen. Aber klar ist: Wir haben in Deutschland eine Grundstruktur, die für die Wissenschaft nicht förderlich ist, und es braucht einen kraftvollen gemeinsamen Impuls, um Fortschritte zu erzielen. Dass die immer wieder aufgerufenen Datenschutzprobleme prinzipiell lösbar sind, zeigt die beeindruckende Forschungsdateninfrastruktur, die vom Rat für Sozial- und Wirtschaftsdaten und den akkreditierten Forschungsdatenzentren bereits aufgebaut wurde. Aber wir brauchen zusätzlich auch noch gesetzgeberische Maßnahmen.

Und zwar welche?

Zum einen wären Reformen im Bundesstatistikgesetz hilfreich. Konkret könnte man Treuhänder einsetzen, die Daten zusammenspielen, so dass Forschende dann gar nicht mit sensiblen Individualdaten in Berührung kommen, sondern nur auf das zusammengeführte Resultat zugreifen können. Dieses derzeit in verschiedenen Bereichen verbotene Zusammenführen muss ja nicht von der Wissenschaft selber erledigt werden; das kann sozusagen ein Datennotar übernehmen.

Wo wäre denn ein solcher Datennotar institutionell idealerweise angesiedelt?

Dafür gibt es mehrere Möglichkeiten. Naheliegend wäre eine Ansiedlung bei einem Forschungsdatenzentrum, zum Beispiel beim FDZ des Statistischen Bundesamtes oder beim FDZ der Statistischen Ämter der Länder. Dafür braucht man keine neue Organisation. Man müsste nur diesen Zentren deutlich mehr Rechte und Ressourcen zubilli-

---

9 Bundeskanzleramt (2021), *Datenstrategie der Bundesregierung, Eine Innovationsstrategie für gesellschaftlichen Fortschritt und nachhaltiges Wachstum*, Kabinettsfassung vom 27. Januar 2021, online verfügbar unter https://www.bundesregierung.de/resource/blob/992814/1845634/f073096a398e59573c7526feaadd43c4/datenstrategie-der-bundesregierung-download-bpa-data.pdf?download=1.

gen. Dafür habe ich mich auch gemeinsam mit den Kollegen Rüdiger Bachmann und Andreas Peichl eingesetzt.[10]

Sehen Sie die wichtigsten Baustellen somit bei der amtlichen Bundesstatistik?

Es gibt viele Baustellen. Zum einen haben wir in Deutschland – neben dem Europarecht – drei verschiedene Quellen für Datenschutzvorschriften. Es gibt Vorschriften im Rahmen des Sozialrechts, im Rahmen der Statistikgesetze, und es gibt das Datenschutzrecht als solches. Das sind drei separate Rechtsrahmen, in denen Anpassungen erforderlich werden. Zum anderen ist für die amtliche Datenbereitstellung nicht nur das Statistische Bundesamt in Wiesbaden zuständig. Auch die Statistischen Landesämter spielen eine wichtige Rolle. Die amtliche Statistik arbeitet im Verbund. Allerdings ist die Kooperation nicht immer perfekt; beispielsweise verweigert sich Bayern zum Teil der Zusammenarbeit und verhindert somit die einfache Bereitstellung bundeseinheitlicher Statistiken. Der Rat für Sozial- und Wirtschaftsdaten hat das immer wieder angesprochen und versucht, das Problem zu lösen. Aber wir sind auf Granit gestoßen, auch zur Frustration der anderen Forschungsdatenzentren. Letztlich muss man Bund und Länder unter einen Hut bringen und gemeinsam mit der Wissenschaft pragmatische Lösungen finden.

Lassen Sie uns als Nächstes über Ihre eigene Forschung sprechen, zunächst über die Ergebnisse Ihrer Arbeit zu Mini- und Midijobs – beides Beschäftigungsformen, die eigentlich als Brücke in reguläre Beschäftigung gedacht sind. Ganz ohne Nebenwirkungen sind diese institutionellen Programme nicht, oder?

Nein, keineswegs. Man muss sich erst einmal vor Augen halten, dass Mini- und Midijobs ausgesprochen umfangreiche Programme sind, die von mehr als 7 Millionen Menschen genutzt werden. Grob gerechnet profitiert mehr als ein Sechstel der Erwerbstätigen in Deutschland von den damit verbundenen Subventionen. Im Fall der Minijobs entfallen für die Beschäftigten Einkommensteuer und Sozialversicherungsabgaben; im Fall der Midijobs bezahlen die Beschäftigten Einkommensteuer, aber die Sozialversicherungsabgaben werden subventioniert. Weil die Programme so umfangreich sind, sind auch die Effekte dieser Regelungen weitreichend. Und ein wesentlicher Effekt ist, dass Minijobs in die Minijob-Falle führen: Menschen hängen in oft geringqualifizierten Beschäftigungen fest und es gibt weder Weiterbildung noch Aufstiegsmöglichkeiten.

Rund 60 Prozent aller Minijobber sind Frauen, nicht wahr?

Ja. Es gibt sehr beeindruckende Grafiken zur Verteilung der Bruttolöhne von Frauen. An der Minijob-Verdienstgrenze arbeiteten 600.000 Frauen und im Einkommensbereich

---

10 Bachmann, Peichl und Riphahn 2021.

unmittelbar darüber weniger als 20.000; das beschreibt die Unwucht, die Verwerfung, die die Minijob-Anreize in der Einkommensverteilung generieren.[11] Die Frauen hängen im Minijob fest und verfolgen vielfach keine normalen Erwerbskarrieren mehr, weil die Kombination von steuerfreiem Minijob und Steuerklasse V das für verheiratete Frauen unattraktiv macht. Im Lebenszyklus ist das für Erwerbseinkommen und Rente nachteilig, darauf weisen auch die Geschlechterforschung und die Gewerkschaften hin.[12] Auch aus der Perspektive der Betriebe mit ihrem Fachkräftebedarf ist das ein Problem: An der Minijob-Schwelle hängen viele für ihre aktuelle Tätigkeit überqualifizierte Fachkräfte fest, verursacht durch ein falsch austariertes Steuer-Transfer-System. Wenn sie einen Partner haben, der sehr gut verdient, so dass sie in Steuerklasse V einen Grenzsteuersatz von 40 Prozent haben, dann müssen sie (bei zusätzlich 20 Prozent Sozialabgaben) mehr als 1.000 Euro brutto verdienen, um überhaupt mehr als 450 Euro netto herauszubekommen. Damit ist der Sprung im Bruttogehalt, der erforderlich ist, um ein höheres Nettogehalt als im Minijob zu erzielen, abschreckend groß. Die Menschen bleiben an der Minijob-Verdienstgrenze hängen. Damit schaffen diese Subventionen erhebliche Verwerfungen.

Das heißt, mit der erhofften Brückenfunktion ist es nicht weit her?

Eine breite, funktionierende Brücke zwischen Arbeitslosigkeit und Beschäftigung sind die Minijobs nach allem, was die Forschung ergeben hat, nicht. Auch durch die Anrechnungsregeln im Arbeitslosengeld II (Alg II) werden die Beziehenden in kleine Beschäftigungsverhältnisse gedrängt: Beim Alg II können sie nur die ersten 100 Euro ungekürzt behalten. Bei darüber hinaus gehenden Verdiensten werden mindestens 80 Prozent abgezogen. Diese Regeln behindern die Ausweitung des Arbeitsangebots. In einer Situation von Fachkräftemangel und Arbeitskräfteknappheit sind die Minijob-Regeln und der Transferentzug im Alg II gesamtgesellschaftlich teuer. Deswegen war ich überrascht, dass die Ampelkoalition nicht dem Rat vieler Fachleute folgt, die Minijobs herunterzufahren. Stattdessen will sie sogar noch mehr Menschen in Minijobs bringen und die Geringfügigkeitsgrenze auf 520 Euro anheben. Mit Blick auf die Arbeitsanreize ist das problematisch.

11 Vgl. die Zahlen für 2010 aus der Abbildung A.10 in Tazhitdinova, A. (2020), Do only tax incentives matter? Labor supply and demand responses to an unusually large and salient tax break, *Journal of Public Economics* 184 (April), 104162.
12 Bundesministerium für Familie, Senioren, Frauen und Jugend (2011), *Erster Gleichstellungsbericht der Bundesregierung: Neue Wege – gleiche Chancen, Gleichstellung von Frauen und Männern im Erwerbsverlauf,* Drucksache 17/6240; Deutscher Gewerkschaftsbund (DGB) (2022), *Stellungnahme zum Referentenentwurf des BMAS eines Zweiten Gesetzes zu Änderungen im Bereich der geringfügigen Beschäftigung vom 7. Februar,* online verfügbar unter https://www.dgb.de/downloadcenter/++co++69851c0c-88b8-11ec-afad-001a4a160123.

Können Sie sagen, wie stark der Verdrängungseffekt der Minijobs infolge der falschen Anreize ist?

Ja. Ich habe mir gemeinsam mit Matthias Collischon und Kamila Cygan-Rehm angesehen, ob man in den Daten tatsächlich findet, dass Minijobs sozialversicherungspflichtige Beschäftigung verdrängen.[13] Wir haben zuerst überprüft, was passiert, wenn die Minijobs für Betriebe teurer werden. Sind dann weniger Leute in Minijobs anzutreffen? Das haben wir in der Tat so gefunden. Im zweiten Schritt haben wir geprüft, ob Minijobs reguläre Beschäftigungsverhältnisse substituieren. Auch das konnten wir nicht verwerfen. Insgesamt bestätigt das Ergebnisse aus der Mindestlohnliteratur, wonach die Minijobs weniger attraktiv wurden, als der Mindestlohn stieg; auch hier gab es eine gewisse Substitution. Das zeigt: Es gibt Austauschbeziehungen, die sich an den Arbeitskosten orientieren. Das sollte von der Politik mit bedacht werden.

Was würden Sie also raten?

Wenn man die Häufung der Beschäftigungsverhältnisse an der Minijob-Grenze vermeiden oder reduzieren möchte, müsste man ihre Subventionierung überdenken. Man könnte die Minijobs generell auf weniger umfangreiche Beschäftigungsverhältnisse begrenzen, beispielsweise bis zu Verdiensten von 200 Euro pro Monat, und die Steuer- und Abgabenpflicht früher einsetzen lassen. Alternativ könnte man gruppenspezifische Regeln einführen und Minijobsubventionen zum Beispiel nur für Studierende und Rentner und Rentnerinnen beibehalten. Ursprünglich war der Zweck der geringfügigen Beschäftigung, den Verwaltungsaufwand von Kleinstarbeitsverhältnissen zu begrenzen, was ja plausibel ist. Zu Fehlanreizen kommt es allerdings dann, wenn Menschen ohne die Minijob-Schwelle mehr arbeiten würden. Hier könnte man (etwa für bestimmte Personengruppen) die Minijob-Grenze deutlich senken und die Midijob-Subvention der Sozialversicherungsbeiträge bereits bei geringeren Verdiensten starten lassen. Das würde zu einem verstärkten Eintritt in sozialversicherungspflichtige Beschäftigung führen, die dann ohne limitierende Schwellenwerte problemlos ausgedehnt werden kann. Es gibt auch andere Lösungsvorschläge – auf jeden Fall ist es wichtig, auch steuerrechtlich die scharfe Einkommensgrenze zu vermeiden. Parallel wäre es nützlich, die Steuerklassenkombination 3 und 5 für Ehepaare zugunsten der Kombination 4 und 4 aufzugeben. Das ändert zwar am Jahresende nichts am Nettohaushaltseinkommen, macht aber die Erwerbstätigkeit von Zweitverdienenden attraktiver.

13 Collischon, M., K. Cygan-Rehm und R. T. Riphahn (2021), Employment effects of payroll tax subsidies, *Small Business Economics* 57(3), S. 1201–19.

Wenn die Minijobs generell etliche Frauen in Beschäftigungen festhalten, für die sie eigentlich überqualifiziert sind, dann dürfte das in besonderem Maße für Mütter gelten, die oftmals nach einer solchen kleinen Beschäftigung suchen, um sich daheim noch vorrangig um die Kinder kümmern zu können. Zementiert das Instrument damit nicht auch alte Rollenverständnisse in der Gesellschaft?

Ja, auch diese Vermutung finden wir bestätigt. In der wissenschaftlichen Literatur kennen wir die „Motherhood penalty"[14]. Wenn man die Lohnentwicklung von Frauen nach der Geburt ihres Kindes im Vergleich zu den Löhnen der Männer betrachtet, dann sieht man, dass die Frauen auch zehn Jahre später noch systematisch niedrigere Löhne haben. Dieser Abstand ist nirgendwo so groß wie in Deutschland und in Österreich; er liegt bei rund 60 Prozent. In Skandinavien sieht das günstiger aus, da beträgt er 20–30 Prozent.[15] Warum wir in Deutschland so schlecht abschneiden, gilt es zu erklären. Neben gesellschaftlichen Normen spielen sozialpolitische Rahmenbedingungen eine Rolle. Vor unserem kulturellen Hintergrund ist es naheliegend, dass junge Frauen, wenn sie Kinder bekommen, erst einmal weniger Stunden arbeiten wollen und deshalb einen Minijob annehmen. Aber damit gehen sie in die vom Steuer-Transfer-System gestellte Falle, aus der sie später oft nicht mehr herauskommen. Wir finden, dass der Eintritt in einen Minijob nach der Geburt auch 10 Jahre später noch circa 20 Prozent der Motherhood penalty in Deutschland erklärt.[16]

Nach allem, was Sie gesagt haben – finden Sie es denn dann überhaupt noch grundsätzlich richtig, die geringfügige Beschäftigung zu subventionieren? Sollte man nicht stattdessen besser dafür sorgen, dass die Lohnnebenkosten generell niedriger werden?

Schon bei Einführung der Sozialversicherung in Deutschland gab es das Konzept der geringfügigen Beschäftigung, wie gesagt mit dem Zweck, Bürokratiekosten zu vermeiden. Dieses Argument für Beitragsfreiheit gilt nach wie vor, gerade wenn es um einmalige, kurz laufende oder gering bezahlte Tätigkeiten geht. Aus Sicht der Arbeitgebenden sind Mini-Jobs durch die Pauschalabgaben unmittelbar sogar teurer als reguläre Beschäftigungsverhältnisse; dabei ist die Frage nach der Inzidenz natürlich offen. Angesichts des demographischen Wandels und der finanziellen Schieflage mehrerer Zweige der deutschen Sozialversicherung scheint es mir illusorisch, auf niedrigere Lohnnebenkosten zu hoffen. Man kann aber durchaus die Steuerfreiheit von Mini-Jobs hinterfragen. Für alleinstehende Geringverdiener fiele dieses Einkommen unter den Grundfreibetrag. Bei Ehepaaren ist es neben den Sozialversicherungsabgaben ja gerade die an der Minijobgrenze

---

14 Kleven, H. et al. (2019), Child penalties across countries: Evidence and explanations, *American Economic Review* 109(5), S. 122–26.
15 Ebenda.
16 Collischon, M., K. Cygan-Rehm und R. T. Riphahn (2021), Long run effects of payroll tax subsidies on maternal labor market outcomes, *LASER Discussion Paper* Nr. 138.

einsetzende Steuerpflicht, die zu Fehlanreizen führt. Darüber hinaus sind Minijobs, die zusätzlich zu einer Hauptbeschäftigung, also als Nebentätigkeit, ausgeübt werden, steuer- und abgabenfrei. Das ist schwer zu begründen. Also: Minijobs ja, aber anders.

Wie kann man denn den Menschen helfen, die vom Arbeitsamt von einem kurz-fristigen Minijob zum nächsten geschoben werden und dabei nicht mehr, obwohl sie sich das sehr wünschen, in ein reguläres Beschäftigungsverhältnis finden?

Die Arbeitsämter hatten bislang die Vorgabe, Leistungsberechtigte vorrangig in den allgemeinen Arbeitsmarkt zu vermitteln, anstatt ihnen beispielsweise eine Weiterbil-dung zu finanzieren. Die Ampelkoalition hat sich vorgenommen, diesen sogenannten Vermittlungsvorrang zugunsten eines möglichen Zugangs in Weiterbildung abzuschaf-fen. Wenn Personen für reguläre Beschäftigungsverhältnisse nicht hinreichend quali-fiziert sind, würde diese Anpassung eine Weiterqualifikation erlauben. Hier könnten dann die Berater und Beraterinnen in den Jobcentern die Aufgabe bekommen abzu-schätzen, welche Weiterbildungen im Einzelfall erfolgversprechend sind. Das kann für die betroffenen Menschen die Aussicht eröffnen, mit einer Weiterqualifikation in ein reguläres Beschäftigungsverhältnis einzusteigen.

Sie haben untersucht, was an der sozialwissenschaftlichen Befürchtung dran ist, dass sich nicht nur Armut vererbt, sondern auch eine „Hartz-IV-Karriere".[17] Was haben Sie herausgefunden?

Wir haben erstmals für Deutschland den intergenerationellen Zusammenhang im Mindest-sicherungsbezug für Eltern und dem ihrer Kinder in deren Erwachsenenalter untersucht. Es zeigen sich klare Korrelationsmuster: Personen, die in Kindheit und Jugend den Trans-ferbezug im elterlichen Haushalt erlebt haben, haben eine höhere Wahrscheinlichkeit, selbst Transferbeziehende zu werden. Das ist noch nicht überraschend. Wir haben nun aber zusätzlich gefragt, ob über die bloße Korrelation hinaus auch ein kausaler Effekt der Erfahrung des Transferbezugs im Elternhaus zu finden ist. Da lautet die Frage also, ob die Kinder später deshalb Alg II beziehen, weil die Eltern früher Alg II bezogen haben. Wenn man diese Frage mit ja beantwortet, dann hat die Politik der Armutsbekämpfung negative Externalitäten für die heranwachsende Generation. Das wäre wichtig zu wissen. Wenn es einen solchen kausalen Effekt gäbe, bei dem also unabhängig von Armut und Bildung nur durch die Erfahrung im Elternhaus Transferbezug erzeugt wird, gäbe es Reformbedarf. Das Unterstützungssystem soll ja aus Armut befreien und nicht in Armut gefangen halten. Wir haben innerhalb der begrenzten Möglichkeiten unserer Daten keine Evidenz für einen solchen kausalen Effekt gefunden. Das spricht für unsere Mindestsicherungsinstitu-

---

17 Feichtmayer, J. und R. T. Riphahn (2021), Intergenerational transmission of welfare: Evidence from Germany, *Working Paper*.

tionen. Wir haben vor einigen Jahren schon einmal untersucht, ob es in unserem Mindest-sicherungssystem „Klebeeffekte" gibt, also ob der Sozialhilfebezug in einem Jahr kausal dazu führt, dass man auch im nächsten Jahr Sozialhilfe bezieht – und auch einen solcher Effekt konnten wir nicht nachweisen.[18]

Das ist ja beruhigend.

Ja, das Ergebnis bedeutet, dass das Mindestsicherungssystem den Menschen nicht die Chance raubt, ein Leben ohne staatliche Unterstützung zu führen. Dieses Ergebnis findet sich in der internationalen Literatur nicht für alle Länder. Erstaunlicherweise gab es zur Eltern-Kind-Übertragung nur wenige Studien für Deutschland. Die Herausforderung liegt in den Daten: Man muss beide Generationen im Erwachsenenalter beobachten. Das heißt, man braucht langlaufende Haushaltssurveys, in denen man sowohl die Eltern befragt, wenn die Kinder klein sind, als auch die Kinder, wenn sie dann selber erwachsen geworden sind. Früher war das mit dem SOEP noch nicht möglich, und auf der Basis anderer Datensätze können wir Eltern und Kinder nicht verknüpfen. Es ist sinnvoll, diese Untersuchungen später mit umfangreicheren Daten zu replizieren.

Was wäre denn eine mögliche Intuition gewesen, wenn man einen solchen intergenerationellen Effekt gefunden hätte? Liefe die Transmission dann nicht doch letztlich über Einflüsse wie Intelligenz, Bildung, Armut und Ähnliches, also über jene Merkmale, die Eltern nachweislich auf Kinder übertragen, die Sie bei der Isolation des kausalen Effekts aber ausschließen mussten? Was genau geht da vor sich?

Zunächst haben wir ja geprüft, ob es bei Kontrolle von konstanten Familieneffekten eine solche kausale Übertragung des Transferbezugs überhaupt gibt, was wir verneinen. Ein kausaler Übertragungseffekt könnte aber prinzipiell durch verschiedene Mechanismen erklärt werden. Es könnte zum Beispiel über Informationen laufen; wenn der Zugang beispielsweise zum Sozialhilfebezug von Vorinformationen abhängt, hätten Kinder, die Sozialhilfebezug bei ihren Eltern erlebt haben, einen Informationsvorteil. Sie wüssten, dass man etwas bekommen kann – und wie man das macht. Umgekehrt könnte es sein, dass die Erfahrung dazu führt, dass diesen Kindern Informationen dazu fehlen, wie man am Arbeitsmarkt erfolgreich ist. Ein anderer Mechanismus könnte über eine Diskriminierung laufen, wenn Lehrerinnen und Lehrer oder potenzielle Arbeitgebende Kinder anders behandeln, sofern sie wissen, dass diese aus einem Hartz-IV-Haushalt kommen. Welche Mechanismen zutreffen, wäre das Thema von weiterführenden Untersuchungen. Noch fehlen uns aber auch dafür die Daten.

---

18 Riphahn, R. T. und C. Wunder (2016), State dependence in welfare receipt: Transitions before and after a reform, *Empirical Economics* 50(4), S. 1303–29, sowie Wunder, C. und R. T. Riphahn (2014), The dynamics of welfare entry and exit among natives and immigrants, *Oxford Economic Papers* 66(2), S. 580–604.

Albrecht Ritschl

https://doi.org/10.1515/9783111208749-014

Zerstörer festgetretener Weisheiten

Wer im Internet über Albrecht Ritschl recherchiert, der seit 2007 als Professor für Wirtschaftsgeschichte an der London School of Economics lehrt, stößt rasch auf zahllose Einträge über seinen gleichnamigen Ururgroßvater. Dieser entfaltete mit seiner modernen Offenbarungslehre als Professor für systematische Theologie, Kirchen- und Dogmengeschichte in Bonn und Göttingen erheblichen Einfluss. Auf seiner persönlichen Website zollte Ritschl dem Ahn eine Zeitlang Tribut, indem er beider Konterfeis nebeneinanderstellte und den Besucher fragte: „Not the Albrecht you were looking for?" Und in seinem Büro hängt ein Öl-Porträt des Theologen, so gemalt, dass der Betrachter aus jedem Winkel den Eindruck hat, er werde direkt angeschaut: „Das perfekte Über-Ich."

Albrecht Ritschl, geboren 1959 in München als Sohn eines Arztes, entstammt einer alten, weit verzweigten Adels- und Gelehrtenfamilie. Elf Generationen zurück, im Jahr 1581, gelangte ein Christoph Ritschl, königlich böhmischer Grenzzolleinnehmer in Pfraumberg, Region Pilsen, in den rittermäßigen Reichsadelsstand mit dem Prädikat von Harttenbach. Sein Sohn Georg erwarb kurz vor dem Dreißigjährigen Krieg noch die Erhebung in den Freiherrenstand. Dessen Sohn wiederum verschlug es nach Erfurt, wo die Familie mehrere Generationen an Buchdruckern und Pfarrern hervorbrachte; ein Abkömmling brachte es zum Generalsuperintendenten mit dem Titel eines Bischofs im pommerschen Stettin. Man wandte sich ebenfalls der Juristerei zu, der Medizin und den Wissenschaften – da gab es einen Professor für Altphilologie, der Friedrich Nietzsche zu seinen Schülern zählte, einen Physiker, und neben dem Ururgroßvater Albrecht Ritschls noch weitere bedeutende Professoren für evangelische Theologie.

Am meisten geprägt jedoch hat Ritschl wohl sein Großvater, der Finanzwissenschaftler Hans Ritschl (1897–1993), Professor in Basel, Straßburg, Tübingen und Hamburg. „In seinem Arbeitszimmer habe ich ungefähr im Alter von 12 Jahren mit der Ökonomie angefangen", erzählt Ritschl. Der von der Gemeinwirtschaftslehre Adolph Wagners beeinflusste und für eine dualistische Wirtschaftsordnung werbende Großvater, der mit einer Arbeit über den Urkommunismus der Münsteraner Wiedertäufer promoviert worden war, zeigte sich nicht eben begeistert, dass der Knabe als erstes ein paar Bände von Joseph Schumpeter aus dem Regal zog. „Er hätte es lieber gesehen, wenn ich erst Werner Sombart gelesen hätte." Der Erfolg des Zugriffs auf die großväterliche Bibliothek war es immerhin, dass Ritschl, wie er sagt, alle Klassiker schon gelesen hatte, bevor er sein Studium aufnahm. „Ich will nicht sagen, dass ich das alles richtig verstanden habe, aber ich wusste immerhin, was geschrieben worden ist." Diese Lektüre der ökonomischen Klassiker hat insofern die Weichen schon ein erstes Mal in Richtung Wirtschaftsgeschichte gestellt, als sie in Ritschl den Wunsch weckte, den Kontext mitbedenken zu können, in dem bestimmte Theorien und Doktrinen entstanden sind.

Die Entscheidung für die Ökonomie war dennoch keine Selbstverständlichkeit. „Es gab auch andere Kandidaten", sagt Ritschl. Besonders hätte ihn die Genetik gereizt, doch das dafür notwendige Biologiestudium schreckte ihn ab – was er vor allem deshalb bedauert, weil er den technologischen Durchbruch in der DNA-Sequenzierung doch gern nicht nur als unbeteiligter Zuschauer miterlebt hätte. Und noch bis zum Abschluss des volkswirtschaftlichen Grundstudiums in München liebäugelte er damit, Jazzmusiker zu werden. „Ich habe acht Stunden am Tag getrommelt", erzählt er. Doch irgendwann war der Schalter umgelegt. Ihn interessierte zunächst allgemein die Finanzwissenschaft, die Spezialität seines Großvaters. Seine Doktorarbeit schrieb er bei Edwin von Böventer über ein nicht-historisches Thema unter dem Titel „Prices and Production"[1], gleichlautend mit Friedrich August von Hayeks Klassiker[2]. Darin lieferte Ritschl eine systemtheoretische Fundierung für dynamische mikroökonomische Modelle von Preissetzung und Produktion, wobei er zeigte, dass sich die traditionelle walrasianische Theorie als intertemporal inkonsistent erweist, und dass die üblicherweise rivalisierenden neoklassischen und neoricardianischen intertemporalen Gleichgewichtssysteme dieselbe Grundstruktur beleuchten, nur von verschiedenen Seiten. In dieser Zeit stellte Ritschl aber auch die Weichen für seine Karriere als Wirtschaftshistoriker; er wurde bekannt mit einem Aufsatz, den er 1985 als gerade einmal 26-Jähriger über die Währungsreform von 1948 und den Wiederaufstieg der westdeutschen Industrie veröffentlichte[3].

Nach der Promotion verbrachte Ritschl weitere sechs Jahre als DFG Research Fellow an der Ludwig-Maximilians-Universität München, unterbrochen von einem Jahr Anfang der Neunziger als Visiting Research Officer in Princeton. Das dortige Seminar von Kenneth Rogoff und Paul Volcker bezeichnet er als „absolute Offenbarung". Was er dort zur Staatsverschuldung, zur Theorie unvollkommener Kreditmärkte und über die Bedeutung von Bestandsgrößenrestriktionen gelernt habe, sei für seine wissenschaftliche Entwicklung entscheidend gewesen. Der assoziativ denkende Ritschl war der erste, dem die Idee kam, diese Theorie speziell auf die Wirtschaftsgeschichte Deutschlands anzuwenden. Stoisch ignorierte er die Warnung Hans-Werner Sinns, der seit 1987 in München lehrte: Auf die Wirtschaftsgeschichte zu setzen, wofür es im deutschen Sprachraum nur wenige Lehrstühle gebe, von denen auch nur zwei in den nächsten acht Jahren frei würden, hatte dieser gesagt, das sei doch viel zu riskant.

Im Jahr 1994 ging Ritschl als Assistant Professor und bald Associate Professor an die Universität Pompeu Fabra in Barcelona. Obwohl er nun im Ausland reüssierte, war es ihm wichtig, doch noch den deutschen akademischen „Meisterbrief" zu erlangen, wie er sagt – die Habilitation. Hierzu diente sein auch politisch Aufsehen erre-

---

1 Ritschl, A. (1989), *Prices and Production – Elements of a System-Theoretic Perspective*, Heidelberg, Physica-Verlag.

2 Hayek, F. A. von (1931), *Prices and Production*, London, Routledge.

3 Ritschl, A. (1985), Die Währungsreform von 1948 und der Wiederaufstieg der westdeutschen Industrie, *Vierteljahreshefte für Zeitgeschichte* 33(1), S. 136–65.

gendes Werk „Deutschlands Krise und Konjunktur 1924–1934"[4]. Damit knüpfte er an die sogenannte Borchardt-Kontroverse an. In dieser Kontroverse hatte der Münchner Wirtschaftshistoriker Knut Borchardt die bis dahin übliche keynesianisch unterlegte Erzählung in Zweifel gezogen, nach der die wirtschaftliche Depression und schließlich der Einzug des Faschismus auf eine verfehlte deflationäre Wirtschaftspolitik von Reichskanzler Heinrich Brüning zurückzuführen sei. Nach Borchardts Sichtweise hingegen hatte Brüning gar keine andere Wahl; seine Austeritätspolitik war schlicht das Ergebnis einer Zwangslage.

Ritschl unterstützte nun Borchardts These mit der Erklärung, dass sich eine solche Zwangslage aus einer Änderung im Reparationsregime ergab, dem Deutschland in der Zwischenkriegszeit ausgesetzt war. Während der Dawes-Plan von 1924 ermöglichte, dass Deutschland die Reparationen durch Auslandsverschuldung finanzierte, zog der Young-Plan von 1929 die Schrauben drastisch an und ließ die Bedienung von Auslandsschulden hinter die Erfüllung der Reparationspflichten zurücktreten. Das erwies sich als fatal, denn damit nahm das Risiko für ausländische Gläubiger deutlich zu, was eine kreditfinanzierte expansive Konjunkturpolitik für Deutschland unmöglich machte. Erst einen guten Monat nach Brünings Rücktritt 1932 wurde diese Restriktion auf der Lausanner Konferenz aufgehoben, die das Ende der deutschen Reparationen bedeutete. Davon profitierten dann die Nationalsozialisten.

Mit diesem Thema hatte Ritschl seine Nische gefunden – hinreichend klein und zugleich wichtig genug, dass an ihm in den Debatten kein Weg vorbeiführt. Zu seiner Methode gehört es, sich immer „Counterfactuals" zu überlegen, kontrafaktische Szenarien, also den belegten Lauf der Dinge immer wieder daran zu messen, welche Alternativen es hätte geben können. Und er erwies sich als Meister darin, festgetretene Weisheiten zu zerschießen – eine Übung, die er im Verlauf seiner Karriere oft wiederholt hat, zum Beispiel in Bezug auf die monetäre Erklärung der Weltwirtschaftskrise, die er für den Zeitraum bis 1931 für völlig ungeeignet hält. „Damit habe ich mir nicht nur Freunde gemacht", sagt er und führt, wohl nur teilweise ironisch, die Lust daran auf einen gewissen selbstquälerischen Wesenszug zurück. Ihn selbst führte der Weg von Barcelona zunächst 1999 nach Zürich und im Jahr 2001 weiter nach Berlin an die Humboldt-Universität – just auf die beiden Lehrstühle, von deren absehbarem Freiwerden Hans-Werner Sinn gesprochen hatte. Er bekam sie beide.

Dass die Wirtschaftsgeschichte als universitäre Disziplin inzwischen eine Renaissance erlebt hat, dürfte zu einem Gutteil an Ritschls Beiträgen liegen. Er selber diagnostiziert, an den Universitäten habe sich schlicht ein Generationenwechsel vollzogen, der eine langjährige intellektuelle Blockade beseitigt habe. Hinzu kämen die Aufwertung statistischer Methoden und die Neigung zur Nutzung natürlicher Experimente in der empirischen Forschung. Heute lohne es sich gerade für kleinere Universitäten, Ökonomen anzuheuern, die historisch arbeiteten. Um diese Perspektive zu pflegen, bedürfe es

---

4 Ritschl, A. (2002), *Deutschlands Krise und Konjunktur 1924–1934*, Berlin, de Gruyter.

dabei nicht einmal eigenständiger wirtschaftshistorischer Lehrstühle – die historischen Gegenstände würden einfach in dem Maße wieder interessant, wie sich Parallelen zu aktuellen Ereignissen aufdrängten. Solche Anlässe habe die globale Finanzkrise von 2007/08 geboten, die europäische Finanzkrise und der Anleiheaufkauf durch die Zentralbanken (OMT) – man könne immer einmal wieder in Echtzeit zuschauen, wie Geschichte geschrieben werde. Das sei nicht nur faszinierend, sondern zudem eine Art Arbeitsbeschaffungsprogramm für eine ganze Generation an Wirtschaftshistorikern, in der Aufarbeitung und gerade auch im Vergleich mit der Weltwirtschaftskrise. Ritschl benutzt dabei gern die Formel, dass man „von der Gegenwart für die Geschichte lernen" könne, aber natürlich gilt dies auch umgekehrt. Und weil das so ist, ist er – nicht nur als Mitglied im Wissenschaftlichen Beirat des deutschen Bundeswirtschaftsministeriums – stets ein gefragter Ratgeber.

Von der Humboldt-Universität hatte er immer geträumt, wie er bekennt, aber dann blieb Ritschl doch nur sechs Jahre in Berlin. Zwei Gründe nennt er: dass die produktive Wissenschaftlergruppe um den Makroökonomen Harald Uhlig zerfiel, der sich mit seinem ambitionierten Akademieprojekt für die Humboldt-Universität nicht durchsetzen konnte und dann einen Ruf nach Chicago annahm, und dass die hohe, auf wenige Schultern verteilte Lehrbelastung der wissenschaftlichen Arbeit abträglich war. Vom Humboldt'schen Ideal einer Symbiose von Forschung und Lehre könne heute keine Rede mehr sein; die deutschen Universitäten seien mittlerweile „höhere Lehranstalten mit angeflanschter Forschung". In Berlin habe er neun bis elf Semesterwochenstunden Lehre zu leisten gehabt; an der London School of Economics hingegen, wo er seit 2007 eine Professur innehat und als Kopf des Economic History Department amtiert, seien es gerade einmal drei bis vier Stunden während 22 Wochen im Jahr. Ritschl bereut den Wechsel auch sonst nicht, er fühlt sich in London schon lange wohl. Im britischen Hochschulsystem sei nicht alles gut, sagt er, aber dass Forschung Freiraum brauche – das könne man dort unbedingt lernen.

„Wir haben deutlich gelernt, dass wir nichts gelernt haben"

Ein Gespräch über die Parallelen zwischen der Weltwirtschaftskrise und der Finanzkrise 2007/08, das Schuldendrama Griechenlands, Transfermechanismen im Euro-Raum, den Vorschlag einer Exportsteuer und den Brexit

Herr Professor Ritschl, Sie haben schon früh gesagt, die Finanzkrise 2007/08 sei nicht mit der Weltwirtschaftskrise vergleichbar. Wieso?

Erstens war der Verlauf anders, auch schon zu Anbeginn. Zum Beispiel gab es 2007/08 anders als in den dreißiger Jahren keine konventionelle Bankenpanik, also keinen Ansturm der Anleger auf die Banken; stattdessen sind wir ohne Vorlauf von einem Tag auf den anderen in ein Szenario der Bankenkrise wie 1931 hineingesprungen. Zweitens waren die Krisenursachen nicht dieselben, von der Krisenbekämpfung zu schweigen. Nach 2007/08 sind mehrere Dinge versucht worden, mit der Folge, dass wir ein Identifikationsproblem haben und nicht genau wissen, welche Maßnahme wirklich gewirkt hat. Strukturell hatten wir auf jeden Fall diesmal eine viel engere Verzahnung zwischen Kapitalmarkt und Geldmarkt als in der historischen Vergleichsperiode. Die Geldmarktsteuerung in der Zwischenkriegszeit lief noch im Wesentlichen über kurzfristige Papiere, insbesondere über den Warenwechsel. Dieser kam schon lange vor der Finanzkrise 2007/08 aus der Mode. Die Bundesbank hat das Diskontieren von Wechseln durch das Repogeschäft ersetzt. Die Federal Reserve Bank hingegen nimmt in ihrem Diskontgeschäft, das sie immer noch betreibt, Mortgage-backed securities an. Das hat damit zu tun, dass ein Großteil des festverzinslichen Materials auf den Märkten nach wie vor Hypotheken-Obligationen sind, zum Teil in hochkomplizierten Konstruktionen. Das Problem ergibt sich daraus, dass das Kapitalmarktprodukte sind, keine Geldmarktprodukte.

Inwiefern ist das problematisch?

Das sind keine Wechsel, die sich in einer relativ kurzen Frist selbst liquidieren, sondern da werden Risiken über mehrere Jahre angehäuft. Infolge der Hereinnahme dieser Bonds in das kurzfristige Geschäft hat man eine Verbindung zwischen Kapitalmarkt und Geldmarkt, die es früher so nicht gegeben hat. Ich erinnere mich noch an die Notrufe der amerikanischen Banken im Frühjahr 2008, die klagten, Ben Bernanke, der damalige Chef

Anmerkung: In Print am 4. Juli 2018 erstmals erschienen, *Perspektiven der Wirtschaftspolitik* 19(2), S. 78–93. Online am 5. Juli 2018 veröffentlicht, https://doi.org/10.1515/pwp-2018-0006. Das Gespräch wurde gemeinsam mit Karl-Heinz Paqué (Otto-von-Guericke-Universität Magdeburg) geführt, dem damaligen federführenden Herausgeber der Perspektiven der Wirtschaftspolitik.

der Federal Reserve Bank, verstehe ihr Problem nicht; die Märkte frören ein und es fehle an liquidem Material, das man der Zentralbank als Pfand für das Diskontgeschäft zur Verfügung stellen könne. Als Europäer hat man die irrige Vorstellung, dass das amerikanische Geschäft ähnlich strukturiert sei wie das europäische, mit zertifizierten Produkten, wo die Risikoklassen klar und die entsprechenden Aufschläge leicht zu bestimmen sind. Aber von wegen. Hier hatten wir eine große Menge an Wertpapieren, deren Risikoklassen nicht klar definiert waren. Was Triple-A sein sollte, wurde plötzlich als Ramsch gesehen, mit dem Ergebnis, dass das Gegenparteirisiko nun als so groß betrachtet wurde, dass die Leute schlicht nichts mehr gekauft haben. Plötzlich saßen die Banken also auf ihren Papieren fest; wenn jemand mal etwas zum Verkauf angeboten hat, dann sendete er damit, ganz ohne es zu wollen, ein Signal an den Markt, dass er möglicherweise Liquiditätsprobleme hatte. Das war eine verheerende Spirale. Sie ist erst durchbrochen worden, als die Fed Anfang 2009 den Übergang vom Quantitative easing zum Financial easing vollzogen hat und Papiere aufkaufte, trotz des Gegenparteirisikos.

Dennoch waren Sie ziemlich optimistisch, dass die Krise nicht die Ausmaße wie die Weltwirtschaftskrise annehmen würde.

Es gab vor allem nicht im selben Maß das Problem internationaler Verschuldung. Die südeuropäische Schuldenkrise kam erst später hinzu. Ja, sie wurde schlimm – und doch hält das keinem Vergleich mit der Weltwirtschaftskrise stand. Aber natürlich muss man sich auch ein Counterfactual vorstellen und fragen, was geschehen wäre, wenn die Fed 2008/09 nicht die Geldschleusen geöffnet hätte und sich stattdessen sturheil auf den Standpunkt gestellt hätte, das sind Risikopapiere, die diskontieren wir nicht mehr. Dass die Fed das nicht getan hat, war schon eine wesentliche Weichenstellung.

Haben wir etwas gelernt?

Oh ja. Wir haben drei Dinge gelernt. Das Erste ist, dass die Nicht-Rettung der amerikanischen Bank Lehman Brothers ein großer Fehler war. Ich weiß nicht, wie es Bernanke an dem Tag ging, an dem Lehman Brothers geschlossen wurde, obwohl doch er als Spezialist für die Weltwirtschaftskrise ganz genau wusste, dass das keine gute Idee sein konnte. Ich bin mir völlig sicher, dass diese Sache diesen Mann jeden Tag quält. Ein Counterfactual, in dem man Lehman Brothers nicht hätte vor die Hunde gehen lassen, hätte möglicherweise doch anders ausgeschaut.

Aber manchmal braucht die Öffentlichkeit eine Lektion. Hätte man Lehman Brothers gerettet, hätte es eine sehr schwierige politische Debatte gegeben. Aber als dann nach Lehman Brothers noch AIG in die Schieflage kam, gab es keine Diskussion mehr.

Es hat einmal selbst ein gewisser Milton Friedman geschrieben, dass man in Vertrauenskrisen nicht noch weitere Bank runs hervorrufen soll. Ich erinnere mich an die Diskussion 2008 und daran, dass damals einige gesagt haben, man müsse ein Exempel statuieren. Aber ich kann doch nicht, wenn ein Haus in Flammen steht, den Löschhahn abdrehen, bloß weil sonst ein Wasserschaden entsteht. Das ist doch das Argument. Im wirtschaftlichen Ausnahmezustand sind bestimmte Dinge, die sonst als Sünde gelten, auf einmal unbedingt erforderlich.

Die normale Ordnungspolitik muss dann pausieren?

Manchmal muss man in der Krise Schweinkram machen.

Als AIG dann in die Schieflage kam, wurde auf dem Hintergrund der Erfahrungen mit der unterbliebenen Lehman-Rettung die dramatische Dimension der Gefahr überdeutlich.

Und zwischendrein hat die Regierung von Gordon Brown ganz nebenbei die historischen Forderungen der Labour Party erfüllt und den britischen Bankensektor verstaatlicht – binnen einer halben Stunde. Das war dramatisch; es war wie in Berlin 1931. Es ist aber fast noch interessanter, sich von einem historischen Verständnis aus zu fragen, was die Informationsasymmetrien waren, die zu dieser Entscheidung geführt haben, Lehman Brothers nicht zu retten. Wenn man nicht bösen Willen unterstellen will, kann man die Frage nur so beantworten, dass einige Entscheidungsträger den systemischen Charakter dieser Krise nicht erkannt hatten, und das ist natürlich bedenklich.

Was ist das Zweite, das wir gelernt haben?

Dass die Kreditkrise von 2008 mehr ein Politikversagen war als ein Marktversagen. Denn sie lässt sich auf eine langgehegte amerikanische Politik zurückführen, das Zinsniveau für Häuslebauer künstlich niedrig zu halten, also den Immobilienmarkt auszuhebeln, um einkommensschwachen Schichten das Hauseigentum zu ermöglichen. Die Wurzeln dessen lassen sich mindestens bis in die dreißiger Jahre zurückverfolgen. Nur dies erklärt die Errichtung eines staatlichen Zwangsmonopols für den Hypothekarkredit mit Fannie Mae 1938, einem in den ersten Jahrzehnten seiner Existenz stark sozialistischen Folterinstrument. Man hat den Kunden unglaublich niedrig verzinsliche Langfrist-Hypotheken zur Verfügung gestellt, mit hohem Subventionsanteil. Da der Kapitalmarkt ausgeschaltet war, waren nunmehr vernünftige Risikoeinschätzungen fast unmöglich. Wir wissen aus historischen Arbeiten, dass man sich in Amerika immer wieder das europäische System des zertifizierten Hypothekenpfandbriefs angesehen hat, und es hätte durchaus verschiedene Möglichkeiten gegeben, es zu kopieren. Der Pfandbrief ist ein merkwürdiges Ding – ein Bond, bei dem nicht die ganze Forderung weiterverkauft wird, sondern die Hypothek noch immer in den Büchern der Bank steht. Das Entscheidende aber ist die Zertifizierung. Wer bei der Bewertung einer Immobilie grob fahrlässig vorgeht, kann im Gefängnis landen. Das ist ähnlich wie bei einer Bilanz- oder Steuerprüfung. Die Ratingagenturen hingegen sind geschützt durch die Meinungsfreiheit. Jedenfalls waren solche Instrumente in Amerika nicht verfügbar. Das hatte für die Regierung den Vorteil, dass man diese Sozialpolitik für Häuslebauer betreiben konnte, und den Nachteil, dass nachher ganze neugebaute Stadtviertel leer standen. Das hilft dann auch nicht so viel.

Sie hatten noch einen dritten Punkt.

Ja. Das Dritte ist, dass uns Griechenland noch einmal die Zwangslage vor Augen geführt hat, in der sich seinerzeit 1930–32 auch der deutsche Reichskanzler Heinrich Brüning befand. Um es ganz platt zu sagen, die Brünings von heute waren Leute wie Lukas Papademos, Kostas Simitis und all die anderen griechischen Ministerpräsidenten der Krisenzeit. Das Schockierende und auch Skandalöse ist, dass sich Deutschland in dieser Krise in der Rolle des amerikanischen Schatzkanzlers Andrew Mellon, der Federal Reserve Bank of New York und der Bank of England wiedergefunden hat, die in den dreißiger Jahren Hilfsprogramme erst verweigerten und dann nur unter ganz harten deflationären Auflagen gewährt haben. Wenn sich Geschichte wiederholt hat, dann eigentlich genau hier.

Also haben wir doch eher nichts gelernt!

Naja, wir haben an dieser Stelle deutlich gelernt, dass wir nichts gelernt haben. Und dann mussten uns die Griechen auch noch eine Lektion erteilen. Politisch hat man gelernt, dass man hätte schneller handeln müssen. Immerhin gereicht es uns deutschen Ökonomen zur Ehre, dass wir seinerzeit einen bösen Brief an den Bundesfinanzminister geschrieben haben, um nun endlich einen Schuldenschnitt für Griechenland anzumahnen. Wir wurden aber leider nicht gehört. Wenn man nun den Zeitpfad von Sozialprodukt, Beschäftigung und relevanten Wertpapierindizes vergleicht, dann schaut Griechenland post-2010 sehr ähnlich aus wie Deutschland post-1929. Und vor einem solchen desaströsen Hintergrund haben uns die Griechen gelehrt, dass es trotzdem nicht zwangsläufig ist, eine faschistische Bewegung an die Macht zu bringen. Das finde ich ziemlich beeindruckend.

Was erklärt den Unterschied zwischen den Krisenverläufen in Griechenland auf der einen und in Spanien und Italien auf der anderen Seite?

Die griechische Staatsverschuldung war auf einem nicht nachhaltigen Pfad. Dauerhaft konnte Griechenland schon zu Beginn der Krise mit der Schuldenlast nicht umgehen, und danach erst recht nicht. Man kann dem entgegenhalten, dass diese Schuldenlast im Barwert von 150 auf vielleicht 70 Prozent heruntergedeklieniert worden ist. Aber das ist nicht dasselbe wie eine Schuldenstreichung, auch wenn der Schuldendienst pro Periode derselbe ist. In Italien hingegen gab es zu Beginn der Finanzkrise ganz geringe Primärdefizite und teilweise sogar Primärüberschüsse; Spanien hatte insgesamt eine Schuldenstandsquote von 60 Prozent. In diesen beiden Ländern gab es also eine ungleich viel günstigere substanzwirtschaftliche Ausgangslage als in Griechenland, und dazu eine Gesamtsituation, die mittelfristig als gut zu beurteilen war. Spanien ist ein Land mit einer gut ausgebauten modernen Infrastruktur und die Sonne scheint dort immer noch, und es ist unter anderem ein großer Automobilproduzent. Italien ist neben vielen anderen Dingen einer der führenden Kapitalgüterexporteure der Welt. Das Interessante ist nicht so sehr die Adriaküste, sondern die Maschinenindustrie in der Lombardei. So etwas hat Griechenland nicht. Die Fundamentalvoraussetzungen in Griechenland waren nicht gut. Alle Kritik, die man in diesem Zusammenhang daran geübt hat, dass Griechenland überhaupt in den Euro-Raum hineingenommen wurde, ist wahrscheinlich richtig. Aber als es zu diesem Krisenschock kam, an dieser Stelle Austeritätspolitik zu verordnen – das hat eben die bekannten Folgen gehabt.

Gab es aus Ihrer Sicht denn eine realistische Alternative, Griechenland wieder aus dem Euro-Raum herauszunehmen?

Es hat gute Gründe gegeben, das nicht zu tun. Hätte man das getan, hätte die Entwicklung Richtung Venezuela oder Argentinien laufen können. Die Frage ist nur, ob man unter der Restriktion, so etwas unbedingt verhindern zu wollen, die richtige Politik gewählt hat oder ob man da nicht noch etwas hätte anders machen können. Ich glaube, man hätte es anders machen können. Aber egal, das ist Schnee von gestern, die Anpassungsprozesse sind gelaufen.

Und jetzt sind die griechischen Zahlen besser. Es geht aufwärts.

Ja, und das wäre schön. Aber das hat sechs Jahre gedauert, und es war eine harte Zeit. Ich weiß nicht, wie populär es gewesen wäre und was unsere Bevölkerung gemacht hätte, wenn man uns in Deutschland noch einmal eine solche tiefe Depression von sechs Jahren zugemutet hätte.

Rund 25 Prozent des Sozialprodukts waren einfach weg.

Eben. Aber jetzt möchte ich noch einmal einen Bogen zur Zeit nach 1929 schlagen. Ein Großteil meiner Arbeit Anfang der 2000er-Jahre bestand darin, dem Publikum zu erklären, dass die Deflationspolitik Deutschlands in der Weltwirtschaftskrise die Austeritätspolitik eines Schuldnerlands war.[5] Es ging mir darum zu zeigen, dass wir eine

---

5 Ritschl, A. (2002), *Deutschlands Krise und Konjunktur 1924–1934*, Berlin, de Gruyter, und Ritschl, A. (2016), Schuldenkrise und Austerität. Die Rolle des Reichswirtschaftsministeriums in der Deflations-

auswärtige Schuldenkrise hatten, und dass diese Tatsache unter anderem die Deflationspolitik des vermaledeiten Heinrich Brüning erklärt. Es gab einige Leute wie den späteren griechischen Finanzminister Yanis Varoufakis, die diese Parallele zu Griechenland erkannt haben. Niemand hat einen Ausweg aus der Zwangslage gefunden. Und als man die Zwangslage beseitigt hatte und gerade neue wirtschaftspolitische Möglichkeiten zur Expansion entstanden, kamen die Nazis an die Macht. Wer die Politik Brünings nicht versteht, dem kann man vor dem Hintergrund der Erfahrungen Griechenlands empfehlen, dass er sich Papademos und Simitis ansehen möge. Die hatten das gleiche Problem: Man ist verschuldet und bekommt jeden Tag einen Telefonanruf aus London, New York oder Berlin. Damals waren es London, New York und Paris.

Sie haben eine Fehlkonstruktion des Dawes-Plans von 1924 als zentrales Element für die Erklärung der vorgelagerten massiven Kapitalzuflüsse in den zwanziger Jahren postuliert. Sehen Sie also diese Fehlkonstruktion als wesentlichen Grund für den tiefen Fall Deutschlands später, oder vielleicht sogar als Vorbedingung für die Notwendigkeit einer Brüning'schen Politik später?

Das Beste, was Wirtschaftshistoriker zur Beantwortung einer solchen Frage tun können, ist es, Counterfactuals zu konstruieren – in diesem Fall also zu überlegen, was wohl geschehen wäre, wenn es diese Fehlkonstruktion nicht gegeben hätte. Sie bestand darin, dass man neuen Krediten einen de facto erstrangigen Status bei ihrer Bedienung in Dollar gegeben hat, also in konvertierten Devisen. Wenn ein hochverschuldetes Land nun aber die Möglichkeit hat, zu derart guten Konditionen Kredite hereinzubekommen, dann nutzt es sie. Die Kreditgeber haben ebenfalls keinen Grund, den Kredit zu verweigern, weil sie wissen, dass sie aus der Sache noch herauskommen, wenn es zum Schwur kommt – sie können noch rechtzeitig von Bord springen, aber die anderen gehen unter. Das Anreizproblem liegt in dieser Umkehrung der Rangstaffel, der Seniorität von Krediten. Wir können nun überlegen, was geschehen wäre, wenn man versucht hätte, Deutschland nach der Hyperinflation ohne einen solchen Goldsegen, wie ihn der Dawes-Plan brachte, monetär zu stabilisieren.

Das war ein Tanz auf dem Vulkan, nicht wahr? Wobei der Kapitalzufluss ja heute noch gefeiert wird. Er gilt als die Rückkehr Deutschlands an den internationalen Kapitalmarkt und insofern als ein großer Erfolg, aber er hat die Saat gelegt für ein Overspending im gesamten öffentlichen Bereich.

Auch da können wir aus der Gegenwart für die Geschichte lernen. Schauen wir uns die regelmäßige Rückkehr Argentiniens an den internationalen Kapitalmarkt an. Das ist

---

politik 1929–1931, in: C.-L. Holtfrerich (Hrsg.), *Das Reichswirtschaftsministerium der Weimarer Republik*, Berlin, de Gruyter, S. 579–636.

strukturell genau das Gleiche. Jede Rückkehr Argentiniens legt das Feuer für das nächste Verbrennen von Schulden. In Argentinien hat sich dieses sogenannte Phoenix-Phänomen sogar schon mehrmals besichtigen lassen: Sie verbrennen Schulden, kommen wieder, verbrennen, kommen wieder. Deutschland war in dieser Hinsicht wie Argentinien – ein Schuldnerland, das bereits im Default gewesen war, sich dann durch eine Hyperinflation dieser Folgen entledigt hat und dann stabilisiert wird. Dabei handelt es sich aber um eine Scheinstabilisierung, die bereits den Keim des nächsten Crashs in sich trägt. Die Frage ist, was passiert wäre, wenn es eine harte Stabilisierung gegeben hätte. Das hätte damals in Deutschland bedeutet, dass es jedem erlaubt gewesen wäre, deutsche Bonds zu kaufen, aber auf eigenes Risiko – caveat emptor. Es hätte keine Schutzklauseln und keinen Investorenschutz gegeben. Wenn es Devisenknappheit gegeben hätte, wären die Reparationsgläubiger zuerst an die Reihe gekommen, will heißen, sie als die Besitzer der Altschulden wären zuerst bedient worden und die neuen Schuldner hätten warten müssen. Jeder hätte sich überlegen können, ob er wirklich noch Geld geben wollte und zu welchen Bedingungen. Die Zinsen auf deutsche Papiere im Ausland lagen damals bei 6–7 Prozent, und das zu einer Zeit, in der die Zinsen auf amerikanische Papiere eher 3–4 Prozent betrugen. Wir reden hier also von Aufschlägen in der Größenordnung von typischerweise 250 bis 350 Basispunkten. Auch nach heutigem Verständnis ist klar, dass da ein Risikogeschäft vorliegt.

Wenn Griechenland auf den Kapitalmarkt zurückkehrt, besteht dann die gleiche Gefahr?

Die Gefahr wäre dann eher, dass der Kapitalmarkt selbst eine Senioritätsumkehr vornimmt und versucht, die Altgläubiger sozusagen marktwirtschaftlich zu enteignen, und zwar dadurch, dass die Neugläubiger ihre Kredite nur noch kurzfristig geben. In gewissen Teilen ist dieses Phänomen auch in der Weimarer Republik zu beobachten. Markus Brunnermeier und Martin Oehmke haben das den „Maturity rat race" genannt, also den Ansturm auf kurze Fristigkeiten.[6] Damit versichert man sich gegen Unwägbarkeiten. Es kann also sein, dass es solche Probleme geben wird. Allerdings ist das letztlich die Frage der Durchsetzung von Ansprüchen verschiedener Gläubigergruppen innerhalb der Gläubigerländer. Und da haben insbesondere die Amerikaner neuerdings einiges getan, um ein etwas besseres Policing durchzusetzen, sodass die Altgläubiger eben nicht durch die Neugläubiger enteignet werden. Aber grundsätzlich gibt es da natürlich ein Anreizproblem. In den zwanziger Jahren handelte es sich interessanterweise um zwei verschiedene Gläubigergruppen, und zwar den Fiskus in den Reparationsempfängerländern auf der einen Seite und auf der anderen Seite die Kapitalgeber aus dem privaten Sektor.

---

6 Brunnermeier, M. und M. Oehmke (2013), The maturity rat race, *Journal of Finance* 68, S. 483–521.

Was könnte man regulativ machen, um eine solche Situation zu vermeiden?

Damals hat es auch schon Regulierungsversuche gegeben. So hatte Österreich ebenfalls Auslandskredite bekommen, allerdings mit einer von den Gläubigern auferlegten
und im Wesentlichen vom Völkerbund verwalteten Kapitalverkehrskontrolle. Ein solches System hätte man auch den Deutschen aufzwingen können, doch man hat es aus
Gründen der politischen Optik nicht gern gemacht. Schließlich wollte man den Erfolg
feiern, dass die damals relativ noch sehr große deutsche Ökonomie 1924 wieder auf
dem Gold war, noch vor den Engländern.

*Wobei Österreich fast genauso stark in die Rezession hineingeschlittert ist wie
Deutschland.*

Die deutsche und österreichische Geschichte ist natürlich auch in dieser Hinsicht nicht
unkorreliert, aber Österreich hatte nicht die gleichen Zahlungsbilanzprobleme wie
Deutschland. Natürlich gab es andere Schwierigkeiten, zum Beispiel durch das Zoll-
unionsprojekt und den Kollaps der Kreditanstalt 1931. Die Zahlungsbilanzprobleme jedoch sind das deutsche Sonderproblem gewesen. Ohne die hohen Kapitalimporte hätten
wir wohl nicht den Aufschwung der zwanziger Jahre erlebt, aber auch nicht den tiefen
Fall. Die Frage ist natürlich, ob es eine politisch plausible Stabilisierung der Weimarer
Republik ohne dieses Süchtigmachen gegeben hätte. Das wissen wir nicht.

*Politisch hat man damit einen Investitionsstau insbesondere im kommunalen
Bereich aufgelöst. Es wäre nicht leicht gewesen, darauf zu verzichten. Es ist ja
auch viel gemacht worden.*

Na sicher, das ist vollkommen klar, es ist nur die Frage, ob es richtig war, das Problem
durch Kapitalimporte zu lösen, mit dem Ergebnis, dass man nachher in Zahlungsbilanz-
schwierigkeiten und in die Weltwirtschaftskrise geriet. Es hätte zumindest ein Counterfactual geben können: Die Stabilisierung wird 1924 versucht; 1925 kommt es zu einer
schwereren Anpassungskrise, als wir sie in Deutschland tatsächlich hatten, ohne Möglichkeit, das durch Kapitalimporte auszubügeln; und anschließend eine neue geldpolitische Destabilisierung. Die wäre dann aber 1926/27 gekommen, und nicht erst 1932, mit
dem Ergebnis, dass auch ein Einstieg entweder in eine Revision des Reparationsverfah-
rens oder in eine bessere europäische Handelsintegration, die die eigentliche Lösung
des Problems gewesen wäre, viel früher gekommen wäre und nicht erst ab 1950. Die
Dauerlösung des deutschen Problems musste zwingend die Entschärfung der außenpo-
litischen Konflikte und die europäische Integration sein. Stattdessen erlebten wir eine
Zuspitzung sowohl des politischen als auch des ökonomischen Konflikts mitten in der
Weltwirtschaftskrise. Und das hat sich als verheerend erwiesen.

Um das Thema Weltwirtschaftskrise abzuschließen – könnten Sie Ihre Skepsis gegenüber den monetären Erklärungen für uns bitte noch einmal zusammenfassen?

Ich kann es erst einmal technisch formulieren – wenn man es misst, mit den dafür zur Verfügung stehenden Zeitreihenanalysen, und es statistisch sauber macht, kommt es nicht heraus. Die Effekte müssten riesig sein, aber sie sind klein. Der tiefere Grund aber scheint mir zu sein, dass es eine Menge „Smoking guns" im nicht-monetären Bereich gab und nur wenige im monetären. Zunächst zur monetären Seite. Wir sehen in der Frühphase der Weltwirtschaftskrise, dass in den USA der Geldmultiplikator kollabiert. Die Federal Reserve Bank hat offensichtlich die Strategie verfolgt, die Geldbasis stabil zu halten, aber M1 ist trotzdem gefallen. Der Vorwurf von Milton Friedman und Anna Schwartz richtete sich darauf, dass die Fed das zugelassen hat.[7] Freilich machten auch sie keine konkreten Vorschläge, wie man das hätte vermeiden sollen. Bei ihnen steht ein stark currency-theoretischer ideologischer Ansatz dahinter; die Vorstellung, wenn man die Geldbasis nur genug aufpumpt, dann geht auch M1 in die Höhe. Auch da haben wir aus der Gegenwart für die Geschichte gelernt, denn es hat in der Finanzkrise offen gestanden ja auch nicht besonders gut funktioniert – wie weit haben wir doch M3 und die Geldbasis hochgehen lassen, und die Effekte auf M1 sind bescheiden geblieben. Dass in der Krise der Geldmultiplikator nicht stabil ist, haben wir jetzt mithin wieder einmal vorgeführt bekommen, und das scheint seinerzeit ebenfalls so gewesen zu sein. Bankenzusammenbrüche sind eine wichtige Sache, und man kann der Fed schon vorwerfen, dass sie hier nicht anders vorgegangen ist. Allerdings kamen die Bankenzusammenbrüche in einer etwas zu späten Phase der Krise, um wirklich die Ursache des Effekts sein zu können.

Akzeptieren Sie nicht einmal die These, dass die Geldpolitik die Krise ab 1931 verschärft hat?

Doch, ab 1931 schon. Denn da hat die Fed als Reaktion auf den Ausstieg Englands aus dem Goldstandard die Zinsen angehoben. Und das erweist sich natürlich auch im statistischen Befund als ganz scharfer negativer monetärer Schock.[8] Man muss kein Monetarist sein, um das schlecht zu finden. Das war die falsche Reaktion. Auch die Amerikaner hätten 1931 auf der Stelle vom Gold heruntergehen müssen.

Die Zuspitzung 1931 ist also nur ein Folgeproblem, das durch eine Krise entstanden ist, die im Wesentlichen nicht-monetär verursacht war?

---

7 Friedman, M. und A. J. Schwartz (1963), *A Monetary History of the United States*, Princeton, Princeton University Press.
8 Ritschl, A. und S. Sarferaz (2014), Currency versus banking in the financial crisis of 1931, *International Economic Review* 55, S. 349–73.

Ab 1931 habe ich mit Friedman und Schwartz keine Schwierigkeiten. Hier gab es einen Schock, auf den die Briten richtig reagieren, die Amerikaner und die Deutschen aber falsch – die Deutschen deshalb, weil es die Amerikaner ihnen so vorschreiben. Das ist ziemlich klar. Bis 1931 jedoch, mit Blick auf die ersten fast zwei Jahre der Krise, ist die monetäre Erklärung insbesondere für Amerika jedoch nicht tragfähig. Da sind andere Dinge wichtiger. So gab es in der Mitte der zwanziger Jahre einen Immobilienboom, der indes schon ab 1926 wieder zusammenbrach. Weil es keinen vernünftigen Sekundärmarkt für Hypotheken gab, saßen die ganzen Mikrobanken, die es damals gab, auf den Hypotheken wie die Tontauben. Damit bietet sich eine Neuerklärung der Bankenprobleme an, die weniger von der Anlegerseite kommt als aus dem Asset-Portfolio. Diese Banken saßen also auf faul werdenden Hypotheken, die sie nicht loswurden und die irgendwann non-performing waren. Das hat uns Natacha Postel-Vinay am Beispiel der damals rasch wachsenden Vorstädte Chicagos vor Augen geführt.[9] Das hat wesentlich zur Verschlimmerung der Bankenprobleme beigetragen – wobei gerade das genau einer der Gründe war, warum die Fed nicht eingriff. Sie rügte ausdrücklich, dass die Banken keine ordentlichen Asset-backings hätten, also nicht illiquide, sondern insolvent seien.

Hat sie damit nicht Recht gehabt?

Möglicherweise schon. Und damit sind wir bei dem Problem von 2008/09, wo sich die Fed wieder fragen musste, ob sie aus systemischen Gründen eingreifen sollte, trotz mikroökonomischer Evidenz für Insolvenz. Sie hat das erst im zweiten Anlauf getan. Vielleicht war es mikroökonomisch gesehen richtig gewesen, Lehman Brothers untergehen zu lassen, weil sie wirklich insolvent waren. Vielleicht wäre es aus mikroökonomischen Gründen richtig gewesen, die Mortgage-backed securities von AIG nicht aufzukaufen. Aber dann hätten wir das vermutlich Gleiche erlebt – und insofern gibt es eben doch wieder eine Parallelität – wie 1930 fortfolgende, als die Fed es unterließ, die Banken herauszuhauen, mit dem Argument, sie seien strukturell insolvent.

Wie sicher können wir sein, dass Insolvenz gegeben war?

Wir sehen das gleichsam im Rückblick aus der Bereinigung der Bankenkrise ab 1933. Damals hat man Bankenfeiertage eingelegt und ein großer Teil des gesamten Bankenapparats wurde erst einmal stillgelegt. Erst nach Bilanzprüfungen wurden peu à peu wieder einige Banken geöffnet. Nach allem, was wir von damals wissen, war ein großer Teil des Bankenapparats tatsächlich insolvent.

---

9 Vgl. N. Postel-Vinay (2016), What caused Chicago bank failures in the Great Depression? A look at the 1920s, *Journal of Economic History* 76, S. 478–519.

Lassen Sie uns noch einmal zu den realwirtschaftlichen Ursachen zurückkeh-
ren. Welche Rolle messen Sie der Agrarkrise bei?

Die Agrarkrise und die Krise der städtischen Bodenpreise dauerten seit Mitte der
zwanziger Jahre an. Das wird gemeinhin mit dem Wiedererscheinen agrarischer Pro-
duktionsflächen in Europa auf dem Weltmarkt nach dem Ende des Ersten Weltkriegs
erklärt, und es hat wohl auch mit dem starken Produktivitätsfortschritt in der Landwirtschaft damals zu tun. Das mag alles zusammenspielen. Ein weiterer Krisenfaktor
waren die Kreditprobleme in Europa, auch in Deutschland. Wenn schon Anfang 1930
ziemlich klar ist, dass die damals drittgrößte Volkswirtschaft der Welt in einen Kredit-
ausfall gehen wird und nur ein Zwangskartell der amerikanischen Gläubigerbanken
unter Führung der Fed das zunächst verhindert, dann ist das einfach nicht lustig. Um
den Ernst der Lage damals zu ermessen, müssen wir uns heute einfach nur vorstellen,
Japan wäre in den neunziger Jahren zahlungsunfähig geworden, oder der Euro-Raum
nach der Finanzkrise, oder wir hätten gegenwärtig entsprechende Probleme mit China.

Solche Großkrisen haben wir in den zwanziger, dreißiger Jahren erlebt und
jetzt wieder. Gehört es ganz normal zum Kapitalismus dazu, dass alle zwei Ge-
nerationen etwas passiert? Nicht immer sind diese Krisen richtig schlimm, mal
sind sie kleiner, mal größer, aber manchmal kommt es eben doch zur Katastro-
phe. Ist das ein stochastischer Prozess? Müssen wir damit leben?

Ich glaube, die großen Finanzkrisen kann man alle mit Tschernobyl vergleichen – in
dem Sinne, dass zwar Sicherungssysteme vorhanden waren, auch wenn sie vielleicht
nicht besonders gut waren, dass man sie aber aus politischen Gründen außer Funktion gesetzt hatte. Und das ist immer ein Recipe for disaster. Wir sehen das im Fall
der Zwischenkriegszeit. Nehmen wir einmal die ganz große Vogelperspektive ein: Das
deutsche Reparationsproblem, den großen finanziellen Konflikt zwischen Deutschland und den Siegermächten des Ersten Weltkriegs gab es nicht zuletzt deswegen,
weil der Krieg militärisch nicht vollständig und für alle sichtbar entschieden worden
war. Man hat dann relativ verzweifelt versucht, das, was kriegerisch nicht entschieden
war, finanziell nachzuholen. Das hat zu riesengroßen Sekundärwirkungen geführt,
zum Beispiel dazu, dass die Zentralbankkooperationen nicht funktionieren konnten.
Wie sollten sie denn, wenn das Ganze durch politische Kapitalbewegungen oder eben
durch deren Fehlen verkrustet ist? Wir sehen das auf ganz andere Weise wieder in der
Krise von 2008, wo wir nicht zum ersten Mal erlebten, wie den Amerikanern ihre Politik zur Beeinflussung des Hypothekenmarkts um die Ohren flog. Wir sehen es in der
Eurozonen-Krise, die mehrere fiskalpolitische Ursachen hat. Eine gängige Interpretation
der Krise hob darauf ab, dass es ein Konstruktionsfehler gewesen sei, eine gemeinsame
Währung einzuführen, ohne eine Fiskalunion zu haben. Ich würde dieser Interpretation allerdings erst einmal widersprechen, weil wir sehr wohl eine Fiskalunion hatten,
nur funktionierte sie nicht mehr. Und das war das Problem.

Wir hatten eine Fiskalunion?

Aber ja. Die Fiskalunion bestand darin, dass Deutschland strukturell seit 1951 gegenüber dem Rest Europas Leistungsbilanzüberschüsse hatte und nie die Zurückzahlung eingefordert hat. Dann aber sind wir in Bestandsgrößenrestriktionen hineingekommen. Der Schuldenstand im Verhältnis zum Sozialprodukt ist in einigen Ländern so stark gestiegen, dass in der Krise die Kapitalmärkte das nicht mehr ignorieren konnten und sich mit Recht die Frage nach der langfristigen Tragfähigkeit des Systems stellten. Das heißt, wir hatten einen fiskalischen Ausgleichsmechanismus, der darin bestand, dass die Deutschen permanent Ressourcentransfers an den Rest Europas leisteten, aber keine Bezahlung verlangt haben. Da haben sich eben Auslandsschulden aufgetürmt. Und irgendwann haben sie eine Glasdecke erreicht. Niemand hatte daran gedacht, dass das einmal passieren könnte.

Derzeit hat Deutschland ja wieder einen Leistungsbilanzüberschuss auf Rekordniveau.

Jetzt natürlich erst recht. Das ist auch kein großes Wunder. Wir müssen diese notleidenden Volkswirtschaften alimentieren, und wenn wir das nicht politisch tun, tun es die Märkte auf ihre Weise, allerdings mit Kollateralschäden an unserem Bankensystem. Wenn wir die Währungsunion behalten wollen, müssen wir diesen Modus entweder durch einen fiskalischen Transfermechanismus ersetzen, der den schon seit 70 Jahren bestehenden Mechanismus offiziell macht. Oder es gilt eine andere Form des Ausgleichs zu finden, und die müsste darin bestehen, dass wir in Deutschland die heimische Absorption erhöhen, zulasten der Exporte. Man könnte zum Beispiel über eine Exportsteuer nachdenken.

Eine Exportsteuer?

Man müsste nur die Mehrwertsteuerbefreiung der deutschen Exporte innerhalb der Europäischen Union beschränken oder abschaffen, oder aber die Einfuhrumsatzsteuer auf ausländische Produkte in Deutschland eine gewisse Zeit senken. Wir können und wollen ja nicht mehr Zölle in der EU haben, das ist klar, aber wir können selbstverständlich noch mit der Mehrwertsteuer operieren. Da die Mehrwertsteuer in Deutschland bei 19 Prozent liegt, könnte man durch eine Kombination beider Maßnahmen eine Beeinflussung der Terms of trade von bis zu einem Drittel erreichen. Klingt verwegen, gebe ich zu, ist es vielleicht auch, aber das Instrument existiert und wäre prinzipiell einsetzbar.

Wenn man schon so lange einen Ungleichgewichtszustand hat, in diesem Fall schon seit den fünfziger Jahren, dann ist es doch wohl der historische Normalzustand, dass es auf diesem Weg zu Transfers kommt – oder? Diese Transfers

haben dann allerdings einen anderen Namen. Gegenwärtig ist es übrigens nicht nur Deutschland, das sehr hohe Leistungsbilanzüberschüsse hat, sondern auch die Niederlande und die Schweiz sind in dieser Lage, auffallenderweise Länder, denen es ziemlich gut geht und die den industriell-innovativen Kern Europas ausmachen. Im 19. Jahrhundert hatte Großbritannien einen Riesenüberschuss und war ebenfalls der industriell-innovative Kern Europas.

Das hat mit einem Struktureffekt zu tun. Großbritannien hatte im mittleren 19. Jahrhundert seinen Anteil der Beschäftigten in der Landwirtschaft schon stark reduziert; 1870 lag er noch bei 18 Prozent. Die Industriebeschäftigung machte damals schon 40–50 Prozent der Beschäftigung aus, und dabei handelte es sich natürlich im Großteil um Exportindustrie. Es gibt ja die These, dass sich das Empire durch Überschüsse des Zentrums an die Peripherie selbst ausgebeutet hat. Anders gewendet, hat der Kolonialismus Großbritannien nicht etwa reicher, sondern ärmer gemacht. Das ist kontrovers, aber man kann da ein ähnliches Argument aufstellen wie eben für Deutschland in einem anderen Kontext nach dem Zweiten Weltkrieg. Allerdings fragt sich, ob die Industriebeschäftigung Ursache oder Symptom ist. Es ist klar, dass ein Land, das Kapitalgüter exportiert, eine entsprechende Produktions- und Beschäftigungsstruktur hat. Es kann auch sein, dass der Leistungsbilanzüberschuss von der Kapitalbilanz getrieben ist, etwa durch unseren starken öffentlichen Bankensektor und den Zwangsexport von Kapital, den wir in Deutschland dadurch betreiben, dass wir die Sparkassen sehr restriktiven Anlagevorschriften unterwerfen. Unter den gegebenen institutionellen Voraussetzungen könnte das nur anders sein, wenn wir eine höhere Staatsverschuldung hätten. Da wir die aber nicht haben, kaufen die Sparkassen entsprechendes Material im Ausland ein. Auf diese Weise treiben wir Kapital über die Grenzen. Man müsste sich genauer anschauen, ob diese Restriktionen heute noch greifen oder ob man über eine Liberalisierung der Anlagevorschriften für die Kapitalsammelstellen in Deutschland zu einer höheren heimischen Absorption kommen könnte. Die Transmission kann man sich zum Beispiel über Effekte am Aktienmarkt vorstellen. Wenn infolge einer solchen Liberalisierung mehr heimische Aktien gekauft würden, ginge der Deutsche Aktienindex vermutlich deutlich nach oben. Möglicherweise gäbe es dann Tobin's-Q-Effekte auf die Investitionen in Deutschland.

Es hat eine spannende Diskussion darüber gegeben, wie Deutschland vor dem Ersten Weltkrieg, im Kaiserreich, im Vergleich zu Großbritannien dastand und inwieweit das für das Erscheinungsbild der beiden Volkswirtschaften prägend war. Für die Zeit vor 1914 gilt das stilisierte Faktum, dass Deutschland kräftig aufgeholt und irgendwann das Vereinigte Königreich überholt hat. In der Zwischenkriegszeit kam es dann zu einer Schwäche, die letztlich politisch begründet war. In den fünfziger Jahren wurden nicht nur die politischen Weichen dann richtig gestellt, sondern man konnte institutionell auch eine Menge aus den zwanziger und dreißiger Jahren übernehmen. Deutschland ist heute noch immer ein hoch-innovatives Industrieland, wenn auch mit Schwächen, und das ist das Ergebnis einer Entwicklung, die im Kaiserreich begann. Damals wurde die Struktur gelegt, auf der wir immer noch stehen, und als Kehrseite davon ergab sich die Entwicklung Großbritanniens zu einem Land mit starker Dienstleistungsorientierung. Was ist Ihre Sicht darauf?

Wenn man einen wirklich richtig weiten Bogen schlägt, dann zeigt sich, dass in der britischen Wirtschaftsentwicklung die industrielle Revolution ein Ausreißer war. Das Gewicht Südenglands und insbesondere Londons in der britischen Volkswirtschaft ist inzwischen wieder etwa dort, wo es um 1600 war, als die große maritime Entwicklung Englands anfing. Die industrielle Revolution dazwischen – mit Kohle und Stahl oben in Nordengland und Schottland – ist im Grunde ein zweihundertjähriger Ausreißer. Das beginnt hundert Jahre früher als in Deutschland und hört auch deutlich früher wieder auf. Beginnend in den siebziger Jahren des 19. Jahrhunderts sehen wir einen relativen – nicht absoluten – Abstieg Großbritanniens. Wobei die Industrieproduktion Großbritanniens heute absolut gesehen noch immer höher ist, als sie je war. Dieser relative Abstieg jedenfalls vollzieht sich in einer Zeit, in der sich Deutschland in einem starken Aufstieg befindet. Einerseits ist die deutsche Industrie kurz vor und kurz nach der Wende zum 20. Jahrhundert vermutlich in einigen Bereichen bereits produktiver als die englische – nicht in allen. Das hat unter anderem mit der Energiebasis zu tun. Die Kohleförderung ist aus geologischen Gründen in Deutschland teurer gewesen als in England; das ließ sich auch durch noch so viel Technisierung nicht auffangen. Der große Pferdefuß der deutschen Industrialisierung war aber, andererseits, die Landwirtschaft. Noch an der Schwelle zum 20. Jahrhundert sind 40 Prozent der Bevölkerung in der Landwirtschaft tätig.

Aber die Industrieproduktivität ist hoch.

Ja, aber die Beschäftigung in der Landwirtschaft ist damals noch viel zu groß, was bedeutet, dass trotz der hohen Industrieproduktivität die gesamte volkswirtschaftliche Produktivität in Deutschland immer noch relativ niedrig lag. Deutschland ist das, was man später eine „Dual economy" genannt hat. Das wird überhaupt erst nach 1945 beseitigt. Man kann argumentieren, dass das Dritte Reich mit seiner gewaltsamen Agrarideologie der Versuch war, der im Grunde genommen zum Tode verurteilten bäuerlichen Landwirtschaft noch einmal neue politische Macht zu geben. Da gibt es Ungleichzeitigkeiten. Die Engländer haben ihre Agrarwirtschaft früher beseitigt. Sie stiegen zeitiger aus der Industrialisierung aus. Diesen Prozess einer relativen Deindustrialisierung hat es in Deutschland auch gegeben, und er hat sich fortgesetzt, allerdings mit einer Zeitverzögerung gegenüber England von mehreren Jahrzehnten. Es ist die Frage, ob man diese Trends fortschreiben darf und wenn ja, wohin. So wie es im Moment aussieht, ist Deutschland insgesamt die produktivere Volkswirtschaft und verstand mit den Verlierern der Modernisierung besser umzugehen, wobei allerdings die Integration der neuen Länder, der früheren DDR, ein besonders starker Schock war.

Lassen Sie uns noch einmal zum Kaiserreich zurückkehren. Ist es nicht so, dass Sie in der erfolgreichen Entwicklung des Verarbeitenden Gewerbes in Deutschland, die stark von Wissensintensität getrieben war, aufgrund der Datenlage eine erheblich größere Dynamik verorten als andere Wirtschaftshistoriker?

Ja, das ist in Teilen richtig, was mich aber noch nicht zu einer guten Ursachenanalyse bringt, das gestehe ich freimütig zu. Der Befund mag teilweise mit dem Bismarck'schen Schutzzoll von 1879 zu tun haben. Dieser war im Grundsatz nichts anderes als der gescheiterte, aus der Schublade gezogene Schutzzoll der Paulskirche von 1848, wo es darum ging, die Interessen der süddeutschen Infant-industry-Staaten mit den Interessen des einerseits schon weiter entwickelten und aber auch des näher an England gelegenen Norddeutschlands auszubalancieren. So war in den Küstenstädten britische Kohle immer günstiger als deutsche Kohle. Es ging politisch also um Quersubventionen, damit die deutsche Eisen- und Maschinenausfuhr nicht von vornherein gegenüber der britischen benachteiligt war. Empirisch haben wir hier ein Identifikationsproblem. Wir können nicht genau sagen, was genuin die Effekte der Industrialisierung und der neuen Produktivkräfte waren, die sich durchgesetzt haben oder sich im Counterfactual eines ungehinderten internationalen Marktes durchgesetzt hätten; was die Effekte des Schutzzolls waren; und was Differenzialeffekte der Aufrüstung vor dem Ersten und dann vor dem Zweiten Weltkrieg waren. Wir sehen aber, dass es am Ende des Zweiten Weltkriegs ein Übergewicht der Schwerindustrie gibt, was übrigens die Hauptmotivation für den Morgenthau-Plan war.

Ist das so?

Der Morgenthau-Plan war durchaus kein maliziöser Plan zur Rückführung Deutschlands in einen Agrarstaat – es ist sozusagen der letzte große Sieg der Goebbels-Propaganda, dass das viele Leute immer noch glauben. Sondern es ging vielmehr darum, das Übergewicht der Schwerindustrie abzubauen. Daraus ist im Wiederaufbau nichts geworden, weil diese Kapazitäten zunächst wieder dringend benötigt wurden. Zugespitzt könnte man aber sagen, dass der Morgenthau-Plan inzwischen verwirklicht ist, und nicht nur für Deutschland, sondern für Westeuropa insgesamt, weil die Schwerindustrie nunmehr im Wesentlichen weg ist und wir eine leichtindustrielle Basis haben. Lars Boerner und Battista Severgnini haben einen wunderbaren Aufsatz über die Anfänge jenes „Manufacturing half moon" verfasst, der sich von Skandinavien bis nach Norditalien zieht, und sie bringen das zusammen mit dem Beginn der Zeitmessung, also der Uhren – und da ist Südengland noch dabei, mit London, der Rest Englands jedoch nicht.[10] Das hat eine relativ hohe Durchschlagskraft für das, was wir heute sehen. Deutschland ist Teil dieser

---

10 Boerner, L. und B. Severgnini (2015), Time for growth, *LSE Economic History Working Paper* Nr. 222/2015.

Konfiguration. Warum das so ist, wissen wir nicht genau, aber es ist eine Konfiguration, die sich räumlich eben über einen sehr langen Zeitraum als stabil erwiesen hat. Wir sollten also nicht den Fehler machen, die gesamte deutsche Standortqualität auf Ludwig Erhard zurückzuführen. Und es wäre auch keine gute Idee, diese Konfiguration durch eine neue Zollgrenze auseinanderzureißen.

Was die fünfziger Jahre angeht – was ist, zusammenfassend, Ihre These für das deutsche Wirtschaftswunder?

Wirtschaftswunder darf man nicht sagen.

In Anführungszeichen.

Es gab kein Wirtschaftswunder. Es gab nur das Aufschließen an einen historischen Trend, das Aufholen versäumter Wachstumsmöglichkeiten.

Also Konvergenz.

Nein, Konvergenz reicht nicht. Es war mehr als das, es war Rekonstruktion. Konvergenz, das wäre nur ein Aufholen gegenüber Amerika, beispielsweise. Und das gibt es natürlich auch. Aber Rekonstruktion ist das Aufschließen an einen gedachten säkularen Trend des eigenen Landes. Das ist eine Geschichte, die für Deutschland Werner Abelshauser und Knut Borchardt erfunden haben.[11] Wenn wir den Trend des Sozialprodukts pro Kopf zwischen 1880 und 1913 extrapolieren, dann kommen wir genau 1973 an.

Was die Zwischenkriegszeit an Entfernung von der Transformationskurve mit sich brachte, wurde in den zweieinhalb Dekaden nach dem Zweiten Weltkrieg wieder wettgemacht.

Genau. Es wird mehr oder weniger wettgemacht, was bedeutet, dass wir mehr oder weniger dieselben Standortfaktoren und institutionellen Bedingungen haben, und damit sind die kumulierten Wachstumsverluste wieder ausgeglichen. Eine ähnliche Periode hohen wirtschaftlichen Wachstums gab es damals auch in Osteuropa, also östlich des Eisernen Vorhangs, horribile dictu, es ist aber so. Das ist nicht ganz so dynamisch wie im Westen, und zum Schluss macht sich bemerkbar, dass es doch einen kumulativen Produktivitätsverlust gegeben hat. Aber zunächst sehen wir ein Aufschließen an die Transformationskurve. Allerdings ist es nicht mehr dieselbe Transformationskurve,

---

11 Abelshauser, W. (1975), *Wirtschaft in Westdeutschland 1945–1948: Rekonstruktion und Wachstumsbedingungen in der amerikanischen und britischen Zone*, Stuttgart, DVA, und Borchardt, K. (1976), Wachstum und Wechsellagen 1914–1970, in: H. Aubin und W. Zorn (Hrsg.), *Handbuch der deutschen Wirtschafts- und Sozialgeschichte*, Band II, Stuttgart, Union Verlag, S. 685–740.

sondern eine tiefer gelegene. Der Rekonstruktionseffekt als solcher jedoch ist derselbe. Dieser Effekt mag sich in Deutschland mit ziemlicher Verve bis Mitte der sechziger Jahre fortgesetzt haben, aber dann sehen wir ein Abflachen des Wachstums der totalen Faktorproduktivität auf etwas über 1 Prozent im Jahr.

Halten wir noch einmal fest – die „Stunde Null" war gar keine.

Ich wäre grundsätzlich vorsichtig mit der Behauptung, Deutschlands habe sich nach dem Zweiten Weltkrieg neu erfunden. Das ist Teil einer idealisierten ordnungspolitischen Selbstsicht der Bundesrepublik, die an vielen Stellen einfach nicht stimmt. Die Durchsetzung der Wettbewerbsordnung war ein zäher Kampf und erst Anfang der sechziger Jahre vorläufig abgeschlossen.[12] Wirtschaftspolitisch innovativ wurden wir erst sehr viel später. Man könnte sogar ganz frech sagen, dass die großen Reformen, die Deutschland erlebt hat, aus Europa kamen, Ende der achtziger Jahre, und dann aus der Wiedervereinigung. Unser deutsches Wirtschaftssystem, wie wir es jetzt haben, ist wesentlich marktwirtschaftlicher und weniger miefig als der Rheinische Kapitalismus.

Lassen Sie uns noch einen Blick in die Zukunft werfen. Sie leben ja in England. Wie sehen Sie die Lage in Großbritannien im Moment und insbesondere den Brexit? Wie wünschen Sie sich, dass die EU mit dem Brexit umgeht? Wie beurteilen Sie unter Maßgabe des Brexits die wirtschaftlichen Aussichten Großbritanniens? Sind die Träume der Brexiteers von einem „Singapore on Thames" pure Spinnerei?

Das wissen wir alle nicht. Der britische Außenminister Boris Johnson hat es ja sehr schön ausgedrückt: „We want to eat our cake and have it, too." Er hat das Problem der britischen Position offenbar genau verstanden. Man könnte London eher als ein „Vienna on Thames" bezeichnen. Viele Dinge erinnern doch an das alte Wien, insbesondere dieses Vielvölkergemisch – ungeheuer kreativ, ungeheuer schöpferisch in der Wissensproduktion und insbesondere in der Medienproduktion.

Nicht ganz so morbide.

Das sagen Sie. Die Morbidität kommt aus der Politik. Der Vergleich mit Wien ergibt sich aus den Erfahrungen, die wir in der wirtschaftshistorischen Forschung haben. Denn Wien ist einer der wenigen Anwendungsfälle für die Errichtung neuer Zollgrenzen. Darüber haben Max Schulze und Nikolaus Wolf gearbeitet, und die Ergebnisse sind unschön, weil groß.[13] Es gibt darunter etwas, über das man wirklich nachdenken

---

12 Ritschl, A. (2016), Soziale Marktwirtschaft in der Praxis, in: W. Abelshauser (Hrsg.), *Das Bundeswirtschaftsministerium in der Ära der Sozialen Marktwirtschaft*, Berlin, de Gruyter, S. 265–389.
13 Schulze, M. und N. Wolf (2012), Economic nationalism and economic integration: The Austro-Hungarian empire in the late nineteenth century, *Economic History Review* 65, S. 652–73.

muss. Bereits vor dem Ersten Weltkrieg ist in den Regionaldaten für die Habsburger Monarchie die Desintegration des Handels und die Auflösung in ethnische Blöcke zu beobachten. Mit einem ähnlichen Argument arbeitende Brexiteers legen Wert auf die Feststellung, dass der Handel zwischen Großbritannien und der EU in den vergangenen Jahren eher abgenommen hat. Auch darum spreche ich von „Vienna on Thames" – weil das Gegenargument ist, dass man eine Produktmarktintegration gar nicht braucht, wenn die Arbeitsmärkte integriert sind. Wenn wir alle nach England gehen und dort mit großer Freude gebrochen Englisch sprechen, dann ist auch das eine Form von Integration, die Sie aber über Handelsströme nicht messen können. Die Frage ist nun, wie das alles weitergeht.

Ja, wie geht es weiter?

Die größten Schwierigkeiten bestehen vermutlich im Dienstleistungshandel. Momentan ist Fintech mit die größte Wachstumsbranche im Vereinigten Königreich. Da sitzen irgendwelche Kids im Osten Londons und basteln dort an Computerprogrammen für neuartige Zahlungssysteme. Das ist ein echtes Wirtschaftswunder. Diese Entwicklung zeigt uns mehreres. Erstens kann von einer fehlenden ökonomischen Dynamik keine Rede sein. Großbritannien erlebt eine wirtschaftliche Erholung, verbunden mit einem rapiden Strukturwandel. Zweitens sind die Auswirkungen einer neuen Zoll- und, vielleicht noch wichtiger, Regulierungsgrenze gar nicht absehbar, am allerwenigsten von den Brexiteers. Hier ist das Problem, dass die EU durch die Dienstleistungsunion eine Regulierungsunion geworden ist, dahingehend, dass der Hersteller einer Dienstleistung diese in seinem Ursprungsland reguliert und zertifiziert bekommt, und dass diese Regulierung automatisch in der ganzen EU anerkannt wird. Das heißt konkret, dass die britische Prudential Regulation Authority aus Großbritannien kommende Finanzdienstleistungen für die gesamte Europäische Union reguliert. Passporting nennt man das. Für dieses Problem ist noch keine Lösung gefunden. Daran könnte der ganze Brexit scheitern. Und es gibt noch etwas anderes. Es könnte nämlich sein, dass wir nicht Singapore on Thames bekommen, sondern London oder genauer: Canary Wharf in Singapore. Es ist gut möglich, dass ein großer Teil jener Dienstleistungen, für die räumliche Nähe nicht notwendig ist, nicht nach Luxemburg, Amsterdam, Frankfurt oder Paris geht, sondern gleich ganz woanders hin. Da gibt es Standortfaktoren, die seit langer Zeit schon nach Südostasien zeigen und die eigentlich nur noch von Kim Jong-Un kaputt gemacht werden könnten.

Welche Strategie können Sie der britischen Regierung empfehlen?

Der Wissenschaftliche Beirat beim Bundeswirtschaftsministerium hat einen stufenweisen Brexit empfohlen, der darin bestehen würde, die alten Institutionen der EFTA zunächst wiederzubeleben und zu nutzen. Die EFTA wurde eigentlich gegründet, um den beitrittsscheuen Mitgliedern ein langsames Hineinwachsen in die europäische Integration zu ermöglichen. Das gleiche könnte man umgekehrt auch als Ausstiegsstrategie empfehlen. Das haben wir kurz vor der britischen Wahl vorgeschlagen. Ein spezifischer Vorschlag war, das bestehende europäische Mehrwertsteuersystem als Grundlage für ein Zollsystem zu verwenden.

Sie spielen wieder darauf an, dass man die Einfuhrumsatzsteuer als Zoll interpretieren kann.

Man kann sie jedenfalls dazu machen. Damit die Erhebung der Einfuhrumsatzsteuer funktioniert, tauschen die Behörden schon jetzt Informationen aus. Dieses System könnte man auch für eine künftige Zollgrenze nutzen. Das müsste dann allerdings mit entsprechenden Abrechnungsmechanismen für den Transfer der Zolleinnahmen versehen werden, die Freibeträge des gegenwärtigen Mehrwertsteuersystems müsste man beibehalten.

Nun eine politische Frage, die sich aufdrängt, wenn man an die Zwischenkriegszeit zurückdenkt. Sehen Sie im Zusammenhang mit den sehr schwierigen Brexit-Verhandlungen nicht auch die Gefahr, dass eine erhebliche Bitternis entsteht, eine Entfremdung – zumal Sie ja letztlich die Krise zurückführen auf die mangelnde Kooperationsbereitschaft, die im Vorhinein da war?

In England sieht man starke Meinungsunterschiede zwischen den Generationen. Die ältere Generation sieht die Rolle Europas und insbesondere Deutschlands noch immer durch die Brille des Zweiten Weltkriegs. Die Leute sind traumatisiert und zu einer vernünftigen, leidenschaftslosen Diskussion nicht in der Lage. Denkmodell ist der erfolgreiche Rückzug aus Dünkirchen 1940. Die jüngere Generation versteht das Problem nicht. Die jungen Leute interessieren sich dafür, ob man nach Berlin oder Riga oder Prag fliegen kann, um Party zu machen, und sie haben Angst, davon abgeschnitten zu werden. Aus diesen unterschiedlichen Interessenlagen kann sich eine politische Antwort nur dahingehend herausformen, dass wir unter allen Umständen versuchen sollten, eine Bestrafungsaktion zu vermeiden. Insbesondere sollten wir nicht den Fehler machen, die wahrscheinlich unvermeidlich kommenden britischen Reise- und Einwanderungserschwernisse mit reziproken Erschwernissen zu beantworten. Ein Vorbild für das, was wir tun sollten, ist die irische Politik, Briten mit irischen Wurzeln relativ rasch einen irischen Pass zu geben. Wir sollten etwas Ähnliches tun; es gab schon den Vorschlag, eine Unionsbürgerschaft für Briten einzuführen. Ich weiß nicht, ob das juristisch ein gangbarer Weg ist. Aber wir sollten unbedingt der jüngeren Generation die Tür nach Europa auf unbestimmte Zeit offenhalten. Wir sollten in jedem Fall wenigstens im Personenverkehr so tun, als ob es das Brexit-Votum nicht gegeben hätte.

Es spricht vieles dafür. Aber in Europa hört man auch das Gegenargument, dass man die Briten nicht mit einem attraktiven Sonderstatus ausstatten könne, weil man damit einen Präzedenzfall schaffe und Nachahmer auf den Plan rufe.

Ich halte das bloß für einen formaljuristischen Vorbehalt. Wenn wir den Briten als Ex-Mitgliedern der Europäischen Union einen anderen Rechtsstatus einräumen als Staatsbürgern aus Drittländern, dann ist das kein Präzedenzfall für irgendwas, sondern der absolut notwendige Umgang mit einem potenziell tatsächlich gefährlichen Problem. Früher sind aus solchen Situationen kriegerische Konflikte entstanden, und das wollen wir doch wirklich nicht haben. Man sieht deutlich, dass sich in der älteren Generation das ganz alte Misstrauen wieder Bahn bricht. Diese Leute haben die europäische Integration noch nie gemocht; sie sind mit der wirschaftlichen Entwicklung seit dem Zweiten Weltkrieg nicht zurechtgekommen, insbesondere nicht mit dem deutschen Wiederaufstieg und dem eigenen Einflussverlust in der Welt. Alles das spielt eine Rolle. Aber darauf sollen wir uns nicht versteifen, denn es gibt eine jüngere Generation, die damit nicht viel zu tun hat. Es ist dringend erforderlich, dass wir gerade ihr den Weg nach Europa nicht verschließen.

Abgesehen davon, dass der Ärger, den die Briten haben, abschreckend genug sein dürfte.

Das führt uns noch auf einen tieferen Punkt. Ich höre immer wieder, die Briten hätten durchaus Recht und die EU sei gar kein erhaltenswertes Konstrukt. Dem würde ich doch widerraten und widersprechen. Aber dahinter steht, dass es in Deutschland eine ähnliche Unterscheidung in den politischen Einstellungen zwischen den Generationen wie in Großbritannien gibt. Die Jugend scheint doch deutlich europäischer zu sein als viele von den älteren Menschen. Nicht alle, aber viele.

Die AfD ist durchaus auch ein Phänomen zorniger älterer Männer.

Naja, sie scheint auch jüngere Wähler zu haben. Aber das Entscheidende ist die Erasmus-Generation, also die jungen Leute, die den Studienaustausch in Europa erlebt haben. Sie verstehen nicht und wollen nicht verstehen, warum wir jetzt wieder Grenzposten brauchen sollen. Ich halte Europa trotz der Kosten, die ich nicht bestreiten will, für ein unbestreitbares Gut. Wenn das auseinanderfällt, ist aus historischer Sicht die Prognose äußerst ungünstig.

Die Spaltung der Gesellschaft haben wir überall, und sie läuft genau entlang der Alterslinien.

Aber da gibt es natürlich eine Schweigespirale. Wenn man mit Briten über den Brexit spricht, sind die Älteren immer auffallend still. Die wollen sich nicht outen. Oftmals

ist ihnen auch nicht klar, warum für uns Deutsche die europäische Integration dermaßen wichtig ist. Ich mache in England mit Kollegen immer wieder den Test, dass ich
sie frage, wie viele Außengrenzen Deutschland hat. Und?

Mal überlegen.

Es sind neun. Können Sie drei andere Länder nennen, denen es mindestens ebenso geht?

China, ...

Und Russland und Brasilien. Alle diese drei Länder sind große Flächenstaaten, die es
sich leisten können, viele Außengrenzen zu haben, ohne Probleme zu bekommen.
Deutschland ist im Vergleich ziemlich klein und, um feindliche Koalitionen abzuwehren, stets auf Zusammenarbeit angewiesen.

Bertram Schefold

https://doi.org/10.1515/9783111208749-015

Ökonomischer Feingeist

Geboren 1943 in Basel, entstammt Bertram Schefold einer weitläufigen deutschen Gelehr-tenfamilie. Sein Vater Karl Schefold war ein bedeutender Archäologe, sein Großvater mütterlicherseits, Karl von den Steinen, Ethnologe. Seine beiden Brüder sind ebenfalls Hochschullehrer geworden. Zur Ökonomie kam Schefold über Umwege. Im Hause seiner in den dreißiger Jahren in die Schweiz emigrierten Eltern erhielt er eine geisteswissen-schaftliche Prägung; das Humanistische Gymnasium in Basel vertiefte sein Interesse für Literatur, Geschichte und Kunstgeschichte; er entwickelte daneben aber auch eine starke Neigung für die Naturwissenschaften.

„Die Naturwissenschaften schienen in den sechziger Jahren, als sie in voller Blüte standen, derart interessant, dass ich mich ihnen zuwandte, als da ein Talent zum Vor-schein kam, das zunächst gar nicht angelegt schien – allerdings mit der Absicht, Philo-soph zu werden", erzählt er. Wer das umfassende, die Grenzen der Disziplinen sprengende wissenschaftliche Spektrum dieses hochgebildeten Ökonomen kennt und seine Eigenart, jegliche Gedankengebäude auf ihre Konsistenz zu prüfen, der möchte meinen, in gewisser Weise sei das sogar wahr geworden. Und wer ihn im Arbeitszim-mer seiner Altbauwohnung im eleganten Frankfurter Holzhausenviertel erlebt, bis unter die hohe Decke gefüllt mit Büchern und Kunst aus aller Welt, der fühlt sich in eine Epoche versetzt, in der ohnehin alles Philosophie war.

Im Jahr 1962 nahm Schefold das Studium der Mathematik, der Theoretischen Phy-sik und der Philosophie in München auf, wobei er ausgiebig auch in anderen Fächern Vorlesungen besuchte, zum Beispiel in Geschichte und Archäologie. Die nächste Sta-tion war Basel, unterbrochen von einigen Semestern in Hamburg, wo ihn der Philo-soph und Physiker Carl Friedrich von Weizsäcker beeindruckte. „Unter anderem seine Hypothesen, wie die kantianische Philosophie ein wenig modifiziert und empi-risch angereichert auch den modernen Naturwissenschaften weiterhelfen könnte, haben mir ganz außerordentlich imponiert", berichtet er.

Nach dem Diplom betätigte sich Schefold zunächst ein Jahr als Präsident des Ver-bandes der schweizerischen Studentenschaft. Er organisierte die erste gesamtschwei-zerische Konferenz über Wissenschaftsfragen, aus der Vorschläge für ein zweistufiges Diplomstudium hervorgingen. Aufregend wurde es, als in Deutschland die Studenten-revolte ausbrach. Schefold nahm die Entwicklung in Berlin in Augenschein und fühlte sich intellektuell von dem Ruf nach einer kritischeren Wissenschaft angezogen. Das Ergebnis war, dass er am Ende seiner Amtszeit die ihm angebotene Assistentenstelle in Mathematik ablehnte und sich in ein Zweitstudium der Ökonomie stürzte. Diese Kombination der Studienfächer erwies sich später in dem Maße als günstig, wie sich die Wirtschaftswissenschaften auf den Pfad der mathematischen Formalisierung be-gaben. In Basel beeinflussten ihn vor allem seine Lehrer Gottfried Bombach und Edgar Salin.

Schon nach eineinhalb Semestern wurde Schefold nach Cambridge geschickt, wo er unter den prägenden Einfluss der keynesianischen Ökonomen Nicholas Kaldor, Joan Robinson und Piero Sraffa kam. „Meine wesentliche Einführung in die Ökonomie habe ich eigentlich dadurch bekommen, dass ich im Common Room der Fakultät, wo sich die Professoren und wissenschaftlichen Mitarbeiter täglich um 11 und um 16 Uhr zum Tee-trinken zu versammeln pflegten, ausspähte, wo einer der berühmten Köpfe gerade ohne ein Gegenüber saß, mich dazu setzte und meine Fragen stellte", erzählt Schefold. Zufällig entdeckte er dann in einem Antiquariat die „Lectures on the Mathematical Me-thods in Analytical Economics" von Jacob Schwartz[1], die ihn dazu inspirierten, sich mit der Kapitaltheorie und der Kuppelproduktion im Rahmen des Sraffa'schen Ansatzes zu befassen[2]. So geriet er mitten in die berühmte Cambridge-Kontroverse hinein und machte sich mit formalen Untersuchungen dazu einen Namen. Gleichzeitig begann er, die Fährte der Theoriegeschichte aufzunehmen.

Nach der Promotion lehrte Schefold zunächst in Basel, kehrte dann für ein Jahr nach Cambridge zurück, zog weiter nach Harvard – und nahm 1974 einen Ruf an die Universität Frankfurt an, wo er noch heute forscht, zuletzt als Seniorprofessor. Dass er einer breiteren Öffentlichkeit in den siebziger und achtziger Jahren mit Themen der Energie- und Umweltpolitik bekannt wurde, ist nicht so überraschend, wie es auf den ersten Blick scheinen mag: Aus der Cambridge-Schule kam der genaue Blick für die Rolle der Technologie, die hier eine entscheidende Rolle spielt; aus der heimischen Sozialisation das Interesse für kulturelle Kräfte und Wirtschaftsstile, die neben den politischen Entscheidungen die technologische Entwicklung treiben. Dazu passt, wie Schefold das verbindende Thema seiner Forschung beschreibt: „Es ist der Versuch, die wechselnden Formen der Interaktion zwischen den Kräften des Marktes, der zen-tralen Kontrolle und der sozialen Traditionen zu verstehen."

Viel Aufmerksamkeit erhielt das von Bertram Schefold und Klaus Michael Meyer-Abich geleitete Forschungsprojekt „Die Sozialverträglichkeit verschiedener Energie-systeme in der industriegesellschaftlichen Entwicklung". Ihr abschließendes Buch „Grenzen der Atomwirtschaft" brachte es zum Bestseller.[3] Man kann sagen, dass diese Arbeiten zusammen mit den Diskussionen in der 1979 ins Leben gerufenen Enquête-Kommission „Zukünftige Kernenergiepolitik" nach dem Reaktorunglück von Tschernobyl den Ausstieg aus der großen Atomwirtschaft im Sinne eines Komplexes von Brütern und Wiederaufarbeitung einleiteten.

---

1 Schwartz, J. T. (1961), *Lectures on the Mathematical Methods in Analytical Economics*, New York, Gor-don and Breach.
2 Schefold, B. (1971), *Piero Sraffas Theorie der Kuppelproduktion, des Kapitals und der Rente*, Disserta-tion, Universität Basel.
3 Meyer-Abich, K. M. und B. Schefold (1986), *Die Grenzen der Atomwirtschaft. Die Zukunft von Energie, Wirtschaft und Gesellschaft*, München, Verlag C. H. Beck.

Gegenwärtig assoziiert man Schefold infolge seiner langjährigen Herausgeberschaft der Reihe „Klassiker der Nationalökonomie" vor allem mit der Theoriegeschichte. Diese bibliophile Klassiker-Reihe präsentiert einen Kanon der Ökonomie als Faksimiles von Erstausgaben der wichtigsten und bahnbrechenden Werke von einhundert Klassikern, in edler Aufmachung und ergänzt durch anspruchsvolle Kommentarbände. Schefold bezeichnet es als sein Steckenpferd, die Anschauung über das Ökonomische aus der Wirtschaftsgeschichte und der Dogmengeschichte zu ziehen. Doch es ist weit mehr als das. Es ist das Ergebnis seines spezifischen kulturgeschichtlich erweiterten Ansatzes – und sein feingeistiges Markenzeichen.

Immer wieder wagt sich Schefold gern auch in spannende Randgebiete seines Fachs vor, zum Beispiel in seiner Beschäftigung mit Goethe oder mit dem Lyriker Stefan George. In der Familie bestanden seinerzeit Verbindungen zum George-Kreis; in dieser Tradition stand Schefold selbst 1995–2009 der in Bingen am Rhein ansässigen Stefan-George-Gesellschaft vor und ist seit 2010 deren Ehrenmitglied.

„Kein Wunder, dass Keynes Dollars in Flaschen stopfen, vergraben und wieder ausbuddeln wollte"

Ein Gespräch über die Herausforderung arbeitssparender Innovation, über Kuppelproduktion und Kapitalkontroverse, über Theoriegeschichte, Goethe, George und Europa

Herr Professor Schefold, was ist aus Ihrer Sicht derzeit die vielleicht wichtigste ökonomische Herausforderung?

Das ist die Integration der Gesellschaften unter den Bedingungen der neuen Technologien. Meine Sorge ist, dass die Hoffnung der Ordoliberalen – wir brauchen nur das richtige Rahmenwerk, und dann entstehen genug Beschäftigungsverhältnisse von selbst – nicht mehr trägt, weil die neuen Technologien überwiegend in Prozessinnovationen bestehen. Sie schaffen nicht genug neue Beschäftigung. Der Automobilboom, so viele Nachteile er uns in der Vergangenheit gebracht haben mag, hatte eben diesen einen großen Vorteil, dass er mit den dazu beitragenden Technologien so viele sekundäre Beschäftigungsmöglichkeiten nach sich zog. Die ersten Leute, die ein Automobil kauften, waren stolz, es zu besitzen. Sie fuhren damit herum und riefen Nachahmer auf den Plan. Schon wollte man umziehen, weil man besser pendeln konnte; schon mussten die Städte umgebaut werden, weil man neue Straßen brauchte; ganz abgesehen von all den kleinen Garagen, die es zu errichten galt. Die Vielseitigkeit der Anwendungsmöglichkeiten und Bedürfnisse, die durch die Verbreitung der Technologie geschaffen wurden, war einfach enorm.

Und das ist mit den modernen Technologien nicht mehr so?

Die neuen Technologien wirken zu einem großen Teil bloß arbeitssparend. Sie schaffen daneben neue Bedürfnisse, zum Beispiel nach gehobener Qualität. Man erwartet nunmehr von einem Manuskript, dass es aussieht, als ob es gedruckt sei. Selbst Seminararbeiten werden nicht mehr mit der Hand geschrieben, sondern kommen wie ein Buch daher, auch wenn sie nicht ebenso gut nach Druckfehlern durchgelesen worden sind. Das Problem ist: Die Multiplikator- und Akzeleratorwirkungen sind nicht dieselben. Das Ziel der Innovation besteht vornehmlich darin, die Kosten zu senken. Ein Handy neuester Bauart kostet zwar vielleicht 900 Euro, aber es ersetzt potenziell viele andere Geräte. Deshalb schafft diese Innovation im Saldo nicht Beschäftigung, sondern zerstört sie eher. Wo künftig all die Ergänzungen herkommen sollen, die man braucht, um nicht nur nicht zu schrumpfen, sondern um kräftiges Wachstum zu errei-

Anmerkung: In Print am 1. Mai 2017 erstmals erschienen, *Perspektiven der Wirtschaftspolitik* 18(1), S. 56–71. Online am 10. Mai 2017 veröffentlicht, https://doi.org/10.1515/pwp-2017-0003.

chen – da ist guter Rat teuer. Diese Ernüchterung war übrigens schon eine der allgemeinen Konsequenzen, die sich mir aus den großen kapitaltheoretischen Debatten der sechziger und siebziger Jahre ergeben haben.

Da steckten Sie als Promotionsstudent und Visiting Scholar in Cambridge seinerzeit ja persönlich mittendrin. Sie wurden dort bekannt durch ihre Beiträge zur Theorie der Kuppelproduktion. Warum wurde diese zu einem theoretischen Problem?

Ein Grund, warum William Jevons seinerzeit das klassische System verwarf und zur Neoklassik überging, lag darin, dass er nicht sah, wie man anders modelltheoretisch mit der mathematischen Komplexität einer Welt mit einer Vielzahl von Produkten, hergestellt in Kuppelproduktion, fertigwerden sollte. Deshalb zog er, um die relativen Preise zu bestimmen, die Nachfrage heran, die er aus der Nutzenfunktion ableitete. Die sehr einfache Idee meines Cambridger Lehrers Piero Sraffa hingegen, der die Klassik zu restaurieren suchte, war zu sagen: Ich kann schon bei der Einzelproduktion annehmen, dass die produzierten Mengen und die Einkommensverteilung zunächst einmal einfach gegeben sind und dass erst später darüber diskutiert wird, wie sie sich verändern. Also mache ich das auch in der Mehrproduktwelt. Die Preise werden in der langen Frist auch bei Kuppelproduktion den Produktionskosten einschließlich eines Normalgewinns entsprechen, und die Konkurrenz wird dafür sorgen, dass gerade so viele Prozesse eingesetzt werden, wie Preise zu bestimmen sind.

Wieso? Und wie entscheidet man, wie weit man die Kosten dem einen oder dem anderen Produkt zurechnen soll?

Das ergibt sich aus den Proportionen, in denen die Güter benötigt werden. Um ein einfaches Beispiel aus Jevons' Zeiten aufzugreifen: Die Australier produzierten vor allem verschiffbare Wolle und ließen die Schafe länger leben, um sie öfter scheren zu können; die Engländer schlachteten ihre Tiere früher, um den nahen Konsumenten Fleisch zu liefern. Und so entstanden, modellhaft betrachtet, zwei Prozesse, aus denen sich, die sonstigen Kosten vorausgesetzt, zwei Preise, für Wolle und Schaffleisch, ergaben. Ich begegnete ähnlichen Problemen, als ich im sogenannten Sozialverträglichkeitsprojekt mit Klaus Michael Meyer-Abich und Carl Friedrich von Weizsäcker die Zukunftsfähigkeit der Kernenergie untersuchte. Es ging hauptsächlich um die Begrenzung der Atomwirtschaft, aber nebenher ergab sich auch eine Verbindung zur Theorie. Wenn es so viele Kernreaktionen gibt wie zur Befriedigung des Bedarfs an Tagstrom notwendig, dann wird zu viel Nachtstrom produziert, da die Kraftwerke nicht kurzfristig abgestellt werden können. Der relative Preis von Tagstrom und Nachtstrom bestimmt sich dann aus den Möglichkeiten, den zunächst überflüssigen Nachtstrom anzuwenden, zum Beispiel durch Nachtspeicherheizungen, oder indem er durch Pumpspeicherwerke in Tagstrom verwandelt wird. Es gibt dann also doch die Möglichkeit, gegeben die Mengen, Preise auch bei Kuppelproduktion von der Kostenseite her zu bestimmen, weil bei Konkurrenz zuletzt so viele preisbestimmende Prozesse übrigbleiben, wie Preise zu bestimmen sind.

Lassen Sie uns zur sogenannten Kapitalkontroverse zurückkommen, einer Auseinandersetzung der einen Cambridge-Schule um Piero Sraffa, Joan Robinson und anderen in Großbritannien mit Paul Samuelson und Robert Solow im amerikanischen Cambridge, in Massachusetts. Die Engländer liefen Sturm gegen die Annahmen in der neoklassischen Theorie und infolgedessen auch gegen deren übliche Voraussagen bezüglich Faktorentlohnung und Verteilung. Was war daran aus Ihrer Sicht das Wichtigste?

Der Kern der neoklassischen Theorie besteht in der These, dass auch die Einkommen der Produktionsfaktoren Preise sind, die durch Angebot und Nachfrage bestimmt werden, so wie man sich das in der Neoklassik für Outputgüter vorstellt. Daraufhin ist die neoklassische Produktionsfunktion angelegt; und die hat mich immer schon gestört, weil sie eine Messbarkeit impliziert, die so nicht gegeben ist. Jedenfalls behauptet die Neoklassik, dass es Gleichgewichtspreise für die produzierten Güter und die Faktoren gibt, derart, dass angebotene und nachgefragte Mengen übereinstimmen. Dann herrscht Vollbeschäftigung auf den Arbeitsmarkt und Vollauslastung des Sachkapitals. Es ist aber nicht einfach, die aggregierten Angebots- und Nachfragefunktionen zu bestimmen. Diese Schwierigkeit liegt allerdings weniger bei der Arbeit als beim Kapital.

Wieso?

Im Hinblick auf den Produktionsfaktor Arbeit kann ich mir noch halbwegs vorstellen, dass man die Mengen aufaddiert, indem man einfach die Zeiten zusammenzählt. Dabei kann man sogar noch exogen eine Gewichtung einführen, um höhergestellter Arbeit – sei es wegen der Ausbildung, sei es aufgrund gegebener Talente – gerecht zu werden. Dann kann ich die Arbeit messen. Die Nachfrage nach Arbeit muss man ableiten aus jener Nachfrage, die sich in einem allgemeinen Gleichgewicht überhaupt ergibt; es ist die Menge an Arbeit, die notwendig ist, um dieser zu genügen. Warum sollte diese Nachfragekurve eine geringere Nachfrage nach Arbeit zum Ausdruck bringen, wenn die Lohnrate höher ist? Ganz einfach: wegen der Kosten. Wenn man nun aber das gleiche Gedankenexperiment für das Kapital durchführt, stößt man auf zusätzliche Schwierigkeiten, die damit zu tun haben, dass das Kapital als eine Menge von Produktionsmitteln angesehen werden muss. Folglich muss man überlegen, unter welchen Bedingungen die konkreten Produktionsmittel angeboten werden, die als Bestand von jeder Ware vorhanden sind. Und es gilt zu überlegen, wie das Kapital, wenn es dann beschäftigt ist, in sich bewertet ist. Da gibt es eine Interdependenz.

Inwiefern?

Im Denken Sraffas, unter dessen Paradigma ich in Cambridge geriet, weil es mir ungemein einleuchtete, sind die Preise begründet durch das Handfesteste, was man in der Wirtschaft findet. Das ist einerseits die Technologie und andererseits etwas, was einigermaßen beobachtbar ist, nämlich die Einkommensverteilung. Damit restaurierte er die klassische Werttheorie, die darauf beruht, dass in der langen Frist die Preise auf Kosten einschließlich eines Normalgewinns reduziert werden. Wenn die Einkaufspreise und die Verkaufspreise in der langen Frist übereinstimmen, kann ich durch das Lösen eines Systems simultaner Gleichungen die Preise direkt bestimmen, bei gegebener Technik und Einkommensverteilung. Die mir immer etwas vage erscheinenden, von intersubjektiven Vernetzungen abstrahierenden Nutzenvorstellungen aus der Neoklassik bleiben im Hintergrund. Man richtet also den Blick darauf, dass die Preise der Kapitalgüter unter anderem von der Einkommensverteilung abhängen. Ich brauche aber in der Neoklassik die Bestimmung der Preise der Kapitalgüter, um die Einkommensverteilung überhaupt erst abzuleiten – und deshalb habe ich hier eine Interdependenz.

Und weshalb ist das problematisch?

Weil sich die Frage stellt, ob ich angesichts dieser Interdependenz ein System simultaner Gleichungen erhalte, dessen Lösung ein stabiles Gleichgewicht widerspiegelt. Als ich in Cambridge studierte, war diese Frage virulent. Es hatte sich aus dem Gleichungssystem Sraffas ableiten lassen, dass eine Steigerung der Profitrate nicht immer zur Wahl von Techniken führt, die arbeitsintensiver sind. Wenn ich die Profitrate steigere, fallen die Löhne – das ist die Lohnkurve. Und dann erwarte ich vom neoklassischen Standpunkt aus den Einsatz einer arbeitsintensiveren Technik. Sobald ich die Gleichungssysteme für mehrere Techniken einander abstrakt gegenüberstelle, gestützt auf die technischen Koeffizienten, finde ich für jede Profitrate eine optimale Lösung, welche die Produktionskosten minimiert. Wenn ich die Profitrate aber verändere, bin ich nicht sicher, dass die nächste Technik, die gewählt wird, bei einer höheren Profitrate und niedrigerer Lohnrate tatsächlich eine höhere Arbeitsintensität beziehungsweise eine geringere Kapitalintensität aufweisen wird. Es gibt also hier die Möglichkeit, dass sich der Faktorpreis und die nachgefragte Faktormenge nicht invers zueinander verhalten, wie man das von einer Nachfragefunktion erwartet. Wenn bei Arbeitslosigkeit die Löhne sinken und daraufhin eine kapitalintensive Technik als gewinnmaximal eingesetzt wird, ist das paradox. Denn nun findet bei gegebenem Kapital noch weniger Arbeit eine Beschäftigung.

Hat man damals gleich erkannt, wieviel Brisanz darin steckt?

Nur teilweise. Man hat damals noch mancherlei durcheinandergebracht. So verwechselte man Stabilität und Existenz. Sraffa hatte schon angedeutet, dass es eine Technik geben kann, bei der sich die Kapitalintensität vom Standpunkt der Neoklassik in die falsche

Richtung bewegt. Dann kamen die ersten Zahlenbeispiele, die das bestätigten. Sie waren sehr kompliziert, und warum sie so kompliziert sein mussten, verstand man nicht recht. Das Missverständnis bestand darin, dass man glaubte, das Problem sei dem Sraffa-System eigen. Schließlich hatte man für die allgemeine Gleichgewichtstheorie die Existenz von Gleichgewichten längst bewiesen, auch unter den Voraussetzungen, die dem Sraffa-System zugrunde lagen. Folglich meinte man, dass die Kritik für die allgemeine Gleichgewichtstheorie nicht gelte, sondern lediglich eine Widerlegung der Produktionsfunktion bedeute. Mit dieser und ähnlichen Zurechtlegungen haben die in diesen Dingen interessierten und vielleicht auch eine gewisse Avantgarde bildenden Neoklassiker dann zugegeben, dass es die neoklassische Produktionsfunktion vielleicht wirklich nicht gebe, dass also das Aggregationsproblem nicht richtig gelöst werden könne.

Aber sie hielten daran fest, dass die allgemeine Gleichgewichtstheorie davon unberührt sei.

Ja, aber das war eine Verwechslung. Denn das Problem, das Sraffa aufgeworfen hatte, betraf die Stabilität. Zwar kann man Zahlenbeispiele finden, die zeigen, dass bei einfachen Strukturen auch das Gleichgewicht selbst nicht da ist. Aber das Wesentliche ist, dass die Möglichkeit gezeigt wird, dass eine Instabilität auftritt. Und diese Möglichkeit betrifft dann sehr wohl auch die allgemeine Gleichgewichtstheorie. Doch der Mainstream – in diesem Zusammenhang vielleicht doch der beste Ausdruck – kümmerte sich um diese ganzen, als verstiegen angesehenen Debatten kaum. Man führte seine Theorien mit der Produktionsfunktion weiter, als ob nichts geschehen wäre. Die Avantgarde der Neoklassik – also Persönlichkeiten wie Samuelson und Solow – sagte, man müsse eben ohne Produktionsfunktion auskommen, und sie hielt an der allgemeinen Gleichgewichtstheorie fest. Mir fehlte allerdings immer die Begründung dafür. Ich selbst habe dann in Modellen gezeigt, die ich dafür eigens entwickeln musste, dass auch in der allgemeinen Gleichgewichtstheorie ein solches Stabilitätsproblem existiert, beruhend auf dem Phänomen der sogenannten Wiederkehr der Technik.

Was ist darunter zu verstehen?

Dass bei einer bestimmten Profitrate eine kapitalintensive Technik gewählt wird, dann bei einer höheren Profitrate eine arbeitsintensive Technik, und dass man bei einer weiteren Erhöhung der Profitrate jedoch zur ersten, kapitalintensiven Technik zurückkehrt. Das ist paradox, und es führt in der allgemeinen Gleichgewichtstheorie zu Instabilitäten. Das ist eine Instabilität eines Typs, den man vorher in der allgemeinen Gleichgewichtstheorie nicht beobachtet hatte. Meine Forschungen zu dieser Frage haben in der Neoklassik wenig Eindruck gemacht, weil sich ohnehin immer weniger für die allgemeine Gleichgewichtstheorie interessierten, und weil man Instabilitäten von der Konsumseite her kannte. Die Einsicht Sraffas konnte ich jedoch als grundsätzliche Einsicht bestätigen.

Was meinen Sie, warum ist diese Kritik nicht allgemein akzeptiert?

Man hat die Produktionsfunktion sogar später wieder in den Vordergrund gerückt! Das passierte, als die neue Wachstumstheorie aufkam, die ja dadurch interessant ist, dass der technische Fortschritt endogen erklärt wird. Anfänge davon waren bei Kaldor und Arrow zu finden, aber eben auch in der Cambridge-Theorie. Die Renitenz des ökonomischen Mainstreams hat mich da umso mehr gewurmt, und irgendwann begann ich mich zu fragen, ob seine Vertreter irgendeinen Grund dafür haben könnten. Also habe ich mir überlegt, unter welchen Bedingungen das neoklassische Modell vielleicht doch funktioniert. Das sind Untersuchungen, die ich in den vergangenen zehn Jahren unternommen habe und an denen ich in Varianten auch jetzt noch sitze. Darin habe ich zeigen können, dass das Paradox verschwindet, wenn die Inputmatrizen, die im Modell die Technik darstellen, über Zufallseigenschaften verfügen, und wenn ihre Beziehung zu den Arbeitsinputs ebenfalls gewisse Zufallseigenschaften trägt.

Bitte erklären Sie das.

Der Mathematik, die man braucht, um die entsprechenden Sätze zu beweisen, tut die hier gebotene Vereinfachung unrecht, aber ich versuche es einmal. Wie Sraffa entdeckte, war Ricardo der Erste, der die Akkumulations- und Verteilungstheorie aufgrund eines Einproduktmodells entwickelte. Korn wird produziert mit Hilfe von Korn und Arbeit. Der jährliche Überschuss über Produktions- und Lohnkosten wird als Gewinn und Landrente verteilt. Nun kann ich auf der Grundlage meiner jüngeren Arbeiten sagen, dass das System eigentlich wie ein Einproduktsystem funktioniert, wenn es Zufallseigenschaften hat. Durch die zufällige Verteilung der Inputs in den Industrien entsteht eine Art Homogenität unter diesen. Und dass man in Einproduktsystemen das Kapitalproblem lösen kann, weil das Produkt und die produzierten Produktionsmittel aus demselben Gut bestehen, ist allseits unbestritten. Die Bedingungen, unter denen die Produktionsfunktion grundsätzlich gerettet werden kann, sind mithin interessanterweise jenen sehr ähnlich, unter denen bei Marx das Transformationsproblem gelöst werden kann. Man muss dort die aggregierte Gewinnsumme als eine Umverteilung des aggregierten Mehrwerts darstellen können, was allgemein falsch ist, aber bei Zufallsmatrizen stimmt. Und schließlich versuche ich eine Brücke zu schlagen zwischen den allgemeinen Gleichgewichtstheorien und der Produktionsfunktion unter der Bedingung dieser vereinfachenden Voraussetzungen über die Zufallsmatrizen. Ein weiteres Problem in der allgemeinen Gleichgewichtstheorie ist nämlich die Unklarheit darüber, wie man die Preise der langen Frist bestimmen soll.

Kann man das nicht lösen, indem man sich Zukunftsmärkte vorstellt?

Ja, in der allgemeinen Gleichgewichtstheorie in ihrer modernen Form mit einem entfernten Zeithorizont löst man das Problem in der Tat, indem man annimmt, auf solchen

Zukunftsmärkten für alle Waren würden im Anfangszeitpunkt die Waren gehandelt, die jetzt zirkulieren, zuzüglich aller künftigen Waren und Faktoren innerhalb des Zeithorizonts. Genauer gesagt werden diese durch Versprechungen von Lieferungen und Nachfragen repräsentiert. Die Lösung des allgemeinen Gleichgewichts gibt also einen Preisvektor an für alle produzierten Güter und die Faktoren, derart, dass sich die Lieferversprechungen bei diesen Preisen ausgleichen. Die Existenz eines solchen Gleichgewichts lässt sich unter sehr allgemeinen Bedingungen beweisen. Den Zeithorizont kann man sogar ins Unendliche schieben. Dennoch ist die Frage, ob das eigentlich Preise der langen Frist sind.

Wieso nicht?

Der Charakter des Gleichgewichts wird hier durch das Angebot an Faktoren am Anfang der sukzessiven Perioden bestimmt, durch Bestände, die zufällig aus der Vergangenheit ererbt sind. Man ist also noch nicht in einem langfristigen Gleichgewicht, das sich reproduziert, sondern man wächst erst hinein, indem sich die Kapitalgüterproduktion an die langfristigen Bedarfe anpasst. Man bewegt sich deshalb vom Standpunkt der älteren Theorie, sei sie klassisch oder neoklassisch, jedenfalls aus der Zeit vor 1930, eigentlich noch innerhalb einer Theorie der Marktpreise. Die Eigenzinssätze sind in jedem Numéraire dann uniform; die vom Numéraire unabhängige Profitrate ist es jedoch im Allgemeinen nicht. Beweisen kann man nur, dass diese Preise zu langfristigen Preisen gravitieren, wenn die Präferenzen stationär sind und bei den in jeder Periode neu zur Verfügung gestellten, nicht produzierbaren Faktoren keine Schocks eintreten. So stellt also vom Standpunkt einer älteren Theorie die neoklassische Preistheorie eine Theorie der Marktpreise und ihrer Gravitation zu einem langfristigen Gleichgewicht dar, nicht aber eine Theorie des langfristigen Gleichgewichts, bei der die Profitrate von vornherein uniform ist. Die Ökonomen des 19. Jahrhunderts, die diese Schwierigkeit fühlten, suchten nach einem direkten Weg, ein langfristiges Gleichgewicht als allgemeines Gleichgewicht von Angebot und Nachfrage zu bestimmen. Das berühmteste Beispiel ist Léon Walras in seinem Modell der Kapitalbildung. Er entwickelte einen in sehr interessanter Weise verkehrten Ansatz, weil er einerseits davon ausging, dass die Ausstattungen an Kapitalgütern am Anfang einfach beliebig gegeben seien, und weil er andererseits annahm, dass man direkt zur uniformen Profitrate kommen würde.

Und das ist verkehrt.

Ja, da hatte sich Walras geirrt. Modernisierungen seines Gleichgewichtssystems zeigen, dass im Allgemeinen, wenn man so vorgeht, nicht alle Kapitalgüter reproduziert werden, sondern nur einige oder vielleicht sogar gar keins, weil die Forderung der uniformen Profitrate dem Datum der verschiedenen Anfangsbestände entgegensteht. Ein anderer Ansatz aus dem 19. Jahrhundert bestand darin anzunehmen, dass das Kapital gegeben ist, nicht in der Form von Anfangsbeständen von Gütern, sondern in der Form eines Kapitalwerts. Die physische Zusammensetzung des Kapitals wird als endogen betrachtet: Wenn man verschiedene Techniken hat, muss man bestimmen, welche Zusammensetzung der Kapitalien dazu geeignet ist, dass sich das System unter der Bedingung reproduzieren kann, dass der Wert des Kapitalaggregats dem vorgegebenen Wertaggregat entspricht. Ich habe versucht, ein solches Modell des allgemeinen Gleichgewichts aufzustellen und einen rigorosen Existenzbeweis zu führen. Es zeigt sich, dass man das tatsächlich tun kann. Man bekommt eine vernünftige Lösung, unter Bedingungen, die denen für die Aggregation des Kapitals als Variable einer Produktionsfunktion entsprechen und denen, die man bekommt, wenn man bei Marx das Transformationsproblem so löst, wie er selbst das wollte.

Und was bedeutet das?

Das heißt, dass die verschiedenen Ansätze der Nationalökonomie des 19. Jahrhunderts alle gemeinsam funktionieren, unter der Voraussetzung, dass Zufallsmatrizen angenommen werden, mit ein paar Zusatzbedingungen: sowohl das klassische Erbe bei Marx als auch die Neoklassik in der Form, wie wir sie bei John Bates Clark mit der Produktionsfunktion skizziert finden; aber auch die allgemeine Gleichgewichtstheorie, wenn man den Kapitalwert vorgibt. Das heißt, der Versuch Sraffas, durch eine logische Kritik die Neoklassik auszuscheiden, verbunden mit dem impliziten Versuch, die Klassik zu restaurieren, ist nicht so geglückt, wie er sich gedacht hat. Es gibt Bedingungen, unter denen die Neoklassik doch funktioniert. Diese Bedingungen sind aber restriktiv.

Das Ergebnis scheint Sie überrascht zu haben.

Allerdings! Zumindest hat der Versuch, ehrlich mit der Entwicklung der Theorie umzugehen, mich gezwungen, meine ursprünglichen Ansichten ein ganzes Stück weit zu modifizieren. Rein abstrakt genommen, ist die aus der Sraffa-Diskussion hervorgegangene These, dass die neoklassische Produktionsfunktion nicht allgemein konstruiert werden kann, natürlich richtig geblieben. Aber es ist auch eine empirische Frage, inwieweit die technischen Systeme, mit denen wir es in der Industriegesellschaft zu tun haben, den Zufallscharakter tragen, der die Konstruktion doch ermöglicht. Hier eröffnet sich ein Forschungsgebiet, das noch wenig bekannt ist, an dem sich aber bereits etliche internationale Wissenschaftler beteiligen, unter anderem Anwar Shaikh, der ein großes Buch geschrieben hat, „Capitalism"[4], in dem er diese Probleme auch anspricht.

---

4 Shaikh, A. (2016), *Capitalism: Competition, Conflict, Crises*, Oxford, Oxford University Press.

Wie direkt kann man solche theoretischen Fortentwicklungen in der Praxis anwenden?

Das geht nicht direkt. Vorsicht ist geboten und Geduld notwendig. Es passiert ja auch in den Naturwissenschaften, dass die Anwendung theoretischer Einsichten erst Jahrzehnte nach der Entdeckung der neuen theoretischen Einsichten kommt. Das berühmteste Beispiel ist vielleicht die allgemeine Relativitätstheorie. Das, woran wir arbeiten, ist gewiss nicht so großartig. Bisher beruhte das Finden der Ergebnisse auf der reinen Theorie, mit sehr wenigen Inspirationen von der Empirie. Erst jetzt, nachdem sich die theoretischen Ergebnisse geändert haben, beginnt man, sich diese Empirie genauer anzusehen. Ich hatte gedacht, die Wiederkehr der Technik komme in der Wirklichkeit oft vor.

Tut sie das also nicht?

Wenn wir Zufallsmatrizen haben, kann das grundsätzlich ausgeschlossen werden. Aber nur wenn wir strikte Zufallsmatrizen haben, wird es ganz ausgeschlossen – und das bedeutet, da die realen Input-Output-Systeme nur genähert Zufallsmatrizen entsprechen, dass das Phänomen empirisch selten wird. Ich habe gemeinsam mit einem koreanischen Studenten vor zehn Jahren empirische Untersuchungen dazu durchgeführt. Dabei haben wir einen einzigen Fall gefunden, wo so eine strikte Wiederkehr der Technik stattfand. In knapp 3 Prozent der Fälle wurde es auf der mikroökonomischen Ebene gefunden, in einem Prozent war es makroökonomisch zu finden. Insgesamt wichen jedenfalls weniger als 5 Prozent der Fälle überhaupt von der neoklassischen Prognose ab.

Das heißt, die Paradoxe der Kapitaltheorie sind empirisch selten.

Ja, und Wissenschaftler, die die Cambridge-Kritik der Neoklassik ihrerseits kritisierten, werden sich damit zufriedengeben. Wer in die Anwendung schaut, lässt sich allemal von einem gelegentlichen Paradox nicht abschrecken. Und doch bleibt etwas.

Inwiefern?

Als ich dachte, die Paradoxe seien häufig, stellte ich mir auch vor, dass die Lohnkurven auf ihrer Umhüllenden sehr rasch aufeinander folgten, was Sraffa auch am Schluss angedeutet hat. Die Vermutung lässt sich so illustrieren: Nehmen wir an, wir hätten 10 Länder und 100 Industrien. Diese Zahlen sind nicht unvernünftig gewählt, weil es darum geht, ob man die Techniken der anderen kennen kann. Die Ingenieure der Automobilfabriken in Deutschland haben zwar eine Vorstellung davon, wie Automobile in anderen Ländern gefertigt werden, aber das hat Grenzen. Die genaueren Kenntnisse konzentrieren sich auf den eigenen Industriezweig und auf wenige Länder. Die Information ist also verteilt. Mit Blick auf die Industrien muss man auf einem gewissen Niveau des Aggregats argumentieren, sonst gerät man nicht nur empirisch endlos ins

Einzelne, sondern es verschwinden auch die Homogenität und die Vorstellung von einem Durchschnittspreis, wenn man desaggregiert. Nun kann man folgendes Gedankenexperiment machen: Wenn ich 10 Länder habe und in jedem Land 100 Industrien, und in jedem Land könnte jeder Unternehmer auch die Produktionsmethoden aus den anderen Ländern anwenden und strebt nach der Besten – wie viele denkbare Kombinationen gibt es dann? 10 hoch 100, also eine 1 mit 100 Nullen daran.

Das ist eine ungeheure Zahl.

Früher dachte ich, dass ich dann ebenso viele Lohnkurven habe und dass die meisten dieser Lohnkurven auch auf der Umhüllenden erscheinen. Doch das Letztere war falsch. Ich hatte die Frage schon einmal Joan Robinson gestellt, als ich Student war: Wenn wir die Lohnkurven zeichnen, wie viele effiziente Alternativen werden da eigentlich auf der Umhüllenden erscheinen? Ich erinnere mich noch an die Antwort: Joan Robinson meinte, es werde eine Technik geben, die überhaupt die Beste ist. Nehmen wir einmal an, dass die Lohnkurven alle linear sind, entweder dank Zufallsmatrizen oder weil ich das einfach voraussetze. Außerdem seien die maximalen Profitraten und die maximalen Lohnraten, die sich mit einer Technik ergeben, gar nicht miteinander korreliert, sondern rein zufällig. Dann kann ich die Lohnkurven nach der maximalen Lohnrate ordnen. Wenn ich bei irgendeiner Lohnrate in dieser Hierarchie anfange und die entsprechende Lohnkurve betrachte, dann befindet sich die zugehörige maximale Profitrate in der Vielzahl der maximalen Profitraten dieser Systeme an einem völlig zufälligen Ort. Wenn ich mit der Technik mit der maximalem Lohnrate beginne, müsste unter dieser Annahme – wenn nur eine Technik auf der Umhüllenden zum Vorschein kommen soll, wie Joan Robinson meinte – diese Technik zufällig die größte der maximalen Profitraten aufweisen. Die Wahrscheinlichkeit dafür wäre 1 zu 10 hoch 100.

Also sehr gering.

Es wird nicht nur nicht besser, sondern schlimmer, wenn man mit Paul Samuelson annimmt, dass sich die Reihenfolge der maximalen Profitraten genau invers verhält zur Reihenfolge der maximalen Lohnraten. Die Wahrscheinlichkeit dafür ist 1: 10 hoch 100 Fakultät. Das ist noch viel unwahrscheinlicher. Also besteht da offenbar eine Schwierigkeit. Sehr unwahrscheinlich ist die Hypothese, dass nur eine beste Technik existiert und man sich, wie die Keynesianer oft unterstellen, um die Frage der Substitution nicht kümmern muss. Noch unwahrscheinlicher aber scheint es zu sein, dass alle Techniken sukzessive, mit bei steigender Profitrate zunehmender Arbeitsintensität, als Substitute erscheinen. Deshalb bietet es sich an, noch ein weiteres Gedankenexperiment durchzuführen, das gar nicht sehr schwierig ist: Wie viele Techniken erwarte ich eigentlich auf der effizienten Lohnkurve der Umhüllenden anzutreffen, wenn ich bei einem gegebenen Spektrum von Techniken, beispielsweise eben mit 10 Ländern und je 100 Industrien, diese vollständige Zufälligkeit der maximalen Profitraten annehme, nachdem ich die maximalen Lohnraten in eine Hierarchie gebracht habe? Ich kann zeigen, dass dies in sehr guter Annäherung der natürliche Logarithmus der Anzahl der Techniken ist. Der Logarithmus ist eine Funktion, die ganz besonders langsam gegen unendlich geht. Wenn ich den natürlichen Logarithmus von 10 hoch 100 nehme, dann ist das 100-mal der natürliche Logarithmus von 10. Es sind also ungefähr 243 Techniken, die noch erscheinen – weit entfernt von der Vorstellung eines Kontinuums von effizienten Techniken wie auf der neoklassischen Produktionsfunktion.

Das ist schon überschaubarer.

Dabei sind aber die einigermaßen plausiblen Verteilungsveränderungen sehr klein. Wenn zum Beispiel die Lohnrate gesenkt wird, um eine Technik zu finden, die eine höhere Arbeitsintensität verspricht, in der Hoffnung, auf diese Weise zu Vollbeschäftigung zu gelangen, dann muss ich, um eine zu finden, bei der die Arbeitsintensität genügend größer ist, ein ganzes Stück die Umhüllende hinunterrutschen. Bei einer kleinen Variation finde ich aber vielleicht gar keine, die sich so weit eignet. Das heißt also, dass von dieser Seite die Skepsis der Cambridge-Ökonomen bezüglich des neoklassischen Mechanismus zur Wiederherstellung von Vollbeschäftigung durch Lohnsenkungen nun doch bestätigt wird – auf eine neue, vielleicht auch interessantere Weise. Vorher war diese Skepsis eine reine Negation. Aber hier sehe ich jetzt, dass die Kritik schwieriger ist.

Aber ganz widerlegt ist die Neoklassik immer noch nicht.

Nein, aber der Befund ist enttäuschend im Verhältnis zu den Erwartungen, welche die Neoklassiker hatten.

Und was heißt das nun mit Blick auf die Beschäftigungschancen in einer Volkswirtschaft? Wir waren ja von der Frage ausgegangen, ob unter den Bedingungen der modernen Technologie noch damit zu rechnen ist, dass Innovationen die Leute auch weiterhin in Lohn und Brot bringen.

Die Schlussfolgerung, die ich auf der Grundlage meiner Forschungen anbieten kann, ist die Folgende: Es gibt eine Unmenge von Techniken, die arbeitsintensiver sind als die in der Ausgangslage verwendete, doch sie sind leider nicht effizient – ihre Lohnkurven liegen unterhalb der Umhüllenden. Es ist kein Wunder, dass John Maynard Keynes mit seinem humorvollen Zynismus empfiehlt, man solle Dollarnoten in Flaschen stopfen, vergraben und zwecks Beschäftigung wieder ausbuddeln. Keynes hoffte, dass wir schon vernünftigere Techniken finden würden. Aber wir müssen wirklich danach suchen, und es ist mit der Konkretisierung offenbar nicht leicht. Die Kunst würde eigentlich darin bestehen, Beschäftigung dadurch zu schaffen, dass man Aktivitäten fördert, durch die sich die Menschen gegenseitig beschäftigen, ohne dass sie den Staat allzu sehr belasten. Da kann man sich einiges denken, beispielsweise dass der Staat Minijobs mit Steuererleichterungen fördert.

Empfehlen Sie das?

Man kann sich schon fragen, ob es die Aufgabe einer demokratischen Regierung ist, den Menschen ihre Beschäftigungsverhältnisse sozusagen vorzuschreiben. Aber immerhin ist in dieser Diskussion zu einem der bedeutendsten Ziele der Wirtschaftspolitik, das man zu oft als leicht erreichbar behandelt, ein neuer Ansatz gefunden worden. Die Lehre besteht auf jeden Fall darin, dass man, wenn der Staat in den Arbeitsmarkt eingreift, sehr genau überlegen muss, wie er das tun soll. Letztlich ist man zurückverwiesen auf den gesunden Menschenverstand. In gewisser Weise behält die Historische Schule in doppelter Weise Recht. Einerseits insofern, als die handfesten Theorien, die handfeste Lösungen anbieten, offenbar nicht allgemein gelten. Andererseits lernt man vielleicht doch auch etwas durch Erfahrung, und so kommt man zurück zur Geschichte.

Um einen solchen innertheoretischen Diskurs zu führen, um ein Gedankengebäude so auf seine Stringenz zu prüfen, wie Sie das gerade getan haben, muss man sich in der Dogmengeschichte gut auskennen.

Es war zu meiner Zeit in Cambridge allgemein üblich, dass man die ökonomische Theorie im Zusammenhang mit ihrer Entstehungsgeschichte darbot. Wer damals beispielsweise bei Nicholas Kaldor oder bei Joan Robinson in der Vorlesung saß, musste selbstverständlich über Adam Smith und David Ricardo jedenfalls alles Grundlegende wissen. Sonst konnte er gar nicht folgen, auch wenn diese Vorlesung dann auf moderne – damals moderne – Wachstumstheorien hinauslief. Ich versuche, das Ganze als eine letzten Endes irgendwie zusammenhängende Einheit der Theorie zu verstehen, an der jeder irgendwo arbeitet. Jeder verfügt dabei über ein Stück Autonomie, wie er seine Modelle ausgestaltet und worauf er dabei verzichtet – aber man steckt doch in einem Gesamtzusammenhang. An dieser Stelle besteht ein großes Defizit in der Art und Weise, wie die ökonomische Theorie den Studenten an der Universität vermittelt wird. Sie müssen geradezu den Eindruck gewinnen, dass sie sich der Instrumente aus diesem Instrumentenkasten der Theoriegeschichte jeweils einzeln bedienen dürften und dass man ihren Gesamtzusammenhang kaum zu kennen brauchte. Dass es überhaupt so weit gekommen ist, beruht auf der Spezialisierung und ist insofern ein Stück weit unvermeidlich.

Also müssen wir uns damit abfinden?

Nicht ganz. Das Problem könnte relativ leicht ein wenig geheilt werden, wenn die Inhaber der Lehrstühle für die ökonomischen Spezialdisziplinen mehr Verständnis für die Notwendigkeit der Darlegung des Zusammenhangs hätten. Es würde schon helfen, wenn man in Anfängerveranstaltungen bestrebt bliebe, einen echten Gesamtüberblick zu geben. Auch solche Fächer wie Methodologie und Theoriegeschichte helfen zu verstehen, wie es genetisch aus gemeinsamen Wurzeln zur Ausdifferenzierung der verschiedenen Instrumente im theoretischen Fundus der Ökonomie kam.

Sie sagten, man sollte den Gesamtzusammenhang kennen. Aber man darf sich dann schon auch ein wenig eklektisch aus dem Instrumentenkasten der Ökonomie bedienen, nicht wahr?

Natürlich. Nehmen wir als Beispiel das Projekt der Erneuerung der klassischen Tradition, wie es Sraffa betrieb. Es ging damit einher, dass man mit Theorien umzugehen hatte, die „offen" waren, wie ich das gern nenne. Sraffa selbst war in seinem Modell zur Bestimmung der langfristigen Preise offen bezüglich der Verteilungstheorien. Ob man eine Ergänzung mit keynesianischen oder machttheoretischen Verteilungstheorien versuchen will, ließ er offen, und wie weit man mit einer neoklassischen Schließung des Modells kommen mag, haben wir soeben ein Stück weit auszuloten versucht. Das Zusammensetzen zu einem Ganzen kann man auch mit etwas heterogeneren Elementen versuchen. Aber die Theoriegeschichte ist noch aus einem anderen, übergeordneten Grund eine fantastische Quelle der Inspiration.

Welcher Grund ist das?

Ich bin ein Leben lang immer in Museen herumgegangen und habe versucht, Gemälde nach Epochen und Stilen zu ordnen und zu genießen, und entsprechend verfahre ich mit der schönen Literatur. Es ist ungeheuer spannend zu erkennen, wie die Wahrnehmungen sich ändern. Gerade deshalb habe ich noch nie akzeptieren können, dass die Nationalökonomie für alle Zeiten dieselbe gewesen sein soll, wie es der Unterricht in neoklassischer Theorie nahezulegen scheint. Ich weiß noch, wie überrascht ich war, als ich in Japan in Carl Mengers Bibliothek stand – ohne Schuhe, um den gebührenden Respekt zu erweisen – und bemerkte, dass der größte Teil seiner Sammlung aus Reiseberichten zu bestehen schien.

Aus Reiseberichten?

Ja, wirklich. Menger hat offenbar seine Abende genossen, indem er Reiseberichte las. Die Haltung, die er so gewann, kann nur die gewesen sein, dass er meinte, Begriffe wie „Grenznutzen" seien derart allgemein, dass man sie auf verschiedene kulturelle Zusammenhänge anwenden könne – mit der Intuition, dass der zugrundeliegende ökonomische Mechanismus ein ganz einfacher sei. Aus der Historischen Schule kam der Vorwurf, er reduziere die Ökonomie auf einen Naturalismus. In der Tat muss man fragen, ob sich auf diese Weise die Mannigfaltigkeit der historischen Wirklichkeit packen lässt. Mir liegt da jemand wie Walter Eucken mehr. Es hat mich gerade im Hinblick auf meine historischen Fragestellungen fasziniert, wie er mit seinem freilich begrenzten theoretischen Instrumentarium an Modellen gleichsam kombinatorisch die Idealtypen verschiedener Wirtschaftsformen zu charakterisieren versucht. Wer gewohnt ist, die Entsprechungen zwischen den Epochen der Literatur, der Malerei, der bildenden Kunst und der Architektur zu erspüren, und wer ein Auge für die dahinter stehenden gesellschaftlichen Formen hat, bis ins Wirtschaftliche und ins Militärische hinein – den muss es schon erheblich wurmen, dass die Wirtschaftsgeschichte als empirische Wissenschaft auf die letzten zweihundert Jahre beschränkt ist, für die es quantitative Daten gibt. Für die Zeit davor muss man hauptsächlich von schriftlichen Quellen ausgehen, von denen viel zur ökonomischen Theoriegeschichte im weiteren Sinn gerechnet werden darf. Sie erlaubt uns, das Selbstverständnis und die Selbstdarstellung der Wirtschaft in früheren Perioden zu rekonstruieren.

Wie sollte man denn nach Ihrer Auffassung Theoriegeschichte sinnvollerweise betreiben?

Ich unterscheide immer gern zwischen positivistischer, relativistischer und politischer Theoriegeschichte. „Positivistisch" soll kein denunzierendes Wort sein, aber schon eine gewisse Einschränkung zum Ausdruck bringen. Ich verstehe unter „positivistischer Theoriegeschichte" eine Herangehensweise, mit der man die Entwicklung der Analyse beschreibt, also wie die verschiedenen Ansätze auseinander hervorgehen, wie Theorien neu entdeckt und kritisiert werden. Das gleicht der Theoriegeschichte, wie sie auch beispielsweise in der Mathematik betrieben wird. Diese Art ist notwendig beschränkt auf die Epochen, in denen eine solche Theoriebildung – zunächst in elementarer Form – überhaupt stattfand. Sie ist eigentlich erst vom ausgehenden Merkantilismus an zu bemerken, und entfaltet sich groß erst in der Klassik. Für die Zwecke einer erweiterten Theoriegeschichte eher politischer Art kann man sich auch schlicht auf die Wirtschaftspolitik konzentrieren. Volkswirtschaftliche Theorie ist ja doch letzten Endes darauf gerichtet zu gestalten, wie sich Staat und Wirtschaft zueinander verhalten sollen, etwa durch das Steuersystem. Fragt man, wie das alles nun wieder mit den kulturellen Faktoren und der gesellschaftlichen Strukturierung zusammenhängt, treibt man politische Ökonomie in einem weiteren Sinne. In der „relativistischen Theoriegeschichte" versuche ich, die Wirtschaft in den kulturellen Zusammenhang einzubetten, weshalb diese auch die gesamte Menschheitsgeschichte umfassen kann. Sie berührt sich mit einer Wirtschafts- und Kulturgeschichte – ein Rahmen, in dem man zum Beispiel über die Weber'sche Puritanismusthese diskutieren kann.

Also den möglichen historischen Zusammenhang von protestantischem Erwerbsfleiß und kapitalistischer Entwicklung.

Ich habe in meiner Arbeit immer wieder versucht, mit dem Begriff der Wirtschaftsstile zu charakterisieren, was beispielsweise die Unterschiede zwischen den Konzeptionen der verschiedenen Länder in der Merkantilperiode ausmachte. Das erschien mir als Beitrag zur relativistischen Theoriegeschichte deshalb interessant, weil es gerade in der Merkantilperiode sehr deutlich wird, dass man sich in der höheren Literatur ganz ähnlich wie auch in der Reiseliteratur und in den politischen Schriften scharf voneinander absetzte und sich bemühte, nationale Charaktere zu betonen.

Das erinnert ein wenig an heute, wo immer wieder die Rede ist von den verschiedenen wirtschaftspolitischen Kulturen beispielsweise in Griechenland, in Frankreich und in Deutschland.

Ja, in der Tat. Deswegen habe ich auch immer gern etwas zu Tagungen beigesteuert, wo es um die Gegensätze vor allem innerhalb Eurolands ging und man zu wissen wünschte, warum die Südeuropäer eine so andere Vorstellung davon haben, wie man Euroland entwickeln sollte, als der Norden. Gewisse nationale Charakterzüge verändern sich auch über Jahrhunderte hinweg nur langsam. Ich kenne Texte aus dem 14. Jahrhundert, die sich auf Unterschiede zwischen den Deutschen und den Franzosen beziehen, wie wir sie bis heute kennen.

Bedarf es, um solche Kulturen zu erfassen, einer mehr „anschaulichen", nicht so sehr formalen Theorie, nach einem Begriff, der bei Ihnen immer wieder auftaucht?

Unbedingt. Der Begriff der Anschauung hat in der deutschen Ideengeschichte seit Goethe eine wichtige Rolle gespielt. Goethe ging seinerzeit nach Italien, um, wie er selbst sagte, sein Auge zu schulen. Liest man seine „Italienische Reise", dann stellt man fest, dass darin fast jede Zeile anschaulich ist. Und zwar anschaulich in dem Sinne, dass die konkrete Anschauung, das Bild beschworen wird, das Goethe für sich selber auch festzuhalten versuchte, indem er zeichnete – es ist also auch im Wortsinn visuell. Aber es ist mehr als das. Goethe erstrebte, einen Gesamtkontext zu erfassen, der übrigens auch wirtschaftliche Aspekte umfasste, was viele Germanisten bei der Lektüre der „Italienischen Reise" übersehen. Diesen Begriff der Anschauung hat die Phänomenologie teils aufgenommen, teils autonom reproduziert. Mein ökonomischer Lehrer Edgar Salin war ein Schüler Friedrich Gundolfs gewesen, der dieses Thema 1916 in seinem berühmten Buch „Goethe"[5] herausgehoben hatte.

Der Dichter und Literaturwissenschaftler Gundolf war lange ein enger Vertrauter und Freund des Symbolisten Stefan George und wie Salin Mitglied des sogenannten George-Kreises, eines regelmäßig in Austausch stehenden Zirkels von Dichtern und Denkern. Diesem Kreis gehörten unter anderem auch die Stauffenberg-Brüder an.

---

5 Gundolf, F. (1916), *Goethe*, Berlin, Bondi.

Salin jedenfalls hat in seiner Dogmengeschichte den Begriff der anschaulichen Theorie in die Ökonomie übertragen, und zwar bei Gelegenheit einer Rezension[6] von Sombarts Buch „Der moderne Kapitalismus" in der Version von 1927[7]. Salin schrieb, Sombart habe anschauliche und rationale Kapitel aufeinander folgen lassen. Als rationale Kapitel bezeichnete er jene, in denen Sombart ein wenig Theorie trieb. Da ging es zum Beispiel darum, wie sich eine Goldvermehrung auf die Gesamtwirtschaft auswirkt. Sombart war insofern prä-keynesianisch, als er nicht meinte, dies müsse das Preisniveau steigern, wie es die Quantitätstheorie postuliert, sondern es könne die Nachfrage stimulieren. Und andererseits gab es anschauliche Kapitel, in denen Sombart zeigte, wie die historische Evolution verläuft, und nachzeichnete, wie sich die Wirkung von Goldfunden in einer Wirtschaft fortpflanzt. In seiner „Geschichte der Volkswirtschaftslehre"[8] hat Salin in einem Anhang den Bogen von der Ökonomie zu der ursprünglich von Goethe herkommenden und dann von George und Gundolf aufgenommenen Theorie der Anschaulichkeit zu schlagen versucht, wie sie Edith Landmann entwickelt hatte, die Philosophin im George-Kreis. Dahinter stand die Frage, wie man das, was man aus der historischen Soziologie und insbesondere von Max Weber gelernt hatte, im Sinne einer anschaulichen Theorie erweitern könnte.

Damit sind wir wieder bei der Puritanismusthese.

Jawohl. Im weiteren Sinne ging es um die historische Charakterisierung wirtschaftlicher Formen. Weber und George hatten sich eine Zeitlang intensiv miteinander auseinandergesetzt. Weber schien George und vor allem Gundolf und Salin besessen von dem Wunsch, die historischen Wechsel in abstrakte Begriffe zu fassen. Seine Idealtypen waren kontrafaktisch und entbehrten schon deswegen einer gewissen Anschaulichkeit. Sie waren in der Manier des Juristen konstruiert, der Begriffe formulieren muss, die jeder Jurastudent, jeder Richter und jeder Anwalt verstehen kann. Weber war ja ursprünglich Jurist. Er machte sich nicht, wie man es in einer modernen Modellbildung tut, die Mathematik zunutze, um die Grundbegriffe festzuhalten, sondern er musste sie aus der Alltagssprache herausbilden. Aber sie sollten dann fest sein und gewisse Möglichkeiten auch logischer Deduktion eröffnen. Erst wenn eine solche Begriffsbildung erreicht war, schien ihm damit auch Wissenschaft möglich. Bei Weber ist damit eine Zurückweisung anschaulicher Schilderungen verbunden, die aus dem Empfinden eines Totalzusammenhangs entstehen.

---

6 Salin, E. (1927), Hochkapitalismus, Eine Studie über Werner Sombart, die deutsche Volkswirtschaftslehre und das Wirtschaftssystem der Gegenwart, *Weltwirtschaftliches Archiv* 25, S. 314–44.

7 Sombart, W. (1927), *Der moderne Kapitalismus*, Leipzig, Duncker&Humblot.

8 Salin, E. (1923), *Geschichte der Volkswirtschaftslehre*, Enzyklopädie der Rechts- und Staatswissenschaft Bd. 34, Berlin, Julius Springer.

Also ganz anders als bei Goethe.

Ja. Weber bringt ausdrücklich das Beispiel der Totalität einer Stadt, die man durchwandert, und in der man das Gefühl hat, dass alles hänge doch eigentlich zusammen: Die italienische Stadt Rom ist doch anders als irgendeine nordische Stadt. Von genau diesem Gefühl der Totalität ist Goethe erfüllt, wenn er in der „Italienischen Reise" seine letzte Nacht in Rom beschreibt und alles, was ihn umgibt, als einen Kosmos wahrnimmt. Die Darstellung solchen Empfindens ist im Sinne Webers keine Wissenschaft. Salin fand dagegen in Übereinstimmung mit George und seinen Mitstreitern, dass Wissenschaft eigentlich erst da ihren Gipfel erreiche, wo sie durch formvollendete Gestaltung Totalitäten erfasst, die Weber immer nur in ihre Teile zerlegen wollte. Wenn man Weber im Überblick gelesen hat, dann wird man ihm zwar zubilligen, dass er in großartiger Weise auch auf Totalitäten zugegriffen hat, aber wenn man die Sache vom methodischen Prinzip her betrachtet, dann wird die Kritik schon insofern verständlich. Ihm fehlte, behaupteten die Georgeaner, dadurch etwas Wesentliches. Jenes Erfassen und Darstellen der Formen kann natürlich nicht im gleichen Sinne systematisch gelehrt werden wie beispielsweise die Mathematik, die wir für unsere ökonomischen Modelle verwenden.

Welche klassischen Ökonomen betrachten Sie als besonders stark, was die Anschaulichkeit angeht?

Ich folge da meinem Lehrer Salin, der befand, dass die Anschaulichkeit bei Adam Smith dominiert, bei Ricardo aber nicht, und dass Marx in großen Passagen den Smith'schen Stil erreicht. Auch Keynes war sehr begabt für anschauliche Theorie – Walras aber weniger. Und dann finden wir interessante Übergangsfiguren wie Pareto, der so sehr darauf versessen war, Anschauung und rationale Theorie voneinander zu trennen. Ich finde natürlich, dass man das zu verbinden suchen sollte. Es mag sein, dass man mal mehr im einen, mal mehr im anderen Habitus steckt. Aber das Ganze einer wissenschaftlichen Leistung setzt sich dann aus beidem zusammen.

Zurück zum George-Kreis. Sie sind lange Präsident der George-Gesellschaft gewesen und haben insbesondere über die Ökonomen im George-Kreis geforscht. Wer gehörte eigentlich alles dazu?

Es gab eine ganze Menge von ihnen. Edgar Salin war der von heute und von der Ökonomie aus gesehen Bekannteste, aber da zählten sich auch noch Friedrich Andreae, Julius Landmann, Arthur Salz, Kurt Singer und Friedrich Wolters dazu. Letzteren assoziiert man mit einer problematischen Zuspitzung des George-Kreises wegen der berühmt-berüchtigten Schrift „Herrschaft und Dienst"[9] und der „Vier Reden über das Vaterland"[10]. Wolters war eigentlich Wirtschaftshistoriker und hat ein vorzügliches, der ökonomischen Dogmengeschichte zuzurechnendes Buch zu den Vorstellungen über Agrarreformen im Frankreich des 18. Jahrhunderts geschrieben, aus dem man viel darüber lernt, was es außerhalb der Physiokratie noch gegeben hat[11]. Im weiteren Sinne zählte auch Robert Boehringer dazu, der ein großer Unternehmer und Dichter war; ihn hat George später zu seinem Erben gemacht.

Und offenbar geben das Interesse für Gesamtzusammenhänge, für „Totalitä-ten", und das Paradigma der Anschaulichkeit, so wie Sie es beschrieben haben, gerade diesen Ökonomen einen besonderen Blick, von dem wir gegenwärtig wie-der besonders profitieren können.

Sie standen eigentlich alle in der Tradition der jüngsten Historischen Schule, in der es darum ging, sich aufgrund von überlieferten Schriften mehr denn aufgrund von empi-rischer rekonstruierender Forschung mit verschiedenen historischen Verhältnissen zu beschäftigen. Sie versuchten, daraus eine Orientierung zu gewinnen, und sie überleg-ten, wie man aus der Erfahrung dieses jeweiligen Hintergrunds gute Wirtschaftspolitik gewinnen könne. Salin passt in seinen Äußerungen zur Europapolitik durchaus zu den Europa-Visionen, die man mit George in Verbindung bringt. Und dabei kommt etwas Wesentliches, auch für heute Bemerkenswertes ans Tageslicht. Um das zu erklären, muss ich ein wenig ausholen. George war am Anfang ein ausgesprochen europäischer Dichter. Er hat den europäischen Symbolismus, der in Frankreich entstanden war und der in den Niederlanden bereits einen Rückhalt in jungen Dichtern hatte, nach Deutsch-land gebracht. So wird denn auch von Germanisten der Beginn der Moderne in Deutsch-land manchmal einfach mit George datiert, weil Hugo von Hofmannsthal und Rainer Maria Rilke erst danach kommen und der Expressionismus noch später beginnt.

Was war die Absicht hinter diesem Symbolismus?

Hier wurde versucht, dem Naturalismus etwas entgegenzusetzen und aus der Deka-denz einer ohne Tiefe fortgeführten Poesie im Stile Goethes herauszukommen. Das Ziel war, in der Verfolgung eines neuen ästhetischen Ideals eine neue deutsche Spra-che zu schaffen, die der Dichtung eine neue Form gäbe. Damit entstand für kurze Zeit und in dem beschränkten Rahmen der Lyrik etwas Europa Gemeinsames. Es exis-tierte, obwohl es sich bei der Dichtung um etwas handelt, das eigentlich sprachlich und damit national gebunden scheint. Dass es einen Aufbruch neuer europäischer

---

9 Wolters, F. (1909), *Herrschaft und Dienst*, Berlin, Einhorn-Presse.
10 Wolters, F. (1927), *Vier Reden über das Vaterland*, Breslau, Hirt.
11 Wolters, F. (1903), *Studien über Agrarzustände und Agrarprobleme in Frankreich von 1700 bis 1790*, Leipzig, Duncker&Humblot.

Musik geben konnte, beispielsweise mit den Kompositionen Arnold Schönbergs, das ist keine Zauberei, denn die Musik ist eben nicht durch Sprache beschränkt. Auch in der darstellenden Kunst ist es leichter, einen solchen nationenübergreifenden Zusammenhang zu stiften. Aber in der Dichtung ist das etwas Erstaunliches.

Warum ist das wichtig?

Es ist wichtig als Paradigma, weil die europäische Bewegung solchen kulturellen Anstößen folgte. Goethe wurde zwar überall in Europa gelesen, aber es entstand daraus nicht gleich auch schon eine europäische goethesche Dichtung. Aber hier, im Symbolismus, entwickelte sich etwas für Europa Spezifisches. Das war vor dem Ersten Weltkrieg. Danach gab es die Bemühungen, die europäische Einigung politisch voranzubringen aufgrund eines durch die Kultur bedingten Zusammengehörigkeitsgefühls. Insbesondere der Europäische Kulturbund ist da zu nennen. Und nach dem Zweiten Weltkrieg überlegte sich Robert Schuman, ob man auf dieser Basis weiter vorgehen solle. Doch das Erlebnis des Zweiten Weltkriegs war so entsetzlich, dass man dem rein Kulturellen nicht mehr traute. Stattdessen hat man sich darauf beschränkt, Europa aus dem rein Wirtschaftlichen neu zu begründen. Die Idee war, das wirtschaftliche Bündnis so zu organisieren, dass alle Teilnehmer Grund hätten, dabeizubleiben und nicht wieder auszutreten. Offensichtlich ist dieses Experiment nicht völlig gelungen, wie wir jetzt gerade gesehen haben.

Der Brexit… Die gegenwärtigen Probleme der Europäischen Union sind also letztlich die Folge einer nicht hinreichenden gegenseitigen kulturellen Durchdringung?

Ja, das würde ich behaupten. Man hat kaum versucht, jenseits der Bündnisse zur Verteidigung und zur Wahrung der wirtschaftlichen Interessen ein Gemeinsames zu schaffen. Man hat von Anfang an auf größere Anstrengungen verzichtet, ein verbindendes europäisches Kulturelement heranzuziehen, um eine Einheit auch im Denken und im künstlerischen Schaffen zu stiften, die zwischen dem stünde, was nationale Einheit ausmacht und dem, was heute mit Globalisierung gemeint wird. Wie oberflächlich man mit dem Problem dieses Mangels umgeht, zeigt sich vor allem in der Art und Weise, wie man in der öffentlichen Debatte die europäischen Werte immer als solche präsentiert, die sich von selbst globalisieren müssten. Wenn man nach europäischen Werten fragt, dann werden einem regelmäßig die Werte der Aufklärung genannt. Das ist gut und recht. Aber das sind Werte, die aus sich heraus einen universalen Anspruch erheben. Dabei geht Europa als etwas Spezifisches verloren.

Wozu bedarf es dessen?

Für den Zusammenhalt. Blicken wir kurz auf China. Dort gibt es enorme zentrifugale Kräfte aufgrund der Unterschiedlichkeit der Provinzen. Aber die Chinesen teilen nicht nur die Tradition einer gemeinsamen Verwaltung – die nicht immer durchgängig war, denn ein paar Mal ist ja auch China auseinandergefallen. Sie haben vor allem eine gemeinsame chinesische Kultur, die in ihrer merkwürdigen Schriftlichkeit begründet ist. Diese Schrift ist Gott sei Dank so schwierig, dass man sich viele Jahre damit befassen muss, sie zu lernen. Um sie anwenden zu können, muss man die Literatur gelesen haben. Deshalb kommt man als Chinese gar nicht darum herum, sich mit der eigenen Kultur zu beschäftigen und sich im Ergebnis auch mit ihr zu identifizieren. Bis man 17 oder 20 Jahre alt ist, ist man dermaßen intensiv darin erzogen, dass man nicht mehr herauswill. In Europa hätte man sich daran durchaus ein Vorbild nehmen und in den sechziger Jahren beispielsweise beschließen können, dass in europäischen Belangen alle nur noch Lateinisch sprechen.

Oh je. Über das kleine Latinum bin zumindest ich nicht hinausgekommen.

Oder Französisch, um sich vom globalen Englisch abzusetzen. Vielleicht wäre auch das zu künstlich gewesen, ich weiß es nicht. Jedenfalls ist da etwas, das Europa fehlt. Und das ist es, was die Ökonomen, die aus dem George-Kreis kamen – natürlich nicht als Einzige – als Defizit erkannt hatten. Selbstverständlich war der Symbolismus nur ein Beispiel – und dazu ein elitäres – für einigende und kulturelle Momente. Zu umfassenderen wie den kirchlichen Organisationen brauche ich hier nicht viel zu sagen. Autoren wie Salin haben jedenfalls zu ihrer Zeit damit sicher leichter ein Echo gefunden, als das gegenwärtig der Fall wäre. Bundeskanzler Konrad Adenauer, Alcide De Gasperi – das waren zwar wirklich Politiker und nicht Repräsentanten des europäischen Humanismus. Aber sie hatten von diesem noch mehr in sich als die politischen Figuren und die Angehörigen der Elite, mit denen wir gegenwärtig zu tun haben.

Sie beschreiben einen Prozess, in dem durch den Austausch über Grenzen hinweg etwas Gemeinsames entsteht. Erleben wir das in der Wissenschaft nicht längst, durch internationale Tagungen und Forschungsverbünde? Und auch in der Gesellschaft insgesamt, durch die Möglichkeit von Reisen und Migration?

Natürlich erleben wir das, aber das ist ein internationales, tendenziell globales Phänomen – wo entsteht denn dabei das spezifisch Europäische? Ein Gespür für die Kunst, wie man einen Kulturzusammenhang schafft und erhält, insbesondere wie man einen solchen für Europa schafft und erhält, scheint dann verloren.

Ist das denn so entscheidend?

Entscheidend – das wage ich, mit Bezug auf Europa, nicht zu sagen. Es wäre aber gewiss ein Gewicht in der Waagschale, wenn eben, wie in Europa seit Maastricht, die wirtschaftspolitischen Konzeptionen auseinandertreiben. Dann muss ja irgendetwas anderes da sein, was einen zusammenhält als nur die Angst vor Feinden. Zumal Europa für die Verteidigung von Amerika abhängig ist. Leider fehlen auch auf anderen

Feldern der europäischen Politik wie der Wissenschaftspolitik – abgesehen vom Organisatorischen – bisher die spezifisch europäischen Konturen. Aber es wäre leichter, sich über politische Maßnahmen zu verständigen, wenn ein gewisser Grundkonsens bestünde.

Lassen Sie mich abschließend noch einmal kurz auf die Klassiker in der ökonomischen Theoriegeschichte insgesamt eingehen. Welche haben Sie unter all den Gesichtspunkten, die Sie hier bisher skizziert haben, besonders gern? Haben Sie überhaupt Lieblinge?

Ja, natürlich, aber das verschiebt sich immer wieder. Es ist mir nicht gegeben gewesen, gute Ökonomen hassen zu können. Ich habe eigentlich immer gefunden, sie seien alle interessant. Auch wenn ich zum Beispiel bei Walras eine bestimmte Kritik hatte, fand ich ihn trotzdem einen außerordentlich faszinierenden Autor. Man hat die Klassiker eben auf verschiedene Weise gern.

Kann man Ökonomen überhaupt hassen?

Marx ist von manchen Leuten sehr intensiv gehasst worden, um ein eklatantes Beispiel zu nehmen, und seinerseits konnte er Thomas Malthus nicht ausstehen. Übrigens sind von den Marx'schen Hypothesen bezeichnenderweise die interessantesten historischer Natur. Marx ist in gewisser Weise der linke Flügel der Historischen Schule und kann insofern als deren erfolgreichster Denker gelten, als er als einziger wirklich Theorie und Geschichte enger zusammengebracht hat – weit mehr als Gustav Schmoller. Was mich betrifft, sind mir in der Theoriegeschichte manche Dinge doch eher fremd geblieben. Lieblinge hatte ich schon, da haben Sie Recht. Ich habe immer den Merkantilismus und dessen bedeutende Autoren gern gehabt, Antonio Serra oder William Petty, oder die Spanier, vor allem Luís Ortíz. Das ist der früheste Merkantilist, den ich studiert habe. Und eine Zeit lang fand ich den Münzstreit im 16. Jahrhundert faszinierend und den Kameralisten Kaspar Klock, den Autor von „De aerario", der mitten im Dreißigjährigen Krieg mit seinen lateinischen Schriften einen späten europäischen Humanismus repräsentierte und, mit anderen Begriffen, Wirtschaftsstile wahrnahm. Aristoteles bleibt in außergewöhnlicher Weise maßgebend. Es ist unabweisbar, dass von ihm die verschiedenen Strömungen ausgehen. Einer, zu dem sich meine Haltung verändert hat, war Eugen von Böhm-Bawerk; ihn habe ich erst in jüngerer Zeit schätzen gelernt.

Warum?

Es ist frappierend, wie sehr er an der ricardianischen Theorie der natürlichen und normalen Preise festhält. In der Frage, wie die Veränderung der Einkommensverteilung auf die relativen Preise wirkt, kann man Ricardo mit Böhm-Bawerk gegen Irving Fisher verteidigen. Böhm-Bawerk hält an der Vorstellung der Preise in der langen

Frist fest und sagt, wenn der Zinssatz steigt, dann sei es keineswegs so, wie Fisher meine, dass dann die Werte künftiger Erträge allesamt fielen. Bezogen auf die Kapitalgüter würden im langfristigen Gleichgewicht vielmehr die Preise bei Änderung der Profitrate teils steigen, teils fallen, wobei er ein aus dem Durchschnitt der Güter gebildetes Numéraire verwendet. Das hat er gesehen, während Fisher diese ganze große Tradition der Analyse der langfristigen Preise durch seine einseitige Betonung des Diskontierens ein Stück weit zerstört hat, ohne zu sehen, was er da eigentlich tat. Eugen von Böhm-Bawerk und ebenfalls Knut Wicksell waren außerordentlich begabt in der Durchdringung auch solcher Denkgebäude, die ihrer eigenen Lehre fremd waren.

Wenn Sie eine Empfehlung abgeben sollten, welchen Autor sollte jeder gelesen haben?

Ich empfehle immer, die Klassiker zu lesen, einschließlich Keynes. Auch die Ordoliberalen muss man kennen. Mit welchem Denker Sie anfangen, ist eigentlich egal. Aber nur einen zu lesen, um danach gleich wieder aufzuhören – das allerdings wäre gewiss nicht meine Empfehlung.

Isabel Schnabel

https://doi.org/10.1515/9783111208749-016

Frankfurter Geldpolitik-Erklärerin

Der Weg von Isabel Schnabel, geboren 1971 in Dortmund, ist von ungewöhnlicher Gerad-
linigkeit. Nach dem Abitur hatte sie zwar eigentlich Journalistin werden wollen, doch
während eines Praktikums bei den Ruhr Nachrichten meinte sie herauszufinden, dass
ihr das doch nicht so recht lag: Wie sie vor einigen Jahren in einem Grußwort für ihre
frühere Schule bekundete, das Stadtgymnasium Dortmund, gab es ihr da in der tägli-
chen Arbeit „zu viel Zeitdruck". Dass der Tag mit seinen 24 Stunden auch in der Wissenschaft und in öffentlichen Institutionen arg kurz sein kann, offenbarte sich erst später.

Isabel Schnabel folgte einem Rat ihrer Eltern und absolvierte zunächst, obwohl
sie auf jeden Fall noch studieren wollte, eine Banklehre bei der Deutschen Bank in
Dortmund: Das Geschäft der Banken, das sie seither nie wieder losließ, hat sie somit
von der Pike auf gelernt. An der Berufsschule traf sie dann auf einen Lehrer, der sie für
das Fach Volkswirtschaftslehre begeisterte: „Ich merkte gleich, dass es hier um große,
bedeutende Fragen ging: Wohlstand, Arbeitslosigkeit, Entwicklungshilfe und Sozialpolitik." Nach Abschluss der Lehre nahm sie 1992 mit viel Begeisterung das Studium der
Volkswirtschaftslehre an der Universität Mannheim auf. Ihr war damals nicht einmal
bewusst, dass sie an eine besonders angesehene Fakultät geraten war – wie sie sagt,
hatte sie Mannheim vor allem deshalb ausgewählt, weil die Universität mit ihren Aus-
landsprogrammen warb. Auch dass das heimische Dortmund nicht allzu nahe war,
spielte eine Rolle: Die junge Frau wollte auf eigenen Füßen stehen. Ihre Reiselust trug
sie im Studium für ein Semester an die Sorbonne in Paris und später dann noch für ein
Jahr nach Berkeley, wo sie an der University of California noch vor dem Diplom am
Doktorandenprogramm teilnahm. Die Verbindung zur Deutschen Bank ließ sie in dieser
Zeit nicht abbrechen; sie ging als erste Praktikantin an die Filiale des Hauses im russi-
schen St. Petersburg und ein Jahr später in die Forschungsabteilung in der Frankfurter
Zentrale, wo sie sich mit Konjunkturprognose und Fixed Income Research befasste.

Das Diplom erlangte sie im November 1998 in Mannheim als Jahrgangsbeste. In
der Stadt zwischen Rhein und Neckar blieb sie auch für das Promotionsstudium im
Graduiertenkolleg „Allokation auf Finanz- und Gütermärkten"; zugleich wirkte sie als
wissenschaftliche Mitarbeitern am Lehrstuhl von Martin Hellwig, der ihr Doktorvater wurde. Ein Praktikum führte Schnabel zwischendurch nach Washington, in die
Forschungsabteilung des Internationalen Währungsfonds. Im Februar 2003 wurde sie
in Mannheim mit einer Arbeit über makroökonomische Risiken und Finanzkrisen in
historischer Perspektive[1] promoviert. Als Hellwig schließlich 2004 an das neu gegründete Max-Planck-Institut zur Erforschung von Gemeinschafsgütern in Bonn wechselte,
wo er neben dem Rechtswissenschaftler Christoph Engel Direktor wurde, ging Schnabel als Senior Research Fellow mit. Kurz darauf reiste sie wieder einmal in die Verei-

---

[1] Schnabel, I. (2003), *Macroeconomic Risks and Financial Crises – A Historical Perspective*, Dissertation, Universität Mannheim.

nigten Staaten – es zog sie diesmal für sechs Monate als Visiting Postdoctoral Fellow ans Department of Economics der Harvard University.

Die Universität Mainz berief die engagierte, diskussionsfreudige Wissenschaftlerin im April 2007 zunächst vertretungshalber (cum spe) auf den Lehrstuhl für Volkswirtschaftslehre, insbesondere Financial Economics. Schon bald wurde daraus eine dauerhafte Position. In ihrer Forschung, die anfangs eine starke wirtschaftshistorische Komponente hatte, befasste sie sich mit allem, was mit Finanzkrisen, Bankenregulierung, systemischen Risiken und der „Too-big-to-fail"-Problematik, mit internationalen Kapitalströmen und Finanzintegration zu tun hat. Ihre Expertise in der Finanzmarktökonomie trug sie nicht nur über Gutachten, sondern auch durch Blogbeiträge, Zeitungsartikel und Twitter-Nachrichten in die Öffentlichkeit. Das brachte ihr 2018 den Gustav-Stolper-Preis, mit dem der Verein für Socialpolitik Wissenschaftler auszeichnet, die mit ihren Erkenntnissen die öffentliche Diskussion beeinflusst und Beiträge zu Verständnis und Lösung ökonomischer Probleme geleistet haben.

In Mainz blieb Schnabel bis Ende 2015, als sie an die Universität Bonn wechselte, als Professorin für Finanzmarktökonomie, wo sie gemeinsam mit Bonner und Kölner Kolleginnen und Kollegen das einzige wirtschaftswissenschaftliche Exzellenzcluster einwarb, dessen Sprecherin sie 2019 wurde. Schon zuvor war sie in den Verwaltungsrat der Bundesanstalt für Finanzdienstleistungen (Bafin) berufen worden, und seit Sommer 2014 war sie – in Nachfolge von Claudia Buch – Mitglied im Sachverständigenrat zur Begutachtung der gesamtwirtschaftlichen Entwicklung. Die Arbeit dort war, wie sie erzählt, das ganze Jahr über einigermaßen intensiv, nicht nur in der sogenannten Kampagne, wenn sich die „Wirtschaftsweisen" im Spätsommer acht Wochen im zwölften Stock des Statistischen Bundesamtes in Wiesbaden in Klausur begeben, um mit Unterstützung des Stabes das jeweilige Jahresgutachten zu verfassen. Ganz ohne Konflikte gehen diese Arbeiten nie ab, nicht zuletzt wegen eines gewissen Lagerkollers, der sich unweigerlich einstellt, vor allem aber wegen der unterschiedlichen Charaktere und politischen Vorverständnisse der Mitglieder. Und Schnabel, die verhinderte Journalistin, quälte die Kollegen – damals Christoph Schmidt als Vorsitzendem, Lars Feld, Volker Wieland und Peter Bofinger – noch zusätzlich mit ihrem unerbittlichen Feilen an den Texten, die nicht nur präzise, sondern auch für Politik und Öffentlichkeit verständlich sein sollten. Wer die Gruppe beobachtete, konnte freilich sehen, dass gerade diese intensive Zeit sie menschlich teilweise zusammenschweißte.

Die stressreichen Kampagnen des Sachverständigenrats waren immerhin noch zeitlich begrenzt. Jetzt hingegen, berichtet Schnabel mit einem Lachen, lebe sie gleichsam in einer dauerhaften Kampagne: bei der Europäischen Zentralbank, wo sie sich als Mitglied des Direktoriums seit dem 1. Januar 2020 um Forschung und Statistik kümmert und die Marktoperationen leitet, also über Anleihekäufe und Geldleihgeschäfte mit den Geschäftsbanken gegen Sicherheiten wacht. Aus dem Sachverständigenrat schied sie aus, ebenso wie aus dem wissenschaftlichen Beirat des European Systemic Risk Board (ESRB), dem sie seit 2015 angehörte, und fast allen sonstigen Gremien, denen sie vorher angehört hatte; von ihrem Lehrstuhl in Bonn ist sie beurlaubt.

„Es ist ein ganz anderes Leben als bisher an der Universität", sagt sie. Den Hut der Wissenschaftlerin hat sie deshalb nicht abgegeben, aber sie hat andere Verpflichtungen. Besonders ist ihr daran gelegen, die EZB-Präsidentin Christine Lagarde in ihrem erklärten Vorhaben zu unterstützen, besser mit der Öffentlichkeit zu kommunizieren und die Maßnahmen des Hauses besser zu erklären.

Nun sitzt sie dort also, hoch oben in einem lichten Büro mit viel Ausblick in den Doppelhelix-Türmen der EZB im Frankfurter Ostend, mitten im Zentrum eines Geschehens, das manchen Beobachtern schon länger Sorge bereitet – von den Klägern gegen das 2015, also lange vor ihrer Zeit aufgelegten „Public Sector Purchase Programme" (PSPP), die vor dem Bundesverfassungsgericht am 5. Mai 2020 einen hochumstrittenen Erfolg erzielten, bis hin zu den Kämpfern gegen das Risiko der Target-Salden. Gemeinsam mit Hellwig hat Schnabel vor einer Überschätzung dieser Risiken gewarnt, da von „diesem System keine wesentlichen Risiken für den deutschen Steuerzahler ausgehen und [...] Reformvorschläge der Besicherung oder Umwandlung von Target-Salden Gefahr laufen, den Euro zu destabilisieren", wie die beiden für eine öffentliche Anhörung des Finanzausschusses des Bundestages am 5. Juni 2019 in einer Stellungnahme schrieben.[2] Vordringlich sei stattdessen ein Vorantreiben der Bankenunion, der europäischen Einlagensicherung und der Entprivilegierung von Staatsanleihen sowie die Bereinigung von Bankbilanzen und Überkapazitäten im Euro-Raum.

---

2 Hellwig, M. und I. Schnabel, Stellungnahme anlässlich der öffentlichen Anhörung des Finanzausschusses des Deutschen Bundestages zu den Anträgen der Fraktion der FDP und AfD zum Thema „Target" (BT-Drs. 19/6416 und 19/9232) am Mittwoch, den 5. Juni 2019, online verfügbar unter https://www.bundestag.de/resource/blob/645586/3254e2723ad969f4cc8598adfa4d848c/08-Schnabel-data.pdf.

„In einer außergewöhnlichen Situation sind außergewöhnliche Maßnahmen erforderlich"

Ein Gespräch über das Urteil des Bundesverfassungsgerichts vom 5. Mai 2020, die Geldpolitik der EZB in der Corona-Krise und eine Berücksichtigung von Klimazielen bei Anleihekäufen

Frau Professorin Schnabel, am 5. Mai erging das Urteil des Bundesverfassungsgerichts zum Anleihekaufprogramm der EZB, dem „Public Sector Purchase Programme" (PSPP).[3] Demnach sind diese Anleihekäufe teilweise verfassungswidrig, und der Europäische Gerichtshof (EuGH) hat bei der Verhältnismäßigkeitsprüfung die Anforderungen an eine nachvollziehbare Überprüfung der Einhaltung des währungspolitischen Mandats der EZB verfehlt. Wie stehen Sie dazu und was folgt für die EZB daraus?

Das Urteil richtet sich nur an Bundesregierung und Bundestag, die jetzt angehalten sind, auf eine Verhältnismäßigkeitsprüfung der Anleihekäufe durch die EZB hinzuwirken. Das ist aus zwei Gründen problematisch: Erstens hat der für die EZB zuständige Europäische Gerichtshof (EuGH) das PSPP für vereinbar mit dem EU-Recht erklärt. Zweitens ist die EZB gemäß Artikel 130 AEUV eine unabhängige Institution und folgt nicht den Weisungen nationaler Behörden. Das Urteil des EuGH ist für uns weiterhin maßgeblich, und deshalb besteht keine Notwendigkeit, unsere Geldpolitik zu verändern. Eine gute Nachricht ist, dass das neue Anleihekaufprogramm, das wir aus Anlass der gegenwärtigen Corona-Pandemie aufgelegt haben, das Pandemic Emergency Purchase Programme oder abgekürzt PEPP, nicht Gegenstand des Karlsruher Urteils war. Die Marktentwicklungen zeigen, dass dies auch von den Marktteilnehmern so wahrgenommen wird, trotz der Unsicherheit zu Beginn. Wir werden also weiterhin das tun, was erforderlich ist, um unserem Mandat der Preisstabilität gerecht zu werden und die Transmission der einheitlichen Geldpolitik im gesamten Euro-Raum sicherzustellen. Gleichzeitig ist für uns natürlich wichtig, was in Deutschland passiert, dem größten Mitgliedstaat des Währungsraums.

Unmittelbarer betroffen als die EZB ist die Bundesbank, die „mit Blick auf die unter dem PSPP getätigten Ankäufe für eine abgestimmte – auch langfristig angelegte – Rückführung der Bestände an Staatsanleihen Sorge zu tragen hat", falls die genannte Frist nicht eingehalten wird.

---

3 BVerfG, Urteil des Zweiten Senats vom 5. Mai 2020–2 BvR 859/15.

Anmerkung: Online am 27. Mai 2020 erstmals veröffentlicht, https://doi.org/10.1515/pwp-2020-0031. In Print am 2. Juli 2020 erschienen, *Perspektiven der Wirtschaftspolitik* 21(2), S. 137–48.

Ja, im Urteil ist explizit eine Frist von drei Monaten genannt. Wenn bis dahin der vom Bundesverfassungsgericht geforderte Nachweis der Verhältnismäßigkeit nicht erbracht ist, dürfte die Bundesbank laut dem Urteil des Bundesverfassungsgerichts nicht mehr an Anleihekäufen im Rahmen des PSPP teilnehmen. Ich bin zuversichtlich, dass eine solche Situation vermieden werden kann. Übrigens hat die EZB schon immer – bei der Vorbereitung, der Verabschiedung und dem Einsatz des PSPP und ihrer anderen geldpolitischen Maßnahmen – Wirkungen und Nebenwirkungen analysiert und gegeneinander abgewogen. Es gibt hierzu eine Vielzahl von Dokumenten, von denen viele auch öffentlich verfügbar sind, darunter die Zusammenfassungen der geldpolitischen Diskussionen aus den Ratssitzungen. Solche Dokumente sind dem EuGH von der EZB im Rahmen des gerichtlichen Verfahrens vorgelegt worden und sind sicherlich in die rechtliche Bewertung eingeflossen.

Echte „Minutes" werden aber noch immer nicht veröffentlicht.

Wir veröffentlichen „Monetary policy accounts"[4] – das ist eine etwas reduzierte Version der „Minutes". Diese Zusammenfassungen sind sehr detailliert. Man kann ihnen vieles über die Diskussionen entnehmen, die im EZB-Rat geführt werden. Sie stehen sinnbildlich für die Transparenz unserer Arbeitsweise und unser Bestreben, unsere geldpolitischen Maßnahmen stets ausreichend zu begründen. Wir sind im Übrigen gegenüber dem europäischen Parlament rechenschaftspflichtig, und dort finden regelmäßig Anhörungen zur Geldpolitik (die sogenannten monetären Dialoge) statt. In diesem Rahmen steht die EZB-Präsidentin, oder früher der EZB-Präsident, den Abgeordneten Rede und Antwort zur Geldpolitik. Dieser Austausch wird live im Internet übertragen und ist in veröffentlichten Wortprotokollen festgehalten. Auch daraus geht hervor, dass eine Abwägung der Wirkungen und Nebenwirkungen unserer geldpolitischen Entscheidungen regelmäßig stattfindet.

Die Abwägung findet statt, und die Dokumentation so zu gestalten, dass die Abwägung für Gerichte nachvollziehbar ist, lässt sich machen. Heißt das, das Urteil war übertrieben?

Es steht mir nicht zu, dazu eine Bewertung abzugeben. Die dem Urteil zugrundeliegenden rechtlichen Annahmen reichen aber über den konkreten Fall des PSPP hinaus, denn es geht vorrangig um das generelle Verhältnis zwischen EU-Recht und nationalem Recht. Das Primat des EU-Rechts ist ein wesentliches Fundament der Europäischen Union. Es wäre sehr wichtig, dass der EuGH und das Bundesverfassungsgericht ein gemeinsames Verständnis finden und kooperativ zusammenarbeiten.

---

4 Online verfügbar unter https://www.ecb.europa.eu/press/accountshtml/index.en.html.

Am 5. Mai 2020, als das Urteil verkündet wurde, sagte der Moderator des Heute-Journals im ZDF, es gehe „um 2600 Milliarden Euro, die die Europäische Zentralbank in den Jahren 2014 bis 2018 auf Pump in den Geldkreislauf pumpte, und damit die Sparer um ihre Zinsen brachte"[5]. Dieses Narrativ von der Enteignung der Sparer, das die Kläger transportierten und das Bundesverfassungsgericht in seinem Urteil teilweise übernimmt, setzt sich offenbar fest. Ich denke mir, Sie können darüber nicht glücklich sein.

Das Thema falscher Narrative zur Geldpolitik der EZB beschäftigt mich schon sehr lange. Natürlich kann sich eine Zentralbank, nur weil sie unabhängig ist, nicht gegen Kritik immunisieren. Ganz im Gegenteil. Aber es besorgt mich, dass sich gerade in Deutschland diese Narrative von der Enteignung des Sparers, den Strafzinsen, der Geldschwemme, der drohenden Inflation und den Zombieunternehmen entwickelt und festgesetzt haben, trotz zahlreicher Fakten, die eine andere Sichtweise nahelegen. Diese Narrative wurden von den Medien immer wieder verwendet und dadurch verstärkt. Wir wissen ja, stetes Wasser höhlt den Stein. Wenn die Menschen etwas häufig genug hören, fangen sie irgendwann an, es zu glauben. Das war übrigens auch der Grund, warum ich im Februar meine erste große Rede[6] in meiner neuen Funktion genau diesem Thema gewidmet habe, interessanterweise ausgerechnet in Karlsruhe.

Aber nicht am Verfassungsgericht, sondern der Juristischen Studiengesellschaft Karlsruhe.

Ja, es war sogar eine Reihe von Bundesrichtern anwesend, aber niemand vom Bundesverfassungsgericht. Diese Narrative, die ich in Karlsruhe versucht habe zu entkräften, haben sich im Urteil des Bundesverfassungsgerichts nach meinem Verständnis unwidersprochen wiedergefunden. Übrigens habe ich in meiner Rede ja nicht nur gesagt, dass ich die Dinge anders sehe. Gemeinsam mit den EZB-Mitarbeitern habe ich mir viel Mühe gegeben, die einzelnen Narrative im Detail durchzugehen und Daten und empirische Studien heranzuziehen, und ich habe gezeigt, wo die Trugschlüsse liegen. Man kann über den einen oder anderen Punkt sicher diskutieren, aber hierzu sollte man Fakten nutzen, um die Argumente zu entkräften.

Wo liegen denn die Trugschlüsse?

Die Evidenz ist in vielen Punkten ziemlich erdrückend, so dass sich die meisten Narrative nicht halten lassen. Es beginnt ja schon damit, dass viele Menschen nicht verstehen,

5 Vgl. https://www.zdf.de/nachrichten/heute-journal/heute-journal-vom-5-mai-2020-100.html.
6 Schnabel, I. (2020), *Narrative über die Geldpolitik der EZB – Wirklichkeit oder Fiktion?*, Rede vor der Juristischen Studiengesellschaft Karlsruhe am 11. Februar 2020, online verfügbar unter https://www.ecb.europa.eu/press/key/date/2020/html/ecb.sp200211_1~b439a2 f4a0.de.html.

warum die Zinsen so niedrig sind. Entgegen dem gängigen Narrativ ist es nicht in erster Linie die Zentralbank, die das verursacht. Viel bedeutender sind die strukturellen makroökonomischen Trends, zum Beispiel die Demographie und die Entwicklung der Innovationsfähigkeit einer Gesellschaft, die Einfluss auf die gesamtwirtschaftliche Investition und Ersparnis haben. Sie bestimmen den sogenannten realen Gleichgewichtszins, an dem sich die Zentralbanken orientieren müssen. Das ist der Zins, der sich ergibt, wenn sämtliche Produktionsfaktoren voll ausgelastet sind und keinen Preisdruck ausüben.

Und diese Wachstumsquellen haben sich abgeschwächt.

Genau. Die Bevölkerung im erwerbsfähigen Alter geht im Euro-Raum zurück. Und während das jährliche Produktivitätswachstum in den achtziger Jahren im Euro-Raum im Durchschnitt noch etwa 2 Prozent betrug, liegt es inzwischen nur bei etwas weniger als der Hälfte. Bei sehr geringen oder sogar negativen realen Gleichgewichtszinsen kann die Zinspolitik an die effektive Nullzinsgrenze stoßen. Daher gehen Zentralbanken, so auch die EZB, bei sehr niedrigen kurzfristigen Zinsen typischerweise zu unkonventionellen Maßnahmen über, zumal sich im Euro-Raum ab dem Jahr 2014 ausgesprochen niedrige und teilweise sogar negative Inflationsraten einstellten. Das Bündel der geldpolitischen Maßnahmen hat der Wirtschaft im Euro-Raum in den vergangenen Jahren entscheidende Impulse gegeben. Die Kreditkosten für Unternehmen und Haushalte sind deutlich gesunken, und zwar stärker, als allein aufgrund der Senkung der Leitzinsen zu erwarten gewesen wäre. Das hat die Kreditnachfrage belebt und somit Investitionen und die Schaffung neuer Arbeitsplätze unterstützt. Ohne die Maßnahmen wäre die Beschäftigung im Euro-Raum 2019 laut unseren Schätzungen um mehr als 2 Millionen Arbeitnehmer geringer gewesen, das Bruttoinlandsprodukt um 2,5 bis 3 Prozent geringer.

Sie haben in Ihrer Karlsruher Rede auch darauf hingewiesen, dass das Narrativ von der Enteignung des deutschen Sparers schon deswegen falsch ist, weil es kein Eigentumsrecht auf hohe Sparzinsen gibt und weil es auch nicht Teil des Mandats der EZB ist, Sparern Rendite zu sichern.

Ja, und vor allem neigen einige Menschen dazu, den Effekt der niedrigen Zinsen zu negativ zu sehen und zu überschätzen. Die mittlere reale Verzinsung für Spar- und Sichteinlagen entspricht in Deutschland seit der Einführung des Euros etwa dem Durchschnitt der 24 Jahre davor. Vor allem aber besteht Deutschland nicht nur aus Sparern, sondern auch aus Kreditnehmern, Steuerzahlern, Hausbesitzern und Arbeitnehmern. Für einen repräsentativen Haushalt steht auf der reinen Zinsrechnung für den Zeitraum von 2007 bis 2017 unter dem Strich sogar ein kleines Plus. Gerade die Mittelschicht, der die meisten Kreditnehmer angehören, hat von der Niedrigzinspolitik profitiert.

Auch die Sorge, dass die niedrigen Zinsen Firmen am Leben erhalten, die unter normalen Bedingungen eingehen müssten und auch sollten, teilen Sie nicht.

Diese Sorge lässt sich durch die Empirie nicht belegen. Eine systematische Zunahme der Zahl unprofitabler Unternehmen in den Jahren der expansiven Geldpolitik ist in den Daten einfach nicht zu erkennen, ganz im Gegenteil: Sie ist sogar gefallen. Günstigere Finanzierungsbedingungen kommen ja allen Firmen zugute, vor allem aber profitablen und gesunden Unternehmen, bei denen die Banken eher bereit sind, günstige Kredite zu gewähren, als bei unrentablen und hoch verschuldeten Unternehmen. Auch dieses Narrativ lässt sich also nicht erhärten, wenn man sich mit den ökonomischen Zusammenhängen und mit der Empirie näher auseinandersetzt. Aber vielleicht sind die inhaltlichen Erwägungen am Ende des Tages gar nicht der entscheidende Punkt.

Sondern?

Im Fokus stehen vermutlich vor allem die Prozeduren. Die kann man immer verbessern und dabei beispielsweise die Transparenz erhöhen. Tatsächlich ist uns Transparenz sehr wichtig. Wir geben uns schon jetzt viel Mühe, besser zu erklären, was wir tun, mit Erklärvideos, Hintergrundtexten und Ähnlichem auf der EZB-Internetseite oder auf Twitter. Es ist ein erklärtes Ziel der EZB-Präsidentin, besser zu kommunizieren – nicht nur mit den Finanzmärkten, sondern auch mit den europäischen Bürgerinnen und Bürgern. Die große Bedeutung, die diese irreführenden Narrative faktisch haben, zeigt uns aber, dass es offenbar den Zentralbanken bisher noch nicht gelungen ist, mit der Bevölkerung direkt und effizient zu kommunizieren. Wir müssen das noch viel besser machen; meine Karlsruher Rede war ein erster Versuch. Insofern nehmen wir das Urteil des Bundesverfassungsgerichts auch als Ansporn. Wir wollen, dass die Geldpolitik verstanden wird, und vor allen Dingen, dass den Menschen klar wird, dass wir etwas tun, was ihnen nutzt. Doch die Geschichte, die in Deutschland erzählt wird, ist ja genau das Gegenteil: Die EZB-Politik nutze anderen, aber auf jeden Fall nicht den Deutschen. Das ist eine gefährliche Fehlwahrnehmung, wenn man bedenkt, wie stark gerade Deutschland vom Euro profitiert hat. Ich möchte versuchen, dieses Bild zu korrigieren.

Müssen wir uns vor dem Hintergrund des Urteils nun erst recht von der Vorstellung verabschieden, dass die EZB sozusagen alles reparieren kann? Wie stark ist der andere Arm der Wirtschaftspolitik, die Fiskalpolitik? Was braucht es, damit Geld- und Fiskalpolitik besser Hand in Hand gehen?

Die Wirksamkeit der Geldpolitik ist größer, wenn sie von einer entsprechenden Fiskalpolitik unterstützt wird. Mein Eindruck ist, dass man das in der gegenwärtigen Krise auch sehr gut verstanden hat. Dass bei einem derartig schweren Schock, wie wir ihn gerade in der Pandemie erleben, die Fiskalpolitik aktiv werden muss und dass die Geldpolitik allein die Krise nicht beheben kann, scheint allen klar zu sein. Aber nicht alle Länder haben dieselben Möglichkeiten. Tatsächlich sind die Länder, die schwerer getroffen wurden, oft gerade diejenigen, die über geringere fiskalische Spielräume verfügen. Deshalb besteht die Sorge, dass in diesen Ländern zu wenig getan wird, um die Krise zu überwinden. Das stellt nicht nur für die Entwicklung dort ein Problem dar, sondern hat Ausstrahlungseffekte auf ganz Europa. Es könnte zu einer wirtschaftlichen Divergenz zwischen den Mitgliedstaaten führen, was die Transmission der Geldpolitik in alle Teile des Währungsraums erschweren würde. Zudem sind die Mitgliedstaaten der Europäischen Union derart eng miteinander verflochten, dass eine schwache Entwicklung in einigen Mitgliedstaaten auch die anderen beeinträchtigt. Man muss bei der Lösung der Krise daher unbedingt europäisch denken.

Wenn es Deutschland gut geht und allen anderen Ländern schlecht, leidet auch Deutschland.

Eben. Und darum müssen wir alles daran setzen zu verhindern, dass die bestehende Divergenz zwischen den Mitgliedstaaten jetzt durch die Krise noch weiter wächst. Für die Geldpolitik würde das ein großes Problem darstellen, aber natürlich ebenso für die europäische Integration und das Zusammengehörigkeitsgefühl. Deshalb sind die europäischen Initiativen so wichtig. Sie können dabei helfen sicherzustellen, dass in allen Mitgliedstaaten das Nötige getan wird, um die Krise zu überwinden. Wir befinden uns in der schwersten Krise seit der Weltwirtschaftskrise, und es lässt sich nicht ausschließen, dass die Bilanz in manchen Ländern am Ende noch schlimmer ausfällt als damals. Das ruft zum einen nach Solidarität. Wir müssen uns in der Europäischen Union in dieser schweren Krise gegenseitig unterstützen. Zum anderen erfordert es aber auch im eigenen Interesse jedes einzelnen Mitgliedstaats eine europäische Antwort.

Die Krise trifft die EU aber in einem denkbar ungünstigen Moment. Die Mitgliedstaaten waren schon mal einiger, die Brüsseler Institutionen erscheinen geschwächt, und die EZB hat ja nicht nur mit einem Gerichtsurteil aus Karlsruhe derzeit Mühe, sondern auch schon damit, dass ihr eigener Instrumentenkasten geschrumpft und sie auf eine unkonventionelle Geldpolitik angewiesen ist.

Diese Einschätzungen teile ich nicht. Die EZB hat auf die Krise geldpolitisch sehr schnell und entschieden reagiert, auch weil man aus den vergangenen Krisen, der Finanzkrise von 2008 und der darauf folgenden Eurokrise, viel gelernt hatte und bereits Erfahrungen mit neuen geldpolitischen Instrumenten gesammelt hatte. Man hat den Instrumentenkasten sehr schnell an die jetzige Krise anpassen können und rasch verstanden, um welche Art von Krise es sich handelt. Das würde ich nicht geringschätzen. Auch die Fiskalpolitik ist national in vielen Ländern schnell aktiv geworden. Wer hätte es in Deutschland für möglich gehalten, in welcher Geschwindigkeit man diese gewaltigen Programme aus dem Boden stampfen kann? Auf der europäischen Ebene gibt es ebenfalls Bewegung. Man hat weitgehend die drei Kernbestandteile des Unterstützungsprogramms – das Arbeitsmarktprogramm SURE, den Garantiefonds über die

Europäische Investitionsbank (EIB) und ein spezielles pandemisches ESM-Programm mit geringer Konditionalität – festgezurrt. Der deutsch-französische Impuls zur Gestaltung des geplanten Wiederaufbaufonds ist ebenfalls sehr ermutigend, und ich bin gespannt auf den angekündigten Vorschlag der Europäischen Kommission. Dieser Fonds ist besonders wichtig, weil er auf die Zukunft ausgerichtet sein wird und den Ländern nicht nur hilft, den akuten wirtschaftlichen Schock zu überwinden, sondern nachher auf einen nachhaltigen und von Reformprozessen begleiteten Pfad des Wirtschaftswachstums zurückzufinden. Solche Entscheidungen dauern in Europa immer ein bisschen länger, weil wir eine komplizierte Governance haben. Aber ich finde die aktuellen Entwicklungen sehr begrüßenswert, selbst wenn wir noch nicht am Ziel sind.

Die EZB hat am 12. März 2020 ein erstes und am 18. März ein zweites großes Maßnahmenpaket aufgelegt, dessen Herzstück das schon genannte PEPP ist. Wie stark waren diese Maßnahmen von den Ereignissen in Italien und der Sorge darum getrieben, dass Italien in Nöte geraten könnte, die dann für den ganzen Euro-Raum ein Desaster würden? Italien ist ja seit der Finanzkrise ein Sorgenkind.

Unsere Sorge war nicht Italien. Unsere Geldpolitik orientiert sich am gesamten Euro-Raum. Zwischen dem 12. März, dem Tag unseres ersten geldpolitischen Pakets, und dem 18. März, als wir PEPP angekündigt haben, ist es zu schweren Verwerfungen an den Finanzmärkten gekommen. Die Aktienkurse sind weiter eingebrochen, die Risikoprämien für Staatsanleihen sind spürbar auseinandergedriftet, und die Marktliquidität ist eingetrocknet. Man konnte geradewegs zusehen, wie sich die Finanzmarktdaten im Sekundentakt verschlechterten. Die Risiken, die mit diesen Entwicklungen für das Wachstum, die Beschäftigung und die Preisentwicklung im Euro-Raum einhergingen, waren beträchtlich. Darum haben wir mit einem neuen Programm reagiert, das genau auf diese Situation abgestimmt war. PEPP hat die Märkte beruhigt und die Fragmentierung im Euro-Raum eingedämmt. Man kann in vielen Zeitreihen sehen, wie genau in dem Moment, als die EZB ihr PEPP-Paket aufgelegt hat, eine Trendwende eingetreten ist.

Sind Sie denn mit der Entwicklung seither zufrieden?

Es ist uns gelungen, die Finanzmärkte zu stabilisieren, im Verbund mit den anderen großen Zentralbanken. Alle wurden nahezu gleichzeitig tätig. Auch die Fiskalpolitik hat gehandelt. Allerdings sind die Finanzierungsbedingungen für Firmen und Banken immer noch ungünstiger als vor der Krise. Wir haben nach wie vor höhere Risikoprämien in vielen Segmenten. Man kann also nicht behaupten, dass wir jetzt in einer entspannten Situation seien. Das spiegelt nicht zuletzt die realwirtschaftlichen Folgen der Krise wider. Die Auswirkungen werden tiefer sein und länger andauern als ursprünglich erwartet. Und die Welt wird eine andere sein. Wenn man im Moment Wirtschaftsprognosen macht, denkt man in Szenarien, weil die Unsicherheit so groß ist. Aber im Vergleich zu der Eskalation, die wir Mitte März hatten, hat sich die Lage spürbar beruhigt, und dazu hat ganz klar die Geldpolitik der EZB beigetragen.

Es gab eine intensive Diskussion darüber, ob es nicht besser gewesen wäre, den Europäischen Stabilitätsmechanismus (ESM) zu nutzen und das Programm der Outright Monetary Transactions (OMTs) zu aktivieren – schon deshalb, weil über den ESM noch wenigstens eine demokratische Teilkontrolle gewährleistet ist. Was ist aus Ihrer Sicht der entscheidende Unterschied, und was ist der relative Vorteil der Lösung, die man stattdessen gewählt hat?

Das OMT-Programm wurde vor dem Hintergrund der besonderen Krisensituation im Jahr 2012 entwickelt. Hierbei ging es um den Fall, dass es in einem oder mehreren Mitgliedstaaten im Markt zu selbsterfüllenden und selbstverstärkenden Dynamiken außerhalb der eigenen Kontrolle kommt, die diesen Staat unter finanzpolitischen Druck setzen, obwohl er noch zahlungsfähig ist und sich weiterhin über die Finanzmärkte finanzieren kann. In der Eurokrise hat man das beobachten können. Deshalb gab man einzelnen Mitgliedstaaten über den EFSF und später über den ESM Kredite unter Bedingungen (die sogenannte Konditionalität), die dafür sorgen sollten, dass die Staaten Strukturreformen durchführen, flankiert durch die Geldpolitik. Allerdings mussten die OMTs damals gar nicht eingesetzt werden, weil allein die Ankündigung ausreichte, die Märkte zu stabilisieren. Unsere gegenwärtige Situation ist eine vollkommen andere. Der Schock hat alle getroffen, aus heiterem Himmel, unverschuldet. Wir haben kein wesentliches Moral-hazard-Problem, und deshalb sind die Anreize, die sich mit einer Unterstützung verbinden, kein vorrangiges Thema. Insofern ist die Konditionalität nicht in derselben Weise geboten. Den Stabilitäts- und Wachstumspakt hat man erst einmal ausgesetzt, und beim ESM hat man sich auf ein Programm mit einer bewusst schwachen Konditionalität geeinigt. Es gibt ein allgemeines Verständnis, dass diese Art der Krise eine ganz andere ist als die Eurokrise. Darum brauchen wir auch in der Geldpolitik andere Instrumente. Das soll nicht heißen, dass es zukünftig nicht eine Situation geben kann, in der man das OMT-Programm einsetzt – es ist ein wichtiges Instrument in unserem Instrumentenkasten. Aber für die jetzige Situation ist es aus unserer Sicht nicht das geeignete Mittel.

Rund um das PEPP hat die EZB weitere Maßnahmen ergriffen, unter anderem hat sie die Anforderungen an die Sicherheiten für Kreditgeschäfte gelockert. Jetzt sind auch griechische Ramschanleihen akzeptabel. Muss man sich da nicht Sorgen machen? Fürchten Sie nicht steigende Ausfallraten?

Wir befinden uns in einer außergewöhnlichen Situation, und in einer außergewöhnlichen Situation sind außergewöhnliche Maßnahmen erforderlich. Das betrifft auch den

Sicherheitenrahmen. Ein wesentliches Instrument, über das nicht so viel gesprochen wird wie über die Anleihekaufprogramme, besteht darin, dass wir den Banken sehr günstige Finanzierungsbedingungen bieten, wenn diese ihre Kreditvergabe aufrechterhalten (sogenannte gezielte längerfristige Refinanzierungsoperationen, TLTROs). Die Idee ist, dass die günstigen Finanzierungskonditionen an die Kreditnehmer weitergegeben werden, ob es Haushalte oder Unternehmer sind, und dass die Krise dadurch abgefedert wird. Gleichzeitig werden Anreize gesetzt, die Kreditvergabe fortzusetzen. Aber alle Kredite, die wir an die Banken vergeben, erfordern angemessene Sicherheiten. Das Maßnahmenbündel der EZB, das sich auf den Sicherheitenrahmen bezog, soll gewährleisten, dass den Banken tatsächlich genügend Sicherheiten zur Verfügung stehen. Es ist richtig, dass wir dabei die Risikotoleranz der Zentralbank erhöht haben – aber wir haben ein Risikomanagement, das uns hilft, die komplizierte Abwägung zwischen der Effektivität der Maßnahmen und den dabei entstehenden Risiken vorzunehmen. Außerdem muss man bedenken, dass es bei den Sicherheiten verschiedene Ebenen gibt. Damit es überhaupt zu einem Ausfall kommt, müsste zunächst die Bank den Kredit nicht bedienen, den sie bei uns aufgenommen hat, und zusätzlich müssten die Sicherheiten ausfallen. Die Ausfallraten, die zu erwarten sind, sind verhältnismäßig klein. Wir waren immer extrem konservativ, jetzt sind wir ein bisschen weniger konservativ – aber insgesamt ist die Absicherung immer noch sehr gut. Außerdem gibt es ja einen Sicherheitsabschlag, den Haircut, der dem Risiko angemessen Rechnung trägt: Wenn eine Bank Sicherheiten im Wert von 100 Euro hinterlegt, bekommt sie keinen Kredit in Höhe von 100 Euro ausgezahlt, sondern je nach Qualität der hinterlegten Sicherheit etwas weniger.

Aber der Haircut ist jetzt im März seinerseits gestutzt worden.

Ja, das stimmt, um 20 Prozent. Wir sind in der Abwägung zu dem Schluss gekommen, dass man das gut vertreten kann. Und es gibt nach wie vor die Differenzierung: Wenn ein Wertpapier riskanter wird, erhöht sich der Haircut. Das gilt auch bei denjenigen Wertpapieren, die wir weiterhin als Sicherheiten akzeptieren, selbst wenn sie aufgrund der Krise auf ein eigentlich zu niedriges Qualitätsniveau herabsinken.

Wenn wir schon vom Ausfallrisiko der Banken sprechen – ganz ist die Finanzkrise von 2008 doch noch gar nicht verwunden. Wo stehen wir jetzt in der Corona-Krise aus Ihrer Sicht, was die Stabilität der Banken im Euro-Raum angeht?

Eine derart schwere Krise wie die gegenwärtige kann auch am Finanzsystem nicht spurlos vorübergehen. Deshalb ist es einerseits so wichtig, dass die EZB großzügig Liquidität bereitstellt. Denn es besteht immer die Sorge, dass die Banken gerade in Krisenzeiten in der Kreditvergabe sehr zurückhaltend werden und dass sie dadurch die Krise noch weiter verschärfen. Man hat in der Finanzkrise gelernt, dass man das vermeiden sollte. Genau dazu dienen die TLTROs. Und andererseits gibt es die staatlichen Garantien für Kredite an Unternehmen, die in der Krise plötzlich ein Wegbrechen ihrer Einnahmen verkraften mussten. Hierdurch hat man die Ausfallrisiken bei den Banken reduziert. Außerdem hat man in der Aufsicht Zugeständnisse gemacht. Wir können von Glück sagen, dass wir es in den vergangenen Jahren geschafft haben, das Eigenkapital und die Liquidität der Banken zu stärken – vielleicht noch nicht genug, wie viele meinen, aber immerhin doch spürbar. Davon profitieren wir jetzt. Die Puffer, die aufgebaut wurden, können jetzt genutzt werden, um zu verhindern, dass es prozyklische Effekte gibt, die die Krise verstärken. Ob die Banken das tatsächlich machen, ist allerdings eine offene Frage. Man kann außerdem die Frage stellen, ob es sinnvoll ist, dass die Hilfen in der Regel Kredite sind: an Staaten wie an Unternehmen. Es besteht die Gefahr eines Schuldenüberhangs in den kommenden Jahren.

Welche Folgen fürchten Sie?

Ein Schuldenüberhang ist deshalb gefährlich, weil er dazu führen kann, dass zu wenig investiert wird. Die Begründung ist ganz einfach: Wenn ein Unternehmen stark verschuldet ist, lohnen sich viele Investitionen nicht, weil die Erträge zunächst an die Gläubiger gehen und zu wenig beim Unternehmer hängen bleibt. Wenn wir in der Wirtschaft einen flächendeckenden Schuldenüberhang entstehen lassen, ist das fatal für die Investitionstätigkeit. Wir müssen dringend darüber nachdenken, wie sich das verhindern lässt. Da denkt man unmittelbar an Eigenkapitalfinanzierungen, die dieses Problem nicht in derselben Weise haben. Bei Aktiengesellschaften kann man über Vorzugsaktien nachdenken. Das eignet sich allerdings nicht für kleine mittelständische Unternehmen, die keine Aktien ausgeben. Ein internationales Forscherteam um Jan Krahnen hat sich Gedanken über ein solches eigenkapitalbasiertes Konzept gemacht.[7] Nach diesem Vorschlag bekommt ein Unternehmen Finanzhilfen, deren Rückzahlung an die Gewinnsteuerzahlung gekoppelt ist. Steuern zahlt nur, wer erfolgreich ist; das verleiht dem Ganzen seinen Quasi-Eigenkapitalcharakter. Im Detail gibt es Umsetzungsfragen, über die man diskutieren kann, aber in der Tendenz geht das in die richtige Richtung. Wenn zu viele Kredite ausfallen, trifft das die Banken und destabilisiert das Bankensystem. Wir müssen unbedingt versuchen zu verhindern, dass die jetzige Krise durch eine Bankenkrise weiter verschärft wird. Da müssen wir genau hinschauen und die Lehre aus den vergangenen Krisen ziehen, dass man schnell reagieren und rechtzeitig rekapitalisieren muss. Ich hoffe allerdings, dass das nicht erforderlich sein wird.

Wie gut funktionieren denn aus Ihrer Sicht die Mechanismen zur Rekapitalisierung und Abwicklung notleidender Banken, die man nach der Finanzkrise auf den Weg gebracht hat? Werden sie uns helfen, wenn es jetzt hart auf hart kommt?

---

7 Boot, A. et al. (2020), Corona and financial stability 3.0: Try equity – risk sharing for companies, large and small, *SAFE Policy Letter* 81 (März).

Es kommt darauf an. In einem Forschungspapier, das ich an der Universität Bonn verfasst habe, habe ich gemeinsam mit zwei Koautoren empirisch analysiert, wie sich das Abwicklungsregime für Banken in einer Situation auswirkt, in der ein schwerer Schock eintritt – ob das dazu führt, dass das systemische Risiko im Bankensektor zunimmt oder sinkt.[8] Wir haben herausgefunden, dass das sehr davon abhängt, ob es sich um einen das ganze System erfassenden Schock handelt oder um einen Schock, der nur isoliert auftritt. Die Studie zeigt, dass ein Schock, der das gesamte System erfasst, mit einem höheren Systemrisiko einhergeht, wenn man ein umfassenderes Abwicklungsregime vorfindet. Das heißt, dass das Abwicklungsregime, das ja eigentlich stabilisieren soll, in einer systemischen Krise destabilisieren kann. Das hat gegenwärtig insofern eine gewisse Relevanz, als wir uns die Frage stellen müssen, was geschieht, wenn jetzt plötzlich viele Banken gleichzeitig Probleme bekommen. Ist es realistisch, dass wir mitten in einer schweren Krise viele Banken gleichzeitig restrukturieren oder abwickeln? In normalen Zeiten ist das schon ziemlich schwierig. Immerhin wirkt es dann stabilisierend. Aber in Krisenzeiten kann das Gegenteil der Fall sein.

Nicht sehr beruhigend.

Man muss sich jedenfalls überlegen, wie man damit umgeht, ohne das Abwicklungsregime dauerhaft zu beschädigen. Nützlich ist die Idee einer „Systemic risk exception". Das soll heißen: Im Extremfall, der sehr streng zu definieren ist, könnte man die Spielräume vergrößern. Das erleben wir derzeit in allen möglichen Bereichen, zum Beispiel beim Stabilitäts- und Wachstumspakt oder bei Beihilferegelungen. Oder denken wir an die Industriepolitik. Was gab es vor einem guten Jahr für eine Aufregung über das Strategiepapier von Bundeswirtschaftsminister Peter Altmaier. Jetzt wird man vermutlich Dinge machen, die weit darüber hinausgehen.

Da stellt sich die Frage nach einer Exit-Strategie.

Genau, das ist eine ganz entscheidende Frage. Die kommt allerdings erst im zweiten Schritt. Im Moment müssen wir manche Dinge, die wir vorher für richtig gehalten haben, zumindest infrage stellen. Das darf nicht heißen, dass wir sie dauerhaft begraben. Aber infrage stellen müssen wir schon, ob sie jetzt, in einer der schwersten Krisen, die wir jemals hatten, nicht vielleicht sogar Öl ins Feuer gießen.

Wie weit sind wir denn gekommen auf dem Weg in die Bankenunion, die für mehr Sicherheit sorgen soll? Wie gut sind wir jetzt in dieser Hinsicht gerüstet für das, was noch kommen mag?

---

8 Beck, T., D. Radev und I. Schnabel (2020), Bank resolution regimes and systemic risk, *CEPR Working Paper* 14724.

Leider hat man die Bankenunion nicht vollendet. Es fehlt noch die gemeinsame Einlagensicherung, man hat die Staatsanleihen nicht entprivilegiert und vieles mehr. Und jetzt erleben wir eine Zunahme der Fragmentierung, die nicht zuletzt durch die nationalen Garantien entsteht. Die Solvenz einer Bank hängt zunehmend davon ab, welches Volumen an Garantien es gibt und wie es um die Zahlungsfähigkeit des dahinterstehenden Staates bestellt ist. Insofern schaffen wir erneut einen unmittelbaren Zusammenhang zwischen der Solvenz der Banken und der Staaten – dabei war eigentlich das Ziel der Bankenunion, das zu entkoppeln. Insofern ist diese Krise zunächst einmal eher ein Rückschritt für die Bankenunion. Sie bietet aber gleichzeitig eine Chance: Die Krise verdeutlicht die Notwendigkeit eines Vorantreibens der Banken- und Kapitalmarktunion zur Stärkung der Widerstandsfähigkeit des europäischen Finanzsystems. Dabei geht es auch darum, den dringend notwendigen Strukturwandel im Bankensektor durch Konsolidierung und grenzüberschreitende Fusionen zu ermöglichen, um die Profitabilität der Banken zu stärken.

Da wird es einiges wieder aufzuräumen geben.

Die entscheidende Frage ist, wie man es am Ende schafft, zu den alten Regeln zurückzukehren. Die Bankenaufsicht zum Beispiel ist jetzt an vielen Stellen sehr großzügig, und das ist vollkommen richtig, aber irgendwann müssen wir in das alte System zurückfinden. Ansonsten entstünde ein dauerhafter Schaden. Viele haben sich seinerzeit stark dafür eingesetzt, dass es zu höheren Eigenkapitalanforderungen kommt, dass man die notleidenden Kredite rechtzeitig als solche klassifiziert und dass es eine entsprechende Risikovorsorge gibt. Irgendwann müssen wir uns wieder auf die alten Regeln besinnen. Im Moment ist es noch zu früh, aber trotzdem sollte das das Ziel sein.

Jetzt ist es noch zu früh, aber wann ist die Zeit reif?

Niemand weiß, was bei temporären Maßnahmen das Wort „temporär" genau bedeutet. Die Zeitspanne kann sich als ziemlich lang erweisen. Aber man muss ganz klar sagen: Jetzt ist erst einmal das Wichtigste, diese Krise zu überwinden und sicherzustellen, dass der Euro-Raum nicht in eine jahrelange Depression fällt, sondern im nächsten Jahr wieder auf einen ordentlichen Wachstumspfad zurückfindet und zumindest einen Teil der Verluste wieder wettmachen kann. Danach sieht es im Moment ja durchaus aus.

Sehr intensiv wurde auch über die Frage diskutiert, ob es jetzt nicht doch noch Eurobonds braucht. Insbesondere die Regierung Italiens hat sich das gewünscht. Man hat sich in Brüssel inzwischen auf andere Maßnahmen geeinigt. Ist das Thema damit vom Tisch?

Der Ruf nach Eurobonds wird immer wieder aufkommen und das Thema wird kontrovers bleiben, besonders wenn es sich um Konstruktionen mit gesamtschuldnerischer Haftung handelt. Das wird in einigen Mitgliedstaaten kritisch gesehen, in Deutschland oder in den Niederlanden. Das ist verständlich. Das Grundproblem ist, dass auch die Entscheidungsstruktur auf der europäischen Ebene angesiedelt sein sollte, wenn man die Haftung auf die europäische Ebene verschiebt. Der Vorschlag von Angela Merkel und Emmanuel Macron für einen europäischen Wiederaufbaufonds weist aber in diese Richtung. Ob man zukünftig eine regelmäßige europäische Verschuldung haben wird, wird auf längere Sicht davon abhängen, ob man bereit ist, weitere Kompetenzen und Aufgaben im fiskalischen Bereich auf die europäische Ebene zu heben. Es gibt noch eine weitere Dimension dieses Themas: Der Euro-Raum hat kein sicheres wirklich europäisches Wertpapier. Für die Geldpolitik ist das ein Problem. Und auch wenn man die internationale Rolle des Euros stärken will, dann hilft es nicht, dass der Markt so fragmentiert ist – mit all den verschiedenen Anleihen, unter denen die deutschen als die sichersten gelten. Irgendwann wird man auf diese Frage eine Antwort finden müssen.

Also doch Vergemeinschaftung?

Das ist eine Möglichkeit, es ist aber nicht zwingend. Es gibt da einige interessante Vorschläge, wie man sichere europäische Wertpapiere ohne Vergemeinschaftung hinbekommen kann. Das könnte auch helfen, wenn wir den Banken-Staaten-Nexus lockern wollen. Wenn es ein sicheres europäisches Wertpapier gäbe, würde das viele Dinge vereinfachen.

Wie kann man sich solche Konstruktionen vorstellen?

Bei der Ausgestaltung sind verschiedene Aspekte zu berücksichtigen, wie der Einfluss auf die Haushaltsdisziplin und das Funktionieren der nationalen Anleihemärkte, auch vor dem Hintergrund der Finanzstabilität.[9] Eine Möglichkeit wären die ESBies von Marcus Brunnermeier und seinen Koautoren.[10] Dieses Konzept beruht auf einer Tranchierung. Man bildet einen Korb von Staatsanleihen und schneidet diesen in verschiedene Tranchen. Die sicherste Tranche ist dann das sichere Wertpapier. Ein anderes Modell sind die sogenannten E-Bonds.[11] Dabei wird ein Paket von Anleihen dadurch sicher, dass sie vorrangig gegenüber anderen bedient werden. Das kann die Preisstruk-

---

9 Alogoskoufis, S. et al. (2020), How could a common safe asset contribute to financial stability and financial integration in the banking union?, in: Europäische Zentralbank (Hrsg.), *Financial Integration and Structure in the Euro Area*, Frankfurt, EZB, S. 103–22, online verfügbar unter https://www.ecb.eu ropa.eu/pub/pdf/fie/ecb.fie202003~197074785e.en.pdf.
10 Brunnermeier, M. K. et al. (2017), ESBies: Safety in the tranches, *Economic Policy* 32(90), S. 175–219.
11 Leandro, Á. und J. Zettelmeyer (2018/19), The search for a euro area safe asset, *PIIE Working Paper* 18–3 (März 2018, aktualisierte Version Februar 2019).

tur am Finanzmarkt ändern und dadurch wichtige Anreize setzen. Möglicherweise ist das zweite Konzept realistischer. Das erste, relativ komplizierte Konzept wurde von manchen verworfen, weil es eine gewisse Grundskepsis gegenüber Verbriefungsstrukturen und Tranchierungen gibt und weil man mit Verbriefungen in der Finanzkrise, vor allem in den Vereinigten Staaten, schlechte Erfahrungen gemacht hat. Ich finde, man sollte trotzdem offen darüber diskutieren. Beide Modelle kommen ohne Vergemeinschaftung aus, und deshalb ist es vielleicht keine schlechte Idee, darüber noch einmal nachzudenken.

Abschließend lassen Sie uns noch auf die Anleihepolitik im Einzelnen kommen und speziell auf das „Greening" – also den Kauf grüner Anleihen durch die EZB. Dass es notwendig ist, Klimarisiken zum Beispiel in den makroökonomischen Schätzungen explizit zu berücksichtigen, ist sicher unstrittig. Dass man aber vom Grundsatz der Marktneutralität abweicht, ist ordnungspolitisch schon heikler, zumal es auch noch andere wichtige Themen gibt, zum Beispiel eben die Pandemie, ein Risiko, dass die meisten von uns noch vor einiger Zeit nicht wirklich auf dem Schirm hatten.

Stimmt. Das Klima-Thema spielt in der von uns geplanten Monetary Policy Strategy Review, also in der Überprüfung unserer geldpolitischen Strategie, eine prominente Rolle. Bedingt durch die Krise mussten wir diese Strategieüberprüfung nach hinten herausschieben. Aber natürlich werden wir möglichst bald wieder darauf zurückkommen. Und in diesem Zusammenhang dürfte auch das Pandemie-Thema allgemeiner erörtert werden. Sie haben vollkommen Recht, diese Dinge müssen in unseren makroökonomischen Modellen erfasst werden. Das ist bislang allerdings nur sehr rudimentär der Fall; umfassende Modelle mit Klima- oder Pandemierisiken müssen überhaupt erst entwickelt werden. Das ist ein wesentlicher Teil der neuen Strategie. Die Bevorzugung bestimmter Anleihen in den Kaufprogrammen ist allerdings ein noch schwierigeres Thema. Grundsätzlich herrscht in der Tat bei den privaten Anleihekäufen das Prinzip der Marktneutralität.

Außerdem gibt es doch noch gar nicht so viele grüne Anleihen?

Genau. Wenn man da gezielt hineingehen wollte, würde man nicht allzu viel vorfinden, um es zu kaufen. Aber es ist nicht ganz unproblematisch. Wenn es darum geht, diese Anleihen zu kaufen, findet das viel Zuspruch. Aber wenn es darum ginge, aus geldpolitischen Gründen weniger davon zu kaufen oder gar zu verkaufen, dann ist nicht mehr so klar, dass das alle gut finden. Da begibt man sich in eine schwierige Situation. Wir haben bisher nicht abschließend erörtert, wie man damit umgeht. Das heißt aber nicht, dass man nicht am Ende einen Weg findet, es auf intelligente Art und Weise zu tun. Natürlich gibt es auch andere Bereiche, wo man Impulse setzen kann. In Portfolios, wo wir über eigene Mittel verfügen, zum Beispiel in unserem Pensionsfonds oder bei der Anlage unseres Eigenkapitals, haben wir größere Spielräume. Da können wir uns auf eine nachhaltige Strategie festlegen. Allerdings geht es dort um kleine Summen im Vergleich zum geldpolitischen Anleiheportfolio der EZB, das überwiegend aus Staatsanleihen besteht. Wenn man über grüne Anleihen spricht, meint man hingegen in der Regel private Anleihen. Wenn mehr grüne Anleihen emittiert werden, können wir übrigens automatisch mehr davon kaufen.

Wenn es darum geht, grüne Anleihen zu erwerben, kommen Sie da als EZB nicht an die so schwer zu ziehende Grenze dessen, was noch Geldpolitik und nicht schon Wirtschaftspolitik ist?

Das ist eine Diskussion, die wir führen werden, sobald sich die Lage ein wenig beruhigt hat. Die EZB hat ein ganz klares primäres Ziel, die Preisstabilität. Wir haben zusätzlich sekundäre Ziele, um die wir uns kümmern müssen, wenn das die Preisstabilität nicht beeinträchtigt. Dazu gehört die Nachhaltigkeit. Insofern ist es durchaus so, dass dieses Thema für uns von großer Bedeutung ist. Aber natürlich kann und darf die Geldpolitik nicht alles machen.

Wenn der grüne Markt so klein ist, dann würde die EZB ihn zudem als Nachfrager dominieren.

Das könnte passieren. Eine wesentliche Voraussetzung ist außerdem die Taxonomie – also die Frage: Was ist überhaupt grün? Verwandt damit ist die Diskussion über das „Greenwashing", also über die Deklaration von Aktivitäten als „grün", die es nicht wirklich sind. Auf europäischer Ebene wurden in diesem Bereich schon Fortschritte erzielt, aber es gibt noch viel zu tun, um eine rigorose, verlässliche Klassifikation zu bekommen. Wir begleiten diese Prozesse und versuchen, Impulse zu geben, damit sich der Markt entwickeln kann. Ich habe keinen Zweifel daran, dass es in Zukunft in diese Richtung gehen wird. Dies ist übrigens auch eine Chance für die europäische Kapitalmarktunion. Es ist ein erklärtes Ziel, dass es einen echten – also wirklich integrierten – europäischen Kapitalmarkt geben soll. Davon sind wir allerdings noch weit entfernt. Doch wenn etwas Neues entsteht, wie in der nachhaltigen Finanzierung, dann ist es vermutlich leichter, etwas Europäisches zu entwickeln, als wenn man versucht, schon bestehende nationale Strukturen zu europäisieren. Wenn man sich also darum bemüht, diese Wertpapiere von vornherein europäisch zu konstruieren, dann kann das einen großen Impuls für die Kapitalmarktunion bedeuten. Das wäre für Europa sehr wichtig.

Monika Schnitzer

https://doi.org/10.1515/9783111208749-017

Anwendungsorientierte Sachverständige

Über das Interesse an der Politik fand Monika Schnitzer, geboren 1961 in Mannheim, als Heranwachsende zur Volkswirtschaftslehre. Wie lassen sich die Verhältnisse verbessern, in denen die Menschen leben? Wovon hängt der Lebensstandard in einem Land ab? Wieso kommt es zu Revolutionen? „Man muss sich schon irgendwann einmal mit Marx beschäftigt haben", sagt die heutige Professorin für Komparative Wirtschaftsforschung an der Ludwig-Maximilians-Universität München. Es erschien ihr – und erscheint ihr noch heute – sehr wichtig für politische Diskussionen, jeweils die wirtschaftlichen Hintergründe und Zusammenhänge gesellschaftlicher Entwicklungen zu verstehen.

Zum Studium ging sie 1981 nach Köln. Die Stadt hatte aus ihrer Sicht subjektiv den Vorteil, weit genug von zuhause weg zu liegen und eine interessante Museums- und Theaterszene zu bieten. Objektiv sprach dafür, dass die Universität einen guten Ruf besaß; Hochschulrankings gab es damals allerdings noch nicht. In Köln lehrte unter anderem Eva Bössmann, eine der an einer Hand abzuzählenden Frauen in der deutschen Volkswirtschaftslehre. Monika Schnitzer war von ihr als Person beeindruckt und blieb auch nach dem Diplom 1986 als wissenschaftliche Mitarbeiterin an Bössmanns Lehrstuhl am Staatswissenschaftlichen Seminar, obwohl sie sich für die Promotion auf Anregung von Martin Hellwig für die Universität Bonn entschieden hatte. Dort nahm sie am European Doctoral Programme in Quantitative Economics teil. Akademisch erwies sich das als die richtige Entscheidung.

Weil sie sich schon immer für Unternehmen interessiert hatte, wandte sie sich in ihrer Doktorarbeit wettbewerbstheoretischen Themen zu, die sie mit Hilfe von Spiel- und Vertragstheorie bearbeitete. „Der Wettbewerb reizte mich vor allem, weil er Unternehmen zwingt, mit ihren Angeboten um die Konsumentinnen und Konsumenten zu konkurrieren, und weil er die Unternehmen zu Innovationen antreibt", erklärt Schnitzer. Mit einem Auslandsstipendium des Deutschen Akademischen Austauschdienstes (DAAD) absolvierte sie 1988/89 ein Auslandsjahr an der London School of Economics.

Im Jahr 1991 wurde sie in Bonn bei Urs Schweizer mit einer Dissertation zu „Takeovers and Tacit Collusion"[1] promoviert. Anschließend wurde sie Schweizers wissenschaftliche Mitarbeiterin am Institut für Wirtschaftspolitik und arbeitete an ihrer Habilitationsschrift zum Thema „Solutions to the Sovereign Debt Problem: Countertrade and Foreign Direct Investment"[2]. Im Fokus standen multinationale Unternehmen, die vor dem Problem stehen, dass im internationalen Kontext Verträge oft nicht leicht durchsetzbar sind, weshalb es schwer ist, ausstehende Zahlungen durchzuset-

---

1 Schnitzer, M. (1991), *Takeovers and Tacit Collusion – the Impact of Incomplete Contracts on Product Markets and the Market for Corporate Control*, Dissertation, Universität Bonn.
2 Schnitzer, M. (1995), *Solutions to the Sovereign Debt Problem: Countertrade and Foreign Direct Investment*, Habilitationsschrift, Universität Bonn.

zen oder sich gegen Enteignungen zu wehren. „Das Thema war damals virulent und ist es im Grunde wieder", erklärt Monika Schnitzer.

Sie hätte sich nach eigenem Bekunden nach Studienabschluss sehr gut eine Karriere in einer Unternehmensberatung vorstellen können, doch am Ende entschied sie sich für die Hochschule. Nach Abschluss der Habilitation 1995 wurde sie, wie schon kurz zuvor ihr Ehemann, Klaus Schmidt, an die Ludwig-Maximilians-Universität München berufen. Weil den beiden die Arbeits- und Lebensbedingungen dort ideal erschienen, ist das Beruf und Familie stets unter einen Hut bringende Paar trotz mehrerer gemeinsamer Rufe – unter anderem an die London Business School, nach Zürich, Bonn und an das Max-Planck-Institut in Jena – dem bayrischen Standort treu geblieben. Allerdings führten sie gemeinsame Forschungsaufenthalte immer wieder in die Vereinigten Staaten. Mit der ganzen Familie haben sie mehrfach ein halbes Jahr an der Stanford University, der Yale University, der University of California in Berkeley, der Harvard University und dem Massachusetts Institute of Technology (MIT) verbracht.

Inhaltlich drehte sich die Arbeit von Monika Schnitzer weiter vor allem um Fragen von Unternehmen, Wettbewerb und Handel, um internationale Investitionsstrategien und Fragen der Unternehmensfinanzierung. Daneben wandte sie sich auch verstärkt dem Thema Innovation zu, wobei sie die Grenzen zwischen Mikro- und Makroökonomik leichtfüßig übersteigt. Ihr ausgeprägtes Interesse für Unternehmen in der Forschung findet dabei ein praktisches Gegenstück in ihrem von Managementgeist und Führungsstärke getragenen Engagement für wissenschaftliche Einrichtungen, von der European Economic Association bis zum Verein für Socialpolitik, dem sie in den Jahren 2015 und 2016 vorstand und eine dringend notwendige Frischzellenkur verpasste. Sie hat unter anderem dafür gesorgt, dass die Geschäftsstelle des Vereins von Frankfurt, wo sie bei der Deutschen Bundesbank untergebracht war, nach Berlin umzog und dort neu aufgestellt wurde. Den Relaunch des Journals „Perspektiven der Wirtschaftspolitik" unter der Federführung von Karl-Heinz Paqué hat sie tatkräftig unterstützt. Besonders am Herzen liegt es ihr, für eine evidenzbasierte Wirtschaftspolitik und die dafür erforderlichen Evaluationsstudien zu werben. In Anerkennung der großen Verdienste, die sie sich damit für die Ökonomik im deutschen Sprachraum erworben hat, wurde sie auf der Vereinstagung 2020 zum Ehrenmitglied ernannt. Außerdem wurde sie 2022 mit dem Gustav-Stolper-Preis ausgezeichnet.

Der wirtschaftspolitische Anwendungsbezug ihrer Forschung hat Monika Schnitzer überdies in die Politikberatung geführt. Seit 2001 ist sie Mitglied im Wissenschaftlichen Beirat des Bundeswirtschaftsministeriums (seit 2021 Bundesministerium für Wirtschaft und Klimaschutz). Zudem ist sie Mitglied der Economic Advisory Group on Competition Policy der Europäischen Kommission. Sie war Mitglied der Expertenkommission Forschung und Innovation der deutschen Bundesregierung, der Expertenkommission Stärkung von Investitionen in Deutschland sowie der Kommission Wettbewerbsrecht 4.0 des Bundeswirtschaftsministeriums.

Seit April 2020 gehört Schnitzer auch dem Sachverständigenrat zur Begutachtung der gesamtwirtschaftlichen Entwicklung an, seit 2022 als Vorsitzende. Dort erwischte sie die Corona-Krise gleichsam kalt. Als derart herausfordernd und spannend wie diese Situation habe sie bisher nur die Wiedervereinigung Deutschlands empfunden, sagt sie. Im Sachverständigenrat dürfte ihr besonders ihre Gremienerfahrung aus der Expertenkommission Forschung und Innovation nützlich sein, wo sie stellvertretende Vorsitzende war. „Da waren auch manchmal die Meinungen sehr unterschiedlich. Trotzdem findet man immer Kompromisse, manchmal auch durch das Weglassen von Aspekten, auf die man sich nicht einigen kann", sagt die fokussierte, zupackende, umgängliche Wissenschaftlerin, die im Sommer 2022 auch noch die Ehrendoktorwürde der Christian-Albrechts-Universität zu Kiel erhalten hat.

Sie würde sich wünschen, dass noch mehr Fachkollegen aktiv in der tagespolitischen öffentlichen Debatte – beispielsweise in Talkrunden – präsent wären. „Um die ganze Breite der wissenschaftlichen Expertise abzubilden, braucht es auch mehr unterschiedliche Gesichter – und natürlich Positionen." Sie selbst stellte sich in der Corona-Krise mit sehr deutlichen Worten gegen eine Neuauflage der Abwrackprämie für Verbrennerautos, die befristete Senkung der Mehrwertsteuer zur Stützung der Konjunktur hieß sie jedoch grundsätzlich gut. In einer eigenen Studie dazu konnte sie zusammen mit ihrem Team auf der Grundlage einer Auswertung der Entwicklung der Kraftstoffpreise an deutschen Tankstellen nachweisen, dass diese Maßnahme durchaus gegriffen hat.[3] Die Mehrwertsteuersenkung wurde an die Verbraucher weitergegeben, allerdings unterschiedlich stark je nach Kraftstofftyp.

---

3 Montag, F., A. Sagimuldina und M. Schnitzer (2020), Are temporary value-added tax reductions passed on to consumers? Evidence from Germany's stimulus, *CEPR Discussion Paper* 15189.

„Es wird nie wieder so sein, wie es einmal war"

Ein Gespräch über Corona, die Förderung innovativer Technologien, Wettbewerb, Digitalisierung und Frauen

Frau Professorin Schnitzer, das Jahr 2020 stand voll im Schatten der Corona-Krise, und die Zukunft ist ungewiss. Eines jedoch ist klar: Es ist jetzt nicht die Zeit, um über „Degrowth" nachzudenken – wir brauchen so schnell wie möglich wieder ein selbsttragendes Wirtschaftswachstum. Was werden die Treiber sein?

Es erscheint mir wichtig, dass man nicht mit Gewalt die alten Strukturen zu erhalten versucht. Es wird nie wieder so sein, wie es einmal war. Und das ist auch völlig in Ordnung so. In manchen Branchen hat sich schon vor der Corona-Krise ein Struktur-wandel abgezeichnet, aber die Unternehmen haben das zum Teil ganz bewusst nicht vorangetrieben. Ein Beispiel sind die Automobilbauer, die sich nicht in dem Maße auf E-Mobilität eingestellt haben, wie sie das eigentlich hätten tun müssen. Darum wäre es auch ganz falsch gewesen, wenn der Staat jetzt wieder eine Auto-Kaufprämie für Verbrennerautos gezahlt hätte. Die Maßnahmen, die man jetzt ergreift, sollten darauf ausgerichtet sein, in die Zukunft zu investieren. Das ist nicht nur in der Automobil-industrie wichtig, sondern auch in anderen Branchen, die sich auf den Klimawandel ein- und auf erneuerbare Energien umstellen müssen. Ein anderes Beispiel ist der Ein-zelhandel, der vor einer Verödung der Innenstädte warnt, weil durch die Corona-Krise noch mehr Transaktionen ins Internet verlagert wurden. Diese Entwicklung wird sich nicht aufhalten lassen. Jetzt geht es darum, neue Konzepte für die Innen-städte zu entwickeln, mit Cafés, Events auch am Sonntag und Läden als Showrooms. Ein anschauliches Beispiel dafür sind die Apple Stores. Sie haben in einer Zeit, als Computer über das Internet verkauft wurden, schicke Läden in bester Lage aufge-macht, um den weniger technikaffinen Kundinnen und Kunden Computer zum Anfas-sen vorzuführen. So hat Apple auch das iPhone sehr erfolgreich vermarktet.

Aber wer entwickelt diese Konzepte, und woher weiß man, was zukunftsträch-tig ist? Wie weit soll der Staat sich da reinhängen?

Das ist eine sehr wichtige Frage. Ich denke nicht, dass der Staat die Technologie der Zukunft aussuchen sollte. Woher sollte der Staat das wissen? Im Zweifel wird er von Lobbyisten beeinflusst, entweder von Unternehmen, die auf dem entsprechenden Feld schon groß sind und auf Subventionen spekulieren, oder auch von Wissenschaft-

Anmerkung: Online am 28. Oktober 2020 erstmals veröffentlicht, https://doi.org/10.1515/pwp-2020-0056. In Print am 26. November 2020 erschienen, *Perspektiven der Wirtschaftspolitik* 21(4), S. 379–88.

lern, die an einem bestimmten Thema forschen und auf Unterstützung für ihre Forschung hoffen. Der Staat sollte vielmehr technologieoffen fördern, durch geeignete Rahmenbedingungen, statt auf spezifische Technologien zu setzen. Ich kann das an einem Beispiel verdeutlichen: Batterien versus Brennstoffzelle. Statt auf das eine oder auf das andere zu setzen, sollte der Staat sich auf den hohen CO_2-Preis konzentrieren. Dann ist jedem Unternehmen klar, dass es Emissionen vermeiden sollte, und auf welche Technologie man setzt, kann sich jeder selber überlegen. Problematisch wird es natürlich, wenn komplementäre Investitionen erforderlich sind, wie beim Elektromotor. Da braucht man zusätzlich Ladestationen. Hier bedarf es dann möglicherweise einer koordinierenden Funktion des Staates. Ähnliches gilt für Brennstoffzellen, auch da braucht man eine Tankstelleninfrastruktur. Aber ich halte es für falsch, wenn der Staat einseitig auf eine spezifische Technologie setzt.

Und wenn er bei einem Unternehmen einsteigt, das sich an der Forschungsfront ganz vorn bewegt? Ich habe den Fall Curevac vor Augen, wo sich der deutsche Staat über die Kreditanstalt für Wiederaufbau für 300 Millionen Euro zu 23 Prozent beteiligt hat; zu schweigen von der Förderung mit 252 Millionen Euro für die Entwicklung eines Corona-Impfstoffs. Da spielen strategische Gründe und die Versorgungssicherheit eine entscheidende Rolle, aber es besteht die Gefahr, dass man auf das falsche Pferd setzt. Können Sie einen Rat geben, woran man sich bei solchen Tradeoffs orientieren soll?

Lassen Sie mich, bevor ich auf Curevac eingehe, etwas zur Lufthansa sagen. Auch da ist ja der Staat im Zuge der Corona-Krise eingestiegen. Hier gibt es gute Argumente, warum der Staat sich engagieren sollte, vor allem weil es auch aus ökonomischer Sicht sinnvoll ist, dass es ein deutsches Luftfahrtunternehmen gibt.

Wieso denn?

Auf den ersten Blick würde man vielleicht sagen, es ist doch egal, ob ein deutscher oder ein ausländischer Anbieter die Dienstleistungen der Luftfahrt bereitstellt. Der aus meiner Sicht wichtigste Grund, doch einen nationalen Anbieter haben zu wollen, liegt darin, dass man so heimische Hubs behält. Wir haben in Deutschland mit Frankfurt und München zwei sehr wichtige Hubs, von denen aus man überallhin fliegen kann. Diese kurzen Wege in die ganze Welt zu haben, ist für die Exportwirtschaft tatsächlich sehr wichtig. Wer Maschinen in die ganze Welt verkauft, muss auch seine Ingenieure für die Installation und Wartung rasch vor Ort haben. Schauen Sie sich umgekehrt Swiss an: Seitdem Swiss zur Lufthansa gehört, müssen die Schweizer oft erst einmal nach München fliegen, wenn sie nach Italien wollen.

Fragt sich, ob das so schlimm ist. Aber mal davon abgesehen – wenn man also meint, eine solche Unterstützung müsse sein, worauf muss der Staat dann achten?

Die staatliche Unterstützung darf nicht bedeuten, dass man den Wettbewerb unterbindet oder schwächt. In der deutschen Luftfahrtbranche herrscht schon jetzt zu wenig Wettbewerb. Darum ist die Auflage der EU richtig, dass Lufthansa kompensatorisch einige Start- und Landerechte abzugeben hat. Nicht richtig wäre es, wenn der Staat eine solche Beteiligung nutzen würde, um aktiv in der Geschäftsführung mitzureden. Manche Leute haben zum Beispiel gefordert, die Beteiligung an Auflagen zum Klimaschutz zu knüpfen oder an die Bedingung, keine Arbeitsplätze abzubauen. Klimaschutz ist wichtig, aber dafür braucht man Auflagen, die für alle Marktteilnehmer gelten, nicht nur für das Unternehmen, in das man eingestiegen ist. Und es wäre ganz verkehrt, wenn man einem Unternehmen, das derart in die Krise geraten ist, vorschreiben wollte, dass es keine Arbeitsplätze abbauen darf. Das wird nicht gehen. Es wird Umstrukturierungen brauchen, und da werden auch Stellen wegfallen. Kurz: Ich finde es richtig, dass sich der deutsche Staat mit solchen Auflagen zurückgehalten hat und dass er möglichst schnell auch wieder aussteigen will. Ob dieser Ausstieg tatsächlich so rasch gelingt, da bin ich allerdings eher skeptisch.

Und was ist nun mit Curevac?

Da finde ich die Begründung weniger überzeugend. Das Argument, man müsse fürchten, dass eine solche Art von Forschung privatwirtschaftlich finanziert nicht zustande kommt, zieht ja offensichtlich nicht, wie man am fulminanten Börsenstart des Unternehmens sehen konnte. Das Interesse ist riesengroß, was in der gegenwärtigen Situation auch nicht anders zu erwarten war. Insofern muss tatsächlich wohl das Argument im Vordergrund stehen, dass man aus strategischen Gründen verhindern will, dass andere Staaten bei diesem Unternehmen einsteigen. Dafür gäbe es aber auch andere Lösungen. Ich habe schon Sorge, dass wir im Zuge der Corona-Pandemie zu viel Staatseinfluss auf die Unternehmen bekommen, der nicht wieder abgebaut wird. Ein Negativbeispiel ist die Commerzbank: In der Finanzkrise ist der Staat eingestiegen und zehn Jahre danach immer noch nicht wieder ausgestiegen – und es läuft nach wie vor nicht gut. Auch bei VW sehe ich die Staatsbeteiligung kritisch. Der Staat ist ganz offensichtlich kein Garant dafür, dass Unternehmen auch gut gemanagt werden.

Bei Curevac macht mir vor allem Sorgen, dass der Staat dieses Unternehmen gleichsam als Platzhirsch auf dem Markt inthronisiert und damit die Wettbewerbsbedingungen für Konkurrenten verschlechtert – zu deren und zu unser aller Schaden. Die Forschungsdynamik ist damit geschwächt.

Genau das ist das Problem. Warum beteiligt sich der Staat an Curevac, aber nicht an konkurrierenden deutschen Unternehmen? Wie schon gesagt, der Staat ist kein guter Unternehmer. Es gibt natürlich auch viele private Unternehmer, die keine guten Unternehmer sind. Aber wenn es Wettbewerb gibt, müssen die eben irgendwann den Platz räumen, und ihr Versagen geht nicht gleich auf Kosten aller Steuerzahler. Man muss allerdings anerkennen, dass wir in der Corona-Krise in einer Sondersituation stecken, in der die Politik unter sehr großer Unsicherheit sehr schnell sehr weitreichende Entscheidungen fällen musste. Da können Fehlentscheidungen nicht ausbleiben. Man muss dann nur im Nachhinein auch den Mut haben, eventuelle Fehlentscheidungen anzuerkennen und die Maßnahmen wieder rückabzuwickeln.

Zurück zu den Innovationen in normalen Zeiten. Wie sehen denn grundsätzlich die Rahmenbedingungen aus, die Innovationen fördern?

Zunächst ist es wichtig, dass man großzügig in Grundlagenforschung investiert. Viele besonders wertvolle Innovationen nutzen solche wissenschaftlichen Erkenntnisse direkt oder indirekt. Das mag auf den ersten Blick überraschend klingen, weil die Grundlagenforschung von einer praktischen Verwertung weit entfernt erscheint. Wie eng die Verbindung ist, hängt natürlich von der jeweiligen Forschungsrichtung ab. Aber in einer Studie, die ich gemeinsam mit Martin Watzinger erstellt habe,[4] stellten wir fest, dass viele Innovationen direkt oder indirekt von Forschungsergebnissen profitieren. Um die Wissenschaftsnähe zu messen, haben wir uns angesehen, ob in den Patenttexten direkt wissenschaftliche Arbeiten zitiert werden oder andere Patente, die ihrerseits dann wissenschaftliche Arbeiten zitieren. Wir haben gezeigt, dass wissenschaftsnahe Innovationen am Markt besonders wertvoll sind, allerdings auch riskant. Es gibt eben nicht nur sehr erfolgreiche Innovationen, sondern natürlich immer mal wieder auch totale Flops. Insofern ist die Spreizung des Innovationswertes größer als bei Innovationen, die nicht wissenschaftsnah sind. Aber im Durchschnitt ist der Ertrag wissenschaftsnaher Innovationen besonders groß.

Aber wie gelangen die wissenschaftlichen Erkenntnisse überhaupt zu den Unternehmen?

Da spielt der Transfer eine ganz wichtige Rolle, und der ist in Deutschland ausbaufähig. In den Vereinigten Staaten beobachtet man in Clustern wie zum Beispiel rund um Boston/Cambridge oder im Silicon Valley einen intensiven Austausch zwischen den einzelnen Akteuren. Da gibt es sehr gute Universitäten; außerdem eine Vielzahl von Start-up-Unternehmen, zum Teil Ausgründungen aus den Universitäten; des Weiteren gibt es Entwicklungsabteilungen größerer Unternehmen; plus noch die Wagniskapital-Finanzierer. Alle sind in einem Umkreis von nur wenigen Meilen konzentriert und stehen in engem Austausch. Zusammen mit Martin Watzinger und Lukas Treber untersuche ich diesen Wissenstransfer gerade für deutsche Universitäten. Wir finden, dass sich sehr gute Forschung in der Universität positiv auf die Patententwicklung im

4 Watzinger, M. und M. Schnitzer (2019), Standing on the shoulders of science, *CEPR Discussion Paper* 13766.

Umfeld auswirkt. Und wir zeigen, dass ein Transmissionskanal in Deutschland dafür die Doktoranden sind – sie tragen das, was sie an der Universität gelernt haben, in die Unternehmen hinein. Ausgründungen aus Universitäten hingegen haben wir in Deutschland bisher viel zu wenige.

Für die Intensität der Verwertung neuen Wissens dürfte in einem solchen Umfeld auch eine Rolle spielen, dass hier großer Wettbewerb herrscht.

Absolut. Wir erleben ja gerade in der Corona-Krise am Beispiel der Suche nach einem Impfstoff, wie hilfreich Wettbewerb ist. An den Universitäten und in den Pharmaunternehmen wird unter Volldampf gearbeitet. Daran sehen wir, wie wichtig es ist, dass solche Prozesse offen sind. Problematisch wird es immer, wenn man von vornherein auf eine bestimmte Unternehmung setzt und darauf baut, dass diese es schon machen wird. So etwas ist bisher meistens schief gegangen. Generell gilt: Große, dominante Unternehmen, die mit ihrem bisherigen Geschäftsmodell gutes Geld verdienen, haben in der Regel kein Interesse daran, ein neues Produkt zu entwickeln, das ihr eigenes Geschäftsmodell gefährdet oder sogar überflüssig macht. Das bringt mich wieder zurück zu der Branche, von der wir am Anfang schon sprachen, der Automobilbranche. Es ist nicht verwunderlich, dass die Branche in Deutschland nicht viel mehr in die E-Mobilität investiert hat – damit hätte sie ja ihr eigenes Geschäftsmodell kannibalisiert, mit dem sie bisher gut verdient hat. Und weil die Manager in den Führungsetagen dieser Hersteller alle ähnlich gedacht haben, haben sie einander keine Konkurrenz mit neuen Entwicklungen gemacht. Aber dann kommt Tesla, ein Außenseiter, der nichts zu verlieren hat – und zieht an allen anderen vorbei. Vielleicht kommt hier auch eine gewisse Hybris zum Ausdruck: Die deutschen Automobilbauer haben nicht damit gerechnet, dass ihnen ein anderer Anbieter gefährlich werden könnte. Ein anderes Beispiel ist die Telekommunikation.

Inwiefern?

In einem aktuellen Projekt untersuchen wir das Innovationsverhalten des amerikanischen Telekommunikationsmonopolisten AT&T vor und nach dessen Zerschlagung 1984.[5] AT&T war bis zur Zerschlagung mehr als 100 Jahre der dominante Anbieter von Telefondienstleistungen in den Vereinigten Staaten und zeitweise das wertvollste Unternehmen der Welt. AT&T hat aber nicht nur Telefonie angeboten, sondern auch Zubehör produziert und in seinem hauseigenen Forschungslabor, den Bell Labs, technologische Innovationen vorangetrieben. Die Bell Labs waren außerordentlich erfolgreich: Zum Beispiel haben Forscher dort schon in den dreißiger Jahren den Anrufbeantworter ent-

---

5 Watzinger, M. und M. Schnitzer (2020), The break-up of Bell and its impact on innovation, *CEPR Press Discussion Paper* 17635.

wickelt und bis zum Beginn der sechzig Jahre alle entscheidenden Technologien für das Mobiltelefon. Jedoch gibt es historische Evidenz, dass AT&T diese und andere Technologien zurückhielt, statt sie auf den Markt zu bringen, weil das Management Sorge hatte, damit sein eigenes bisheriges Geschäftsmodell zu gefährden. Erst als AT&T 1984 zerschlagen wurde, in Folge eines großen Antitrust-Prozesses gegen AT&T, wurde das Mobiltelefon dann in Windeseile auf den Markt gebracht. Das zeigt: Wenn kein Wettbewerb herrscht, dann werden Innovationen oft nicht entwickelt oder zurückgehalten; wenn hingegen durch neue Anbieter Konkurrenz droht, dann befördert das Innovation.

Das heißt vor allem, dass die Märkte offen sein müssen.

Ja. Es muss eine Chance für neue Anbieter geben, auf den Markt einzutreten. Das hatte AT&T behindert, beispielsweise indem es dafür sorgte, dass die Kunden kein Zubehör von anderen Herstellern nutzen konnten. Dafür wurden dann immer irgendwelche technischen Gründe vorgeschoben; eigentlich aber versuchte man, sich konkurrierende Angebote vom Leib zu halten. Es war klar: Man wollte keinen Wettbewerb.

Dass Innovationen schon da sind, aber zurückgehalten werden, ist wirklich ein Jammer. Eine Perversion des Patentgedankens – natürlich geht es dabei um die Sicherung von Eigentumsrechten, aber mit dem Ziel der Diffusion auf dem Wege der vergüteten Lizensierung. Sie haben sich in Ihrer Forschung auch Zwangslizensierungen als Mittel der Wettbewerbspolitik näher angesehen.[6]

Ja. AT&T war schon in den fünfziger Jahren wettbewerbspolitisch unangenehm aufgefallen. Ich hatte eben schon gesagt, dass das Unternehmen auch die Telefonapparate selber herstellte und verkaufte, mit denen man dann Zugang zum Netz bekam. Das Unternehmen war vertikal integriert, obwohl es keinen technischen Grund gab, warum nicht auch andere Unternehmen diese Apparate hätten herstellen sollen. Deswegen war es schon in den fünfziger Jahren zu einem Antitrust-Prozess gekommen, der 1956 dahingehend entschieden wurde, dass die Bell Labs dazu verpflichtet wurden, für die zahlreichen bereits patentierten Technologien anderen Unternehmen Nutzungslizenzen zu geben. Das sollte neuen Anbietern die Chance geben, auf diesen Lizenzen aufzubauen und neue Produkte zu entwickeln. Das hat in Teilen auch gut funktioniert. Überall da, wo AT&T nicht schon selbst auf dem Markt aktiv war, kam es zu einem ungeheuren Innovationsschub; sehr viele kleine Unternehmen sind in den Markt eingetreten. Gordon Moore, der Gründer von Intel, glaubt, dass diese Zwangsli-

---

6 Watzinger, M. et al. (2020), How Antitrust enforcement can spur innovation: Bell Labs and the 1956 Consent Decree, *American Economic Journal: Economic Policy* 12(4), S. 1–32.

zensierung entscheidend zur Gründung des Silicon Valleys beigetragen hat.[7] Nur auf dem Markt für Telefonzubehör tat sich nichts. Die Unternehmen wussten, dass sie gegen AT&T keine Chance haben würden: AT&T war in der Lage, die Nutzung der Konkurrenzprodukte zu unterbinden, indem es ihnen den Zugang zum Netz verweigerte. Weil also im Bereich von Telekommunikationszubehör nach wie vor kein Wettbewerb zustande kam, gab es dann später den Antitrust-Prozess von 1984, der in der Zerschlagung von AT&T endete.

Springen wir wieder ins Heute – und ins Morgen. Was, meinen Sie, bedeutet die Corona-Krise allgemein für die Intensität des Wettbewerbs? Ist nicht zu befürchten, dass sie zumindest in etlichen Branchen weiter abnimmt, weil manche Anbieter nicht überleben werden?

Das ist in der Tat zu befürchten und auch zu erwarten. Es wird eine Reihe von Insolvenzen geben, und nicht in jedem Fall wird dann gleich ein neuer Anbieter wieder in den Markt eintreten können. Es wird auch zu Unternehmensübernahmen kommen. Ich sehe durchaus die Gefahr, dass es dadurch zu einer Verstärkung der Konzentration kommen kann, die schädlich ist. Das Entscheidende ist deshalb, dass man die Märkte offenhält und dafür sorgt, dass es wieder Chancen für neue Unternehmen gibt. Dazu gehört auch, dass es zu keiner Kreditknappheit kommen darf. Wenn die Kreditmärkte austrocknen, wie das in der Finanzkrise der Fall war, wäre das hochproblematisch.

Die Corona-Krise hat selbst in Europa so manche nationale Egoismen wieder aufleben lassen. Mit dem im Juli beschlossenen gigantischen Konjunkturpaket der EU versucht man, das wieder vergessen zu machen. Sind Sie zuversichtlich, dass das funktioniert?

Ich würde es mir auf jeden Fall wünschen, weil ich es für sehr wichtig halte. Wir sind in Europa wirtschaftlich eng verflochten. Unsere deutschen Exporte gehen zu über 60 Prozent in andere EU-Länder, etwas weniger als 60 Prozent unserer Importe kommen aus anderen EU-Ländern. Die solidarische Unterstützung für die unverschuldet am stärksten von der Pandemie getroffenen EU-Mitgliedstaaten halte ich für eine Selbstverständlichkeit, aber sie ist auch wirtschaftlich geboten angesichts dieser engen wirtschaftlichen Verflechtung. Wenn es den anderen Ländern nicht gut geht, dann geht auch bei uns nichts voran. Jetzt muss es darum gehen, den Recovery Fund so einzusetzen, dass den Ländern geholfen wird, die durch die Krise aufgrund ihrer hohen Fallzahlen und ihrer Wirtschaftsstruktur am schlimmsten betroffen sind. Gleichzeitig halte ich

---

7 In Wessner, C. W. (Hrsg.)(2001), *Capitalizing on New Needs and New Opportunities: Government-Industry Partnerships in Biotechnology and Information Technologies*, Washington D. C., National Academies Press, S. 86.

es für richtig und legitim, eine Form von Kontrolle über die Mittelverwendung zu behalten, wie dies die „Sparsamen Fünf" gefordert haben. Die Hilfsmittel müssen zielgerichtet eingesetzt werden, damit sich die Wirtschaftsstruktur tatsächlich so verbessert, dass die Länder aus der Krise herauswachsen. Allerdings darf die Kontrolle nicht so erfolgen, dass es wie eine Gängelung wirkt. Da ist schon Fingerspitzengefühl gefragt, man muss die Bevölkerung mitnehmen. Dass Europa solidarisch zusammensteht, ist übrigens auch aus geostrategischen Gründen wichtig. Die Chinesen schicken sich an, ihren Einfluss in der Welt weiter auszubauen; die Amerikaner hingegen sind in internationalen Organisationen und bei der Koordination gemeinsamer Maßnahmen aktuell ein Totalausfall. Deshalb kommt es jetzt darauf an, dass Europa mehr mit einer Stimme spricht; nicht zuletzt auch aus verteidigungspolitischen Gründen.

Die Corona-Krise hat uns einen unerwarteten Digitalisierungsschub verpasst. Werden wir davon dauerhaft profitieren?

Der Schub war in der Tat enorm. In vielen Unternehmen und auch Behörden wurde in der Krise die Möglichkeit genutzt, im Home-Office zu arbeiten; der Online-Handel hat zugelegt; man hat in gewissem Umfang Erfahrungen mit Online-Unterricht gemacht. Der große Vorteil davon ist, wenn man so will, dass wir einen Teil der Umstellungskosten jetzt schon geschultert haben und dass auch so manche Vorurteile abgebaut worden sind. Deutschland lag bisher bei der Nutzung von Home-Office unterhalb des EU-Durchschnitts; die skandinavischen Länder sind hier weit voraus. Das lag nicht etwa nur an der Wirtschaftsstruktur. Es lag vor allem an der mangelnden Bereitschaft. In den Führungsetagen jedenfalls herrschte große Skepsis. Da hat sich durch Corona etwas bewegt, und das ist sehr gut. Wir haben aber auch gesehen, wo wir Schwächen haben.

Wo denn?

Es braucht zum einen eine gute digitale Infrastruktur, und die ist noch längst nicht überall gegeben. Je nachdem, wo ein Zoom-Gesprächspartner wohnt, verfügt er über Breitband oder nicht, und entsprechend gut oder eben schlecht ist die Verbindung. Gerade in der Fläche, auf dem Land, ist das an manchen Stellen nach wie vor ein Problem. Davon abgesehen haben wir zum anderen in den deutschen Behörden, aber auch in öffentlichen Unternehmen und in Einrichtungen wie den Schulen noch einen viel zu geringen Digitalisierungsgrad. Es fehlt an Material, an Infrastruktur, an Ausbildung. Die Lehrkräfte an den Schulen sind bisher nicht für den Umgang und Unterricht mit moderner Informations- und Kommunikationstechnologie in der Schule ausgebildet und reagieren zum Teil sehr reserviert, gerade in der älteren Generation. Immer wieder ist der Einwand zu hören, die Kinder sollten in der Schule lesen und schreiben lernen und nicht ihre Zeit am Computer verschwenden. Das ist eine sehr unglückliche Haltung. Wir müssen die jungen Menschen früh für die digitale Welt fit machen, als Nutzer, aber auch als künftige Entwickler.

Für die jungen Leute muss man sich, was den Umgang mit dem Computer angeht, keine Sorgen machen, aber was ist mit den älteren, auch jenseits der Schule?

Die sind ganz schnell abgehängt, und das zeigt, wie wichtig Aus- und Weiterbildung im Beruf ist. Auch ältere Menschen, die nicht mehr im Berufsleben stehen, brauchen heutzutage digitale Schlüsselkompetenzen – beispielsweise um online etwas zu bestellen, um online Bankgeschäfte abzuwickeln, und um am gesellschaftlichen Leben teilzuhaben. Sie brauchen dabei aber Unterstützung, vor allem dann, wenn sie die nicht durch die jüngeren Generationen in der Familie haben.

Und wir sind vom Internet abhängig. In düsteren Momenten frage ich mich manchmal, was denn geschehen würde, wenn uns diese Netzinfrastruktur wieder abhandenkäme – zum Beispiel schlicht durch Unglücke und Pannen, durch Überlastung, oder im Zuge von Kriegen, insbesondere Cyberwars. Es ist häufig die Rede von Resilienz im Handel, also davon, dass unsere Versorgung beispielsweise mit Medikamenten nicht zusammenbrechen darf, wenn ein Außenhandelspartner aus irgendwelchen Gründen nicht mehr liefern kann. Aber was, wenn das Netz zusammenbricht?

Wir brauchen auf alle Fälle mehr Kompetenzen im eigenen Land. Bei der Entwicklung der Corona-App haben wir schon feststellen müssen, wie abhängig wir von Google oder Apple waren, um die App für alle auf den Smartphones verfügbar zu machen. Ähnliches gilt für Cloudlösungen, auch hier haben die großen Tech-Unternehmen als Anbieter die Nase vorn. Gleichzeitig müssen wir dafür sorgen, dass unsere Daten bei diesen Anbietern wirklich sicher sind und nicht zweckentfremdet werden. Dafür braucht es geeignete Maßnahmen für den Datenschutz und die Datensicherheit. Und Behörden, die die nötige Kompetenz haben, dies zu überwachen und durchzusetzen.

Vielleicht muss man auch die eine oder andere analoge Struktur parallel zum Digitalen erhalten? In den Vereinigten Staaten haben wir gerade gesehen, wie entscheidend es für eine politische Wahl sein kann, ob die analoge Post funktioniert und somit Briefwahl flächendeckend möglich ist.

Klar, bei allen technischen Neuerungen muss man auch mit bedenken, wie anfällig die Systeme sind. Nicht von ungefähr ist zur Zeit das Stichwort Resilienz in aller Munde. Wenn wir resiliente Systeme wollen, dann müssen wir dafür aber auch die notwendigen Kapazitäten bereithalten. Resilienz hat ihren Preis. Trotzdem führt an der Digitalisierung kein Weg vorbei. Darin liegt ja eine Chance: Die Krise sollte gerade jede Menge junge Unternehmen motivieren, digitale Tools zu entwickeln, die die Digitalisierung in den Unternehmen, Behörden und auch im Bildungsbereich unterstützen. Es gibt viele Möglichkeiten, und selten waren die Marktchancen dafür so groß wie jetzt.

Wer beispielsweise im Einzelhandel die Umstellung nicht hinbekommt, der wird im digitalen Zeitalter wohl nicht überleben. Man kann auf der einen Seite die tendenzielle Abnahme der Wettbewerbsintensität beklagen, die damit einhergehen wird, aber auf der anderen Seite kann man darin auch eine notwendige Marktbereinigung sehen – und es kommen eben neue Anbieter auf den Markt. Aus einer Effizienzperspektive ist das nur gut, nicht wahr?

Ja, genauso würde ich das sehen. Wir haben in der Corona-Krise erlebt, wie manche Restaurants sich auf Take-Away und Lieferbetrieb umzustellen wussten; oder wie manche kleinere Buchhandlungen zu Online-Bestellungen und auf Zustellung oder Postversand übergegangen sind, sodass man nicht länger auf Amazon angewiesen war. Das schaffen nicht alle, aus den unterschiedlichsten Gründen. Dafür gibt es neue Anbieter, mit neuen Konzepten.

A priori sollte man meinen, vor dem Virus seien alle Menschen gleich, aber die Betroffenheit hat sich dann doch als sehr unterschiedlich erwiesen, je nach Alter, Beruf, sozialem Umfeld, Land usw. Wie hat sich die Corona-Krise speziell auf Frauen ausgewirkt?

Im Vergleich zur Finanzkrise sind Frauen in der Corona-Krise wirtschaftlich schneller und auch stärker betroffen gewesen. In der Finanzkrise hat nach dem Bankgewerbe vor allem das Verarbeitende Gewerbe stark gelitten, weil die Kreditvergabe beeinträchtigt war; diesmal aber sind wegen des Lockdowns auch die Dienstleistungen stark betroffen gewesen – und da sind nun einmal sehr viele Frauen beschäftigt. Auch von den Schulschließungen sind Frauen besonders betroffen gewesen, weil sie typischerweise in der Familie mehr Sorgearbeit übernehmen. Studien haben gezeigt, dass das daran liegt, dass sie zumeist jünger als ihre Männer und in der Karriere also noch nicht so weit sind und schon allein deshalb weniger verdienen.[8] Wenn das Paar Kinder bekommt, übernehmen die Mütter deshalb häufig einen größeren Teil der Betreuung und arbeiten in Teilzeit. In ihrer Karriereentwicklung sind sie dadurch zurückgeworfen, gerade in Berufen, in denen Arbeitspausen karriereschädlich sind. Das wurde durch die Schulschließungen in der Corona-Krise verschärft, eben weil Frauen typischerweise das niedrigere Einkommen haben. Die Arbeit im Home-Office wurde aber von vielen Frauen als Chance gesehen.

Zumindest dann, wenn die Kinder anderweitig betreut waren. Ansonsten wird das sehr anstrengend.

---

8 Alon, T. et al. (2020): The impact of COVID-19 on gender equality, *Covid Economics: Vetted and Real-Time Papers* 4, S. 62–85.

In der Tat. Kinderbetreuung und Home-Office zu kombinieren, das funktioniert nicht. Aber es wäre eine Entlastung, wenn die Präsenzpflicht in den Büros abnähme und man sich die Arbeitszeiten freier einteilen könnte. In den besonders gut bezahlten Jobs ist es doch typischerweise so, dass derjenige den besten Eindruck macht und die interessanten Jobs und Aufträge bekommt, der abends am längsten im Büro ist, obwohl das nicht besonders effizient ist. Das erschwert die Vereinbarkeit von Beruf und Familie außerordentlich. Dass außerdem die Pendelzeiten wegfallen, ist ein enormer Effizienzgewinn des Arbeitens im Home-Office.

Und wie sieht es in der Wissenschaft aus?

In der Wissenschaft sagt zumindest die anekdotische Evidenz, dass jetzt mehr Forscher Paper bei Zeitschriften eingereicht haben, weil sie die Zeit des Lockdowns dazu nutzen konnten, sie fertigzustellen. Bei Forscherinnen ist das weniger der Fall gewesen, vermutlich wegen der Zusatzbelastung durch wegfallende Schul- und Kitabetreuung.

Die Benachteiligung von Frauen zeigt sich nach wie vor darin, dass sie unterrepräsentiert sind, in der Wirtschaft wie in der Wissenschaft. Der Wandel vollzieht sich nur langsam.

Das stimmt. In deutschen Vorstandsetagen sind Frauen nach wie vor hoffnungslos unterrepräsentiert und in der Corona-Krise ist ihr Anteil sogar noch zurückgegangen, wie gerade die Studie der AllBright-Stiftung eindrücklich dokumentiert hat.[9] Und auch in der Wissenschaft geht es nicht voran. In den Wirtschaftswissenschaften sind gerade mal 15 Prozent der Lehrstühle mit Frauen besetzt. Und das, obwohl immer betont wird, man suche dringend nach Frauen, sie müssten eben nur gleich gut qualifiziert sein. Das Problem ist, dass man gleiche Qualifikationen oftmals nicht als solche erkennt. In den Köpfen vieler Personalverantwortlicher sitzen Stereotype fest, in deren Folge sie Frauen bei objektiv gleicher Qualifikation systematisch schlechter einschätzen als Männer. Das zeigen viele experimentelle Studien.[10] Solche Stereotypen können aber mit Hilfe von Quoten abgebaut werden, auch das zeigen Studien.[11] Wer Frauen in Führungspositionen erlebt, baut stereotype Vorurteile ab und nimmt sie als kompetent wahr – wenn auch nicht unbedingt als sympathisch.

---

9 AllBright Stiftung (2020), *Deutscher Sonderweg: Der Frauenanteil in DAX-Vorständen sinkt in der Krise*, Bericht, online verfügbar unter https://www.allbright-stiftung.de/berichte.

10 Goldin, C. und C. Rouse (2000): Orchestrating impartiality: The impact of "blind" auditions on female musicians, *American Economic Review* 90(4), S. 715–41, sowie Moss-Racusin, C. A. et al. (2012), Science faculty's subtle gender biases favor male students, *Proceedings of the National Academy of Sciences of the United States of America (PNAS)* 109(41), S. 16474–79.

11 Beaman, L. et al. (2009), Powerful women: Does exposure reduce bias?, *Quarterly Journal of Economics* 124(4), S. 1497–540.

Männer in Führungspositionen sind ja auch nicht immer sympathisch.

Der Unterschied ist: Solche Männer gelten in der Regel als durchsetzungsfähig, Frauen eher als zickig. Eine Quote hat außerdem den Vorteil, dass Frauen merken, dass sie tatsächlich eine Chance haben. Damit lohnt es sich für sie auch eher, in ihre Karriere zu investieren und sich um Führungspositionen zu bemühen. Gleichzeitig nimmt durch eine Quote auch der Anreiz der Arbeitgeber zu, in ihre weiblichen Nachwuchskräfte zu investieren, sie als Führungskräfte aus- und weiterzubilden und zu fördern.

Gerade in Spitzenpositionen ist die Luft aber bisher ziemlich dünn.

In der Tat, es fehlt uns an einer kritischen Masse von Frauen. Solange es nur eine Frau in einem Gremium gibt, wird alles, was negativ auffällt, darauf zurückgeführt, dass sie eine Frau ist – und das abschätzige Urteil oder der Vorbehalt wird dann auf alle Frauen übertragen. Wie oft heißt es, wenn wieder mal ein weiblicher Dax-Vorstand abserviert wird: „Die hat es nicht gepackt, jetzt muss mal wieder ein Mann ran." Ich habe es aber noch nie erlebt, dass es umgekehrt bei einem männlichen Vorstand, der gehen musste, geheißen hätte, nun müsse mal eine Frau ran.

Wie sollte eine Quote ausgestaltet sein? Wie hoch sollte sie sein? Und sehen Sie sie eher als Selbstverpflichtung oder als allgemeines Gesetz?

Das hängt vom Kontext ab. Aber eine Selbstverpflichtung, bei der sich viele Unternehmen als Zielgröße einen Frauenanteil im Vorstand von null vornehmen, wie es aktuell der Fall ist, das ist ganz offensichtlich nicht die Lösung. Politische Parteien, zumal sogenannte Volksparteien, sollten im politischen Prozess die Bevölkerung repräsentieren. Da wäre eine 50:50-Quote für Wahllisten angebracht, um sicherzustellen, dass das Parlament auch die Anliegen der zweiten Hälfte der Bevölkerung im Blick hat.

Olaf Sievert

https://doi.org/10.1515/9783111208749-018

Urgestein der Politikberatung

Olaf Sievert ist ein Urgestein der Politikberatung in Deutschland. Seine Laufbahn ist mit dem Sachverständigenrat zur Begutachtung der gesamtwirtschaftlichen Entwicklung aufs Engste verbunden. Sein Lehrer Herbert Giersch, seinerzeit Lehrstuhlinhaber an der Universität des Saarlandes, war Gründungsmitglied des 1963 ins Leben gerufenen Rates und zog den bei ihm gerade erst Promovierten[1] schon zu den Arbeiten an den ersten Gutachten mit heran. Das Gremium vertraute Sievert schließlich auch die Leitung des Anfang 1965 gegründeten ständigen Stabes des Rates an. Er blieb zwei Jahre Generalsekretär des Rates; während der ersten Rezession der Nachkriegszeit 1966/67 war er dann Mitglied im Planungsstab des Ministerpräsidenten des Saarlandes. Schon 1971 indes kam er nach einem Intermezzo auf seinem ersten Lehrstuhl an der Universität Dortmund wieder zum Rat zurück – nun allerdings als ordentliches Mitglied der sogenannten Wirtschaftsweisen, in der Nachfolge von Giersch, und frisch bestellt auf den Saarbrücker Lehrstuhl für Volkswirtschaftslehre, insbesondere regionale Wirtschaftspolitik, dem er bis zu seiner Emeritierung treu blieb.

Es war eine spannende Zeit: Sievert hatte gleich zu Beginn mit dem „Superminister" Karl Schiller und dessen Versuchen einer wirtschaftspolitischen Globalsteuerung zu tun; und er erlebte im Sachverständigenrat die beiden schweren Ölkrisen von 1973 und 1979 mit. Von 1976 bis 1985 amtierte Sievert dann als Vorsitzender des Sachverständigenrats, dessen Kurs – den allmählichen Abschied von der makroökomischen Nachfragesteuerung und die Hinwendung zu einer eher mikroökonomisch inspirierten Verbesserung der Angebotsbedingungen – er ebenso geprägt hat wie wichtige Konzepte. Deren Liste reicht von der kostenneutralen Lohnpolitik, dem konjunkturneutralen Haushalt und der potenzialorientierten Geldpolitik bis hin zur Angebotspolitik.[2]

Im Anschluss an die Zeit im Sachverständigenrat wurde er in den Wissenschaftlichen Beirat beim Bundeswirtschaftsministerium berufen. Er engagierte sich zudem von 1988 bis 1991 in der Deregulierungskommission der Bundesregierung, deren Gutachten „Marktöffnung und Wettbewerb" deutlich seine Handschrift trägt, sowie von 1988 bis 2003 im Kronberger Kreis. Giersch pflegte die Politikberatung als „Bringschuld des Ökonomen" zu bezeichnen und zu bewerben. Sievert hat ein womöglich vergnüglicheres Verhältnis zu ihr: „Verzicht auf anderes war mir nie ein Opfer", sagt er. Die Politikberatung steht im Zentrum seines Schaffens. Dabei war Sievert nie versucht, sich zum „Philosophenkönig" aufzuschwingen, der alles besser weiß als die gewählten Volksvertreter. Er betrachtet eine solche Haltung als fatal. Er unterscheidet

---

1 Sievert, O. (1964), *Außenwirtschaftliche Probleme steuerlicher Ausgleichsmaßnahmen für den internationalen Handel*, Köln, Heymann.
2 Vgl. Sievert, O. (2003), Von Keynesianismus zu Angebotspolitik, in: Sachverständigenrat zur Begutachtung der gesamtwirtschaftlichen Entwicklung (Hrsg.), *40 Jahre Sachverständigenrat*, Statistisches Bundesamt, Wiesbaden, S. 34–46.

strikt zwischen der positiven Analyse, die ein Wissenschaftler als Partner der Politik zu leisten hat, und dem normativen Anspruch, den jeder Mensch als Bürger an die Politik heranträgt.

Geboren 1933 im vorpommerschen Demmin, war Sievert nach dem Krieg mit seiner Familie ins holsteinische Ratzeburg übergesiedelt. Das Abitur legte er an der Wirtschaftsoberschule in Lübeck ab. „Ich hatte irgendwie eine positive Einstellung zum Wirtschaftlichen. Mit ihm verband sich für mich jungem Nachkriegsmenschen am ehesten die Öffnung zur weiten Welt", erklärt er. Anschließend studierte er in Hamburg Volkswirtschaftslehre und Jura. Von seinen Ökonomie-Professoren sind ihm vor allem noch Hans Ritschl und Karl Schiller gut in Erinnerung; letzterer brachte dann 1967 als Bundeswirtschaftsminister das Stabilitäts- und Wachstumsgesetz auf den Weg. Als Werkstudent, der sein Studium im Wesentlichen selbst zu finanzieren hatte, blieb Sievert nicht immer genug Zeit für den Besuch von Vorlesungen. So musste er, wie er sagt, „die Weisheit mehr abends und nachts den Büchern entnehmen" – und da war es eher der Philosoph Sören Kierkegaard, der ihn faszinierte, mehr zumindest als der Ökonom John Maynard Keynes, „der von Schiller allerdings blendend präsentiert wurde".

Nach dem volkswirtschaftlichen Diplom 1957 ging Sievert fünf Monate auf Wanderschaft durch Frankreich und Spanien. Ein Telegramm aus Saarbrücken erleichterte schließlich die Entscheidung, wie es weitergehen sollte – ihm wurde ein Stipendium für ein Postgraduierten-Studium am Europa-Institut der Universität des Saarlandes zuteil, für das er sich eigentlich nur nebenher beworben hatte. Dieses Telegramm war ein folgenreiches Stück Papier: Noch heute ist Sievert im Saarland zuhause, der Heimat seiner Ehefrau – und das nicht ungern. „Es ist hier zu Recht gängige Meinung: Man lebt hier gut. Der Umgang mit den Saarländern ist sehr angenehm, sie fordern einen zwar weniger als andere, aber sie tolerieren einen mehr."

In Saarbrücken lernte der Postgraduierten-Student Giersch kennen, der den ökonomischen Teil dieses Studiengangs leitete. Am Ende des einjährigen Studiengangs bot Giersch ihm an, sein Assistent am Europa-Institut zu werden – und daraus folgte dann alles Weitere. „Herbert Giersch hat mich geprägt", bekennt er. Wie tief diese intellektuelle Prägung war, konnten später Sieverts eigene Saarbrücker Studenten leicht erahnen: In Sieverts Vorlesung, einem fordernden Ritt durch die makroökonomische Ideengeschichte und die wirtschaftspolitische Debatte seit den sechziger Jahren, war der Geist „des Meisters" Giersch stets präsent.

Sievert kann spürbar eines nicht leiden: dogmatische Polemik. Grobe Vereinfachungen, wo diffizile Zusammenhänge eine tiefgründige Analyse erfordern, bringen ihn genauso auf die Palme wie plakativ formulierte und marktschreierisch vorgetragene ideologische Gewissheiten, wo ein vorurteilsfreies, sorgsames Abwägen aller theoretischen Argumente und empirischen Fakten notwendig wäre. Und so wundert es kaum, wenn Sievert erzählt, Giersch habe ihm das Denken Karl Poppers nahegebracht – und zwar schlicht durch sein Vorbild als Wissenschaftler. In den zwölf Jahren, die Sievert für Giersch arbeitete, „hat es wohl kaum einen Satz von ihm gegeben, den er mir nicht zum Kritisieren vor die Augen gebracht hat". Ihm kam nunmehr zugute, dass er in den Nachbardisziplinen der Ökonomik schon damals außergewöhnlich gut belesen war. Auf die Frage, was er von Giersch als wichtigste Lehre fürs Leben mitgenommen habe, antwortet Sievert ohne jegliches Zögern: „Dass klar und genau denken heißt, genau und klar schreiben. Und umgekehrt!" Er selbst schlägt seine Gesprächspartner mit einer präzisen, seiner scharfen ökonomischen Logik kongenialen, zugleich eigenwilligen und humorigen Ausdrucksweise in Bann.

Nach seiner Emeritierung verschlug es ihn 1993 aus dem äußersten Westen des Landes in den Osten: Er wurde zum Präsidenten der Landeszentralbank von Sachsen und Thüringen mit Sitz in Leipzig ernannt. Im Herbst zuvor hatte ein langer Zeitungsartikel von ihm unter dem Titel „Geld, das man nicht selbst herstellen kann"[3] einiges Aufsehen erregt. Gegen die schon damals lauten Stimmen der Euro-Kritiker beschrieb und verteidigte Sievert darin die stabilitätspolitisch heilsame List der Idee der Europäischen Währungsunion. Sie verhelfe schon aus sich selbst heraus der „fundamentalen Ordnungsbedingung" zur Geltung, „dass jeder für seine durch ihn selbst real nicht mehr manipulierbare Staatsschuld einstehen muss". Die Maastricht-Kriterien hielt er im Vergleich dazu nicht einmal für entscheidend.

Die Zeit in Leipzig von 1993 bis 1998, in denen er sich dem Aufbau geldpolitischer Strukturen in der ehemaligen DDR widmete und zudem im Frankfurter Zentralbankrat saß, hat Sievert ausgesprochen genossen: „Die Jahre, in denen ich dem Zentralbankrat angehörte, gehörten zu der Zeit, in welcher der Zentralbankrat vielleicht der mächtigste Herrenklub der Welt war." Und gerade die Stadt Leipzig „erlaubte in den neunziger Jahren die hautnahe Teilhabe am wichtigsten Geschehen, das Europa in dieser Zeit zu bieten hatte". Zudem gefiel ihm dort etwas anderes, das viel über ihn selbst aussagt: „In Leipzig hat teilweise mehr bildungsbürgerliche Tradition die DDR-Zeit überdauert als in manchen westdeutschen Städten die Zeit des kulturellen Wandels; westliche Hoffart verleitet dazu, dies zu übersehen."

---

3 Sievert, O. (1993), Geld, das man nicht selbst herstellen kann, *Frankfurter Allgemeine Zeitung* vom 26. September.

„Der Umgang mit Griechenland war angemessen und gewiss keine Einladung zu weiteren Sünden"

Ein Gespräch über die Europäische Währungsunion, über Rechtsbruch und Notstand, Staatsverschuldung, Niedrigzinsen und die Dürftigkeit des wirtschaftspolitischen Diskurses

Herr Professor Sievert, in der Europäischen Währungsunion reißen die Sorgen um das schwer überschuldete Griechenland nicht ab. Sie hingegen waren früh sehr davon überzeugt, dass die Währungsunion die Mitgliedstaaten genau deshalb zu finanzpolitischer und lohnpolitischer Disziplin anhalten würde, weil mit ihr ein Geld eingeführt wurde, das man nicht selbst herstellen kann. Wenn Sie nach allem, was seither passiert ist, Bilanz ziehen – sind Sie enttäuscht?

Nein. Wir sind in einer Phase intensiver Einübung des Systems und haben durchaus Anlass zur Zuversicht. Im Übrigen: Zum Rückblick gehören ja auch die ersten zehn Jahre, während derer es so gut lief, dass die Skeptiker, die sich zu Hunderten auf allen möglichen Manifesten verewigt hatten, erst einmal auf Tauchstation waren. Es ist nun nicht sehr verwunderlich, dass sie von der Tauchstation auch wieder auftauchten, als die große Krise kam. Wobei die große Krise von 2007/08 ursächlich nicht viel mit der Europäischen Währungsunion zu tun hatte. Aber die Krise traf eben die Mitglieder der Währungsunion, die zuvor stabilitätspolitisch besonders gesündigt hatten, in besonderem Maße. Es bleibt die Frage, die Sie zu Recht stellen, warum diese Länder trotz meiner Prognose so stark gesündigt haben; darauf wäre zurückzukommen. Doch in jedem Fall war die Katastrophe auch eine Sanktion stabilitätspolitischen Fehlverhaltens. Peinlich nur, sie traf diese Länder in einem Maße, dass es die Funktionsweise der Währungsunion stark berührte. Das hing nicht zuletzt damit zusammen, dass die Möglichkeiten der Problemverarbeitung in einer Währungsunion prinzipiell andere sind als anderswo. Ein einzelnes Land kann nicht mehr in die Herstellung von Geld ausweichen, also in das Produzieren und Inkaufnehmen von Inflation. In erhöhtem Maße Geld selber herzustellen, gehört sonst ja grundsätzlich zu den Möglichkeiten der Krisenverarbeitung.

Wobei auch diese Methode nicht gerade koscher ist.

Natürlich nicht. Und man hat dabei immer mit Problemen zu rechnen. Es ist nichts Einfaches daran, die Leute zu betuppen, indem man nach Belieben Geld herstellt und so ver-

Anmerkung: Online am 27. November 2015 erstmals veröffentlicht, https://doi.org/10.1515/pwp-2015-0025. In Print am 1. Dezember 2015 erschienen, *Perspektiven der Wirtschaftspolitik* 16(4), S. 351–66. Das Gespräch wurde gemeinsam mit Karl-Heinz Paqué (Otto-von-Guericke-Universität Magdeburg) geführt, dem damaligen federführenden Herausgeber der Perspektiven der Wirtschaftspolitik.

sucht, seine Schulden nicht zu bezahlen – denn darum geht es. Schon in den siebziger und achtziger Jahren war es nach und nach so schwierig geworden, diesen Weg zu gehen, dass genau dies zu den Antriebskräften für die Entstehung der Währungsunion gehörte. Dass wir in Europa im Ganzen einen Konsens hatten, aus dem System flexibler oder halb flexibler Wechselkurse wieder auszusteigen, hatte mit der Erfahrung in der Globalisierung der Finanzmärkte zu tun, dass die einzelnen Länder die Souveränität im monetären Bereich faktisch verloren. Diese haben sie nicht erst durch die Währungs-union verloren. Italien hatte die Erfahrung gemacht, dass seine Abwertungen immer zügiger kommen mussten. In den neunziger Jahren war zu entscheiden, ob das Land von Anfang an in die Währungsunion aufgenommen werden oder noch nachsitzen sollte, weil es die Maastricht-Kriterien nicht wirklich erfüllte. Italien wäre womöglich auf den Staatsbankrott zugegangen, wenn es nicht die Verheißung gegeben hätte, dass es demnächst Mitglied der Europäischen Währungsunion sein würde. Die Akteure an den Finanzmärkten waren inzwischen mit Sanktionen für unsolides Verhalten schnell bei der Hand. Italien konnte nicht so weitermachen wie die Jahrzehnte zuvor, in denen es den Banken einfach die Staatspapiere aufgepresst hatte.

Auch Großbritannien war mit der keynesianischen Politik des Sich-Freikaufens durch Abwertung gescheitert. Gerade diejenigen, die diesen keynesianischen Not-ausgang seinerzeit verurteilt hatten, kritisieren die Währungsunion dafür, dass sie denselben verschlossen hat. Ist das schlicht eine Inkonsistenz oder liegt das an veränderten Fakten, also daran, dass man in der Währungsunion als Ganzer – entgegen Ihrem frühen Optimismus – inzwischen durchaus wieder Geld selbst herstellen kann? Hat die EZB mit ihrer „Rettungspolitik" das entsprechende Gebot nicht längst verletzt?

Das sind zwei Fragen. Geld wieder selbst herstellen? Beim Zugang der Banken zum Notenbankkredit gibt es Änderungsbedarf, um zu verhindern, dass Banken, die unter staatlicher Kuratel stehen, ihrem Staat die Ausgabenfinanzierung unangemessen er-leichtern. Das ist aber ein notenbankinterner Reformbedarf, keine Frage des Systems. Nun zur „Rettungspolitik". Es ist zwar in den vergangenen fünf Jahren zu Erscheinun-gen gekommen, die wie ein Dementi für die These aussahen, dass die Voraussetzungen für das Funktionieren einer Währungsunion in Europa gegeben sind. Das will ich nicht bestreiten. Dieser Anschein bestand, aber der Nachweis wurde nicht erbracht. Wenn man buchhalterisch ist, mag man sagen, beim Umgang mit Artikel 125 AEUV sei die Idee der fundamentalen No-bailout-Regelung so stark strapaziert worden, dass der Vorwurf des Vertragsbruchs verständlich war. Aber berechtigt war er deshalb ja noch nicht.

Wieso?

Die Dehnung in der Anwendung von Artikel 125, die sicherlich nicht harmlos war, als Vertragsbruch zu bezeichnen, ist polemisch. Formal war es kein Vertragsbruch. Die Juristen haben sich ausnahmsweise mal nicht vorgedrängt, um offiziell zu sagen, was sie von dem Umgang mit Artikel 125 halten. Eigentlich hätten sie unbezweifelbar klarstellen sollen, dass Artikel 125 nicht die freiwillige Hilfe verbietet, sondern die Fremdhaftung, was ja nicht dasselbe ist. Nur in Artikel 125 Absatz 2 ist überhaupt von einem Verbot die Rede, nämlich von dem Verbot, Regelungen zu schaffen, die das No-bailout-Prinzip aus Absatz 1 ignorieren. Aber ein Verbot, freiwillig Geld zu geben, liegt auch darin nicht.

Sie sind einer der wenigen unter den liberalen und ordnungspolitisch denkenden Ökonomen, der sagt, es sei damals nicht zu einem Rechtsbruch gekommen.

Die dominierende Auffassung ist das nicht, das stimmt, zumal wenn man an die vielen Kollegen denkt, die vom Buchstaben des Vertrages absehen und sich allein an die Verletzung der Idee des Artikels 125 halten. Aber hier fehlt eben noch der zweite Teil meines Arguments. Trotz der Erscheinungen von 2010 und danach, die wie Dementis für das Vertrauen auf die Möglichkeit einer Währungsunion in Europa aussahen, gibt es in der Antwort der Euro-Zone und vor allem Deutschlands, das dort die Führungsrolle innehat, auf die Herausforderungen der vergangenen Jahre sehr wohl eine Grundlinie, die ich als dem Maastricht-System adäquat ansehe. Und diese Grundlinie ist durch den Merkel'schen Weg geprägt.

Was ist der Merkel'sche Weg?

Das Prinzip der Gegenseitigkeit. „Nichts ohne Gegenleistung" – ohne systemgerechte, systemerhaltende, einigermaßen gleichwertige Gegenleistung. Solidarische Hilfe ja, aber die Begünstigten müssen liefern. Es geht nicht einfach ums Heraushauen, um Bailout. Im Zeichen der „Konditionalität" sind Hilfsprogramme aufgelegt worden, die gegenüber Portugal und Irland zunächst großzügig waren, dann aber gegenüber Griechenland von vornherein hart. Der Kurs war möglicherweise nicht an allen Stellen hart genug, das mag sein, aber was die Griechen auferlegt bekommen haben, war nicht vergnügungsteuerpflichtig. Für mich ist dieses Projekt der Hilfe, die mit harten systemerhaltenden Gegenforderungen verbunden ist, vom ordnungspolitischen Charakter her gesehen, gleichsam ein Projekt der „Einübung im Christentum", wenn Sie solche Anleihe bei Kierkegaard nicht allzu unpassend finden. Ich vertraue darauf, dass das Vorbild, das die Mitglieder aus den Erfahrungen seit 2010 gewinnen, ihnen klar sagen wird: Ein Land geht einen ganz harten Weg, wenn es das, was das System fordert, nicht respektiert. In diesem Sinne müssten sich die Erfahrungen mit Griechenland eigentlich positiv auswirken. Im Juli, als wieder eine neue Verlängerung der Hilfen anstand, war ich erst etwas angstvoll, ob eine Einigung nicht arg weit von Merkels Kurs abweichen müsste. Aber der Bundesfinanzminister und die Bundeskanzlerin haben es ziemlich perfekt hinbekommen.

Sie halten den Merkel'schen Kurs also grundsätzlich für richtig.

Ja, wobei mir ein Leitmotiv, das ich der Bundeskanzlerin unterstelle, besonders gefällt: Hilf deinen Partnern, in eine Lage zu kommen, in der sie aus Einsicht in das eigene Interesse, also von selbst, das tun wollen, was das System gebietet und erhält – gegebenenfalls: warte geduldig darauf, möglichst nicht: führe sie dahin! Aber zurück zur Hauptfrage, ob das Vertrauen darauf, dass eine Währungsunion in Europa funktionieren kann, auch bei mir dahin ist. Da ist die Antwort: nein. Dass die gegenwärtigen Spannungen eine große Probe auf das Konzept darstellen, bestreite ich nicht. Aber ich ordne die Erlebnisse mit Griechenland anders ein als andere. Der Umgang mit Griechenland war angemessen und hart und gewiss keine Einladung zu weiteren Sünden. Es ist für mich eine Etappe der Einübung der Stabilitätskultur. Die Einübung der Maastricht-Kriterien war seinerzeit unzureichend, das muss ich als großer Bekenner zur Währungsunion einräumen. Die Idee der Maastricht-Kriterien war: Die Mitgliedstaaten müssen zeigen, dass sie die Fähigkeiten beherrschen, die man für eine Währungsunion braucht, nämlich wirtschaftliche Stabilität herzustellen und zu bewahren und, wenn sie denn einmal verloren geht, mit eigener Kraft wiederzugewinnen, ohne dass man auf Inflation angewiesen ist. Viele Kollegen halten Konvergenz der wirtschaftlichen Entwicklung für eine gleichrangige Bedingung für das Funktionieren des Maastricht-Systems. Davon sollten sie ablassen. Arme Leute und reiche Leute können das gleiche Geld benutzen. Arme Länder tun sich nicht schwerer, ohne Staatsverschuldung und ohne Inflation auszukommen, als reiche Länder.

Es ist eigentlich auch beeindruckend, wie viele Länder den harten Anpassungsprozess erfolgreich absolviert haben, zum Beispiel die baltischen Länder, Irland, Portugal und Spanien.

Völlig d'accord, aber das ist kein hartes Argument für Zuversicht. Eine Währungsunion ist nun einmal darauf angewiesen, dass ausnahmslos alle sich an die Regeln halten. Ja, es muss eine Stabilitätskultur wachsen, auch durch so unangenehme Erlebnisse wie mit Griechenland, so dass selbstverständlich wird, dass man bestimmte Sachen nicht tut, strenger noch: nicht will. Das ist über Regeln nicht abschließend zu fassen; es muss selbstverständlich sein. Nur so funktioniert das Zusammenleben von Menschen: Sie müssen die gemeinsame Kultur als eine solche erlebt und verinnerlicht haben. Das kann natürlich dauern.

Wo aber verläuft die genaue Grenze zum Rechts- oder Vertragsbruch? Man hilft, man gibt Kredit, man verlängert den Kredit – und wenn die Griechen am Ende die Kredite nicht zurückzahlen, dann hat man ja doch für sie gehaftet, auch wenn man das ursprünglich nicht wollte. Es besteht doch mindestens diese Gefahr, dass das Ergebnis von der Absicht abweicht?

Ich war jetzt schon dabei zuzustimmen, aber dann kommt doch noch das Wort „gehaftet". Und das passt einfach nicht. Hilfe gehört nun einmal nicht in die Kategorie Haftung, solange es keinen Anspruch auf Hilfe und nur bedingte Hilfe gibt. Der Weg der konditionierten Hilfe wurde erfunden, nachdem wir erlebt haben, dass sich der Bailout von 2010 – der systemischen Risiken wegen – nicht gut vermeiden ließ. Die Strapazierung von Artikel 125 ist nun eben geschehen und gehört zu unserer Vergangenheit. Die daraus entstandene ordnungspolitische Schuld müssen wir nach und nach durch vorbildliches Tun abtragen. Und außerdem haben wir gelernt, dass es falsch war, bei der Gestaltung der Währungsunion und insbesondere bei der Abfassung von Artikel 125 AEUV nicht daran zu denken, dass auch schon kleine Länder in der großen Vernetzung Europas zum Systemrisiko werden können. Die zuständigen Gremien haben seinerzeit die Aufnahme Griechenlands zwar erst einmal abgelehnt, dann aber nach zwei Jahren zugestimmt. Ich habe damals – wie viele – den Kopf geschüttelt. Aber dieses Kopfschütteln war auch bei mir von der Annahme begleitet, dass ein derart kleines Land die Währungsunion nicht ernsthaft gefährden könnte.

Warum machen Sie den Punkt, dass es sich nicht um Haftung handelt, dermaßen stark? Ist es nicht Haftung, wenn einer für den anderen einsteht? Wenn die Griechen nicht zurückzahlen, was ihnen jetzt vorgeschossen worden ist, bleibt doch die finanzielle Bürde bei den anderen Mitgliedern.

Man muss hier zwei Aspekte voneinander trennen, den juristischen und den ökonomischen. Der juristische Aspekt ist dabei auch für Ökonomen durchaus nicht gleichgültig, denn ein formaler Rechtsbruch ist ganz offensichtlich etwas wirklich Schlimmes für eine Gemeinschaft, die auf der Verlässlichkeit von Regeln und das Gelten von Recht gegründet ist. Deswegen reagiere ich so empfindlich auf die Neigung vieler Kollegen zur Vergröberung in einer polemisch geführten Debatte und auf den ständigen Vorwurf von Rechtsbruch, auch im Zusammenhang mit dem Stabilitäts- und Wachstumspakt. Die Politiker haben jeweils einen Weg gefunden, alles korrekt ablaufen zu lassen. Ich erwarte eigentlich von meinen Kollegen, wenn sie denn als Wissenschaftler auftreten, dass sie hier nicht so schlampig argumentieren, als wenn sie von der Bild-Zeitung kämen. Das geht nicht. Unsere Sünde mit dem Stabilitäts- und Wachstumspakt war nicht, dass wir den Vertrag gebrochen hätten, sondern dass wir in rechtlich ordentlichster Weise die Gemeinschaft in eine falsche Richtung geführt haben.

Einverstanden. Und ökonomisch?

Der Merkel'sche Weg hat zur Voraussetzung, dass Artikel 125 AEUV weiterhin im Prinzip gilt. Aber in der Umgebung von Artikel 125 muss man eben im Lichte der Erfahrung manches tun, was man einfach noch nicht im Kopf hatte, als das Vertragswerk formuliert wurde. Deswegen hat man nachträglich die Ermächtigung der EU eingebaut, unter bestimmten Bedingungen einem notleidenden Mitglied freiwillig Hilfe zu geben. Vorher war solche Hilfe nur den Mitgliedstaaten individuell erlaubt, nicht der Union insgesamt. Und dann hat man verabredet, dass diese Hilfe dem Kriterium der

Bedingtheit gehorchen muss. Nur wer hinreichend Vertrauen begründet, dass er auf den soliden Weg zurückkehrt, bekommt Hilfe. Wer nicht, kriegt keine. Auch der ESM ist nach diesem Prinzip gestrickt. Natürlich ist damit die Gefahr verbunden, dass die Klauseln, die im entsprechenden Vertragswerk stecken, allzu viel zulassen. An bestimmten Stellen kann man durchaus ein bisschen zittern, was die Kameraden daraus so machen werden. Aber an sich ist das Ganze schon sauber gestrickt. Was die Nicht-Rückzahlung der griechischen Schulden anbelangt, so sollten wir da die Ängste nicht übertreiben. Wenn die Griechen ihre Zinsen bezahlen, können sie ihre Schulden – wie andere solide Menschen auch – bis ans Ende aller Tage refinanzieren. Niemand wird dann von Rückzahlung oder Nicht-Rückzahlung reden.

In der Gesamtbeurteilung scheinen Sie der Verabsolutierung des Moral-hazard-Problems, das manche Ökonomen umtreibt, wenig abgewinnen zu können. Dass die Regeln der Währungsunion unter Maßgabe der Erfahrungen, die wir gemacht haben und die wir nicht antizipieren konnten, eine gewisse pragmatische Anpassung erfahren, bedeutet für Sie keine solche fatale Anreizverzerrung. Der Merkel'sche Weg besteht vielmehr darin, dass man diejenigen, die gegen die Regeln des Clubs verstoßen, in den Arm nimmt und sie auf dem Weg zurück begleitet.

Ja, das wäre die menschenfreundliche Umschreibung. Die Griechen würden die Konditionen für ihren Rückweg freilich kaum als In-den-Arm-Nehmen erkennen.

In der Tat sieht es ja so aus, als ob Griechenland vom Stabilitätskurs nicht wegkommt. Alexis Tsipras hat alles versucht, um die EU zu erpressen, und die Dinge derart auf die Spitze getrieben, dass man nur staunen kann. Aber es ist ihm nicht gelungen – und er ist trotzdem wiedergewählt worden. Könnte man sagen, dass die Währungsunion durch die Krise vielleicht letztlich sogar gestärkt wird?

Ich gehöre nicht zu denen, die sich optimistisch zur Möglichkeit eines Erfolgs der Griechenland-Story äußern. Was man von außen wahrnimmt, spricht überhaupt nicht dafür, dass das gut geht. Aber ausgeschlossen ist es auch nicht, und ein Aufgeben wäre mir zu teuer. Als Bürger habe ich keinen Beifall in mir für die Idee, Griechenland aus der Währungsunion herauszuschicken. Es weiß keiner wirklich, wie ein Grexit genau ablaufen würde. Aber es besteht die Möglichkeit, dass damit mehrere Jahre katastrophaler Verhältnisse in Griechenland verbunden wären. Das möchte ich nicht in Kauf nehmen. Deshalb habe ich sehr gehofft, dass es gelingen würde, Tsipras so weit zu drehen, dass es beim Merkel'schen Weg bleiben kann. Angesichts der Tatsache, dass in Griechenland eine Partei am Ruder ist, die schon die Marktwirtschaft als solche im Kern kategorisch ablehnt, war das alles andere als klar. Gemeinsam mit dem Finanzminister ist es der Kanzlerin aber gelungen. Ich würde gern wissen, ob Schäuble den Grexit, den er als Möglichkeit in die Verhandlungen eingebracht hat, wirklich erwogen oder sogar gewollt hat. In den Verhandlungen war sein Pokern auf jeden Fall nötig und hilfreich, weil auch die Gegenseite ständig gepokert hat. Aber so ohne weiteres korrekt war es nicht. Die Verträge erlauben es nicht, ein Land in eine Lage zu bringen, in der es nicht anders kann, als aus der Union auszuscheiden.

Das ist der Punkt, Sie schreiben die Erpressbarkeit ins Programm.

Zwischen dem zulässigen „Jemanden ziehen lassen" und dem unzulässigen „Jemanden hinausdrängen" liegt eine Welt. Aber es ist dem Menschen nicht gegeben, ohne weiteres zu erkennen, in welcher Welt er sich gerade befindet. Während einer Pokerpartie schon gar nicht. Wenn man vor einer Aporie steht, kann das hilfreich sein.

Aber noch einmal: Sieben Mitgliedstaaten der Währungsunion hatten eine dramatische Krise zu bewältigen. Bei sechs davon läuft es jetzt wieder einigermaßen. Und wenn irgendwann auch Griechenland zu vernünftigem Wachstum zurückfindet und politisch nicht implodiert ist, wäre dann nicht das Ergebnis eine Stärkung der Währungsunion, weil sich gezeigt hat, dass man unter schwierigsten Umständen die Grundlagen der Währungsunion nicht in Frage stellt? Nach dem Motto: Wenn die Griechenland-Krise die Währungsunion nicht gesprengt hat, dann hält sie alles aus?

Ja, das wäre schon ein großer Erfolgsausweis. Im Grunde sogar dann noch, wenn die von Ihnen genannte Bedingung nicht eintritt. Es ist durchaus möglich, dass wir noch ein viertes und ein fünftes und ein sechstes Hilfsprogramm für Griechenland brauchen werden. Das wäre ein Zeichen dafür, dass es nicht gelingt, Griechenland auf den richtigen Weg zu bringen. Wenn man jemanden trotz aller Erziehungsversuche dauerhaft unterhalten muss, ist das nun einmal ein Misserfolg. Aber die Währungsunion würde fortbestehen; die Gemeinschaft kann sich die fortgesetzte Hilfe leisten. Es bliebe die Sorge mit dem Moral hazard. Das Leid, das Griechenland durch seine Unsolidität sich selbst zugefügt hat oder in Kauf nehmen musste, ist freilich so groß, dass ich das ständige Geschwätz über Moral hazard als Beiprodukt unserer Rettungsversuche übertrieben finde. Moral hazard lässt sich vermeiden, ohne dass Griechenland voll zur Raison gebracht wird. Die Funktionsfähigkeit der Währungsunion ist nicht davon abhängig, ob wir Griechenland mit durchfüttern müssen. Sie ist aber sehr wohl davon abhängig, ob weiterhin der Merkel'sche Weg gegangen wird. Wenn von vornherein der von Frankreich propagierte Weg gegangen worden wäre, mit einer unbegrenzten, unkonditionierten Solidarität, wäre das fatal gewesen. Wobei die Franzosen selbstverständlich nicht so dumm sind, wie sie manchmal in ihrer Propaganda erscheinen.

Die Vermeidung des Moral hazard setzt aber, wie das Zur-Raison-Bringen eines Landes, voraus, dass die Kausalitäten und Verantwortlichkeiten in Politik und Bevölkerung korrekt wahrgenommen werden. Wenn aber die Krisenjahre anderen in die Schuhe geschoben werden, insbesondere den „Institutionen" und der deutschen Kanzlerin, dann bleibt der Lerneffekt dürftig. Und überhaupt – die Gemeinschaft kann es sich vielleicht leisten, ein Mitglied durchzufüttern, wie Sie sagen, aber sie sollte das doch wohl nur dann tun, wenn ein übergeordnetes Kosten-Nutzen-Kalkül günstig ausfällt.

Bezüglich des Ansehens der Kanzlerin mache ich mir keine Sorgen. Ich wage nur die These, dass selbst dann, wenn die Griechenland-Story ungünstig ausgeht, die Währungsunion daran nicht kaputtgehen wird und der positive Lerneffekt für Dritte nicht ausbleibt. Viele Kollegen reden immer davon, die Hilfen an Griechenland seien verschenktes Geld, das nie zurückkommen werde. Das Nicht-Zurückzahlen wird in der Debatte genauso unzulässig in den Vordergrund gerückt wie der Moral hazard. Ich wiederhole mich: Es ist ganz normal, dass Schuldner ihre Schulden nicht effektiv zurückzahlen, sondern sie refinanzieren. Was die Steuerzahler in der Gemeinschaft tragen müssen, ist eine am Ende negative Differenz zwischen den eingenommenen Zinsen und den gezahlten Zinsen. Diese Differenz muss so groß nicht sein, weil vorläufig noch die vom Schuldner geforderten und als Einnahme erwarteten Zinsen oberhalb derjenigen sind, die derzeit den Kreditgebern am Kapitalmarkt zu zahlen sind.

Und die monetäre Bilanz wäre ohnehin sehr schwer zu kalkulieren, klar. Wenn wir Sie richtig verstehen, betrachten Sie das Risiko eines Grexit in der Gesamtheit seiner Wirkungen als so schwer abschätzbar und so hoch problematisch, sowohl politisch als auch ökonomisch, dass man auch diesen schwierigen Fall, von dem man nicht weiß, ob man ihn in den Griff bekommt, lieber an Bord behält.

Ja, aber nicht nur ja. Ich wehre mich gegen die Abwägung von Kosten und Nutzen aus einem tieferen Grund, der mir ganz besonders wichtig erscheint. Menschen treffen manchmal existentielle Entscheidungen, Entscheidungen, die als endgültig gemeint sind. Man denke nur an das Sakrament der Ehe – das ist endgültig. Das Verbleiben bei dieser Entscheidung ist nicht Gegenstand der Abwägung von Kosten und Nutzen unterwegs. Es steht nicht unter dem Vorbehalt eines Plebiszits des Tages. Ich sehe die Haltung der Bundeskanzlerin in der Nähe dieses prinzipiellen Unterschieds zwischen definitiv gemeinten Entscheidungen und anderen, deren Fortdauer ständig einer Abwägung von Kosten und Nutzen zugänglich ist. Wenn ein Mitglied der Währungsunion aus der Reihe tanzt, mag es wer weiß was kosten, es wieder einzufangen, aber es steht nicht zur Debatte, die einmal eingegangene Bindung aufzukündigen und das Mitglied zu verstoßen. Das Verstoßen gehört einfach nicht zu den Handlungsmöglichkeiten, zwischen denen man zu wählen hat. Handlungsunfähig ist man dadurch aber ja nicht.

Aber dadurch wird die Sache asymmetrisch.

Asymmetrisch klingt ja wieder negativ. Das ist die Sache aber nicht.

Nein, nein. Asymmetrisch ist die Sache nur insofern, als man sich unauflöslich festlegt. Für die Währungsunion ist das doch entscheidend. Denn nur das fundamentale Vertrauen darauf, dass eine solche Festlegung existiert und unaufkündbar ist, macht die ganze Angelegenheit stabil.

In der Tat. Aber nicht nur das ist von Bedeutung. Wie uns die Ontologen lehren, schafft das Treffen solcher Entscheidungen auch Realitäten. Existenzielle Entscheidungen verweisen nicht nur auf normative Aspekte des Miteinanders, sondern es entsteht mit ihnen eine andere Realität. Die ist dann da und wir müssen fragen, welche Bedeutung sie hat. Die Welt ist verschieden, je nachdem ob ich mit jemandem am Tisch sitze, dem ich vertraue, weil ich weiß, dass er hält, was er versprochen hat, weil er es versprochen hat, oder ob ich mit jemandem am Tisch sitze, dem ich vertraue, weil ich weiß, dass er hält, was er versprochen hat, weil er den Bruch eines Versprechens zu teuer findet. Das zu berücksichtigen, ist besonders in Krisensituationen wichtig, auch wenn dort vielleicht die Radikalität des Gedankens nicht ganz so gut aufgehoben ist. Die Ökonomen tun sich schwer beim Umgang mit absoluten Werten und mit Aporien. Da hört das Abwägen auf. Aber was hat denn Mario Draghi getan, als er im Sommer 2012 mitgeteilt hat, er werde alles unternehmen, was nötig sei, um den Euro zu erhalten? Er hat etwas Notwendiges, aber nicht Zulässiges getan, und auch was die Mitarbeiter in der EZB anschließend zur Abdeckung seiner Worte erfanden, das OMT-Programm, war zwar sorgfältig gemacht, ist aber im Hinblick auf jede wahrscheinliche Anwendung meines Erachtens ebenfalls nicht zulässig.

Unzulässig? Rechtswidrig?

So, wie es formuliert ist, mag man das OMT-Programm zulässig nennen. Aber so wie es formuliert ist, wird es keine Realität haben. Die durch Auslegung der Regeln hinreichend geweitete Realität wird daneben sein, und die ist dann unzulässig. Für Notstände kann man keine erschöpfenden Regeln ausdenken. Aber es ist denkbar, dass wieder einmal eine Situation kommt, in der die Existenz der Währungsunion auf der Kippe ist, in der also ihre Rückumwandlung in ein Festkurssystem mit Wechselkursänderungsvorbehalt vor der Tür steht. Das war damals die Situation, in der Draghi gehandelt hat: Die Entwicklung an den Finanzmärkten lief bezüglich Italiens aus dem Ruder und es war klar, dass es eigentlich Wechselkursänderungsrisiken waren, die dort die Zinsdifferenzen bestimmten.

Er musste ja noch nicht einmal handeln. Es genügte die Ankündigung.

Das ist irrelevant für die Überlegung, von der ich gerade spreche. Draghi konnte damals nicht darauf vertrauen, dass er nachher Glück haben werde, dass er nicht tatsächlich eingreifen müsse und schon die Ankündigung wirken werde. Es war eine Situation, in der er etwas Unzulässiges tun musste. Wer ist in der Europäischen Gemeinschaft denn eigentlich zuständig, wenn eine solche Situation eintritt? Tätig werden müsste eigentlich der Ministerrat, der sich im Rahmen des geltenden Rechts nicht auf eng gefasste Kompetenzen verweisen lassen muss wie die EZB. Aber wenn der Ministerrat gehandelt hätte – was wären denn seine Möglichkeiten gewesen? Die Finanzminister hätten doch höchstens in Richtung Transferunion und gemeinsame Haftung für Schulden gehen können, indem sie den Weg zu Euroanleihen geöffnet hätten. Was hätten sie sonst machen können?

Sie sehen auf der einen Seite keinen Rechtsbruch 2010 durch die Rettungsaktion für Griechenland, aber bei Draghi 2012 sehen Sie sehr wohl unzulässiges Handeln? Es war doch nur Offenmarktpolitik, die folgte, zugestandenermaßen der härteren Art, um eine Situation zu stabilisieren. Ist das nicht eine Kernaufgabe der Zentralbank?

Wenn ich das als Advokat der EZB zu kommentieren hätte, würde ich natürlich auch diese Argumentationslinie wählen. Ich würde sagen, dass Offenmarktpolitik normales Notenbankgeschäft ist und dass von verbotenem Handeln überhaupt keine Rede sein kann. Aber die Idee von Draghis Tun war gewiss nicht, normale Offenmarktpolitik zu betreiben. Er nahm sich für den Eventualfall etwas vor, bei dem das Mittel Staatsfinanzierung in großem Stil wäre. Und er musste bereit sein, zu tun, was er ankündigte.

Ist das nicht Marktstabilisierung?

Was heißt hier Marktstabilisierung, es war Systemrettung. Und das ist Aufgabe von denen, die im Notstand zu handeln haben. Wie heißt es sinngemäß bei Carl Schmitt? Souverän ist, wer den Notstand erklären und dann noch handeln kann. In diesem Fall konnten nur zwei handeln: der EZB-Rat beziehungsweise der EZB-Präsident und eben die Finanzminister. Näher am geltenden Recht wäre dabei der Ministerrat gewesen. Wie auch immer, es ist nun einmal so, dass ein Notstandshandeln nötig werden kann – aber ich will das partout nicht im Normalen eingefangen sehen. Deswegen nehme ich die zuvor gekennzeichnete aporetische Position ein, dass ich als notwendig billige, was Draghi getan hat, und es gleichzeitig von den für den Normalfall geschaffenen Rechtsregeln her für unzulässig halte. So, wie das OMT-Programm formuliert ist, scheint es einwandfrei, trägt aber, wie schon gesagt, die Einladung zum Missbrauch in sich.

Inwiefern?

Indem sie die Bedingungen ausbuchstabieren, unter denen das OMT-Programm laufen kann, regeln die Juristen die erweiterte Normalität – die um einen bestimmten Notstandsfall erweiterte Normalität. Missbrauch von Regeln ist verhältnismäßig leicht möglich, wenn man ihn einigermaßen einvernehmlich will. Im Rahmen der Regelungen des Programms kann die EZB auch zu Zwecken, die mit einer Rettung der Währungsunion nichts zu tun haben, in großem Stil Staatsfinanzierung betreiben. Das politische Drängen ist da. Wenn das Bundesverfassungsgericht oder der EUGH, die sich unnötigerweise mit der eigentlich unzugänglichen Frage nach Rechtsregeln für den Notstandsfall befassen müssen, das OMT-Programm für legitim erklärt – und was sollen sie denn anderes tun, nachdem sie sich auf die Sache eingelassen haben? –, dann kann damit tatsächlich Staatsschuldenpolitik gemacht werden. Draghi hat gesagt, es sei nicht die Idee und nicht die Aufgabe der EZB, einzelne Länder vor dem Staatsbankrott zu bewahren – aber er kann es trotzdem tun.

Wäre die Nutzung des OMT-Programms auch unzulässig, wenn sie notwendig wäre, damit eine Zentralbank ihr Inflationsziel von weniger als 2 Prozent erreicht und ein Absacken der Wirtschaft in die Deflation verhindert? Dieser Fall, der nichts von einem Notstand hat, scheint zunehmend relevant. Muss eine Zentralbank dann nicht alles tun, um das Inflationsziel zu erreichen?

Das würde ich sogar als Extremfall von Missbrauch bezeichnen. Es ist in der Tat vorauszusehen, dass es Anwendungsfälle für das OMT-Programm mit abgeblassten Bedingungen geben wird, nicht nur Notstandsfälle, in denen jemand behaupten kann, es gehe gar nicht anders, als außerhalb des geltenden Rechts zu handeln. Das Einfangen eines Notstandsfalles im normalen Recht ist eine Einladung zum alltäglichen Missbrauch von Spielräumen. Ohne Richterspruch wäre die Drohung eines Richterspruchs als Missbrauchseindämmung stehen geblieben. Ich war deshalb auch ziemlich unglücklich darüber, dass es das Verfassungsgericht nicht lassen konnte, die Klage dagegen für zulässig zu erklären und Luxemburg zu beteiligen. Ein Gericht muss auch erkennen, wo es nichts zu suchen hat. Und selbst das Verfassungsgericht ist für den Notstand nun mal nicht zuständig. Allenfalls im Nachhinein kann man mit der Frage vor Gericht ziehen, ob denn die Bedingungen für einen Notstand vorlagen.

Das bringt uns weiter zur Frage der richtigen Abfolge von wirtschaftlicher und politischer Union. Darüber wird schon lange gestritten, ebenso wie über die Sinnhaftigkeit der nationalen Finanzpolitik im Fall einer gemeinsamen Währung. Halten Sie die gegenwärtige Konstruktion für tragfähig?

Was die Währungsunion braucht, ist Selbstverantwortung der Mitgliedstaaten. Sie müssen national die Verantwortung auf dem Gebiet der Finanzpolitik tragen und den Staatsbankrott vermeiden. Sie müssen selbst für eine möglichst geringe unfreiwillige Arbeitslosigkeit sorgen. Dazu haben sie nicht die Geldpolitik zur Verfügung; hier sind die Tarifparteien und der Staat einschließlich der Finanzpolitik gefragt. Wenn die einzelnen Mitgliedstaaten dazu nicht die Mittel hätten, müsste man nicht nur die Verantwortung für die Finanzpolitik zentralisieren, sondern auch die Zuständigkeit für die Bekämpfung von Arbeitslosigkeit. Eine Transferunion wäre dann nicht einmal genug. Sie könnten die Arbeitslosigkeit nicht national bekämpfen und dem Drängen, mit Hilfe der gemeinschaftlichen Finanzpolitik die Konvergenz der wirtschaftlichen Entwicklung voranzutreiben, nicht länger ausweichen.

Und dann?

All das führt zu der Frage, welche Art von Staat wir uns in Europa wünschen. Ich meine, dass die Voraussetzungen für einen echten Bundesstaat nicht gegeben sind. Ich lehne mich an Christian Meier, den erfahrenen Historiker, an: Es ist auch nicht abzusehen, dass sich die Menschen in Sevilla und Helsinki mit dem gesamten Gebiet in gleicher Weise identifizieren und sich als Teil dieses Gemeinwesens empfinden, was die Voraussetzung dafür ist, dass in einem Staat Gemeinsinn entsteht und effektiv wird. Es gibt auch keine politische Öffentlichkeit von Helsinki bis Sevilla.

Aber sind nicht auch da die Entwicklungen positiv? Wer hat sich denn vor zehn Jahren in Deutschland für den Haushalt Griechenlands oder Spaniens interessiert?

Naja, von da bis zum Zugehörigkeitsgefühl ist es noch ein weiter Weg.

Es reicht ja, dass man zusammen an der Lösung eines gemeinsamen Koordinationsproblems arbeitet. Das schafft doch auch gewisse Elemente einer politischen Öffentlichkeit, oder nicht?

Ich wage da keine Prognose. Ich sage nur, dass wir bisher nicht das Maß an Identifikation und auch nicht die politische Öffentlichkeit haben, in der die notwendigen Diskurse in einer angemessenen Form stattfinden können. Ich sehe sie auch nicht für demnächst voraus. Das mag in zwanzig, dreißig Jahren anders sein, aber derzeit sind wir noch nicht so weit. Und wir können nicht jetzt die Verfassung der Europäischen Union so verändern, wie es erst passen würde, wenn das eingetreten sein wird, was Sie erwarten. Bleiben wir deshalb auf dem Maastrichter Weg. Dazu gehört Selbstverantwortung, auch wenn wir diese in der Erfahrung von 2010 ein Stück weit zurücknehmen mussten, weil wir gelernt haben, dass auch kleine Länder zu Systemrisiken werden können. Insoweit haben wir den Maastricht-Vertrag ergänzt. Auch die Schaffung der Bankenunion gehört in diese Linie. Ein weiteres Monitum zugunsten des Maastricht-Systems ist mir sehr wichtig: Eine Währungsunion ohne dezentrale stabilitätspolitische Verantwortung wäre auch bezüglich der Chance für gemeinschaftliche Geldwertstabilität eine andere Währungsunion. Die formal strikt unabhängige Notenbank wäre ständig konfrontiert mit dem gebündelten und vereinheitlichten finanzpolitischen Willen der Union. Wieviel Unabhängigkeit wird da überleben?

Lassen Sie uns das Thema wechseln und zur Debatte kommen, die sich um die Thesen Carl Christian von Weizsäckers[4] entsponnen hat. Er sagt, dass die Zin-

---

4 Vgl. Weizsäcker, C. C. von (2015), Kapitalismus in der Krise? Der negative Zins und seine Folgen für die Politik, *Perspektiven der Wirtschaftspolitik* 16(2), S. 189–212.

sen dauerhaft niedrig sein werden und dass der einzige Ausweg darin besteht, dass sich der Staat weiter verschuldet.

Weizsäcker und ich haben schon früh über seine These miteinander korrespondiert. Aber unsere Haltungen haben sich hinsichtlich der wirtschaftspolitischen Folgerungen seiner Diagnose auch über die Zeit hinweg überhaupt nicht angenähert.

Sie erwarten also nicht, dass die Zinsen dauerhaft niedrig sein werden?

Dieser Punkt war nicht der Angelpunkt unseres Dissenses. Aber einig waren wir auch darin nicht. Für das derzeit niedrige Niveau der Zinsen gibt es wichtige Gründe, die von ihrem Ursprung her nur vorübergehend sind. Dazu gehört auch jener Grund, den ich selbst – in Anhänglichkeit an meine frühen Vorurteile bezüglich der Folgen der großen Krise von 2007/08 – immer im Vordergrund stehen sehe: die extreme Vorliebe der Banken für sichere Anlagen mit der Folge, dass für gute Staatsanleihen sehr niedrige Zinsen akzeptiert werden. Solch eine Finanzkrise braucht jedenfalls mindestens zehn Jahre oder noch länger, um verarbeitet zu werden. Da sind ja Billionen an Vermögen verloren gegangen, und das nicht durchgängig bei jenen Leuten, die zuvor von der Blasenbildung profitiert hatten; wäre es nur das gewesen, wäre das Verarbeiten eine verhältnismäßig harmlose Geschichte geblieben. Das Problem besteht vielmehr darin, dass das Platzen solcher Blasen weithin Leute trifft, die sich das nicht leisten können, und dann eben – nicht nur direkt, sondern auch indirekt – vor allem die Banken. Diese verlieren einen großen Teil ihres Kapitals, müssen, wenn sie denn überleben, ihre Bilanzen schrumpfen lassen und das Eingehen neuer Kreditrisiken rigoros einschränken. Sie versuchen, diesen Prozess zu strecken, auch auf die ungute Art, dass sie notleidende Kredite trickreich immer wieder verlängern, statt sie abzuschreiben, in der Meinung, diese Posten in der Zukunft über hoffentlich gute neue Gewinne Stück für Stück abarbeiten zu können. Man blicke nur einmal nach Japan – dort geht das Spiel mit den Zombie-Banken jetzt immerhin schon 25 Jahre.

Und worin besteht Ihr Einwand gegen die Rettung des Sparers durch Staatsverschuldung?

In Weizsäckers Anwendungsdenken kommt nicht hinreichend zum Tragen, dass neue Staatsschulden in jedem Falle die nächsten Generationen belasten und dass wir dazu angesichts unserer demographischen Situation überhaupt kein Recht haben. Er hat natürlich eine Antwort auf diese Vorhaltung, aber das können wir hier wohl nicht durchdeklinieren.

Teilen Sie Weizsäckers Ausgangsthese, dass es eine Sparschwemme gibt, eine
„Savings glut"?

Dass er damit Recht haben könnte, habe ich ihm von Anfang an eingeräumt. Es geht
Weizsäcker aber zu allererst darum, theoretisch darzustellen, dass es einen negativen
Zins überhaupt geben kann. Bei Eugen Böhm-Bawerk, auf den sich Weizsäcker in seiner scharfsinnigen Art beruft, kommt das nicht vor. Böhm-Bawerk spielt auch den
Einfluss des Produktionsfaktors Boden herunter, der in der klassischen Theorie eine
große Rolle einnahm. Wie auch immer, selbst wenn es gelänge, theoretisch zu zeigen,
dass der Zins dauerhaft negativ sein kann, käme ich nie auf die Idee, daraus zu folgern, dass man die Staatsverschuldung hochfahren muss. Dann muss uns etwas anderes einfallen.

Ihr Lehrer Herbert Giersch hat sich eine Sparschwemme nie vorstellen können.
Seine Vorstellung vom weltwirtschaftlichen Strukturwandel sah so aus, dass das
Kapital gleichsam abwärts fließt, denn in den rasch wachsenden Entwicklungs-
ländern ist der Kapitalbedarf sehr groß. Aber jetzt kommt Weizsäcker daher
und sagt, dass das tatsächliche Entwicklungsmodell der großen Schwellenlän-
der, insbesondere Chinas, ein ganz anderes sei, und zwar ein merkantilistisches,
bei dem indes nicht genug „Safe assets" entstünden, weil der institutionelle Wan-
del weit hinter der Produktivitätsentwicklung herhinke. Dieser Zusammenhang
liegt seiner Vorstellung zugrunde, dass der niedrige Zins dauerhaft sein oder zu-
mindest sehr lang andauern könnte, unabhängig von der Finanzkrise.

Ich spiele nicht mit bei dem Versuch, eine stagnierende Weltwirtschaft an die Wand
zu malen, die ihre letzte Ursache in einem anhaltenden Ungleichgewicht am Markt
für Safe assets hätte. Ein akutes Ungleichgewicht dieser Art habe auch ich eingeräumt,
wurzelnd in der Finanzkrise 2007/08, die eine Situation entstehen ließ, in der die Banken höchst begierig waren und es bis heute sind, an sichere Schuldner Geld zu verlei-
hen. Wir haben zwar in Deutschland eine wirkliche Kreditklemme nicht erlebt.
Trotzdem ging das Volumen der Bankkredite zurück, aus den genannten Gründen
einer Verarbeitung von Verlusten. Und dann haben sich die Regulatoren auch noch darauf besonnen, dass sie vorher nicht genug reguliert hatten, und haben einen anderen
Gang eingelegt. Tendenziell kam das ein bisschen zur Unzeit, aber man hat dann Über-
gangsfristen ausgehandelt. Insgesamt ist das alles nicht ganz unvernünftig gelaufen.
Aus deutscher Anschauung gewinnt man für eine pessimistische Weltdiagnose nichts.

Es ist ja nicht zwingend, sich so sehr auf den Wunsch nach Anlage in „Safe as-
sets" zu konzentrieren, wie es in der Weizsäcker-Debatte geschieht. Den Anle-
gern ist zuzumuten, dass sie sich an die Existenz von Risiken gewöhnen, auch
wenn im Rahmen der Altersversorgung Existenzen auf dem Spiel stehen. Die
Frage, der Sie ausweichen, ist deshalb wichtig, weil an ihr eine implizite Sätti-

gungshypothese hängt. Wenn aber der technische Fortschritt weitergeht, muss Kapital investiert werden. Die Beteiligung der Anleger mag dann nicht risikofrei sein, aber beteiligen werden sie sich, da die Nachfrage nach Kapital sehr wohl gegeben sein wird.

Das Einzige, was mir einleuchtet, ist die Feststellung, dass derzeit die Risikobereitschaft knapper ist als gewohnt. Das kann sich aber wieder ändern. Ich denke auch, dass in den Entwicklungsländern noch in großem Umfang investiert werden kann. Das muss nicht am Mangel an sicheren Assets scheitern. Investoren gehen doch ohnehin viele Risiken ein, wenn sie gedrängt werden oder von irgendetwas fasziniert sind. Das Aufarbeiten von in der Vergangenheit eingegangenen Risiken ist eher das Problem, selbst bei den im Prinzip so risikobewussten Versicherungen. Von den Sparkassen wird wenig geredet, aber auch diese ansonsten solide wirtschaftenden Institute sind ganz schön unangenehm dran. Die lange andauernde Niedrigzinsphase hat auf die längerfristigen Kredite durchgewirkt, so dass die Sparkassen jetzt in der Situation sind, jede Menge niedrig verzinsliche Assets zu haben. Und Fristentransformation ist ihr tägliches Geschäft, noch mehr als im Investmentbanking. Dort werden dafür andere abenteuerliche Geschichten gemacht. Aus Beispielen für ein Übermaß an in der Vergangenheit übernommenen Risiken kann man aber keinen Mangel an Risikobereitschaft in der Zukunft folgern, auch aus der aktuellen Aufarbeitung von Fehlern der Vergangenheit nicht.

Sie haben sich mehrfach über die Art und Weise beschwert, wie der wirtschaftspolitische Diskurs geführt wird, über den Ton, die unangemessene Zuspitzerei. Ist das nach Ihrem Eindruck ein neueres Phänomen? Hat sich der Debattenstil im Laufe der Zeit verändert?

Man hat da mehrerlei Änderungen zu konstatieren, was nicht heißt, sie alle zu beklagen. Die öffentliche Diskussion ist im Ganzen schlechter geworden, weil die Ansprüche an das vorgetragene Argument gesunken sind. Das hat viele Gründe, und die Medien spielen dabei eine große Rolle. Die Qualitätszeitungen oder die, die sich noch dafür halten, sind nicht mehr zu vergleichen mit den Qualitätszeitungen der fünfziger, sechziger und siebziger Jahre. Es gehörte damals zum kulturellen Standard, dass Wissenschaft und Publizistik miteinander in Austausch waren, dass sie Ansprüche aneinander hatten und sie auch vortrugen, sowohl was die Sprachkultur als auch was die wissenschaftliche Präzision anging. Eine Arabeske: Der Sachverständigenrat wurde einmal formell um Auskunft gebeten, warum einige Mitglieder auf einer Pressekonferenz gelacht hätten, obwohl sie ein Gutachten vorzustellen hatten, das eine sehr ernste wirtschaftliche Lage beschrieb. Das hat sich geändert. Das hat allerdings keiner in der Hand, die ökonomischen Bedingungen haben sich geändert. Ich persönlich finde das schlimm, aber ich bin ein alter Mensch und hänge an dem, was früher war. Das darf man nicht überbetonen.

Das sind die Medien. Aber wie steht es innerhalb der Zunft der Ökonomen um die
Diskussionskultur?

Das sehe ich von der gleichen Art. Die sind auch in ihren Ansprüchen salopper geworden. Früher war es selbstverständlich, dass man nur etwas sagte, wenn man es wirklich begründen konnte. Man kam aus der wissenschaftlichen Welt und wusste, dass
einem furchtbar auf die Finger geklopft würde, wenn man salopp daherredete. Wenn
man politische Äußerungen machte, die überhaupt keinerlei wissenschaftlichen Charakter hatten, dann wusste man, dass man im Fach, in dem man ja damals zu 95 Prozent lebte, an Respekt verlieren würde. Wenn ich heute die Selbstverständlichkeit
wahrnehme, mit der sogar Nobelpreisträger über Dinge reden, von denen sie gar
keine Ahnung haben, dann finde ich das empörend. Die Sitten sind halt verdorben.

Wo liegt denn die tiefere Ursache für diese Entwicklung? Liegt es daran, dass
uns Modelle an die Hand gegeben werden, mit denen man rasch irgendwelche
Schlussfolgerungen findet, wobei aber der niveauvolle Diskurs eine weitere
Stufe im Umgang mit diesen Modellen verlangt? Und die ist nicht mehr da, weg-
geschmolzen, durch die Technisierung des Faches. In einem technischen Sinne
ist das Niveau ja durchaus höher geworden. Die Anforderungen an die Metho-
den der Forschung sind sehr hoch. Gleichzeitig jedoch ist der Schritt zum politi-
schen Diskurs verkümmert.

Ich stimme Ihnen zu, dass das Fach sich weiterentwickelt hat und anderen Ansprüchen
genügt als früher. Das betrifft insbesondere die Entwicklung der Theorie. Mehr Bereiche
als früher sind theoretisch aufgearbeitet. Das ist natürlich zu begrüßen. Nicht zu beklagen
sind auch die Fortschritte in den Methoden der empirischen Forschung und der ökonometrischen Analyse. Inzwischen gibt es Methoden, mit denen die Ökonomen so auftreten
können, dass sie jedenfalls die methodische Auseinandersetzung mit anderen Wissenschaften, in denen das Messen und Testen leichter möglich ist, nicht scheuen müssen.
Das Dumme ist nur, dass die Beachtlichkeit dessen, was da gemacht wird, viel forscher
vorgetragen werden kann als früher. Früher war gerade den Ökonometrikern von vornherein Bescheidenheit eigen, weil sie wussten, dass sie nicht viel können.

Heute können sie viel mehr.

Ja, und ihr Selbstbewusstsein ist sehr viel größer. Was nicht heißt, dass sich das Selbstbewusstsein noch in der Nachbarschaft dessen hält, was sie können. Aber es wundert
mich nicht, dass sie wirtschaftspolitisch beachtlich finden, was sie herausgefunden
haben, und auch noch Ansprüche bezüglich der Identifizierung von Kausalität erheben.
Dabei ist auch heute noch die Kausalität immer eine bedingte, abhängig davon, was
man für vorgegeben nimmt oder einbezieht. Eine gängige Vereinfachung liegt darin,
dass man das Untersuchungsfeld willkürlich nach seinen Möglichkeiten eingrenzt. In-

nerhalb dieses Feldes betreibt man mehr und bessere Kausalitätsanalyse als früher, aber die Kausalitätsfrage ist damit insgesamt noch lange nicht beantwortet.

Ist das eine Hybris der Wissenschaft, gewachsen dadurch, dass die Medien die Wissenschaft zu freundlich behandeln? Man schlägt die Zeitung auf und liest gleich von irgendwelchen Starökonomen.

Das öffentliche Bild der Ökonomen wird nach meinem Eindruck doch eher schlechter. Die Erfahrung, dass die Ökonomen nicht können, was sie sollten, wurde besonders in den Jahren der großen Krise deutlich. Das war ein bisschen ungerecht, weil Hilflosigkeit gegenüber dem Singulären normal ist. Einen Einfluss hat aber auch die Tatsache, dass sich manche Kollegen in ihren öffentlichen Äußerungen nicht genug auf das beschränken, was sie begründen können; dass sie die notwendigen komplizierten Wenn-Dann-Klauseln weglassen und in Kauf nehmen, dass am Ende nur ein relativ grober Ratschlag herauskommt, den sie wissenschaftlich eigentlich nur in einer sehr speziellen Bedingungskonstellation herleiten könnten. Das hängt allerdings auch damit zusammen, dass sie mehr von den Journalisten gefordert werden und deren Drängen nachgeben.

Wäre die Politik wirklich besser, wenn sie mehr auf die Ökonomen hören würde? Oder zeigt uns nicht die aktuelle, doktrinär aufgeladene Lage der Wissenschaft, dass es manchmal sogar besser ist, wenn die Politik nicht auf die Ökonomen hört?

Es bestand ja nie die Gefahr, dass die Politik sich nach den Ökonomen richtet. War es nicht Friedrich August von Hayek, der auf dem ganz großen Tableau davon gesprochen hat, dass es ganz wenig ist, was wir wissen?

Es war bei der Verleihung des Nobelpreises an ihn, 1974, dass Hayek die Zunft zur Bescheidenheit aufrief.[5]

Das hat mich damals sehr beeindruckt, und dieser Eindruck ist über die Zeit noch gewachsen, gerade weil seine Mahnung unter den Kollegen so wenig Beachtung fand. Und sokratisch sind sie ohnehin nicht mehr. Die Unbescheidenheit jedenfalls wächst im Wechselspiel mit den Medien und der Politik. Den Medien werfe ich vor allem vor, dass sie viel zu wenig auf den Putz hauen, wenn die Ökonomen etwas falsch machen oder schludrig arbeiten – und zwar auf den Putz hauen zum Punkt, nicht in allgemeinem Klagelied.

---

5 Vgl. Hayek, F. A. von (1974), *The Pretence of Knowledge*, Nobel Prize Lecture, online verfügbar unter https://www.nobelprize.org/prizes/economic-sciences/1974/hayek/lecture/.

Wie hat sich denn das Verhältnis zwischen Politik und Wissenschaft entwickelt?
Kommt die Wissenschaft nicht viel leichter an die Politiker heran als früher?

Die Politiker tun sich leichter als früher, wenn Wissenschaftler etwas sagen, was ihnen nicht gefällt. Denn sie haben eingeübt, wie man den beschränkten Geltungsanspruch dessen, was die Wissenschaftler vortragen können, auch sichtbar machen kann. In den sechziger, siebziger Jahren – das war die Zeit, die ich im Sachverständigenrat erlebt habe – galt als per se beachtlich, was der Rat sagte. Und wenn es der Regierung nicht gefiel, wurde unter Umständen ein Spektakel daraus. Ein markantes Beispiel war die Kontroverse 1972 zwischen Herbert Giersch, zu der Zeit schon nicht mehr Mitglied des Rates, aber in den Augen der Öffentlichkeit weiterhin für ihn stehend, und der Bundesregierung, namentlich Helmut Schmidt, damals Wirtschafts- und Finanzminister, der sich extrem herabsetzend über Giersch äußerte. Ich habe damals Schmidt geschrieben und ihm gesagt, das gehe so nicht. Er hat sinngemäß geantwortet: „Das muss so gehen. Sie mischen sich ein, wo Sie nicht hingehören. Dann müssen Sie auch damit rechnen, dass Sie mit den Mitteln abgewehrt werden, die dort gelten, wo Sie sich eingemischt haben – nicht mit den Mitteln, die Sie in Ihrer akademischen Sphäre gewohnt sind."

Ganz schön hart.

Man wurde eben ernst genommen. Ich habe einmal in einem Gutachten einen scharfen Satz über die mittelfristige Finanzplanung geschrieben, den Schmidt dann im Bundestag beanstandet hat. Sein „Ich rüge das" in der Plenarsitzung ist mir noch präsent. Er hatte Recht, der Satz war überzogen. Ich erzähle das nur, um zu verdeutlichen, dass damals eine einzelne Formulierung des Rates so ernst genommen wurde, dass sie im Bundestag zur Sprache kam. Ich wurde dann in den Finanzplanungsrat eingeladen, und wir haben die Sache bereinigt, ohne dass jemand das Gesicht verloren hat. So erzog man einander, in aufwändiger Weise. Das ist so weit ab von dem, was man sich heute noch vorstellen kann. Vor ein paar Jahren hat der Sachverständigenrat die Regierung in seinem Gutachten derart abgeputzt, das ging zu weit. Das war kein adäquater Umgang mit der Regierung mehr. „Streng, aber würdig", war einmal ein Grundsatz des Sachverständigenrats.

Früher gab es eigentlich nur den Sachverständigenrat und den Wissenschaftlichen Beirat beim Wirtschaftsministerium, heute hingegen gibt es geradezu einen Überfluss an ökonomischem Rat aus Forschungsinstituten, volkswirtschaftlichen Abteilungen und Think-Tanks. Bei dieser Fülle ist es doch wenig erstaunlich, dass der Rat nicht mehr so ernst genommen wird, oder? Politiker werden ja schier mit allen möglichen Empfehlungen beworfen – da stumpft man irgendwann ab. Und der Ton spitzt sich zu, weil alle irgendwie auffallen wollen.

Im Sachverständigenratsgesetz findet sich ausdrücklich das Empfehlungsverbot. Das hat für das Verhalten des Rates und auch für die Auseinandersetzung zwischen ihm und der Regierung lange Zeit eine Rolle gespielt. Man musste es ernst nehmen. Einhalten konnte man es nie, weil die Grenze zwischen „etwas zu bedenken geben" und „etwas empfehlen" unscharf ist. Aber heute geben die Ratsmitglieder ganz hemmungslos Empfehlungen ab, und das beanstandet niemand. Dabei war das Verbot sinnvoll. Es war eine Regelung zum Schutz der Wissenschaftler; diese sollen nichts sagen, was sie als Wissenschaftler gar nicht sagen können, sondern nur als politische Menschen. Es war vor allem ein Schutz der Regierung; aus der Geltung, die sich in der Öffentlichkeit mit wissenschaftlichen Aussagen verbindet, soll sich für sie kein konkreter Handlungsdruck entwickeln. Dass es das Empfehlungsverbot de facto nicht mehr gibt, hängt damit zusammen, dass das Gutachten ohnehin keinen Handlungsdruck für die Regierung mehr entfalten kann, weil es eine solche Inflation an Analysen und Empfehlungen aus allen möglichen Quellen gibt. Das heißt allerdings nicht, dass der Rat mit guten Analysen nicht weiterhin bei der Regierung großen Eindruck machen kann.

Viele Wissenschaftler maßen sich auch eine Menge an. Da wird in Gutachten die Politik dazu aufgerufen, das Ruder herumzureißen, als gäbe es eine absolute Wahrheit – dabei sind in der Politik immer gesellschaftliche Interessen auszubalancieren. Das gilt nicht nur für die Ökonomen, sondern auch in den Naturwissenschaften, wo der Glauben an die Ergebnisse der Forschung noch größer ist. Man denke nur an den IPCC-Report, dessen Empfehlungen die reinste Anmaßung sind.

Man würde sich wünschen, dass wenigstens innerhalb der wissenschaftlichen Welt mehr wirtschaftspolitischer Diskurs stattfindet. Die spektakulärste, aber am wenigsten durchdachte Entscheidung, die in der Wirtschaftspolitik Deutschlands in den letzten Jahrzehnten getroffen wurde, ist wohl das Erneuerbare-Energien-Gesetz (EEG). Als die Entscheidung zur Energiewende hinzukam, ist diese Kombination zu einer wirtschaftspolitischen Entscheidung allergrößter Tragweite geworden, verbunden mit enormen Kosten, die niemand abgeschätzt hatte. Ich will nicht streiten; es war womöglich eine Jahrhundertentscheidung. Aber es war auf jeden Fall eine unnötig teure Entscheidung.

Bundeskanzlerin Merkel hat das nach dem Unglück von Fukushima entschieden.

Die Entscheidung für die Energiewende gehört zu den großen Entscheidungen der Kanzlerin, wie jetzt auch die Entscheidung über die Einwanderungspolitik. Beide sind von allergrößter, von außerordentlicher Bedeutung. Solche Entscheidungen kann ich auch kaum als Wissenschaftler in Frage stellen, sondern nur als Bürger. Für das EEG kann Frau Merkel übrigens nichts, das war schon vor ihr da.

Was meinen Sie, wie konnte es geschehen, dass dieses EEG trotz seiner Kosten-folgen beschlossen wurde und auch nicht unterwegs gekippt worden ist?

Das Problem scheint mir gewesen zu sein, dass es wohl nie eine ausreichende Diskussion zur Ausgestaltung des Projekts gegeben hat, nicht zwischen der Politik und den Ökonomen und nicht zwischen den Ökonomen. Die Ökonomen haben gleich am Anfang ihr Schnellverdikt formuliert, alles sei dummes Zeug, weil die Anreize zur Verwendung neuer Technologien nicht technologieneutral ausgestaltet seien und weil es in einem Umfeld mit CO_2-Emissionslizenzen umweltpolitisch letztlich nichts bewirken könne. Sie haben das Projekt richtig abgekanzelt. Das musste wirkungslos bleiben, weil die politischen Kräfte, die sich mit dem Projekt verbunden hatten, viel zu stark waren. Dabei wäre der Rat der Ökonomen dringend nötig gewesen, um das EEG auf eine Weise auszugestalten, die die Kosten einigermaßen in Grenzen gehalten hätte. Diese haben sich daran aber in ihrer Fundamentalopposition gar nicht beteiligt, jedenfalls nicht, bevor es zu spät war.

Es gibt also eine Schwäche der Ökonomen in der Politikberatung. Aber wie steht es nach Ihrem Eindruck innerhalb der Zunft, im Spannungsfeld zwischen Theorie und empirischer Forschung?

Der allgemeingebildete Ökonom, der Allrounder, ist auf der Strecke geblieben. Dabei braucht man so jemanden, der mit überschaubarem Aufwand auch in einem Spezialgebiet beurteilen kann, ob Handlungsbedarf besteht. Das macht den Spezialisten nicht überflüssig; man braucht ihn dann im Anschluss, um zu beurteilen, was genau zu tun ist. Um ein Allrounder zu werden, muss man sich Kenntnis von einem verhältnismäßig großen Teil der Welt aneignen. Doch schon die Ausbildung der Ökonomen ist nicht mehr darauf angelegt, überhaupt die vielfältigen Ansatzpunkte dafür zu schaffen, dass der Mensch in seinem praktischen Leben allmählich in gehöriger Breite reifer wird in seiner Urteilsfähigkeit.

Das Kuriose dabei ist, dass die meisten Ökonomen das sogar zu sehen scheinen und den Spezialisierungsgrad ihrer Disziplin beklagen. Aber der Zug fährt immer weiter in diese Richtung.

Das liegt schlicht daran, dass die Spezialisten in der Mehrheit sind. Und die Sache wird dadurch nicht besser, dass die wenigen verbliebenen Allrounder ziemlich kümmerlich dastehen in der Beherrschung von anspruchsvoll gewordener Theorie und Methodik. Ich habe immer davon gelebt, dass ich von beidem etwas verstand und vom Konkreten und vom Institutionellen genug wusste, um zu sehen, was nichts taugt. Wissenschaftliche Bildung von bescheidener, aber breiter Art wird heute geringgeschätzt. Auch wissenschaftliche Spezialisten beurteilen die Welt jedoch zu weit mehr als 90 Prozent mit ihrem nichtwissenschaftlichen, zuallermeist unbewussten Wissen.

Je mehr sich das Spezialistentum zuspitzt, desto geringer wird die gesellschaftli-che Relevanz dessen, was die Ökonomen treiben. Bei den Historikern oder bei den Soziologen ist das ganz anders. Da kann man manchmal zwar das Gefühl haben, dass die methodische Grundierung etwas dünn ist, aber sie unterhalten sich we-nigstens über relevante gesellschaftliche Fragen.

Zum Glück gibt es Historiker, die von den Ökonomen methodisch gelernt haben. Nur gehen sie an zeitgenössische Fragen nicht so kurzfristig heran, wie man sich das wün-schen mag. Das Schlimme ist, dass sich die Ökonomen selbst nicht damit befassen. Dabei wäre die wirtschaftliche Dynamik in Deutschland, die ja die ganze Welt zum Staunen bringt, ein höchst spannendes Thema. Warum ist die wirtschaftliche Ent-wicklung seit 2005 so gut gewesen? Ich zähle immer eine Reihe von Hypothesen auf, zur Abwehr dieses Diskurses von ungeheurer Einseitigkeit, in dem die Leute immer nur Hartz IV aufzuzählen wissen. Dabei griff Hartz IV erst, als die Wirtschaft wieder in Gang war. Deshalb kann man das doch niemandem einseitig zur Nachahmung empfehlen, schon gar nicht Spanien oder Griechenland. Das ist unverantwortlich.

Die Hartz-Gesetze waren im Einzelnen gar nicht so dramatisch, wie es immer dargestellt wird. Aber sie haben eine Mentalitätsveränderung in Richtung Selbst-verantwortung bewirkt.

Sicher. Aber Hartz IV war erst 2005 in Kraft. Davor ist schon einiges andere passiert, nicht nur im Rahmen der Agenda 2010. Ich muss zugeben, dass wir Ökonomen durch die Bank die ersten fünf Jahre des Jahrzehnts gerätselt haben und noch immer rätseln, warum das Ganze so lange nicht in Gang kam. Die Voraussetzungen waren doch alle geschaffen. Wir waren schon im zehnten Jahr, dass die Reallöhne von ihrem zu hohen Niveau nach und nach herunter kamen und damit die Position Deutschlands im inter-nationalen Wettbewerb verbesserten. Das konnte erst mit der Währungsunion klappen; denn vorher wurde jede Lohnzurückhaltung gleich durch Aufwertung der Währung de-mentiert. Aber danach war es möglich, mit der Lohnpolitik erfolgreich Beschäftigungs-politik zu betreiben. Die Gewerkschaften hatten sich mit den Arbeitgebern außerdem zu Flexibilisierungen durchgerungen, die ähnlich bedeutsam waren wie die Hartz-Reformen – ich denke nur an das Pforzheimer Abkommen vom Februar 2004.

Dieses Abkommen ermöglicht es Unternehmen im Einzelfall, bei schlechter Er-tragslage, im Sanierungsfall oder zur Flankierung wichtiger Investitionen nach Tarifabschluss einzelne Bedingungen nachzuverhandeln, um Löhne zu senken und Arbeitszeiten zu verlängern.

Das war auch nur ein Aspekt von vielen. Die Steuerreform kam hinzu, von der kaum jemand spricht, weil sich das nicht so aufbereiten lässt, wie es die Ökonometriker brau-chen. Wie wollen Sie die geniale Entscheidung des damaligen Bundesfinanzministers

Hans Eichel, die bei der Auflösung der Deutschland AG anfallenden Veräußerungsge-
winne praktisch steuerfrei zu stellen, schon wirkungsanalytisch fassen? Natürlich dauert
es seine Zeit, bis all diese wichtigen Weichenstellungen auf die Investitionen durchschla-
gen und Wachstum generieren – aber so lange? Es war eine Zeit des beschleunigten Strukturwandels, und die negativen Faktoren, die zerstörerischen Faktoren, die
immer dazugehören, dominierten zunächst einfach, aus Gründen, die Wirtschaftshistoriker hoffentlich irgendwann einmal aufhellen. Dass sich dann noch alles drehte, war
vielleicht auch einfach Glück. Die Deutschen waren traditionell die Ausrüster der Welt,
seit Generationen; das spielte schon immer eine wichtige Rolle für die Entwicklung unserer Exporte. Aber jetzt kam der Moment, in dem ein Teil der Welt in eine neue, moderne Zeit aufbrach. Und dafür brauchte man am meisten, was wir am besten konnten.

*Sie wollen die Erforschung dieses spät, aber dann mit Macht gekommenen Auf-
schwungs in Deutschland wirklich den Historikern überlassen?*

Wer sonst sollte es tun? Natürlich haben die Historiker ebenfalls ihre Seriositätspro-
bleme. Eine einigermaßen vertrauenerweckende Wissenschaft ist auch die Geschichts-
schreibung nicht, es sei denn, man betreibt sie in der Weise wie etwa Douglass C.
North, der amerikanische Nobelpreisträger von 1993. Vor ihm habe ich den allergrößten
Respekt.

Aber der ist Ökonom.

Dann rechtfertigt er die Möglichkeiten der Historiker mehr als diese selbst. Es ist
schade, dass es nicht noch ein paar mehr Ökonomen der evolutorischen Hayek'schen
Tradition gibt, die nicht in der Anfechtung der Ökonometriker stehen, sich allein von
der empirischen Überprüfbarkeit leiten zu lassen. Gerade sie könnten zu den Unternehmen hingehen, um einfach mal zu fragen, was denn aus deren Sicht Anfang des
21. Jahrhunderts los war. Aus anekdotischer Evidenz kann man zwar nicht unmittelbar etwas ableiten, aber so könnte man zumindest eine Inspiration dafür gewinnen,
was damals aus Sicht der Wirtschaft wirklich Bedeutung hatte. Ich hoffe sehr, dass
wir das eines Tages noch herausfinden.

Gert G. Wagner

https://doi.org/10.1515/9783111208749-019

Mister SOEP

Als überdurchschnittlich risikoscheu schätzt sich Gert Georg Wagner selbst ein. Das ist auch sein Erklärungsansatz dafür, warum er in seiner Laufbahn so viele unterschiedliche Themen berührt und Aktivitäten entfaltet hat, von der klassischen Forschung und Lehre über die Politikberatung zum Wissenschaftsmanagement: „Alles auf eine Karte zu setzen, macht mir Angst." Schon die Zahl seiner Mitgliedschaften in Forschungsverbünden, Projekten, Kommissionen, Expertenrunden, Beiräten und Ausschüssen, vom Wissenschaftsrat bis zur Kammer für soziale Ordnung der Evangelischen Kirche in Deutschland ist schwindelerregend. Aber woher kommt diese angebliche Risikoaversion, die derart reiche Frucht trägt? Ist sie genetisch angelegt und vererbt oder ist sie Ergebnis der Erziehung?

Diese Frage treibt Wagner auch als Wissenschaftler schon langem um. In verallgemeinerter Form macht sie einen Großteil seiner interdisziplinären wissenschaftlichen Forschung am Berliner Max-Planck-Institut (MPI) für Bildungsforschung aus. In seinem persönlichen Fall mag die geringe Risikoneigung, wie er vermutet, etwas damit zu tun haben, dass er als Kind vor allem unter Frauen aufgewachsen ist. Frauen sind weniger risikoliebend als Männer, wie alle Studien zeigen. Wagner wurde 1953 im hessischen Kelsterbach am Main geboren, einem Ort direkt am Frankfurter Flughafen. Sein Vater, aus einer Arbeiterfamilie stammender Diplomingenieur und der einzige Akademiker seiner Generation, starb sehr jung; der Sohn war gerade einmal zweieinhalb Jahre alt. Die Mutter, 1928 geboren, verfügte kriegsbedingt nur über einen Volksschulabschluss, war aber, wie Wagner erzählt, „ausgesprochen schlau und zudem lebensklug". Nach einigen Jahren neu verheiratet, wurde sie in der Erziehung des Sohnes noch tatkräftig von der Mutter ihres verstorbenen Mannes unterstützt.

Dessen Start an der Universität in Frankfurt geriet allerdings holprig. Weil er in der Schule gut mit Mathematik und Physik zurechtgekommen war, sich aber auch für das Fach Gemeinschaftskunde interessierte, begann Wagner damit, die ungewöhnliche Kombination von Physik und Politikwissenschaft auf Lehramt zu studieren. Diese Verbindung empfand er jedoch wegen der Physik-Praktika sehr bald als nicht machbar und verlegte sich stattdessen auf Mathematik statt Physik. Die Neigung dazu hatte ihm sein Stiefvater vermittelt. Aber Wagner erkannte schnell, dass er für Mathematik „dann doch nicht begabt genug" war. Er erwog einen neuerlichen Wechsel, diesmal zur Geographie für das Lehramt, „aber da war die Oma ganz entsetzt". Schließlich schickte ihn die Mutter zu derjenigen akademisch gebildeten Person, der sie am meisten vertraute, auf dass er sich beraten lasse – zu Karla Weisse, damals Leiterin der Universitäts-Kinderklinik und Honorarprofessorin, Kinderärztin seiner jüngeren Schwester. Die Ärztin meinte, das Wichtigste sei, etwas zu studieren, was Spaß mache, und fragte nach seinen Interessen: „irgendetwas mit Politik und Wirtschaft". Das führte zu einem Vordiplom in Soziologie und einem Diplom in Volkswirtschaftslehre 1978.

Seinen Lebensunterhalt verdiente sich Wagner in dieser Zeit publizistisch, als Lokalreporter für die Frankfurter Neue Presse und den heimischen Freitags-Anzeiger. „Das war eine gute Schule, und bis heute habe ich keine Angst vor dem weißen Blatt." Aus dieser Zeit stammt auch das Autoren-Kürzel, dass er benutzt: GGW. Ein Semester pausierte er an der Universität, um beim Organisationskomitee der Fußballweltmeisterschaft 1974 in Frankfurt mitzuarbeiten. Der Fußball ist eine seiner Leidenschaften. Um als sportlich untalentierter junger Mensch, wie er sagt, selbst spielen zu können, gründete er mit einigen Mitstreitern einen Sportverein: den Freizeit Sport Club Kelsterbach (FSC). Da habe er auch das Organisieren gelernt, was ihm später beruflich geholfen habe. Der FSC Kelsterbach, erzählt Wagner stolz, sei inzwischen ein Verein mit mehr als 1.000 Mitgliedern, der 2024 sein 50-jähriges Jubiläum feiern werde.

Mit dem Sport hat sich Wagner immer wieder auch wissenschaftlich beschäftigt. Die Arbeit aus seinem schier unendlich langen Publikationsverzeichnis, von der er sagt, dass sie ihm am meisten Spaß bereitet habe, ist ein Paper zum Doping im Sport, das er mit Edward J. Bird verfasst hat:[1] „Keine Empirie, keine Formel, nur Nachdenken. Wir argumentieren, dass die Negativliste, mit der man seit Jahren das Doping zu bekämpfen versucht, einen extremen Anreiz darstellt, etwas Neues zu erfinden oder sogenannte Nahrungsergänzungsmittel zu nehmen, die nicht auf der Liste stehen. Wir schlagen eine Positivliste vor: Alles ist erlaubt, aber man muss alles offenlegen. Das wäre sicherlich sehr aufwendig, die Veranstalter müssten noch mehr testen als jetzt, aber es würde die Anreizdynamik umdrehen."

Dass Wagner in der Wissenschaft blieb, entsprach nicht nur der festen, wenn auch unausgesprochenen Erwartung seiner Großmutter, sondern ergab sich aus seiner Diplomarbeit. Im Hauptseminar war er in Kontakt mit Christof Helberger und Frank Klanberg gekommen, die zum Lehrstuhl für Sozialpolitik von Hans-Jürgen Krupp gehörten. An diesem Lehrstuhl lief das „Sozialpolitische Indikatoren- und Entscheidungssystem" (SPES), das 1979 in den Sonderforschungsbereich 3 „Mikroanalytische Grundlagen der Gesellschaftspolitik" mündete, in dem das Sozio-oekonomische Panel (SOEP) aufgezogen wurde. Für Wagner, den Ökonomen und halben Soziologen, war das wie gemacht, und so kümmerte er sich als studentische Hilfskraft um das SPES. Sein späterer Doktorvater Helberger schlug ihm dann vor, sich in seiner Diplomarbeit mit dem Thema Rente oder Gesundheit zu befassen.

„Krank sein war nach dem Tod meines Vaters in der Familie verboten", also programmierte der Diplomand ein Renten-Simulationsmodell. „Und von dem Rententhema bin ich dann nie mehr losgekommen", stellt Wagner fest, der sich bis Ende der neunziger Jahre aktiv forschend mit der Altersvorsorge beschäftigt hat. Seine daraus erwachsene Sachkompetenz und sein Rat sind in der Politik gefragt. So wurde er seit 1999

---

1 Bird, E. J. und G. G. Wagner (1997), Sport as a common property resource: A solution to the dilemmas of doping, *Journal of Conflict Resolution* 41(6), S. 749–66.

immer wieder in Beratungsgremien in der Bundesregierung berufen, zuletzt auch 2018–2020 in die Rentenkommission „Verlässlicher Generationenvertrag". Es sei durchaus nützlich, findet er, wenn man in der Beratung nicht mehr durch seine aktuelle Forschung festgelegt sei, mit dem Anspruch, seine Erkenntnisse als die einzig Richtigen durchzusetzen. Als verantwortungsvoller Politikberater müsse man offen sein und auch akzeptieren, dass es bei komplexen Problemen nicht einfach richtig oder falsch gebe, sondern unterschiedliche politische Ziele, zwischen denen es abzuwägen gelte.

Wagner war mitgegangen, als Helberger und Krupp Ende der siebziger Jahre nach Berlin wechselten – Helberger als Professor an die Technische Universität (TU), Krupp als Präsident an das Deutsche Institut für Wirtschaftsforschung (DIW). Wagner wurde 1984 mit einer theoretischen und empirischen Analyse zum Versicherungsprinzip in der Rentenversicherung an der TU Berlin promoviert[2]; 1992 habilitierte er sich dort mit einer arbeitsmarktpolitischen Schrift[3]. Er war darüber hinaus 1983–1987 Geschäftsführer des Sonderforschungsbereichs 3 und nach einer ersten Station am MPI für Bildungsforschung und einem Jahr am Wissenschaftszentrum Berlin (WZB) von 1989 an Leiter der nun am DIW angesiedelten Längsschnittstudie SOEP. Ihm gelang es 2003, das SOEP als Infrastruktureinrichtung dauerhaft zu institutionalisieren – das heißt, seither wird es am DIW Berlin zu zwei Dritteln vom Bund und zu einem Drittel von den Ländern finanziert. „Das SOEP ist das größte und ganz klar das wichtigste wissenschaftliche Projekt in meiner Laufbahn", bilanziert Wagner.

Es ist nicht zu hoch gegriffen, wenn man in der Entwicklung des SOEP Wagners Lebenswerk sieht. Er ist „Mister SOEP". Im Gespräch zollt er immer wieder Hans-Jürgen Krupp Tribut, ohne dessen wissenschaftlichen Impuls und institutionelle Vorarbeiten es diese repräsentative Wiederholungsbefragung von Privathaushalten in Deutschland nicht gegeben hätte – aber er selbst hat sie über viele Jahre zur größten und am längsten laufenden Langzeitstudie zur sozialen und wirtschaftlichen Lage in Deutschland gemacht.[4] Gemeinsam mit seinem Mitarbeiter Joachim R. Frick und vor allem mit seinem späteren Nachfolger Jürgen Schupp als SOEP-Chef hat Wagner das Panel zu einem Eckstein der Forschungsinfrastruktur in Deutschland gemacht. Die Rolle des DIW dabei bezeichnet er als „eine ganz merkwürdige": Fast 20 Jahre habe sich in dem makroökonomisch orientierten Institut außerhalb der Panel-Gruppe kaum jemand für das SOEP interessiert, wodurch es alle Freiheiten gehabt habe, sich zu entwickeln. Dafür verantwortlich sei letztlich die Kultur des Hauses gewesen, wo Präsident und Abteilungsleiter ihren Mitarbeitern viel Spielraum gelassen hätten. Das SOEP wurde fortlaufend an gesellschaftliche Veränderungen angepasst, national und international vernetzt

---

2 Wagner, G. G. (1984), *Umverteilung in der gesetzlichen Rentenversicherung: Eine theoretische und empirische Analyse zum Versicherungsprinzip in der gesetzlichen Rentenversicherung*, Frankfurt, Campus.
3 Wagner, G. (1991), *Altersgrenze, Arbeitsmarkt und Altersaustritt*, Habilitationsschrift, TU Berlin.
4 Vgl. auch Krämer, W. (2022), Interview Gert Wagner, *AStA Wirtschafts- und Sozialstatistisches Archiv* 16(2), S. 155–65.

und um psychologische Fragen erweitert. Getrieben von seinem Wissensdurst, der im SOEP immer wieder angeregt wurde, ist es Wagner über die Jahre damit nie langweilig geworden.

Den ersten Lehrstuhl hatte Wagner 1992 an der Ruhr-Universität Bochum bekommen, ging fünf Jahre später an die Viadrina in Frankfurt (Oder) und wurde 2002 schließlich an die TU Berlin berufen. Dort hatte er bis zu seinem Ruhestand als Hochschullehrer eine Professur für Volkswirtschaftslehre, insbesondere empirische Wirtschaftsforschung und Wirtschaftspolitik inne. Nachdem Klaus F. Zimmermann als Präsident des DIW Berlin zurückgetreten war, sprang Wagner 2011 als Vorsitzender des Vorstands des DIW ein – den Titel „Präsident" fand und findet er nicht klug, da Forschung kollegial angelegt sein müsse. Der Wechsel in den Vorstand „kam zur richtigen Zeit. Da war beim SOEP alles auf dem richtigen Gleis." Aber es war eine schwierige Situation; im Institut rumorte es; die Finanzen waren in Schieflage und das DIW musste etwa 700.000 Euro einsparen. Außerdem stand die Evaluation durch die Leibniz-Gemeinschaft bevor. Gemeinsam mit Cornelius Richter und Georg Weizsäcker führte Wagner das Institut erfolgreich durch eine notwendige Neuausrichtung.

Obwohl er sich mit Verbraucherschutz nicht auskannte, wie Wagner betont, wurde er 2014 als Empiriker mit breiten Interessen in den neu geschaffenen Sachverständigenrat für Verbraucherfragen (SVRV) berufen. Da kamen ganz neue Themen auf ihn zu, zum Beispiel der Umgang mit der Corona-Pandemie[5], die Analyse des „Scorings", mit dem die Schufa die Kreditwürdigkeit von Konsumenten beschreibt, und die Kontrollierbarkeit der Künstlichen Intelligenz (KI), die nach Wagners Meinung durchaus transparent gemacht und beherrscht werden kann – wenn der Gesetzgeber das denn wolle.[6]

Wagner ist 2018 mit dem Verdienstkreuz Erster Klasse des Verdienstordens der Bundesrepublik Deutschland ausgezeichnet worden, nach dem Verdienstkreuz am Bande 2007. Er ist heute am DIW „Senior Research Fellow" und auch für das Bundesinstitut für Bevölkerungsforschung (BiB) sowie das Harding-Zentrum für Risikokompetenz in Potsdam tätig. Den Schwerpunkt seiner Forschungstätigkeit aber hat er im MPI für Bildungsforschung. In dem architektonisch kühnen, interaktionsfördernden Bau aus den siebziger Jahren in Berlin-Dahlem forscht und publiziert er zusammen mit Psychologen in den Forschungsbereichen „Adaptive Rationalität" und „Entwicklungspsychologie" sowie in der Max-Planck-Forschungsgruppe „Biosozial", wobei er sich weit auf das Feld der Molekular- und Biogenetik vorwagt. Er folgt nach wie vor seiner Neugierde – das wurde 2023 auch von der amerikanischen Association for Psy-

---

5 Wagner, G. G. (2022), Grenzen und Fortschritte indikatorengestüzter Politik am Beispiel der Corona-Pandemie (Heinz-Grohmann-Vorlesung 2020/21), *AStA Wirtschafts- und Sozialstatistisches Archiv*, online verfügbar unter https://rdcu.be/c0dWh.
6 Wagner, G. G. (2022), Metriken der Ungleichheit sind uralt, in: S. Brandstädter und W. Hinsch (Hrsg.), *Gefährliche Forschung – Eine Debatte über Gleichheit und Differenz in der Wissenschaft*, Berlin, Boston, de Gruyter, S. 55–66, online verfügbar unter https://doi.org/10.1515/9783110769975-006.

chological Science (APS) gewürdigt, die Wagner, obwohl er kein gelernter Psychologe ist, zum Fellow ernannte. Das mit den Quellen der Risikoneigung, das möchte er wirklich wissen. „Ich bin glücklich, dass ich als gelernter Ökonom in meinem Alter noch einmal sowas ganz anderes machen kann, das zudem auch die Soziologie und Psychologie mit ins Spiel bringt.“

„Oft sind gerade die Brüche in den Daten spannend"

Ein Gespräch über den Reformbedarf des Rentensystems, das Sozio-oekonomische Panel (SOEP) und die genetische Erforschung der Risikoneigung der Menschen

Herr Professor Wagner, das Thema Rente ist eine Dauerbaustelle, und es ist auch ein Feld, das Sie in Ihrer gesamten wissenschaftlichen Karriere nie verlassen haben. Sie haben schon zahlreichen Kommissionen angehört, auch der Rentenkommission „Verlässlicher Generationenvertrag". Haben Sie den Eindruck, dass die wissenschaftliche Beratung nicht genügend Einfluss hat?

Nein. Zum ersten ist die Rentenverwaltung, sowohl im zuständigen Ministerium als auch in der Rentenversicherung, im Laufe der Zeit immer wissenschaftlicher geworden. Ich bin mir allerdings nicht sicher, ob das immer gut ist. Je mehr man weiß, desto schwerer fallen die Änderungen. Zum zweiten haben vor allem die neoklassischen Rentenanalysten schon einen erheblichen Einfluss dabei gehabt, die Kapitaldeckung auch in der Politik in den Vordergrund zu rücken. Das ist dann aber so in die Praxis umgesetzt worden, dass es heute mehr Probleme macht, als dass es irgendetwas löst. Ich selbst war da immer skeptischer – und damit ein Außenseiter in der Volkswirtschaftslehre.[7]

Warum waren Sie skeptisch? Und inwiefern?

Insofern, als komplett umstellen einfach nicht geht. Wenn ich eine Kapitaldeckung einführe, dann kann ich die alten Generationen nicht schlicht enteignen, sondern muss ihnen umlagefinanziert weiterhin ihre Rente zahlen. Auch deshalb würden sich unter dem Strich die Wachstumseffekte, die man sich einmal erhofft hat, nicht einstellen. Ich habe aber eingesehen und stehe auch dazu, dass eine Mischung von Kapitaldeckung und Umlagefinanzierung sinnvoll ist. Aber man darf es mit der Kapitaldeckung eben nicht übertreiben. Die Erwerbsminderungsgefahr können Sie kapitalgedeckt nicht vernünftig absichern, denn sie ist langfristig unkalkulierbar.

Was muss denn nach Ihrer Ansicht geschehen, und was ist das größte Problem?

---

7 Vgl. beispielsweise G. Wagner, Perspektiven der Alterssicherung (2000), in: R. Hauser (Hrsg.), *Die Zukunft des Sozialstaats*, Berlin, Duncker&Humblot (zugleich Beiheft 8 der *Zeitschrift für Wirtschafts- und Sozialwissenschaften*), S. 113–66.

Anmerkung: Online am 24. Januar 2020 erstmals veröffentlicht, https://doi.org/10.1515/pwp-2019-0046. In Print am 2. März 2020 erschienen, *Perspektiven der Wirtschaftspolitik* 20(4), S. 328–39.

Bei der Rente hat man im Wesentlichen vier Parameter, an denen man etwas verändern kann, den Beitragssatz, das Rentenniveau, den Bundeszuschuss und die Altersgrenze. Wir werden von 2025 bis mindestens 2040 eine deutliche Alterung der Bevölkerung erleben. Sie wird dauerhaft so bleiben, jedenfalls bis 2060. Dem Anstieg folgt ein Plateau. Das heißt, es gibt nichts zu untertunneln, wir müssen uns dauerhaft etwas anderes ausdenken. Es ist dann ja durchaus lebensnah, dass man, wenn man vier Parameter hat, nicht nur an einem etwas ändert, sondern an allen vieren herumschraubt. Am meisten Widerstand gibt es bei dem wirksamsten, der Altersgrenze. An deren Erhöhung will außerhalb der Wissenschaft keiner ran, aber da müssen wir irgendwann mal wieder springen. Mein Kollege Ralph Hertwig im Berliner Max-Planck-Institut für Bildungsforschung hat deswegen die Idee gehabt, dieses heikle Thema anders zu „framen".

Wie denn das?

Statt immer über die Altersgrenze reden, sollten wir von der Ursache des Problems ausgehen und fragen, wie man die gestiegene Lebenserwartung auf längere Erwerbstätigkeit und längere Rente aufteilt. Wenn man die Sache so angeht, kann man vielleicht eher eine Lösung finden, die zwischen den beiden Extrempunkten liegt, die zusätzliche Lebenserwartung allein der Erwerbstätigkeit oder der Rente zuzuschlagen. Ich halte mich an den Rat und spreche nicht mehr von der Altersgrenze. Aber ich gestehe, bisher hat das neue Framing nicht sonderlich viel gebracht, auch Fachleute kleben einfach am Begriff der Altersgrenze, statt sich über die höhere Lebenserwartung zu freuen. Wobei es übrigens empirisch so aussieht, als ob die Zunahme der Lebenserwartung langsam wieder abflacht. Falls das der Fall sein sollte, gäbe es auch keinen entsprechenden Grund, die Altersgrenze zu erhöhen.

Im Zuge von Digitalisierung und Robotisierung scheinen sich außerdem die Sorgen zu mehren, dass die materielle Ungleichheit in der Gesellschaft noch drastisch zunehmen wird und dass unsere marktwirtschaftliche Ordnung gerade mit sozialen Sicherungssystemen, die an die Erwerbstätigkeit geknüpft sind, nicht mehr tragfähig sein wird. Teilen Sie diese Sorge?

Überhaupt nicht. Die Sorge, von der Sie sprechen, findet vor allem in den Feuilletons der Zeitungen Ausdruck. Darin zeigt sich deutlich, wie Journalisten oftmals ihre eigene Lebenssituation verallgemeinern. Aber mit der wirklichen Welt hat das nicht besonders viel zu tun. Schließlich gibt es in westlichen Gesellschaften bisher doch keinerlei Evidenz, dass uns die Erwerbsarbeit ausgeht. Das wird sich auch nicht so rasch ändern. Denn insbesondere die Alterung der Gesellschaft bringt es mit sich, dass ein derart großer Bedarf zum Beispiel an sozialen Dienstleistungen entsteht, dass damit viele Menschen ihr Brot verdienen werden.

Allerdings sind das eben gerade Berufe, die nicht immer gut bezahlt sind, zum Beispiel in der Pflege – mit der Folge, dass dann auch die Renten ungenügend ausfallen könnten.

Ja. Aber das ist letztlich eine gesellschaftliche Entscheidung, was uns etwas wert ist. Der Grenzertrag einer Tätigkeit ist ja nicht physisch festgelegt, sondern hängt davon ab, welchen Preis die Menschen bereit sind, für diese Tätigkeit zu zahlen. Über kurz oder lang werden die Einkommen von Pflegenden bei uns nach oben gehen. Dass gerade diese Berufe immer noch so schlecht bezahlt werden, ist mir ein Rätsel. Wir sind potenziell ja alle von diesem Bedarf an guter Pflege betroffen. Und wenn man die Leute in Umfragen nach den wichtigsten Problemen befragt, die sie sehen, dann steht die Pflege immer ganz oben auf ihrer Liste.

Damit sind wir bei dem Thema der Befragungen und dem größten und vielleicht wichtigsten Projekt, das man mit Ihrem Namen verbindet. Sie sind „Mister SOEP". Das Sozio-oekonomische Panel (SOEP), ins Leben gerufen 1983 durch Hans-Jürgen Krupp, ist aus der Forschungslandschaft nicht mehr wegzudenken. Sie haben es von 1989 bis 2011 geleitet. Wie ist es eigentlich entstanden?

Krupp hatte nach der Promotion ein Stipendium für die Vereinigten Staaten, für Madison, Wisconsin. Die Wissenschaftler dort waren stark in Sozialpolitik- und Armutsforschung. Das lag damals im Zeitgeist. Da hat er die Leute kennengelernt, die später die Panel Study of Income Dynamics (PSID) begonnen haben. Diese Studie läuft noch, sie ist jetzt über 50 Jahre alt. Krupp war fest überzeugt, wenn man Sozialpolitik ordentlich analysieren will, braucht man Längsschnittdaten; man muss schauen, wie sich die Leute verhalten und im Lebensverlauf entwickeln. Krupp hat schon damals die Wissenschaft mit Management verbunden und große DFG-Projekte gemacht – ich war der letzte wissenschaftliche Mitarbeiter, der für sein Projekt eines „Sozialpolitischen Indikatoren- und Entscheidungssystems" (SPES) eingestellt wurde. Krupp hatte nicht nur kostspielige Ideen, sondern hat die auch durchgezogen. Ab 1982 wurde das SOEP im Rahmen des DFG-Sonderforschungsbereichs 3 „Mikroanalytische Grundlagen der Gesellschaftspolitik" finanziert; ab 1984 – als die Erhebung anlief – waren das jährlich über 2 Millionen D-Mark. Für sozialwissenschaftliche Themen war das jenseits von allem, was es jemals gegeben hatte.

Im Grunde wurde damit eine Forschungsinfrastruktur geschaffen, die in aller Welt eine Vielzahl von Wissenschaftlern nutzen.

Ja, wobei es den Ausdruck „Forschungsinfrastruktur" damals noch gar nicht gab. In den achtziger Jahren hat man so noch nicht gedacht, da war das SOEP erst mal nur ein Projekt, das einem Sonderforschungsbereich eine Datengrundlage geben sollte. Interessanterweise war ich später unmittelbar daran beteiligt, den Begriff Forschungsinfrastruktur in die Welt zu setzen, als ich zwischen 2002 und 2006 Mitglied im Wissenschaftsrat war. Irgendwann ging es da dann um eine Empfehlung für einige Großgeräte in den Naturwissenschaften. Da tauchte unter anderem der Plan für den Forschungseisbrecher „Aurora Borealis" und für den Elektronenlaser BESSY II auf; mittlerweile existieren, soweit ich weiß, beide. Als wir die Projekte empfahlen, haben der zuständige Staatssekretär – Frieder Meyer-Kramer, den ich noch vom DIW her kannte – und ich darauf gedrungen, dass auch festgehalten wird, dass nicht nur die Naturwissenschaften, sondern auch die Sozialwissenschaften Forschungsinfrastruktur brauchen, sozusagen große Geräte, die empirische Wissenschaft ermöglichen.[8] Inzwischen laufen sogar die Vorbereitungen für die Förderung einer Nationalen Forschungsdateninfrastruktur (NFDI). Insofern hat sich die Erfindung des Begriffs Forschungsinfrastruktur gelohnt.

Wie lange hat es gedauert, bis der Bestand des SOEP dauerhaft gesichert war?

Nach Ablauf der Projektphase zum Start noch mehr als zehn Jahre. Institutionalisiert wurde das SOEP auch deshalb, weil wir im Juni 1990, noch in der DDR, vor der deutschen Einheit, die erste große Erhebung im Osten gemacht haben. Das war gleich meine erste Tat, als ich von Krupp die SOEP-Leitung übernahm. Das SOEP ist damit die einzige derartige Längsschnitterhebung, in der man den kompletten Wandel einer Gesellschaft im Detail beobachten kann. Dass wir das im Portfolio hatten, hat die Institutionalisierung sehr erleichtert, wobei es trotz einer frühzeitigen und sehr positiven Evaluierung durch den Wissenschaftsrat noch zehn Jahre gedauert hat, bis wir eine institutionelle Finanzierung im Rahmen der Leibniz-Gemeinschaft bekamen.

Im Laufe der vielen Jahre, die es das SOEP gibt, ist es zu vielen Ausweitungen gekommen. Gab es auch Korrekturbedarf?

Nein, eigentlich nicht. Die zentrale methodische Innovation wurde schon am Anfang eingebaut. Für die PSID, an der das SOEP sich orientierte, wird nur eine Person je Haushalt befragt; diese Person – der „Haushaltsvorstand" – gibt dann Auskunft über alle weiteren Mitglieder des Haushalts. Die Amerikaner hatten uns damals erklärt, dass dieses Verfahren eigentlich schlecht ist, weil dann die Einkommensdaten für die anderen Haushaltsmitglieder wenig verlässlich sind. Oft beantworten die Frauen den Fragebogen, wobei aber die Männer ihren Frauen oft gar nicht sagen, was für Nebenjobs sie haben. Bei den älteren Kindern im Haushalt ist es ganz sicher auch immer noch so. Krupp hat damals durchgesetzt, dass wir, um dieses Problem zu vermeiden, alle erwachsenen Haushaltsmitglieder befragen. Deshalb mussten wir anschließend auch

8 Vgl. Rat für Sozial- und Wirtschaftsdaten – RatSWD (2019), *Sozial-, Verhaltens- und Wirtschaftswissenschaften in Roadmap-Prozessen*, Berlin, S. 14, online verfügbar unter https://www.ratswd.de/dl/RatSWD_Output3.6_Roadmap.pdf.

nichts mehr ändern. Das wurde von allen Haushaltspanelstudien, die danach in aller Welt begonnen wurden, übernommen. Konzeptionell nicht korrigiert, sondern ergänzt haben wir im Jahr 2000 die sukzessive Ausweitung der Datengewinnung über Kinder und jugendliche Erstbefragte, da nicht zuletzt in der Psychologie und Bildungsforschung Fragen der frühkindlichen Entwicklung zunehmend an Bedeutung gewonnen hatten.

Das dürfte zu Brüchen in den Daten geführt haben.

Ja, natürlich. Brüche in den Daten gibt es immer mal wieder. Der Fragebogen muss schon deswegen immer einmal wieder angepasst werden, weil sich bestimmte institutionelle Gegebenheiten verändern. So hatten wir anfangs in der Frage nach der Erwerbstätigkeit nur die Unterscheidung in Vollzeit, Teilzeit und geringfügige Beschäftigung. Dann kam der Vorruhestand hinzu, in Gott weiß wie vielen Variationen. Irgendwann wurden aus den geringfügigen Beschäftigungen Mini-Jobs und Midi-Jobs. Es zählt zu den Aufgaben der Wissenschaftler, die mit diesen Daten arbeiten, zu sehen, wie man die Ergebnisse über die Zeit vergleichbar macht. Das ist in gewisser Weise eine Wissenschaft für sich. Brüche in den Daten entstehen aber auch auf völlig andere Art und Weise: Zum Beispiel hat der Übergang von Papier und Stift beim Interview zum Laptop Befragungsartefakte produziert, deren Analyse inzwischen eine Wissenschaft für sich ist. Also: Oft sind gerade die Brüche in den Daten spannend, weil man neue Analysemethoden entwickeln muss und kann.

Geben Sie bitte ein Beispiel?

Seit einigen Jahren werden Metadaten systematisch erhoben. Beim SOEP wurde das von Anfang an gemacht und die Datenbank sorgfältig gepflegt.[9] Im SOEP-Datensatz wurde immer schon festgehalten, wie die Leute den Fragenbogen beantwortet haben. Denn Ute Hanefeld, die für Hans-Jürgen Krupp das SOEP gemanagt hat, war gegenüber dem Erhebungsinstitut misstrauisch und auch eine gute Buchhalterin. Sie hat auf die Metadaten gedrungen, aber es hat ein paar Jahre gedauert, bis diese Metadaten tatsächlich ausgewertet wurden. Zuerst wohl von Ulli Rendtel, jetzt gerade als Professor an der FU Berlin in Pension geschickt, der damals am DIW für die Analyse der Ausfälle von Personen aus der SOEP-Stichprobe zuständig war. Diese Ausfälle treten vermehrt auf, wenn der Interviewer wechselt. Das hat Rendtel dann bei der Gewichtung der Daten berücksichtigt. Wir wissen aber nicht nur, welcher Interviewer welche Haushalte interviewt hat, sondern wir kennen auch einige Merkmale der Interviewer, so Geschlecht und Alter. Deswegen haben wir anlässlich der Erstbefragung in der DDR im Juni 1990 angefangen, Interviewereffekte sys-

---

9 Vgl. beispielsweise Krause, P., R. Pischner und G. Wagner (1993), Die Verarbeitung von Längsschnittdaten – Anmerkungen aus der Praxis am Beispiel des Sozio-oekonomischen Panels (SOEP), *ZA-Information* Nr. 33, S. 128–37.

tematisch zu analysieren.[10] Man kann inzwischen sogar studieren, inwieweit spezifische Persönlichkeitsmerkmale von Interviewern Einfluss auf die Ergebnisse haben, da inzwischen alle paar Jahre die Interviewer selbst einen SOEP-Kurzfragebogen ausfüllen.

Warum haben Sie schon so früh Metadaten gesammelt, als das wissenschaftlich noch gar nicht üblich war?

Ehrlich gesagt hatte am Anfang niemand die Idee, dass man diese Daten, den Begriff Metadaten gab es noch gar nicht, einmal wissenschaftlich auswerten kann. Es war einfach so, dass das Umfrageinstitut diese Informationen abliefern musste, damit man nachprüfen konnte, ob ordentlich interviewt wurde.

Und, wurde immer ordentlich interviewt?

Ja. Aber bevor mit Hilfe der Laptops die Interviewer sehr gut kontrolliert werden konnten, gab es immer wieder auch mal Fälschungen. Die meisten ganz am Anfang, im Jahr 1984, weil sich damals die Interviewer nicht vorstellen konnten, was es bedeutet, dass die Leute immer wieder befragt werden. Wenn die ein zweites Mal angeschrieben werden, sie aber noch nie Besuch von einem Interviewer gehabt hatten, dann fliegt der Interviewer auf. Nach der zweiten Welle mussten 64 Datensätze entfernt werden – gemessen an 12.000 Interviews war das durchaus ganz wenig. Die gefälschten Daten wurden aber nicht endgültig gelöscht, sondern ordentlich archiviert. Als dann, viel später, schon nach der Jahrtausendwende, die künstliche Intelligenz aufkam, hatten Klaus-Robert Müller, ein gelernter Physiker und Informatik-Professor an der TU Berlin, und ich die Idee, mit Hilfe der künstlichen Intelligenz in den Interviews nach Mustern zu suchen, um zu prüfen, ob man damit Fälschungen erkennen kann. Wir konnten das System mit den 64 tatsächlichen Fälschungen trainieren. Wie sich herausgestellt hat, ist es den Interviewern zwar gelungen, die Mittelwerte ziemlich gut zu treffen, aber nicht die volle Streuung. Was sie auch nicht hinkriegen, ist, Benford's Law einzuhalten.[11]

Was ist das?

Eine Gesetzmäßigkeit in der Verteilung der Ziffernstrukturen von Zahlen in Datensätzen, in den dreißiger Jahren wiederentdeckt von dem Physiker Frank Benford. Wenn

---

10 Vgl. Riebschläger, M. und G. Wagner (1991), Interviewerstab und Interviewereffekte der DDR-Basisbefragung des Sozio-oekonomischen Panels, in: Projektgruppe Panel (Hrsg.), *Lebenslagen im Wandel – Basisdaten und -analysen zur Entwicklung in den Neuen Bundesländern*, Frankfurt, New York, Campus, S. 127–38.
11 Schäfer, C. et al. (2005), Automatic identification of faked and fraudulent interviews in surveys by two different methods, *Schmollers Jahrbuch* 125(1), S. 183–93.

Sie quantitative Variablen wie das Einkommen haben, nicht nur 0-1-Dummyvariablen, dann folgt die Häufigkeit der Ziffern einer charakteristischen Verteilung.

Haben Sie da denn noch weitere Auffälligkeiten feststellen müssen?

Ja, aber die Interviewer, um die es da dann ging, waren schon aus anderen Gründen entlassen worden. Die waren einfach unzuverlässig. Aber auf jeden Fall war das methodisch sehr interessant.

Wann und wieso sind Sie denn das erste Mal auf die Idee gekommen, die erhobenen Daten anders zu benutzen als ursprünglich geplant?

Wieso ich darauf kam, weiß ich nicht mehr. Aber an meine erste unkonventionelle Analyse erinnere ich mich gut. Das war eine Untersuchung der sozialen Differenzen der Sterblichkeit anhand der Angaben über Alter und ggf. Todesjahr der Eltern der Befragten. Diese Untersuchung war lange eine Standard-Referenz zu den sozialen Unterschieden der Lebenserwartung in Deutschland, weil es dafür so wenig Datenbasen gab und gibt.[12] Daneben habe ich mich auch mit Panel-„Mortalität" beziehungsweise Panel-Stabilität beschäftigt. Ganz am Anfang hat man nicht unterschieden, ob jemand aus dem SOEP als Befragter verschwindet, weil er nicht mehr mitmachen will, oder weil er gestorben ist. Das kommt ja auch vor. Es wurde so getan, als ob jemand, der stirbt, genauso schädlich ist für die Aussagekraft einer Panelstudie wie jemand, der nicht mehr mitmachen will und dadurch die Stichprobe verzerren kann. Ich habe dann das Argument mit Erfolg eingebracht, dass die, die sterben, kein Verzerrungsproblem mit sich bringen, sondern im Gegenteil die Repräsentativität erhöhen, weil ja auch in der Wirklichkeit gestorben wird.[13]

Auch plausibel.

Wir kamen jedenfalls vor diesem Hintergrund auf die Idee, ohne es freilich auch selber wissenschaftlich umzusetzen, dass man die Informationen der Verstorbenen nutzen kann, um soziale Differenzen in der Sterblichkeit auszurechnen. Das gab es damals in Deutschland so gut wie nicht. Fast alle der Analysen zu sozialen Unterschieden in der Sterblichkeit, die zum Beispiel die Gesundheitsforscher vom Robert-Koch-Institut in Berlin zu diesem Thema machen, basieren auf den SOEP-Daten – und diese Ergebnisse spielen zum Beispiel in der Rentenkommission der Bundesregierung eine wesentliche Rolle. Wir haben sogar für ziemlich viel Geld bei den Einwohnermel-

---

12 Schepers, J. und G. Wagner (1989), Soziale Differenzen in der Lebenserwartung – Neue empirische Ergebnisse für die Bundesrepublik Deutschland, *Zeitschrift für Sozialreform* 35(11/12), S. 670–82.
13 Vgl. Wagner, G. (1991), Indikatoren zur Stabilität von Panelstichproben – Das Beispiel des SOEP, *DIW Diskussionspapier* Nr. 27.

deämtern recherchieren lassen, wer von denen, die nicht mitmachen, nicht mehr lebt. Auf Basis der Auskünfte, die wir da bekamen, konnten wir unseren SOEP-Datensatz für Verstorbene erheblich vergrößern.

Wie werden eigentlich die Leute ausgesucht, die bei dem Panel mitmachen?

Das ist ein relativ komplizierter, gesteuerter Zufallsprozess. Wir nennen das einen Random walk. Die Republik ist eingeteilt in Zehntausende Stimmbezirke. Anhand der Liste dieser Stimmbezirke werden einige zufällig gezogen, in der Regel geschichtet nach der Größe des Bundeslandes. Innerhalb eines Stimmbezirks wird dann wiederum eine Startadresse zufällig ausgewählt, heute per Computer. Ein Interviewer, der keine Interviews macht, muss sich an diese Adresse begeben und jedes dritte oder siebte Klingelschilder aufschreiben; dafür gibt es eine „Begehungsvorschrift". Er liefert die Adressen dem Befragungsinstitut ab und dieses beauftragt dann einen anderen Interviewer zu versuchen, bei den Leuten einen Gesprächstermin zu bekommen und sie zum Mitmachen zu bewegen.

Interessant, dass das noch so analog läuft. Wieso benutzt man nicht Telefonnummern?

Weil bei Telefonumfragen nur 10 Prozent oder weniger mitmachen. Beim SOEP liegt die Ausschöpfungsquote demgegenüber zwischen 30 und 40 Prozent. Am Anfang waren es sogar einmal 60 Prozent. Und in der ersten Welle 1990 in der DDR lag die Quote so hoch wie niemals sonst, bei 70 Prozent. Die Leute waren damals froh, dass mal jemand etwas von ihnen wissen wollte.

Wie groß ist der Anteil der Befragten, die dann irgendwann nicht mehr mitmachen wollen?

Das kommt darauf an. In der zweiten Welle sind es etwa 10 Prozent. Anschließend sind es von Welle zu Welle dann noch etwa 3 Prozent. Von den 16.000 Personen, die in der ersten Welle 1984 befragt wurden, einschließlich der Kinder, sind noch ungefähr 1.000 dabei. Vor ein paar Jahren habe ich einmal im Rahmen eines Projekts im Ruhrgebiet mit einigen der seit 1984 Befragten persönlich sprechen können.[14] Etliche der besonders treuen Leute dort werden von Anfang an und bis heute von ein und demselben Interviewer befragt, der auch als über 80-Jähriger noch den persönlichen Ehrgeiz hat, seine Befragten bei der Stange zu halten.

---

14 Wagner, G. G. und J. Goebel (2017), Das Ruhrgebiet gibt es gar nicht: Menschen erzählen die Geschichte des Wandels zwischen Ruhr und Emscher, in: J.-P.Schräpler et al. (Hrsg.), *Wege zur Metropole Ruhr*, Bochum, Ruhr-Universität Bochum, S. 301–29.

Das ist für die Beteiligten über all die Jahre auch wirklich kein kleines Commitment.

Ja, und deshalb ist es für uns auch sehr wertvoll, dass seit Richard von Weizsäcker alle Bundespräsidenten – bis auf einen, der zurücktreten musste – Werbung für das SOEP gemacht haben. Zweimal ist es uns sogar gelungen, dass eine SOEP-Familie zum Sommerfest des Bundespräsidenten eingeladen wurde, mit dem Argument, dass jemand, der über 30 Jahre am SOEP teilnimmt, so etwas wie ein Ehrenamt ausübt. Auf jeden Fall zeigt sich darin ein wertvolles staatsbürgerliches Engagement.

Haben Sie eigentlich einen Überblick darüber, in welchem Umfang das SOEP in der Wissenschaft genutzt wird?

Das ist ein großes Problem, und das geht nicht nur uns, sondern allen Panel-Studien so. Wir wünschen uns von Wissenschaftlern, die das SOEP nutzen, dass sie uns Belegstücke ihrer Veröffentlichungen schicken. Das machen viele, aber leider bei weitem nicht alle. Ab und zu recherchieren wir auch nach. Im Moment gibt es, glaube ich, fast 10.000 erfasste Belegstücke.

Das ist doch viel zu wenig.

Es gibt natürlich außer dem, was wir zählen, inzwischen unglaublich viele Diplom-, Bachelor- und Magisterarbeiten auf Basis der Daten des SOEP. Etliche Studierende veröffentlichen ihre Arbeiten auch als Online-Buch. Da gibt es jede Menge, was wir gar nicht erfassen, denn das wäre einfach extrem teuer. Recht gut gelingt es uns aber, die Veröffentlichungen in guten wissenschaftlichen Zeitschriften zu erfassen, und das sind im Moment etwa 150 im Jahr. Das ist nicht weniger als der jährliche Publikationsoutput der PSID, deren Daten vom viel größeren amerikanischen Wissenschaftsmarkt analysiert werden und die man sogar – was in Europa nicht geht – völlig frei im Internet downloaden kann. Wenn Sie fragen, ob sich der ganze Aufwand für gerade einmal 150 Top-Veröffentlichungen überhaupt lohnt, ist meine Antwort ganz klar: ja! Das Kern-Budget des SOEP insgesamt beträgt inzwischen etwa 7 Millionen Euro. Selbst wenn ich das nur durch 150 teile, ist das mit knapp 50.000 Euro je Publikation noch günstig. Die Manpower, die in eine ordentliche Publikation fließt, ist in der Regel viel teurer als der Anteil an der Datenerhebung. Es gibt aber auch noch viele weitere Publikationen. Bezieht man die ein, dann kommt man auf vielleicht 10.000 Euro Datenkosten pro Veröffentlichung.

Und es sind nicht nur einzelne Wissenschaftler und Studenten, die das SOEP nutzen. Es sind auch viele große Institutionen.

Richtig. Der Sachverständigenrat zur Begutachtung der gesamtwirtschaftlichen Entwicklung zum Beispiel nutzt alle zwei Jahre das SOEP, und das nun schon seit bald 20

Jahren. Im Familien- und Jugendbericht, im Armuts- und Reichtumsbericht, im Teilhabebericht der Bundesregierung – überall tauchen SOEP-Ergebnisse auf. Auf Initiative meines Nachfolgers Jürgen Schupp gibt es übrigens inzwischen sogar mehrere Stichproben mit Flüchtlingen. Das SOEP ist die einzige große Längsschnittstudie auf der Welt, der es gelingt, Flüchtlinge schon in den Aufnahmelagern zu befragen. Von der Umfragemethodik her ist das noch wesentlich komplizierter als seinerzeit die erste Erhebung in der DDR. Damals hat man einfach den deutschsprachigen Fragebogen genommen und das eine oder andere mit Hilfe von Soziologen in Ost-Berlin angepasst. Es war wenigstens dieselbe Sprache – wenn auch etliche Begriffe unterschiedlich waren. Die Flüchtlingsfragebögen hingegen werden in fünf Sprachen übersetzt, darunter in Paschtu und Urdu. Das ist ein ungeheuer großer Aufwand, finanziert von der Bundesagentur für Arbeit und dem Bundesministerium für Bildung und Forschung. Und aus den Daten geht hervor, dass die geflüchteten Menschen besser zurechtkommen, als alle das erwartet haben. Ein politisch wirklich relevantes Ergebnis.

Im SOEP sind nicht nur harte materielle Angaben gefragt, sondern es geht auch um subjektive Einschätzungen, zum Beispiel mit Blick auf die Lebenszufriedenheit. Wer nutzt diese?

Wir hatten auf Initiative von Wolfgang Zapf, seinerzeit Soziologie-Ordinarius in Mannheim, eine Frage zur Lebenszufriedenheit von Anfang an mit drin, auf einer Skala von 0 bis 10. Diese Frage ist ein echter Renner. Aber damit war lange nichts wirklich Spannendes passiert, bis die Ökonomen diese Dimension für sich entdeckt haben. Darüber hinaus sind mein Kollege und späterer Nachfolger Jürgen Schupp und ich stolz darauf, das SOEP, das neben der Ökonomie immer schon einen Soziologieteil hatte, um psychologische Fragen erweitert zu haben. Mich persönlich hatte das schon als junger Post-Doc interessiert, insbesondere das Thema Risikoneigung. Und Schupp war mit Gisela Trommsdorf in Kontakt gekommen, einer Psychologieprofessorin in Konstanz. Mit Blick auf das, was wir sonst im SOEP alles so wissen wollen, regte sie an, dass wir für weiteren Erkenntnisgewinn zusätzlich die Kontrollüberzeugungen erfragen.

Was genau ist damit gemeint?

Es gibt ja Leute, die sind davon überzeugt, dass sie alles selbst in der Hand haben; und es gibt andere, die glauben an göttliche oder auch finstere Mächte, die ihr Schicksal bestimmen. Diese Haltungen haben wir 1994 erstmals erfragt. Es war gar nicht einfach, das intern durchzusetzen, denn von Psychologie hielt der Groß-Soziologe Zapf im SOEP-Beirat gar nichts. Aber dann fehlte er 1993 bei einer Sitzung, und da war es dann möglich, Fragen zur Kontrollüberzeugung in den Fragebogen aufzunehmen. Inzwischen ist die Zahl psychologischer Fragen im SOEP groß. Es ist inzwischen eine in aller Welt intensiv genutzte Quelle für entsprechende Forschung, die auch interdisziplinär erfolgt. Darauf bin ich besonders stolz.

Was ist nun gerade für Psychologen so interessant daran?

Wie kann man etwas Verallgemeinerbares aus Studien lernen, bei denen fast nur Kinder von Angehörigen der Oberschicht in amerikanischen Psychologie-Departments mitmachen, da dort Studierende in den ersten Semestern verpflichtet sind, an Experimenten teilzunehmen? Derartige Studien haben lange Zeit die Top-Fachzeitschriften der Psychologie gefüllt. Nur wenn man annimmt, dass das kulturelle und soziale Umfeld für Psychologie keine Rolle spielt, sind derartige Studien aussagekräftig. Diese Annahme ist jedoch oft – um nicht zu sagen: meistens – falsch. Deswegen macht es viel Sinn, dass auch in repräsentativen Umfragen in möglichst vielen unterschiedlichen Kulturkreisen und sozialen Umwelten psychologische Fragen gestellt werden.[15]

Sie sagten, die Ökonomen waren letztlich dafür verantwortlich, dass die Psychologie umfassend Eingang ins SOEP fand? Da steckt sicher die Verhaltensökonomik dahinter.

Ja. Im Grunde war das ein Zufall, der übrigens unterstreicht, wie wichtig „soziale Forschungsinfrastrukturen" sind, wie der Wissenschaftsrat das nennt. Sie ermöglichen persönlichen Interessen- und Wissensaustausch, vor allem auch multidisziplinär. Anfang des Jahrtausends waren Ernst Fehr (Universität Zürich) und Richard Hauser (Goethe-Universität Frankfurt), den ich seit meiner Zeit im SPES-Projekt und im Sonderforschungsbereich 3 kenne, Fellows am Wissenschaftskolleg zu Berlin. Hauser hat Schupp und mich mit Fehr zusammengebracht. Nach einem ausgesprochen anregenden Gespräch haben wir eine Frage nach Vertrauen und Vertrauenswürdigkeit in das SOEP eingebaut. Mit Fehrs Hilfe haben wir dafür sogar ein echtes Vertrauensexperiment ablaufen lassen. Panelteilnehmer bekamen vom Interviewer 10 Euro geschenkt und mussten entscheiden, ob sie die behalten oder einem unbekannten Dritten geben. Wenn sie das Geld dem unbekannten Dritten gaben, wurde für ihn der Betrag von uns verdoppelt. Und wenn der unbekannte Dritte seinerseits den Befragten seine 10 Euro überließ, dann bekamen sie 20 Euro zurück. Das ist eine ganz klassische Messung von Vertrauen. Dieses Experiment in eine Sonderstichprobe des SOEP einzubauen, war auch der Beginn der systematischen Integration der Psychologie.

Warum hat Sie das Thema Risikoneigung schon immer umgetrieben?

Das hat sicher etwas damit zu tun, dass ich mich selbst für überdurchschnittlich risikoavers halte.

---

15 Vgl. Frick, J. R. et al. (2007), The cross-national equivalent file (CNEF) and its member country household panel studies, *Schmollers Jahrbuch* 127(4), S. 627–54.

Und wie kam die Risikoneigung ins SOEP?

Ganz genau weiß ich das nicht mehr. Jürgen Schupp und ich haben unterschiedliche Erinnerungen. Auf jeden Fall ist mir die Thematik immer im Kopf herumgegangen. Und dann rief mich Armin Falk von der Universität Bonn an und sagte, dass er das SOEP nutzen wollte, um sich die Risikoneigung aus ökonomischer Perspektive näher anzuschauen. Wir haben daraufhin Leute im Pre-Test eine Frage beantworten lassen, wie risikogeneigt sie sind, mit Antwortmöglichkeiten auf der von der Zufriedenheitsmessung vertrauten Skala von 0 bis 10. Und anschließend haben wir mit den Befragten ein Risikospiel gespielt. Die experimentelle Messung der Risikoneigung besteht darin, dass man Geld bekommt und dieses investieren kann, und je riskanter die Investition ist, desto mehr Geld erhält man im Erfolgsfall, der vom Interviewer ausgewürfelt wird, als Rendite. Wir konnten zeigen, dass die Verhaltensmessung im Experiment ausreichend eng mit der Antwort auf die Frage nach der Risikoneigung korreliert. Das hat dazu geführt, dass wir diese Fragen seit 2002 auch im eigentlichen SOEP stellen. Und es hat sich gezeigt, dass wir mit dieser Frage einen Klassiker erfunden haben, der mittlerweile in aller Welt genutzt wird. Google Scholar weist Ende 2019 fast 3.500 Zitate für unsere Beschreibung der Eigenschaften dieser Survey-Frage nach.

Was kann man damit in der Praxis anfangen?

Eine Menge. Das reicht bis hin zu klinischen Studien, zum Beispiel für die Erforschung der Akzeptanz von Robotern in Kliniken. Da geht es zum Beispiel um sogenannte Assistenzroboter, die Reha-Patienten, die eine neue Hüfte bekommen haben, dabei unterstützen, dass sie sich bewegen. Die sprechen die Patienten an und begleiten sie dann über die Flure. Dabei zeigt sich, dass Patienten, die einwilligen, an einer Roboter-Studie mitzumachen, risikofreudiger sind als die Patienten, die die Studie ablehnen. Die Studienteilnehmer haben auch öfter Abitur und eine hohe Kontrollüberzeugung. Wenn Techniker sich also immer wieder wundern, dass die Roboter, die in frühen Tests auf gute Akzeptanz gestoßen sind, in der Praxis dann scheitern, dann liegt das auch daran, dass die Leute, die sich auf solche Tests einlassen, einer besonderen Gruppe angehören. Die meisten Leute sind nicht so risikogeneigt.

Sie gehen mit Ihren Kollegen am Berliner MPI für Bildungsforschung der Frage nach, wie weit unsere Vorliebe oder Aversion gegenüber dem Risiko genetisch vorgegeben ist. Was machen Sie da genau, und was wollen Sie damit erreichen?

Mich treibt da wieder erst einmal die reine Neugier.

Neugier auf was? Auf das, was man mit Daten machen kann?

Das auch, Neugierde ist schließlich die Voraussetzung von Wissenschaft. Deswegen habe ich mit den SOEP-Daten zum Beispiel auch die schichtenspezifische Vergabe von Vornamen durch Eltern an ihre Kinder untersucht[16] oder – wie schon gesagt – die Sterblichkeit. Bei dem neuen Projekt bin ich neugierig, ob man das, was die Verhaltensgenetik weiß, wirklich auf einzelne Moleküle im Genom zurückführen kann. Der Hintergrund ist, dass wir mit einem speziellen Datensatz am MPI für Bildungsforschung, der Berliner Altersstudie (BASE II), die Möglichkeit haben, sozialwissenschaftliche, medizinische und psychologische Variablen zu nutzen, um nach dem Einfluss der Gene zu forschen. Wir sind da an Konsortien beteiligt, auf deren Grundlage Anfang des Jahres zum Beispiel ein Papier in der Zeitschrift „Nature Genetics" erschienen ist, in dem die genetischen Determinanten der Risikoneigung untersucht wurden.[17] Da wurde auch einiges gefunden. Und das SOEP verfügt inzwischen neben dem normalen Panel auch über ein sogenanntes Innovationssample, mit dem man etwas ganz Neues ausprobieren kann. Daran sind 6.000 Leute beteiligt, Erwachsene und Kinder. Gelegentlich werden da Verhaltensexperimente gemacht. Und in diesem Jahr bitten wir die Teilnehmer auch um eine Probe ihres Speichels, um daraus die Gene zu sequenzieren. Die Befragten bekommen ganz genau erklärt, was wir mit dem Speichel machen wollen, und etwa 60 Prozent machen mit. Das wollen wir nutzen, um unter anderem die genetischen Grundlagen der Risikoneigung besser erforschen zu können. Dabei hat das SOEP einen großen methodischen Vorteil, weil Familien über mehrere Generationen und damit auch sehr viele sogenannte Trios enthalten sind, also Leute, die verwandtschaftlich zusammenhängen, zum Beispiel Vater, Mutter und Kind.

Worin genau besteht dieser Vorteil?

Jeder einzelne von uns ist ein natürliches Experiment. Wie wir im Biologieunterricht gelernt haben, haben wir ja jeweils zwei Chromosomen, eines vom Vater, eines von der Mutter. In den Eizellen und den Samenzellen, die wir dann wiederum als Mütter oder Väter weitergeben, ist aber nur eines drin. Das ist eine Zufallsauswahl der beiden, die man selbst hat. Bei jeder einzelnen Eizelle und Samenzelle, die bei der Zeugung dann aufeinandertreffen, findet eine neue Zufallsauswahl statt, wie sich das Genom der eigenen Eltern kombiniert. Man kann dann nachschauen, ob jemand, der zum Beispiel dieselbe hohe Risikoneigung angibt wie sein Vater, obwohl er von den

---

16 Vgl. Huschka, D., A. Bruhn und G. G. Wagner (2012), Naming and war in modern Germany, *Names – A Journal of Onomastics* 60(2), S. 74–89.
17 Karlsson Linnér, R. et al. (2019), Genome-wide association analyses of risk tolerance and risky behaviors in over one million individuals identify hundreds of loci and reveal shared genetic influences, *Nature Genetics* 51, S. 245–57.

„Snips"[18], die für die Risikofreude eine Rolle spielen, gar nichts mitbekommen hat. Dann muss die Ähnlichkeit an der Erziehung oder den Lebensumständen liegen. Eine Riesenstichprobe mit vielen Individuen nutzt gar nichts, um so etwas herauszufinden – aber wir haben in den Haushaltspanelstudien das geeignete Stichprobendesign, um das natürliche Experiment der Zeugung analytisch ausnutzen zu können.

Und bekommt man da mehr heraus als das, was wir immer schon vermutet haben – dass Vererbung manches, aber nicht alles erklärt, und Erziehung ebenfalls?

Es ist schon etwas Neues. Wenn Menschen genetisch bedingt risikoaverser sind, als zum Beispiel Ökonomen sich das wünschen, dann folgt daraus auch etwas Wichtiges für die Politik, nämlich dass wir gesellschaftliche Strukturen brauchen, die an diese tatsächliche Risikoaversion angepasst sind. Es nutzt nichts, wenn Wirtschaftspolitiker immer wieder sagen, es wäre besser, wir hätten mehr Selbständige, wenn die meisten Menschen das Risiko der Selbständigkeit scheuen, ohne etwas an dieser Scheu ändern zu können.

Haben Sie nicht ein wenig Sorge, dass sich die Ergebnisse dieser Forschungen zur Manipulation von Menschen nutzen lassen?

Nein, überhaupt nicht. Im Gegenteil, wir lernen, als Gemeinschaft besser damit umzugehen, wie unterschiedlich wir sind. Wenn herauskäme, dass nur einige ganz wenige Stellen im Genom eine herausragende Bedeutung für die Risikoneigung hätten, dann könnte das sicher zu Manipulationen einladen, aber diese Gefahr besteht nicht. Das wissen wir jetzt schon. Wenn die Risikoneigung im Wesentlichen von ganz wenigen bestimmten Stellen im Genom abhängen würde, dann hätte man diese Sequenzen mit den vorhandenen Stichproben schon längst entdeckt.

Ich weiß ja nicht – ist das noch Ökonomie, was Sie da machen?

Nein. Natürlich nicht. Aber das ist mir egal. Ich bin dankbar, dass ich in meinem Alter noch einmal auf einem so unglaublich spannenden neuen Feld ein wenig mitarbeiten kann. Und das, was wir da herausfinden werden, ist für die Wirtschafts- und Sozialpolitik, wie gesagt, auch durchaus relevant.

---

18 „Snip" bedeutet „Einzelnukleotid-Polymorphismus", eine Variation an einer bestimmten Stelle im Genom.

Carl Christian von Weizsäcker

https://doi.org/10.1515/9783111208749-020

Ästhet der einfachen Resultate

„Dass man mit Indifferenzkurven so schöne Sache machen konnte, die so bedeutsam waren für die reale Welt, und dass man Mathematik anwenden kann, um komplexe Dinge zu beschreiben, das fand ich faszinierend": So beschreibt Carl Christian von Weizsäcker, geboren 1938 in Berlin, den Reiz der Ökonomie, der ihn in seinem ersten Semester an der Universität Zürich packte. Diese Initialzündung verdankt er Friedrich Lutz; sein Plan, Jurist zu werden, hatte sich mit dessen Vorlesung erledigt. „Lutz war mir sehr sympathisch, weil er eine beinahe introvertierte Vorlesung gehalten hat. Er musste keine Reklame machen, sondern hat einfach nonchalant erzählt. Das Inhaltliche hat mich begeistert."

Weizsäcker studierte von 1957 bis 1961 in Zürich, Göttingen, Hamburg, Freiburg und Basel. Im Jahr 1961 wurde er in Basel von Gottfried Bombach promoviert, mit einer Schrift über „Wachstum, Zins und optimale Investitionsquote"[1]. In dieser Arbeit hat er die „goldene Regel der Akkumulation" der Wachstumstheorie entwickelt, eine Regel, die besagt, dass derjenige Wachstumspfad optimal ist, bei dem der Zinssatz mit der Wachstumsrate übereinstimmt. Zu dieser Entdeckung gelangte er nicht zuletzt durch die Ästhetik der Formelwelt: „Ich wusste die Antwort: Zinssatz gleich Wachstumsrate, das ist ein schönes Ergebnis. Jetzt suchte ich nach der Frage. Ich habe ein Jahr darüber gebrütet und bin dabei durch ästhetische Prinzipien geleitet worden", erzählt er.

„Das Mathematische hat zwei gleichrangige Funktionen. Erstens: man verwendet präzise Begriffe. Wenn man mathematisch herausschälen muss, um was es geht, landet man in einer eindeutigen Begriffswelt. Das bringt auch Kosten mit sich, weil man viele Dinge nur noch indirekt mit der Realität verbinden kann, aber immerhin hat man klare Begriffe. Vielen anderen sozialwissenschaftlichen Fächern fehlt das; die schwimmen herum. Zweitens gibt es manchmal schöne Resultate. Das heißt: einfache Resultate." Die Ästhetik der einfachen Resultate strukturiere die gesamte neoklassische Ökonomie, bis hin zum berühmten ersten Hauptsatz der Wohlfahrtsökonomik, nach dem ein Walras-Gleichgewicht immer auch Pareto-optimal sei. „Das hat ästhetischen Reiz und dadurch enorme Wirkung, unabhängig von der Frage, ob es etwas mit der realen Welt zu tun hat", sagt Weizsäcker. Einfache Formeln seien auch didaktisch hilfreich. „Einfache, einfach formulierte, wenn auch nicht einfach abgeleitete Ergebnisse sind ungeheuer wichtig als Pflöcke, die man einschlägt, um das eigene Wissen um das Fach zu stabilisieren."

Nach der Promotion ging Weizsäcker mit einem Forschungsstipendium an das Massachusetts Institute of Technology (MIT). Dort prägten ihn die Amerikaner Paul Samuelson, Robert Solow und Kenneth Arrow in seiner Arbeit. Bei einem späteren Aufenthalt kamen noch enge, intellektuell fruchtbare Freundschaften mit Franklin Fisher und Frank Hahn hinzu. Nach der Rückkehr aus Amerika arbeitete Weizsäcker

---

1 Weizsäcker, C. C. von (1962), *Wachstum, Zins und optimale Investitionsquote*, Basel, Kyklos-Verlag.

am Max-Planck-Institut für Bildungsforschung in Berlin und habilitierte sich 1965 in Basel mit einer Schrift zum technischen Fortschritt[2].

Nach der Habilitation führten Weizsäcker Lehrstuhlverpflichtungen nach Heidelberg, als Gastprofessor wieder ans MIT, nach Bielefeld, Bonn, Bern und schließlich, 1986, nach Köln. Er war Mitglied im Kronberger Kreis sowie Mitglied und von 1989 bis 1998 Vorsitzender der Monopolkommission. Seit 2003 ist er „Senior Research Fellow" am Max-Planck-Institut zur Erforschung von Gemeinschaftsgütern in Bonn.

Weizsäcker hat sich im Laufe seiner Karriere mit vielen verschiedenen Themen beschäftigt, vom makroökonomischen Thema Wachstum bis zu mikroökonomischen Themen wie Wettbewerbs- und Energiepolitik. Dabei hatte schlicht der Zufall die Hände im Spiel: „Wie das so ist in einer Biographie, da kommt eines ans andere", erzählt Weizsäcker. „Ich hatte immer auch schon mikroökonomische Interessen. Zum Wettbewerb aber kam ich durch Franklin Fisher, einen führenden amerikanischen Wettbewerbsökonomen. Er fragte, ob ich Lust hätte, mich in dem großen Antitrust-Prozess gegen IBM zu involvieren. Weil mich die Informationstechnologie schon immer fasziniert hat, habe ich mich in die Wettbewerbsökonomie eingearbeitet und festgestellt, dass die herkömmliche Lehre vom Wettbewerb unzureichend ist. Und das übrigens bis heute."

Auch wenn die Makroökonomik nach den ersten Jahren nicht mehr sein Hauptbetätigungsfeld war, ist er aber immer wieder darauf zurückgekommen. So hat er sich in den siebziger Jahren dafür eingesetzt, dass die Zunft von der Friedman-Regel wegkommt, wonach der Zuwachs der Geldmenge an der langfristigen Wachstumsrate des realen Sozialprodukts ausgerichtet werden soll. Anstelle dessen sollte sich seiner Meinung nach die Steuerung der Geldmenge am nominellen Sozialprodukt orientieren, wie die Federal Reserve das gegenwärtig auch tut.

Wenn auch die Themenfelder in Weizsäckers Schaffen auf ersten Blick lose nebeneinander stehen, zeigt sich aus der Vogelperspektive doch eine Verbindung. Auf die Frage, wie er seinen eigenen Ansatz beschreiben würde, stutzt Weizsäcker zwar zunächst: „Diese Frage ist mir noch nie so gestellt worden." Aber er hat darauf eine Antwort: „Die Verallgemeinerung der neoklassischen Ökonomie." Er meint das in einem dialektischen Sinn: Die These ist neoklassisch; wird mit einer Antithese konfrontiert; die Synthese hebt die ursprüngliche These mit auf. „Das Ergebnis ist eine Theorie, die auf derselben philosophischen Grundbasis argumentiert, wie es die Neoklassik gemacht hat, aber unter Berücksichtigung all der Dinge, die dem Homo oeconomicus widersprechen und die in der Neoklassik zu kurz gekommen sind." Weizsäcker strebt nach einer „neoklassischen Synthese" in einem umfassenden Sinn, die in ihrer Universalität über die spezifische Leistung Paul Samuelsons, der das Gedankengebäude von Keynes in die Neoklassik einbaute, noch hinausreicht.

---

2 Weizsäcker, C. C. von (1966), *Zur ökonomischen Theorie des technischen Fortschritts*, Göttingen, Vandenhoeck&Ruprecht.

„Wir leben in einem gänzlich neuen Zeitalter"

Ein Gespräch über das Klimaproblem, den demographisch bedingten Sparüberhang und die Staatsverschuldung, die Aufgabe der Ökonomen und das Paradigma adaptiver Präferenzen

Herr Professor von Weizsäcker, was sind aus Ihrer Sicht die zentralen Herausforderungen der Wirtschaftspolitik?

Global nenne ich das Klimaproblem an erster Stelle. Wie können wir das Klima einigermaßen konstant halten und dennoch den Wohlstand der ganzen Welt befördern? Das ist einerseits ein analytisches Problem, weil wir nicht genau wissen, wie die Wirkungen einer Klimaveränderung sind. Wir wissen noch nicht einmal genau, welchen Beitrag wir leisten können, um das Klima zu stabilisieren. Andererseits handelt es sich hier vor allem um ein Problem der „Allmende". Das Klima ist ein globales öffentliches Gut, die Wirtschaftspolitik hingegen wird primär national betrieben. Das muss aus meiner Sicht auch so bleiben – aber damit besteht hier ein Spannungsverhältnis. Angesichts unserer mangelnden kognitiven Durchdringung des Problems ist es nicht einfach, dafür zu sorgen, dass sich die Menschen nicht irgendwelcher Ideologien bedienen, um ihre eigenen Interessen im Verhandlungsprozess durchzusetzen, mit der Folge von langfristigen Schäden.

Sie haben allerdings eine sehr dezidierte Kritik an der „Großen Transformation" formuliert, also an der nicht zuletzt vom Wissenschaftlichen Beirat der Bundesregierung Globale Umweltveränderungen (WBGU) geforderten radikalen Umkehr zu einer Welt ohne Nutzung fossiler Brennstoffe und ohne Kernenergie[3]. Wie soll man denn Ihrer Meinung nach mit der Herausforderung des Klimawandels umgehen in einer Welt, in der selbst in Bezug auf die Klimamodelle noch große Unsicherheit herrscht? Alle staatlichen Weichenstellungen im ökologischen Bereich sind in aller

---

3 Wissenschaftlicher Beirat der Bundesregierung Globale Umweltveränderungen – WBGU (2011), *World in Transition, A Social Contract for Sustainability*, Berlin.

Anmerkung: In Print und online am 1. Februar 2014 erschienen,*Perspektiven der Wirtschaftspolitik* 15(1), S. 24–40, und https://doi.org/10.1515/pwp-2014-0006. Das Gespräch wurde gemeinsam mit Karl-Heinz Paqué (Otto-von-Guericke-Universität Magdeburg) geführt, dem damaligen federführenden Herausgeber der Perspektiven der Wirtschaftspolitik.

Regel gigantische Subventionsprogramme und Eingriffe in die Marktwirtschaft. Wie stellen Sie sich einen rationalen, aufgeklärten Umgang mit dem Problem vor?

Ich bin da im Vergleich zu der großen Mehrheit derjenigen Ökonomen, die sich mit dieser Frage beschäftigen, vollkommen orthodox. Es muss Knappheitspreise für knappe Ressourcen geben. Die knappe Ressource ist in diesem Fall die Fähigkeit der Atmosphäre, Treibhausgase aufzunehmen, unter der Nebenbedingung eines stabil bleibenden Klimas. Man muss dafür sorgen, dass dafür bezahlt, wer Treibhausgase emittiert. Der Mechanismus dafür mag im Detail kompliziert sein. Aber es gibt einen ziemlich breiten Konsens, dass so etwas notwendig ist. Die Schwierigkeiten, auf die hingewiesen wurde, sind dabei allerdings auch durchaus real, wie zum Beispiel die Tatsache, dass die Besitzer der Rohstoffe diese auf jeden Fall verkaufen wollen. Deswegen wird selbst ein starker Effekt einer Bepreisung von CO_2-Emissionen durch einen gedrosselten Rohstoffpreis wieder teilweise konterkariert – aber immerhin: Rohstoffe zu gewinnen, kostet schließlich auch etwas. Wenn man die Rohstoffe verteuert und den für die Extraktion verbleibenden Preis reduziert, wird die Extraktion gedrosselt. Das ist die Lehre der intertemporalen neoklassischen Ökonomie. Und da sind sich die Wissenschaftler ziemlich einig.

Im Grundsatz schon. Aber wenn man die Stern Review aus dem Jahr 2006[4] nimmt und auf der anderen Seite auch die Kritik von William Nordhaus[5] und Partha Dasgupta[6] und anderen, dann zeigt sich, dass alles davon abhängt, welche Diskontrate man wählt. Die Modelle sind, was die Umsetzung in eine konkrete Entscheidungsregel betrifft, überhaupt nicht robust. Wie soll man damit umgehen?

Da bin ich auf der Seite von Nicholas Stern. William Nordhaus, der an der Stern Review die niedrige Diskontrate kritisiert, verweist darauf, dass die Diskontrate des eingesetzten Kapitals in den traditionellen Wirtschaftsbereichen in der Nähe von 4 Prozent liegt. Diese müssten wir auch hier ansetzen, meint er. Das ist aus meiner Sicht ein analytischer Irrtum. In diesen 4 Prozent Rendite sind die ganzen Risikoprämien enthalten. Der risikofreie reale Zinssatz liegt heute schon bei null. Nach herkömmlicher Auffassung ist das ein vorübergehendes Phänomen der Krise und wird sich wieder ändern. Ich aber glaube, es wird sich nicht ändern; der natürliche Zins ist so niedrig. Und dann muss man die niedrige Diskontrate von Stern akzeptieren. Was übrigens der WBGU gemacht hat, der eine radikale Umkehr gefordert hat – das hat mit Stern nicht das Geringste zu

4 Stern, N. (2006/2007), *The Economics of Climate Change, The Stern Review*, Cambridge, Cambridge University Press.
5 Nordhaus, W. D. (2007), A Review of the Stern Review on the Economics of Climate Change, *Journal of Economic Literature* 45, S. 686–702.
6 Dasgupta, P. (2007), Comments on the Stern Review's Economics of Climate Change, *National Institute Economic Review* 199, S. 4–7.

tun. Er verwendet Sterns Analyse, aber was er damit macht, ist etwas vollkommen anderes, als was Stern im Sinn gehabt hat.

Aus Stern folgt demnach nicht die „Große Transformation", sondern eine vernünftige, traditionelle Kosten-Nutzen-Analyse, die aber bei relativ niedrigen Zinsen, die sich jetzt empirisch bewahrheiten, zu einer hohen Priorität der eingeschlagenen Maßnahmen gegen den Klimawandel führt.

Wobei der WBGU zu irreversiblen Korrekturen rät. Ich hingegen ziehe es vor, beim Reversiblen zu bleiben. Das sage ich nicht nur in Anlehnung an den Philosophen Karl Popper und dessen „Piecemeal engineering", sondern schlicht deshalb, weil auf diesem Gebiet noch große Unsicherheit besteht. Wir wissen nicht, wie stark der Klimaeffekt der Emissionen ist. Wir wissen nur, dass es sich um eine logarithmische Kurve handelt; die Temperatur folgt dem Logarithmus des Treibhausgasgehalts linear. Jede Verdopplung des CO_2-Gehalts bedeutet mithin die Anhebung der Durchschnittstemperatur um denselben Betrag. Wenn wir beispielsweise von einem vorindustriellen Niveau des CO_2-Gehalts ausgehen und dieses verdoppeln, dann lässt sich der Effekt dieser Verdopplung abschätzen, sagen wir, auf einen Temperaturanstieg von 2 oder 3 Grad. Wenn wir das Treibhausgas-Niveau dann noch einmal verdoppeln, es vom Ausgangsniveau aus gesehen also vervierfachen, dann müssen wir noch einmal denselben Temperaturbetrag zugeben, also noch einmal zwei oder drei Grad. Eine Vervierfachung der Treibhausgase führt dann zu einem Temperaturanstieg von vier bis sechs Grad. In diesem Zusammenhang steckt eine erhebliche Stabilität. Deswegen sollte man Maßnahmen so treffen, dass man sich an die neuen Erkenntnisse über die genaue Form der Kurve anpassen kann. Wir können noch nicht verlässlich sagen, ob der CO_2-Preis nun 20 oder 50 Euro je Tonne betragen sollte. Vermutlich liegt er nicht bei 100 Euro. Wenn wir freilich dem WBGU folgten, dann läge er bei 1.000 Euro, um eine Phantasiezahl zu nennen. Das sind irrsinnige Politikempfehlungen. Der WBGU will die historisch bewährte Form unserer Demokratie umstülpen und verfassungspolitisches Neuland betreten. Das ist schon früher einmal versucht worden – mit fatalen Folgen. Wo bleibt da das Vorsichtsprinzip?

Lassen Sie uns den Blick, was die zentralen Herausforderungen angeht, auf Europa richten.

Hier ist zunächst einmal der Euro zu nennen. Viele Ökonomen sind der Ansicht, dass es ein Fehler war, die europäische Gemeinschaftswährung überhaupt einzuführen. Ein weiteres Problem im europäischen Zusammenhang ist die allgemeine demographische Entwicklung – eine Problematik, die allerdings von den wenigsten Wissenschaftlern und auch nicht von der Öffentlichkeit wirklich gut verstanden wird. Das liegt daran, dass in der heutigen Diskussion selbst ganz herkömmliche Ansätze der Kapitaltheorie nicht mehr vorkommen. Es gibt nur sehr wenige Leute, die dieses Instrumentarium noch beherrschen. Deshalb kommt es vielfach zu Fehlschlüssen.

Sie spielen darauf an, dass mit der Alterung der Gesellschaft aus Vorsorge-gründen immer mehr Kapital nach Anlagemöglichkeiten sucht.

Ja. Der dritte Lebensabschnitt, jene Phase, in der die Menschen nicht mehr durch ihre eigene Arbeit Geld verdienen, hat mittlerweile eine Länge von zwanzig Jahren oder mehr angenommen. Für diese Zeit muss Vorsorge getroffen werden. In unserer westlichen Welt, mit einem Rechtsstaat, mit der Möglichkeit des Individuums, selber vorzusorgen, müssen deshalb während des Arbeitslebens vermögensähnliche Ansprüche in der Grö-ßenordnung des Gesamtkonsums in diesem dritten Lebensabschnitt angesammelt wer-den. Das ist ein enorm hoher Vermögensbildungswunsch. Es kommt hinzu, dass viele Leute auch noch Vermögen an ihre Kinder vererben wollen. Der gesamte Vermögensbil-dungswunsch entspricht in den reichen Ländern der Welt, also den Staaten der OECD und China, nach meiner Abschätzung 12 Jahren öffentlichen und privaten Konsums. Technisch ausgedrückt, ergibt sich also bei Prosperität ein Vermögens-Konsum-Quotient von 12 Jahren. Eine solche Menge anlagewilliges Geld bringt man allein in der Form von Realkapital nicht unter. Die Statistik zeigt, und kapitaltheoretisch ist das auch gut zu be-gründen, dass der Realkapital-Konsum-Koeffizient bestenfalls in der Größenordnung von 6 Jahren liegt. Wenn man auch immaterielles Kapital in Form einer Höherbewertung von Aktiengesellschaften und anderen Gesellschaften relativ zu ihrem Bilanzwert dazuzählt, ergeben sich maximal sieben Jahre, für die wir die Möglichkeit haben, unser Vermögen in realen Werten anzulegen. Es besteht hier also eine Lücke – jedenfalls dann, wenn wir ein System anstreben, in dem Vorsorge gelingt. Das setzt Preisstabilität voraus. Man könnte natürlich auch versuchen, eine Flucht in die Sachwerte zu generieren, sodass die Leute Immobilien mit einer negativen Rendite kaufen, wie das in Immobilienblasen immer wieder vorkommt. Das ist dann ein Symptom eines Scheiterns der Vorsorge. Die Leute bekommen dann nicht so viel wieder, wie sie angelegt haben. Wenn man das ver-meiden will, muss man darüber nachdenken, wie man diese Lücke durch Staatsverschul-dung füllt.

Dass es einen Sparüberhang, eine „Savings glut" gibt, ist einleuchtend. Bevor man nach mehr Staatsverschuldung ruft, besteht die traditionelle Lösung aber doch darin, Investitionsmöglichkeiten in ärmeren Ländern zu suchen. Spielt das für Sie keine Rolle? Oder funktioniert das nicht?

Eine Rolle spielt das in meinem Denkmodell schon. Aber wir können nicht einfach vor-aussetzen, dass die institutionellen Voraussetzungen, die das neoklassische Modell der Verteilung von Kapital über die Welt implizit unterstellt hat, überall tatsächlich gege-ben sind, auch in Russland und in der „Dritten Welt". Diese Voraussetzungen sind in der Realität nicht gegeben. Niemand würde besonders gut schlafen, wenn er wüsste, dass die Hälfte seines Vorsorgevermögens im Kongo, in Äthiopien oder Somalia ange-legt ist. Niemand wird sich der Illusion hingeben, dass die Risiken, die mit einer solchen Anlage einhergehen, dem Vorsichtsprinzip der eigenen Vorsorge entsprechen. Die armen Länder, in denen in der Tat Kapitalknappheit existiert, sind bisher institutionell nicht so aufgestellt, dass sie in den reichen Ländern auf eine Investitionsbereitschaft in einem für unsere Fragestellung relevanten, größeren Ausmaß treffen. Diese Länder sind als Outlet für die Kapitalanlage derzeit nicht brauchbar.

Sie sehen keine Chance, dass sich das auf absehbare Zeit deutlich verbessert?

„Absehbare Zeit" ist ein dehnbarer Begriff. Sicher nicht in den kommenden zehn Jahren. Hinzu kommt, wie wir am Paradebeispiel China sehen können, dass dort, wo der Übergang von der Armut in den Wohlstand in relativ kurzer Zeit gelingt, dies durch Exportüberschüsse und nicht durch Nettokapitalimport geschieht. Der Erfolg im Außenhandel stößt institutionelle Änderungen an, die dazu führen, dass es in einem zweiten Schritt auch Anlagesicherheit im rechtlichen Sinne gibt. Deshalb investieren mittlerweile sowohl westliche Unternehmen als auch Vermögensverwalter in China. Das Land hat durch den Warenexport die Tugenden der westlichen Marktwirtschaft gelernt. Das bedeutet, dass Netto-Kapitalexport in ein Land wie China keine Antwort ist. Wir müssen erst einmal als Abnehmer von Waren bereitstehen und die immateriellen Werte zur Verfügung stellen, mit deren Hilfe in solchen Ländern die institutionellen Vorkehrungen geschaffen werden, die notwendig sind, um später dort auch einmal Geld anlegen zu können. Man lernt die Tugenden der Marktwirtschaft durch den Export in die Länder mit marktwirtschaftlich operierenden Kunden. Alle empirische Erfahrung zeigt uns, welch enorme institutionelle Lernkurve der Export in reichere Länder auslöst. Diese exportieren ihren Wirtschaftsstil in die ärmeren Länder, indem sie jenen Märkte zur Verfügung stellen, indem sie Waren aus den ärmeren Ländern importieren. Dem gegenüber sind Geldspritzen in jene Länder, wie die Entwicklungshilfe zeigt, fast immer kontraproduktiv.

Es gibt also ein historisches Auseinanderklaffen zwischen dem Erfolg eines neomerkantilistischen Wachstums in den ärmeren Ländern und der Schaffung von sicheren Anlagen. Diese Diskrepanz wird über einen langen Zeitraum ein Ungleichgewicht schaffen. Dass sich das in zehn Jahren nicht reguliert, ist einzusehen. Aber wenn wir über einen längeren Zeitraum gehen, über eine Generation, über dreißig, vierzig Jahre, dann ist es eine Frage der politischen Spekulation, was in diesen Ländern passiert. Sehen Sie denn wirklich keine Chance, dass sich die Diskrepanz reduzieren lässt?

Es gibt Prognosen eines Endes des globalen Bevölkerungswachstums in der zweiten Hälfte des 21. Jahrhunderts. In den reichen Ländern haben wir den demographischen Wandel schon hinter uns, ebenso wie in China, dort stark beschleunigt durch die „Ein-Kind-Politik". Falls die anderen Länder, die keine solche Politik durchsetzen, nun ebenfalls reich werden, wird auch dort der demographische Wandel eintreten, der sich schon andeutet. Dann wird sich auch ihnen das Problem der Vorsorge stellen.

Schauen Sie auf das rasante Wachstum der Lebenserwartung in den Ländern der Dritten Welt im Verlauf der letzten Jahrzehnte.

Das ist gleichsam die Kehrseite der Medaille der Industrialisierung.

Richtig. Die industrielle Revolution ist dem demographischen Wandel vorausgegangen. Dann hat der demographische Wandel die wirtschaftliche Entwicklung allmählich eingeholt. Und jetzt befinden wir uns in einem gänzlich neuen Zeitalter, in dem Sinn, dass nun systematisch eine solche Vorsorgelücke entsteht.

Wenn die ärmeren Länder also nicht die Lösung bringen, muss nach Ihrer Auffassung der Staat Anlagemöglichkeiten schaffen, indem er sich verschuldet. Deshalb ist es in Ihrer Sicht auch ein Fehler, undifferenziert darauf zu dringen, dass möglichst alle Länder ihre Verschuldung abbauen. Sie unterstellen dabei, dass nicht nur das Ausland, sondern auch das Inland das Sparkapital nicht absorbieren kann, weil es – eine weitere Prämisse in Ihrer Theorie – im privaten Bereich keine genügend rentablen Investitionsmöglichkeiten gibt. Sie unterstellen, dass nichts verdrängt wird, zumindest nichts, was volkswirtschaftlich von Gewicht wäre. Es gibt kein „Crowding out".

Jetzt kommen wir zur Kapitaltheorie. Eugen von Böhm-Bawerk hat in seinem Werk „Kapital und Kapitalzins"[7] drei Gründe für die Minderschätzung künftiger Güter relativ zu gegenwärtigen Gütern angegeben. Auf der Seite des Kapitalangebots findet man da die Idee, dass man zwar durch Vorratshaltung gegenwärtige Güter in künftige umwandeln kann, aber nicht umgekehrt. Dieser Grund ist nicht triftig, denn es gibt Kosten der Vorratshaltung. Außerdem gibt es aber die Ungeduld der Menschen – das, was Irving Fisher später „Time preference" genannt hat. Das ist richtig, so etwas gibt es. Aber dieser Grund für die Minderschätzung künftiger Güter fällt nicht so stark ins Gewicht im Vergleich zum starken Bedürfnis der Menschen, mehr künftige Güter relativ zu gegenwärtigen anzusammeln. Sie tun dies wegen der langen dritten Lebensperiode, angesichts der heutigen Demographie, die zu Böhms Zeiten noch nicht galt. Außerdem wird die „Time preference" eingedämmt durch das Zwangssparen in der gesetzlichen Rentenversicherung und der gesetzlichen Krankenversicherung. In dieser Hinsicht muss man Böhm-Bawerk aus heutiger Betrachtung korrigieren. Auf der Kapitalnachfrageseite findet sich bei ihm dann noch ein weiterer Grund für die Minderschätzung künftiger Güter relativ zu gegenwärtigen: sein Gesetz der Mehrergiebigkeit von längeren Produktionsumwegen. Das ist von vielen Ökonomen so interpretiert worden, als gebe es keine Grenzen für diese Mehrergiebigkeit. Die gibt es aber durchaus.

---

7 Böhm-Bawerk, E. (1921), *Kapital und Kapitalzins*, Jena, Gustav Fischer.

Und was, wenn man die Kapitalintensivierung der Produktionstechnologie immer weiter erhöht, auch vor dem Hintergrund, dass angesichts der Demographie allmählich die Arbeitskräfte knapp werden? Man könnte ein Szenario entwerfen, in dem das extrem billige Kapital genutzt wird, um die alternde Bevölkerung mit einem immer besseren Kapitalstock auszustatten, um so den Fortschritt in genau diese Richtung zu lenken und doch noch private Investitionsmöglichkeiten zu schaffen, die einen sozialen Ertrag haben.

Das ist die These der niemals endenden Mehrergiebigkeit der längeren Produktionsumwege. Ich halte diese These für falsch. Ich rekurriere auf die Physik, genauer gesagt auf den zweiten Hauptsatz der Thermodynamik. Ein Gebäude beispielsweise ist nur solange nützlich, wie man es in Stand hält. Man muss Erhaltungsaufwand betreiben. Wenn der zusätzliche Effekt auf die Bruttoarbeitsproduktivität durch eine bessere Raum- und Maschinenausstattung des einzelnen Arbeitnehmers so klein wird, dass der zusätzliche Erhaltungsaufwand überwiegt, dann steigt die Nettoarbeitsproduktivität nicht mehr. Und beim Wohnungsbau: Selbst wenn ein Facharbeiter sich Geld zum Nullzins leihen könnte, würde er sich kein Schloss kaufen – wegen des hohen Aufwands für die Instandhaltung.

Reduziert sich nicht auch dieser Erhaltungsaufwand bei der Art der Technologie, die wir in der Zukunft haben werden? Computer beispielsweise haben schon jetzt nicht allzu hohe physische Abschreibungsraten im Vergleich zu den Maschinen aus der Zeit der Hochindustrialisierung. Wir erleben doch eine Veränderung der technischen Charakteristika des Kapitalstocks. Hilft uns der zweite Hauptsatz der Thermodynamik an dieser Stelle tatsächlich weiter? Gibt es nicht doch noch beträchtliche Möglichkeiten, zumindest die Grenzen hinauszuschieben?

Bleiben wir beim Beispiel der Informationstechnologie (IT). Durch das enorme Tempo des Fortschritts in dieser Branche nimmt die Kapitalbindung ab, nicht zu. Das sieht man auch an den erfolgreichen Unternehmen dieser Branche; die haben allesamt riesige Cash-Reserven. Die wissen gar nicht, wohin mit ihrem Geld. Apple beispielsweise ist einer der größten Kapitalanbieter der Welt. Apple braucht natürlich auch Betriebskapital, verdient jedoch so viel, dass das Unternehmen das aus den eigenen Erträgen spielend gewinnt. Mit dem Rest werden amerikanische Staatsanleihen gekauft. Gerade der Übergang zu einer immer stärker dematerialisierten Wirtschaftsform reduziert den Kapitalbedarf. Anders gewendet: Das unternehmerische Risiko ist gerade wegen des Tempos der technischen Entwicklung enorm gestiegen; allzu schnell zieht ein Konkurrent an Ihnen vorbei. Man denke nur an den Fall Nokia. Vor wenigen Jahren noch der führende Anbieter in der Mobiltelefonie, ist Nokia heute in großen Schwierigkeiten und verkauft sein Mobiltelefongeschäft für kleines Geld. Das Unternehmen hat den Trend verschlafen, den die Konkurrenten Samsung und Apple vollzogen haben. Bei einem solch hohen Risiko muss es auch riesige Risikoprämien geben.

Die Return-Periode von Investitionen in der IT-Branche ist auf wenige Jahre geschrumpft. Heute müssen sich dort Investitionen binnen zwei Jahren auszahlen. Es gibt gewisse Ausnahmen in der Komponenten-Herstellung, wo die Kapitalbindung stärker ist, aber im Vergleich zum Gesamtgeschäft ist das unbedeutend. Gerade der Wandel in der Wirtschaftsstruktur, Stichwort Dienstleistungsgesellschaft, fördert diesen Trend. Die Dienstleistungsunternehmen – mit wenigen Ausnahmen, zum Beispiel im Verkehr – sind deutlich weniger kapitalintensiv als das produzierende Gewerbe. Und der Anteil des produzierenden Gewerbes an der Wertschöpfung geht in der ganzen Welt ständig zurück.

Es gibt mithin tatsächlich kein Crowding out.

So ist es. Knut Wicksells Bezeichnung folgend: Der „natürliche Zinssatz" liegt heute in der Nähe von null und wird dort bleiben, es sei denn, der Staat verschulde sich enorm. Wenn wir dabei bleiben, dass wir Preisstabilität haben wollen, dann kann der Gleichgewichtszinssatz nicht unter null sinken. Hätten wir keine Staatsschulden, wäre der natürliche Zinssatz negativ. Dann bedeutet eine zusätzliche Staatsverschuldung ja nur, dass man von einem negativen Zins zu einem Nullzins kommt. Somit kann es im vernünftigen Sinne des Wortes kein Crowding out von volkswirtschaftlich nützlichen Investitionen geben. Das wäre erst dann gegeben, wenn der natürliche Zinssatz wegen hoher Staatsverschuldung positiv wäre. Das entspricht nicht der heutigen Realität im Weltkapitalmarkt.

Doch wenn der Staat Kredite aufnimmt, legt er sich das Geld nicht unters Kopfkissen, sondern er macht etwas damit. Er gibt es aus, steckt es in die soziale Sicherung, investiert es. Er muss auf jeden Fall über die Verwendungsrichtungen entscheiden, in die er das Geld fließen lässt. Sind das alles Aktivitäten, die soziale Sicherung inklusive, die sich nicht privatwirtschaftlich organisieren lassen?

Im Prinzip ist das schon möglich. Aber wir haben hier im Land nun einmal eine lange Tradition des Zwangssparens, begonnen zur Zeit der Kathedersozialisten vor anderthalb Jahrhunderten. Das eine Axiom ist, dass wir einen Rechtsstaat haben. Rechtsstaat bedeutet Individualisierung. Ansprüche sind immer Ansprüche einzelner Personen. Das verbindet sich mit einem zweiten Axiom, nämlich dass die Gemeinschaft bis zu einem bestimmten Punkt dafür sorgt, dass niemand Not leidet. Es muss dabei ein Anreiz erhalten bleiben, sich nicht komplett von der Gemeinschaft durchfüttern zu lassen. Also: Vorsorge besteht aus individuellen Ansprüchen, und der Staat ist dennoch verpflichtet, niemanden verhungern zu lassen. Die individuellen Ansprüche kommen dabei entweder zustande, indem man sie freiwillig aufbaut, oder man wird dazu gezwungen. Realistischerweise bedarf es des Zwangs zur Vorsorge in der Form der gesetzlichen Rentenversicherung, um das Paradebeispiel zu nehmen. Dieses Modell ist mehr oder weniger auf die ganze OECD-Welt übertragen worden; auch China führt es ein.

Ist es gleichgültig, wofür der Staat das aufgenommene Geld ausgibt?

Die Frage, ob der Staat Banken halten soll oder ob er Gebühren für die Straßenbenutzung verlangen darf, ob er das Schulwesen in die eigenen Hände nimmt, ist von meiner Theorie unabhängig. Das ist eine Entscheidung für sich.

Anders gefragt: Was soll der Staat mit dem Geld machen, das er aufnimmt, wenn er den Sparüberhang absorbiert?

Vor allem die Steuern senken. Der Staat erhebt, wenn man die Beiträge zur Sozialversicherung hinzurechnet, einen Anspruch an das Volkseinkommen in einer Größenordnung von beinahe der Hälfte. Wenn der Zins null ist, es aber weiterhin ein Wachstum gibt, kann der Staat seine Schulden im Ausmaß des Wachstums erhöhen. Diesen Zuwachs an Verschuldung muss er dann aber nicht für den Zinsendienst einsetzen. Er erzielt aufgrund seiner Schulden einen Überschuss, den er durch eine Steuersenkung kompensieren kann. Im Übrigen gibt es angesichts der herrschenden Meinung, dass sich der Staat nicht verschulden soll, auch durchaus einen Kapitalbedarf für öffentliche Investitionen. Wenn sich Deutschland stärker verschulden würde, könnten wir beispielsweise die Verkehrsinfrastruktur verbessern.

Also gibt es gesamtwirtschaftlich betrachtet doch noch sinnvolle Investitionsmöglichkeiten? Und warum ist damit der Staat am Zuge, nicht die Privatwirtschaft?

Weil das nur vorübergehend funktioniert. Man kann sich in der Tat gut vorstellen, dass die Straßen durch Privatinvestoren gebaut, betrieben und gewartet werden. Aber wenn genügend Straßeninfrastruktur da ist, dann verdienen die Straßenbauer irgendwann nicht mehr genug.

Es sind eigentlich zwei ganz unterschiedliche Fragen, um die es hier geht, eine makroökonomische und eine ordnungspolitische. Die makroökonomische betrifft das fundamentale Ungleichgewicht von Ersparnis und Investitionsmöglichkeiten. Da kann man allerdings noch ein wenig dran herumbasteln; auch die von Ihnen vorgeschlagene zusätzliche Staatsverschuldung ist nur ein Versuch, das Problem in den Griff zu bekommen. Die ordnungspolitische Frage lautet dann, wie man das Ganze organisiert, und ob der Kapitalbedarf, wenn er dann noch da ist, von Privaten oder vom Staat kommt.

Das möchte ich gern korrigieren. Staatsverschuldung ist nicht nur eine vorübergehende, sondern eine dauerhafte Lösung des Problems. Das ist wichtig, das muss man verstehen. Ich habe ja schon die Rechnung aufgemacht. Wir brauchen mindestens 12 Jahre jährlichen Konsums als Vorsorgevermögen, aber höchstens sieben Jahre als Bindung des Vermögens in Form von Realkapital sind möglich – das sind zwei Größen, zwischen denen eine Lücke von fünf Jahren besteht. Wir haben faktisch schon jetzt, die nach dem Umlageverfahren finanzierte Rentenversicherung und analoge Leistungen für die Zukunft in der Krankenversicherung als Staatsschulden mit eingerechnet, eine Staatsverschuldung von fünf Jahren jährlichen Konsums, gemittelt über alle Länder der reichen Welt, die diese Lücke füllt.

Dann ist doch aus Ihrer Sicht alles gut?

Zumindest kann ich im Moment nicht abschließend sagen, ob wir in der OECD und in China genug Staatsschulden haben oder nicht. Eigentlich muss man sowieso eine Größenordnung kleiner rechnen; praktisch wird das Ganze eine Frage der Konjunkturpolitik. Wenn eine Krise herrscht wie im Jahr 2009, dann werden Konjunkturprogramme aufgelegt, die im Wesentlichen auf Staatsverschuldung hinauslaufen; und wenn es wieder besser geht, baut man sie wieder ab. Soweit, so gut. Mein Denken soll nur dazu dienen, die rein negative Betrachtung der Staatsverschuldung ein wenig aufzulockern. Aber natürlich kann es in einzelnen Ländern auch eine zu große Staatsverschuldung geben, wie zum Beispiel aktuell in Griechenland oder in Italien. Dabei ist „zu groß" bei der Staatsverschuldung nicht an einer universell gültigen Schwellenzahl fest zu machen. Bei einem Kapitalmarktzinssatz von null, wie von mir für die Zukunft prognostiziert, ist die Schuldentragfähigkeit Deutschlands oder der Schweiz wesentlich höher als die Griechenlands oder Italiens. Denn Deutschland und die Schweiz haben ein sehr effizientes System der Steuereintreibung. Das fehlt zum Beispiel den Griechen, sodass sie im Gegensatz zu Deutschland dem Kapitalmarkt nicht entgegenhalten können: „Wenn's eng wird, erhöhen wir einfach die Steuern."

Also ist Ihre Theorie kein Argument gegen die Schuldenbremse?

Doch. Eine Schuldenbremse ist viel zu inflexibel. Sie steht unabhängig davon in der Verfassung, wie hoch die Verzinsung der Staatsanleihen ist. Eine vernünftige Staatsschuldenvorschrift muss unbedingt den jeweiligen Weltmarktkapitalzinssatz mit einbeziehen. Das ist ganz entscheidend. Diese Zinseffekte sind im einzelnen Jahr vielleicht klein. Ob die Schulden nun zu null oder 2 oder 4 Prozent verzinst werden, das lässt sich innerhalb eines Jahres durchaus verkraften. Aber wenn man den Zinseszinseffekt berücksichtigt, sind damit erhebliche Unterschiede verbunden.

Ein kognitives und ein motivationales Argument sprechen trotzdem für die Schuldenbremse. Dass sich Politik ein solches differenziertes Bild von der globalen Entwicklung macht, wie es Ihnen unerlässlich scheint, ist zum einen ziemlich viel verlangt. Kann die Politik diese komplexen Zusammenhänge richtig erfassen? Die Schuldenbremse ist als einfache Regel immerhin praktisch in der Handhabung. Zum anderen ist sie Ergebnis des verbreiteten Gefühls in der Bevölkerung, dass wir die Staatsverschuldung nicht unter Kontrolle bekommen,

und dass sich deshalb die Politiker die Hände binden müssen. Dieses Gefühl
gibt es nicht ohne Grund. Die Staatsverschuldung ist in der Tat im Trend enorm
gewachsen ist.

Wir glauben an die Marktwirtschaft. Aber was heißt das eigentlich? Wenn wir sagen,
dass wir den Staat aus kognitiven und motivationalen Gründen binden müssen, ist
die implizite Vorbedingung dieser Forderung immer noch, dass das, was wir da vorschlagen, am Ende funktioniert: Die Weltwirtschaft geht dadurch nicht zu Bruch; wir
kommen dadurch nicht in eine große Depression. Das aber stelle ich eben in Frage.
Damit befinde ich mich in der Tradition von John Maynard Keynes, der in den dreißiger Jahren ähnlich argumentiert hat, allerdings ohne kapitaltheoretische Fundierung. Man schreibt Grundrechte in die Verfassung. Das macht man sinnvollerweise
sehr vorsichtig. Man darf keine Grundrechte in die Verfassung schreiben, die das Ge-
samtfunktionieren des Staates außer Kraft setzen. Was in der Verfassung steht, aus
welchem historischen Grund auch immer, seien es Grundrechte oder Schuldenvor-
schriften, gilt immer unter der impliziten Generalklausel, dass das Ganze funktioniert.
Es hat keinen Sinn, in die Verfassung zu schreiben: „2 + 2 = 5". Wenn wir uns analog
zum kategorischen Imperativ von Kant eine Welt vorstellen, in der alle Länder eine
Schuldenbremse haben, und wenn dann die Rechnung nicht aufgeht – dann muss irgendetwas falsch an dieser Schuldenbremse sein.

Aber wie soll der Staat ein solches komplexes Schuldenmanagement praktisch zu-
wege bringen, angesichts der kognitiven Begrenztheit und der Eigengesetzlichkei-
ten des politischen Prozesses? Wie kann man sicherstellen, dass hier wirklich
verantwortlich gehandelt wird?

Das muss man neu durchdenken. Wir haben es hier schließlich auch mit einem relativ
neuen Problem zu tun. Die Savings-glut-Hypothese ist eine Entdeckung der neunziger
Jahre. Erst nachdem die USA mittels einer enormen Staatsverschuldung das Wettrüsten
gegen die Sowjetunion gewonnen hatten und China die Marktwirtschaft für sich entdeckt hatte, konnte das Phänomen der Savings glut Gestalt gewinnen. Wir müssen jetzt
unser Denken und unsere Institutionen auf diesen Befund einrichten. Wenn wir die
Freiheit des Kapitalverkehrs aufrechterhalten wollen, müssen wir das Problem kooperativ international lösen, im Kreis der G20. Der einzelne Staat allein könnte sich immer
damit aus der Affäre ziehen, dass er einen Exportüberschuss erzielt. Die Schweiz, die in
Europa mit der Schuldenbremse angefangen hat, löst das Problem mit einem riesigen
Exportüberschuss. Er beträgt derzeit etwa 10 Prozent des Bruttoinlandsprodukts. Die
Schweizer exportieren somit ihre Sparüberschüsse ins Ausland. Aber um es noch einmal klar zu sagen: Es ist in der Tat eine Frage, ob die Politik diese Erkenntnisse kognitiv
verarbeitet und verantwortlich damit umgeht. Die Gefahr, dass sie daraus bloß vulgär-
keynesianische Folgerungen zieht, ist groß.

Wie aber soll die Regierung handeln, wenn sie denn Ihre These akzeptiert? Einerseits hat sie sich darauf festgelegt, Glaubwürdigkeit zu demonstrieren bezüglich der eigenen Fähigkeit, Haushalte zu konsolidieren, auf einen von der Öffentlichkeit so empfundenen seriösen Pfad zurückzukehren. Andererseits läuft sie damit möglicherweise in eine Politik hinein, die nach Ihrer Einschätzung langfristig so nicht zu halten ist. Was ist angesichts dessen Ihre Empfehlung?

Die Empfehlung wäre, einen internationalen fiskalischen Rahmen zu schaffen. Im Rahmen der G20 sollten Verfassungsbestimmungen wie die Schuldenbremse unter den Vorbehalt gestellt werden, dass das weltwirtschaftliche Gleichgewicht bei Prosperität erhalten bleibt. Hierfür muss man Regeln schaffen, die zum Beispiel darin bestehen können, dass das Kapitalmarktzinsniveau und irgendein Indikator für die Prosperität der Volkswirtschaft, eventuell angehängt an die vom IWF geschätzten Wachstumsraten, mit in die jeweilige Fiskalpolitik einbezogen werden müssen.

Ist das angesichts der unterschiedlichen Prioritäten der Wirtschaftspolitik und der Sensibilitäten der Bevölkerungen in den verschiedenen Ländern nicht völlig unrealistisch? Zunächst bräuchte man dafür eine transatlantische Einigung. Schon mit dieser dürfte es schwierig werden. Das anglo-amerikanische Denken, dem Ihre Position entspricht, ist dem Ansatz der deutschsprachigen Länder völlig entgegengesetzt. Sowohl in der Wissenschaft als auch in der Politik. Und wenn man dem noch das neomerkantilistische China gegenüberstellt, dann zeigt sich international ein fundamentaler Dissens, der eine solche Einigung, wie sie Ihnen vorschwebt, mehr als Vision denn als konkreten Vorschlag qualifiziert.

Natürlich ist das so. Als Adam Smith sein Buch „The Wealth of Nations"[8] schrieb, war auch nicht ein Jahr später schon aller Merkantilismus beseitigt. Das hat ja noch fast ein Jahrhundert gedauert. So etwas geht nicht von heute auf morgen.

Ihre Theorie ist unter liberalen Ökonomen im deutschsprachigen Raum nicht gerade mit Freude aufgenommen worden. Was meinen Sie, wird sich dieses Meinungsbild ändern? Oder bleibt in diesem Lager eine historisch begründete Uneinsichtigkeit – einmal unterstellt, dass Sie mit Ihrer Analyse Recht haben?

Ein bedeutender Naturwissenschaftler hat einmal gesagt, die richtige Theorie setze sich dadurch durch, dass die Anhänger der falschen Theorie aussterben, nicht dadurch, dass man sie überzeugt.

---

8 Smith, A. (1776/1976), *An Inquiry into the Nature and Causes of the Wealth of Nations* (WN), Oxford, Oxford University Press.

Sie vertreten eine mikroökonomisch-marktwirtschaftliche Position, die aber ähnlich wie Keynes fundamentale makroökonomische Ungleichgewichte in den Blick nimmt. Doch die deutsche ordnungspolitische Tradition nach dem Krieg hat immer das Plädoyer für die Marktwirtschaft wegen deren mikroökonomischer Effizienz kombiniert mit einer makroökonomischen Stabilitätsdoktrin, die gewissermaßen pragmatische Rückkopplungen und Anpassungen unmöglich macht.

Das war damals aber auch vollkommen richtig. Als Eucken seine „Grundsätze der Wirtschaftspolitik"[9] schrieb, war die Situation noch eine ganz andere. Da gab es das Problem noch gar nicht, das ich ins Zentrum meiner Analyse stelle. Die Demographie war damals eine völlig andere. Der Zusammenhang, den ich betone, entsteht erst durch den langen dritten Lebensabschnitt, eine relativ junge Errungenschaft der Menschheit.

Wenn es darum geht, der Politik komplexe Zusammenhänge wie die eben beschriebenen nahezubringen, stellt sich die Frage nach der Politikberatung und nach dem Verhältnis zwischen der akademischen Volkswirtschaftslehre und der Politik. Profitiert die Politik hinreichend von den Erkenntnissen der Wissenschaft? Ist die Politikberatung so effizient, wie sie sein sollte?

Ökonomische Politikberatung ist primär Politikberatung der Öffentlichkeit und weniger eine Beratung der politischen Organe, der Regierung und des Parlaments. Dadurch, dass es eine Diskussion gibt, dass wir uns streiten, auch untereinander, bekommt die Öffentlichkeit ein Stück weit mit, wie man um die Wahrheit ringen muss und wo sie vielleicht liegt. Man sollte nicht vergessen, dass das, was Ludwig Erhard in der Nachkriegszeit in Deutschland in die Praxis umgesetzt hat, insbesondere von den Denkern der Freiburger Schule schon während der Kriegszeit vorausgedacht worden ist. Ihr Konzept war eine Antwort auf die Wirtschaftspolitik eines totalitären Regimes, es war zugleich aber auch Gegenentwurf zur vorherrschenden Meinung. Dieses hat sich dann später – sicher begünstigt durch glückliche Umstände und durch den Einfluss der Amerikaner – umsetzen lassen in praktische Politik. Dieses Muster bestätigt sich immer wieder: Die Gedanken, die Ökonomen entwickeln, beeinflussen die Öffentlichkeit. Das kann allerdings länger dauern.

Aber haben wir die richtigen Transmissionsriemen zwischen den Sphären? Funktionieren unsere Institutionen der Politikberatung?

Was die offiziellen Gremien betrifft, ist man häufig frustriert. Bestimmte Auffassungen werden da oftmals gar nicht vertreten. Natürlich ist auch die Auswahl der Mitglieder dieser Gremien der Opportunität der jeweiligen Entscheider geschuldet; daran besteht

---

9 Eucken, W. (1952), *Grundsätze der Wirtschaftspolitik*, Tübingen, Mohr Siebeck.

kein Zweifel. Die Personalentscheidungen etwa beim schon genannten WBGU sind ein Beispiel. Jemand mit meinen Auffassungen hat gar keine Chance, in ein solches Gremium gewählt zu werden. Aber diese Gremien, auch die großen Wirtschaftsforschungsinstitute, die von Ministerien Aufträge bekommen, entfalten ohnehin nur echten Einfluss, wenn die große Mehrheit der Fachkollegen dahinter steht.

Die Politik wünscht sich zumeist möglichst einhellige Stellungnahmen. Nichts scheint ihr unangenehmer zu sein als ein kontroverser Diskurs. Man hört da häufig die Aufforderung, die Wissenschaft solle sich einigen, sonst könne man sie nicht ernst nehmen.

Das ist klar. Das Kind möchte eindeutige Regeln haben. Um zwölf Uhr wird gegessen. Was auf den Tisch kommt, wird gegessen. Und so weiter. Das ist in der Kindererziehung ganz sinnvoll und in der Politik nicht viel anders. Die Politik, aber auch die Öffentlichkeit schätzt einfache Aussagen. Nicht nur von den Wirtschaftswissenschaftlern, sondern auch von Naturwissenschaftlern, zum Beispiel im Zusammenhang mit der Frage der Kernenergie. Wenn das nicht ohne weiteres möglich ist, weil die Fragen so schwierig sind, dann müssen Politik und Öffentlichkeit damit eben leben.

Was sollten Politik und Öffentlichkeit von einem Ökonomen nie erwarten?

Endgültige Wahrheiten.

Wie steht es aber mit dem Engagement im öffentlichen Diskurs? Wir leben in einer Zeit der massiven Kapitalismuskritik. Es fällt auf, dass sich die Ökonomen in diesem Diskurs, in dem es um grundlegende Fragen der Marktwirtschaft geht, sehr zurückhalten. Vernachlässigt die Profession da nicht eine wichtige Aufgabe?

Ja, wir brauchen auch im eigenen Fach wieder eine Fundamentaldiskussion über die Marktwirtschaft und die Ordnungspolitik. Die Ökonomen, die sich nur mit ihren wissenschaftlichen Spezialproblemen oder mit den gerade akuten wirtschaftspolitischen Beratungsthemen befassen, gehen schlicht von der Prämisse aus, dass es zum Kapitalismus keine Alternative gibt. Also brauche man darüber auch nicht zu diskutieren, meinen sie. Das ist aus meiner Sicht eine höchst gefährliche Position. Wir können keineswegs voraussetzen, dass die öffentliche Meinung dem marktwirtschaftlichen Grundprinzip durch dick und dünn weiter folgen wird. Wir haben schon lange in der Realität besichtigen können, dass immer dann, wenn ein Problem aufkommt, reflexartig nach dem Staat gerufen wird. Daraus folgt eine stückweise Verstaatlichung von immer mehr Lebensbereichen. Schon das ist gefährlich. Und wenn wir uns nun durch eine verfehlte makroökonomische Politik in eine schwierige Situation der Weltwirtschaft manövrieren, dann ist absehbar, dass die Kapitalismuskritik umso virulenter wird. Wir haben das im Gefolge der Finanzkrise erlebt, die im Jahr 2008 ausbrach: Danach hat die Kapitalismuskritik massiv zugenommen, zum Teil mit vollkommen blödsinnigen Argumenten, die aber erhebliche Resonanz fanden.

Was folgt daraus?

Es folgt daraus, dass man für Erfolge sorgen muss. Das gedeihliche Funktionieren der Weltwirtschaft auf marktwirtschaftlicher Basis ist sozusagen die Abkürzung, wie man die Bevölkerung hinter das marktwirtschaftliche Prinzip bekommt. Oder, anders gewendet: Das phantastische Versagen der Zentralverwaltungswirtschaft hat dazu geführt, dass niemand, abgesehen von Mitgliedern kleiner Sekten, mehr zu diesem System zurückkehren will. Das heißt nicht, dass jedermann versteht oder auch nur verstehen muss, wieso es versagen musste. Auf jeden Fall ist die Rückkopplung zwischen dem Erfolg des Systems aus der Sicht des Publikums und der Bereitschaft, den eigenen Kopf zu öffnen und zu akzeptieren, dass es sich um ein gutes System handelt, sehr eng. Wir sehen das in allen Ländern. Die marktwirtschaftlichen Reformen von Margaret Thatcher waren zunächst einmal gar nicht populär. Sie hatte das politische Glück, dass der Falkland-Konflikt aufkam, wo sie sich als Oberkommandierende der Royal Navy in Szene setzen konnte, um die nächste Wahl auch noch zu gewinnen. Erst danach kamen die Früchte ihrer Politik in der breiten Öffentlichkeit an und wurden überhaupt zur Kenntnis genommen. Nur deshalb konnte sie und konnten ihre Nachfolger ihre Politik über längere Zeit fortsetzen. Eine ähnliche Lehre lässt sich aus dem Erfolg von Ludwig Erhard ziehen. Wenn er zehn Jahre gebraucht hätte, um das Wirtschaftswunder hervorzurufen, dann hätte man ihm das nicht durchgehen lassen. Man benötigt für eine marktwirtschaftliche Politik eine relativ schnelle Rückkopplung ihres Erfolgs. Andererseits: Dass Deutschland heute im europäischen Vergleich gut dasteht, ist eine späte Frucht Erhard'scher Politik. Ohne Erhards Erbe hätte man jedes insolvente Großunternehmen gerettet und die Disziplin des Wettbewerbs wäre verlottert. Zwischen dem politischen Erfolg und dem Gesamterfolg einer marktwirtschaftlichen Politik klafft eine große Zeitlücke.

Es besteht also ein Fundamentalrisiko, dass wir ohne die richtigen Instrumente in eine Ungleichgewichtssituation driften, die den Kapitalismus weiter diskreditiert.

Solange das weltwirtschaftliche Wachstum hinreichend positiv ist, glaube ich nicht, dass wir wirklich auf ein großes Problem zusteuern. Es gibt schließlich schon jetzt einen Anpassungsmechanismus, der zum Tragen kommt. Man denke nur an Länder wie Indien. Wegen der niedrigen Zinsen in den Vereinigten Staaten und im Euro-Raum ist seinerzeit viel Geld in die Schwellenländer geflossen. Und nun fließt es, in der Erwartung, dass die Zinsen in Amerika wieder steigen könnten, wieder zurück. Das hat dazu geführt, dass die Währungen von Ländern mit einem Leistungsbilanzdefizit wie Indien massiv abgewertet wurden. Es gibt auf dem Währungsmarkt einen Selbstheilungseffekt, der dazu führt, dass der Exportabsatz dieser Länder in der Welt steigt und umgekehrt der Absatz der Welt in diesen Ländern sinkt. Das Problem, dass diese Länder über ihre eigenen Verhältnisse gelebt haben, wird über den Wechselkurs ein Stück weit automatisch gelöst. Es wird zum Beispiel noch mehr Verlagerungen von Aktivitäten, die über Internet gesteuert werden können, aus den reichen Ländern nach Indien geben. Insofern werden sich die Probleme dort zum Teil von selber lösen.

Noch einmal zurück zum verbreiteten Schweigen der Ökonomen in der Kapitalismusdebatte. Diese Debatte wird längst von Vertretern der sozialwissenschaftlichen Nachbardisziplinen dominiert. Es scheint, als hätten wir die Anschlussfähigkeit an diese, allen voran an die Sozialphilosophie, die Politikwissenschaft und die Soziologie verloren. Stecken wir in einer Spezialisierungssackgasse, aus der heraus wir die großen gesellschaftlichen Fragen gar nicht mehr umfassend bearbeiten können?

Die Krankheit der Scheuklappen gibt es natürlich. Die gibt es in jeder Wissenschaft. Die Anwendung der Wissenschaft ist immer interdisziplinär, aber die Wissenschaft als solche muss nach dem berühmten Smith'schen Prinzip der Arbeitsteilung stets disziplinär sein. Gute Wissenschaft setzt Disziplin voraus, Disziplin im doppelten Sinn dieses Wortes. Die „Normal science", um Thomas Kuhn zu zitieren, ist eben so, dass sie sich stark spezialisiert. Gerade Ökonomen müssen das wissen; die Ökonomie ist schließlich die Wissenschaft von der Arbeitsteilung. Arbeitsteilung ist eine Erscheinung, die enorme Produktivität schafft. Das gilt auch in der Wissenschaft selbst. Aber natürlich bringt das immer die Gefahr mit sich, dass man zu schmalspurig vorgeht. Mir scheint jedoch, dass neuerdings in der öffentlichen Wahrnehmung immer mehr gerade jene Wissenschaftler punkten können, die ihre engen Fachgrenzen überspringen. Wissenschaftlich scheint insbesondere die Verbindung der Ökonomie mit der Psychologie zu gelingen. Weniger gut klappt die Verbindung mit der Soziologie, was wohl daran liegt, dass dort – im Gegensatz zu Psychologie und Ökonomie – der methodologische Individualismus noch nicht angekommen ist. Grundsätzlich scheint aber die Botschaft gehört zu werden, dass sich die Ökonomie mehr für ihre Nachbardisziplinen interessieren muss. Man denke nur an Reinhard Selten. Selten kritisiert die neoklassische Engführung schon seit Jahrzehnten und versucht mit seiner eigenen experimentellen Arbeit, die hergebrachten Grenzen zu sprengen. Aber er sagt selbst: Da ist noch viel zu tun.

Die öffentliche Wahrnehmung, dass die Ökonomen in ihrem Elfenbeinturm vor sich hin forschen und die Realität mitsamt den großen Debatten gar nicht mehr zur Kenntnis nehmen, stimmt also nicht.

Nein, sie nehmen sie sehr wohl zur Kenntnis, aber natürlich mit einem theoretischen Hintergrund, den man dazu auch braucht. In der öffentlichen Wahrnehmung zeigt sich nur das uralte Leiden an der Arbeitsteilung. Lassen Sie mich eine Parallele ziehen.

Auch die ärztliche Kunst ist spezialisiert. Es gibt Chirurgen, die ein bestimmtes Organ hervorragend operieren können. Die Patienten rufen allerdings immer wieder nach einer ganzheitlichen Medizin. Man leidet an der starken Spezialisierung der ärztlichen Disziplin und schimpft darüber, dass man von einem Arzt zum anderen geschickt wird, aber man nimmt die Segnungen des mit der Arbeitsteilung verbundenen medizinischen Fortschritts gern in Anspruch, zumal man nicht selber dafür bezahlen muss. Das Leiden an der Arbeitsteilung gab es auch schon in der Romantik. Die Romantik war nichts anderes als eine Antwort auf Adam Smith. Die Denker der Romantik wollten die Moderne rückabwickeln und sehnten sich ins Mittelalter zurück.

Ärzte sprechen meistens aber noch eine gemeinsame Sprache. Ökonomen und politische Philosophen oder Soziologen hingegen scheinen kaum noch eine gemeinsame Sprache zu finden. Und damit haben die Ökonomen die Deutungshoheit über ihren eigenen Gegenstand verloren.

Das ist richtig. Das bedauere ich auch und versuche meinen Teil dazu beizutragen, dass sich das ändert. Die Verknüpfung der Ökonomie mit der Sozialphilosophie muss besser werden. Ich bin sehr dafür, dass man in unserem Curriculum die sozialphilosophischen Themen stärkt.

Sie beschäftigen sich schon seit den siebziger Jahren mit dem Thema der adaptiven Präferenzen. Damit bewegen Sie sich genau in einem solchen Feld an der Schnittstelle zur Sozialphilosophie und natürlich zur Psychologie. Was treibt Sie daran so um?

Seinerzeit fühlte ich mich herausgefordert durch meine jungen marxistischen Mitarbeiter, die eine Theorie lächerlich fanden, in der die Präferenzen der Menschen als fest vorausgesetzt werden. Als Marxisten setzten sie dagegen, dass der Mensch Produkt der Gesellschaft sei, manipulierbar und auch tatsächlich manipuliert. Fixe Präferenzen waren für sie nicht nur Unsinn, sondern reine kapitalistische Ideologie. Ohne dieser Schlussfolgerung zu folgen, sah ich ein, dass an der Kritik etwas dran war, und beschäftigte mich damit. Meinen ersten Aufsatz, in dem ich adaptive Präferenzen an die Stelle von fixen Präferenzen setzte, veröffentlichte ich 1971.[10] In der Zunft ist das zur Kenntnis genommen worden, aber niemand hat etwas daraus gemacht. Ich habe die Sache dann liegen lassen, weil ich mich mehr um angewandte Themen kümmern wollte, und habe sie erst vor zwölf Jahren wieder aufgenommen. In meiner Thünen-

---

10 Weizsäcker, C. C. von (1971), Notes on endogenous change of tastes, *Journal of Economic Theory* 3 (4), S. 345–72.

Vorlesung vor dem Verein für Socialpolitik 2001 in Magdeburg habe ich das Thema fortgeführt.[11] Aber heute bin ich viel weiter.

Was bedeutet diese Korrektur einer unrealistischen Annahme, der modelltheoretische Übergang von fixen zu adaptiven Präferenzen?

Man muss erst einmal verstehen, warum der Mainstream so lange an der Annahme fixer Präferenzen festgehalten hat. Der Grund ist, dass man damit normative Ökonomik betreiben kann, also das, was wir „Welfare Economics" nennen. Man sah keinen rechten Weg, wie man, wenn man von fixen Präferenzen abrückt, den normativen Individualismus beibehalten kann, den wir aber brauchen, wenn sich die Forschung auf ein rechtsstaatliches System bezieht, in dem Ansprüche individualisiert sind. Das hat mich dazu geführt, die Hypothese der adaptiven Präferenzen zu formulieren. Ich verwende dabei allerdings den Begriff der Präferenzen anders als traditionell üblich. Lassen Sie mich eine Analogie bringen, die das verdeutlicht. In der Malerei wurden über Jahrtausende Farbkleckse auf eine Leinwand gebracht, die immer inhaltlich gefüllt waren. Da war beispielweise hier ein blauer Fleck, das war der Mantel der Maria. Und dort war noch ein blauer Fleck, der Himmel, der damit korrespondierte. Und so weiter. Man kann aber auch anders vorgehen, und das haben Wassily Kandinsky und andere getan. Sie haben die abstrakte Malerei erfunden, das heißt sie haben inhaltsfreie Bilder gemalt, in denen es nur noch Form und Farbe gab. Sie haben die Farbe von ihrer Assoziation mit einem bestimmten Inhalt befreit.

Und so gehen Sie mit den Präferenzen um? Was heißt das?

In der positiven Theorie nach traditioneller Art – auch dort, wo heute in der experimentellen Forschung der Begriff der Präferenzen noch eine Rolle spielt – versucht man die Präferenzen im Gehirn zu verankern. Man untersucht, welche Gehirnströme zu welchen Präferenzen führen. Man macht also eine Kausalanalyse der Präferenzen. Das ganze Modell der positiven Ökonomik ist damit ein Modell der Kausalerklärung des menschlichen Verhaltens. Ich aber gehe anders vor. Mich interessiert die normative Theorie, und dort steht der Begriff der Freiheit im Zentrum des Interesses. Mit dieser Position verbindet sich der Grundsatz, dass das, was ein Mensch im Rahmen seiner rechtlichen Möglichkeiten tut, durch die Mitmenschen, durch die Gesellschaft eo ipso legitimiert ist – egal, was genau er im Einzelnen tut. In diesen Zusammenhang fügt sich mein Begriff von Präferenzen ein. Um zu erklären, wie wir als Ökonomen über Freiheit nachdenken, schneide ich die Kausalkette, die zu diesen Präferenzen führt, erst einmal ab. Die Präferenzen sind da, und wenn sich der Mensch auf eine

---

11 Weizsäcker, C. C. von (2001), Welfare Economics bei endogenen Präferenzen: Thünen-Vorlesung 2001, *Perspektiven der Wirtschaftspolitik* 3(4), S. 425–46.

bestimmte Weise verhält, wenn er beispielsweise Bananen Äpfeln vorzieht, dann ist das legitim, egal, was die Ursache für seine Wahl ist. Das entspricht der Art und Weise, wie die abstrakte Malerei vorgeht: Ich befreie den Begriff der Präferenzen von ihrer kausalen Herkunft. Gleichzeitig muss man aber, um überhaupt eine sinnvolle Theorie machen zu können, irgendeine Vorstellung davon haben, wie denn diese Präferenzen aussehen. Man muss erkennen, dass es bestimmte Grundphänomene gibt. Das Grundphänomen, das ich aufgreife, ist dasjenige der adaptiven Präferenzen. Diese Annahme ist mit allen Abweichungen, allen „Verhaltensanomalien", die man in der experimentellen Ökonomik relativ zum Homo oeconomicus beobachten kann, vereinbar. Man kann sie alle unter dem Generalbegriff der adaptiven Präferenzen subsumieren.

Sehen Sie positive und normative Ökonomik in einem Spannungsverhältnis?

Die positive Ökonomik und insbesondere die Behavioral Economics sind eine legitime und wichtige Forschungsrichtung. Aber wenn man den Begriff der Freiheit ins Zentrum des Interesses setzen will, dann muss man eine andere Perspektive einnehmen, als es die positive Ökonomik tut. Das lässt sich an der Debatte über die Willensfreiheit besonders gut zeigen. Es gibt zwei Betrachtungsweisen: Die eine erfolgt aus dem Blickwinkel der ersten Person und die andere aus dem Blickwinkel der dritten Person. Das sind einfach unterschiedliche Perspektiven auf dasselbe Phänomen Mensch. Wenn es um Willensfreiheit geht, pflegen wir sinnvollerweise die Betrachtungsweise der ersten Person: Ich empfinde mich selber durchaus als jemanden, der einen freien Willen hat. Der Wissenschaftler als externer Betrachter hingegen analysiert aus sicherem Abstand, wie sich der Roboter Mensch verhält – das ist die Betrachtungsweise der dritten Person, die wir in der positiven Ökonomik verwenden, im Unterschied zur normativen Ökonomik. In dieser Sichtweise kann man sogar das Vorhandensein einer Willensfreiheit leugnen. Die normative Ökonomik will in ihrer Grundintuition das Phänomen der bürgerlichen Freiheit verstehen. Und dazu dient der Begriff der Präferenzen, wie ich ihn fasse. Sie nimmt insoweit die Sichtweise der ersten Person ein.

Sie machen da allerdings mit anderen Mitteln dasselbe, was die herkömmliche normative neoklassische Theorie gerade mit der Fiktion der fixen Präferenzen zu tun versucht hat, wenn auch nach Ihrer Auffassung mangelhaft: nämlich die Genese der Präferenzen auszublenden, aus Respekt vor der Freiheit und Würde des Individuums. Dass Präferenzen wirklich stabil seien, hat doch nie jemand geglaubt. Das war nur eine bewusst gewählte Abstraktion, die dazu diente, dass man sich mit ihnen nicht befassen muss. Warum halten Sie fixe Präferenzen für eine schlechte Annahme?

Sie sind an sich keine schlechte Annahme. Schon insofern nicht, als man damit schöne Modelle machen kann. Die Idee der Neoklassik war: Wir praktizieren auch hier Arbeitsteilung. Die Psychologen erklären, wo die Präferenzen herkommen, und die Ökonomen setzen die Präferenzen voraus und denken dann über die Frage nach, wie Menschen zusammenleben, die solche Präferenzen haben. Das ist durchaus fruchtbar und solange nicht problematisch, wie die Faktoren, die die Präferenzen beeinflussen, nichts mit der Ökonomie zu tun haben. Dass wir bei Sonnenschein bessere Laune haben als bei Regen, ist kein Problem für die Neoklassik. Dass wir uns im Winter wärmere Kleider wünschen als im Sommer, ist ebenfalls kein Problem für die Neoklassik. Ein Problem ist es aber, wenn das, was als Ergebnis des Wirtschaftens herauskommt, beispielsweise die Produkte, die Unternehmen herstellen, eine Rückwirkung auf die Präferenzen hat. Wenn es eine prägende Rückwirkung vom Konsum auf die Präferenzen gibt, kann das herkömmliche Modell nicht die richtigen Antworten geben.

Herbert Giersch sprach in diesem Zusammenhang immer vom „Laspeyres-Paasche-Problem". Er sagte von sich, er sei ein „Paasche"-Mensch, weil er sich selber adaptive Präferenzen unterstellte. Er lebte lieber mit der jeweils neuen als mit der alten Produktwelt. Er empfand die Verwendung des Laspeyres-Preisindexes als Ergebnis eines unausrottbaren Konservatismus.

Diesen Satz von Giersch kannte ich nicht, der ist sehr schön. Ich werde ihn mir merken. Er trifft den Kern. In der bürgerlichen Gesellschaft Fortschritt zu generieren, beruht genau darauf, dass die Präferenzen in dem Sinne konservativ sind, dass sie sich an den Status Quo anpassen.

Aber nur in diesem Sinne. Sie dürfen nicht reaktionär sein und am Anfangszustand kleben.

Nein, sie sind nicht reaktionär, aber sie sind konservativ in dem Sinne, dass man, wenn sich der Status Quo verändert hat, dort einen neuen Ankerpunkt findet. In der Behavioral Economics kennt man das als „Reference dependent preferences". Diese scheinen sich auch empirisch zu bestätigen. Adaptive Präferenzen sind nur der umfassendere Begriff. Man ist einerseits nicht so starr, dass man sich dem Neuen versperrt und es nicht als Fortschritt empfinden kann, und man ist andererseits hinreichend konservativ, um nicht wie Hans im Glück auf dem Fortschrittspfad im Kreis herumgeführt zu werden. Der Widerstand gegen zu viel Veränderung ist wichtig, weil man sonst Gefahr läuft, irgendwelchen Gaunern auf den Leim zu gehen, die einem erklären, dass das Pferd mehr wert ist als ein Klumpen Gold, ganz wie es Hans im Glück erging. Diesen konservativen Widerstand braucht man. Er bedeutet einen Überlebensvorteil, weil er die Übervorteilung durch andere erschwert.

Um es noch einmal festzuhalten: Die Notwendigkeit, sich überhaupt diese Gedanken zu machen, kommt aus dem Normativen. Ansonsten könnte man mit der Annahme fixer Präferenzen gut leben, wenn es nicht das Phänomen des Wachstums und einer sich stetig ändernden Produktwelt gäbe, über das wir ein normatives

Urteil fällen wollen. Schließlich will man beurteilen können, ob die spätere Welt besser ist als die frühere, ob es also Fortschritt gibt. Darauf kann man mit der traditionellen Theorie keine Antwort geben. Mit Ihrem Ansatz aber können wir erstmals über Wachstum als normatives Phänomen reden. Wachstum und Fortschritt bedeuten nicht zuletzt, dass, über mehrere Generationen geblickt, kaum ein Produkt noch dasselbe ist. Eine Person aus dem Jahr 1913 würde mit der heutigen Produktwelt kaum klarkommen – weil sie den essenziellen Prozess der Präferenzanpassung nicht mitmachen konnte. So gefasst kann man übrigens auch die Planwirtschaft als den totalitären Versuch interpretieren, den Prozess der Präferenzanpassung zu unterbinden und die Produktwelt zu arretieren. Und damit wurde der Fortschritt unterbunden.

Das ist ein sehr gutes Anwendungsbeispiel. Hierzu folgendes: Mein Vater, Jahrgang 1912, konnte als Mitglied der Leopoldina in Halle zur Zeit der deutschen Spaltung regelmäßig die DDR besuchen. Er tat dies insbesondere um zu helfen, die von der SED angestrebte Politisierung der Leopoldina zu verhindern. Er hatte dann auch regelmäßig Kontakt zu kirchlichen Kreisen, die in der Opposition zur SED standen. Er erzählte immer, dass diese Reisen für ihn auch Nostalgie-Trips in das Deutschland seiner Jugend gewesen seien. Denn gerade bei den der SED ferner stehenden Menschen habe er die früheren Mentalitäten, Sitten und Gebräuche wieder gefunden, die im Westen und in der westlichen Warenwelt verloren gegangen seien. Aber zurück zur Theorie. Der Witz an meinem Ansatz ist, dass man mit endogen bestimmten Präferenzen, sofern sie adaptiven Präferenzen entsprechen, Fortschritt glasklar definieren und zeigen kann, dass das lokale Phänomen der adaptiven Präferenzen eine globale Eigenschaft des Präferenzen- und Güterraums impliziert: die Nicht-Zirkularität der Fortschrittspfade. Die Entwicklung über kleine Fortschritte ist nicht zirkulär. Es führt kein Weg zurück auf Start. Das ist der Schlüsselpunkt meiner Theorie. Ich verschaffe damit der Popper'schen Sozialphilosophie einen Rückhalt in der axiomatischen Logik der ökonomischen Theorie.

Hat sie den nötig?

Wir können ganz allgemein in der modernen Sozialphilosophie einen Trend feststellen. Die „alte" Sozialphilosophie, also Platon, Thomas Morus, letztlich auch Marx und seine Nachfolger, sogar noch Erich Fromm, formulierten eine ideale Gesellschaft, eine „Utopie", die weit weg von der tatsächlichen Welt war. Seit den historischen Erfahrungen des zwanzigsten Jahrhunderts, seit dem sehr konkreten Totalitarismus, ist man im Grunde von solchen Ansätzen abgekommen. An deren Stelle treten prozedurale Rezepte darüber, wie man schrittweise zu einer Verbesserung der sozialen Welt kommen solle. Poppers „Piecemeal engineering" als Rezept der offenen Gesellschaft ist hier zu nennen. Hayeks Forderung, dass man sich an der Erfahrung orientieren möge, dass man von einer „Anmaßung von Wissen" Abstand nehmen möge, ist ein anderes Beispiel. Aber auch Habermas' Theorie der „deliberativen Demokratie" und seine Rechtsphilosophie sind prozedurale Vorschläge zur allmählichen Verbesserung der gesellschaftlichen Zustände. Gleiches gilt für Amartya Sens Gerechtigkeitstheorie, deren Empfehlungen ebenfalls am jeweiligen Status Quo anknüpfen. Es wird der jeweilige Status Quo ernst genommen. Man will primär einmal verstehen, weshalb dieser Status Quo so stabil ist, wie er sich offenbar darstellt. Dann soll die jeweilige empfohlene Prozedur dazu führen, dass dieser Status Quo verbessert wird. Die Rechtfertigung liegt darin, dass man sich von der Einhaltung dieser Prozedur eine Verbesserung erhofft. Von keinem der mir bekannten sozialphilosophischen Ansätze scheint es mir, dass sich seine Vertreter umfassende Gedanken darüber machen, ob die vorgeschlagene Prozedur, wenn in die Tat umgesetzt, in der Summe der kleinen Verbesserungen auch eine große Verbesserung zustande bringt. Die Frage, ob die aus der jeweils vorgeschlagenen Prozedur resultierende Kette von Verbesserungen eventuell zirkulär ist und wieder zum Startpunkt zurückführt, ist meines Wissens von den Philosophen nie gestellt worden.

Und was kann Ihre Theorie da ausrichten?

Diese Lücke im sozialphilosophischen Diskurs vermag meine Theorie zu schließen, jedenfalls in der Perspektive. Was ich schon heute zeigen kann, ist Folgendes. Erstens: Sind die Präferenzen eines Bürgers adaptiv, dann sind Ketten von Fortschritten immer nicht-zirkulär. Zweitens: Sind alle Ketten von Fortschritten nicht-zirkulär, dann sind die Präferenzen des betreffenden Bürgers adaptiv. Damit sind aus meiner Sicht adaptive Präferenzen eine Grundvoraussetzung dafür, dass die prozedurale Sozialphilosophie Hand und Fuß hat; folge sie nun den Spuren von Popper, Hayek, Sen oder Habermas. Und das ist natürlich ein Plädoyer dafür, dass sich nicht nur die Ökonomen mehr mit Sozialphilosophie beschäftigen sollten, sondern auch umgekehrt die Sozialphilosophen sich mehr mit ökonomischer Theorie abgeben sollten. Denn entscheidend für eine erfolgreiche prozedurale Sozialphilosophie muss sein, dass sie von der immer nur lokalen materiellen Verbesserungseigenschaft der Prozedur auch auf globale Fortschrittseigenschaften schließen kann. Nur so kann der Fortschritts-Inkrementalismus gerechtfertigt werden, der allen prozeduralen Ansätzen in der Sozialphilosophie zugrunde liegt.

In der heutigen Diskussion geht es allerdings immer wieder um solche Dinge wie „Metapräferenzen" und „Nudges", also um nichts anderes als Reinterpretationen der „wahren Präferenzen" und gezielte Veränderungen des Adaptionsprozesses. Für den Freiheits- und für den Fortschrittsbegriff ist es aber von fundamentaler Bedeutung, dass man in irgendeiner Form einen Anker in den „Revealed preferences" setzt. Wie würden Sie sich mit Ihrem Ansatz einordnen in das Spektrum dieser Versuche, von einfachen Präferenzen wegzukommen und staatliche Manipulation einzuführen?

Das ist ein sehr weites Feld. Einerseits verzichte ich in meinem Ansatz auf globale Optimierung. Globale Optimierung bringt, wie Karl Popper in seiner „Open Society"[12] gezeigt hat, der Tendenz nach autoritäre, wenn nicht totalitäre Strukturen mit sich. Andererseits ist die Pareto-Optimalität des Walras-Gleichgewichts das Ergebnis einer Art globaler Optimierung. Doch wie gesagt, ich verzichte darauf. Genau deshalb komme ich auf den Popper'schen Ansatz, denn dort wird nicht global optimiert. Aber das bedeutet, andererseits, dass wir nicht ausschließen können, dass wir mitunter in Sackgassen geraten, aus denen sich das Individuum oder die Gesellschaft als Ganze sehr schwer tun, wieder herauszukommen. Soweit es die Individuen betrifft, ist dies das Phänomen, das zur „Nudging"-Literatur den Anlass gegeben hat. In einer solchen Situation kann man schon versuchen, Erkenntnisprozesse der Gesellschaft als Ganzer in Gang zu setzen, und sei es mit Hilfe der Erziehung in der Schule, auf dass die Menschen freiwillig, wenn auch mit Hilfe anderer Leute, wieder aus der Sackgasse herausfinden oder gar nicht erst hineingeraten. Dass das möglich ist, kann ich in meiner Theorie zeigen.

Wie das?

Die Nudging-Leute wollen den Status Quo ändern, der bei adaptiven Präferenzen zum neuen Referenzpunkt wird. Das kann durchaus funktionieren. Allerdings fehlt dort die Verankerung des paternalistischen Eingriffs in den vorgefundenen Präferenzen der Individuen. Ich kann für viele Fälle eine Verankerung insofern liefern, als ich diesen Eingriff gedanklich in eine Art hypothetisches Kreditgeschäft verwandeln kann, das der Bürger, der in der Sackgasse steckt, freiwillig akzeptiert. Damit stelle ich einen nicht-paternalistischen Test für die Legitimität eines Nudging-Eingriffs zur Verfügung. Für die Gesellschaft als Ganze kann es ebenfalls Sackgassen geben. Und hier lauern Gefahren der Überzentralisierung. Wenn es eine Art „Primat der Politik" gibt, wenn also alle wichtigen Entscheidungen von einer zentralen, aber demokratisch legitimierten Instanz gefällt werden, dann führt der mit den adaptiven Präferenzen verbundene Präferenz-konservativismus dazu, dass die demokratischen Entscheidungen ganz überwiegend zugunsten des Status Quo ausfallen. Die Gesellschaft ist dann der Tendenz nach eine Stagnationsgesellschaft. Fallen jedoch bedeutsame Entscheidungen dezentral, also entweder über den Markt oder über ein dezentral aufgebautes Wissenschaftssystem, dann bedarf eine Veränderung meist nicht der Zustimmung durch die Mehrheit. Der Schumpeter'sche Innovator, der talentierte Wissenschaftler – sie schaffen Neues, ohne die Mehrheit zu fragen. Wenn ein guter institutioneller Rahmen gegeben ist, stellt diese Veränderung dann in der Regel Fortschritt und nicht Rückschritt dar. Der Aufwand für ein neues Produkt wäre in einer Mehrheitsabstimmung nicht genehmigt worden. Wird das Produkt auf dem Markt eingeführt, wird es möglicherweise wegen der durch dieses Produkt selbst induzierten Präferenzänderung angenommen und für den Unternehmer

---

12 Popper, K. (1945), *The Open Society and its Enemies*, Bd. I, *The Age of Plato*, London, Routledge.

ein rentables Geschäft. Adam Smith erklärte die Durchsetzung der Arbeitsteilung mit dem Entstehen von Märkten. Marx folgte ihm, indem er den Kapitalismus als historisch notwendiges Durchgangsstadium verstand, dessen Funktion es ist, die schlummernden Produktivkräfte der Arbeit mittels ihrer „Vergesellschaftung" zu wecken. Mit dieser Vergesellschaftung der Arbeit meinte er ihre Transformation in ein System der Arbeitsteilung. Meine Theorie schließt hier an, indem sie auf der Basis der Annahme adaptiver Präferenzen einerseits zeigt, dass die Präferenzen hinreichend konservativ sind, um einen Fortschritts-Inkrementalismus zu rechtfertigen, und andererseits in der Tradition von Adam Smith zeigt, dass Fortschritt ein hohes Maß an Dezentralität in der Gesellschaft voraussetzt.

Wo steuern Sie mit Ihrer Theorie am Ende hin?

Ich plane eine theoretische Neubestimmung des Konzepts der „Sozialen Marktwirtschaft". Diesem Konzept haben wir ja sehr viel zu verdanken. Aber der Begriff ist sehr schwammig geworden. Ganz unterschiedliche Programme reklamieren die „Soziale Marktwirtschaft" für sich. Ich hoffe, dem Konzept wieder klare Konturen zu geben, indem ich die Erkenntnisse aus der Theorie der adaptiven Präferenzen nutze.

Anhang

Fotonachweise

Foto Backes-Gellner: Henning Bode
Fotos Sievert, Edenhofer, Paqué: Matthias Lüdecke
Foto Falkinger: Philipp Baer
Fotos Hellwig, Weizsäcker: Edgar Schoepal
Fotos Homann, Ragnitz, Wagner: Andreas Müller
Fotos Issing, Schefold, Fuchs-Schündeln, Richter: Wonge Bergmann
Fotos Marin, Schnitzer, Riphahn: Max Kratzer
Foto Rieter: Holde Schneider
Foto Ritschl: Micha Theiner
Foto Schnabel: Dirk Claus

https://doi.org/10.1515/9783111208749-021

Verzeichnis sämtlicher PWP-Interviews

Stand 31. Dezember 2022

„Wir brauchen dringend mehr Ordoliberalismus", Ein Gespräch mit Luigi Zingales über Filz, Wettbewerb und die Vereinnahmung von Ökonomen, *Perspektiven der Wirtschaftspolitik* 23(4), 2022, S. 271–80. (Karen Horn mit Justus Haucap)

„Wir sind ärmer geworden und müssen uns darauf einstellen", Ein Gespräch mit Clemens Fuest über die Verteilung der Lasten aus der Energiekrise, Green Finance, Polarisierung, Corona-Politik und die internationale Unternehmensbesteuerung, *Perspektiven der Wirtschaftspolitik* 23(3), 2022, S. 153–64. (Karen Horn)

„Wandel durch Handel funktioniert durchaus", Ein Gespräch mit Gabriel Felbermayr über die Wirksamkeit und sinnvolle Ausgestaltung von Wirtschaftssanktionen gegen Russland, die ökonomischen Aussichten Österreichs und die Zukunft der Globalisierung, *Perspektiven der Wirtschaftspolitik* 23(2), 2022, S. 94–107. (Karen Horn)

„Wir wissen in Deutschland vieles nicht, was wir wissen sollten", Ein Gespräch mit Regina Riphahn über die unzureichende Verfügbarkeit von Daten für die Forschung, die Minijob-Falle und die Vererbbarkeit von Sozialhilfeabhängigkeit in Deutschland, *Perspektiven der Wirtschaftspolitik* 23(1), 2022, S. 38–48. (Karen Horn)

„Nichts ist so befreiend wie die eigene Stärke und Leistungsfähigkeit", Ein Gespräch mit Christoph M. Schmidt über die Herausforderungen für die neue Bundesregierung mit Blick auf Produktivität, Innovation, Wettbewerbsfähigkeit, Rente, Klima, Gesundheit und Finanzen, *Perspektiven der Wirtschaftspolitik* 22(4), 2021, S. 303–14. (Karen Horn)

„Langfristigkeit ist in der Klimapolitik das A und O", Ein Gespräch mit Ottmar Edenhofer über die CO_2-Bepreisung, das Klimaschutzgesetz, den europäischen Emissionshandel und den Vatikan, *Perspektiven der Wirtschaftspolitik* 22(3), 2021, S. 247–58. (Karen Horn)

„Die Wissenschaft wird auch in Zukunft Gehör finden", Ein Gespräch mit Monika Bütler über wirtschaftspolitische Eingriffe und wissenschaftliche Politikberatung in der Corona-Pandemie sowie über Krisenerfahrungen, Risikoaversion und Generationengerechtigkeit, *Perspektiven der Wirtschaftspolitik* 22(2), 2021, S. 121–29. (Karen Horn)

„Es wird ein risikoreiches Jahr", Ein Gespräch mit Michael C. Burda über die wirtschaftlichen Herausforderungen in den Vereinigten Staaten, über Mindestlöhne, Arbeitslosengeld, Inflationsgefahr, Bildung und Rassismus, *Perspektiven der Wirtschaftspolitik* 22(1), 2021, S. 45–53. (Karen Horn)

„Es wird nie wieder so sein, wie es einmal war", Ein Gespräch mit Monika Schnitzer über Corona, die Förderung innovativer Technologien, Wettbewerb, Digitalisierung und Frauen, *Perspektiven der Wirtschaftspolitik* 21(4), 2020, S. 379–88. (Karen Horn)

„In dieser Krise wirken alle Kräfte in Richtung einer Spaltung der Gesellschaft", Ein Gespräch mit Karl-Heinz Paqué über die Maßnahmen zur Bekämpfung der Corona-Krise, die Zukunft der Globalisierung und die Probleme der ökonomischen Disziplin, *Perspektiven der Wirtschaftspolitik* 21(3), 2020, S. 218–31. (Karen Horn)

https://doi.org/10.1515/9783111208749-022

„In einer außergewöhnlichen Situation sind außergewöhnliche Maßnahmen erforderlich", Ein Gespräch mit Isabel Schnabel über das Urteil des Bundesverfassungsgerichts vom 5. Mai 2020, die Geldpolitik der EZB in der Corona-Krise und eine Berücksichtigung von Klimazielen bei Anleihekäufen, *Perspektiven der Wirtschaftspolitik* 21(2), 2020, S. 137–48. (Karen Horn)

„Man möchte die Riesen kennenlernen, auf deren Schultern man steht", Ein Gespräch mit Heinz Rieter über Faszination und Nutzen der Geschichte der Wirtschaftswissenschaft, über Selbstdistanz und Selbstkritik sowie über Regeln und diskretionäres Handeln in der Geldpolitik, *Perspektiven der Wirtschaftspolitik* 21(1), 2020, S. 43–53. (Karen Horn)

„Oft sind gerade die Brüche in den Daten spannend", Ein Gespräch mit Gert G. Wagner über den Reformbedarf des Rentensystems, das Sozio-oekonomische Panel (SOEP) und die genetische Erforschung der Risikoneigung der Menschen, *Perspektiven der Wirtschaftspolitik* 20(4), 2020, S. 328–39. (Karen Horn)

„Das größte Problem für die Zukunft Ostdeutschlands ist der zunehmende Arbeitskräftemangel", Ein Gespräch mit Joachim Ragnitz über die Lage Ostdeutschlands dreißig Jahre nach dem Mauerfall, Erfolge und Fehler der Politik, Strukturschwächen und die Notwendigkeit von Zuwanderung aus anderen Kulturkreisen, *Perspektiven der Wirtschaftspolitik* 20(3), 2019, S. 226–36. (Karen Horn mit Karolin Herrmann)

„Der globale Wettbewerb wird es mit sich bringen, dass auch wir im Westen mehr subventionieren", Ein Gespräch mit Dalia Marin über den Chinaschock, eine nationale Industriestrategie, die Globalisierung, dezentrale Firmenorganisation und Vorstandsbezüge, *Perspektiven der Wirtschaftspolitik* 20(2), 2019, S. 133–44. (Karen Horn)

„Wir Ökonomen haben versucht, wie Physiker zu arbeiten – eine ungeheure Selbstüberschätzung", Ein Gespräch mit Rudolf Richter über die Rolle von Netzwerken in Aufholprozessen wie in Ostdeutschland, die Europäische Währungsunion, die Finanzkrise und das Selbstverständnis des Faches, *Perspektiven der Wirtschaftspolitik* 20(1), 2019, S. 42–52. (Karen Horn mit Justus Haucap)

„Manchmal helfen Krisen der Einsicht auf die Sprünge", Ein Gespräch mit Lars Calmfors über die wirtschaftspolitischen Reformen in Schweden, über die Arbeitsmarktintegration von Migranten und über die europäische Währungsunion, *Perspektiven der Wirtschaftspolitik* 19(4), 2018, S. 302–12. (Karen Horn)

„Eine Einladung zur Zentralisierung", Ein Gespräch mit Horst Zimmermann über die Entwicklung Deutschlands zum unitarischen Bundesstaat, den Finanzausgleich und die Zukunft Europas, *Perspektiven der Wirtschaftspolitik* 19(3), 2018, S. 200–09. (Karen Horn)

„Wir haben deutlich gelernt, dass wir nichts gelernt haben", Ein Gespräch mit Albrecht Ritschl über die Parallelen zwischen der Weltwirtschaftskrise und der Finanzkrise 2007/08, das Schuldendrama Griechenlands, Transfermechanismen im Euro-Raum, den Vorschlag einer Exportsteuer und den Brexit, *Perspektiven der Wirtschaftspolitik* 19(2), 2018, S. 78–93. (Karen Horn mit Karl-Heinz Paqué)

„Terrorismus ist ein ungemein effizientes Mittel in einem asymmetrischen Konflikt", Ein Gespräch mit Martin Gassebner über die Motive und Dispositionen von Terroristen, die ökonomischen Auswirkungen von Anschlägen sowie die geeigneten Bekämpfungsstrategien, *Perspektiven der Wirtschaftspolitik* 19(1), 2018, S. 22–31. (Karen Horn)

„Wir erleben eine historische Transformation Frankreichs", Ein Gespräch mit Charles Wyplosz über die Reformen von Präsident Emmanuel Macron, das notwendige Großreinemachen in der Europäischen Union und das Drama Griechenlands, *Perspektiven der Wirtschaftspolitik* 18(4), 2017, S. 325–34. (Karen Horn)

„Man sollte mehr Mut haben, Banken in die Insolvenz gehen zu lassen", Ein Gespräch mit Martin Hellwig über Leistungsbilanzen, staatliche Investitionen, Schulden, Geldpolitik und Bankenregulierung, *Perspektiven der Wirtschaftspolitik* 18(3), 2017, S. 226–44. (Karen Horn)

„Das deutsche Steuersystem setzt im internationalen Vergleich mit die negativsten Arbeitsanreize für Frauen", Ein Gespräch mit Nicola Fuchs-Schündeln über die Erwerbsbeteiligung von Frauen und Männern, das Ehegattensplitting, die doppelte Armut in Entwicklungsländern, Präferenzen für Umverteilung und Demokratie sowie die Bedeutung von Grenzen, *Perspektiven der Wirtschaftspolitik* 18(2), 2017, S. 132–44. (Karen Horn)

„Kein Wunder, dass Keynes Dollars in Flaschen stopfen, vergraben und wieder ausbuddeln wollte", Ein Gespräch mit Bertram Schefold über die Herausforderung arbeitssparender Innovation, über die Kuppelproduktion und die Kapitalkontroverse, über Theoriegeschichte, Goethe, George und Europa, *Perspektiven der Wirtschaftspolitik* 18(1), 2017, S. 56–71. (Karen Horn)

„Ein Studium ist nicht per se besser als eine Berufsausbildung", Ein Gespräch mit Uschi Backes-Gellner über Anreize in Unternehmen und Hochschule, das duale System und die legitimen Ansprüche der Gesellschaft an die Wissenschaft, *Perspektiven der Wirtschaftspolitik* 17(4), 2016, S. 335–46. (Karen Horn)

„Wir müssen möglichst alle Menschen in den Prozess der Leistungserstellung integrieren", Ein Gespräch mit Josef Falkinger über Ungleichheit, Teilhabe und Gerechtigkeit, die gesellschaftliche Bedeutung eines gemeinsamen Fortschrittsprojekts und ökonomische Macht, *Perspektiven der Wirtschaftspolitik* 17(3), 2016, S. 253–63. (Karen Horn)

„Unternehmerisches Handeln hält Verschwendung und Ineffizienz in Schach", Ein Gespräch mit Israel Kirzner über die ökonomische Sichtweise, den Unternehmer als Ruhestörer, Sinn und Unsinn des Gleichgewichtsdenkens sowie ein stärker subjektivistisches Verständnis von Zeit, *Perspektiven der Wirtschaftspolitik* 17(2), 2016, S. 144–54. (Karen Horn)

„Ich sehe die Chance, dass sich Deutschland unter dem Druck der Zuwanderung positiv verändert", Ein Gespräch mit Christian Dustmann über Flucht und ökonomische Zuwanderung, die Integrationskraft des Arbeitsmarkts, notwendige Reformen und den Rechtsruck in Europa, *Perspektiven der Wirtschaftspolitik* 17(1), 2016, S. 25–34. (Karen Horn)

„Der Umgang mit Griechenland war angemessen und gewiss keine Einladung zu weiteren Sünden", Ein Gespräch über die Europäische Währungsunion, über Rechtsbruch und Notstand, Staatsverschuldung, Niedrigzinsen und die Dürftigkeit des wirtschaftspolitischen Diskurses, *Perspektiven der Wirtschaftspolitik* 16(4), 2015, S. 351–66. (Karen Horn mit Karl-Heinz Paqué)

„Wir betreiben die Korruptionsbekämpfung oftmals viel zu sehr in einem Geist des Misstrauens", Ein Gespräch mit Johann Graf Lambsdorff über die FIFA, die Modellierung, Messung und experimentelle Erforschung von Korruption, amerikanische Brownies und die geringere Bestechlichkeit von Frauen, *Perspektiven der Wirtschaftspolitik* 16(3), 2015, S. 253–63. (Karen Horn)

„Die Politik der Federal Reserve ist die schlechteste aller Zeiten – und kein Mensch kann sie aufhalten", Ein Gespräch mit Allan Meltzer über einen Euro auf zwei Gleisen, Regeln für die Geldpolitik, Eigenkapitalvorschriften für Banken und die blinden Flecken der Geldtheorie, *Perspektiven der Wirtschaftspolitik* 16(2), 2015, S. 151–63. (Karen Horn)

„Wir sind mit unseren intuitiven Moralvorstellungen noch nicht in der Moderne angekommen", Ein Gespräch mit Karl Homann über Werturteile in der Ökonomik, die Aufgabe von Unternehmen, den Homo oeconomicus, das Problem dualistischen Denkens und das Gefangenendilemma als Grundstruktur menschlicher Interaktion, *Perspektiven der Wirtschaftspolitik* 16(1), 2015, S. 44–56. (Karen Horn)

„Für Ökonomen muss alles auf eine einzige Leinwand passen", Ein Gespräch mit Geoffrey Brennan über Sinn und Wirkung von wirtschaftspolitischen Spielregeln, die Verhaltensmotive von Bürgern und Politikern, die Möglichkeit von Reformen und die Bedeutung der ökonomischen Ideengeschichte, *Perspektiven der Wirtschaftspolitik* 15(4), 2014, S. 334–45. (Jan Schnellenbach)

„Das letzte Kapitel ist noch nicht geschrieben", Ein Gespräch mit Markus K. Brunnermeier über die Lehren aus der Finanzkrise und der Großen Rezession, *Perspektiven der Wirtschaftspolitik* 15(3), 2014, S. 234–45. (Nikolaus Piper)

„Gute Politik braucht rigorose ökonomische Analyse und Urteilsvermögen", Ein Gespräch mit Otmar Issing über den Euro, den Binnenmarkt als Kern der europäischen Einigung, das Prinzip Haftung sowie das Verhältnis zwischen ökonomischer Theorie und politischer Praxis, *Perspektiven der Wirtschaftspolitik* 15(2), 2014, S. 158–70. (Karen Horn)

„Wir leben in einem gänzlich neuen Zeitalter", Ein Gespräch mit Carl Christian von Weizsäcker über das Klimaproblem, den demographisch bedingten Sparüberhang und die Staatsverschuldung, die Aufgabe der Ökonomen und das Paradigma adaptiver Präferenzen, *Perspektiven der Wirtschaftspolitik* 15(1), 2014, S. 24–40. (Karen Horn mit Karl-Heinz Paqué)